프랑스혁명사

La Révolution française
(Nouvelle édition revue et augmenté du
PRECIS D'HISTOIRE DE LA REVOLUTION FRANCAISE)
by Albert Soboul

copyright ⓒ Lucie Soboul & EDITIONS GALLIMARD, Paris, 1995
Korean Translation Copyright ⓒ Gyoyangin Publishing Co., 2018
All rights reserved.

This Korean edition was published by arrangement with
EDITIONS GALLIMARD (Paris)
through Bestun Korea Agency Co., Seoul

이 책의 한국어판 저작권은 베스툰 코리아 에이전시를 통해
저작권자와 독점 계약한 '교양인'에 있습니다.
저작권법에 따라 한국 내에서 보호를 받는 저작물이므로
무단 전재와 복제를 금합니다.

프랑스혁명사

알베르 소불
ALBERT SOBOUL

최갑수 옮김

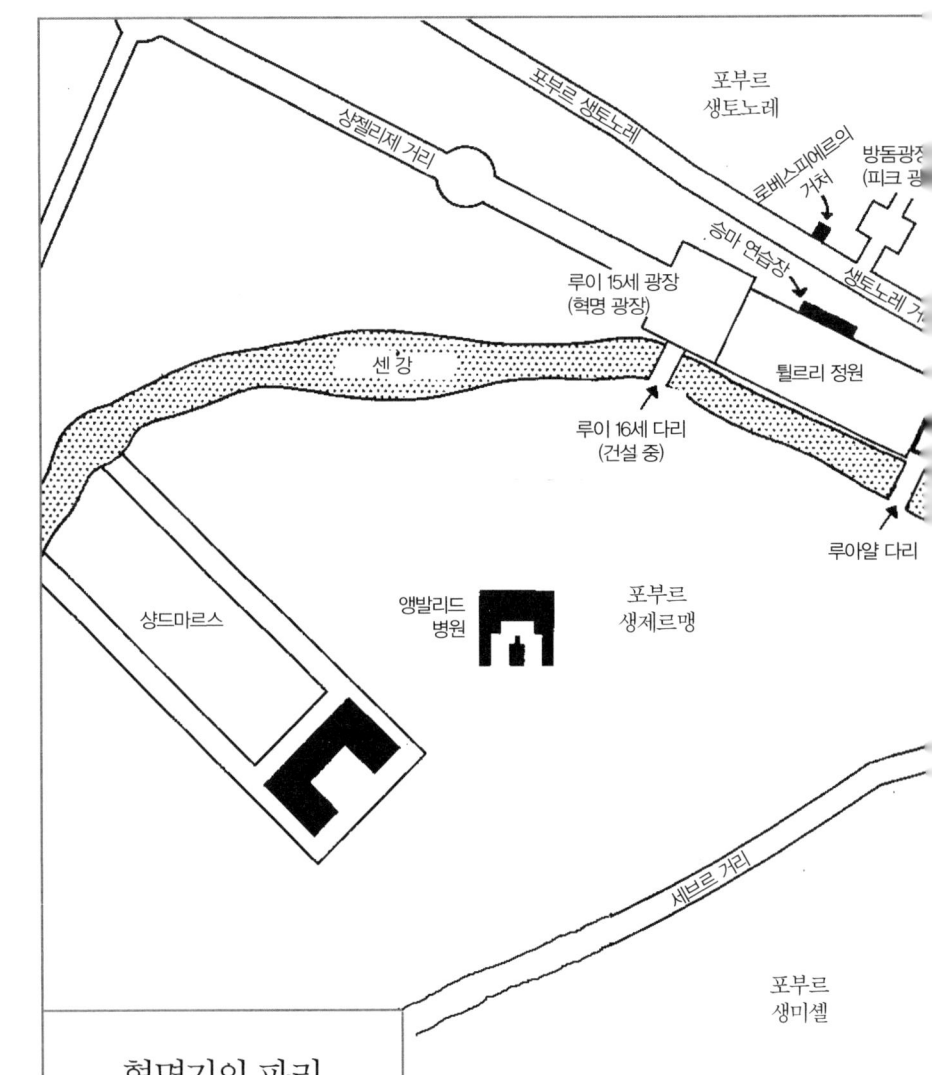

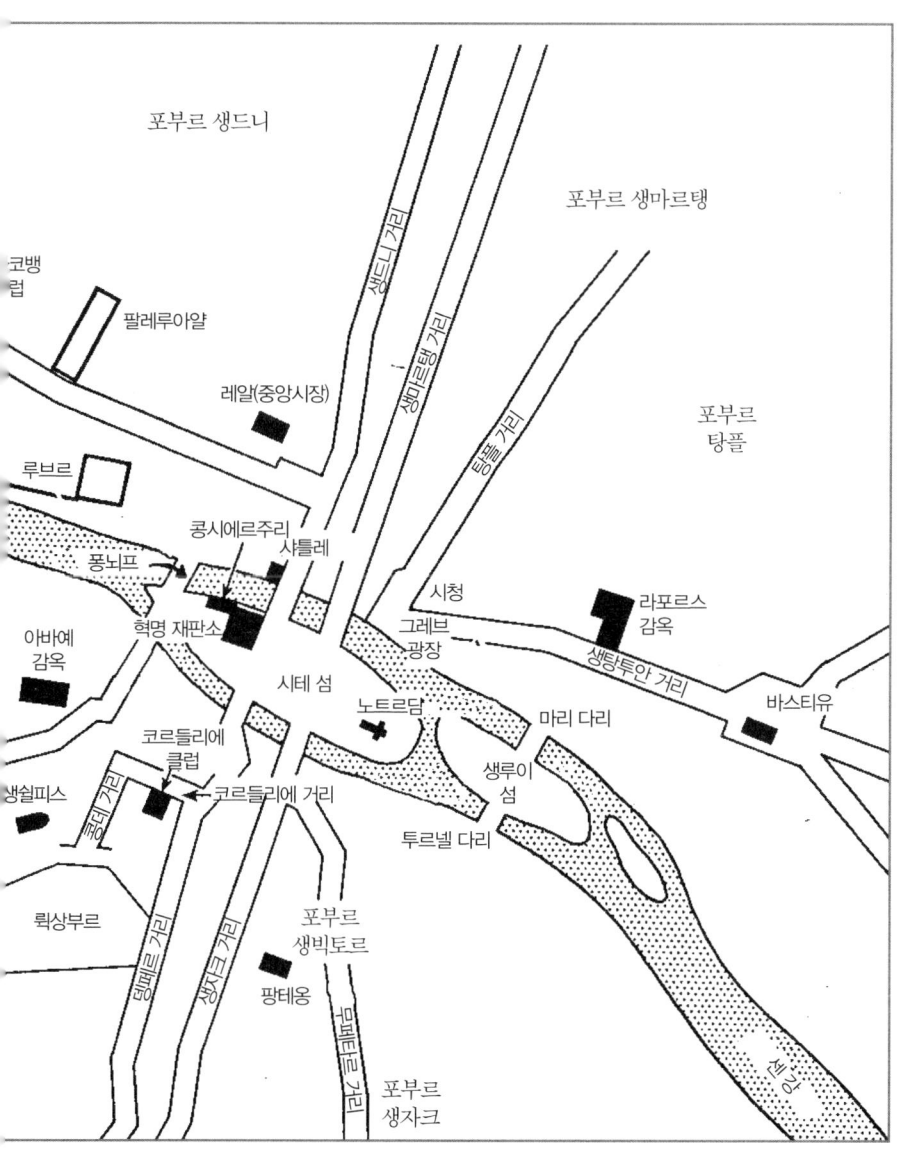

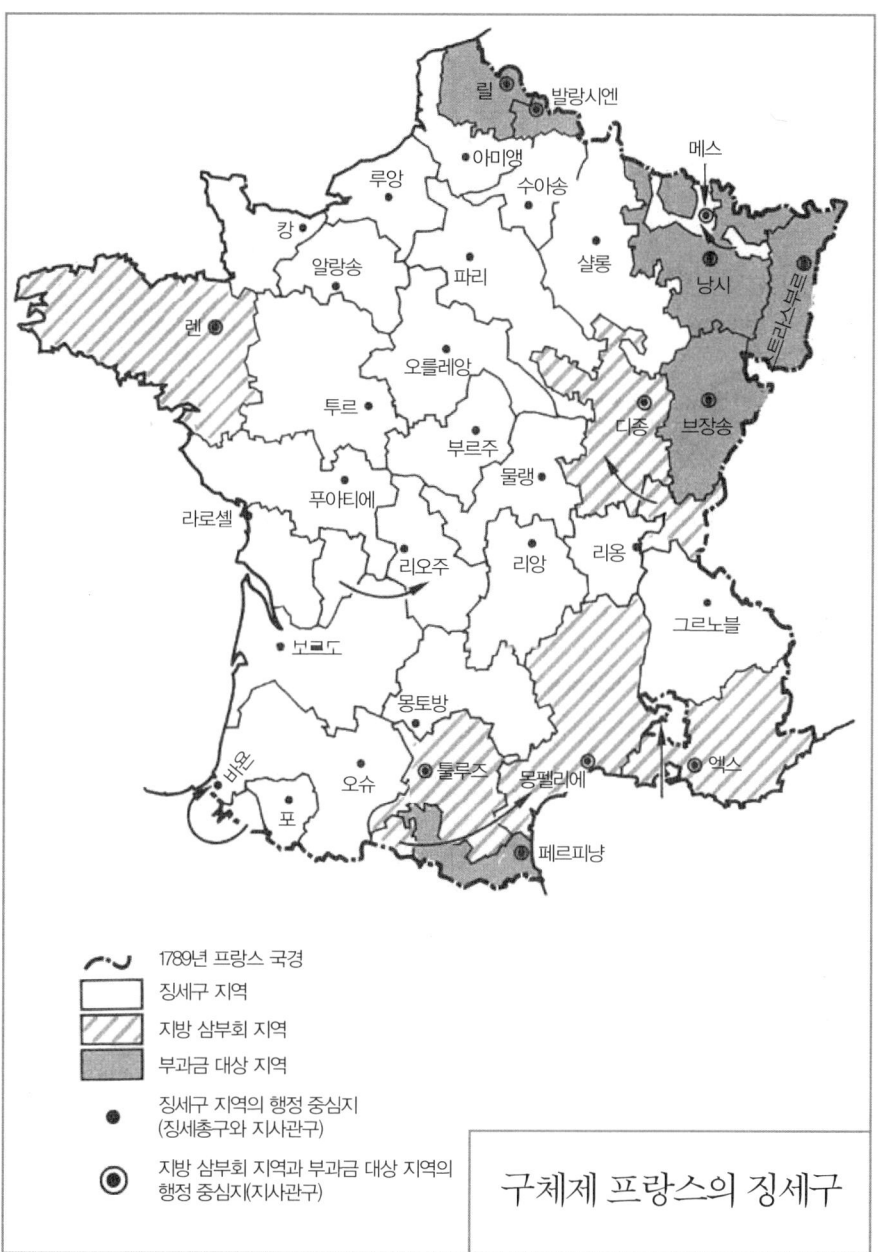

개정판 머리말(클로드 마조리크) • 11
머리말 • 20

서론부 구체제의 위기
1장 사회의 위기 • 33
2장 제도의 위기 • 93
3장 부르주아 혁명의 서장 : 특권계급의 반란 • 117

1부 국민, 국왕, 법
부르주아 혁명과 민중 운동 1789~1792년
1장 부르주아 혁명과 구체제의 와해 • 143
2장 제헌의회 : 타협의 실패 • 189
3장 제헌의회의 부르주아지와 프랑스의 재건 • 207
4장 제헌의회와 국왕의 탈주 • 245
5장 입법의회 : 전쟁과 왕위의 전복 • 265

2부 '자유의 전제'
혁명정부와 민중 운동 1792~1795년
1장 입법의회의 종언 : 혁명의 약진과 국가 방위 • 299
2장 지롱드파의 국민공회 : 자유주의적 부르주아지의 파산 • 311
3장 산악파의 국민공회 : 민중 운동과 공공 안전의 독재 • 363
4장 승리와 혁명정부의 몰락 • 419
5장 테르미도르파의 국민공회 : 부르주아 반동과 민중 운동의 종언 • 487

'유산자가 지배하는 나라'
부르주아 공화국과 사회의 공고화 1795~1799년

1장 테르미도르파 국민공회의 종언 :
1795년의 여러 조약과 혁명력 3년의 헌법 • 537

2장 제1차 총재정부 : 자유주의적 안정화의 실패 • 561

3장 제2차 총재정부 : 부르주아 공화국의 종언 • 607

혁명과 현대 프랑스

새로운 사회 • 657

부르주아 국가 • 687

국민적 통합과 권리의 평등 • 701

혁명의 유산 • 724

부록1 혁명적 군중 : 집단적 폭력과 사회적 관계 • 731
부록2 혁명이란 무엇인가? • 757
역자 후기 • 779
프랑스혁명 연표 • 791
찾아보기 • 800

| 개정판 머리말 |

알베르 소불은 1982년 9월 11일에 우리 곁을 떠났다. 프랑스 역사학뿐만 아니라, 전 세계의 그의 지인과 제자들에게 그의 죽음은 심대한 손실이었다. 그가 수행할 연구, 그가 출판할 저작들은 이제 쉽게 메우기 어려운 공백으로 남았다. 그리고 소불이 1789년의 200돌을 준비하기 위해 이미 연구와 출판 등 학술 사업 전체를 꾸리는 책임을 맡았기에 더욱 그러하다. 그 사업은 1989년의 대사(大事)에 따르는 연이은 축제 행사에 넉넉한 학술적 토대를 제공해줄 것이었다. 그런데 1789년 200돌이 임박한 바로 이러한 분위기 속에서 1982년 5월에 그는 그 유명한 《프랑스혁명사 개설(Précis d'histoire de la Révolution française)》을 실질적으로 수정하여 새로운 형식과 제목으로 재출판하자는 '에디시옹 소시알(Editions sociales, 사회 출판사)' 측의 제안을 기꺼이 받아들였다. 이 책은 1962년에 출간되어 이미 전 세계의 많은 언어로 번역되었다. 사실 명료함, 합리적 지성, 학문적 성실함의 본보기인 이 책에 새로운 생명을 주는 것보다 사람들이 200주년이라는 절호의 기회를 더 잘 준비할 수 있는 방법이 있겠는가? 이 기획을 잘 수행하고자 하는 유일한 목적을 품고 알베르 소불과 그의 가장 가까운 제자 가운데 한 사람

인 루앙 대학교 교수 기 르마르샹(Guy Lemarchand), 그리고 나까지 세 사람이 여러 번 만났고, 특히 7월 27일에는 님(Nîmes)에서 장시간 회의를 하기도 했다.

알베르 소불은 책 전체에 걸쳐 몇 가지 수정과 내용을 첨가하는 것 이외에도 세 가지 수정을 계획했다. 첫 번째는 서론인 '구체제의 위기'를 재집필하는 것이었다. 그는 여기서 사회 구조와 18세기 말의 경제 동향에 관한 최근의 연구 성과를 반영하고자 했다. 그는 이 연구들의 구체적인 결론을 자신의 서술에 통합하고자 했다. 왜냐하면 그 결론들 가운데 어느 것도 원저의 기본적인 논지를 무효화하지 않기 때문이었다. 두 번째, 그는 제2부 제3장 '산악파의 국민공회: 민중 운동과 공공 안전의 독재'의 재집필을 계획했다. 소불은 여기에서 밑으로부터의 혁명적 폭력과, 전쟁 중인 혁명 프랑스가 정치적으로 요청하는 국가 공포의 조직화 사이에 존재하는 모순적 관계에 관해 1977년 이래 소르본에서 강의해 온 내용을 반영하고자 했다. 마지막으로 소불은 책의 말미에 사학사적 개요를 넣는 것이 필요하다고 여겼다. 이는 프랑스혁명의 특수성을 보여주고, 동시에 프랑스에서 지난 2세기 동안 다양한 이데올로기가 충돌했던 장에서 불가피한 준거로서 프랑스혁명이 불러일으킨 쟁점을 보여주려는 의도였다.

소불은 오랫동안 프랑스혁명을 '가장 고전적인 형태의' 부르주아 혁명으로 생각해 왔지만, 지난 10년 이래 제자들과 함께 프랑스혁명이 하나의 '전범(典範)'이기는커녕 특수한 과정임을 납득하기에 이르렀다. 그는 이 과정이 프랑스 국민 특유의 모순적인 현실에 얼마나 깊게 뿌리 내리고 있는지를 보여주고 싶어 했다. 1789년 당시 이 현실은 아직 완전히 그 모습을 드러내지 않아, 그 자체로 고유한 근대 자본주의 사회를 향한 강력하고 특수한 이행 과정에 있었다.

알베르 소불은 1982년 10월 이전에 제2부 제3장의 새 원고를 '에디시옹 소시알'에 넘겨주기로 했고, 서론과 결론을 재집필하기 위한 여러 차례의 회의에서 오간 논의 내용은 기 르마르샹과 내가 작성한 녹취록에 근거하여 마무리해야 했다. 1982년 7월 28일, 알베르 소불은 내게 우리가 그에게 제안한 수정 사항들을 받아들인다고 쓰고는 다음과 같이 덧붙였다. "여보게, 클로드. 이 모든 것을 열심히 해주어 고맙네." 9월 9일, 나는 휴가에서 돌아오는 길에 통화하면서 그의 건강 상태가 급작스럽게 악화되었음을 알았다. 그런데도 그는 우리가 7월 이후 그에게 내놓은 모든 제안에 동의한다고 내게 재확인하면서 마무리를 위해 며칠 더 여유를 달라고 우리에게 부탁했다. 그러고는 이틀 후 유명(幽明)을 달리했다.

이렇듯 내가 '에디시옹 소시알'에 주기로 했던 것은, 완성되지 못하고 손질 중이던 《프랑스혁명사 개설》의 개정판이다. 이 책은 알베르 소불의 기억과 내가 30년 가까이 그로부터 받은 충실한 가르침과 그가 생의 마지막 여름에 내게 부탁한 희망 사항이 들어 있는 것이었다. 우리는 서론의 원문을 그대로 둔 채, 르마르샹이 덧붙이거나 수정하고 알베르 소불이 사망 직전에 받아들인 내용을 저자가 지적한 문단에 각괄호로 표시하여 집어넣기로 했다. 또한 우리는 소불이 다른 부분들에 대해 명시적으로 밝힌 바람을 고려하여, 책의 말미에 책 내용과 유기적인 연관성이 있는 두 편의 최근 논문을 부록으로 덧붙이기로 했다. 이 두 논문은 소불이 개정판에 반영하려 했지만 시간이 없어 손질하지 못한 것인데, 원문 그대로 전재한다. 하나는 〈혁명적 군중: 집단적 폭력과 사회적 관계(1789~1795)〉라는 마르크스주의연구소에서 강연한 원고인데, 같은 연구소의 〈역사연구(Cahiers d'histoire)〉 제5호(1981)에 실린 것이다. 다른 하나는 〈사상(la Pensée)〉 제217~218호(1981)에 실린 〈혁명이란 무엇인가?〉이다. 이렇게 구성된 이 《프랑스혁명사》는 소불에게 마무리할 시간이 있었다면 나왔을 결과물과는 확실히 다르지만, 그의 최종적 성찰이 분명히 드러나 있으며 그의 최근 연구 성과도 반영되어 있다.

알베르 소불의 학문 세계에서 《프랑스혁명사 개설》

프랑스혁명사를 다룬 이 개론서는 소불의 학문 세계에서 중심적인 위치를 차지한다. 1939년에 '에디시옹 소시알 앵테르나시오날(Editions sociales internationales)'* 출판사에서 처음 나온 《자유의 원년, 1789년 (1789, l'an I de la liberté)》은 1948년 교재로 출간되었다. 1950년에 재판을 찍자는 '에디시옹 소시알' 측의 제안에 알베르 소불은 1950년 6월 5일에 답장을 보내 동의를 표하면서 다음과 같이 덧붙였다. "당연히 나는 수정하고 싶습니다. 특히 서론은 너무 도식적이고 기계론적이어서 다시 쓰는 것이 좋겠다고 생각합니다. 나머지 부분 수정은 대수롭지 않은 것입니다. 20년 안에 나의 역량이 좀 더 커지면, 이제 어렴풋하게나마 보이기 시작하는 완전히 다른 방식으로 모든 것을 다시 쓰고 싶습니다." 소불은 박사 학위 논문의 심사를 통과한 지 3년 만인 1960년에 이 새로운 '모든 것', 곧 《프랑스혁명사 개설》의 집필에 착수했고, 1961년 가을에 나는 소불이 손으로 정서한 최종 원고를 읽는 영광을 누렸다. 어떤 의미에서 《프랑스혁명사 개설》은 당시 부분적으로만 실현됐던 학문적인 대(大)작업의 첫 결산이었다. 소불은 학문 노동자로서 삶의 첫 시절을, 1789년과 파리 코뮌을 포함한 19세기의 혁명들이 근본적으로 새로운 것을 배태했음을 이해하는 데 바쳤다. 그는 구체제에서 새로운 프랑스로 빠르게 이행하고 있는 사회의 근본적인 움직임 속에서, 이데올로기적·정신적 변화에 직면하여 새로운 민주적 가

---

* 코민테른이 프랑스에서 소유했던 출판사 가운데 하나였다. 1927년에 문을 열었고 1944년에 '에디시옹 소시알'로 개명했다.

치들이 새롭게 나타난 데 주목했다. 소불은 조르주 르페브르(Georges Lefebvre)를 따라 그와 지적으로 밀접한 관계를 맺으며 자신을 사로잡은 이 구체적인 역사적 국면에 나타난 계급투쟁이라는 특별한 움직임을 탐구하였다. 그는 이 과정에서 역사의 장에서 계급투쟁을 퇴출시켰다고 주장하는 이론들로부터 자신의 논지를 굳건하게 지켜내는 한편, 구체적인 지식을 획득하는 수고를 면제해준다는 모든 형태의 환원론적 도식주의 역시 강력하게 거부했다. 알베르 소불은 대작인 학위논문 《혁명력 2년의 파리 상퀼로트들(Les Sans-culottes parisiens de l'an II)》을 1958년에 내놓고 1962년에 정식 출간한 후 이 논문이 영어, 이탈리아어, 독일어, 러시아어 등으로 번역되자, 20세기에 장 조레스(Jean Jaurès), 알베르 마티에(Albert Mathiez), 르페브르 등의 이름으로 빛나는, 혁명에 대한 고전적 해석에서 가장 탁월한 전문가의 한 사람으로 자리 잡았다. 사실이지 그는 회고적인 역사사회학의 진정한 창시자가 되었다. 그러나 그는 로베스피에르주의(robespierrisme)의 막대한 영향력을 인정하는 것이 곧 혁명 과정에서 발생하는 모순들을 무시하게 되는 일방적인 시각에 갇히기는커녕, 오히려 프랑스 부르주아 혁명의 전 과정에서 작동하는 모순들의 사회적 성격을 드러내 보였다. 이로부터 상퀼로트들, 혁명력 2년의 병사들, 농민들을 통한, 그의 표현을 따르면 '아래로부터 보는(vue d'en bas)' 혁명에 대한 그의 관점이 생겨났다.

이어서 알베르 소불은 이론적 관심의 연장으로서 엄격한 비교 연구를 통해 근대 자본주의 사회로 이행하는 경로를 분석했으며, 이는 그를 세계 도처로 이끌었다. 1982년에도 여전히 현재 진행형인 이러한 노력의 첫 번째 종합을 우리는 실로 탁월한 《프랑스혁명사 개설》(1962년 초판, 1972년 재판)에서 발견할 수 있다. 지난 20년간 이 책은 고전이 되었고, 특히 많은 언어로 번역되었다. 이런 성공의 이유는 내가 보기에 명백하다. 소불은 프랑스혁명 10년에 대한 섬세하고도 열정적인 성찰을 제안함으로써 모든 진정한 혁명들이 제기하는 핵심적인 물음에 응답했다. 어떻게 이렇게 거대한 움직임이 가능했는가? 어떻게, 그리고 어느 정도로 이 혁명을 만든 이들이 세계를 변화시켰으며, 어떻게 그들은 인간만사를 변모시키면서 스스로 변모했을까? 좀 더 부연하면, 이 책의 목차는 엄밀하고 균형이 잡혀 있어, 혁명의 궤적과 사건들을 명료하게 보여준다. 사건들은 최상의 사료에 근거해 재구성되고 전문적 연구의 깊이 있는 인식을 바탕으로 삼아 해석되어 있어 독자가 쉽게 따라갈 수 있다. 겉멋 부리지 않는 명쾌한 문체와 오늘날 교양층이 사용하는 어휘를 구사해 누구든지 노력만 하면 이 책에 쉽게 접근하여 도움을 받을 수 있고, 프랑스혁명이 왜, 그리고 어떻게 일어나고 전개됐는지 스스로 살펴볼 수 있을 것이다.

저자는 구체제 위기의 구조적이고 주기변동적인 토대에 대한 체계적인 연구를 거쳐, 혁명을 앞으로 나아가도록 추동했던 사회적·정치적 모순의 본질을 설명하는 데 이 책의 가장 많은 부분을 할애했다. 자코뱅 시기의 민주적 급진주의부터 프랑스의 제도적 공고화를 여러 형태로 모색한 것에 이르기까지, 봉건제의 잔재부터 현대 사회의 중추적인 제도들의 확립에 이르기까지.

이것이 바로 《프랑스혁명사 개설》이다. 이 책은 당대의 학문적 종합이며, 알베르 소불의 역사학에서 그렇게도 풍요로웠던 첫 번째 시기의 결산이다. 그러나 그것은 결코 단순한 마무리는 아니었으며, 그가 끊임없이 확장시키게 될 성찰을 예고했다. 이후 새로운 사회로의 이행의 여러 경로에 관한 성찰은 최근 소불 탐구의 핵심이 되기에 이르렀다. 그가 주간지 〈혁명(Révolution)〉 1980년 9월 26일 자에 조르주 마르셰*의 책

마르셰(Georges Marchais) 금속노동자 출신이며, 1972~1994년에 프랑스 공산당 서기장을 지냈고 1981년 대선에 출마하여 제1차 선거에서 15.34퍼센트를 득표했다. 소불이 서평을 쓴 책은 아마도 대선의 출사표였을 것이다.

《현재에 주는 희망(l'Espoir au présent)》에 대해 다음과 같이 쓴 것도 그런 맥락이다. "역사에서든 정치에서든 전범(典範)은 없으며 오직 여러 경로만이 있을 뿐이다. 미래를 향한 프랑스의 길은 오직 완강한 투쟁을 통해서만 열릴 것이다." 그러나 알베르 소불의 역사적 사유에 나타난 최근의 이러한 측면을 분석하는 것은 이 머리말의 범위를 넘어서는 일이다. 여기서 우리에게는 그의 연구와 성찰의 움직임 속에서 《프랑스혁명사 개설》이 차지하는 위상을 지적하는 것으로 충분하다.

인간이자 역사가로서 알베르 소불

알베르 소불은 프랑스만이 아니라 전 세계에서 프랑스대혁명에 관한 우리의 지식을 가장 깊고 가장 넓게 확장한 탁월한 연구자이다. 그는 프랑스혁명이 "현대 세계의 서막을 열었다."고 말하기를 좋아했다. 소불은 1914년 4월 27일에 알제리 오랑 지역의 안미무사에서, 아르데슈 출신의 소농 식민자 가정에서 태어났다. 소불이 태어난 해에 아버지가 벨기에 전선에서 사망하여 그는 아주 어릴 적부터 전쟁 고아이자 '국가 유자녀'였다. 그는 누나와 함께 님에서 고모인 교육학자 마리 소불(Marie Soboul)의 양육을 받았다. 고모는 여자 사범 학교의 교장이었는데, 님의 '혁명 광장'에 있는 그 학교는 영원히 그의 기억 속에 남았다. 이렇게 반(反)교권적이고 훌륭한 공화주의적 환경에서 알베르 소불은 민주주의 정신과 문자 그대로 루소주의적인 공민적 헌신이라는 고양된 덕성이 지배하는 교육을 받았고, 아울러 책, 특히 영혼을 빚어내는 미슐레, 마티에의 역사서에 대한 존중을 강조하는 교육을 받았다.

소불은 님 고등학교에 이어서 루이르그랑(Louis-Le-Grand) 고등학교에서 기숙 생활을 거친 뒤 1938년에 역사 과목 교수 자격 시험

(agrégation)에 합격했다. 그는 즉시 1년간의 연구 장학금을 얻어 위대한 중세사가인 마르크 블로크(Marc Bloch)와 실망스런 접촉을 한 후에 프랑스혁명사의 기초를 익혔다. 소불은 1939년에 사병으로 동원되어 마차포병대에서 복무했고, 1940년에 6필의 말이 끄는 포대와 함께 프랑스 북부로부터 남서부까지 전투 없이 후퇴하는 굴욕을 맛보았다. 이 경험은 그에게 지속적인 영향을 끼쳤다. 1932년 이래 프랑스 공산당 당원이었던 소불은 제대 후에 몽펠리에의 조프르(Joffre) 고등학교에서 교사 생활을 하던 중 1942년 7월 14일의 애국 시위 과정에서 체포되자마자, 그의 말에 따르면 '비시 사이비 정부'의 소환을 받았다. 이후 2년간 그는 지하 활동에 가담했고, 임시직을 전전하며 생계를 꾸렸다. 해방이 되자, 그는 파리의 교육 현장으로 복귀했다. 그는 마르슬랭 베르틀로(Marcellin-Berthelot) 고등학교와 앙리 4세(Henri-IV) 고등학교에서 계속 가르쳤고, 1946~1948년 2년간의 무급 휴직을 거쳐 앙리 4세 고등학교에 다시 발령을 받았다. 이어서 1950년 10월에서 1953년 10월까지 국립학술연구원에 보조 연구원 자리를 얻었고, 다시 교직에 복귀하여 장송 드 사이이(Jeanson de Sailly) 고등학교에 이어서 다시 앙리 4세 고등학교에서 근무했다. 앙리 4세 고등학교에 근무하면서 1958년 11월 29일에 박사 학위 논문 심사를 통과했고, 1960년 9월 28일에 클레르몽페랑 대학교의 문학부 교수(chargé d'enseignement)로 임명되었다. 소불은 1962년에 이 대학의 정교수가 되었고, 마르셀 레나르(Marcel Reinhard)의 뒤를 이어 알퐁스 올라르(Alphonse Aulard), 필리프 사냐크(Philippe Sagnac), 마티에, 르페브르가 맡았던 영예로운 자리인 소르본 대학교의 프랑스혁명사 강좌 주임교수로 1967년에 임명되었다. 이후 알베르 소불은 죽을 때까지 교육자, 역사가, 연구 책임자로서 업무에 쉼없이 헌신했다. 그는 논문이 거의 끝나 가는 여러 제자들의 박사 학위 구두 심사를 지켜보기 위해 1982년 신학기부터 2년 더 정년을 연장

하기를 희망했다. 그의 이런 요구에는 근거가 있었다. 비시정부가 그를 파면했었는데, 이제 그는 경력의 말미에 이 배반의 정부가 빼앗은 것을 회복할 권리를 부여받았던 것이다. 하지만 죽음이 그것을 가로막았다.

소불은 세계적인 명성을 지닌 학자로서 라틴 아메리카와 미국, 영국과 오스트레일리아, 중국과 일본, 소련과 독일, 유럽 전역, 아프리카, 근동 등 전 세계에서 가르쳤거나 강연을 했다.

그는 부다페스트 학술원과 베를린 학술원의 통신 회원이었고, 라이프치히의 카를 마르크스 대학교, 모스크바의 로모노소프 대학교, 그 밖에 오스트레일리아와 아메리카의 여러 대학교에서 명예 박사 학위를 받았다. 사반세기가 넘게 알베르 소불이란 이름은 프랑스 학문과 역사학의 명예를 드높였다.

이상이 소불의 학문과 인물에 대한 간략한 소개이다. '에디시옹 소시알'은 프랑스혁명사에 관한 이 대작을 새로운 제목을 붙여 우리가 제안한 형식에 따라 개정판을 낸다. 한편으로 이 책이 속한 '대지(Terrains) 총서'에 새로운 귀족 증서를 부여하는 기분이며, 다른 한편으로는 죽음의 망각을 넘어 알베르 소불에게 우리의 존경과 감사의 말씀을 드린다.

클로드 마조리크
역사가이자 '에디시옹 소시알' 대표

| 머리말 |

프랑스혁명은 17세기의 네덜란드혁명 및 영국혁명과 더불어 부르주아지를 세계의 주인으로 만든 오랜 경제적·사회적 발전 과정의 정점을 이룬다.

오늘날 일반적으로 받아들여지는 이 진리는, 부르주아지 가운데 가장 의식적인 분자인 교리파*가 이미 19세기에 주장하였다. 프랑수아 기조(François Guizot)는 1830년의 헌장(Charte)을 역사적으로 정당화하기 위해, 영국 사회와 마찬가지로 프랑스 사회의 독창성이 본질적으로 민중과 특권계급 사이에 부르주아지라는 강력한 계급이 존재한다는 데 있음을 입증하였다. 바로 이 부르주아지가 서서히 새로운 사회의 이데올로기를 빚어내고 그 틀을 창출하였으며, 1789년은 그 축성식이었다. 기조의 뒤를 이어 알렉시 드 토크빌(Alexis de Tocqueville)과 이폴리트 텐(Hippolyte Taine)이 이 견해를 지지했다. '일종의 종교적 공포심'을

교리파(doctrinaires) 이 정파의 지도자인 피에르 루아예 콜라르(Pierre Royer-Collard)가 혁명기에 폐쇄된 '기독교 교리보급회(Doctrine chrétienne)'라는 가톨릭 교단의 건물을 빌려 학술 활동을 벌인 데서 연유했다. 원래 이 교단의 사제들을 'les doctrinaires'라고 불렀다. 이 정파는 제한 선거제에 입각한 입헌군주제를 지지하여 왕정복고기에 중도적 성향을 보였다.

느끼며 토크빌은 "수 세기 전부터 온갖 장애를 뚫고 전진해 왔고, 오늘날에도 우리가 목격하듯이 그 과정에서 생긴 폐허의 한복판을 가로질러 나아가는 이 불가항력적인 혁명에 대하여"라고 말했다. 텐은 부르주아지가 사회의 사다리를 더디게 올라가다가 결국 불평등을 견딜 수 없다고 느끼게 되는 과정을 개괄적으로 제시하였다. 이 역사가들은 비록 부르주아지의 탄생과 성장을 가능하게 했던 일차적 원인이 동산(動産)과 상업적 기업과 산업적 기업의 출현과 발전에 있음을 확신했지만, 혁명의 경제적 기원이나 혁명을 수행한 사회 계급을 상세히 연구하는 데에는 관심이 없었다.

특히 이 부르주아지 출신 역사가들은 그들의 통찰력에도 불구하고, 궁극적으로 생산 관계와 생산력의 성격 사이의 모순에 의하여 혁명이 설명된다는 문제의 본질을 규명할 수 없었다. 카를 마르크스(Karl Marx)와 프리드리히 엥겔스(Friedrich Engels)는 《공산당 선언》에서 처음으로 부르주아지의 힘이 토대가 되는 생산 수단이 바로 '봉건 사회'의 태내에서 창출되고 발전되어 왔음을 힘주어 강조했다. 18세기 말에 이르자 소유제와 농업 및 매뉴팩처 조직은 한창 비약 중인 생산력에 더는 조응하지 않게 되었으며, 결국 그만큼 생산에 족쇄가 되었다. 《공산당 선언》의 저자들은 다음과 같이 썼다. "이러한 족쇄는 분쇄되어야 했다. 그리고 그것은 분쇄되었다."

장 조레스(Jean Jaurès)는 어느 정도 역사적 유물론의 영향을 받아(단지 어느 정도일 뿐이다. 사실상 그는 《프랑스혁명의 사회주의사》 서문에서, 자신의 역사 해석이 마르크스와 마찬가지로 유물론적이며 동시에 쥘 미슐레 Jules Michelet와 마찬가지로 신비주의적이라고 썼다.), 이 감동적인 거대한 벽화 속에 혁명의 경제사회적 하부 구조를 비로소 복원해놓았다. 그리고 이것은 아직까지도 기념비적 업적으로 평가받는다. 조레스는 이렇게 썼다. "우리는 경제적 조건과 생산 및 소유권의 형태가 바로 역사의 토대임을 안다." 조레스는 혁명에 관한 역사 서술을 발전시켰는데, 이는 역시 의심할 여지 없이 20세기 초 노동 운동의 비약적인 성장 덕택이었다. 알베르 마티에(Albert Mathiez)는 1922년에 조레스의 《프랑스혁명의 사회주의사》 신판에 쓴 서문에서 이 점을 명료하게 표현하지는 않았지만 느끼고는 있었다. 마티에는 조레스가 정치 투쟁을 벌일 때와 "마찬가지의 날카로운 감각과 후각"을 가지고 과거 기록을 연구하는 데 몰두했다고 썼다. "의회와 정당의 열띤 생활에 몸담았던 그는 혁명가들의 흥분과 명확하든 애매하든 그들의 사상을 되살리는 데 그 어떤 교수나 책상물림보다 더 적격이었다." 하지만 조레스의 저작은 도식주의라는 오류를 범한 것 같다. 그에게는 혁명이 그야말로 단선적으로 전개되었다. 즉, 혁명의 원인은 성숙기에 도달한 부르주아지의 경제적·지적 능력에 있으며, 혁명의 결과로 이러한 능력이 법을 통해 축성되었다.

사냐크와 마티에는 한걸음 더 나아가 18세기에 있었던 특권계급의 반동이 1787~1788년에 절정에 달했음을 명확하게 밝혔다. 마티에는 이를 '귀족의 반란'(révolte nobiliaire)이라는 모호한 표현으로 지칭하였다. 귀족의 반란이란 모든 개혁 시도에 대한 귀족층의 맹렬한 반대, 또한 소수 특권층에 의한 모든 국가 직위 독점, 사회적 우위권을 상층 부르주아지와 공유하는 데 대한 완고한 거부를 말한다. 이렇게 하여 프랑스혁명이 폭력적인 성격을 띤다는 점과, 부르주아지의 출현이 점진적인 진화가 아니라 돌연한 질적 변화의 결과라는 점이 설명될 수 있었다.

그러나 혁명은 부르주아지만의 작품은 아니었다. 조레스에 이어 마티에는 제3신분의 급속한 분해와, 부르주아지 내의 다양한 분파와 민중계급 사이에서 곧 나타나는 적대 관계에 주목하면서 혁명사 및 그 연속적인 여러 단계의 진전에서 보이는 복잡성을 이해했다. 당시만 해도 역사가들이 파리와 대도시의 광경에만 주의를 집중하였던 반면에, 조르주 르페브르는 시선을 돌려(18세기 말의 프랑스는 기본적으로 여전히 농촌 사회였기 때문에) 농민 연구에 몰두했다. 르페브르의 연구 이전에 농민의 행동은 부르주아지에 동조해 본질적으로 봉건제 및 왕권에 대항하는, 도시민 운동의 반향에 불과한 것으로 여겨졌다. 이런 식으로 혁명의 동질성과 그 과정의 장엄함이 유지되었다. 르페브르는 정밀한 사회적 분석에서 출발하여, 부르주아 혁명의 틀 안에서 그 기원과 방식, 위기 및 성향에서 고유한 자율성을 지닌 농민의 흐름이 발전했음을 보여주었다. 하지만 농민 운동의 기본 목표는 봉건적 생산 관계의 파괴라는 부르주아 혁명의 목적과 일치하는 것이었음을 분명히 강조할 필요가 있다. 혁명은 농촌에서 오래된 소유제를 파괴하고, 전통적인 농업 조직의 붕괴를 가속화했다.

르페브르의 업적은 논증의 근거 및 본보기로서 가치가 있다. 그가 개척한 분야를 제쳐놓는다면, 혁명이 사회사는 다시 써야 할 것이다. 사실상 사회사만이 인식의 진전을 가능하게 한다. 우리는 오직 토지 재산 및 동산, 그리고 다양한 사회 계급 및 그것들을 구성하는 집단들의 경제적 능력에 대한 세밀한 분석에서 출발할 때에만, 계급 간의 대립과 투쟁의 작용을 이해하고 혁명 운동의 성쇠와 진전을 규정할 수 있으며, 마침내 혁명의 영향에 관한 정확한 대차 대조표를 작성할 수 있다.

이미 한 세기 반 이전부터 부르주아지가 명실상부한 지배권을 행사해 왔는데도 우리가 혁명기의 프랑스 부르주아지에 관한 어떠한 역사도 지니고 있지 못하다는 사실은 의미심장하다. 경제적 능력보다는 정신 구조(mentalité) 연구에 집중한 몇몇 논문들과 한 지역이나 한 도시, 한 가문이나 사회적 범주를 다룬 몇몇 전문적 연구—이런 전문적 연구는 사료 연구에 천착하여 앞으로의 방향을 제시한다는 점에서 귀중하지만—를 제외한다면, 이 분야의 혁명 연구는 아직 미미한 수준임을 확인할 수밖에 없다. 분명히 '사교계', 즉 상류 사회나 지배계급에 관한 서술은 적지 않다. 그러나 이것들은 회고록이나 서한에 의지하여, 겨우 풍속도나 관념의 윤곽만을 제시할 뿐이다. 중요한 것은 생산 관계, 소득 및 인구 규모를 정확히 아는 것이다. 우리에게는 혁명기 부르주아지의 역사만이 아니라 귀족의 역사도 없으며, 도시 민중계급의 역사는 이제야 겨우 형태를 갖추기 시작했다. 진지한 역사 연구의 첫 번째 목표는 수집한 자료의 범위 내에서 경제적 문헌과 세무 관련 문헌이 제공하는 통계 자료에 기반하여 지방 혹은 지역의 전문적 연구를 확보하는 일이다. 그런 다음에야 비로소 다양한 사회 계급 및 범주에 관한 종합적인 연구가 가능하며, 그럴 때에만 변증법적 운동의 복잡성 속에서 계급 간의 대립을 규명하고 계급투쟁을 추적할 수 있다. 예를 들어 우리는 서인도제도의 설탕 재배와 이와 연관된 대규모 해상 교역에 관한 서술은 종종 접하지만, 보르도의 부르주아지에 관한 깊이 있는 저술은 볼 수 없는 실정이다. 지롱드파가 대변했던 사회 집단의 재산과 능력이 평가되고 그 집단의 경계가 그어지지 않는 한, 그들에 관한 모든 고찰은 불모 상태로 남을 것이다.

　이러한 예를 열거하기는 쉬운 일이리라. 당시 사회 세력에 대한 정확한 지식이 부족하기 때문에 우리는 거대한 영역이 아직 미개척 상태로 남아 있고 혁명의 무수한 국면 변화가 어둠 속에 묻혀 있음을 확인하게 된다.

서론부

구체제의 위기

1789년 당시 프랑스는 나중에 '구체제'(앙시앵 레짐, Ancien Régime)라고 불리는 틀 안에 있었다.

구체제 사회는 본질적으로 특권계급이 지배했다. 그들의 기반은 출신의 특권과 토지 재산이었다. 그러나 이러한 전통적인 사회 구조는 동산의 중요성과 부르주아지의 힘을 증대시킨 경제적 변화에 침식당했다. 그와 동시에 실증적 지식의 진보와 계몽 철학의 자신에 찬 활력이 기존 질서의 이데올로기적 기초를 무너뜨려 갔다. 18세기 말까지도 프랑스는 여전히 본질적으로 농업과 수공업의 나라였으나, 대규모 상업의 발달과 대규모 공업의 〔여전히 매우 제한적인 최근의〕* 출현은 전통적인 경제를 변모시켰다. 물론 자본주의의 발전과 경제적 자유의 요구는 전통적 경제 질서에 집착했던 사회적 범주들의 격렬한 저항을 유발했다. 그러나 부르주아지에게 그것은 불가피한 것이었고, 철학자와 경제학자들은 부르주아지의 사회적·정치적 이익에 부합하는 교리를 빚어냈다. 귀족은

---

*〔 〕 괄호 안의 구절은 본서의 필자인 소불이 사망하기 전에 그로부터 직접 부탁을 받아 그의 제자인 클로드 마조리크와 기 르마르샹이 최근의 연구 성과를 반영하기 위해 첨가한 것이다. 이에 대한 자세한 설명은 마조리크의 머리말 참조.

공식적인 계서제에서는 최고 지위를 유지할 수 있었으나, 경제적 능력과 사회적 역할에서는 [상대적으로] 몰락의 길을 걸었다.

민중계급, 특히 농민계급은 구체제 및 봉건제의 온갖 부담을 짊어졌다. 이들은 자신들의 권리가 무엇이며 자신들이 얼마나 강력한지 아직 모르고 있었다. 그들에게는 강력한 경제적 기반과 탁월한 지적 능력을 지닌 부르주아지가 자신들의 유일한 인도자로 보이는 것도 당연한 일이었다. 18세기 프랑스의 부르주아지는 자신들의 과거와 역할, 그리고 이익에 상응하는 철학을 빚어냈다. 이 철학은 시야가 광대하고 견고한 이성적 토대를 갖춰 구체제를 비판하고 파괴하는 데 이바지하면서도, 보편적 가치를 띠고 있어 모든 프랑스인과 전 인류에게 호소할 수 있었다.

계몽사상은 삶과 사회에 대한 전통적인 관념을, 인간 정신과 과학적 지식의 무한한 진보에 대한 신념에 기반한 사회적 행복이라는 이상으로 대체했다. 인간은 자신의 존엄성을 재발견하였다. 정치적 영역은 물론이고 경제적 영역 등 모든 영역에서 완전한 자유는 인간의 활동을 자극할 것이었다. 계몽사상가들은 자연을 더 잘 지배하기 위한 지식의 확대와 총체적 부의 증대를 목표로 제시했다. 이렇듯 인간 사회는 완전히 개화될 수 있다는 것이었다.

이 새로운 이상 앞에서 구체제는 방어 자세를 취할 수밖에 없었다. 군주제는 언제나 신권(神權)의 지배를 받았다. 프랑스 국왕은 신이 지상에 내린 대리인으로 간주되었으며, 이 사실에 근거하여 절대적 권력을 누렸다. 그러나 이 절대주의 체제는 의지를 잃었다. 루이 16세는 결국 절대 권력을 특권계급의 손아귀에 넘겨주고 말았다. '특권계급의 혁명'(révolution aristocratique)이라고 불리는 것이(이것은 오히려 '귀족의 반동' 혹은 더 제대로 말하자면 '특권계급의 반동'인데, 이들은 폭력과 반란에 호소하는 것을 조금도 망설이지 않았다) 1789년의 부르주아 혁명에 앞서 1787년에 일어났다. 종종 뛰어난 행정 관료가 없지 않았지만 장바티스트 드 마쇼 다르누빌(Jean-Baptiste de Machault d'Arnouville), 르네 니콜라 드 모푸(René Nicolas de Maupeou), 안 로베르 자크 튀르고(Anne Robert Jacques Turgot)의 구조 개혁 시도들은 특권계급의 보루인 고등법원(Parlements)과 지방 삼부회(tats provinciaux)의 완강한 저항에 부딪혀 실패했다. 그 결과 행정 조직은 좀처럼 개선될 수 없었고 구체제는 불완전한 상태로 남았다.

군주제의 제도들은 거의 모든 측면에서 루이 14세 치하에서 최종적인 형태를 갖추었다. 루이 16세는 5대조(즉 루이 14세)와 마찬가지로 대신들과 여러 참사회에 의존해 통치하였다. 그런데 루이 14세는 비록 일찍이 보지 못한 권위를 군주제에 부여하긴 했지만 체제를 논리적이고 일관된 구조로 만들지는 못하였다. 18세기에 들어 국민적 통합은 상당한 진전을 이루었다. 교통과 경제적 관계의 발달, 콜레주(collège) 교육을 통한 고전 문화의 보급, 독서, 살롱, 사상협회(sociétés de pensée) 등을 통한 계몽 철학의 보급이 이 진전을 촉진하였다. 하지만 이러한 국민적 통합은 여전히 불완전했다. 도시와 주(province)들은 각기 특권을 지녔다. 북부는 관습법을 유지했던 반면에, 남부는 로마법을 따랐다. 다양한 도량형제, 통행세 및 내국 관세가 전국적인 차원의 경제 통합을 어렵게 했고, 가끔 프랑스인을 자신의 나라에서 외국인으로 만들었다. 혼란과 무질서가 여전히 행정 조직의 특징을 이루었다. 사법, 재정, 군사, 종교의 관할 구역이 겹쳐 서로를 침범하였다.

구체제의 구조가 사회와 국가 속에 온존하였던 반면에, 에르네스트 라브루스(Ernest Labrousse)의 용어를 빌리면 '주기변동(周期變動)의 진정한 혁명'이 사회적 긴장을 증폭시켰다. 인구 증가와 물가 상승이 맞물려 위기를 악화시켰다.

　18세기, 특히 1740년 이후 현저해진 프랑스의 인구 증가는 정체기에 뒤이어 나타났기에 더욱 두드러져 보였지만, 사실상 대수로운 것은 아니었다. 프랑스 왕국의 인구는 [1789년의 국경을 기준으로 1700년경에 2080만 명, 1790년에 2760만 명으로] 추산할 수 있다. 자크 네케르(Jacques Necker)는 《프랑스의 재무행정》(1784)에서 2470만 명이라는 약간 적은 수치를 제시하였다. [2700~2800만 명이라고 한다면 증가율은 32퍼센트인데, 지역에 따라 달라 에노와 알자스에서는 높았고 노르망디에서는 낮았다.] 같은 시기에 영국은 9백만 명을 넘지 못했고(1세기 동안 증가율은 80퍼센트였다), 에스파냐는 1050만 명이었다. 프랑스의 출산율은 여전히 높아 그 비율이 [38퍼밀]에 이르렀지만, 출산율 저하의 일정한 경향이 특히 특권계급의 가족과, [파리와 파리 분지의 평원에서] 나타났다. 매년 큰 차이를 보인 사망률은 [1750년 이후에 벌인 위생과 의학의 보급 운동에도 불구하고 아마도 약간 낮아지거나 전혀 낮아지지 않아 대략 35퍼밀 정도에 머물렀다.] 대혁명 전야에 평균 수명은 약 29세로 높아졌다. 이러한 인구 증가는 [1720년대부터 나타났다.] 이것은 특히 17세기가 경험했던(1709년의 '대혹한' 때와 같은) 영양실조와 기근, 그리고 전염병에 의한 대위기가 사라진 데에서 비롯했다. 1741~1742년 이후 '기근'이라는 형태의 위기는 사라지는 경향을 보였다. 출산율은 단순히 제 수준만 유지하더라도 사망률을 앞지르게 되며, 특히 민중계급과 도시에서 인구 증가를 야기하였다. 사실상 인구 증가의 압력에서 이득을 본 것은 농촌보다는 도시였던 것 같다. 1789년에 주민이 1만 명이 넘는 도시는 60여 개를 헤아렸다. 2천 명 이상의 주민이 있는 경우를 도시의 범주에 넣는다면, 도시 인구는 [최소한] 약 16퍼센트, [최대 20퍼센트에] 이르는 것으로 평가할 수 있다. 이런 인구 증가는 농업 생산물의 수요를 증가시켜, 물가 상승을 부채질하였다.

18세기 프랑스에서 물가와 소득의 움직임은 1733년에서 1817년에 걸친 세기적인 상승이라는 특징을 보인다. 프랑수아 시미앙(François Simiand)의 용어를 빌리면, 이 국면 A는 1730년경까지 지속된 17세기의 불황 국면 B를 이은 것이었다. 장기 지속적인 움직임의 기점은 1733년경이었다.(리브르 화폐는 1726년에 안정되었으며, 대혁명까지는 화폐 가치에 어떠한 변화도 없었다.) 1758년경까지 완만했던 물가 상승은 1758~1770년(루이 15세의 '황금시대')에 급격해졌다. 그 뒤 잠시 안정됐다가 혁명 전야에 다시 급등하였다. 라브루스는 1726~1741년의 시기를 지수 100으로 하여 24종류의 식료품이나 상품을 토대로 계산하면, 1771~1789년의 장기간 평균 상승률은 45퍼센트였고, 이것이 1785~1789년에는 65퍼센트로 높아졌음을 보여주었다. 물가 상승률은 생산물에 따라 상당한 차이를 보였는데, 공산품보다는 식료품에서, 육류보다는 곡물에서 훨씬 높았다. 이는 본질적으로 농업 경제의 특징이었다. 따라서 곡물은 민중의 가계(家計)에서 엄청난 비중을 차지하였고, 인구는 급속히 증가하고 외국으로부터 곡물 수입은 금지된 반면에 곡물 생산은 거의 늘지 않았다. 1785~1789년에 밀의 가격 상승률은 66퍼센트, 호밀은 71퍼센트, 육류는 67퍼센트였다. 땔나무는 가장 높은 상승률을 보여 91퍼센트였다. 포도주의 경우는 특별히 14퍼센트밖에 되지 않았다. 많은 포도 재배농들이 곡물을 키우지 않아 빵을 사 먹어야 했기에 포도 재배의 수익성 감소는 그만큼 심각했다. 섬유(모직물의 경우 29퍼센트)와 철(30퍼센트)의 가격 상승률은 평균치보다 낮았다.

주기적 가격 변동(1726~1741년, 1742~1757년, 1758~1770년, 1771~1789년의 주기)과 계절적인 가격 변동이 장기 지속적인 움직임과 겹쳐 물가 상승을 자극하였다. 1789년에는 주기 최대치를 이뤄 밀의 가격 상승률은 127퍼센트, 호밀의 상승률은 136퍼센트에 달했다. 곡물의 경우 계절적 변동은 풍년이 든 기간에는 거의 느낄 수 없었지만 흉년에는 극심해져, 가을철부터 그 이듬해 단경기(端境期)까지 상승률이 50~100퍼센트, 혹은 그 이상이 될 수도 있었다. 1789년에는 물가의 계절적 상승기가 우연히도 단경기인 7월 상반기와 일치하여 밀 가격은 150퍼센트, 호밀 가격은 165퍼센트나 올랐다. 주기변동은 기본적으로 생계비에서 뚜렷하게 나타났다. 그래서 우리는 그 사회적 결과를 쉽게 측정할 수 있다.

이러한 경제적 변동의 원인은 다양하다. 주기적, 계절적 변동과 그것에 수반되는 위기의 원인은 생산의 일반적 조건과 교통 및 수송 체계의 상태에서 찾아야 할 것이다. 각 지역은 자급자족적이었고 〔수확량이 적고 저장 기술이 없어서 비축 식량을 유지하는 것이 어려웠기〕 때문에 수확의 상태가 생계비를 결정했다. 공업은 기본적으로 수공업적 구조를 지닌 데다 수출이 거의 없어 국내 수요에 의존하였기 때문에 농업의 변동에 긴밀하게 종속되어 있었다. 장기적인 관점에서 볼 때, 물가 상승은 〔네 가지 계열의 현상이 상호작용하여 합쳐진 결과였다. 먼저 교역 관계가 강화되고 생산의 상업화가 진전되었다. 다음으로 브라질 금과 멕시코 은의 채굴 결과, 금속 화폐의 유통량이 크게 늘어났으며 환어음과 약속어음 같은 단기 신용이 확대되었다. 이는 상업 경제 발전의 원인이자 결과였다. 아울러 인구 증가는 수요 및 잠재 노동량을 늘려 상업과 생산을 자극하였다. 마지막으로 위와 같은 물질적 상황에 힘입어 투기의 풍조가 퍼졌고 이것이 장기적으로 물가 상승을 부채질했다.〕

이처럼 구체제의 위기는 경제적·사회적·정치적인 여러 측면에서 나타난다. 이것을 연구한다는 것은 결국 대혁명의 심층적이고도 우발적인 원인을 규명하는 것이며, 또한 현대 프랑스의 역사에서 대혁명이 원점(原點)으로서 의미를 지니게 되는 이유를 미리 지적하는 일이 될 것이다.

1장

사회의 위기

구체제의 특권 사회는 전통적인 법에 의하여 특권 신분인 성직자와 귀족, 그리고 국민의 절대다수를 차지하는 제3신분이라는 세 부류의 '신분'으로 나뉘어 있었다. 〔3신분제는 법적 차별이라는 공식적인 구조를 지녔다. 그것은 이론적으로 사회적 기능의 차이에 기반을 둔 것이지만 사람들 사이의 불평등을 분명히 드러냈다. 특권계급의 이론적 흐름은 그것을 정당화했으며, 교회는 자신의 사회적 우위를 뒷받침하기 위해 이를 사실상 받아들였다.〕

각 '신분'의 기원은 중세까지 거슬러 올라간다. 당시에는 기도 드리는 자와 싸우는 자, 그리고 이들 양자를 먹여 살리기 위해 노동하는 자 사이에 구분이 확립되어 있었다. 그 가운데 가장 오래된 성직자 신분은 처음부터 교회법의 규제를 받는 특별한 조건에 놓여 있었다. 그 뒤에 속인들 가운데서 귀족이라는 집단이 형성되었다. 성직자도 귀족도 아닌 사람들은 '수고하는 자들(laboratores)'의 범주를 이루었고, 이로부터 제3신분이 출현하였다. 그러나 이 세 번째 신분의 형성은 더뎠다. 처음에는 단지 부르주아, 다시 말해서 자치권을 인정하는 특허장을 지닌 도시의 자유민들만이 제3신분을 구성하였다. 농촌의 평민들은 1484

년에 처음으로 제3신분의 대표자를 뽑는 선거에 참여함으로써 그 일원이 되었다. 세 신분은 점차 확고해져 군주제는 그것을 인정할 수밖에 없었고, 그리하여 신분제는 관습의 축성을 받고 왕국의 기본법 가운데 하나가 되었다. 볼테르(Voltaire)는 《풍속론(Essai sur les moeurs et l'esprit des nations)》(1756)에서 그 신분들이 적법하다고 규정하고 그 신분을 "국민 속의 국민들"이라고 정의하였다.

신분이 사회 계급은 아니었다. 각 신분은 다소 적대적인 여러 집단으로 나뉘었다. 특히 봉건제에 기반한 사회 구조, 그리고 육체노동 및 생산직에 대한 경멸에 기반한 옛 사회 구조는 더는 프랑스의 현실에 부합하지 않았다.

구체제 프랑스의 사회 구조는 10~11세기경 프랑스가 형태를 갖추기 시작하던 시기의 원초적 성격을 간직하고 있었다. 당시에는 토지가 부의 유일한 원천이었다. 토지를 소유한 자들은 토지를 경작하는 자, 즉 농노의 주인이기도 했다. 그 후로 수많은 변화가 이 원초적인 질서를 뒤엎었다. 국왕은 영주들로부터 왕권에 속하는 권리들을 빼앗았다. 하지만 영주들의 사회경제적 특권은 그대로 놔두어, 그들은 사회 계서제에서 제1의 지위를 계속 유지하였다. 그렇지만 11세기부터 시작된 상업의 부활과 수공업 생산의 발달로 말미암아 동산(動産)이라는 새로운 형태의 부와 동시에 부르주아지라는 새로운 사회 계급이 탄생했다.

18세기 말경에 이 부르주아지는 〔상업〕 생산에서 가장 중요한 역할을 수행했다. 그들은 〔국왕 행정의 실무 관료를 공급하고 국가 운영에 필요한 자본의 대부분을 제공했다. 귀족의 경제적·도덕적 역할은 사실상 줄어들었지만, 귀족은 여전히 사회와 국가를 주도하였다.〕 사회의 법적 구조는 사회경제적 현실과 일치하지 않았다.

봉건 특권계급의 쇠퇴

특권계급은 구체제 사회의 특권층으로서 귀족 및 고위 성직자 전체를 포괄하였다.

1789년에도 귀족은 하나의 '신분'으로서 존재했으나, 중세 이래 지녀왔던 공적 권한에 수반되는 속성은 이미 오래전부터 상실하였다. 카페 왕조*는 오랜 노력의 결과 세금 징수, 군대 징집, 화폐 주조, 재판권 등 국왕 고유의 권한을 회복하여 행사하였다. '프롱드의 난'* 이후 귀족은 〔군주제 국가의 강화된 힘에〕 패배하고 〔굴복하여〕 고분고분해졌다. 하지만 귀족은 1789년까지 여전히 사회 계서제에서 으뜸 자리를 차지했다. 귀족은 성직자 계층의 뒤를 이어 국가의 제2신분을 구성하였다.

특권계급이 특권 신분과 반드시 일치했던 것은 아니다. 평민 출신의 사제와 수사들은 특권층에 속하지 않았다. 특권계급은 본질적으로 귀족이었다. 성직자들은 특권 신분을 이루었지만, 사회적 장벽에 의해 양분되었다. 시에예스*에 따르면, 그것은 신분이라기보다는 직종에 가까운 것이었다. 사실상 주교, 수도원장, 대부분의 교회 참사회원 같은 고위 성직자는 특권계급에 속하였다. 반면에 하급 성직자, 즉 대부분이 평민 출신인 주임 사제와 보좌신부들은 사회적으로 제3신분에 속했다.

카페(Capet) 왕조 967~1328년에 프랑스를 지배하던 왕조이며 위그 카페를 그 시조로 한다. 카페 왕조의 대가 끊긴 뒤에는 방계 가문인 발루아(Valois) 왕가, 그 이후에는 부르봉(Bourbon) 왕가가 뒤를 이었다. 혁명 당시 프랑스 왕실은 부르봉 왕가였다.
프롱드(Fronde)의 난 루이 14세가 어린 나이였던 1648~1652년에 당시 재상이던 마자랭(Mazarin)에 대항해 귀족들과 고등법원이 일으킨 반란. 그러나 왕족 일부를 포함한 세 차례의 귀족 반란은 실패로 끝났고, 이후 루이 14세와 마자랭의 권력은 더욱 강해졌다.

1. 귀족 – 몰락과 반동

귀족의 수는 약 35만 명이었던 것으로 추정할 수 있다. [이는 전체 인구의 1.3퍼센트에 해당하는데, 혹자는 확실치 않은 자료에 근거하여 12만 명이라는 수치를 제시하기도 한다.] 이에 덧붙여 지역적인 차이가 고려되어야 한다. 인두세의 몇몇 과세 대장이나 1789년에 선거 활동에 참가했던 귀족 선거인 수를 보면, 총인구에 대비해 도시에 거주하는 귀족의 비율은 2퍼센트 이상에서 1퍼센트 이하까지 다양하다. 에브뢰는 2퍼센트가 넘었고, 알비는 1.5퍼센트가 못 되었으며, 그르노블과 마르세유는 각각 1퍼센트에 미치진 못했다.

귀족은 군주제의 제2신분이었으나 실질적으로는 사회의 지배계급이었다. 18세기 말에 이 용어는 극히 이질적인 요소들, 즉 종종 서로 적대적이기도 한 진짜 카스트의 존재를 감추는 역할도 하였다. 귀족은 누구나 칼을 찰 권리, 교회에 마련된 특별석에 앉을 권리, 사형당할 경우 교수형 대신 참수형을 받을 권리 같은 명예적 특권과, 특히 타유세나 도로 부역 및 군인의 숙박 의무 따위를 면제받을 권리, 수렵권, 군대의 장교직과 교회의 고위직, 사법[과 행정]의 고위 직책 등을 독점할 권리 같은 조세 및 경제적 특권을 지녔다. 게다가 봉토를 소유한 귀족은 농민들로부터 봉건적 부과조(封建的 賦課租)를 징수하였다. (봉토를 소유하

시에예스(Emmanuel Joseph Sieyès, 1748~1836) 샤르트르의 보좌신부 출신인 시에예스는 삼부회에서 성직자 신분의 대의원으로 선출되어 '구회장의 선서' 초안을 기초함으로써 일약 유명해졌다. 제헌의회에서는 '인권선언'의 초안을 제출했으며, 국왕의 거부권에 반대했고 '성직자 민사 기본법'을 제정하는 데 크게 공헌했다. 국민공회에 진출해서는 좌파에게 압도됐으나 루이 16세의 처형에 찬성했다. 그러나 산악파의 증오 대상이 됨으로써 공포 정치 치하에서는 공적 활동을 거의 하지 못했고, 테르미도르 반동(1794) 이후 총재정부에 참여하며 다시 정치 전면에 등장했다. 보나파르트의 브뤼메르 쿠데타(1799) 이후에는 통령정부 헌법의 초안을 작성하는 데 주역을 담당했으며, 베를린 주재 대사를 지내기도 했다. 제1제정 시기에 원로원 의원, 학사원 회원을 지냈으며 1814년에는 나폴레옹의 폐위에 찬성표를 던졌다. 왕정복고 후에는 시왕파(弑王派)로서 추방되어 벨기에에 망명했다가 1830년 7월혁명 이후 파리로 귀환했다.

지 않고도 귀족이 될 수 있었으며, 평민이면서도 귀족의 봉토를 소유하는 경우도 있었다. 귀족과 봉건 체제 사이의 모든 관계는 사실상 사라졌다.) 귀족의 토지 소유 비율은 지역에 따라 차이가 있었다. 북부 지방(22퍼센트), 피카르디 및 아르투아(32퍼센트), 서부 지방(모주의 경우 60퍼센트), 부르고뉴(35퍼센트)에서는 특별히 비율이 높았으며, 중부, 남부(몽펠리에 교구는 15퍼센트), 남동부 지방은 덜한 편이었다. 전체적으로 보아 귀족은 프랑스 전체 토지의 약 5분의 1을 소유하였다.

 귀족은 단지 특권에 의해 결합했을 뿐, 종종 이해관계가 상충하는 다양한 범주를 포함하였다.

 궁정 귀족은 궁정을 출입하는 약 4천 명의 귀족들로 구성되었다. 이들은 국왕의 주변을 둘러싼 채 베르사유에 거주하였다. 이들은 국왕이 턱없이 많이 내주는 연금, 군인으로서 받는 봉급, 궁내부의 직책 수당으로 얻는 소득, 기타 '성직록(聖職祿)이 따르는' 수도원 따위로 호사스런 생활을 영위했다. 성직록이 따르는 수도원이란 국왕이 임명한 재속(在俗) 성직자나 세속인이 특정한 의무의 수행 없이 수도원 수입의 3분의 1을 가져가는 것을 말한다. 물론 궁정 귀족이 광대한 영지에서 얻는 수입은 말할 것도 없다. 그런데도 상층 귀족은 [어려운 재정 형편에] 처했다. 수입의 대부분은 체면을 유지하는 데 쓰였다. 수많은 하인, 사치스러운 옷, 도박, 손님 접대, 축제, 저택에서 상연되는 연극, 사냥 따위에서 갈수록 더 많은 돈이 필요했다. 상층 귀족은 빚을 졌고, 부유한 평민 유산 상속자와의 결혼도 그들을 궁지에서 구해내기에는 충분하지 못했다. 사실상 사교 생활은 상층 귀족의 일부를 계몽사상에 젖은 금융가 계층과 점점 더 가깝게 만들었다. 이것이 에피네(Épinay) 부인의 살롱에서 볼 수 있었던 경우이다. 상층 귀족의 일부는 품행과 자유주의적 사상에 의하여 자기 계급으로부터 벗어나기 시작하였는데,

이는 사회 계서제가 가장 경직되어 보였던 시기에 벌어진 일이었다. 이 자유주의적 귀족 집단은 사회적 특권은 그대로 지닌 채 일정한 경제적 이해관계를 공유하는 상층 부르주아지를 향해 접근해 갔다.

지방 귀족은 궁정 귀족에 비해 초라한 처지였다. 시골 귀족은 자신이 거느리는 농민들과 함께 생활했고, 농민들처럼 곤궁한 생활을 꾸려 가는 경우도 흔하였다. 귀족이 육체 노동을 한다거나 일정 면적 이상의 자기 땅을 경작할 경우 귀족 신분이 박탈되기 때문에, 그들의 주된 수입은 농민들에게 부과된 봉건적 부과조의 징수에 있었다. 몇 세기에 걸쳐 그 비율이 고정돼 있던 부과조는 화폐로 징수될 경우 화폐의 구매력이 계속 떨어지고 생계비는 갈수록 높아졌던 만큼 빈약한 수입일 수밖에 없었다. [수입이 적고 흔히 규모가 작은 봉토의 이런 소유자들 이외에도 장남이 아닌 귀족 자제들도 있었다. 이들은 여러 주의 관습에 따라 장남에게 유리한 불균등 상속 분할의 희생자였다. 그래도 많은 가문은 토지와, 현물이든 금납이든 동산의 성격을 띤 영주적 부과조를 활용하여 18세기의 물가 상승에 대처했고, 심지어 지대의 상승, 토지 임대나 소작으로부터 생긴 잉여 농산물의 판매, 물가 상승에 힘입은 장세(場稅; droits de marché) 및 기타 다른 영주적 부과조의 증가 덕분에 더 부유해지기도 했다. 유복하건 빈한하건 간에 흔히 대영주들에게 경멸의 대상이 되었던 이 시골 귀족들은] 국왕의 국고에서 갖가지 수입을 끌어내는 궁정 귀족과 생산 활동을 통해 부(富)를 축적해 가는 도시의 부르주아지를 그들 나름대로 증오하였다.

군주제가 행정 및 사법 기구를 발전시킨 결과, 법복 귀족(法服貴族)이 생겨났다. 16세기에 상층 부르주아지에서 비롯한 이 관직 귀족은 17세기에도 여전히 부르주아지와 대검 귀족(帶劍貴族)의 중간 위치를 차지하였다. 18세기에 법복 귀족은 대검 귀족과 혼동되기에 이르렀다. 법복 귀족의 선두에 있던 고등법원의 명문가들은 국왕의 정부를 감독하고 국가 행정에 참여하고자 하였다. 고등법원 법관들의 직위는 파면될 수 없었고(그들은 돈으로 직위를 샀다) 자손에게 세습되었기에, 그들은 거대한 세력을 이루었다. 그들은 때로는 왕권과 충돌하는 경우도 있었으나 자신들의 카스트적인 특권에 몹시 집착하였고 그것을 침해할지도 모를 개혁에 적대적인 태도를 취하였다. 따라서 그들은 계몽사상가들의 격렬한 공격을 받았다.

봉건적 특권계급은 18세기 말경에 쇠퇴한 것으로 보인다. 〔그들은 사교 생활, 사치, 드물게는 교양의 요구 때문에, 심지어 수입이 증가하는 중에도 종종 그 수입을 넘어서는 더 많은 돈이 필요했다.〕 파멸 직전에 놓인 그들은 그만큼 더 악착스럽게 자신들의 전통적 권리를 행사하려 하였다. 구체제 말기에 '특권계급의 반동'은 격렬했다. 정치적으로 특권계급은 국가, 교회, 군대의 모든 고위직을 독점하려고 했다. 1781년의 한 왕령에 의하면, 4대에 걸치는 귀족 혈통이 입증된 자에게만 장교직이 주어졌다. 특권계급은 경제적으로 영주제를 강화해 나갔다. '삼분법(三分法)'을 근거로 삼아 영주들은 촌락공동체에 속하는 재산의 3분의 1을 자기 소유로 만들었다. 그들은 자신들의 권리가 열거되어 있던 토지 대장을 갱신하여, 폐지되다시피 한 옛 봉건적 권리를 다시 행사했고 받아 갈 모든 것을 남김없이 요구하였다. 게다가 귀족들은 부르주아지의 사업에 관심을 보이기 시작해 새로운 사업, 특히 야금업(冶金業)에 투자하기 시작했다. 자기 토지에 새로운 농업 기술을 적용하는 귀족들도 있었다. 이렇게 금전을 추구하면서 일부 상층 귀족은 자신들과 어느 정도 정치적 열망을 공유하는 부르주아지에게 접근해 갔다. 그러나 대부분의 지방귀족과 궁정 귀족은 자신들의 특권을 항상 더 명확하게 주장하는 것 외에는 살길이 없다고 생각했다. 새로운 사상에 적대적인 그들은 단지 자신들의 정치적 우위를 확보하고 특권을 승인받기 위하여 삼부회(三部會, États généraux) 소집을 요구했다.

사실상 귀족은 집단적 이해관계를 진정으로 의식하는 동질적인 사회 계급은 아니었다. 군주제는 고등법원 귀족들의 프롱드식 반대와 자유주의적인 대영주들의 비판의 표적이었으며, 또한 정치적·행정적 직무에서 배제된 채 명확하게 규정하기 어려운 왕국의 옛 체제로 돌아갈 것을 꿈꾸는 지방귀족의 공격의 표적이었다. 지방귀족은 명백하게 반동적이었지만, 절대주의에는 반대하였다. 식견 있는 궁정 귀족은 자신들이 개혁을 요구한 체제의 폐습으로부터 이득을 보면서도 그 폐습의 척결이 자신들에게 치명타를 가하리라는 것은 알지 못했다. 구체제의 지배계급은 자신들의 우월성을 보장하는 체제를 수호하는 데 더는 단결하지 못하였다. 그들에 대항해 제3신분 전체가 맞섰다. 농민들은 봉건제에, 부르주아들은 조세 및 명예적인 특권에 격분하였다. 제3신분은 특권계급의 특권에 대한 공통의 적대감으로 결합하였다.

2. 분열된 성직자들

약 12만 명을 헤아리는 성직자는 자신들이 '왕국 제1의 법인체'임을 공언하였다. 그들은 국가의 제1신분으로서 정치, 사법, 조세의 측면에서 중대한 특권을 누렸다. 그들의 경제력은 십일조(十一租, dîme)의 징수와 토지 재산에 기반을 두었다.

성직자의 토지 재산은 도시와 농촌에 두루 분포하였다. 그들은 도시에서 매우 많은 부동산을 소유하여 임대료를 받았는데, 그 액수는 18세기에 이르러 곱절이 되었다. 수사(修道僧)들에게는 도시의 재산이 농촌의 재산보다 더 중요했던 것으로 보인다. 렌과 루앙 같은 도시에서 수도원은 막대한 토지와 건물을 소유하였다. 그래도 교회 전체로 보면 농촌 재산이 더 큰 몫을 차지하였다. 전국에 걸친 교회 재산을 추산하기는 힘들다. 볼테르는 성직자가 토지에서 얻는 수입을 9천만 리브르로, 네케르는 1억 3천만 리브르로 추산하였는데, 확실히 후자의 경우가 더 실제에 가까웠다. 그러나 분명 당시에는 성직자의 토지 수입을 과대평가하는 경향이 있었다. 교회 재산은 일반적으로 작은 필지로 나뉘어져, 수확량이 보잘것없는 고립된 소작지들로 이뤄져 있었다. 따라서 관리 상태가 열악하고 성직록 수령자의 통제에서 멀리 떨어져 있곤 하였다. 지방 연구를 통하여 교회의 토지 소유를 더 정확하게 평가해보면, 우리는 지역에 따라 큰 차이가 있음을 알게 된다. 전체 토지 가운데 교회 소유의 토지 비율은 서부(모주는 5퍼센트)와 남부(몽펠리에 교구는 6퍼센트)로 갈수록 줄어들었다. 때로는 그 비율이 20퍼센트에 이르는 경우(북부, 아르투아, 브리)도 있었으나 1퍼센트 이하로 내려가기도 했다. 평균 10퍼센트로 잡는 것이 가능하겠는데, 이 비율은 성직자 신분의 수가 적은 것을 고려할 때 상당히 높은 수치다.

  십일조는 779년과 794년의 법령에 의하여 토지 소유자들이 십일조 징수자에게 바쳐야 하는 농산물 및 가축으로 구성되었다. 십일조는 보편적인 것으로서 평민의 토지뿐만 아니라 귀족의 토지와 성직자 개인 소유의 토지에도 부과되었는데, 지역과 수확물에 따라 차이가 있었다. 네 가지 주곡(밀, 호밀, 보리, 귀리)에는 '중십일조(重十一租, grosse dîme)'가, 기타 수확물에는 '경십일조(輕十一租, menue dîme)'가 부과되었다. 십일조의 실제 세율은 항상 10퍼센트에 미치지 못했던 것 같다. 곡물과 국가 전체로 놓고 볼 때, 평균 세율은 약 13분의 1 정도였던 것으로 보인다. 성직자들이 십일조에서 이끌어낸 전체 수입이 어느 정도인지를 추산하기는 어렵다. 1억~1억 2천만 리브르로 추정이 가능한데, 여기에 대략 비슷한 액수의 토지 재산 수입이 추가되어야 한다.

따라서 십일조와 토지로 말미암아 성직자는 막대한 양의 수확물을 처분할 수 있었다. 그들은 집세 및 지대의 상승과 더불어 물가 상승을 통해서도 이득을 보았다. 18세기를 지나오며 십일조의 가치는 2배 이상 뛰었던 것으로 보인다. 십일조는 흔히 그 본래의 목적에서 벗어나 '분봉화'(分封化, dîmes inféodées)의 이름으로 심지어 세속인의 손에까지 들어감으로써 농민들에게는 더욱 견딜 수 없는 부담이었다.

성직자들은 유일하게 하나의 행정 조직('성직자 총무'* 및 '교구법원'*)과 독자적인 재판소('주교 관할 재판소'*)를 갖춰 진정한 의미의 신분을 이루었다. 5년마다 열리는 '성직자총회(Assemblée du clergé)'는 종교적 문제와 성직자 신분의 이익에 관한 문제를 다루었다. 총회에서는 국가의 부담을 덜어주기 위해 '공납금(貢納金)'이라는 자발적 기부금을 정해 국왕에게 바쳤는데, 이것은 '성직자세(décime)'와 더불어 성직자들에게 부과된 유일한 세금이었다. 그 액수는 연평균 350만 리브르였으니 성직자 신분의 수입 전체에 비해서는 극히 적은 액수에 불과하였다. 교회가 호적 업무(세례, 결혼, 장례에 관한 장부)와 구호 사업, 그리고 교육을 담당했음은 사실이다. 세속 사회는 아직도 교회의 역량에 긴밀하게 의존하였다.

수사(2만~2만 5천 명의 수사와 약 4만 명의 수녀)는 17세기에 활력을

성직자 총무(agents généraux du clergé) 성직자총회를 실무적으로 통할하며 임기는 5년이고 2명이 성직자총회에서 선출된다. 1580년에 처음 도입되었다.
교구법원(Chambres diocésaines) 성직자세(décime) 및 기타 성직자에 대한 과세 문제를 다루기 위해 1580년에 설치한 법원. 대개 주교가 법원장을 겸했으며, 혁명 직전에 프랑스에 모두 9개가 설치되었다.
주교 관할 재판소(officialités) 교회법을 전공한 판사(official)가 주교(또는 대주교)의 이름 아래 재판권을 행사했다. 16세기 초까지도 권한이 광범위했으나 16세기 중반 이후 성사와 관련한 정신적인 문제만을 관할하게 되었다.

보였으나 18세기 말에 와서는 심각한 도덕적 쇠퇴와 대혼란을 겪었다. '수사위원회(Commission des réguliers)'가 1766년에 구성되어 개혁을 시도했으나 별다른 성과가 없었다. 1789년 당시, 일시적 성직록을 받는 (따라서 국왕이 임명권을 갖고 수도원장이 속인인) 남성 수도원이 625개, 수도회 소속 남성 수도원이 115개, 여성 수도원은 253개였다. 사실상 수도회 소속 수도원들도 거의 대부분 국왕의 임명을 받았다. 수사가 지닌 막대한 재산은 그들을 둘러싼 나쁜 평판의 한 요인이 되었다. 그 수입은 텅 빈 수도원이나 심지어 수도원에 부재하면서도 '일시적 성직록을 받는 수도원장'의 몫이 되었다. 고위(재속) 성직자들은 그들대로 수사에게 가혹한 태도를 취했다. 1788년 투르의 대주교에 따르면, "코르들리에(Cordeliers, 성 프란체스코 수도회 수사들) 족속은 지방에서 타락해 가고 있다. 주교들이 이 수도사들의 방탕하고 무절제한 생활을 개탄하고 있다."

실제로 기강 해이는 지속적이었다. 많은 수도사들이 새로운 사상을 받아들이고 계몽사상가들의 저술을 읽었다. 그들 중에서 장차 입헌파 성직자와 심지어는 혁명가들의 일부가 충원되었다. 여성 교단, 그중에서도 특히 교육과 구호 사업에 종사하던 교단의 경우에는 퇴폐적 양상이 덜하였다. 이들 교단은 분명 가장 빈곤한 상태에 있었던 반면에, 유서 깊은 대수도원들은 종종 막대한 수입을 누렸다. 많은 수도원들이 국왕의 증여 대상이 되었으며, 흔히 국왕은 이들 수도원의 수입을 수도사들에게 맡기지 않았다. 국왕은 수도원을 재속 성직자에게, 심지어 속인인 성직록 수령자들에게 '일시적 성직록'으로 주었다. 이들은 직무를 수행하지도 않으면서 수도원 수입의 3분의 1을 차지했다.

재속 성직자 역시 문자 그대로 위기에 직면하였다. 종교적 소명(召命)은 이제 과거처럼 신앙이라는 유일한 토대 위에 서 있지 않았다. 계몽사상의 선전이 오래전부터 그 토대를 흔들어놓았다.

사실상 성직자는 하나의 신분을 이루면서 정신적 통일성을 지녔지만 사회적으로 동질적인 집단을 이룬 것은 아니었다. 구체제 사회의 집단이 그랬듯이 성직자 진영 내부에서 귀족과 평민, 하급 성직자와 고위 성직자, 특권계급과 부르주아지가 서로 대립하였다.

고위 성직자인 주교, 수도원장, 교회 참사회원은 더욱 배타적으로 귀족에서 충원되었다. 고위 성직자는 성직록이 따르는 성직의 특권을 옹호했으며, 하급 성직자들은 일반적으로 그 특권으로부터 배제되었다. 1789년 당시, 주교 139명 가운데 귀족이 아닌 이는 단 한 명도 없었다. 성직자들의 수입 중 가장 큰 몫은 고위 성직자가 차지했다. 교회의 귀공자들인 이 고위 성직자들이 누리던 호사와 사치는 세속의 대영주들이 누리던 것에 필적했다. 그들 대부분은 궁정에 머물면서 교구 업무에는 거의 관심을 두지 않았다. 당시 스트라스부르의 주교는 프랑스 및 독일에 영지가 있는 제후 출신이었는데, 연간 40만 리브르의 수입을 올렸다.

하급 성직자들(5만 명의 주임 사제와 보좌신부)의 물질적 조건은 다양했다. 그러나 총체적으로 보아 그들과 고위 성직자들 사이의 사회적 격차는 15세기 이래 항상 존재했지만 18세기에 들어 현저하게 커지는 경향을 보였다. 왜냐하면 주교와 수도원장 이상의 고위 성직자들은 십일조와 교회 토지 재산의 큰 몫을 차지하여 세기적 주기변동으로부터 특히 이득을 보았던 반면에, 주임 사제와 보좌신부들은 17세기 말 이래로 평민층에서만 충원되었기 때문이다. 주임 사제나 보좌신부 가운데 일부는 고작 십일조 징수자들이 교구의 십일조 수입에서 떼어주는 '생계 수당'(1786년 이후 주임 사제는 750리브르, 보좌신부는 300리브르)이 수입의 전부였다. 그러나 주임 사제들은 모두 미사 수입인 성식 사례금과 사제관에 부속된 지대 수입을 올릴 수 있었다. 그들은 흔히 개인 재산을 지녔는데, 이는 교단에 입회하는 데 필수적인 '성직 자격증'을 사고 신학원의 연수 비용을 내는 데 꼭 필요하였다. 따라서 대부분의 주임 사제들은 꽤 유복한 생활을 했다. 반면에 정해진 수입이 없는 보좌신부들은 종종 어려운 상황에 처했다. 주임 사제와 보좌신부는 사제직을 통해 민중과 접촉하며 종종 그들처럼 돈 걱정을 하고 생각을 공유했다.] 이 점에서 도피네 지방 하급 성직자의 사례는 특별히 의미가 있다. 삼부회 소집 초기에 도피네 지방에서는 다른 어떠한 지방보다도 빠르게 성직자 계층의 분열을 야기한 '주임 사제들의 반란'이 일어났다. 이러한 하급 성직자들의 권리 요구 풍조를 보면 많은 수의 '생계수당 수령자들'이 고위 성직자들로부터는 따돌림을 당한 반면에 고등법원 판사들로부터는 지지를 받았던 사정을 알 수 있다. 주임 사제와 보좌신부들은 물질적 어려움에 빠져 세속적 요구를 내걸었으며, 이 요구는 곧 신학의 영역으로 번졌다. 장차 그르노블의 입헌파 주교가 될 앙리 레이몽(Henri Reymond)은 이미 1776년에 '리셰르주의'*의 영향을 받은 책을 출판하였다. 이 교리에 따르면, 주임 사제의 권리는 초기 교회의 역사와 종교공의회의 전통, 그리고 교부(敎父)들의 교리에 근거하였다. 1789년 도피네 지방 주임 사제들의 진정서는 주교들에 대하여 시종 정중한 어조를 유지하면서도 이러한 사상을 극단적인 결론까지 밀고 나아가, 하급 성직자의 운명을 제3신분의 운명과 연결지었다.

하지만 하급 성직자들의 이러한 태도에도 불구하고 구체제 사회에서 교회가 자신의 운명을 특권계급의 운명과 연결지었음을 잊어서는

리셰르주의(richérisme) 파리 신학부 교수였던 에드몽 리셰르(Edmond Richer, 1559~1631)가 제시한 일종의 갈리아주의(gallicanisme). 그에 따르면, 교황은 교회의 행정 수반에 불과하고 최고의 권위는 공의회로 대표되는 전체 사제들(주교와 주임 사제)에게 있다. 그는 신앙과 훈육에서 하급 성직자, 특히 주임 사제의 역할을 높이 평가하여 일종의 성직민주주의를 고취하였다.

안 된다. 그런데 특권계급은 생활 조건이 악화됨에 따라 18세기를 거치는 동안 점점 폐쇄적으로 되어 갔다. 부르주아지에 맞서서 그들은 하나의 카스트로 변모해 갔다. 대검 귀족, 법복 귀족, 고위 성직자 들은 군사, 사법, 교회 등 각 분야의 모든 직책을 독점하였으며, 평민들은 거기에서 배제되었다. 그리고 이러한 상태는 완전히 기생화(寄生化)된 특권계급이 한때는 합법적인 대가일 수 있었던 명예와 특권을, 이제 국가와 교회에 바친 봉사로는 정당화할 수 없게 된 바로 그러한 시기에 나타났다. 이처럼 특권계급은 그들의 무용성(無用性)과 자만심 때문에, 그리고 보편선(普遍善)을 고집스럽게 회피함으로써 국민들로부터 괴리되었다.

제3신분의 약진과 어려움

15세기 말 이래 세 번째 '계급(ordre)'은 '제3신분'으로 불렸다. 제3신분은 국민의 절대다수를 차지하여 구체제 말기에는 그 수가 〔2천6백만 명〕을 넘어섰다. 이들은 성직자나 귀족에 비해 훨씬 뒤늦게야 하나의 신분으로 성립되었으나, 제3신분의 사회적 비중은 그들이 국민과 국가 내에서 수행하는 역할 때문에 급속히 증대하였다. 17세기 초에 이미 샤를 루아조(Charles Loyseau)는 다음과 같이 썼다.

현재 제3신분은 과거의 그 어느 때보다도 더 큰 권력과 권위를 지니게 되었다. 왜냐하면 귀족이 학식을 경멸하고 무위도식에 탐닉하게 된 이후, 사법 및 재정을 담당하는 관리는 거의 대부분이 바로 제3신분 출신이기 때문이다.

에마뉘엘 조제프 시에예스는 1789년에 발행한 그 유명한 소책자 《제

3신분이란 무엇인가?(Qu'est-ce que le Tiers État?)》에서 구체제 말기 제3신분의 중요성을 잘 지적하였다. 이 물음에 그는 '모든 것'이라고 답하였다. 그는 소책자 제1장에서 제3신분이 '하나의 완전한 국민'임을 입증하였다.

> 그 누가 감히 제3신분이 하나의 완전한 국민을 형성하는 데 필요한 모든 것을 그 자체 내에 가지고 있지 않다고 말할 수 있겠는가? 제3신분은 한쪽 팔에 아직도 족쇄가 채워진 강하고 튼튼한 인간들이다. 특권 신분이 제거된다고 해서 국민 전체로 보아 무언가가 결여되는 것이 아니라 무언가가 풍부해지게 될 것이다. 그렇다면 제3신분이란 무엇인가? 그것은 모든 것이지만, 족쇄가 채워지고 억압된 상태의 모든 것이다. 특권 신분이 없다면 제3신분은 무엇이 될 것인가? 그것은 모든 것이되, 자유롭고 번영하는 모든 것이다. 어떠한 것도 제3신분 없이는 이뤄질 수 없지만, 다른 신분이 없다면 모든 것이 다 아주 잘될 것이다.

시에예스는 다음과 같이 결론 내렸다.

> 따라서 제3신분은 국민에 속하는 모든 것을 포함한다. 제3신분이 아닌 것은 모두 국민에 속하는 것으로 간주될 수 없다.

제3신분은 농촌과 도시의 민중계급을 포함했다. 또한 본래 장인(匠人)과 상인들로 이루어진 중소부르주아지가 포함되는데, 이들 다양한 사회적 범주 사이에는 명확한 경계를 긋기가 불가능하다. 중류(中流) 부르주아지에는 작위 없는 법관, 변호사, 공증인, 교수, 의사, 외과의사 등 자유직업의 구성원들이 속했다. 상층 부르주아지에는 금융업과 대규모 상업의 대표자들, 즉 그 제일선에는 선주(船主), 금융업자, 총팔 징세 청부업자, 은행가 등이 속했다. 이들은 귀족에 비해 더 많은 재산을 가졌으나, 관직을 사들이고 작위를 얻어 귀족층에 끼어들려는 야심을 품었다. 제3신분이 이러한 사회적 다양성을 뛰어넘어 통합을 이룰 수 있던 것은, 바로 특권층에 반대하고 시민적 평등을 요구했기 때문이었다. 일단 시민적 평등이 기정사실화되자 제3신분의 다양한 사회적 범주를 하나로 묶고 있던 유대는 사라졌고, 이로부터 대혁명기의 계급투쟁이 벌어질 것이었다. 이처럼 제3신분은 모든 평민의 결합체로서 하나의 신분이면서도 하나의 계급은 아니었다. 그 다양한 사회적 요소들을 분해하지 않고서는 정확한 개념을 얻을 수 없는, 바로 그러한 실체가 제3신분이었던 것이다.

1. 부르주아지의 힘과 다양성

부르주아지는 제3신분의 주도 계급이었다. 바로 이들이 혁명을 주도했고 혁명에서 이득을 보았다. 부와 교양을 함께 지녔던 부르주아지는 사회에서 제1급의 지위를 누렸으며, 이는 특권 신분들의 공식적 지위와 상충하는 것이었다. 사회적 위치와 경제 생활에서의 지위를 기준으로 하여, 부르주아지를 다양한 집단으로 분류할 수 있다. 엄격한 의미의 '부르주아'로서 자본화된 이윤과 토지 재산의 수입으로 살아가는 수동적 부르주아지, 복잡하고 매우 다양한 범주로서 자유직업인이나 법률가, 관료 등의 집단, 전통적인 생산 및 교환 체제와 연관된 중소부르주아지로서 장인과 소상인 집단, 부르주아지의 상업적 부류로서 직접적으로 이윤을 통해 살아가는 적극적 범주인 대(大)부르주아지 사업가 등이 바로 그들이다. 당연히 부르주아지는 장인 전체를 포함하더라도 제3신분 전체에서 소수에 지나지 않았다. 18세기 말 프랑스는 여전히 기본적으로 농업 사회였으며 산업 생산이라는 측면에서는 장인들의 나라였다. 신용(信用)은 거의 발달하지 않았으며, 통화도 별로 유통되지 않았다. 이러한 특징은 부르주아지의 사회적 구성에 영향을 주었다.

　금리 생활자* 부르주아지는 상업 혹은 사업에 관여했던 부르주아지 출신으로서 자본화된 이윤으로 생활하는, 경제적으로 수동적인 집단을 말한다. 부르주아지는 18세기 내내 줄곧 부유해졌으며, 금리 생활자의 수는 계속 증가하였다. 그르노블의 경우 금리 생활자(및 과부)의 범주는 계속 늘어났다. 1773년에 금리 생활자가 전체 부르주아지의 21.9퍼센트, 법률가가 13.8퍼센트, 상인이 17.6퍼센트였으나, 1789년에는 상인의 비율이 11퍼센트까지 떨어진 반면에 금리 생활자는 28퍼센트까지 상승하였다. 툴루즈에서는 금리 생활자가 전체 부르주아지의 약 10퍼센트를 차지하였다. 알비에서 그 비율은 2~3퍼센트까지 낮아졌다. 금리 생활자 집단은 전체 부르주아지의 약 10퍼센트를 차지했던 것으로 보인다. 하지만 금리 생활자의 성분은 극도로 다양하였다. 르아브르(Le Havre)의 경우, 한 역사가는 "쩨쩨하고 시시한 금리 생활자라는 타락한 부르주아지"라고 기록하였다. 렌의 경우 금리 생활자는 사회 계층의 상위와 하위에서 다 발견된다. 금리 생활자는 '부르주아적 생활 방식'이라는 일정한 생활 양식을 지녔다. 이것은 재산 소유의 정도가 매우 다양한 만큼 그에 따르는 다양한 생활 수준을 내포했다. 마찬가지로 금리(金利)의 원천도 다양하였다. 상업적 기업에 투자한 몫, 파리 시가 발행한 공채의 이자, 도시의 집세, 또는 농촌의 소작료가 그것이다. 부르주아지의 토지 재산은 지역에 따라 전체 토지의 12~45퍼센트(금리 생활자만이 아니라 전체 부르주아지에 해당하는 수치이다)로 평가할 수 있다. 노르에서는 16퍼센트, 아르투아는 9퍼센트, 부르고뉴는 20퍼센트, 모주 지방은 15퍼센트 이상, 몽펠리에 교구는 20퍼센트 정

금리 생활자(rentier) 본래 뜻은 공채를 소유하거나 연금을 받는 사람을 가리키는데 여기에서는 소작료 및 부동산 임대료 혹은 금리 수입으로 생활하는 사람들을 통칭한다.

도였다. 이 비율은 도시 주변에서 더 높아졌다. 장사로 돈을 번 수많은 부르주아들에게 도시에 있는 거주지 부근의 토지 재산은 항상 인기 있는 투자 대상이었다.

    자유직업 부르주아지는 매우 다양한 집단을 형성했으며, 제3신분은 바로 이들에게서 자신들의 주요한 대변자를 발견하였다. 여기에서도 역시 그 조상은 상인인 경우가 많았으며 초기 자본은 이윤으로부터 나왔다. 귀족 작위를 얻지 못한 관직 보유자들이 이 범주에 속한다. 이들은 돈을 주고 산 관직의 소유자였는데, 사법관이나 재무관은 공적 기능과 함께 위엄을 갖춘 관직이었다. 엄격한 의미의 자유직업 가운데 최상위를 차지했던 것은 그 수가 매우 많던 법률 관련 전문직이다. 구체제 시기에 여러 종류의 재판소에서 일했던 소송대리인, 집행관, 공증인, 변호사 등이 바로 그들이다. 다른 자유직업은 그만한 정도의 지위를 누리지 못했다. 의사는 그 수가 적었으며, 명성을 획득한 몇 사람 (트롱솅, 기요탱 등) 이외에는 별다른 존경을 받지 못했다. 작은 도시에서는 약사나 외과의사가 얼마 전까지만 해도 이발사를 겸하곤 하였다. 콜레주 드 프랑스(Collège de France)나 법과 대학 혹은 의과 대학에서 강의하던 몇몇 유명한 인물을 제외하면 대학교수는 별로 중요한 존재가 못 되었다. 그 수도 미미했을 뿐만 아니라 교육은 교회가 독점하고 있었다. 교육에 종사하던 일반 속인(俗人) 대부분은 초등학교 선생이나 가정 교사에 지나지 않았다. 마지막으로 파리에 비교적 많았던 문필가와 '신문 기자들'이 있다(브리소 등). 그르노블에는 고등법원이 있어서 많은 수의 법률가, 변호사, 소송 대리인이 존재하였는데, 이들은 전체 부르주아지의 13.8퍼센트를 차지했다. 지방 행정의 중심이며 역시 고등법원이 있던 툴루즈에서는 자유직업 종사자와, 귀족 작위를 얻지 못한 관직 보유자인 사법 관리 및 재무 관리들이 전체 부르주아지의 10~20

퍼센트를 이루었다. 9천 명의 주민이 살던 포(Pau)에서 법률 관련 종사자와 자유직업의 전문직 종사자는 200명이었다. 국가 전체로 볼 때, 자유직업 종사자의 수는 부르주아지 전체의 10~20퍼센트를 차지했던 것으로 평가할 수 있다. 여기서도 역시 그들이 받던 보수나 봉급이 다 달랐던 것처럼 그들의 생활 여건도 매우 다양하였다. 일부는 특권계급에 가까웠으며, 다른 일부는 중간 정도의 생활 여건을 갖추었다. 그들은 대체로 매우 소박한 생활 양식과 상당한 지적 교양을 지녔으며 계몽사상의 열렬한 신봉자였다. 부르주아지의 이 분파(分派)는 대표적으로 법률가들로서 1789년에 주도적인 역할을 담당하였다. 바로 이 집단으로부터 대부분의 혁명가들이 출현했다.

장인 및 소상점주 소부르주아지는 그들보다 상위에 있는 사업가 부르주아지와 마찬가지로 이윤으로 살아갔다. 이들은 생산 수단을 소유했으며, 전체 부르주아지의 약 3분의 2를 차지했다. 이들을 하위에서 상위까지 분류할 때 드러나는 사회적 차이는 노동 역할의 감소와 자본 역할의 증대 때문에 나타났다. 장인 및 소상점주의 경우, 사회 계층의 하위로 갈수록 자본의 역할은 점차 감소하였고 수입은 더욱 개인적 노동으로부터 나왔다. 이렇게 하여 우리는 서서히 엄격한 의미의 민중계급에 도달하게 된다. 장인과 소상점주는 소규모 작업장 여기저기에 분산된 노동력과 자본을 특징으로 하는 전통적 경제 형태, 즉 소규모 상업 및 수공업에 연결되어 있었다. 이러한 작업장에서 볼 수 있는 기술은 판에 박힌 것이었고 연장도 보잘것없었다. 그러나 이러한 수공업 생산은 여전히 굉장히 중요했다. 생산 및 교환 기술의 변모는 전통적인 경제 형태의 위기를 불렀다. 경제적 자유주의 및 자유 경쟁의 이념이 동업 조합 체제와 대립했다. 18세기 말 대부분의 장인들 사이에서는 불만이 팽배했다. 〔완제품의 판로를 확보하고 종종 원료를 제공했던 도매상인들의 지배력이 점증하여] 장인들 중 일부는 생활 여건의 악화를 경험하고 임금 노동자의 지위로 떨어졌다. 그렇지 않은 장인들도 자신들을 파멸시킬 경쟁자들이 나타나지 않을까 전전긍긍했다. 장인들은 대체로 자본주의적인 생산 조직에 적대적이었다. 그들은 사업가 부르주아지와는 달리 경제적 자유에 반대하고 경제 활동에 대한 규제를 지지하였다. 그들의 관념을 제대로 판단하려면 그들의 수입의 변동을 고려해야 한다. 그들의 수입은 노동과 자본의 몫이 어느 정도인가에 따라 달라졌다. 상인 겸 장인의 경우, 물가 상승은 곧 수입의 증대를 뜻하였다. 18세기에 많은 술집 주인의 자제들은 법원 서기 조합(대소인사무소 서기, 법원 서기)을 통하여 자유직업에 진출했다. 고객의 주문을 받아 생산을 하는 장인들도 마찬가지로 물가 상승에서 이익을 보았다. 생산물 가격이 올랐기 때문이다. 본질적으로 임금('임금표')에 의존하여 살아가던 종속적인 장인층 노동자들은 물가 곡선과 임금 곡선의 격차가 벌어지는 데 따르는 희생자였다. 명목 임금이 오르는 경우에도 구매력은 감소하였기 때문이다. 따라서 이러한 종속적 장인들은 구체제 말기의 도시 민중계급을 특징짓던, 수입의 일반적 감소를 경험하였다. 그러한 위기는 다양한 집단의 장인들을 결집했는데, 그들이 바로 도시 상퀼로트*의 간부층을 이루었다. 그러나 이들은 이해관계가 다 달라서 일관성 있는 사회적 강령을 정식화하지 못했다. 이로부터 혁명사에서, 특히 혁명력* 2년에 몇몇 돌발적 사건들이 벌어졌다.

사업을 하는 대부르주아지는 철저하게 이윤으로 살았던 적극적인 부류이다. 이들은 넓은 의미에서 '기업가' 계급으로서, 애덤 스미스

상퀼로트(sans-culotterie) 원래는 '몸에 꽉 달라붙는 바지(퀼로트)를 입지 않은 사람'이란 뜻이며 특권계급이 혁명과격분자들에게 붙인 경멸적인 칭호였다. 그러나 혁명이 본격화함으로써 애국파의 대부분인 민중들은 이 호칭을 자랑스럽게 여겼다.

(Adam Smith)에 따르면 '기업주' 계급이었다. 이들 역시 그들의 활동 양상에 따라 다양한 범주로 나타났으며, 지리적 요인과 역사적 과거에 의하여 더욱 복잡한 양상을 띠었다.

금융 부르주아지는 으뜸의 위치에 있었다. 이들은 6년마다 간접세 징수의 청부 계약을 맺기 위하여 모이던 총괄 징세 청부업자, 은행가, 군납품업자, 재무 관직 보유자 등으로서 때때로 [공통의 사업과 결혼을 통해] 혈통의 특권계급과 연결된 진정한 부르주아 특권계급을 구성하였다. [이들은 종종 직무를 행하기 이전에 귀족 작위를 받은 경우가 많았다.] 이들의 사회적 역할은 광범위하여 예술과 학문의 후원자가 되기도 하고 계몽사상가들의 후견인이 되기도 하였다. 이들은 간접세 징수와 국채, 그리고 초기 주식회사의 출현 등에 힘입어 막대한 재산을 축적하였다. 또한 간접세를 가혹하게 징수해 평판이 나빴으며, 이 때문에 1793년에는 총괄 징세 청부업자들이 단두대로 보내졌다.

상업 부르주아지는 바다에 접한 항구 도시에서 특히 번영을 누렸다. 보르도, 낭트, 라 로셸 등은 서인도제도, 특히 생도맹그와의 무역으로

혁명력(혹은 공화력, Calendrier Républicain) 혁명적 이념에 불타는 인사들(몽주, 라카날, 푸르크루아, 셰니에, 파브르 데글랑틴 등)이 공화정의 발족을 기점으로 하여 새로운 연력(年曆)을 제정하기 위한 모임을 갖고 1793년 11월 파브르 데글랑틴의 초안에 기반을 둔 혁명력을 제정했다. 혁명력은 새로운 시대의 도래를 기념할 뿐만 아니라 그레고리력의 폐지를 통해 기독교의 종말을 실현한다는 의지를 담고 있다. 혁명력은 한 달을 30일로 하고 열두 달로 구성되는데, 각 달의 이름을 계절적 특성에 맞춰 새로 명명한 것이 이채롭다. 한 달은 10일마다 1순(旬, décadi)으로 하여 3개의 순, 즉 초순(primidi), 중순(doudi), 하순(tridi)으로 나누었다. 열두 달(360일) 후에 남는 5~6일은 상퀼로티드(민중 축제 기간, Sans-culottides)로 불러 프뤽티도르의 끝에 붙였다. 혁명력의 첫날은 추분에 시작했으나 복잡하고 생소해서 민중들의 환영을 받지 못했다. 특히 지역에 따라 기후가 일치하지 않아 예컨대 테르미도르(熱月)가 지역에 따라서는 추운 달이 될 수도 있었다. 그리하여 혁명력은 1805년 9월 9일(혁명력 13년 프뤽티도르 22일), 나폴레옹에 의해 공식적으로 폐기되었다.

부를 쌓았다. 이곳으로부터 설탕, 커피, 인디고, 목면 등이 도착하였다. '흑단(bois d'ébène)' 무역은 이들 도시에 흑인 노예를 제공해주었으며 노예 무역은 막대한 수익의 원천이었다. 1768년에는 보르도의 무역이 프랑스의 연간 흑인 수입량의 4분의 1정도를 아메리카 대륙의 섬들에 제공해주었다고 이야기될 정도였다. 보르도 항구는 1771년에 1억 1천2백만 리브르의 커피, 2천1백만 리브르의 인디고, 1천9백만 리브르의 백설탕, 그리고 9백만 리브르의 원당을 수입하였다. 마르세유는 지중해 동부 연안에 위치한 제국과의 무역을 전문적으로 취급하였으며, 프랑스는 이 무역에서 수위를 차지하였다. 1716~1789년에 무역량은 네 배로 증가하였다. 이리하여 항구와 상업 도시는 [대규모 교역, 선박 장비업, 은행업 등의 여러 활동을 통해] 막대한 부를 축적하였다. 이곳 출신들이 부르주아지의 우월성을 주장하는 당파, 즉 입헌군주파에 이어서 지롱드파의 우두머리가 되었다. 이렇게 축적된 부 덕분에 부르주아지는 당시만 해도 봉건적이던 프랑스 사회에서 사회적 우위의 상징이었던 토지를 획득할 수 있었으며, 막 태동하던 대규모 공업에 출자할 수 있었다. 상업의 비약적 발전이 공업의 발전에 앞서 나타난 것이다.

　제조업 부르주아지는 이제 겨우 도매업의 영역을 벗어나는 참이었다. 오랫동안 산업('제조업' 혹은 '공장제 수공업 또는 매뉴팩처 manufacture'라 불렸다)은 [도시] 도매업의 부속물에 불과했다. 18세기에 급속하게 발전했던 농촌 (수)공업은 이러한 형태를 띤 것이었다. 무수히 많은 농민이 이런 식으로 도시의 도매업자를 위하여 노동했다. 대규모의 자본주의적 생산은 값비싼 생산 설비를 필요로 하는 새로운 산업에서[만] 등장하였다. 공업의 집중화가 윤곽을 드러냈다. 야금업의 경우, 로렌 지방에서는 대규모 기업들이 크뢰조(Creusot)로 통합되었다 (1787년). 주식회사인 크뢰조는 개선된 생산 설비를 갖추었다. 이를테면 '화력(火力)에 의한 기계', 말이 끄는 궤도 차량, 4개의 고로(高爐), 2개의 대규모 단조기(鍛造機) 등이 그것이다. 대포에 구멍을 내는 그곳의 설비는 유럽에 있는 같은 종류의 모든 시설 가운데서 가장 규모가 컸다. 당대의 철강왕 디트리히(Dietrich)는 프랑스에서 가장 강력한 산업 집단을 이끌었다. 니데르브론에 있던 그의 공장은 800명 이상의 노동자들을 고용했다. 그는 로토, 예거탈, 레쇼펜 등지에 기업을 소유했다. 철공소 주인이 된다고 하여 귀족의 작위가 박탈되는 것은 아니어서 특권층은 제철 산업의 중요 부분을 점유했다. 예컨대 데 벤델(De Wendel) 가(家)는 샤를빌, 옹부르, 아양주 등지에 철공소를 보유했다. 석탄 산업도 혁신되었다. 주식회사가 설립되면서 수많은 노동자들을 더 합리적으로 착취하고 집중화하는 것이 가능해졌다. 1757년에 설립된 앙쟁의 탄광 회사는 4천 명의 노동자를 고용했다. 구체제 말기부터 이미 자본주의적인 대산업의 몇몇 특징이 모습을 드러내기 시작했다.

'산업의 18세기'로 불리는 1730~1830년의 시기에 대한 피에르 레옹(Pierre Léon)의 연구에 따르면, 산업 성장의 속도는 지역에 따라 달랐고 생산 분야에 따라 더욱 다양한 차이를 보였다.

완만한 성장이 이루어진 부문은 기초 산업인 섬유 산업이었는데, 모직이나 아마(亞麻) 및 대마(大麻) 직물업 등을 말한다. 이 분야에서 한 세기 동안 프랑스 전체의 생산량 증대는 61퍼센트로서 비교적 미미하였다. 지역적 차이를 고려하면 랑그도크에서는 1703~1789년에 생산량이 143퍼센트 증대했으며, 몽토방과 보르도의 징세총구(généralité)에서는 같은 기간 동안 109퍼센트의 증가율을 보였다. 샹파뉴는 1692~1789년에 127퍼센트의 증가율을 나타냈고, 같은 기간 동안 베리가 81퍼센트, 오를레앙이 45퍼센트, 노르망디는 겨우 12퍼센트의 증가율을 보였다. 오베르뉴와 푸아투는 정체 상태를 보였고, 일부 지방에서는,

예를 들어 리무쟁이나 프로방스는 각각 18퍼센트, 36퍼센트의 감소율을 보이기까지 하였다.

급속한 성장을 보인 부문은 석탄 산업, 야금업, 새로운 직물업 같은 이른바 '신흥' 산업인데, 진보된 기술과 막대한 투자에 의하여 활력을 얻었다. 석탄 산업의 경우, 레옹은 통계의 부정확성을 고려하여 생산량 증가율을 700~800퍼센트로 추정했다. 연속적인 통계를 보여주는 앙쟁의 경우, 1744~1789년에 생산량 증가율은 681퍼센트에 달했다. 야금업의 경우, 혁명 때까지는 완만한 성장을 보이다가 이어서 급속한 성장을 이루지만, 1815년 이후에는 하락세를 보였다. 즉, 주철(鑄鐵) 생산량은 1738~1789년에 72퍼센트 증가했으나 1738~1811년에는 1,100퍼센트나 증가했다. 신흥 산업인 면직물과 나염직물의 경우, 전체 수치를 구할 수는 없으나 면직물은 루앙 지역에서 1732~1766년에 107퍼센트 증가한 반면에 뮐루즈의 나염 케리코(인도산 목면직물) 제조업 총매상고는 1758~1786년에 738퍼센트나 늘어났다. 견직물 공업은 전통적인 산업인데도 전반적인 번영에 힘입어 신흥 산업과 비슷한 양상을 보였다. 즉 리옹에서 방적기의 수가 1720~1788년에 185퍼센트 증가했으며, 도피네에서는 꼬아진 명주의 생산량이 1730~1767년에 400퍼센트(무게로 쳐서) 증가하였다.

프랑스 산업의 팽창이 괄목할 만하긴 했지만, 공업의 성장이 프랑스의 전반적인 경제 성장에 끼친 영향은 상대적으로 미미했던 듯하다. 농업의 경우, 지대의 상승은 공업의 발달에 영향을 끼쳤던 것으로 보인다. 즉, 농업 소득의 증대는 공업에 대한 대규모 투자를 가능케 하였다. 상업의 경우에는 그 구조가 공업 성장의 영향을 받지 않을 수 없었다. 1716~1787년에 공업 제품의 수출량은 221퍼센트 증가하였다.(프랑스 수출량 전체의 증가율은 298퍼센트였다.) 식민지 교역을 제외하면, 같은 시기에 수입품 가운데 공업용 원자재가 차지하는 비율은 12퍼센트에서 42퍼센트로 증가하였다.

　부르주아들은 이와 같은 경제 활동의 전망을 통해 계급의식을 갖게 되었으며, 특권계급과 어쩔 수 없는 적대 관계에 있음을 이해했다. 시에예스는 소책자에서 제3신분이 맡고 있는 특수한 일과 공적 기능을 근거 삼아 제3신분을 규정하였다. 즉, 제3신분은 국민 전체라는 것이다. 귀족은 속할 수 없었다. 귀족은 사회 조직에 들어 있지 않은 것이었다. 그들은 사회의 전반적 운동의 한가운데 정체된 상태로 남아 있으며 "생산물을 만들어내는 데 전혀 협력하지 않으면서도 생산물의 가장 좋은 부분을" 집어삼키고 있다. "그러므로 이 계급은 게으름 때문에 국민에게 이방인일 수밖에 없다."

　앙투안 바르나브*는 더 통찰력 있는 견해를 제시하였다. 사실 그는 이러한 산업 활동의 한복판에서 성장하였다. 1785년에 공장감독관 장마리 롤랑*이 쓴 글을 본다면, 이 산업 활동은 기업의 다양성과 비중, 그리고 생산량의 측면에서 도피네를 프랑스의 으뜸 지방으로 만들었다. 바르나브는 제헌의회가 해산된 뒤에 쓴 《프랑스혁명 서설(Introduction à la Révolution française)》에서 소유권이 제도에 '영향을 준다'는 원칙에 근거해, 토지 특권계급이 만들어낸 제도는 산업 시대의 도래와 양립하지 않으며 산업 시대를 지연시킨다는 점을 확인하였다.

바르나브(Antoine Barnave, 1761~1793) 도피네 지방 그르노블 출신의 삼부회 의원이자 초기에 가장 열렬한 애국파의 한 사람이었다. 뒤포르 및 라메트와 함께 '삼거두'를 형성해 미라보의 정책에 맹렬히 반대했으나 바렌 탈주 뒤 우파(右派)로 돌아섰다. 좌파가 득세한 뒤 출신지로 되돌아가 은거하던 중 루이 16세의 비밀 서신이 폭로된 후 체포되어 처형당했다.
롤랑(Jean-Marie Raland, 1734~1793) 구체제 당시 공장감독관 출신으로서 지롱드파의 수뇌들과 친교를 맺고 1792년 지롱드 내각에서는 내무장관을 지냈다. 지롱드파가 몰락하자 노르망디로 피신했다가 부인 마농 롤랑의 처형 소식을 듣고 자살했다.

기술과 상업이 마침내 인민 속으로 스며들어 노동 계급에게 새로운 부의 수단을 창출해준 순간, 정치 제도에도 혁명이 준비된다. 부의 새로운 분배는 권력의 새로운 분배를 낳는다. 토지 소유가 특권계급을 길러냈듯이, 산업의 소유는 인민의 권력을 길러낸다.

바르나브는 우리가 '부르주아지'라고 이해하는 대목에서 '인민(peuple)'이라는 표현을 썼다. 부르주아지는 자신을 국민과 동일시하였던 것이다. 산업 소유, 혹은 더 넓게 말해서 비토지적 부의 소유는 그것에 기반을 둔 계급의 정치적 등장을 부른다는 것이다. 바르나브는 토지적 소유와 비토지적 부의 소유 사이에, 그리고 각각의 소유 형태에 기반을 둔 계급 사이에 적대 관계가 있음을 분명하게 보여주었다. 상업 부르주아지와 산업 부르주아지는 사회적 진화와 자신들이 드러내는 경제적 힘에 대하여 날카로운 감각을 지녔다. 그들은 자신들의 이익을 명확하게 인식하면서 혁명을 끝까지 이끌어 갈 것이었다.

2. 도시 민중계급 – 일용할 양식

도시 민중계급은 특권계급과 구체제에 시달려 그들에 대한 증오로 혁명적 부르주아지와 긴밀하게 연결되었지만, 여러 범주로 분열되었으며 혁명 과정에서도 행동을 통일하지 못했다. 도시 민중계급이 모두 특권계급에 끝까지 대항한 것은 분명하나, 혁명의 주도권을 번갈아 장악하였던 부르주아지의 각 분파에 대한 그들의 태도는 일관되지 않았다.

육체노동을 통해 직접 생산에 참여하던 대중을 유산자들(귀족이건 대부르주아건)은 '인민(peuple)'이라는 다소 경멸적인 용어로 지칭했다. 사실 요즈음의 용어로 말하자면 중류(中流) 부르주아지로부터 프롤레타리아에 이르기까지 대립 관계를 포함하여 무수한 미묘한 차이가 존재했다. 국민공회 의원인 필리프프랑수아조제프 르바*의 부인에 따르면, '목수(오늘날로 말하면 '가구업자')'였던 그녀의 아버지 뒤플레(Duplay, 로베스피에르가 묵던 하숙집 주인이었다)는 부르주아로서 자신의 위엄을 지키느라 결코 '종복(從僕)들', 즉 직공들과 식사를 같이 하지 않았다. 중소부르주아지인 자코뱅 및 상퀼로트와, 고유한 의미의 민중계급 사이에는 이처럼 간극이 있었다.

  양자(兩者)의 경계는 과연 어디일까? 이 점을 밝히는 작업은 불가능하지는 않으나 어려운 일이다. 특권계급 우위의 사회에서는 제3신분이라는 일반적 명칭 속에 포함되던 사회적 범주들은 그 차이가 명료하게 드러나지 않았으며, 자본주의의 진전과 더불어 비로소 그 대립 관계가 명확해질 것이었다. 당시에 지배적이던 장인적(匠人的) 생산 체제와 소상점의 상품 교환 체제에서 민중과 부르주아지 사이에는 쉽게 파악할 수 없는 여러 중간적 존재들이 있었다.

  민중계급과 소부르주아지의 경계에 '종속적 장인층'이 있었다. 그 대표적인 예가, 원료를 공급해주고 생산품을 가져다 파는 (대)상인=자본가로부터 품삯을 받고 일하던 '리옹의 견직공'들이었다. 장인들은 상인의 감시를 벗어나 자기 집에서 일했으며 대부분 생산 도구를 소유했다. 때때로 이들은 직인(職人)을 고용하여 제법 주인 흉내를 내기도 하였다. 그러나 실제로 이 장인들은 상업자본주의에 종속된 임금 노동자에 지나지 않았다. 이러한 사회 구조와 상인들이 만든 '임금표'에 굴복해야 하는 장인들의 종속적인 지위를 생각하면, 18세기 리옹에서 일어났던 여러 폭동들, 특히 지사(知事)가 군대의 시내 진주를 명령할 수밖

르바(Philippe-François-Joseph Le bas, 1765~1794) 구체제 때 법률가 교육을 받았다. 한때 지롱드파에 가담했지만 곧 생쥐스트의 사람이 되어 군사 관련 업무에 몰두했는데, 자신의 의견은 거의 내세우지 않고 생쥐스트의 명령을 충실히 따랐다. 게다가 로베스피에르가 묵던 하숙집 주인의 딸과 결혼하여 산악파 좌파의 신임을 받았으며, 1793년에는 치안위원회에 들어갔다. 1794년 7월에 테르미도르 반동이 벌어지자, 체포 직전에 한마디 변명도 없이 자살했다.

에 없었던 1744년의 견직공 봉기가 비로소 이해된다.

다른 한편, 이러한 동업 조합(장인적 생산)의 노동자들은, 이들에 비해 그 수가 훨씬 적었던 매뉴팩처(공장제 수공업)나 막 출현하는 대규모 공장의 노동자들과 구별되어야 한다.

동업 조합의 직인과 도제(徒弟)는 경제적으로나 이념적으로 도장인(都匠人)에게 철저하게 종속되어 있었다. 장인적 생산 직종에서 가내(家內) 작업장은 생산의 자율적 기본 단위였으며, 거기서 일정한 형태의 사회 관계가 이루어졌다. 절대적인 관행은 아니었으나, 대부분의 경우 도제뿐만 아니라 직인(보통 한 명, 아니면 두 명)까지도 도장인의 집에서 '먹고 마시고 잠을 잤다'. 혁명 직전까지는 많은 직종에서 이런 관행이 여전했다. 이것이 점차 사라짐에 따라 도장인과 직인이 분리되었고, 전통적인 노동 세계가 해체되었다. 이런 현상은 직인 수의 점진적인 증가로 더욱 가속화되었다.

매뉴팩처의 노동자들은 어떠한 정규 도제 제도도 강요받지 않았기 때문에, 노동 조건의 여러 계단을 더 쉽게 올라갈 수 있었다. 그러나 그들은 훨씬 더 엄격한 작업장의 규율을 준수해야 했다. 이를테면 고용주를 떠나기가 어려웠으니, 이 경우엔 '서면(書面) 사직원'이 요구되었다. 1781년부터 모든 임금 생활자들은 의무적으로 '노동 수첩'을 휴대해야 했다. 하지만 당시에는 19세기 프롤레타리아의 전신(前身)인 이 도시 임금 생활자의 수가 과장되어서는 안 된다.

도시 민중계급의 가장 중요한 집단은 아마도 서비스 업종의 임금 생활자, 즉 날품팔이, 정원사, 심부름꾼, 물장수 및 나무꾼, 심부름과 기타 잡일을 해주면서 제 삯을 받지 못하는 '반품팔이(gagne deniers)' 등일 것이다. 여기에 생제르맹 교외 지구(faubourg)처럼 파리의 몇몇 구역에 유달리 많았던, 특권계급이나 부르주아지의 가내 고용인(하인, 요리사, 문지기 등)이 추가된다. 또 농한기에 품을 팔려고 도시로 몰려들던 농민들 — 예를 들자면 파리에서 가을부터 봄철까지 건축 현장에서 일하던 많은 리무쟁 사람들 — 도 포함된다. 〔마지막으로 흉년이 들면 도시는 떠돌이, 곡가의 급등으로 사실상 실직 상태에 빠진 농촌 장인이나 날품팔이로 넘쳐 났다. 일거리를 찾거나 구호를 받으려고 도시로 온 이들은 소요의 잠재적인 가담자가 되었다.〕

18세기에 도시 민중계급의 생활 여건은 악화되었다. 물가 상승과 더불어 도시 인구의 증가로 생계비와 임금의 불균형이 심화되었다. 18세기 후반에는 임금 생활자 계층의 빈곤화 경향마저 나타났다. 하기야 수공업 분야에서 직인의 생활 여건은 도장인의 그것과 본질적으로 다를 바가 없었으며, 단순히 아랫사람이라는 것뿐이었다. 작업 시간은 일반적으로 새벽부터 밤까지였다. 베르사유의 많은 작업장에서 경기가 좋을 때에는 새벽 4시부터 저녁 8시까지 일이 계속되곤 하였다. 파리의 경우, 대부분의 직종에서 노동 시간은 16시간이었으며, 노동 시간이 14시간을 넘지 않았던 제책공(製冊工)과 인쇄공들은 특혜를 누린다고 간주되었다. 물론 오늘날보다는 작업이 느슨하고 더디게 진행되었고, 종교 행사로 쉬는 날도 꽤 많았다.

서민 생계의 본질적인 문제는 임금과 구매력에 있었다. 물가 상승의 압력은 인구의 여러 계층에서 생계비 구성에 따라 불균등하게 나타났다. 곡물 가격 상승이 가장 심했는데, 특히 하위 계층에서 인구가 증가했고 생계비에서 빵 가격이 차지하는 비중이 굉장히 컸기 때문에 자연히 민중층이 가장 심각한 타격을 받았다. 민중층의 생계비 지표(指標)를 작성하려면 지출의 부문별 구성비를 개략적이나마 추출해야 한다. 라브루스에 의하면, 18세기에는 민중 소득의 최소한 절반이 빵 가격으로 지출되었고, 16퍼센트가 채소와 베이컨과 포도주에, 15퍼센트가 의복비에, 5퍼센트가 난방비에, 1퍼센트가 조명비에 쓰였다. 라브루스는 장기 지속의 지표를 위의 부문별 지출의 경상 시장 가격에 적용하여, 기준 시기(1726~1741년)에 비하여 1771~1789년에는 생계비 상승률이 45퍼센트, 1785~1789년에는 무려 62퍼센트나 뛰었다고 결론지었다. 그런데 비극적인 결과를 야기한 것은 계절적인 가격 변동이었다. 1789년 직전 전반적인 물가 앙등 와중에 식비 지출은 이미 민중층 가계의 58퍼센트를 차지했으며, 1789년에는 88퍼센트까지 치솟았다. 식비 이외의 가처분 소득은 겨우 12퍼센트밖에 남지 않은 셈이다. 물가 폭등은 여유층에는 별다른 영향을 주지 못했으나 빈민층을 강타했다.

임금은 당연히 직종과 도시에 따라 차이가 있었다. 도시의 숙련 노동자는 하루에 40수(sous)를 벌 수 있었으나, 평균 임금은 20~25수를 넘지 못했고 특히 직물 공업에서 그러하였다. 세바스티앵 르 프르스트 르 보방(Sébastien Le Prestre Vauban)의 계산에 의하면, 루이 14세 치세 말기에 평균 임금은 15수였다. 이 수준이 18세기 중반까지 그대로 유지되었으며, 1777년의 한 조사에서도 평균 17수로 나타났다. 1789년 무렵에는 20수쯤 되었을 것이다. 풍년일 때 빵 1파운드 값이 2수였으므로 구체제 말기의 보통 노동자는 하루에 10파운드의 빵을 구매할 수 있었다. 중요한 점은 임금 상승이 민중계급의 생계에 물가 상승이 가한 압력을 상쇄했느냐 아니냐를 판단하는 일이다. 라브루스가 작성한 일련의 통계에 따르면, 1771~1789년에는 기준 시기(1726~1741년)에 비하여 임금 상승률이 17퍼센트였으나 지역별로는 절반 이상이 11퍼센트 미만에 그쳤다. 1785~1789년에는 22퍼센트가 올랐으며 세 군데 징세총구에서는 26퍼센트 이상을 기록하였다. 인상률은 직종에 따라 달랐다. 건축 부문에서는 18퍼센트(1771~1789년) 및 24퍼센트(1785~1789년)였으며, 농촌의 날품팔이는 12퍼센트 및 16퍼센트, 직물 공업에서는 그 중간쯤이었다. 따라서 같은 기간의 물가 상승(48퍼센트 및 65퍼센트)에 비하면 매우 미미했다. 임금은 물가를 따라 올랐으나 그것을 따라잡지는 못했다. 게다가 임금 수준의 주기적·계절적 변동이 물가 변동과는 정반대로 진행되기 마련이었으므로 그 격차는 실제로 더욱 커졌다. 사실상 18세기에는 농산물의 낮은 수확률이 농가의 수요를 위축시켰으므로 지나치게 높은 물가는 실업을 유발하곤 하였다. 민중의 가계에서 식품비가 차지하는 막대한 비중 때문에 곡가 상승은 기타 물품에 대한 구매력을 약화시켰고, 그리하여 농업 위기는 공업 위기를 초래했다.

따라서 '명목 임금' 상승률을 생계비 상승률과 비교해보면 '실질 임금'은 증가하기는커녕 오히려 감소하였음이 분명하게 드러난다. 라브루스의 계산에 의하면, 기준 시기(1726~1741년)에 비해 1785~1789년의 임금 상승은 물가 상승의 4분의 3 수준에 그쳤다. 여기에 물가의 주기적·계절적 상승을 고려하면, 물가는 소득의 1.5배를 웃도는 상승을 기록한 셈이다. 당시의 생활 여건상 소득의 감소는 필연적으로 식료품의 구매량을 감소시켰으므로, 18세기의 물가 상승은 민중계급의 빈곤을 심화시켰다. 결국 경제 파동은 심각한 사회경제적 결과를 초래하였다. 굶주림이 상퀼로트를 동원했던 것이다.

민중의 생활 여건이 악화되었다는 사실을 당대의 주의 깊은 이론가들은 놓치지 않았다. 우선 튀르고―그의 《부의 형성과 분배에 관한 고찰(Réflexions sur la formation et la distribution des richesses)》은 1766년에 출판되었다.―는 최초로 '임금의 철칙(鐵則)'을 천명하였다. 사물의 본성에 따라 노동자의 임금은 그의 생계 유지 및 노동력의 재생산에 필요한 지출의 최저 수준을 넘어설 수 없다는 것이었다.

〔이상의 수치들은 전국적인 평균값을 나타낸다. 새로운 몇몇 지방사 연구는 몇 가지를 약간 수정했다. 당대 최대의 공업 도시(1785년경에 인구 15만 명)인 리옹에서 18세기 동안 호밀 가격은 건축업의 임금 상승을 능가했다. 여성 노동의 확대로 노동자들의 수입이 조금 늘어나기는 했지만 생활은 항상 어려웠고, 견직공들 사이에서 1760년 이후 경제적 불

안정과 함께 고용의 불안정성은 더 커졌다. 중간 규모의 도시(1789년경에 인구 3만 2천 명)인 캉에서 다수를 이루었던 미숙련공의 임금은 세기의 중엽에는 밀 가격을 앞질렀으나, 1767~1780년에 눈에 띄게 뒤처졌고 1780~1789년에는 식료품 가격의 동향과 거의 균형을 이루었다. 사실 고용주는 임금 수준이 항상 낮았던 것을 감안해 노동자들을 고용했다. 1789년, 1792~1793년, 1795년의 물가 폭등이 보여주는 중요성이 바로 여기에 있다. 굶주림이 상퀼로트를 동원했던 것이다.]

　인민대중과 부르주아지 사이의 사회적 갈등에도 불구하고 인민대중의 적대 세력은 특권계급이었다. 구체제에 불만을 품은 장인, 소상점주, 직인들은 귀족을 증오하였다. 본질적으로 이들의 적대감은 많은 도시 노동자들이 농민 출신이며 농촌과 유대 관계를 유지하고 있다는 사실 때문에 더욱 고조되었다. 귀족을 향한 인민대중의 혐오감은 귀족이 지닌 특권과 토지 재산, 그리고 그들이 거둬들이던 부과조에서 비롯하였다. 민중계급은 특히 세금 부담의 경감, 특히 간접세와 입시세(入市稅) 철폐를 국가에 요구하였다. 입시세는 당시 시(市) 재정의 가장 확실한 수입원이었으며 동시에 부유층에게는 특혜를 주는 것이기도 하였다. 동업 조항에 대해 장인과 직인은 의견이 일치하지 않았다. 그렇지만 정치적으로는 그들 모두 어렴풋이나마 민주주의를 지향하였다.
　그러나 민중의 근본적인 요구는 여전히 빵이었다. 1788~1789년에 인민대중이 정치적으로 극히 날카로워진 것도 그들의 생계를 점점 더 어렵게 만드는 경제 위기의 심각성 때문이었다. 1789년 대부분의 도시에서 일어난 폭동은 빈곤이 원인이었고, 그 폭동의 첫 번째 효과도 빵 가격 인하로 나타났다. 구체제 프랑스의 위기는 본질적으로 농업 위기였던 것이다. 평작이나 흉작이 계속되면 예외 없이 농업 위기가 나타났다. 그러면 곡물 가격이 엄청나게 상승하였고, 곡물을 사 먹어야 하는 대다수 영세농들의 구매력은 감소하였다. 이런 식으로 농업 위기는 공업 생산으로 파급되었다. 농업 위기는 18세기 전체를 통틀어 1788년에 가장 극심하게 나타났다. 그해 겨울, 기근이 나타났고 실업으로 말미암은 구걸 행각이 급증하였다. 이 굶주린 실업자들이 혁명 군중의 한 축을 이루었다.

그런 상황에서도 어떤 부류들은 곡물 가격 상승으로 이득을 보았다. 이들은 현물로 지급받던 지주들, 십일조 징수자들, 영주들, 상인들이었는데, 정확하게 말하면 모두 귀족이나 성직자, 아니면 부르주아지로서 지배계급에 속하였다. 따라서 권력 및 정부에 대한 민중의 적대감과 함께 지배계급과의 대립 관계는 더욱 날카로워졌다. 이것이 바로 '굶주림의 협정'이라는 전설의 기원이다. 도시와 정부의 식량 조달 책임자들이 혐의를 받았으며, 후일 네케르까지도 제분업자들에게 특혜를 주었다고 비난받을 정도였다.

이러한 빈곤과 집단 심성으로부터 '소요'와 빈린이 터져 나왔다. 1789년 4월 28일, 파리에서 벽지 제조업자인 장바티스트 레베용(Jean-Baptiste Réveillon)과 초석 제조업자인 프랑수아 앙리오에 반대해 최초의 폭동이 일어났다. 두 사람은 선거인회에서 민중의 빈곤에 대하여 파렴치한 발언을 했다는 비난을 받았다. 레베용이 노동자는 하루에 15수면 아주 넉넉하게 살 수 있다고 말했다는 것이다. 4월 27일에 시위가 있었으며, 28일에는 두 제조업자의 집이 약탈당하였다. 경찰국장이 군대를 투입하자 폭도들은 저항했고 사망자가 발생하였다. 이렇게 최초의 혁명적 봉기는 분명히 경제사회적인 동기를 지녔지 정치적 소요는 아니었다. 인민대중은 정치적 사태에는 분명한 견해가 없었다. 그들이 행동으로 나선 까닭은 경제적·사회적 이유가 있었기 때문이다. 그러나 이러한 민중의 소요는 권력을 위태롭게 하는 정치적 결과를 초래하게 마련이었다.

민중의 생각은 기근과 곡물 가격의 상승이라는 문제를 해결할 가장 간단한 방법은 조금도 망설이지 말고 징발제와 공정 가격제에 관한 규칙을 제정하여 엄격하게 실시하는 것이었다. 따라서 경제 문제에 관한 민중의 요구는, 다른 모든 분야에서와 마찬가지로 경제에서도 자유를 주장하는 부르주아지의 요구와 정면으로 대치하는 것이었다. 궁극적으로 민중의 이러한 요구는 왜 1789년 7월에 민중이 정치 무대에 난입하게 되었는가를 설명해준다. 다른 한편, 제3신분 내부의 이러한 모순은, 여러 급변 사태, 특히 혁명력 2년에 민주주의를 향한 시도가 나타난 배경을 설명해준다.

3. 농민 – 현실적 단결, 잠재적 대립 관계

구체제 말기의 프랑스는 본질적으로 여전히 농업국이었다. 농업 생산이 경제 생활을 지배하였다. 그렇기 때문에 혁명 과정에서 농민 문제가 그렇게도 중요했던 것이다.

우선 인구 면에서 농민의 수가 압도적으로 많았다. 〔2천7백만 명이 넘는 전체 인구에서 도시 인구는 16~20퍼센트이고 농촌 인구는 2천3백만 명에 달하는 대집단을 이루었다.〕 농촌 인구와 도시 인구의 비율을 조사한 1846년의 인구 조사에서도 농촌 인구는 여전히 전체의 75퍼센트를 차지하였다.

다음으로 혁명의 역사에서 농민층은 매우 중요했다. 만약 농민 대중이 계속 수동적이었다면 혁명은 실패하고 부르주아지는 득세하지 못했을 것이다. 농민들이 혁명에 가담한 기본적인 동기는 영주의 부과조와 봉건제 잔재라는 문제에 있었다. 농민이 개입했었기에 비록 점진적이기는 해도 봉건제의 전면적인 폐기가 가능하였다. 8월 4일 밤 사건의 주된 원인은 한편으로 대공포(大恐怖)에 있었다. 다른 한편으로는, 국유 재산을 취득하여 토지를 소유한 농민층이 새로운 체제에 불가분하게 결합되었다.

구체제 말기에 프랑스 농민층은 토지 소유자들이었으며, 이 점에서 중·동부 유럽의 부역 농노 및 영국의 날품팔이 농민(이들은 신분상으로는 자유인이었으나 [16세기 이후 인클로저 운동으로 점차 많은 이들이 토지를 몰수당하여] 품을 팔아 살 수밖에 없었다)과 명확하게 구분된다. 그렇지만 중요한 점은 농민이 토지를 어느 정도 소유하고 있었느냐 하는 문제이다. 프랑스 전체에서 우리는 개략적인 수치밖에 얻을 수 없다. 경작 문제 역시 중요하다. 토지 소유와 농지 경작은 상이하면서도 서로 연관된 문제인데, 농민들은 경작하는 방식에 따라 토지 소유의 분배에서 야기되는 불이익을 어느 정도 해소할 수 있었다.

농민의 토지 소유는 전체 면적의 22퍼센트에서 70퍼센트까지 지역에 따라 다르다. 북부, 북서부, 서부 지방의 비옥한 곡창 지대나 목축 지역에서는 농민의 토지 소유가 적었다. 노르 지역이 30퍼센트, 모주 지방이 18퍼센트, 몽펠리에 교구의 평야가 22퍼센트 정도였다. 반면에 원래 산림 지대나 산악 지대에서는 농민의 토지 소유가 많았다. 왜냐하면 그러한 지역에서는 개간된 토지를 개인이 그냥 소유하였기 때문이다. 물론 토지 개간(예를 들어 배수 시설)에 막대한 자금이 드는 지역과, 특권층과 부르주아들이 독점하고 있던 도시 근교에서는 농민의 토지 소유가 매우 적었다. 더구나 전체 농민의 토지 보유 비율이 상당한 듯 보이기는 해도(약 35퍼센트), 농촌 인구의 수적 비중을 고려한다면 개별 농민의 몫은 매우 미미하였다. 심지어 상당수의 농민은 단 한 뼘의 토지조차 없었다. 구체제에서 프랑스 농민은 대개의 경우 소토지 소유자였다. 아울러 토지가 없는 더 많은 농민들이 농촌 프롤레타리아를 구성하였다.

따라서 농민이 처한 상황은 매우 다양하였다. 다양성을 야기한 두 가지 커다란 요인은 한편으로 개개인의 법률적 지위였고, 다른 한편으로 토지 소유 및 농지 경작의 분배였다.

첫 번째 측면에서는 농노와 자유농민이 구별된다. 대다수의 농민들은 오래전부터 자유인이었으나, 프랑슈콩테와 니베르네 지방에는 아직도 백만 명에 가까운 농노들이 있었다. 농노는 재산을 상속할 수 없었다. 따라서 그 자식들은 영주에게 무거운 부과조를 지불하지 않으면 아버지의 동산조차 물려받을 수 없었다. 1779년, 네케르는 국왕 직영지에서 '상속불능제(mainmorte)'를 폐기하고, 영주가 달아난 농노에게 자신의 권리를 주장할 수 있는 '추적권(追跡權)'을 전 왕국에서 철폐하였다.

자유농민 가운데 '날품팔이 농민'이 점차 그 수가 증가하던 농촌 프롤레타리아를 형성하였다. 하층 농민이 프롤레타리아가 되는 현상은, 18세기 말 영주의 반동 및 봉건적 부담과 왕실 부담의 악화, 〔그리고 인구 증가〕로 가속화되었다. 디종 지역과 브르타뉴에서는 한 세기 동안에 날품팔이 농민의 수가 소토지 자영농의 희생 위에서 배로 증가하였다. 명목 임금은 상승하고 있었지만 물가는 그보다 더 큰 폭으로 상승하고 있었기 때문에 농촌 프롤레타리아의 생활 여건은 악화되기만 했다.

농촌 프롤레타리아와 거의 비슷한 상황이었던 대다수의 영세농들은 자작이든 소작이든 충분하지 않은 토지에 의존할 수밖에 없었다. 따라서 그들은 날품이나 농촌 (수)공업으로 모자라는 수입을 보충해야 했다. 성직자나 귀족 혹은 부르주아 토지 소유자들이 직접 농사짓는 일은 극히 드물었다. 그들은 정기 차지제(定期借地制, fermage)로 토지를 임대했고, 그보다 더 흔하게는 절반 소작제(折半小作制, métayage)의 형태로 토지를 임대했다. 소작지가 대개 이곳저곳에 산재해 있어서 따로 따로 임대되었다. 그렇게 날품팔이 농민은 생계를 꾸리고 소농들은 경작 면적을 늘려 나갈 수 있었다. 이러한 영세농 가운데 절반 소작인이 가장 많았다. 프랑스 농지의 3분의 2 내지 4분의 3은 절반 소작제로 경작되었다. 〔하지만 이 비율은 최대치로 간주되어야 한다.〕 절반 소작제는 루아르 강 이남 지역, 특히 중부(솔로뉴, 베리, 리무쟁, 오베르뉴 등)와 서부(브르타뉴에서는 대략 임대 농지의 반이 절반 소작제를 따랐다), 그리고 남서부 지방에서 지배적이었다. 루아르 강 이북 지역에서는 그 경향이 훨씬 드물었으며, 특히 로렌 지방이 그러했다. 절반 소작제는 가장 빈곤한 지역, 즉 농민들이 가축도, 선불금도 가지지 못했던 지역에서 나타난 전형적인 임대 방법이었다.

파리 분지의 곡창 지대와 같은 대경작 지역에서는 대차지농(大借地農, gros fermiers)들이 날품팔이 농민과 영세농들의 희생 위에서 임대 농지를 독점하였다. 대차지농들은 진정한 '농촌 부르주아지'로서 농촌 대중이 프롤레타리아가 되는 데 이바지했기 때문에 그들의 원한과 증오의 대상이 되었다. 대차지농들은 사회적으로 동질적인 집단이었고 수가 적었지만 경제력이 커서 곡창 지대에서 농업의 자본주의적 전환을 주도하였다. 이들은 막대한 경작 비용이 요구되는 대규모 경작지를 보통 9년 기한으로 임대하였다. 절반 소작 임대보다 비교적 드물었던 정기차지 임대는 특히 농민의 토지 소유가 많지 않았던 피카르디, 동부 노르망디, 브리, 보스 등지의 비옥한 곡창 지대와 평야 지대에서 빈번했다.

'자영농민(自營農民, laboureur)'은 넉넉하고 때로는 부유하기까지 한 토지 소유자〔이거나 대경작지를 기본적으로 금납 지대로 빌렸던 차지농〕이었다. 농민층 전체에서 이들의 수는 얼마 되지 않았으나 사회적 영향력은 컸다. 이들이 바로 농민 공동체의 명사로서 '마을의 멋쟁이'로 불린 일종의 '농촌 부르주아지'였다. 반면에 이들의 경제적 역할은 덜 중요하였다. 물론 이들이 수확의 일부를 판매한 것은 사실이지만, 전체 농업 생산에서 차지하는 비중은 미미했다. 풍년에 자영농민들은 남는 곡물을 내다 팔았다. 많은 지역에서 그들은 주로 포도주를 판매하였다. 포도주 값은 1777~1778년 무렵까지는 급등했다(70퍼센트 정도). 자영농민들은 루이 16세의 재위 초기까지는 농산물 가격의 상승에서 이득을 보았다.

이처럼 농촌 역시 도시만큼이나 많은 차이와 대립 관계를 품고 있었다. 대차지농과 자영농민, 정기차지인과 절반 소작인, 그리고 소토지 소유 농민, 마지막으로 집과 정원을 소유하고 손바닥만 한 땅뙈기라도 빌릴 수 있었던 농민들로부터 가진 거라곤 맨몸뚱이뿐인 날품팔이 농민 무리까지.

전통적인 농지 경작 체제 덕분에 빈농들은 어느 정도 토지의 부족을 메꿀 수 있었다. 촌락 공동체는 [지역에 따라 다르기는 했지만] 매우 뿌리 깊게 남아 있었다. 정치적·행정적 조직(촌락회의 및 촌장)을 갖춘 촌락 공동체는 대개의 경우 여전히 경제적 기능을 담당했다. 촌락 공동체는 빈농이 다수였고 따라서 집단적 권리를 유지하려는 경향을 보였다. 북부와 동부에서 마을의 토지는 개방된 좁고 긴 지조(地條)로 세분되어 크게 3개의 '윤작지(輪作地)'로 나뉘어 있었다(겨울에는 밀, 봄에는 춘곡). 항상 셋 가운데 한 부분은 땅을 쉬게 하려고 그대로 둔 '휴경지(休耕地)'였다. 그러나 남부에는 두 개의 윤작지만 있었다. 휴경지, 말하자면 경작 가능한 토지의 절반이나 3분의 1은 추수가 끝난 땅처럼 '공유지'로 간주되었다. 첫 번째 꼴베기가 끝난 목초지도 마찬가지였다(벌초권). 휴경지와 목초지는 '공동 방목권'의 적용을 받아 누구라도 거기에서 가축을 방목할 수 있었다. '공동지(목장지와 삼림)'와 그 '용익권'은 농민들에게 추가 소득을 제공하였다. '이삭줍기와 이엉줍기의 권리'

도 마찬가지였다. 부농들은 자신들의 경작의 자유와 소유권을 제한하는 그러한 공동체적 권리에 반대했으나, 빈농들은 몹시 집착하였다. 왜냐하면 그것 덕분에 그들이 연명할 수 있었기 때문이다. 따라서 그들의 모든 노력은 집단적 권리를 지키기 위해 개인적 소유권을 제한하는 데 집중되었다. 이처럼 빈농들은 특히 '인클로저 법령'으로 대표되는 '농업적 개인주의'의 진전과 농업의 자본주의적 전환에 정면으로 반대하였다. 그리하여 농지의 경작은 전체적으로 볼 때 18세기 말에도 여전히 전(前) 자본주의적인 방식에서 벗어나지 못하였다. 소농들의 소유 관념은 귀족이나 부르주아 지주 또는 대차지농들의 관념과 같지 않았다. 이러한 공동체적 소유 개념은 당시부터 19세기 전반에 걸쳐 자기 재산에 대한 소유자의 절대적 권리라는 부르주아의 개념과 끊임없이 충돌하게 된다.

농촌 경제가 전근대적일수록 농민의 부담은 그만큼 더 무겁기 마련이었다. 군주제와 특권계급이 부과하는 부담에 맞서 농민층의 단결이 구체화되었다.

먼저 국왕에 대한 부담을 살펴보자. 농민은 인두세와 20분의 1세(vingtième)를 납부했을 뿐만 아니라 점차 타유세를 몽땅 짊어지게 되었다. 또 그들만이 도로 부역과 군대 수송, 그리고 민병대에 종사했다. 마지막으로 농민들은 간접세를 물어야 했는데 특히 소금세의 부담이 무거웠다. 국왕에 대한 이러한 부담은 [17세기에 비해 1715년에 이르는 18세기 전반에 걸쳐 줄어들었으나 미국 독립전쟁과 함께 다시 늘어났다.] 발론어(語)를 사용하는 플랑드르 지방에서 직접세는 루이 16세의 재위 기간 동안만 해도 28퍼센트 증가하였다.

교회에 대한 부담으로는 십일조가 대표적이었다. 소출의 10분의 1보다는 적었지만 밀, 호밀, 귀리, 보리 같은 네 가지 주요 곡식(중십일조)과 기타 다른 수확물(경십일조), 그리고 목축 등에 십일조가 비일률적으로 부과되었다. 십일조는 흔히 주교, 교회 참사회, 수도원, 심지어는 영주들의 사복을 채웠지, 예배 비용이나 교구의 빈민 구제에는 거의 쓰이지 않았기 때문에 농민들에게는 한층 더 견딜 수 없는 부담으로 느껴졌다.

끝으로 가장 무겁고 평판이 나빴던 영주에 대한 부담을 살펴보자. 봉건제는 모든 평민의 토지를 압박하여 부과조의 납부를 강요하였다. 영주는 자신의 영지에서 사회적 우월성의 상징인 상급(上級) 및 하급(下級) 재판권을 행사하였다. 특히 부과조의 납부를 강요하는 경제적 무기로서 '하급 재판권'은 영주에게 꼭 필요한 착취 수단이었다. 엄격한 의미의 영주권(領主權)은 사냥 및 낚시의 독점권, 비둘기장과 토끼장을 가질 수 있는 배타적 권리, 시장세(市場稅)를 징수할 권리, 영주를 위한 인신적 부역을 부과할 권리, 경제적 독점의 명백한 상징인 방(ban)의 권리(영주가 자기 소유의 제분기, 포도 압축기, 빵 굽는 솥 등을 강제로 사용케 하여 독점권) 등을 포함하였다. '물적 부과조(物的 賦課租)'는 사람이 아니라 토지에 부과되는 것으로 간주되었다. 사실상 영주는 (토지의 용익권밖에 지니지 못한) 농민이 경작하는 토지, 즉 농민 보유지에 대하여 '영대임대권(永代賃貸權)'을 지녔으며, 따라서 농민은 그것에 대하여 매년 정기적으로 지대를 납부하였고 — 일반적으로 화폐 지대는 랑트(rentes) 또는 상스(cens)로, 생산물 지대는 샹파르(champart)로 불렸다. — 매매나 상속으로 소유권이 이전되었을 때는 부정기적인 '소유권 이전세'를 납부하였다. 이러한 제도는 지역에 따라 강도의 차이를 보였다. 브르타뉴와 로렌에서 특히 가혹했으며 다른 지방에서는 덜하였다. 이 제도의 잔혹성을 올바로 평가하려면 위에서 언급된 부담뿐만 아니라 숱한 남용과 그것에서 야기된 굴욕감도 고려해야 한다.

18세기를 특징짓는 '영주의 반동'은 봉건제를 더욱 부담스럽게 하였다. 이의를 제기할 경우, 농민은 영주의 재판권에 무참하게 짓밟혔다. 영주들은 영대임대권을 들먹이며 공동체적 권리와 공유지의 용익권을 침해하였고, '삼분법'을 내세워 공유지의 3분의 1을 차지하곤 하였다. 영주의 반동은 몇몇 지역에서 특히 심하였다. 그 대표적인 예가 멘(Maine) 지방이다. 이곳에서는 18세기 내내 영지들의 결합으로 봉건적 소유의 집중 현상이 나타났으며, 관습의 지지를 받아 장자상속제가 봉토의 보존에 기여하였고, 공동지는 영주들이 독점했다. 다른 지역에서는 이미 폐기된 농노에 대한 추적권과 상속불능제가 엄존하고 있던 프랑슈콩테 지방의 경우, 그것을 철폐한 1779년의 왕령은 1788년에 가서야 38시간에 걸치는 격론과 '무력에 의하여' 고등법원에 등록될 정도였다.

게다가 영주의 반동은 18세기 전체를 특징짓는 물가 상승 때문에 더욱 심해졌다. 물가 상승은 영주와 십일조 징수자가 생산물로 납부받던 샹파르와 십일조의 가치를 크게 증대시켰다. 한편으로 부담금의 증대, 다른 한편으로 물가 상승과 인구 증가의 압력에 시달리던 농민들은 점점 더 돈에 쪼들렸고, 이에 따라 농업 기술도 함께 침체되었다. 위기 때는 1788~1789년처럼 십일조와 영주적 부과조의 압력이 더욱 가중되었다. 정상적인 시기에 자작지에 의지하여 빠듯하게 생활하던 중간층 농민들은 위기의 시기에는 십일조와 봉건적 부과조를 납부하고 나면 비싼 값으로 곡식을 사 먹어야 했다. 1788~1789년은 바로 그러한 위기의 시기였다. 이 때문에 영주권에 대한 농민의 증오는 진정될 수 없었다.

농업의 상황은 이러한 사회적 상황과 관련되어 있었다. 전통적인 경작 체제가 기술의 진보에 호의적이지 않았음은 명백하다. 농사는 수지가 안 맞았고, 경작 방법은 여전히 원시적이었으며, 수확량은 미미하였다. 휴한지 제도와 더불어 2포제 혹은 3포제에 따른 윤작으로 말미암아 경작지는 2~3년에 한 번씩은 놀았으며, 그것은 농민들의 토지 부족 현상을 심화했다. 혁명 직전에 프랑스를 여행했던 영국의 농학자 아서 영(Arthur Young)은 프랑스의 농촌이 낙후되어 있고 구태의연한 경작법이 지배적이라고 증언했다. 18세기 중엽에 중농주의자들의 선전에 힘입어 농업이 자본주의적인 방향으로 전환되는 것을 지지하는 여론이 형성되었다. '농업열(農業熱, agromanie)'이 팽배하였고, 몇몇 대영주는 모범을 보였다. 사실상 특권계급의 인사들은 농업 문제를 해결하는 데는 관심도 없이 수입을 늘리는 데만 혈안이 되어 있었다. 흔히 중농주의자들의 학설은 특권계급 인사들에게 공공 이익을 도모한다는 구실로 자행되는 영주의 반동을 은폐하는 데 필요한 논거를 제공했다. 농업 기술과 농업 생산의 낙후성은 대개의 경우 농촌 경제가 지닌 사회 구조의 직접적인 결과였다. 농업 기술이 진보하고 전통적인 농업이 근본적으로 근대화되는 것은, 봉건적 잔재가 타파될 뿐만 아니라, 〔중농주의자들과 농학자들을 사로잡은 영국의 본보기를 따른다면〕 공동체적 권리가 소멸되는 것이고, 따라서 빈농들의 상황이 더욱 악화되는 것을 뜻하였다. 이러한 모순 때문에 소농층은 19세기 후반에 들어서까지도 악전고투해야 했다.

농업 인구가 국민의 대다수를 형성하고 있으며 농업 생산이 다른 모든 것을 압도하고 있는 나라에서 농민의 요구가 특별히 중요한 것은 당연한 일이다. 그러한 농민의 요구는 봉건적 부과조의 문제와 토지의 문제라는 두 가지 측면으로 나타났다.

봉건적 부과조의 문제에서 농민의 견해는 일치했다. 진정서는 영주들과 특권계급에 맞서 농민들이 단결되어 있음을 명백하게 보여주었다. 〔간접세보다는 봉건적 부과조와 십일조가 수많은 불평의 대상이었다.〕 왜냐하면 그것들은 과중하고 굴욕적일 뿐만 아니라 그 기원을 알지 못하는 농민들에게 부당하게 보였기 때문이다. 노르 지역의 한 소교구에 제출된 진정서에 따르면, 봉건적 부과조는 "비난받아 마땅한 신비의 그림자 속에서 태어났다."는 것이다. 만약 그러한 부과조가 합법적인 재산이라면, 그 점은 증명되어야 하는 것이었다. 그런 다음에라야 부과조는 되살 수 있다고 선언될 것이었다. 〔진정서들은 봉건적 부과조라는 재산의 기원이 입증되어야 한다는, 본질적으로 혁명적인 요구를 내걸었는데, (사실 많은 진정서가 농민이 작성하지 않았기 때문에 그 점을 언급하고 있지 않다) 진정서의 대부분은 단호하였다.〕 농민들은 십일조와 샹파르는 생산물이 아닌 화폐로 납부할 수 있어야 한다고 요구하였다. 농민들이 생각하기에, 그렇게 된다면 화폐의 구매력 저하로 부과조는 미미해질 것이었다. 농민들은 십일조가 본래의 목적에 사용되어야 하며, 특권계급도 세금을 납부해야 한다고 주장하였다. 이러한 여러 문제에서 부르주아지들은 농민들과 의견이 같았다. 그렇기에 제3신분의 단결은 강화될 수 있었다.

　이제까지 의견 일치를 보여 온 농민층은 토지 문제를 둘러싸고는 의견이 갈렸다. 많은 농민들이 토지가 부족했으며, 그 가운데 많은 수가 자신도 토지 소유자가 되어야 한다고 깨닫고 있었다. 그렇지만 교회 재산의 양도를 감히 요구하는 진정서는 드물었고, 그 재산의 수입을 이용하여 부채를 갚고 적자를 보충하자는 정도가 고작이었다. 사적 소유권은 심지어 특권 신분의 것이라도 대부분의 사람들에게 함부로 손댈 수 없는 것으로 간주되었다. 농민들로서는 토지를 임대할 수 있는 것으로 충분하였다. 따라서 진정서들은 경작 문제에는 적극적이었다. 많은 진정서들이 대규모 차지의 분할을 요구하였다. 이렇게 일단 봉건적 부과조가 폐기되자 1789년부터 농민층 내부에서 토지 문제를 둘러싸고 분열이 나타났다. 이미 대규모 경작자의 이익과, 토지를 약간밖에 지니지 못하거나 전혀 지니지 못한 농민 대중의 이익은 양립할 수 없는 상태였다. 전자(前者)가 진보한 농업 기술을 이용하여 시장을 염두에 두고 생산하려 한 반면에, 후자는 폐쇄 경제 혹은 준(準)폐쇄 경제로 만족하였다. 구체제가 시도했던 개혁(경작지의 인클로저, 곡물 유통의 자유 등)이나, 공동지와 경작의 문제를 두고 농민층은 분열하였다. 1789년 이후, 유산 농민층은 농촌의 대중이 자신들의 이익에 위험한 존재라는 점을 자각하였다. 벌써부터 노르 지역의 몇몇 진정서는 "지방 의회가 너무 소란스럽지 않도록 하기 위한 유일한 방법으로서" 조사를 실시하여 면세자와 구호 대상자들을 정치에서 배제하자고 주장하였다. 봉건제의 불가피한 붕괴가 나타나기 이전에 이미 유산 농민층은 자신들의 사회적 권한을 유지하는 데 급급하였다.

이처럼 구체제 말기에 벌써 미래의 대립 관계가 프랑스 농민층 내에서 나타났다. 그들은 단지 특권계급에 대한 반발과 증오로만 단결할 뿐이었다. 혁명이 일어나 봉건적 부과조, 십일조, 특권 따위가 폐지되자, 유산 농민층은 질서의 편에 가담해버렸다. 토지 문제에서 혁명이 국유 재산을 매각하여 소토지 소유자의 수를 크게 늘린 것은 사실이지만, 동시에 대토지 소유와 대규모 경작제는 혁명의 모든 사회적 결과와 함께 존속시켰다. 하기야 구체제 말기 농민층의 구조 자체가 농업 문제에 대한 혁명의 온건한 성격을 이미 보여주었다. 그것은 조르주 르페브르의 표현을 빌리면, "부르주아지와 농촌 민주주의 사이의 타협 같은" 것이었다.

4. 봉건적 생산 양식의 구조적 위기

〔1720년부터 활발한 경제 성장과 인구 증가가 나타난 뒤, 1770년대에 들어 정체의 징후가 나타났다. 대규모 교역과 일부 지역에서 곡물

생산의 성장세가 꺾였고, 대량 소비재인 면직물, 철물류, 중저가 모직물 등의 생산이 한계에 도달했다. 이에 동반하여 전염병이 맹위를 떨쳤다. 봉건제라는 사회 조직의 토대 자체가 의문시되었다. 이제껏 활발한 성장세를 보였던 상업 경제는 농민 대중이 너무도 가난했기에 사실상 이제는 불충분한 국내 시장의 한계에 부딪힌 것으로 보였다. 이러한 상황 자체는 부분적으로 지역 간의 물적(도로 건설에도 불구하고 교통수단이 불충분했다는 점), 인적(상품 유통에 대한 세금의 부담) 폐쇄성이 지속된 결과였다. 농민의 노동으로부터 거둬들이는 것이 증가한 것도 한몫을 하였다. 영주적 부과조의 부담은 영주의 반동으로 더 무거워졌고, 소작료 및 임대료 인상과 과세의 증가로 절대적인 액수로나 상대적인 부담에서 지대도 크게 늘어났다. 그런데 이렇게 거둬들인 것의 태반이 예전처럼 농업에 재투자되지 않고 과시적인 소비(사치)나 비생산적인 지출(관료제, 군대, 궁정)로 낭비되었다. 농민의 잠재적인 저축 능력은 이런 식으로 대부분 탕진되었다. 얼마 되지 않는 나머지 부분은 토지에 대한 투자로 흡수되었다. 농업의 진보를 뒷받침할 만한 재원은 없었고, 기술은 침체했다.

이에 덧붙여 사회 구조의 틀이 변하지 않는 가운데 인구 증가가 야기한 몇 가지 결과를 지적하지 않을 수 없다. 흑사병이 사라지고 세금의 부담이 가벼워지고 국내에 어느 정도 평화가 찾아오면서 인구가 늘어났고, 인구의 증대는 여전히 지배적인 옛 구조를 더욱 취약하게 만들었다. 1760년 이후에 유랑민이 다시 급증하는 추세를 보였다. 리옹 지방의 떠돌이 가운데 날품팔이와 영세농의 비율은 꽤 높았다. 이러한 현상은 농민층 내 사회적 분화의 진전뿐만 아니라, 인구 증가에 따른 상속지의 집중과 세분화라는 이중의 움직임, 그리고 이에 따른 임대(소작)료의 상승과 맞물린 것이었다. 산업은 성장세가 미약하여 새 일자리를 충분하게 제공해주지 못했다. 자본이 아니라 판로가 부족했지만,

가용 자본 역시 부족했다. 국고의 위기에서 비롯된 공공 재정의 수요와, 특권계급을 모방하려는 욕구에서 비롯한 토지 매입이 부르주아 축적의 중요한 부분을 빨아들였던 것이다.

그 결과 18세기 말이 되면, 소득 이전(移轉) 제도도 없고 빈민 구제도 거의 발달하지 못했기에 더욱 많은 대중이 사소한 불운에도 즉각 영향을 받는 처지에 내몰렸다. 1786년의 통상 조약이 야기한 영국 제조품의 대량 유입, 1788년의 흉작, 1788~1789년의 혹한 등은 당대의 기준으로 보면 그렇게 큰 파국은 아니었다. 1709~1710년의 사태와 비교하면 아마 정도가 더 약했을 것이다. 그러나 그런 일들이 경제의 구조적인 위기가 한창일 때 발생했고, 새로운 이념이 확산되는 가운데 국가의 억압 기구 역시 루이 14세의 군주제(당시는 비록 치세 말기였지만)와는 달리 위기에 처해 있었다. 게다가 17세기 이래로 집단 심성이 변화했다. 인민대중의 어떤 부류에서, 특히 활발한 교역이 이루어지는 농촌 지역과 대도시에서 민중계급의 일부는 1720~1770년대에 생활 조건이 개선되고 초등 교육이 보급됨에 따라 교회의 도덕적 가르침을 따르던 순종적 자세에서 조금씩 벗어났다(1760년 이후 피임의 시작, 종교 서적의 감소). 많은 농촌 지역에서 그 자체로는 때때로 사소한 충돌이기는 해도 농민과 영주 사이에서 싸움이 벌어졌으며, 그보다 더 드물긴 해도 심지어 농민과 성직자 사이에서도 그런 일들이 벌어졌다. 행복은 가능한 듯 보였다. 삼부회의 소집과 함께 희망이 부풀었고, 주기변동의 위기는 그만큼 더 참을 수 없게 느껴졌다.]

부르주아지의 철학

사회의 경제적 토대가 바뀌자 이데올로기도 함께 변화하였다. 대혁명의 지적 기원은 부르주아지가 17세기 이래 구축해 온 철학에서 찾을 수 있다. 과학을 통하여 자연을 지배할 수 있다는 가능성을 보여준 르네 데카르트(René Descartes) 사상의 계승자인 18세기 철학자들은 새로운 질서의 원리를 선명하게 제시하였다. 17세기에 교회와 국가의 권위적이고 금욕적인 이상에 반대하는 새로운 철학 운동은, 비판 정신을 일깨워 발전시키고 새로운 이념들을 제공함으로써 프랑스 지성에 깊은 영향을 끼쳤다. '계몽사상'은 과학, 신앙, 도덕, 정치·사회 조직 등 모든 분야에서 권위와 전통의 원칙을 이성의 원칙으로 대체했다. 랑베르(Lambert) 부인은 다음과 같이 선언하였다.

철학한다는 것은 이성(理性)에 모든 위엄을 돌려주어서 본래의 권리를 회복하는 일이다. 또한 모든 사물을 사물 고유의 원리에 연결해서 편견과 권위의 속박으로부터 벗어나게 하는 일이다.

드니 디드로(Denis Diderot)는 《백과전서(Encyclopédie)》의 '절충주의'라는 항목에 다음과 같이 썼다.

절충주의자는 편견, 전통, 구습(舊習), 보편적인 동의, 권위 등 한마디로 정신을 구속하는 모든 것을 거부하면서, 자기 스스로 사고하고 가장 분명한 일반 원칙까지 거슬러 올라가며 감각과 이성의 증언에 기반을 둔 것만을 받아들이는 철학자이다.

볼테르는 1765년에 다음과 같이 썼다.

진정한 철학자는 황무지를 개척하여 경작지를 늘리고 그에 따라 인구를 증대시키며, 가난한 자를 보살펴 부유하게 만들고, 결혼을 장려하며, 고아를 기르고, 불가피한 세금에 불평하지 않으며, 경작자로 하여금 흔쾌히 세금을 내도록 한다. 그는 사람들로부터 아무것도 기대하지 않으며, 자신이 할 수 있는 모든 선(善)을 사람들에게 베푼다.

1748년 이후, 세기의 가장 위대한 작품들이 쏟아져 나왔다. 몽테스키외(Charles-Louis de Secondat Montesquieu)의 《법의 정신(L'Esprit des lois)》(1748), 조르주루이 르클레르 뷔퐁(Georges-Louis Leclerc Buffon)의 《박물지(Histoire naturelle)》(제1권은 1749년에 출판되었다), 에티엔 보노 드 콩디야크(Étienne Bonnot de Condillac)의 《감각론(Traité des sensations)》(1754), 장 자크 루소(Jean-Jacques Rousseau)의 《인간 불평등 기원론(Discours sur l'origine de l'inégalité parmi les hommes)》(1755), 에티엔가브리엘 모렐리(Étienne-Gabriel Morelly) 신부의 《자연의 법전(Code de la nature)》(1755), 볼테르의 《풍속론(Essai sur les moeurs et l'esprit des nations)》(1756), 클로드아드리앙 엘베시우스(Claude-Adrien Helvtius)의 《정신론(De l'esprit)》(1758), 루소의 《에밀(Emile)》과 《사회계약론(Contrat social)》(1762) 등이 그것이다. 1751년에는 디드로가 주관한 《백과전서》 제1권이 출판되었으며 볼테르의 《루이 14세의 세기(Siècle de Louis XIV)》와 중농주의자들의 기관지였던 〈경제학보(Journal conomique)〉 제1권이 간행되었다. 볼테르, 루소, 디드로, 백과전서파, 중농주의자들은 미묘한 차이를 보이면서 앞다투어 철학의 도약에 기여하였다.

18세기 전반에는 커다란 사상이 두 가지 흐름으로 발전하였다. 하나는 부분적으로 몽테스키외의 《법의 정신》으로 대변되는 봉건적인 발상을 보이는 것으로서, 고등법원과 특권계급의 인사들은 바로 이 책에서 전제주의에 반대하는 논거를 끄집어내었다. 다른 하나는 철학적인 것으로서 성직자와 때로는 종교 그 자체에 적대적이기는 하지만 정치적으로는 보수적이었다. 세기의 후반에는, 비록 이러한 두 사상의 흐름이 존속하기는 했지만 더 민주적이고 평등주의적인 새로운 이념들이 등장하였다. 철학자들의 관심은 이제 통치라는 정치적 문제에서 소유권이라는 사회적 문제로 옮겨 가게 되었다. 중농주의자들은 비록 보수적인 정신에서 탄생했지만 경제적인 문제를 제기하여 세기의 사상의 새로운 방향 전환에 기여하였다. 1750년 이후부터 사망할 때까지 그러한 철학 운동의 의심할 여지 없는 지도자였던 볼테르가 절대 군주제의 틀 속에서 개혁을 시도하여 부유한 부르주아지에게 통치권을 맡기려고 하였던 것에 비하여, 민중 출신인 루소는 소부르주아지와 장인층의 정치·사회적 이상을 표현하였다.

중농주의자들의 견해에 따르면, 국가는 소유권을 보장하기 위하여 조직된 것이다. 법이란 군주로부터 독립된 자연적 진리이며 군주에게도 부과되는 것이다. "입법권이란 법을 창출하는 권력이 아니라 법을 공포하는 권력이다."(피에르사뮈엘 뒤퐁 드 느무르*) "법으로 소유권을 침해하는 것은 곧 사회의 전복 그 자체이다." 중농주의자들은 강력한 정부를 요구하였다. 그러나 그 정부의 강제력은 소유권 옹호에 바쳐져야 했다. 국가는 단지 억압 기능만을 지녀야 했다. 이처럼 중농주의 운동은 궁극적으로 지주의 이익을 위한 하나의 계급 정치였다.

볼테르 역시 정치적 권리를 부자들에게 한정했으나, 그의 견해로는 토지가 부의 유일한 원천이 아니었기 때문에 단지 지주들에게만 국한하지는 않았다. 그렇지만 "이 사회에서 토지도, 집도 가지지 못한 자들

뒤퐁 드 느무르(Pierre-Samuel Dupont de Nemours, 1739~1817) 왕실 시계 제조인의 아들로서 구체제 치하에서 중농주의자로 명성을 얻었다. 1787년에 칼론의 신임을 받아 제1차 명사회의 비서 일을 했고, 제헌의회에서는 라파예트파의 일원으로 활약했다. 그는 자코뱅파에 맞섰고, 마라로부터 '인민의 적'이라는 공격을 받았다. 공포 정치기에 체포되었다가 테르미도르 반동으로 풀려났다. 1795년에 원로원 의원이 되었으나 프뤽티도르 쿠데타 후에 체포됐다. 1799년에 미국으로 건너가 활발한 기업 활동을 벌여 자신의 이름을 딴 회사를 창립했는데, 이 회사는 뒤퐁 재벌의 근간이 되었다.

이 과연 발언권을 가져야 하는가?"(〈폴리카르프에게 보낸 편지Lettre au R. P. Polycarpe〉) 또 볼테르는 《철학사전(Dictionnaire philosophique)》(1764)의 '평등' 항목에 다음과 같이 썼다. "아무것도 소유하지 못한 무수히 많은 유용한 사람들이 없었다면 인류는 존속할 수 없었을 것이다." 그러면서도 같은 항목에서 "따라서 평등이란 가장 당연하면서도 동시에 가장 비현실적인 것이다."라고 썼다. 이처럼 볼테르는 권문세가의 권위를 약화시키려고 하였으나, 그렇다고 민중의 지위를 높일 생각은 전혀 없었다.

평민의 영혼을 지닌 루소는 세기의 흐름에 맞섰다. 〈만약 과학과 예술의 부흥이 풍속의 순화에 이바지했다면(Si le rétablissements des sciences et des arts a contribué à épurer les moeurs)〉(1750)이라는 첫 번째 논문에서, 그는 당대의 문명을 비판하고 문명의 혜택을 받지 못한 자들을 변호하였다. "사치는 우리의 도시에서 백 명의 빈민을 먹여 살리나, 사실상 우리의 농촌에서는 십만 명을 죽게 한다." 두 번째 논문에서(《인간불평등기원론》) 그는 소유권을 공격하였다. 그리고 《사회계약론》에서는 인민주권론을 개진하였다. 몽테스키외와 볼테르가 권력을 각각 특권계급과 상층 부르주아지에 국한했던 반면에, 루소는 미천한 자들을 해방하고 전 인민에게 권력을 부여하였다. 루소는 개인적 소유권의 남용을 억제하고 상속에 관한 입법과 누진세를 통하여 사회적 균형을 유지하는 역할을 국가에 부여하였다. 정치적인 영역과 마찬가지로 사회적인 영역에서 평등을 촉구하는 이러한 주장은 18세기에는 새로운 것이었다. 바로 그 점 때문에 루소는 볼테르나 백과전서파와 돌이킬 수 없을 정도로 대립하였다.

이렇게 다양한 사상의 흐름은 처음부터 거의 완전히 자유로운 분위기 속에서 전개되었다. 1745년 이후 국왕의 총애와 함께 금융계의 지지를 받았던 퐁파두르(Pompadour) 부인은 주교단과 고등법원이 지지하는 왕비와 왕세자의 신앙 모임에서 그들의 적인 계몽사상가들을 옹호하여 말썽을 일으켰다. 마쇼 다르누빌이 1745~1757년에 '20분의 1세'를 신설하여 재정적 특권을 폐지하고 조세 납부의 평등을 확립하려고 했을 때, 계몽사상가들이 그를 지지하였다. 그의 개혁안이 바로 자신들의 요구 사항 가운데 하나였기 때문이다. 이렇게 계몽된 대신들과 계몽사상가들 사이에 유대 관계가 맺어지면서, 특권뿐 아니라 심지어 종교 자체에 대한 공격이 나타났다. 1750년부터 1763년까지 정부는 사상에 대해 어떠한 간섭도 하지 않았다. 당시의 도서 출판 감독 책임자는 말제르브(Chrétien Guillaume de Lamoignon de Malesherbes)였는데, 계몽사상가인 그는 자신이 주관하는 검열의 유용성을 믿지 않았다. 《백과전서》가 첫째 권부터 발행이 막히지 않았던 것도 바로 말제르브 덕분이었다.

이러한 중립적 태도에 힘입어 철학 운동은 크게 확대되었으며, 당국의 태도가 변한 뒤에도 온갖 종류의 저항 운동을 전개할 수 있었다. 1770년 이후, 철학 운동의 선전은 승리를 거두었다. 비록 대작가들이 침묵하거나 하나둘 사라졌지만(루소와 볼테르는 1778년에 사망했다), 군소 작가들이 새로운 사상을 대중화하여 부르주아지의 전 계층과 전 프랑스에 전파했다. 사상사에서 불후의 대작인 《백과전서》는 1772년에 완성되었다. 사회·정치적 분야에서는 온건하였지만 과학의 무한한 진보를 신봉한 이 대작은 이성의 위대한 기념비였다. 가브리엘 보노 드 마블리*, 기욤토마 레날(Guillaume-Thomas Raynal), 니콜라 드 콩도르세* 등이 선각자의 작업을 계속 이어 나갔다. 비록 루이 16세 치하에서 철학적 저작의 발표량은 감소했지만, 여러 체계의 통합이 나타

마블리(Gabriel Bonnot de Mably, 1709~1785) 18세기 프랑스의 역사가이자 철학자. 콩디야크의 형으로서 사유 재산제에 반대했으며 일종의 원시 공산사회를 주장했다. 저서로는 15권짜리 《전집》이 있다.

났고 이로부터 혁명 이론이 탄생하였다. 레날 신부는 《두 인도의 역사(Histoire philosophique et politique des établissements et du commerce des Européens dans les deux Indes)》─ 디드로가 많은 부분을 집필했으며, 1770년부터 1780년까지 무려 20여 판이 나왔다. ─에서 철학적 선전의 모든 주제, 즉 전제주의 증오, 세속 국가에 엄격하게 종속되어야 하는 교회 불신, 경제적·정치적 자유주의 예찬 등을 망라하였다.

이러한 사상은 책과 소책자를 통하여 전 사회에 전파되었다. 말제르브는 1775년에 '아카데미 프랑세즈(Académie française)' 입회 연설에서 다음과 같이 선언하였다. "모든 시민이 출판을 통하여 전 국민에게 발언할 수 있는 이 시대에, 인간을 가르치는 재능이나 그들을 감동시키는 천부적 소질을 지닌 자들, 즉 한마디로 작가들은 마치 로마와 아테네의 웅변가들이 민회에 모인 사람들 가운데 있었던 것처럼, 흩어져 있는 민중의 한가운데에 있는 것이다."

〔도서의 출판은 18세기에 크게 증가했다. 프랑스 전역에서 1731년경에 매해 400~500종이 출간되었는데 1789년경에는 1000~1200종에 이르렀다. 신문 또한 구체제 말기에 늘어났다. 프랑스 북부 지방만 보면, 릴에서 최초의 신문이 1749년에 창간되었고, 발랑시엔, 아라스, 아미앵에서는 1788년에 창간되었다.〕

인쇄물의 영향은 구두 선전에 의하여 더욱 확대되었다. 살롱과 카페의 수가 급증하였으며, 농업협회, 박애협회, 지방 아카데미, 독서회 등 여러 단체들이 우후죽순처럼 나타났다. 〔철학과 사회 문제를 토론하는 학회도 급증하였다. 1780년에 학회는 40개 이상의 도시에 생겨났는데,

---

콩도르세(Marie Jean Antoine Nicolas de Caritat Condorcet, 1743~1794) 자유주의 사상을 지닌 귀족 출신으로서 철학뿐만 아니라 적분계산법 등 수학 분야에서도 큰 업적을 남겼다. 지롱드파에 속해 국민공회에서 1793년 반혁명파로 몰려 파리 시내에서 수개월 동안 은거하다가 자살했다. 주저 《인간 정신의 진보에 관한 역사적 개요》는 프랑스 사상 형성에 큰 영향을 끼쳤다.

보르도만이 아니라 바이외 같은 소도시에도 생겨났다.] 성직자총회는 이미 1770년에 '불경건(不敬虔)에 전염되지 않은' 도시나 부락이 없음을 확인하였다.

프리메이슨 지부도 이러한 철학 사상의 전파에 기여하였다. 1715년 이후에 영국에서 유입된 프리메이슨이 철학적 선전에 유리하게 작용한 것은 분명하다. 많은 점에서, 특히 시민적 평등과 종교적 관용의 문제에서 계몽사상과 프리메이슨의 이상이 일치하였다. 그러나 프리메이슨의 역할이 과장되어서는 안 된다. 특권계급과 부유한 부르주아지가 만나 그 융합을 준비하는 장(場)이었던 프리메이슨 지부는 철학 사상을 보급하던 수많은 단체의 한 범주에 지나지 않았다. [그와 동시에 콜레주와 기숙 학교의 증가와 함께 중등 교육의 보급은 경우에 따라 새로운 이념에 관심을 보일 공중의 규모를 확대했다. 루앙(1789년에 인구 7만 명)에는 소년과 소녀를 위한 중등 학교가 각각 2개 있었고, 그보다 더 작은 르아브르(인구 2만 명)에는 가가 1개씩 있었다.]

이러한 상황에서 전통적인 권위로부터 반격이 나타났다. 1770년에 이미 성직자총회는 신앙과 더불어 "군주에 대한 사랑과 충성의 감정이 영원히 소멸되지나" 않을까 하는 우려를 표명했다. 특권에 대한 비판이 구체제의 사회적 기초를 무너뜨리는 데 기여했듯이, 교회에 대한 공격은 왕권신수설에 기반을 둔 군주제의 기초를 잠식하는 데 이바지하게 마련이었다. 1775년부터 1789년까지 파리의 고등법원은 65권의 저작에 금서 조치를 내렸다. 1776년에 출판된 피에르프랑수아 봉세르프(Pierre-François Boncerf)의 《봉건적 권리들의 폐단(Les Inconvénients des droits féodaux)》에 대하여 고등법원은 다음과 같이 선언하였다. "요즘 저자들은 모든 것과 투쟁하여 모든 것을 파괴하고 전복하는 연구에 몰두한다. 만약 그러한 저자의 펜을 인도하는 체계적 사유가 불행하게도 다중을 사로잡는다면, 오래지 않아 군주제의 근본 질서는 완전하게, 그리고 전면적으로 흔들릴 것이며 가신(家臣)들은 영주에게, 인민은 자신들의 군주에게 대항하게 될 것이다."

철학적 선전의 여러 중요한 주제 가운데 가장 두드러진 것은 이성의 우월성이다. 18세기는 합리주의가 승리한 세기였다. 이제 합리주의는 모든 분야를 장악하게 되었다. 이성의 빛이 점차 확산돼 나가자, 곧이어 진보에 대한 믿음이 나타났다.

> 마침내 모든 암흑은 소멸되고 찬란한 빛이 사방을 비추는도다! 모든 분야에서 얼마나 많은 위대한 인간들이 나타나고 있는가! 인간 이성의 완전함이여!
> ― 튀르고의 《인간 정신의 진보에 관한 철학표(Tableau philosophique des progrès de l'esprit humain)》(1750)

개인적 자유에서 경제적 자유에 이르기까지 모든 분야에서 자유가 요구되었다. 18세기의 모든 위대한 저작들은 자유의 문제에 바쳐졌다. 특히 볼테르와 같은 철학자들의 행동에서 중요한 측면 가운데 하나는 그것이 관용과 신앙의 자유를 쟁취하려는 투쟁이었다는 점이다. 평등의 문제는 논란의 여지가 많았다. 대부분의 철학자들은 법 앞의 시민적 평등만을 요구하였다. 볼테르는 《철학사전》에서 불평등을 영속적이고 숙명적인 것이라고 간주하였다. 디드로는 실질적인 의무를 다하고 획득한 정당한 특권을 부당한 특권과 구분하였다. 그러나 루소는 당대의 사상에 평등 이념을 도입하였다. 그는 모든 시민이 정치적으로 평등하다고 역설하였으며, 일정한 사회적 균형을 유지하는 역할을 국가에 부여하였다.

철학적 사상의 공통된 기조를 이루던 이러한 개념들은 부르주아지의 여러 다양한 계층에 어느 정도 침투하였을까? 부르주아지 내의 모든 계층 간의 단결은 특권계급에 대한 반대에 기반을 두고 있었다. 18세기에 귀족들은 태어나면서 권리로 주어지는 특권과 직책을 점점 많이 확보하려 하였다. 그런데 부르주아지는 부와 교양이 늘어나는 만큼 야심도 커졌지만, 그와 동시에 자신들 앞에서 모든 문이 닫히는 것을 목격하였다. 그들은 귀족보다 자신들이 훨씬 유능하다고 느끼면서도 고위 행정관직에 참여할 수 없었으며, 자존심에 자주 상처를 입었다. 부르주아지의 이 모든 불만은, 프랑수아 클로드 드 부이예 후작*의 《회고록(Mémoires)》이나 혹은 귀족 부인들에 비해 재능으로나 품위로나 부르주아지의 우월성을 절감하였던 롤랑 부인*이 명확하게 표현했다.

부르주아지에게는 본질적으로 두 가지 문제, 즉 정치적 문제와 경제적 문제가 제기되었다.

정치적 문제는 권력 분배에 관한 것이었다. 18세기 중반, 특히 1770년 이후 여론은 정치적·사회적 문제에 점차 민감해졌다. 부르주아의 선전 주제는 명백하게 철학 운동의 그것과 일치하였다. 즉 왕권신수설에 근거한 군주제에 대한 비판, 전제 정부에 대한 증오, 귀족과 그들의 특권 공격, 시민적 평등과 과세의 평등 요구, 능력에 따른 모든 일자리의 개방 등이 그것이다.

부르주아지에게는 경제적 문제도 정치적 문제 못지않게 중요하였다.

부이예(François Claude de Bouillé, 1739~1800) 1790년 동부군의 사령관으로서 낭시에서 발생한 혁명적 병사들의 반란을 무자비하게 진압했다. 루이 16세의 바렌 탈주를 은밀하게 추진했으나 실패로 끝나고 말았다. 바렌 사건 후 망명했다.

롤랑 부인(Mme Raland, 1754~1793) 판화가의 딸로 장마리 롤랑과 결혼한 후 남편이 초기 혁명 대열에 참여하는 데 적극적인 역할을 했다. 국민공회 의원인 뷔조와 플라톤적 연애 관계였던 것으로 유명했으며 지롱드파가 숙청될 때 단두대에서 처형됐다. "오, 자유여! 그대의 이름으로 얼마나 많은 범죄가 저질러지는가?"라는 그녀의 유언 또한 유명하다.

상층 부르주아지는 자본주의의 발달이 국가의 변화를 요구한다는 점을 인식하고 있었다. 십일조, 농노제, 봉건적 부과조, 조세의 부당한 할당은 농업, 나아가 모든 경제 행위의 발전을 방해하고 있었다. 장자상속제와 농노의 상속불능제를 폐지하면 재산의 이전이 용이해질 터였다. 사업가 부르주아지는 노동의 자유와 기업의 자유를 원하였다. 복잡한 사법적 관행, 내국 관세, 도량형 제도의 다양성 등이 상업의 발전을 저해하고 국내 시장의 형성을 방해하고 있었다. 부르주아지가 자신들의 사업을 경영하는 데 적용하는 원칙처럼 질서 있고 명확하며 통일성 있는 원칙에 따라 국가가 조직되어야 한다는 것이었다. 마지막으로 자본주의의 기업가 정신은 과학 분야에서 조사 연구의 자유를 요구하였다. 즉, 부르주아지는 철학적 사유와 마찬가지로 과학 연구도 교회와 국가의 검열에서 해방되어야 한다고 주장하였다.

부르주아지가 자신들의 이익만을 위하여 행동한 것은 아니다. 의심할 여지 없이 그들의 계급의식은 귀족의 배타주의에 의해, 그리고 자신들의 경제적·지적 우위와 사회적 현실 사이의 뚜렷한 대조에 의해 강화되었다. 그러나 자신들의 힘과 가치를 자각한 부르주아지는 철학자들로부터 세계와 문화에 대한 객관적인 개념을 받아들인 후, 자신들의 이익에 들어맞게 구체제를 변형하려 했을 뿐만 아니라 그렇게 하는 것이 정당하다고 믿었다. 또한 그들은 자신들의 이익과 이성이 일치된다고 확신하였다.

물론 이렇게 단언하기는 했지만 우리는 그 속에 포함된 미묘한 차이를 고려해야 한다. 부르주아지의 구성은 다양하였으며, 그것은 동질적인 하나의 계급이 아니었다. 많은 부르주아들은 철학적 선전을 접하지 못하였다. 또 어떤 부르주아들은 신앙심이나 전통주의로 인하여 변화에 적대적이었다(공포 정치의 희생자 가운데 다수는 제3신분 출신이었다).

〔18세기 말에 종교 서적의 출간이 상대적으로 크게 감소하기는 했지만 여전히 많았음을 잊어서는 안 된다. 신간 서적의 내용을 요약해주었던 신문 대부분은 매우 신중했다. 그리고 학회는 일반적으로 귀족 회원의 비율이 높아 매우 온건하였다. 철학 보급의 이러한 한계는 부르주아지 내부에서 그 운동에 대한 저항을 야기하는 데 이바지했다.〕 비록 부르주아지가 변화와 개혁을 원했다 하더라도 그들은 결코 혁명 관념을 품지 않았다. 제3신분 전체는 국왕에게 대단한 존경심, 거의 종교적 감정에 가까운 존경심을 품었다. 그러한 점은 마르몽(Auguste-Frédéric-Louis Viesse de Marmont)의 《회고록(Mémoires)》에 잘 나타나 있다. 국왕은 국민적 이념을 구현하는 존재였으며, 누구도 군주제를 전복할 생각은 전혀 품지 않았다. 부르주아지는 특권계급을 파괴하기보다는 거기에 융합되기를 바랐고, 특히 상층 부르주아지가 그러하였다. 이러한 점에서 부르주아지가 라파예트에게 열광하였다는 사실은 의미심장하다. 마지막으로 부르주아지는 민주주의와는 거리가 멀었다. 그들은 근본적으로 사회 계서제를 유지하여 자신들보다 아래에 있는 계급과 분명하게 구별되기를 바랐다. 앙투안오귀스탱 쿠르노(Antoine-Augustin Cournot)의 《회고록(Souvenirs)》에 따르면, "부르주아 사회에서 서열만큼 두드러진 것은 없었다. 대소인이나 공증인의 부인들은 그냥 '마드무아젤'이라 불렸으나, 국무참사의 부인은 아무런 이의 없이 '마담'으로 호칭되었다."

민중계급에 대한 부르주아지의 경멸은 평민에 대한 귀족의 경멸과 다르지 않았다. 특권계급에 대항하여 민중계급의 지지를 호소하였던 부르주아지가, 혁명력 2년에 민중계급이 권력을 요구하였을 때 왜 분노와 공포를 느꼈는지는 바로 이러한 계급적 편견을 고려해보면 납득된다.

귀족과 부르주아지 관계의 위기

〔18세기에 귀족과 부르주아지는 점점 더 경쟁적인 관계가 되었다. 사실상 귀족은 극복할 수 없는 모순에 사로잡혔다. 생산력 향상과 지식의 진보에 힘입어 노동의 사회적 분화가 이루어졌고, 그 결과 여유 있고 교양을 갖춘 부르주아지가 성장할 수 있었다. 그와 동시에 이 발흥하는 부르주아지가 귀족 작위를 요구할수록 제2신분은 오래된 특권을 지키기 위해 더욱 폐쇄적인 태도를 취했다. 전체적으로 18세기에 작위 수여의 건수는 앞 세기에 비해 줄었다. 불법적이지만 많이 행해지던, 봉토 취득에 따른 작위 획득의 관행은 이미 루이 14세 때부터 폐지되었고, 1728년부터 작위를 받을 수 있는 관직 설치가 중단되었을 뿐만 아니라 귀족 증서의 수여 자체가 줄어들었기 때문이다. 물론 그런데도 귀족 증서 발행이 1770년대에 최대치를 기록했다.

게다가 귀족의 사회문화적 헤게모니 자체가 17세기에 비해 약화되었다. 주요 정부 기관에서 새로 만들어진 경제 및 군사 직무로부터 귀족들이 부분적으로 배제되는 경향이 보였다. 왜냐하면 전문적 능력이 필요해져서, 귀족의 반동에도 불구하고 충원의 범위가 귀족을 넘어 확대되었기 때문이다. 예컨대 1748~1777년에 메지에르의 '공병학교(Ecole du Génie)'는 엔지니어의 양성에 높은 수준의 수학 실력이 필요했기 때문에 학생 선발에 사회적 제한을 엄격하게 할 수 없었고, 그 결과로 국왕의 축성기사단(築城技師團)에는 평민 출신들이 꽤 충원되었다. 중앙 행정에서도 관료제의 규모가 커짐에 따라 '서기(commis, 하급 관리)'의 수가 크게 늘어났는데, 그 대부분이 귀족 출신이 아니었다.

문화적인 측면에서 아카데미, 학회, 언론 등은 비록 대부분이 불온한 성향은 띠지 않았지만, 특권계급과 국가의 통제를 무릅쓰고 구귀족의 오래된 종교성과 명예의 관념과는 크게 다른, 사상의 세속화와 '유용성'의 취향이라는 부르주아 가치에 헌신했으며, 그것을 확산시킴으로써 결국 구체제 사회를 부식시키는 작용을 하였다. 특권 사회의 이념적 주축으로서 교회는 18세기 말에 이르러 새로운 사회적 요구에 대한 적응력이 점점 약화되고 있었다. 사립 기숙 학교 및 시립 학교 기관들이 급증하여 교육에 대한 성직자들의 독점이 무너져 갔다. 지사나 지방 당국이 빈민 수용소나 자선 작업장을 설립하면서 빈민 구호 역시 부분적으로 세속화하는 경향을 보였다. 한창 진행 중이던 비기독교화가 최종적으로 귀족의 권력에 타격을 가했다. 지방의 유언장에 관한 연구는 의미심장하게도 특권계급이 우리가 알고 있는 것과는 달리 전체적으로 전통적인 종교에 매우 충실했음을 보여준다. 1789년 이후에 반혁명적인 망명 귀족이 종교적 이데올로기 부흥의 강력한 온상이 되었음은 마찬가지로 의미심장하다.]

2장

제도의 위기

프랑스 군주제의 제도들은 중세 이래 끊임없이 다듬어져 루이 14세 때 적어도 정치적으로는 최종적인 형태를 갖추었다. 루이 14세는 통치 체제를 개선하고 이제까지 도달하지 못했던 수준의 권위를 그 체제에 부여하였다. 그러나 그가 그러한 체제를 논리적이고 일관성 있게 구축한 것은 아니었다. 혹자의 표현을 따르면, 루이 14세 이후 "전제주의는 어디에나 있었지만 전제 군주는 어디에도 없었다." 실제로 군주제는 (옛 제도를) 파괴하지 않고도 항상 (새로운 제도를) 창출해 왔을 뿐이었다. 이렇게 하여 사회와 정치 상황의 괴리, 공공 정신과 제도 간의 괴리는 더욱 커져 갔다. 무질서와 혼란은 여전히 행정 조직의 주요한 특징이었다. 오노레 가브리엘 리케티 미라보*에 따르면, 프랑스는 "통합되

미라보(Honoré Gabriel Riqueti Mirabeau, 1749~1791) 자본주의적 사상을 가진 귀족이었으며, 젊은 시절에 결투와 복잡한 여자관계 때문에 많은 추문을 일으켰다. 삼부회에는 귀족 대표로 진출하려 했으나 귀족들의 반대로 뜻을 이루지 못하고 제3신분 대표로 선출됐다. 특이한 용모와 웅변으로 혁명 초기에는 국민의 옹호자로 비쳤으나 급격한 변화가 가져올 위험을 두려워해 제한군주제의 지지자로 변모했다. 그리하여 왕의 거부권 지지자가 됐으며 왕실로부터 돈을 받고 의회 안에서 왕권 옹호 활동을 벌였다. 그러나 1791년 4월, 그가 갑자기 죽을 때까지 왕실과의 비밀 거래가 밝혀지지는 않았기 때문에 그의 유해는 팡테옹에 안치되었다. 1793년 11월, 루이 16세의 '철제 장롱'에서 나온 비밀문서가 공개된 후 그의 유해는 팡테옹에서 철거됐다.

지 않은 인민들의, 제대로 조직되지 못한 집합체"에 불과했다.

신권군주제

1. 절대주의 – 주장과 한계

절대행정군주제는 앙리 4세의 통치 초기에 틀을 갖추어 루이 14세 때 무르익었고, 18세기 내내 그대로 유지되었다. 예전에 존재를 과시했던 독립적인 세력들은 힘을 상실하긴 했지만, 대부분은 그대로 존속했다. 비록 18세기에 들어 1614년에 마지막으로 소집되었던 삼부회가 사실상 폐지되고 시의 자치제가 국왕의 감독 아래 놓이게 되었지만, 지방 삼부회, 고등법원, 성직자총회 등은 왕권의 통제를 받으며 사실상 존속하며 계속 기능을 발휘했다. 동시에 군주제의 행정 조직은 국왕참사회 제도와 지방 행정을 위한 지사(知事)제를 통하여 정비되고 완성되었다. 이론가들은 그러한 군주제에 신권적(神權的)인 성격을 부여하였으며, 이러한 면모는 더욱 강화되었다. 루아조는 아직 앙리 4세 때만 하더라도 국왕을 신의 대리인인 동시에 인민의 하인으로 간주하였다. 그러나 루이 13세 통치기에 카르댕 르브레(Cardin Lebret)는 단호하게 말했다.

> 바로 그 점으로부터 우리는 우리의 국왕들이 왕권을 오직 신에게서 받았으며, 그리하여 지상의 어떤 권력에도 복종하지 않고, 완전하고 절대적인 주권(主權)에 부여된 모든 권리를 누리며, 자신의 왕국에서 완전한 주권자라는 것을 추론할 수 있다.

가톨릭적인 신권군주제 이론을 결정적으로 제시한 사람은 《성서의 말씀에 따른 정치학(La Politique tirée des propres paroles de l'Ecriture sainte)》을 쓴 자크베니뉴 보쉬에(Jacques-Bénigne Bossuet)일 것이다. 왕세자를 위한 이 책은 보쉬에 사후인 1709년에야 출간되었다.

신의 대리인으로서 국왕은 모든 공문서에서 "신의 은총을 받은, 프랑스와 나바라의 왕"이라고 자처하였다. 대관식은 국왕에게 신성(神性)을 부여했다. 통상 랭스 대성당에서 거행된 대관식에서 국왕은 중신들에 둘러싸여 먼저 교회에 서약하고, 이어서 백성들에게 서약하였다. 뒤이어 국왕이 축성(祝聖)을 받고 성 앙풀(St. Ampoule)의 성유(聖油)가 국왕에게 발라지면, 랭스 대주교가 다음과 같은 축문을 낭독하였다. "신이 그대에게 통치하라고 내리신 이 왕국에서 그대는 국왕이 되어 축복받을지어다." 그러고 나서 국왕은 왕위를 상징하는 휘장을 걸치고 백성들 앞에 나타났다. 대관식 다음 날, 국왕은 나력(瘰癧) 환자들에게 안수(按手)를 행하면서 환자들에게 다음과 같이 말하였다. "국왕이 그대를 안수하니, 신이 그대를 낫게 하리라." 이러한 예식을 통해 군주제의 신성이 표현되었으며, 대관식은 국왕을 일종의 종교적인 숭배의 대상으로 만드는 데 이바지하였다.

국왕의 절대 권력은 그의 신성에서 비롯하였다. "인간에게 국왕을 내려주신 분께서는 인간이 국왕을 당신의 대리인으로서 섬기기를 원하셨다."(루이 14세의 《회고록Mémoires》에서)

신하된 입장에서는 신 그 자체로부터 비롯된 권력을 통제하려 든다는 것은 있을 수 없는 일이었다. 군주제의 신성은 모든 영역에서 국왕에게 절대적인 권위를 보장해주었다. 하지만 국왕이 절대적인 존재이기는 해도 전제 군주는 아니었다. 1572년에 파리 고등법원의 법원장 크리스토프 드 투(Christophe de Thou)가 샤를 9세에게 말했듯이, 신의 대리인으로서 권위를 행사하는 국왕은 신법(神法)을 존중해야 했고, '신의 뜻을 따르는' 국왕이어야 했다. 국왕의 권위 행사는 신 앞의 책임이 있었다. 그는 또한 왕국의 '기본법', 즉 왕위 상속에 관한 규정이나 왕령지에 관한 법규를 존중하여야 했다. 기본법은 왕위와 그 권력이 국왕 자신과 왕실에 부여한 조건들을 명시하였다. 마지막으로 국왕은 대관식에서 서약을 통하여, 백성들이 교회와 결합 관계를 유지하도록 하고 모든 재판에서 공정한 판결과 자비가 이루어질 것임을 약속하였다. 따라서 국왕은 폭군이 아니었다. 그러나 왕국 내의 신분과 법인체를 초월하여 공동의 이익을 대변하는 자로서 국왕은 무제한적인 행동 수단을 지녔으며 아무런 통제도 받지 않았다. 군주제는 절대주의의 성격을 지녔다.

국왕의 권위는 하나이며, 공유될 수도 넘겨질 수도 없는 것이었다. 물론 국왕은 참사회, 최고법원, 지방 삼부회 같은 여러 법인체와 (신분제) 의회의 보좌를 받았다. 그러나 그것들은 자문 기관에 불과해서 국왕의 권력을 제약할 수 없었다.

> 우리에게는 국왕이 있다. 말하자면 우리는 유일자(唯一者)의 의지에 복종한다. 이 의지는 자의적이어서는 안 되지만 최고의 것이어야 한다. 이것에서 비롯하는 권력은 전제적이어서는 안 되지만 공유될 수 없는 것이다. 그리고 비록 국왕의 행위를 명확하게 하기 위하여 그 권력을 늦추는 것이 필요할 수도 있지만, 그것을 방해하거나 종식시키려고 그것을 일시 정지시킨다는 것은 용납될 수 없는 일이다.
> ― 기요(Guyot)의 《공직론(Traité des offices)》(1786)

절대 군주로서 국왕은 모든 권력을 지니며 그의 권력은 무한했다.

국왕은 모든 사법의 원천이었다. 그는 대관식에서 백성들에게 공정하게 재판할 것을 약속하였다. 오를레앙에 모인 삼부회에서 상서령 미셀 드 로피탈(Michel de L'Hospital)이 행한 연설에 따르면, "국왕 선출은 일차적으로 사법권 행사를 위한 것이었다. 그런 까닭에 프랑스의 국새(國璽)에는 무장하고 말을 탄 국왕의 모습이 아니라 옥좌에 앉아 재판을 주재하는 국왕의 모습이 새겨져 있는 것이다." 사법의 책임자로서 국왕은 그 어떠한 사건이라도 보류하거나 재심할 수 있었고 모든 송사(訟事)에 개입할 수 있었다. 이것을 '사법의 보유'라고 한다. 대개의 경우, 국왕은 사법권 행사를 여러 법원에 맡겼다. 이것을 '사법의 위임'이라고 한다(그러나 위임된 것이지 양도된 것은 아니다).

국왕은 모든 입법의 원천이었다. 살아 있는 법의 화신이다(Lex Rex). 국왕은 선왕(先王)들의 법에 구속되지 않았다. 그래도 보통 너무 갑작스럽게 선왕들의 법을 폐기하지는 않았다. 루이 15세는 1770년 12월에 고등법원에서 다음과 같이 선언하였다. "짐(朕)은 왕관을 오직 신에게서 받았을 따름이다. 신하들을 인도하고 다스리는 법률을 제정할 권한은 오직 짐에게만 속하며, 그 어떤 것에 종속되거나 다른 누구와 공유할 수 없는 것이다." 국왕은 왕령을 통하여 보편성과 영속성을 지니는 결정 사항들을 법제화하였다. 명령서, 인가장, 온갖 종류의 서신, 포고 등은 개별적인 조치와 관련된 것이었다. 그렇지만 국왕은 신법(神法)이나 자연법의 도덕률을 어길 수는 없었다. 왕은 왕국의 기본법을 존중해야 했다.

국왕은 모든 행정권의 원천이었다. 그는 왕국 내의 모든 일에 통치권을 지녔다. "전하께서는 모든 것을 당신 스스로 혹은 당신의 대리인을 통하여 결정하셔야 합니다. 백성들은 공공복지의 증진에 기여하고 타인의 권리를 존중하기 위하여, 때로는 자신의 권리를 행사하기 위하여 전하의 특별한 명령을 기다리고 있습니다."(튀르고의 《회고록》에 나오는, 루이 16세와 나눈 대화) 국왕은 직책과 직무를 만들어 정해 두었다. 행정과 통치의 필요성 때문에 국왕은 권위의 일부분을 대리인들에게 위임하였다. 그러나 이것은 단순한 위임으로서, 대리인들은 항상 국왕의 절대적인 통제를 받았다. 국가의 재원을 조달하기 위하여 국왕은 오직 자신의 권위에 의해 조세와 보조금을 징수하였다. 그러한 관례는 16세기에 와서 확립되었으며, 오직 성직자 계층과 지방 삼부회를 갖춘 지방만이 몇 가지 면제 조치를 허용받았다. 조세 징수의 결정권자인 국왕은 또한 지출에서도 유일한 결정권자였다. 그는 재정 '배분'의 결정권자였다.

마지막으로 국왕은 전쟁과 평화의 원천이었다. 그의 가장 오랜 의무 가운데 하나는 방위 업무, 즉 외적의 침입으로부터 왕국을 수호하는 것인데, 이는 18세기에 '국가 방어'로 불렸다. 따라서 국왕은 외교 정책 통제권과 군대 통수권을 지녔다. 루이 15세는 1766년 3월 3일에 고등법원에서 다음과 같이 선언하였다.

주권적 권력은 오직 짐(朕) 자신에게만 있다. 모든 입법권도 오직 짐에게만 속해 있다. 그 어떤 것에도 종속되지 않고 그 누구와도 공유하지 않는다. 모든 공공질서는 짐에게서 비롯된다. 그리고 국민의 권리와 이익은 필연적으로 짐과 연관되며, 오직 짐의 수중에 있다.

하지만 이러한 주장이 현실에 들어맞는 것은 아니었다. 특히 입법권의 경우 비록 14세기 이래로 법률가들이 국왕에게 무제한적인 입법권이 있음을 인정하긴 했지만, 사실상 18세기에도 여전히 과거의 잔재가 입법권을 제약하고 있었다.

삼부회는 14세기 이래로, 특히 재정의 위기를 맞은 시기에 국왕들에게 커다란 압력으로 작용하였다. 절대 군주제는 삼부회를 폐지하지는 않았지만, 1614년 이후로 더는 소집하지 않았다. 삼부회의 권한은 순전히 자문에 한정되어서, 국왕은 삼부회의 동의 없이도 부과할 수 있는 세금을 의결해주고 왕로서는 따르지 않을 수도 있는 자문을 해주기를 요구하였을 뿐이다. 위기의 시기에 삼부회는 국왕에게 최상의 임시방편으로 보였다. 참으로 1789년의 삼부회 소집은 사라져버린 제도의 부활이었다.

고등법원과 다른 최고법원의 정치적 권한은 왕권에는 더 위험스러운 것이었다. 왕국 기본법의 수호자를 자처하던 고등법원들, 특히 파리의 고등법원은 '등기권(droit d'enregistrement)'을 행사함으로써 정치적 역할을 담당하였다. 국왕의 의지로부터 나온 법률들도 오직 고등법원이 그것을 '등기한' 뒤에야 효력이 발생했다. 이런 경우에 법률은 '검토되고' 토의의 대상이 되었다. 등기를 거부할 경우, 고등법원은 '간주권(諫奏權; droit de remontrances)'에 의거하여 그 이유를 제시하였다. 고등법원은 그것이 역사적 권리임을 주장하였다. 그러나 국왕은 그것이 명시적 권리라기보다는 묵시적 권리, 즉 왕권이 양보한 것에 지나지 않는 것임을 단호하게 주장하였다. 사실상 그 권리들은 권한 쟁탈 과정에서 관례와 왕권의 용인(容認)에 의하여 형성된 것이었다. 그렇기는 해도 고등법원은 왕권의 제약 요인이었다. 법률의 등기가 거부되었을 때, 국왕은 친히 법정에 나가는, 이른바 '친림법정(親臨法廷)'을 통하여 그 법률의 등기를 강제해야만 하였다. 18세기에 등기권과 간주권은 고등법원이 절대 군주제에 대항하는 데 효과적인 무기였다. 사실상 고등법원은 여러 개혁의 시도, 특히 세제 개혁 시도에 직면해서 그러한 무기를 자신들의 특권을 옹호하는 데만 사용하였다. 고등법원이 승리를 차지하는 듯 보였지만, 그들의 정치적 생명은 종말을 고하였다. 곧이어 신권군주제의 원리에 대항하여 부상한 것은 특권 집단의 권리가 아니라 국민 주권의 원리였다.

2. 통치 기구

군주제의 중앙 집권화는 17~18세기에 이르러 완성을 보았다. 지방의 자율성은 약화되거나 사라져버렸다. 베르사유에서, 혹은 중앙 권력의 지방 대리인들이 모든 것을 결정했다.

절대 군주제의 최종적인 형태에서, 중앙 정부는 국왕의 권위 아래 상서령(尚書令, chancelier), 4명의 국무비서(secrétaire d'Etat), 재무총감(contrôleur général des Finances) 등을 포함하는 내각으로 이뤄졌다. 이 내각은 대체로 서로가 독립적인 최고위직들의 결합체로서, 수석 대신은 존재하지 않았다. 각 대신은 '부대신(副大臣, premiers commis)'이 지휘하는 부서를 거느렸다. 정부 내의 행동의 통일성은 국왕과 참사회가 보장하였다. 매주 정해진 요일에 각 대신은 국왕에게 소관 업무를 보고하였다. 대신은 국왕의 결정에 따라 자신의 부서를 거쳐 결정 사항을 집행하였다. 만일 사안(事案)이 중대한 것이라면 정부의 실질적인 조정 기구인 여러 '국왕참사회'에서 검토했다.

대신들과 국무비서들은 다양한 행정 업무를 관장하였다. '상서령'은 모든 관직의 으뜸이며 국왕 입법의 발안자였다. 그는 국새를 관리하였고 종신직이었다. 만약 상서령이 국왕의 신임을 상실하면, 국왕은 '국새경(國璽卿)'으로 하여금 그를 대행케 하였다. 16세기에 앙리 2세의 치하에서 생겨난 국무비서직은 절대 권력의 효과적인 수단이었다. 오랫동안 여러 변화를 겪은 이들의 소관 업무가 마침내 확정되어, 군사 업무와 국경 지방의 행정을 담당하는 육군상, 식민지를 담당하는 해군상, 외무상, 교회·신교도·파리 시(市) 등에 관한 여러 업무를 관장하는 궁내상(宮內相)의 구분이 가능하게 되었다. 국내 행정 업무는 여전히 이들 네 명의 국무비서가 분담하였다. 국왕은 매년 각 국무비서의 '관할 영역'을 설정하여 할당했으며, 국무비서는 할당받은 지방과 연락을 취하였다. 국무비서는 국왕과 자신이 관할하는 주, 도시, 법인체,

신분들 사이에서 중개자 역할을 담당하였다. 게다가 직책 본래의 성격에 따라 그들은 국왕의 개인 비서 자격으로 1년 중 4분의 1에 해당하는 기간 동안 국왕 곁에 있으면서 국왕이 내린 은사(恩賜)나 성직록을 규정하는 서신을 발송하는 업무를 처리하였다. 국무비서들은 '법복 귀족' 출신으로서 보통 국무참사(conseillers d'Etat) 가운데서 충원되었다. 1750년 이후로는 대검 귀족들도 이 관직을 마다하지 않았다. 마지막으로 '재무총감'이 있었다. 그가 국내 행정, 농업, 공업, 상업, 토목 등 광범위한 업무를 관장한 것으로 미루어 보아 재무총감이 실질적인 수석 대신이었다.

정부의 실질적인 조정 기구인 참사회는 정부에 행동의 통일성을 부여하였다. 옛 국왕의 궁정회의로부터 점차 갈라져 나온 참사회는 각 행정 부문에서 전문화되었다. 참사회의 통치 체제는 루이 14세가 정비하였다. 그는 근면한 태도로 여러 참사회에 정기적으로 참석함으로써 그 체제에 통일성을 부여하고 전반적인 활동을 조정하였다. 그의 뒤를 이은 루이 15세와 루이 16세는 그러한 자질을 지니지 못하였다. 체제가 효과적으로 기능하느냐 마느냐는 국왕의 개인적인 행위에 달려 있었기 때문에, 국왕에게 근면성이나 권위가 부족하면 그 체제는 흔들리게 마련이었다. '고등참사회(Conseil d'en haut)'는 주요한 정책, 즉 '전쟁과 평화, 열강과의 협상' 문제에 관여하였다. 이것은 국왕이 특별히 소집하는, '국무대신(ministre d'État)'이라는 직함을 갖는 대여섯 명의 중요 인사들로 구성되었다. 내각의 국무비서들은 보고자 자격으로 참석하는 외무상을 제외하고는 아무도 고등참사회에 참석할 권한을 갖지 못하였다. 국무대신들은 그 기능을 수행하지 않을 때조차도, 말하자면 고등참사회의 일원이 아닐 때라도 그 직함을 그대로 유지하였다. 고등참사회는 보통 매주 세 차례 회합을 가졌다. '공문서참사회(Conseil des dpêches)'는 국내 행정에 통일성을 부여하였다. '재정참사회(Conseil des Finances)'는 국가의 재정과 세입을 관장하고 타유세의 액수를 각 징세총구에 할당하는 일을 담당하였다. 상서령이 주재하는 '추밀참사회(Conseil priv)' 혹은 '계쟁참사회(係爭參事會 Conseil des parties)'는 구체제의 항소법원이었을 뿐만 아니라 행정 소송을 담당하는 법정이기도 했다. 이 같은 강력한 조직과 그 아래 부속된 여러 부서들은 사실상 수많은 결함을 감추고 있었기 때문에 군주제를 강화하기보다는 종종 군주제의 활동을 마비시키곤 하였다.

중앙 집권화와 자율성

군주제는 중앙 행정 못지않게 지방 행정 분야에서도 통일성을 부여하는 데 실패하였다. 무질서와 혼란이 도처에서 나타났다. 행정 구역은 왕국의 역사적인 형성 과정을 반영하는 것이었는데, 시대적 요청에 더는 부합하지 않았다. 국경조차 명확하지 않았다. 프랑스가 어디에서 시작하여 어디까지 이르는지 아무도 정확하게 알지 못하였다. 나바라(Navarre)는 언제나 별개의 왕국을 형성하고 있었다. 국왕은 브르타뉴에서는 공작, 프로방스에서는 백작이었다. 옛 구획은 폐기되지 않았고, 새로운 구획이 그 위에 중첩되었다. 교회의 구획(주교구)은 그 기원이 로마제국부터이고, 옛 사법관구(북부 지방에서 '바이야즈bailliages', 남부 지방에서는 '세네쇼세sénéchaussée')는 13세기까지 거슬러 올라갔다. 군사상의 구획(총독관구gouvernement)은 16세기에 나뉘었고, 재정상의 구획인 동시에 지사들의 관할 구역 단위인 '징세총구'는 17세기에 설정되었다. 이렇게 복잡했기 때문에 때로는 국왕 행정의 존재 자체가 의심받기까지 하였다.

프랑스는 전통적으로 '주(province)' 또는 '나라(pays)'로 나뉘어 있었다. '주' 혹은 '나라'는 다소간 넓은 지역으로서 일종의 봉건 왕조 치하에서 정치적으로 통합되어 오랫동안 존속해 왔던 만큼 어떤 일정한 사법 체제에 익숙해 있었다. 역사적 전통뿐만 아니라 관습, 때로는 언어까지도 '주'라는 옛 구분 속에서 존속했다. 18세기 말에도 '브르타뉴인', '프로방스인'은 여전히 독자적인 법률, 관습, 방언을 지닌 매우 활동적인 실체였다. 노르망디, 랑그도크, 도피네, 브르타뉴는 그러한 '주' 가운데 가장 넓은 편이었다. 다른 '주'들, 이를테면 오니스는 가장 좁은 편에 속하였다. 그러나 '주'가 행정상의 구분은 아니었다. 비록 국왕이 헌법상의 이유보다는 정치적인 이유에서 각 '주'의 자치주의를 고려하기는 했지만, 국왕의 행정은 '주'의 존재를 무시하였다. 구체제 프랑스의 행정 구조는 '총독관구'와 특히 '지사관구(intendances)'에 기반을 두었다.

1. 절대주의의 대리인들

봉건 군주제 하에서 국왕의 대리인 및 수임자(受任者)는 '바이이(bailli)'와 '세네샬(sénéchal)'이어서, 기본적인 구획은 바이야즈와 세네쇼세였다. 그러나 16세기에 이 직무가 매매의 대상이 되어 그들이 관직 보유자가 되면서, '바이이'는 군사적 권한 일부〔직신(直臣)과 배신(陪臣)의 소집〕와 관할 구역에서 세 신분의 대표들을 소집할 수 있는 특권만을 지니게 되었다.

16세기의 제한군주제에서 국왕의 대리인은 '총독'이었고 따라서 기본적인 구획은 총독관구였다. 17~18세기의 절대 군주제에서는 '지사'가 징세총구의 범위 안에서 지방 행정을 관장하였다. 18세기 말에는 이 세 부류가 모두 존속하였다. 〔지사는 그중 가장 강력한 권한을 지녔지만, 총독, 최고법원(고등법원, 회계원, 보조세법원), 심지어 지방 삼부회 등 여전히 중요한 여타의 지방 권력들을 고려해야 했다.〕

상층 귀족에서 충원되던 총독은 1776년의 왕령에 의하여 39명에 달하였는데, 18세기에는 단지 명목상의 권위만을 지녔다. 순수하게 명예직 보유자인 그들은 보통 베르사유에 거주하였으며 1750년의 왕령 이후로는 국왕의 명시적인 허가 없이 관할 구역에 부임할 수 없었다. 그들의 임무는 '부총독'이 대행하였다.

사법, 경찰, 재정을 관장하는 지사는 통합과 중앙 집권을 위한 가장 활동적인 대리인이었다. 이들은 국무비서, 재무총감, 공문서참사회와 끊임없이 접촉하며 지방 행정을 중앙 정부에 연결시켰다. 이들의 기원은 16세기에 주에 파견되었던 '청원심의관들의 사찰'까지 거슬러 올라간다. 그러나 이 제도는 17세기 후반에 와서야 일반화되었다. 지사들에게는 조세 징수를 위한 상급 구획인 '징세총구'가 주어졌다. 그러나 지사관구와 징세총구가 정확하게 일치했던 것은 아니다.(1789년에 징세총구가 33개인데 비하여 지사관구는 32개였는데, 툴루즈와 몽펠리에의 징세총구가 랑그도크의 지사관구로 통합되었기 때문이다.) 지사 밑에는 '징세구'의 책임자로서 지사대리가 있었는데, 그는 지사에 완전히 종속되었다. 지사는 마음대로 이들을 면직하거나 이들의 '소관구(所管區)'를 변경할 수 있었다. 금융업자인 로우(Law)는 아르장송(Argenson) 후작에게 다음과 같이 말하였다. "30명의 지사들이 프랑스 왕국을 통치하고 있음을 명심하시오. 당신네들에게는 고등법원도, 지방 삼부회도, 총독도 없소. 어느 한 지방의 불행과 행복, 그리고 풍요로움과 황폐함은 모두 각 주에 임명된 30명의 청원심의관들에게 달려 있는 것이오."

물론 이러한 판단이 지나친 것임은 명백하다. 지사들은 18세기 내내 정치적 상황과 자기 지역의 분위기에 적응하지 않을 수 없었고, 다른 한편 그들이 지닌 행동의 자유는 중앙 권력의 통제에 의하여 점차 축소되었다.

국왕의 직접적인 대리인으로서 추밀참사회의 청원심의관들 가운데서, 말하자면 상층 부르주아지의 범위 내에서 뽑힌 터라 귀족에게 적대감을 품었던 지사들은 여러 권한을 지녔다. 사법지사(司法知事)로서 그들은 고등법원을 제외한 모든 법정과 재판소에 참석하여 재판을 주재할 수 있었다. 그들은 모든 사법관들을 감독하였고, 국가의 안전을 위협하는 범죄와 모반(謀反)에 최종적인 판결을 내렸다. 경찰지사(警察知事)로서는 행정 일반을 관장하고 지방의 행정 조직을 통제하였으며, 상업과 공업과 농업을 보살피고 국왕의 명령에 의한 부역의 시행을 감독하였으며, 민병대 소집을 주관하였다. 지방 삼부회가 존속하고 있는 지방에서는 경찰지사적 권한이 어느 정도 제약받았다. 재정지사(財政知事)로서 그들은 조세의 액수를 할당하고 조세 관련 소송을 담당하였다. 그들은 17~18세기에 제정된 조세(인두세, 20분의 1세)에 배타적인 권한을 지녔고, 오래전부터 있어 온 조세(타유세)에는 조정의 권한을 지녔다. 지사의 행정이 가져오는 실질적인 혜택에도 불구하고, 조세에 관한 권한은 지사에 대한 전면적인 적대감을 불러일으켰다. 여러 진정서가 지사제의 폐지를 요구하였다.

2. 지방 자율성의 존속

국왕절대주의의 대리인에 직면하여 오래된 지방 제도들은 점차 권한을 상실해 갔다.

'지방 삼부회'는 적법한 절차에 따라 한 주에서 세 종류의 신분으로 구성되는 회의로서 정기적으로 소집되었으며, 일정한 정치적·행정적 권한을 지녔다. 그 가운데 주된 권한은 조세에 관한 의결권이었다. 16세기 이후, 왕권은 지방 삼부회를 파괴하고 '지방 삼부회 지역'을 '징세구 지역'으로 변형하려고 노력하였다. 18세기에 지방 삼부회는 브르타뉴, 랑그도크, 프로방스, 부르고뉴, 도피네같이 중앙으로부터 멀리 떨어져 있거나 뒤늦게 합병된 주에서 존속했을 뿐이다. 사실상 지방 삼부회는 과두제적 기구로서 제3신분은 오직 도시의 부르주아지가 대표했을 뿐이었고 토의는 개인별이 아니라 신분별로 진행되었다.

　지방 자치 제도 역시 절대 군주제가 진전됨에 따라 자유를 상실해 갔다. 자치 도시의 관리는 더는 선출되지 않았고, 도시는 지사의 감독을 받았다. 농촌은 적어도 1787년까지는 엄밀한 의미의 지방 자치체를 갖추지 못하였다. 각 촌락 공동체의 총회는 영주의 권위 하에서 공유지의 관리 문제에만 몰두하였다.

　〔루이 14세 이래로 왕권은 지역과 지방 수준의 자율성을 폐지하지는 않았지만 크게 축소시켰다.〕 이에 대한 반동으로 혁명은 지방 분권화 계획을 수립했다.

국왕의 사법

　왕권은 모든 사법권의 원천이었으므로 국왕은 모든 소송 사건에 간여할 수 있었다. 자신의 사법권을 결코 양도한 적이 없는 국왕은 필요하다고 인정이 되면 소관 사항에 관한 통상적인 대리인을 물리치고 전담 참사회로 소송의 심리(審理)를 이송하거나 특별위원을 통하여 직접 사법권을 행사할 수 있었다. 또한 왕국의 대심판관으로서 국왕은 '특사장(特赦狀, 형벌의 취소나 사면 혹은 감형)'과 '봉인장(封印狀, 국가 감옥에 자의적으로 수감되는 것)'을 통하여 사법 분야에 개입하였다. 그러나 보통 국왕은 자신의 사법권을 법원에 위임하였다.

　국왕은 자신의 사법권을 강요하기 위하여 영주의 사법권과 싸워야 했다. '국왕 소송'의 원리(국왕의 권리에 관련된 소송은 오직 국왕 사법권의 소관 사항이다)와 '취사(取捨)'의 이론(원고는 자신의 희망에 따라 영주의 재판보다는 국왕의 재판을 선택할 수 있다)에 의하여 영주 재판의 위신은 점차 하락하였고, 18세기 말에 영주의 사법권이란 고작 경제적 지배의 한 수단에 불과하였다.

평민 민사 재판의 초심(初審) 법정인 '즉결 재판소'는 18세기에 대부분 사라졌다. 13세기에 확립된 바이이와 세네샬의 재판소는 계쟁(係爭)의 금액이 40리브르를 넘지 않는 소송 사건을 판결하였으며, 그 판결에 대하여 항소는 허용되지 않았다. 16세기에 앙리 2세가 설치한 '초심재판소'는 계쟁의 금액이 250리브르를 넘지 않는 소송 사건을 판결하였으며, 항소는 허용되지 않았다. 이러한 초심재판소는 18세기에 이르면 완전히 쇠퇴하였다.

'고등법원'은 국왕의 이름으로 최종심을 행하는 최고 법원이었다. 고등법원은 옛 국왕의 궁정회의가 전문화하여 그것으로부터 갈라져 생겨난 것으로서, 17~18세기에는 등기권과 간주권에 기반을 두고 무제한적이고 보편적인 권한을 주장하였다. 1789년 당시 파리의 고등법원은 일반인의 변론이 행해지는 '대법정', 세 종류의 '심리법정(審理法廷)', 특권층을 위한 '청원법정', 형사소송을 판결하는 '형사법정'으로 구성되었다. 왕국의 팽창과 소송 사건의 계속적인 증가로 15세기 이후 파리의 고등법원과 동일한 조직을 갖춘 12개의 주(州) 고등법원(툴루즈, 그르노블, 보르도, 디종, 루앙, 엑스, 렌, 포, 메스, 브장송, 두에, 낭시)과 4개의 최고 재판소(루시용, 알자스, 아르투아, 코르시카)가 설치되었다.

관직의 매매제와 세습제는 사법관을 충원하는 데 광범위하게 활용되었다. 이 제도들은 본래 남을 위하여 성직록을 '포기'하는 이미 관례화된 행위로부터 생겨났다. 그리하여 사법 관직이 성직록에 포함되면서 사법관들은 '호의로' 남을 위하여 사직할 수 있었다. 게다가 왕권이 14세기에 공석 중인 관직의 추천권에 이어서 15세기에는 그 선출권을 고등법원에 부여하였기 때문에, 관례적으로 고등법원은 사임한 판사의 자리에 그 판사가 지명한 사람을 임명하였다. 판사가 사망했을 때는 그의 상속자가 선출되었다. 프랑수아 1세는 이러한 관행을 법제화하였다. 그는 국고의 부족을 보충하고자 공석 중이거나 신설된 관직을 돈을 받고 매도하였다. 그러한 이유에서 그는 1522년에 특별 부서인 '관직 매매 수입국'을 설치하였다. 그러한 조치는 재정 관직에 이어 사법 관직에도 적용되었다. 남을 위하여 사직하는 행위는 늘 있어 왔고, 따라서 국왕은 사직한 관직의 매도권을 빼앗길 위험성이 있었다. 그리하여 샤를 10세는 사직에 의한 관직 매매를 국고의 조세 수입 형태로 법제화하였다. 그렇게 하여 관직 매매제가 완성되었고, 사법 관직은 현임 법관이나 국왕이 매도할 수 있게 되었다.

관직 보유자가 사망했을 때 국왕은 그 관직을 자유롭게 처분할 수 있었다. 그러나 관직 매매제가 시행된 결과 관직이 세습화되는 경향이 나타났다. 세습제는 우선 개별적인 조치를 통하여 나타났다. 국왕이 관직의 '계승권'을 특정한 인물을 위하여 특정 관리에게 부여하였으며, 이는 16세기에 걸쳐 관행화되었다. 종종 국왕은 승인했던 모든 계승권을 취소하곤 하였으며, 그때마다 그는 새로운 세금을 징수하였다. 1604년에 국왕 비서인 샤를 폴레(Charles Paulet)는 일반적인 조치를 제안하여 세습제를 확립했다. 그 결과 그 제도에 '폴레트(Paulette)'란 이름이 붙었다. 참사회의 규정에 따르면, 관직 보유자는 관직 매매가의 60분의 1에 해당되는 세금을 매년 지불할 경우 두 가지 이점을 얻게 되었다. 하나는 그가 살아생전에 관직을 사직하게 되면 세액이 반감된다는 것이었고, 다른 하나는 그가 현직에 있는 동안 사망하게 되면 사직권이 계승되어 그의 상속자가 그것을 행사할 권한을 얻게 된다는 것이었다. 이처럼 국왕은 자신의 사법관을 선택할 권한을 상실해 갔다. 그런 가운데 연령과 자격에 제한이 가해져 만 25세 이상의 법학사 혹은 법학박사라는 조건이 요구되었다. 그렇지만 사실상 연령 미달자에게 특별 인가가 주어졌고 학위 시험은 거의 문제시되지도 않았다.

사법 관직의 매매제는 관직의 파면 불가, 곧 종신 신분을 보증해주었다. 국왕은 관직을 매입한 사법관에게 그 대금을 상환하지 않고는 그를 파면할 수 없었다. 종신 신분 보장은 매매 행위의 법률적 귀결로서, 구체제의 모든 매매 관직에 적용되었다. 다른 한편, 관직 매매제로부터 '회뢰제(賄賂制, systéme des épices)'가 생겨났다. 소송인들은 오랜 사법적 관례에 따라 재판관에게 조그마한 선물, 즉 뇌물(épices, 원래 당과나 잼 또는 동방의 산물을 가리키는 말)을 건네주기 마련이었다. 15세기부터 그러한 선물은 금전으로 지불하는 의무적인 세금으로 바뀌었고, 관직 매매제가 확립됨에 따라 그 액수가 증가하였다. 사법관의 급료가 관직의 가격에 비례하지 않았기 때문에, 그들은 가급적이면 뇌물에 따라 판결을 내리는 경향을 보였다. 이렇게 하여 재판의 무상성(無償性)이 사라졌다.

관직 매매제가 야기한 사회적·정치적 결과는 매우 중요하였다. 부르주아지와 특권계급 사이에 새로운 계급이 형성되었다. 사법관들(고등법원 양반들)은 직책 덕분에 상속이 가능한 귀족 작위를 부여받은 법복 귀족의 일원이 되었다. 이들의 충원은 호선(互選)을 통해 이뤄져 국왕의 손길이 미치지 못했다. 이처럼 사법 관직은 완전히 독립적이 되어 18세기에 오면 군주제에 대항할 수 있을 정도였다. 18세기 말에 고등법원의 배타성은 더욱 커졌고, 사법 관직은 폐쇄적이 되었다. 렌, 엑스, 그르노블의 고등법원은 평민 출신의 법관 지망자를 더는 받아들이지 않았다. 1789년의 진정서는 한결같이 관직의 매매제와 상속제의 폐지를 요구하였다.

따라서 18세기 말엽에 국왕의 사법 조직은 여러 제도들의 복잡한 총체였다. 여러 재판소가 중복되어 있어 그것들 사이에 권한의 충돌이 벌어졌고, 항소심이 복잡하여 소송이 끝없이 계속되었다. 변호사와 대소인의 수임료, 판사에 대한 뇌물 등 재판 비용 역시 과다했다. 관직 매매제가 폐단의 주된 요인이었다. 그러나 이 제도에 손을 대려면, 특권에 집착하고 직책과 관직이 재산의 중요한 부분을 차지하는 사회 계급을 공격하는 것이 불가피했다. 이는 곧 사적 소유권에 대한 공격을 뜻하는 것이었다.

국왕의 재정

왕권이 확고해짐에 따라 영주들은 조세 징수권을 상실해 갔다. 루이 14세 때 국왕이 자신의 의지에 따라 신민들에게 과세하는 관행이 확립되었다. 과세 편성은 신민들에 따라 불평등하고 지방에 따라 다양하다는 점이 특징이었다. 어떠한 조세도 모든 신민들에게 보편적이지 않았고, 전 왕국에 공통적으로 부과되지도 않았다.

중앙의 재무 행정은 국왕의 재정참사회로부터 보좌를 받는 재무총감이 관장하였다. 옛 궁정회의의 재정 전문 부서였던 '파리 회계원'과 11개의 지방 회계원이 재정을 감독하였다. 13개의 '보조세법원'이 과세에 따른 소송 사건을 담당하였다. 징세총구마다 여러 명의 출납총관으로 구성된 재무국이 타유세를 관장하였고, 인두세와 20분의 1세는 지사가 관리하였다. 구체제 말기에 국왕의 징세 제도는 극도로 복잡하였다. 타유세는 '제한군주제' 시기에 도입되어 많은 예외와 면제를 허용했다는 특징을 지녔는데, 이론적으로 더 합리적인 절대 군주제의 조세가 그 위에 겹쳐졌던 것이다. 그 결과 국왕의 조세는 각 지방에 따라 다양했고, 신민들 사이에서 불평등하게 부과되었다. 조세 제도의 폐단이야말로 군주제 몰락의 주요 요인 중 하나였다.

1. 직접세 – 불가능한 평등

'타유세'는 평민들에게만 부과되었다. 북부 지방의 '대인 타유세'는 소득 전체에 부과되었으나, 남부 지방의 '대물 타유세'는 부동산 수입에 부과되던 지조(地租)였다. 타유세는 정률세(定率稅)가 아니라 할당세(割當稅)였다. 즉, 국왕은 세율을 정하여 납세자 소득의 일정 부분을 조세로서 징수했던 것이 아니라, 총액을 설정하여 그것을 할당받은 단체 혹은 교구가 주민들에게 그것을 분할해서 징수했던 것이다. 매년 정부는 국가 전체에 부과되는 타유세의 총액인 '타유세 인가장'을 설정하였다. 이어서 재정참사회가 그것을 징세총구와 징세구(élection)에 할당하였다. 각 징세구에서는 징세관들이 교구별로 타유세 액수를 정하였다. 마지막으로 각 교구에서는 납세자들이 선출한 조세 할당인들이 그것을 과세 대상자별로 할당하였다. 교구에서는 징수인이, 징세구에서는 출납관이, 징세총구에서는 납세총관이 징수를 책임졌다. 1707년에 보방이 자신의 저서 《국왕의 십일조》에서 비난했듯이, 타유세의 징수 과정에서 수많은 폐단이 행해졌다.

결정적으로 1701년에 도입된 '인두세(capitation)'는 원래 모든 프랑스인에게 부과되는 것이다. 납세자들은 22등급으로 나뉘었고, 각 등급은 동일한 세액을 납부하여야 했다. 제1등급의 맨 앞에는 2천 리브르의 세액을 납부하는 왕세자가 있었고, 최저 등급의 병사와 날품팔이는 단 1리브르만을 냈다. 성직자들은 1710년에 2천4백만 리브르로 조세의 원장(元帳) 자체를 사버렸고, 귀족들은 면세의 대상이 되었다. 그리하여 결국 인두세는 오직 평민들에게만 부과되었다. 그것은 타유세에 덧붙여진 또 하나의 세금이 되었다.

'20분의 1세'는 여러 번의 시도 끝에 1749년에 제정되었다. 부동산 및 상업적 수입, 온갖 종류의 임대료 및 금리 수입, 심지어 봉건적 부과조 수입까지 과세 대상이었다. 그렇지만 공업 수입은 면세 대상이었고, 성직자들은 정기적으로 '공납금'을 내고 조세의 원장 자체를 사버렸으며, 귀족은 자주 면제를 받곤 하였고, 삼부회 지역은 정기적으로 계약을 갱신했다. 20분의 1세는 타유세에 덧붙여진 또 다른 세금이 되었다.

이처럼 이론적으로는 평등의 원리인 것이 현실에서는 왜곡되었다. 성직자와 귀족을 위하여 특권이 다시 나타났던 것이다. 납세자의 부담은 그만큼 더 무거워졌다. 세수(稅收)의 증대가 불가능해지자, 군주제는 재정 위기의 유일한 해결책으로서 과세의 평등을 확립하려는 새로운 시도를 했다. 1787년에 샤를 알렉상드르 드 칼론(Charles Alexandre de Calonne)은 '20분의 1세'를, 모두에게 부과하는 '보조지세(subvention territoriale)'로 대체하자고 제안하였다. 이에 대한 고등법원의 저항과 특권층의 반발은 위기를 불렀고, 이 위기로부터 혁명이 발발했다.

'대로 부역(大路賦役)'은 18세기에 도로망의 확장에 따라 중요해졌다. 도로변의 토지 소유자들은 인력과 말과 마차 수에 비례해서 파낸 흙, 성토(盛土)를 위한 흙, 돌을 실어 날라야 했다. 국왕 부역은 1726~1736년에 걸쳐 점차 자리 잡아 갔다. 1738년에 한 교서는 국왕 부역을 최종적으로 일반화하고 정규화하였다. 부역은 타유세와 결합하였다. 이런 식으로 도입된 부역은 수많은 폐단을 야기하고 격렬한 반대를 불러일으켰다. 튀르고는 1776년에 부역을 '20분의 1세'에 결부해 모든 토지 소유자에게 부과하려고 하였다. 즉, 부역을 금전으로 지불하도록 해서 '20분의 1세'의 부가세로 만들겠다는 것이었다. 그 개혁은 실패로 끝났고, 튀르고가 실각함에 따라 그 왕령은 폐기되었다. 1787년, 물납(物納) 부역은 폐지되고 타유세의 6분의 1을 증액하는 부가세로 대체되었다. 도로의 건설과 유지 비용이 평민들에게 떠넘겨졌다.

2. 간접세와 총괄 징세 청부제

결정적으로 15세기에 도입된 '보조세(aides)'는 일부 소비재, 특히 포도주와 주정(酒精)에 부과되었다. 성직자와 귀족은 면제를 받았다. 보조세는 파리 및 루앙의 보조세법원의 관할 구역 내에서만 징수되었고, 나머지 지방에서는 다른 명칭으로 유사한 세금이 징수되었다.

'소금세(gabelle)'는 14세기부터 소금에 부과되었는데, 지역에 따라 매우 불균등하였다. 기엔 같은 '면제 지방'은 (프랑스 왕국에) 합병될 당시 소금세를 부과하지 말 것을 요구하였으며, 브르타뉴와 같은 '제외 지방'은 소금세 부담 의무를 전혀 지지 않았다. '소 소금세 지방'에서는 소금의 소비가 자유로웠던 반면에, '대 소금세 지방'에서는 각 가정이 '항아리와 소금 단지를 위한 의무염(義務鹽)'을 사야 했고 자선 기관과 관리들만이 소금세를 면제받았다. 사실상 소금세는 특히 가난한 사람들에게 부과되었다. 소금세 때문에 민수가 활발하게 나타나 소금세리(鹽稅吏)와 징세원의 추적을 받았다. 소금세는 모두에게 한결같이 증오의 대상이었다.

국내에는 여전히 '거래세(traites)', 곧 내국 관세가 존속했다. 그것은 왕국의 역사적 형성 과정을 반영하는 것이었다. 프랑스의 지방은 세 범주로 나뉘었다. 하나는 일드프랑스(île-de-France)를 중심으로 장 바티스트 콜베르(Jean Baptiste Colbert)가 통합한 '5대 징세 청부단 지방(pays de cinq grosses fermes)'이었는데, 거기에서는 세금이 외국 및 왕국의 타 지역과 거래할 때만 부과되었다. 다른 하나는 '유사 외국주(類似外國州, provinces réputées étrangères)'로서 각 주는 세관의 망으로 둘러싸였다 (프랑스 남부 지방, 브르타뉴 등). 나머지는 '사실상 외국주'(provinces éd'tranger effectif)'로서 외국과 자유롭게 거래하였다(세 개의 주교구, 로렌,

알자스). 통일성 없는 이러한 편성 때문에 상업의 발달이 크게 방해받았다.

직접세를 국왕의 행정 기관이 징수했던 반면에, 간접세는 징세 청부제로 징수하는 것이 지배적이었다. 국왕 직영지의 부과조도 마찬가지였다. 징세 청부제는 오랜 기원을 갖는다. 관세(關稅)를 뜻하는 '거래세'란 용어 자체가 그 세금 편성의 성격을 잘 반영한다. 국왕은 '거래업자'에게 거래세 징수권을 양도했다. 이 제도는 소금세와 보조세에도 적용되었다. 오랫동안 국왕은 어떤 제한된 지역 내에서 특정 조세만 특정 징세 청부업자와 거래해 왔다. 징세구 지역에서는 징세관이 경매를 거쳐 도급으로 징세 청부를 실시했다. 이를 '지방 징세 청부제(ferme locale)'라고 부른다. 17세기 초에 국왕의 참사회에서 도급으로 징세 청부를 입찰하는 관례가 자리 잡았다. 동시에 대상 지역이 확대되었다. 예컨대 거래세의 경우, '5대 징세 청부단 지방'으로 확대되었다. 징세 청부의 집중화는 일반 경비를 절감하게 마련이어서, 국왕이 이에 관심을 보이게 되었다. 이런 집중화는 루이 14세 때도 계속 추진되었고, 드디어 1726년에 전 프랑스의 모든 조세가 단일한 도급으로 징수되었다. 이렇게 하여 '총괄 징세 청부제(Ferme générale)'가 나타났다.

총괄 징세 청부 계약은 단 한 사람의 낙찰자 명의로 이루어졌고, 그 기간은 6년이었다. 그는 실상 이름만을 빌려준 허수아비로서 총괄 징세 청부업자들, 말하자면 대금융업자들(처음에는 20명, 이어서 40명, 결국에는 60명으로 늘어났다)이 그 보증인이었다. 총괄 징세 청부제는 간접세와 청부된 여러 부과조의 징수를 확실하게 하기 위한 독자적인 행정 조직을 갖췄다. 하지만 그것은 지사들의 감독과 보조세법원들의 통제를 받았다. 보조세법원은 보조세, 소금세, 거래세에 관한 소송에서 최종 심급이었고, 새롭게 부과된 간접세에 관한 소송에서는 국왕참사회에 항소하는 경우를 제외하고는 지사가 최종적인 권한을 행사하였다. 총괄 징세 청부업자들은 막대한 이득을 보았고, 이 제도는 국가에 무거운 짐이 되었다. 루이 16세 정부는 이제까지 청부를 주었던 몇 가지 조세를 직접 관장하였다. 그렇지만 재정이 건실하지 못하고 신용이 없었던 루이 16세 정부는 총괄 징세 청부제를 없앨 수 없었다. 특히 소금세 징수를 책임졌던 총괄 징세 청부제는 민중에게 증오의 대상이었다. 혁명적 소요는 종종 총괄 징세 청부업자 사무소를 방화하는 것으로 시작되곤 하였다.

혁명의 직접적인 원인 가운데 가장 중요한 원인은 재정적 파탄이었다. 조세 제도의 결함, 징세 체제의 폐단, 과세의 불평등이 그러한 재정적 파탄의 주된 요인이었다. 물론 여기에 궁정의 낭비와 전쟁, 특히 미국 독립전쟁도 원인으로 덧붙여져야 할 것이다. 루이 16세 때 공채(公債)가 파국적인 비율로 늘어났다. 그 이자만도 3억 리브르, 말하자면 왕국 예산의 절반을 상회하였다. 번영하는 나라에서 국가는 파산 직전이었다. 특권계급의 이기주의와 과세의 평등에 대한 그들의 거부 때문에 왕권은 양보하지 않을 수 없었다. 1788년 8월 8일, 루이 16세는 재정 위기를 해결하고자 삼부회를 소집하였다.

따라서 구체제의 낡은 행정 기구는 18세기 말에 이르러 활력이 다한 듯 보였다. 이론적으로 군주제가 절대 권력을 지닌다는 것은 그것의 실제적인 무능력에 비추어 볼 때 명백한 모순이었다. 행정 구조는 매우 복잡해서 통일성을 결여하였다. 옛 제도가 존속하는 가운데 그 위에 새로운 제도가 겹쳐졌다. 절대주의와 중앙 집권화의 노력에도 불구하고 국민적 통합이란 요원하였다. 특히 왕권은 조세 제도의 폐단으로 타격을 받았다. 조세가 잘못 할당되고 징수되었기 때문에 왕권은 아무런 이득도 기대할 수 없었다. 그것은 최빈층에 부과되었기 때문에 더욱 견딜 수 없는 것이 되었다. 이러한 상황에서 국왕의 절대주의는 더는 현실에 부합하지 못했다. 구체제의 사회 질서가 동요하여 군주제가 전통적인 옹호자의 지지를 받지 못하게 되자 관료제의 타성, 정부 인사들의 안일함, 행정의 복잡함과 자주 나타나는 난맥상 때문에 군주제는 효과적인 대처를 하지 못했다.

3장
부르주아 혁명의 서장
− 특권계급의 반란
1787~1788년

1789년에 앞선 몇 해는 사회적·제도적 위기의 시기였다. 바로 이 시기에 군주제가 재정적으로 무능해지고 스스로 개혁할 능력이 부족해져서 심각한 정치적 위기가 나타났다. 개혁적 성향의 대신들이 국가를 근대화하려고 할 때마다 특권계급은 특권을 지키기 위하여 반기를 들었다. 특권계급의 반란은 혁명에 앞서 일어나 1789년 이전에 이미 군주제를 동요시키는 데 이바지하였다.

군주제 최후의 위기

1781년 5월, 네케르가 재무총감 직을 사임하였다. 그때부터 위기는 급속도로 고조되었다. 국왕 루이 16세는 정직하고 좋은 의도를 지녔으나 소심하고 나약한 데다 우유부단하고 뚱뚱했으며, 권력 유지에 신경을 쓰는 데 지쳐 참사회 회의에 참석하는 것보다 사냥을 하거나 자물쇠 작업장에 틀어박히는 것을 더 좋아하였다. 오스트리아의 여황제 마리아 테레지아(Maria Theresia)의 딸인 마리 앙투아네트(Marie-Antoinette) 왕비는 예쁘고 명랑했지만 무분별하고 무사태평한 태도로 왕권의 권위를 실추시켰다.

1. 재정적 무능

네케르의 바로 다음 후임자들인 졸리 드 플뢰리(Joly de Fleury)와 르페브르 도르므송(Lefebvre d'Ormesson)의 재임기에 왕권은 일시적인 미봉책으로 연명하였다. 1783년 11월에 재무총감으로 임명된 칼론은 적자를 메울 수 있는 증세가 불가능했기에 네케르가 미국 독립전쟁기에 채택했던 대규모 공채에 의존하는 정책을 그대로 답습하였다.

군주제의 만성적인 고질병이자 혁명의 주요하고 직접적인 원인인 재정 적자는 미국 독립전쟁으로 한층 악화되었다. 이제 군주제의 재정적 균형은 결정적으로 위협받게 되었다. 구체제의 왕정 치하에서는 정규적인 예산 편성 제도가 존재하지 않았기 때문에 재정 적자의 폭이 구체적으로 얼마인지 알기는 어렵다. 국고 수입은 여러 금고로 나뉘어 있었고, 그 회계도 믿을 만하지 못하였다. 이런 가운데 혁명 직전의 재정 상태를 알 수 있는 문서가 하나 있다. 그것이 바로 군주제의 '최초이자 최후의 예산안'인 《1788년의 국고 회계 보고서(Compte du Trésor de 1788)》이다. 그러나 당시의 국고라는 것이 왕국의 모든 재정을 다 포괄하지는 않았으므로 정확한 의미의 예산안은 아니었다. 이 보고서에 따르면, 지출이 6억 2천9백만 리브르인 반면에 수입은 5억 3백만 리브르에 불과하여 적자가 지출의 약 20퍼센트에 해당되는 1억 2천6백만 리브르에 달하였다. 이 보고서는 1억 3천6백만 리브르의 공채 발행을 예상하였다. 전체 예산 가운데 행정 비용은 약 23퍼센트에 해당되는 1억 4천5백만 리브르에 달하였다. 그러나 교육과 빈민 구제에 사용될 금액이 불과 2퍼센트에 해당되는 1천2백만 리브르에 불과했던 반면에, 왕실과 특권층에 지불되는 비용은 6퍼센트에 가까운 3천6백만 리브르였다. 그래도 1787년 '궁내부'의 예산에는 상당한 절약이 있었던 셈이다.

군사 부문 지출(육군, 해군, 외교)은 예산의 약 26퍼센트에 해당되는 1억 6천5백만 리브르를 넘어섰고, 그 가운데 1만 2천 명의 장교가 받는 봉급은 그 자체만으로 전체 병사가 받는 것보다 훨씬 많은 4천6백만 리브르였다. 예산안 가운데 가장 큰 부분을 차지하는 항목은 부채로서, 전체 예산의 50퍼센트를 넘는 3억 1천8백만 리브르였다. 1789년의 예산 가운데 사전에 지출된 액수가 3억 2천5백만 리브르여서 편법에 의한 지출이 세입 규모의 62퍼센트에 달하였다.

이러한 만성적인 재정 적자에는 여러 원인이 있었다. 당시 사람들은 그것이 왕실과 대신들의 낭비 때문이라고 주장하였다. 대귀족은 국가에 커다란 부담이었다. 1780년, 국왕은 (동생인) 프로방스 백작(comte de Provence)에게 1천4백만 리브르에 가까운 액수를 주었고, (막내 동생인) 아르투아 백작*에게는 그 이상을 주었다. 아르투아 백작은 혁명이 발발했을 때 지불 기한이 된 것만도 약 1천6백만 리브르에 이르는 부채를 안고 있었다. 폴리냐크 가(家)는 국고로부터 연금과 하사금으로 매년 50만 리브르를 받다가 나중에는 70만 리브르를 받았다. 국왕은 랑부이예 성을, 왕비는 생클루 성을 구입하는 데 각각 1천만 리브르와 6백만 리브르를 지출하였다. 또한 루이 16세는 귀족들에게 혜택을 주기 위하여 그들의 영지를 교환하거나 매입하는 데 동의하였는데, 그것은 재정에 큰 부담이 되었다. 예컨대 국왕은 콩데 공(prince de Condé)으로부터 60만 리브르의 연금과 7백만 리브르 이상의 현금을 주고 그의 영지인 클레르몽투아를 매입하였다. 그런데도 콩데 공은 1788년에 그 영지에서 아무런 방해 없이 부과조를 징수했다.

왕실 재정을 무너뜨린 것은 부채였다. 프랑스가 미국 독립전쟁에 참

아르투아 백작(comte d'Artois, 1757~1836) 루이 16세의 막냇동생. 혁명 기간 중 국외 반혁명 세력을 이끌었으며, 왕정복고 후 1824년 샤를 10세로 즉위했다가 1830년 7월혁명이 일어나자 퇴위한다.

전하는 데 든 비용은 20억 리브르로 추정된다. 네케르는 그것을 공채로 충당하였다. 전쟁이 끝나자 칼론은 3년간 여기에 6억 5천3백만 리브르의 공채를 추가하였다. 1789년 당시의 통화량이 25억 리브르로 추정되는데 부채는 대략 50억 리브르에 달하였다. 루이 16세의 재위 15년 동안에 부채는 세 배로 증가하였다.

부채를 메우기 위해 세금을 더 올릴 수도 없었다. 구체제 말기에 물가가 1726~1741년과 비교하여 65퍼센트나 오른 반면에 임금은 불과 22퍼센트밖에 오르지 않았기 때문에, 세금 부담은 인민대중에게 더욱 과중한 것이었다. 노동 계급의 구매력은 그만큼 감소하였고, 10년 동안 세금이 적어도 1억 4천만 리브르나 늘어났기 때문에 더 증세한다는 것은 기대할 수 없는 일이었다. 유일한 처방은 조세 앞에서 만인이 평등해지는 것이었다. 우선 이 말은 여러 주 사이의 평등을 뜻하였다. 랑그도크와 브르타뉴 같은 지방 삼부회가 있던 지방은 징세구 지방에 비해 혜택을 받고 있었다. 또한 이 말은 특히 신민 간의 평등을 뜻하였다. 성직자와 귀족은 면세의 특권을 누렸다. 물가가 65퍼센트 상승할 때 같은 기간에 토지 재산으로부터 얻는 수입이 98퍼센트나 증대하였던 만큼 이러한 특권은 더욱 비난의 대상이 되었다. 이는 봉건적 부과조와 십일조가 현물로 징수되어 수입의 증가가 물가의 일반적인 상승을 추월하였기 때문이다. 따라서 특권계급은 지금까지 전혀 손을 대지 않은 과세 대상이었다. 이제 국고는 오직 그들의 희생이 뒤따라야만 채워질 수 있었다. 게다가 그것은 자신들의 사적인 이익을 희생할 생각이 거의 없는 고등법원의 동의를 필요로 했다. 그러나 과연 어느 대신이 감히 그러한 개혁을 강행하겠는가?

2. 정치적 무능

칼론과 그의 후임자인 로메니 드 브리엔(Loménie de Brienne)은 공채의 재원이 고갈되어 파산 위기에 직면하자 만인의 과세 평등을 확립하여 재정 위기를 극복하려고 하였다. 그러나 특권계급의 이기주의는 그러한 시도를 좌절시켰다.

칼론은 1786년 8월 20일에 〈재정 개선 계획〉이라는 제목의 개혁안을 국왕에게 제출하였다. 사실상 그것은 세제, 경제, 행정 세 분야에 걸치는 방대한 강령이었다.

세제 개혁은 적자를 없애고 부채를 청산하려는 시도였다. 칼론은 적자를 메우기 위하여 담배의 전매제(專賣制), 인지세와 등기세, 식민지 상품에 대한 소비세 등을 왕국의 전역으로 확대하고자 하였다. 그러나 그의 주된 계획은 토지 재산에 부과되던 '20분의 1세'를 폐지하는 대신, 면세의 특권이나 신분의 차별 없이 정률(定率)로, 말하자면 수입에 비례해서 부과되는 '보조지세'를 제정하는 것이었다. 사람이 아니라 토지에 부과되는 세금인 보조지세는 성직자의 것이든 귀족의 것이든 혹은 평민의 것이든 유한지나 경작지에 관계없이 모든 토지 재산에 체감률을 적용하여 최고 5퍼센트에서 최저 2.5퍼센트에 이르는 4개 등급으로 나누어 세금을 부과한다는 것이었다. 동산(動産)에 대하여 칼론은 상공업자에게는 '산업 20분의 1세'를, 관직 매매는 '관직 20분의 1세'를, 기타 동산 수입에는 '수입 20분의 1세'를 그대로 유지시켰다. 부채를 청산하기 위하여 칼론은 국왕의 직영지를 25년간 양도할 것을 제안하였다. 세제 개혁안의 마지막 내용은 타유세와 소금세를 경감한다는 것이었다. 비록 면세의 특권은 존속했지만, 그런 가운데서도 통합의 경향이 뚜렷하게 드러났다. 칼론은 심지어 소금세를 전면적으로 단일화하겠다는 바람을 표명하기조차 하였다.

경제적 측면의 개혁은 생산 활동을 촉진하기 위한 것이었다. 곡물 거래의 자유, '관세장벽의 후퇴', 말하자면 국내 세관의 폐지와 정치적 국경으로 세관선을 후퇴시켜 국내 시장을 통합하고, 마지막으로 생산자에게 부담이 되는 여러 세금을 폐지(철제품에 대한 검인, 매매중개세, 정박세 등) 하는 것이었다. 이처럼 칼론은 상공업 부르주아지의 견해에 부응하고자 하였다.

칼론의 개혁안에 들어 있는 마지막 내용은 국왕의 신민을 왕국의 행정 체제에 결합시킨다는 것이었다. 네케르가 이미 베리 지방과 오트기엔 지방에 '지방 의회'를 설치했으나, 그것은 신분별로 구성된 것이었다. 칼론은 토지 소유에 입각한 재산 제한 선거제를 제안하였다. 따라서 그의 계획은 600리브르 이상 수입을 올리는 모든 유산자들의 선거에 의하여 '코뮌의회'를 구성하고, 그 의회의 대표들로 '군(郡)의회'를 구성하며 각 군의회에서 보낸 한 명 혹은 여러 명의 대표들로 다시 '주(州)의회'를 구성한다는 것이었다. 이 의회들은 순전히 자문 기능만을 지니며, 결정권은 계속 지사에게 있었다.

이러한 개혁안은 영속적인 정률 세제의 확립을 통하여 왕권 강화를 꾀했으며, 제3신분의 열망, 특히 행정에서 자신들의 역할이 주어지고 조세의 특권 폐지에 만족해할 부르주아지의 열망에 어느 정도 부합하는 것이었다. 그러나 칼론은 비록 특권계급에 대담한 일격을 가하기는 했지만 군주제에 필수불가결한 것으로 판단되는 전통적인 사회적 계서제를 철폐할 생각은 없었기 때문에, 특권계급은 여전히 타유세, 부역, 병사의 유숙과 같은 인신적인 의무에서 제외되었고 명예적인 특권을 계속 보유했다.

이러한 개혁안을 승인받기 위하여 '명사회(名士會)'가 소집되었다. 사실상 칼론은 개혁안을 등록하는 데서 고등법원을 믿을 수 없었다. 1787년 2월, 주교, 대영주, 고등법원의 법관, 지사, 국무참사, 지방 삼부회와 시 자치 기구의 대표 등 144명이 명사회를 구성했다. 칼론은 자신이 직접 선발했으므로 그들이 개혁안에 순순히 동조해주리라고 기대하였다. 사실상 군주제는 자신의 의지를 강요하기보다는 특권계급의 동의를 구했다는 점에서 이미 타협적인 자세를 보였다고 할 수 있다. 특권층 인사들인 명사들은 특권을 옹호하였다. 그들은 국고에 대한 회계 감사를 요구하였고, 연금 남용에 항의하였으며, 정치적 양보를 얻어내기 위하여 보조지세의 표결을 제안하였다. 칼론은 여론의 지지를 받지 못하였다. 부르주아지는 유보적인 태도를 취했고, 민중은 무관심했다. 측근의 압력을 못 이긴 루이 16세는 마침내 칼론을 포기하였다. 1787년 4월 8일, 칼론은 면직되었다.

칼론의 반대파 가운데 가장 두드러진 인물은 툴루즈의 대주교인 브리엔이었다. 국왕은 마리 앙투아네트의 청에 따라 브리엔을 재무총감에 임명하였다. 여러 일시적인 미봉책(새로운 조세, 약간의 절약, 특히 6천 7백만 리브르의 공채)으로 파산은 모면할 수 있었다. 그러나 재정 문제는 그대로 남아 있었다.

브리엔은 당연하게도 전임자의 계획안을 다시 채택할 수밖에 없었다. 곡물 거래의 자유를 허용하고, 부역은 금납제(金納制)로 바꾸고, 제3신분이 나머지 다른 두 신분을 합한 것과 같은 수의 인원을 대표로 참석시키는 '지방 의회'를 설치하고(같은 수로 한 것은 부르주아지와 특권계급의 제휴를 막기 위해서였다), 마지막으로 귀족과 성직자에게도 '보조지세'라는 토지세를 부과한다는 내용이었다. 명사회는 자신들이 과세동의권을 가지고 있지 않다고 선언하였다. 여기에서 아무것도 얻어낼 수 없게 되자 브리엔은 명사회를 해산시켰다(1787년 5월 25일).

이처럼 첫 번째 시도는 왕권의 실패로 끝났다. 칼론은 명사회의 소집을 통하여 전체 특권계급의 지지를 얻어보려고 하였다. 그러나 칼론도 브리엔도 명사회의 동의를 얻어낼 수 없었다. 개혁이 갈수록 더욱 시급해졌기 때문에, 브리엔은 고등법원과 정면으로 맞서지 않을 수 없었다.

명사회의 뒤를 이어 고등법원도 저항하였다. 파리의 고등법원은 보조세법원 및 회계원의 지지를 받아 소장(訴狀), 신문, 벽보 등에 인지를 붙이도록 하는 왕령을 국왕에게 건의하였고, 보조지세를 부과하는 왕령을 거부하였으며, 동시에 과세에 대한 동의권을 지니는 유일한 기관인 삼부회의 소집을 요구하였다. 1787년 8월 6일, 고등법원은 친림법정의 압력을 받아 왕령들을 등록해야 했다. 다음 날, 고등법원은 전날 등록한 왕령들을 불법이라며 무효화했다. 저항에 대한 응징으로 고등법원은 트루아로 추방당했다. 그러나 소요는 지방의 고등법원들과 전 사법 귀족으로 번져 갔다. 브리엔은 곧 굴복했고, 세제 관련 왕령들은 철회되었다. 1787년 9월 4일, 파리로 복귀한 고등법원은 '20분의 1세'의 부활을 내용으로 하는 법안을 등록하였다. 보조지세와 같은 것은 더는 문제시되지 않았다. 또다시 실패한 것이다. 그러나 이번엔 첫 번째 실패보다 훨씬 더 심각했다. 세제 개혁이 특권계급 전체의 대변인인 고등법원의 저항 앞에서 불가능하다는 것이 판명되었던 것이다.

브리엔은 계속 국가 재정을 꾸려 가기 위하여 또다시 공채에 의존하지 않을 수 없었다. 그러나 그는 삼부회 소집을 약속해야만 등기를 하겠다는 고등법원의 동의 없이는 공채를 발행할 수 없었다. 다수를 확보하는 데 여전히 자신이 없던 재무총감은 모든 토의를 생략하고 친림법정 회의를 거쳐 왕령을 강제 등록하였다(1787년 11월 19일). 이에 오를레앙 공작이 항의하였다. "전하, 이것은 불법입니다." 루이 16세는 이렇게 답변하였다. "이것은 합법적이오. 짐이 그것을 원하기 때문이오." 이 말이 침착함과 위엄을 갖췄다면 루이 14세가 했음직한 답변이었을 것이다. 싸움은 계속되었고 논쟁은 확대되었다. 1788년 1월 4일, 고등법원은 봉인장에 대한 탄핵안을 통과시키고 자연권으로서 개인의 자유를 요구하였다. 마침내 1788년 5월 3일에 고등법원은 왕국의 기본법을 선언하였고 스스로 그 기본법의 수호자라고 자처하였다. 이는 곧 절대왕권에 대한 부정을 뜻했다. 특히 고등법원은 과세에 대한 의결권이 삼부회에 있다고, 즉 국민에 속한다고 선언하였다. 고등법원은 자의적인 체포와 봉인장을 또다시 비난하였고, 마지막으로 '각 주의 관습'은 유지되어야 하고 사법 관직은 파면될 수 없음을 분명히 했다. 그러한 선언에는 자유주의적인 원칙과 특권계급의 주장이 혼합되어 있었다. 그러므로 권리의 평등과 특권의 폐지를 언급하지 않은 이 선언은 어떠한 혁명적 성격도 띠지 못하였다.

말제르브의 사법 개혁은 고등법원의 저항을 분쇄하기 위한 것이었다. 고등법원의 결정은 파기되었다. 그러나 정부는 그것으로 만족하지 않았다. 마침내 정부는 자신의 의지를 관철할 결심을 하고 고등법원의 반대를 주도한 뒤발 데프르메닐(Duval d'Epremesnil)과 구아슬라르 드 몽사베르(Goislard de Montsabert)를 체포하라는 명령을 내렸다. 1788년 5월 5~6일 밤에 파리 고등법원이 두 법관은 법원의 품속에서 '법의 보호를 받으며' 피신하고 있다고 선언했던 극적인 회의가 끝난 뒤에야, 그들은 겨우 체포되었다. 특히 1788년 5월 8일에 국왕은 사법관들의 저항을 분쇄하고 사법 제도를 개혁하기 위하여 국새경인 말제르브가 준비한 6개의 왕령을 강제 등록했다. 형사(刑事)에 관한 한 왕령은 '선결신문(先決訊問, question préalable)', 즉 형사범을 처형하기 전에 행했던 고문을 폐지하였다.(심리에 수반하는 '예비 신문question préparatoire'은 이미 1780년에 폐지되었다.) 많은 하급 재판권 혹은 상급 재판권이 폐지되었다. 초심 재판소가 제1심 재판소가 되었고, 그 위에 '상급 바이야즈(grand bailliage)'라 불리는 항소법원이 45군데 설치됨으로써 고등법원은 권한의 대부분을 상실하였다. 그러나 말제르브는 재정적인 이유 때문에 관직 매매제와 회뢰제는 감히 없애지 못하였다. 국왕의 법령에 대한 등기권은, 고등법원에서 주로 파리 고등법원의 대법정과 중신

(重臣)들로 구성된 전권법정(Cour plénière)으로 옮겨졌다. 이렇게 하여 사법귀족은 입법과 국왕의 재정에 대한 통제력을 상실하였다.

근본적인 개혁이었지만, 시기가 너무 늦었다. 특권계급은 정부에 대한 모든 불만을 유도하여 전국적인 차원에서 본격적인 투쟁으로 확대시키는 데 성공하게 된다.

절대주의에 대항하는 고등법원(1788년)

1. 고등법원의 소요와 비지유의회

사법귀족의 정치적 특권을 박탈하려는 말제르브의 개혁에 반대하는 진정한 저항은 파리가 아니라 지방에서, 특히 특권계급이 고등법원 이외에도 지방 삼부회 조직을 통해 행동할 수단을 지닌 지역에서 나타났다. 사실상 이러한 사법 개혁이 돌연히 나타난 것은, 1787년 6월 내려진 왕령에 따라 설치된 지방 의회들이 일으켰던 소요 사태가 확산되어 가던 시기였다. 브리엔은 특권계급을 회유하기 위하여 지사들이 불이익을 받더라도 지방 의회에 더 많은 권한을 부여하였다. 그러나 그는 제3신분 대표의 수를 두 배로 늘리고 표결을 할 때 신분이 아니라 머릿수로 하도록 하였는데, 특권층 인사들은 이 점을 못마땅하게 생각하였다. 도피네, 프랑슈콩테, 프로방스 지방은 옛 지방 삼부회의 부활을 요구하였다. 이렇게 소요 사태에서 두 종류의 동기가 결합하여 단일한 대오를 이루었다. 사법 귀족의 뒤를 이어 상층 귀족의 자유주의적 분파와 대부르주아지가 대열에 가담하였다. 새 법원의 설치를 봉쇄하고, 사법 파업을 벌이고, 혼란을 야기하고, 삼부회를 소집하라는 것이 그들의 구호였다. 고등법원들과 지방 삼부회들이 지지 기반인 수많은 법조인을 끌어들여 저항 운동을 조직했다. 시위가 연이어 벌어졌다. 대검귀족이 동참했고, 이어서 교회의 귀족들이 그 뒤를 따랐다. 1788년 6월에 성직자총회는 전권법정의 설치에 항의하였다.

소요 사태는 봉기로 변하였다. 디종(1788년 6월 11일)과 툴루즈에서는 '상급 바이야즈' 항소법원이 설치되면서 폭동이 일어났다. 포에서는 지방 삼부회 귀족들의 사주를 받은 산악 지대 주민들이 지사의 공관을 포위하는 바람에 지사는 고등법원을 부활시키지 않을 수 없었다(1788년 6월 19일). 렌에서는 고등법원을 지지하는 브르타뉴 지방의 귀족들과 국왕의 군대가 충돌하였다(1788년 5~6월).

그러나 진정으로 혁명의 서막을 알리는 가장 유명한 사건은 도피네 지방에서 발생하였다. 이 지방에 지방 의회가 설치되면서 사법 개혁으로 촉발된 민심의 동요가 극에 달하였던 것이다. 그러나 특징적인 사실은 산업 활동과 산업 생산의 중요성이라는 면에서 왕국 내에서 가장 앞서 있던 도피네 지방에서 부르주아지가 반대를 주도하였다는 점이다. 그르노블의 고등법원은 5월 8일의 왕령들을 등록하라는 압력을 받자 그것에 항의하다 휴정을 당하였다. 그러나 고등법원은 5월 20일에 모임을 가졌고, 주의 부총독은 같은 날 법관들을 추방하라는 내용의 영장에 서명하였다. 추방 날짜로 정해진 1788년 6월 7일, 고등법원의 파멸로 인해 자신들에게 닥쳐올 결과에 크게 격앙한 법원 보조원들의 사주를 받은 것으로 보이는 민중 봉기가 일어났다. 군중은 도시의 성문을 점령하고 성문 지붕 위로 올라가 도로 순찰대에게 기왓장을 던졌다. 부총독인 노공작 클레르몽-토네르(Clermont-Tonnerre)가 군대를 병영으로 복귀시켜 민심을 가라앉히려 했지만 허사였다. 그날 오후가 끝날 무렵, 도시를 장악한 폭도들이 법관들을 다시 법원에 자리 잡게 하였다. 이 '기왓장 사건'은 비록 직접적으로는 중요한 결과를 가져오지 못했지만(법관들은 국왕의 명령에 복종하여 결국 1788년 6월 12~13일 밤에 그르노블을 떠나고 말았다), 도피네에서 진정한 혁명적 봉기의 서막을 알렸다.

  1788년 6월 14일에 그르노블 시청에서는 이 도시의 주임 사제와 교회 참사회원을 포함한 9명의 성직자, 33명의 귀족, 장조제프 무니에*와 바르나브를 포함하여 공증인, 대소인, 변호사 등 59명의 제3신분 대표로 구성된 회합이 열렸다. 부르주아지가 운동의 주도권을 장악하였다. 무니에가 작성한 결의안이 채택되었다. 그 결의안은 사법관들을 복귀시키고 그들의 권한을 그대로 회복시킬 것, "제3신분 대표의 수가 성직자와 귀족 대표의 수와 같게 하고 자유선거를 통하여 지방 삼부회를" 소집할 것, 마지막으로 "국가의 질병을 치유하기 위하여" 왕국의 삼부회를 소집할 것을 요구하였다.

  주동자들의 생각에 그르노블 회의는 최종적으로 그해 7월 21일로 예정된, 도피네 주 전체 자치 단체 총회의 예비 모임에 불과하였다. 총회의 성공을 확실하게 하기 위하여 주 전역에서 활발한 선전이 전개되었고, 그러한 선전은 당국의 무능 때문에 더욱 효과적인 것이 되었다. 도피네 지방 재계의 거물 가운데 거부(巨富)라는 이유로 '경(卿)'이라는 칭호를 받았던 클로드 페리에(Claude Prier)가 그르노블 성문 가까이에 면방직 공장을 세우려고 매입한 비지유 성(城)을 회합 장소로 제공하였다. 1788년 7월 21일에 열린 바로 이 모임이 지방의 단계에서 1789년의 삼부회를 미리 보여준 '비지유의회'였다. 세 신분의 대표자들로 구성된 의회에는 50명의 성직자와 165명의 귀족, 그리고 276명의 제3신분 대표들이 참석하였다. 따라서 그것은 무니에가 말한 "민중의 최하층 계급"이 제외된 명사회였다. 왜냐하면 도시는 오직 특권계급 인사와 부

무니에(Jean-Joseph Mounier, 1758~1806) 그르노블의 법관 출신으로 삼부회 대표로 선출되었으며 1789년 6월 20일 '정구장의 선서'를 발의했다. 입헌군주제를 지지하는 온건한 사상의 소유자로 헌법 초안에서 양원제(兩院制)와 군주의 절대적 거부권을 주창했다. 그로 인해 애국파와 결별한 후, 1790년 5월 스위스를 거쳐 독일로 망명했다. 나폴레옹 집권 뒤 귀국해 도지사와 국가참사원 의원을 지냈다.

르주아들만을 보냈고, 도피네 지방의 1,212개에 달하는 교구 가운데 단지 194개의 교구만이 대표를 보냈기 때문이다. 비지유의회는 주로 무니에가 구상한 결의안을 통하여 입장을 공식화하였다. 결의안은 고등법원의 부활을 요구하였지만 그 정치적 특권은 박탈하였다. 또한 "내각의 전제주의에 맞서 싸우고 재정을 횡령하는 행위에 종지부를 찍는 데 필요한 힘을 지닌 유일한 기관"인 삼부회의 소집을 요구하였다.

도피네의 지방 삼부회도 부활되어야 했다. 그러나 새롭게 구성되는 삼부회에서는 제3신분이 특권계급과 같은 수의 대표를 가져야 했다. 게다가 비지유의회는 다음과 같이 지방의 특수주의를 뛰어넘어 국민정신을 일깨웠다. "도피네의 세 신분은 자신들의 대의(大義)를 결코 다른 지방들의 대의와 분리하지 않을 것이며, 자신들의 특수한 권리를 주장하는 데서 전 국민의 권리를 포기하지 않을 것이다."

비지유의회는 그 본보기로서 도피네 지방에 조세를 부과하는 특권을 스스로 포기하였다. "우리 세 신분은 우리의 대표자들이 왕국의 삼부회에서 결의한 경우에만 조세를 부과할 것이다."

브르타뉴와 베아른 지방에서 나타난 지속적인 소요 사태와는 달리 지방적인 수준을 뛰어넘은 비지유의회는 새로운 질서를 창출하는 데 국민적 통합이 필요함을 역설하였다. 이렇듯 비지유의회의 결의안은 제3신분의 역할만큼이나 그 국민적 성격 때문에 혁명적 특징을 보였다. 구체제의 사회적·정치적 질서는 근저부터 흔들리고 있었다.

그러나 제3신분과 특권계급의 단결, 그리고 비지유의회의 결의안에서 제3신분의 시각이 주도적이었던 점은 대단한 반향을 불러일으켰지만, 다른 지방에서 되풀이되지는 않았다. 즉 비지유의 선언은 경탄의 대상이기는 했지만 모방의 대상은 아니었다. 1788년 봄에 왕권을 궁지에 몰아넣은 것은 기본적으로 법복 귀족과 대검 귀족의 결합이었다.

특권계급은 왕권에 대항하여 자신들의 특권을 지키기 위하여 폭력적인 수단을 사용하는 데 조금도 주저하지 않았다. 대검 귀족과 법복 귀족은 힘을 합쳐 왕권에 복종하기를 거부하였으며 부르주아지에게 도움을 청하였다. 부르주아지는 이런 식으로 혁명 교육을 받은 셈이었다. 그러나 특권계급은 비록 입헌 체제와 기본적 자유의 보장을 요구하고 과세 동의권을 삼부회에 맡기고 선거로 구성되는 지방 삼부회에 지방 행정을 넘기라고 강경하게 주장하기는 했지만, 여러 다양한 기관에서 자신들의 정치적·사회적 우월성을 유지할 생각이었다. 귀족의 진정서들은 예외 없이 봉건적 부과조와 함께 특히 영예적 특권의 유지를 요구하였다. 특권계급이 절대 군주제에 대항하여 훌륭하게 투쟁을 전개하고 제3신분을 잘 이끌었던 것은 사실이다. 그러나 그들은 절대주의의 폐허 위에서 자신들의 정치 권력을 확립하고 사회적 특권을 유지하겠다는 확고한 의도를 품고 있었다.

2. 왕권의 굴복

제3신분과 특권계급의 위협적인 동맹에 직면한 브리엔은 무력할 수밖에 없었다. 권력은 그의 수중을 떠났다. 지방 의회들은 그의 뜻에 따라 설치되고 구성되었지만, 거의 순종적이지 않았고 증세를 거부하였다. 재무총감과 그의 개혁에 적대적인 귀족들이 지휘하는 군대는 믿을 수가 없었다. 게다가 국고는 텅 비었고, 이렇게 어려운 상황에서는 어떠한 공채도 소화될 가능성이 없었다. 브리엔은 특권계급의 반란에 굴복하였다. 1788년 7월 5일, 그는 삼부회 소집을 약속하였다. 8월 8일에는 전권법정의 기능을 중지시키고 삼부회 소집 날짜를 1789년 5월 1일로 정하였다. 모든 미봉책을 다 쓰고 보훈병원의 기금과 병원에 들어온 기부금에까지 손을 댄 후에도 여전히 국고는 텅 비어 있었으므로 브리엔은 자리에서 물러나지 않을 수 없었다(1788년 8월 24일).

국왕은 네케르를 다시 불러들였고, 네케르는 곧 군주제의 굴복을 끝냈다. 반란을 유발했던 말제르브의 사법 개혁은 폐기되었고, 고등법원은 부활했으며, 삼부회는 브리엔이 약속한 날짜에 소집한다고 발표되었다. 파리 고등법원이 이 승리를 어떻게 활용할 것인가는 곧 명확하게 드러났다. 고등법원은 1788년 9월 21일의 결정을 통하여, 삼부회가 1614년에 열린 삼부회와 마찬가지로 별개의 세 신분으로 구성될 것이며 각 신분은 각기 한 표를 갖게 될 것이라고 밝혔다. 그렇게 되면 특권 신분이 제3신분보다 우위를 점할 것이었다.

1788년 9월 말, 특권계급은 승리를 차지하였다. 그러나 특권계급의 반란은 군주제를 궁지에 몰아넣는 동시에, 경제적·사회적 진화 과정을 거쳐 제3신분이 떠맡게 될 혁명의 길을 열 만큼 군주제에 타격을 입혔다. 이제 제3신분이 발언할 차례였다. 이리하여 진정한 의미의 혁명이 시작되었다.

전통적인 구조를 전복할 1789년 혁명의 문턱에서, 구조 혹은 주기 변동에서 비롯되는 복잡한 요인들과 다양한 사회적·정치적 측면에서 구체제가 겪는 위기의 핵심을 잠시 정리해보는 것도 좋을 것이다.

18세기는 진정으로 번영의 세기였다. 그러나 이 경제적 번영의 절정기는 1760년대 말에서 1770년대 초에 이르는 시기였다. 미국 독립전쟁 때까지 경제적 성장이 지속되었음은 이론의 여지가 없지만, 1778년부터는 이른바 '루이 16세 시대의 후퇴'가 나타났다. 다른 한편, 이러한 발전은 유보 조건을 갖는 것이었다. 즉 그 발전은 민중계급에 비하여 특권층과 부르주아지에게 더 유리했고, 역으로 후퇴기에 민중계급은 더 큰 고통을 받았다. 1778년 이후 경제적 위축기에 이어서 경제적 퇴행기가 나타났고, 그리하여 빈곤을 야기하는 주기적 위기가 절정에 달하였다. 조레스는 혁명이 촉발되는 데 기근의 중대한 영향력을 부정하지는 않았다. 그러나 그는 그것이 단지 부수적인 역할만을 한다고 생각하였다. 1788년의 흉작과 1788~1789년의 위기로 고초를 당한 인민대중은 부르주아 혁명 대열에 가담하였다. 그러나 조레스에 의하면 그것은 역사적인 우연에 불과하였다. 사실 문제는 더 근원적인 것이었다. 프랑스 경제는 모든 부문에서 타격을 받았다. 부르주아지가 유례없는 성장을 경험한 뒤 수입과 이윤에서 타격을 받게 된 바로 그 시점에 빈곤이 인민대중을 움직였던 것이다. 1788년에 시작된 이러한 경제적 후퇴와 주기적 위기야말로 1789년에 발생한 사건들의 가장 중요한 요인이었다. 이런 점을 이해하면 대혁명의 직접적인 원인에 관한 문제를 새롭게 조명할 수 있을 것이다.

그러나 혁명의 발발을 설명해주는 경제적인 결정 요인의 근저에는 근본적인 사회적 대립 관계가 작용하였다. 프랑스대혁명의 심층적인 원인은 바르나브가 강조했던 모순, 구체제의 구조와 제도를 한편으로 하고, 사회경제적인 움직임을 다른 한 편으로 하는 둘 사이의 모순에서 규명되어야 한다. 혁명 직전, 프랑스 사회의 근간은 여전히 특권 질서에 기반을 두고 있었다. 토지 소유제는 여전히 봉건적인 구조를 지녔고, 봉건적 부과조와 교회 십일조의 부담은 농민들에게 견디기 어려운 것이었다. 이런 상황에서 부르주아지의 경제적 능력의 토대가 되는 새로운 생산 수단과 교환 수단이 발달하였다. 토지 특권계급의 특권을 확고하게 해준 구체제의 사회적·정치적 조직은 부르주아지의 성장에 족쇄가 되었다.

프랑스대혁명은 조레스의 표현을 따르면 1688년에 일어난 영국의 '명예 혁명'처럼 "좁은 의미에서 부르주아적이고 보수적인" 혁명이 아니라 "넓은 의미에서 부르주아적이고 민주적인" 혁명이었다. 대혁명이 이러한 성격을 띠게 되는 것은, 봉건제의 중압으로부터 벗어나기를 갈망하면서 특권에 대한 증오에 이끌려 기아를 견디지 못하고 일어선 인민대중의 지지를 받았기 때문이다. 대혁명의 기본적인 과업 가운데 하나는 봉건제를 파괴하고 농민과 토지를 해방하는 일이었다. 구체제 말기의 총체적인 경제 위기만이 아니라 더 근본적으로는 구(舊) 사회의 구조와 모순이 혁명의 이러한 특징을 설명해준다. 프랑스혁명은 진정 부르주아 혁명이었다. 그러나 그것은 민중, 특히 농민의 지지를 받은 부르주아 혁명이었다.

구체제 말기에 '국민'이라는 이념이 부르주아지의 성장과 함께 더 진보한 것은 명확하다. 그러나 특권계급의 저항과 경제, 사회, 국가에 뿌리내린 봉건적 구조의 지속이 그 이념의 발전을 제약하였다. 국민적 통합은 여전히 미완성 상태였다. 국내 관세와 통행세, 복잡한 도량형 제도, 다양하고 일관성 없는 조세 제도, 그리고 봉건적 부과조와 교회 십일조의 존속 등이 언제나 경제 발전과 국내 시장 형성을 방해하였다. 심지어 사회 구조에서도 통합은 볼 수 없었다. 사회 계서제는 특권에 기반을 두고 즉 귀족과 성직자의 특권뿐만 아니라, 국민을 분할하여 각자 '자치권'과 '자유'를 갖는, 한마디로 특권을 갖는 다양한 '법인체'와 공동체에 기반하였다. 불평등이 규칙이 되었고, '집단 심성'이 분열을 강화하였다. 세바스티앙 메르시에(Sbastien Mercier)는 《파리의 풍경(Tableau de Paris)》(1781)에서 한 장(章)을 '집단 이기주의'에 할애하였다. "집단들은 악착스럽고 완고한 데다, 스스로 고립된 채 정치 기구와 관계를 맺는 데만 몰두하려고 한다. 오늘날 모든 집단들은 자신들의 구성원이 당하는 불의(不義)만 의식할 뿐, 자신의 계급에 속하지 않는 시민에 대한 압제는 자신들의 이해관계와 무관한 것으로 여긴다."

사회 구조에서만이 아니라 국가 구조에서도 국민적 통합이 부정되었다. 카페 왕조는 국왕의 직영지를 중심으로 하여 프랑스의 여러 주를 통합하는 식으로 국가를 건설해 왔기 때문에, 행정적 통일성을 이루는 것이 그들의 역사적 사명이었다. 그리고 이는 왕권을 행사하는 데뿐만 아니라 국민 의식을 함양하는 데도 유리한 요소였다. 그러나 군주 자신이 증언하듯이 사실상 국민과 국가는 분리되어 있었다. 루이 16세는 1789년 10월 4일에 다음과 같이 선언하였다. "짐이 국가를 돕는 데 국민을 초청하는 지금 이때에……." 국가 조직은 18세기 내내 거의 개선되지 않았으며, 루이 16세는 자신의 5대조인 루이 14세와 거의 같은 제도로 지배하고 통치하였던 셈이다. 구조 개혁의 시도는 고등법원, 지방 삼부회, 성직자총회에 굳건하게 기반을 마련한 특권계급의 저항에 부딪혀 실패하였다. 주와 도시들 역시 각각의 신민과 마찬가지로 언제나 자치권과 특권을 지녔으므로, 국왕의 절대주의에 대항하는 성채였을 뿐만 아니라 특수주의의 완강한 요새였다.

사실 절대 군주제가 국민적 통합을 완성하지 못했다는 점과, 국민적 통합에 대한 부정으로서 특권적인 형태의 사회 구조가 끈질기게 존속했다는 점은 서로 분리될 수 없는 것이었다. 왜냐하면 국민적 통합이라는 군주제의 과업을 완수한다는 것은 곧 그 사회의 구조가 위태로워지고 따라서 특권까지 위험해진다는 것을 뜻하기 때문이다. 그러나 그것은 해결할 수 없는 모순이었다. 루이 16세는 '자신의 충성스러운 귀족들'을 포기할 생각이 전혀 없었다. 특권계급은 봉건적이고 군사적인 정신 상태를 유지했을 뿐만 아니라 심지어 강화했고, 그 결과 대부분의 귀족이 국민에서 배제되어 국왕의 인신에 강하게 결합하였다. 이들은 편견에 고착되어 적응력을 상실하였으므로, 이미 낡은 제도의 틀에서 새로운 질서가 명확하게 드러나는 시점에 경직된 배타주의로 고립을 자초하였다.

토크빌은 다음과 같이 썼다. "우리가 이 귀족들이 받아들이기를 거부한 중간 계급(이를테면 부르주아지)이나 공감대를 이루지 못한 민중과 단절하여 국민 가운데 완전히 고립되었다는 점을, 즉 외관상으로는 군대의 우두머리로 보이지만 실제로는 병사도 없는 장교 집단에 불과하다는 점을 고려한다면, 어째서 천 년을 버티어 온 이들이 하룻밤 사이에 타도될 수 있었는지 쉽게 이해할 수 있을 것이다."

군주제 국가의 위기

〔1760~1788년에 군주제 국가를 개혁하려는 시도가 연이어 나타났지만, 궁극적으로 루이 15세가 무기력하고 그의 후계자가 무능하기 때문에 그 시도들이 실패한 것은 아니었다. 왜냐하면 그 과정에서 중앙집권 국가의 논리와 군주제의 귀족적인 계급 속성 사이에 모순이 나타났기 때문이다. 게다가 군주들과 대부분의 측근들이 17세기적 전통인 베르사유의 국왕 숭배 분위기 속에서 여전히 절대주의에 물들어 있었기 때문에, 이 모순은 더욱 뿌리 깊은 것이었다.

한편에서 국왕 정부는 나라를 근대화하고 더 효율적이고 강력하게 만들려면, 상업 경제를 발전시키고 사회적·경제적 측면에서 부르주아지의 대두를 촉진해야 했다. 그런데 부르주아지는 힘이 강해질수록 자신들도 국사(國事)에 참여하겠다고 요구하고 인신적인 절대주의 체제를 완화하라고 주장했다. 그리하여 일련의 미봉책이 취해졌다. 튀르고는 행정 개혁을 실시하려고도 하지 않았고, 사람들은 가급적이면 삼부회의 소집을 늦추려고 겨우 1787년 7월이 되어서야 처음으로 소집을 요구하였다. 게다가 국왕은 개혁을 가로막는 특권계급의 저항을 분쇄하기 위해 권위적인 조치를 취해야 했는데, 이는 정부의 개혁안에 호의적인 부르주아지마저 돌아서게 할 우려가 있었다. 1772년에 디드로는 모푸의 개혁 시도를 비난하였다. 이렇게 하여 철학의 이름 아래 '내각의 전제주의'에 대항하는 귀족과 부르주아지 사이에 피상적이고 일시적인 동맹이 맺어졌다.

다른 한편에서 정부는 특권계급과의 불가피한 싸움에서 특권계급

대부분이 원하지 않는 개혁이나 부르주아지와의 타협을 계속 강요할 수 없었다. 우선 국가 지도층 인사들 거의 모두가 귀족 출신이었고, 유서 깊은 귀족 출신의 비율은 오히려 점점 더 커졌다. 18세기에는 최고위 귀족만이 내각에 오를 수 있었다. 1773년에 40명의 국무참사 가운데 30명은 귀족 출신이고 나머지는 모두 관직 보유를 통해 귀족으로 신분 상승한 경우였다. 특히 이 30명 가운데 12명은 최소 4대에 걸치는 귀족 가문 출신이었다. 아울러 군주제의 권위는 근본적으로 특권계급과 특권에 기반을 둔 것이었다. 국왕은 비록 신으로부터 권력을 받은 존재이긴 하지만 대가문들로 이루어진 화려한 궁정을 통해서만 빛을 발할 수 있었다. 왕권은 더 강해졌지만, 국왕은 그저 최고 유력자들 위에 있는 프랑스 제일의 귀족이자, 최고 종주권자였다. 봉건적 소유권에 입각한 세습적인 사회 계서제의 구축은 공공질서, 즉, 국왕 의지의 집행, 행정의 작동, 특권계급의 지배를 받는 신민 대중의 존경을 보증했다. 그 대가로 국가 기구는 사회의 '기존 질서'를 보장하는 책임을 맡게 되었다. 요컨대 국가 기구는 억압적이었다. 사회의 긴급한 요구에 대처하는 것이 정부의 과제였다.

특권계급은 그 존재만으로도 군주로 하여금 여러 차원에서, 그리고 개혁안과는 반대 방향으로 귀족의 반동을 지지하게 만들었다. 1751년부터 군대에서 장교단에 들어갈 수 있는 자격을 귀족, 심지어 구귀족에게 한정하려는 시도들이 연달아 나타났다. 그런 정책은 자연히 부르주아지의 반감을 야기했다. 부르주아지는 정부에 대한 일정한 통제권을 상시적으로 가질 수 있는 헌정 체제를 점점 꿈꾸게 되었다. 다른 한편, 국왕은 개혁을 시도하다가 대다수의 귀족으로부터도 단절되었다. 이 귀족들 역시 파국을 예고하는 불안정을 피할 수 있는 헌정 체제를 구상하기에 이르렀다. 양자의 요구는 당연히 같은 내용이 아니었다. 그러나 정부는 제3신분만이 아니라 특권계급에게서도 일시적으로 지지를

확보하지 못하자 양보해야 했고, 불확실한 상황에서 삼부회를 소집할 수밖에 없었다.]

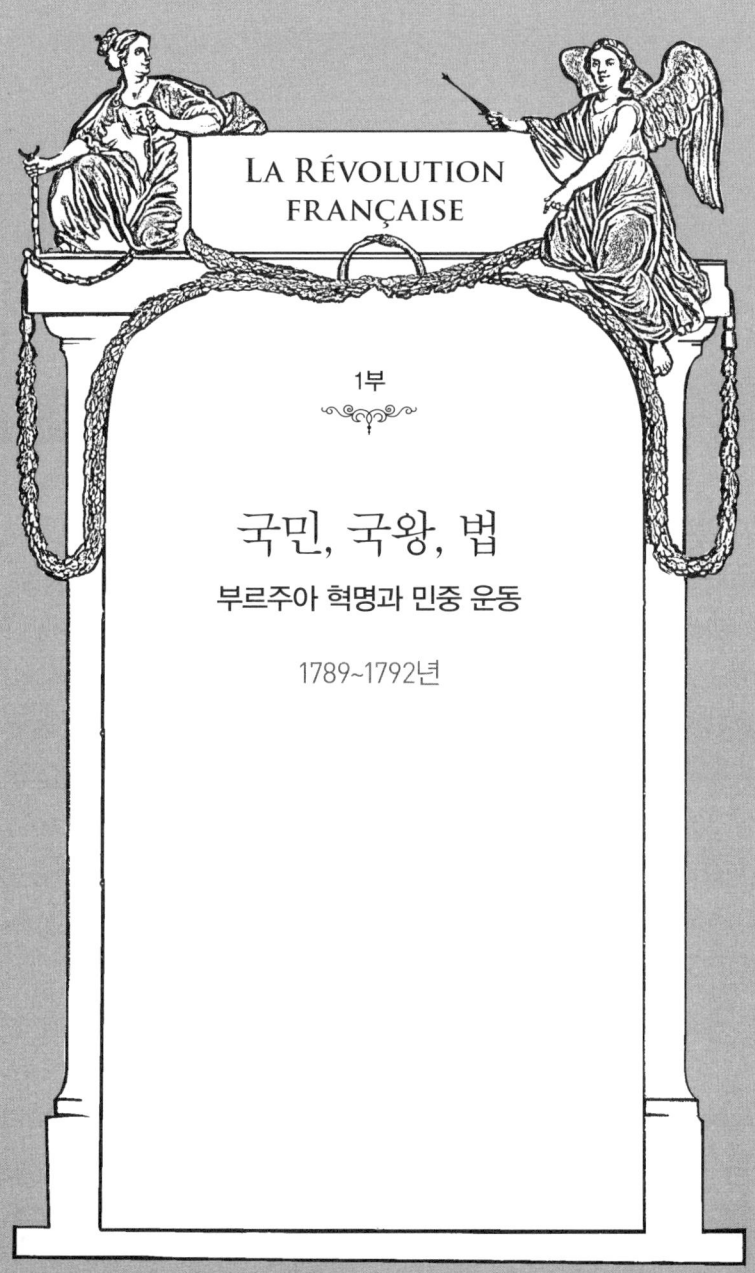

국민, 국왕, 법

부르주아 혁명과 민중 운동

1789~1792년

특권계급의 저항에 시달리던 파산 직전의 프랑스 군주제는 삼부회 소집을 통해 존속할 수단을 발견할 생각이었다. 그러나 특권계급은 스스로 왕국의 오래된 헌법이라고 믿었던 것을 통해 통치에 참여하려 했고, 새로운 사상의 신봉자들은 국민이 국가 행정에 대한 감독권을 지녀야 한다고 생각했다. 반면 이 양쪽 진영으로부터 절대주의의 원칙을 공격받은 왕권은 어떠한 명확한 행동 강령도 없었다. 왕권은 사건을 주도하기보다는 오히려 그것에 이끌려 양보에 양보를 거듭하며 혁명으로 빠져들었다.

1789년의 혁명은 제3신분 가운데 부르주아 출신의 소수파가 주도하였다. 위기의 시기에 이들은 때때로 '제4의 신분'이라고 불리곤 하였던 도시와 농촌의 수많은 민중으로부터 계속 전진하도록 지지와 압력을 받았다. 부르주아지는 민중과 동맹을 맺은 덕분에 왕권에 헌법을 강요하여 권력의 핵심을 장악하였다. 자신들을 국민과 동일시한 부르주아지는 국왕을 법의 지배에 종속시키려고 하였다. '국민, 국왕, 법'이라는 이상적인 평형 상태가 어느 순간 실현되는 듯이 보였다. 1790년 7월 14일의 연맹제(聯盟祭)에서 국민들은 군주제의 진정한 열정 속에서 뜨거운 연대감을 느꼈다. "자유와 헌법, 그리고 법을 지키기 위해 프랑스인 스스로 단결하고 프랑스인들을 국왕에" 결속시킨다는 엄숙한 선서가 낭독되었다. 그러나 1790년 당시의 국민은 기본적으로 부르주아지였다. 즉, 그들만이 유일하게 경제적 능력과 지적 우위와 정치적 권리를 지녔다.

법의 보호 아래 국민과 국왕이 결합하는 것은 일시적이라는 것이 명백해졌다. 특권계급은 군주제와 마찬가지로 복수의 기회를 노렸다. 권좌를 차지한 부르주아지는 특권 체제가 부활하지나 않을까 하는 두려움과 민중 압박이라는 위협 사이에서 전전긍긍했다. 1791년 6월 21일에 발생한 국왕 탈주 사건과 샹드마르스 광장에서 일어난 발포 사건은 부르주아지를 둘로 갈라놓았다. 푀양파는 민주주의에 대한 혐오 때문에 헌법의 부르주아적 성격을 강조했고, 민중의 열망을 막는 방파제로서 군주제를 존속시키려고 했다. 지롱드파는 특권계급과 전제 정치에 대한 혐오 때문에 왕권을 공격하였고, 자신들의 계산대로 모든 곤란을 한꺼번에 해결해줄 것처럼 보이는 전쟁이 일단 벌어지자 주저 없이 민중에게 호소했다.

민중은 자신들의 독자적인 이해관계에 따라 행동하고자 했고, 곧 부르주아지를 추월하였다. 1792년 8월 10일의 혁명은 제헌의회가 세운 체제에 종지부를 찍었다. 구체제와 봉건 특권계급의 본래 보호자인 국왕과 새로운 국민이 결합하는 것은 사실상 불가능했다.

1장

부르주아 혁명과 구체제의 와해

1789년

재정 위기와 특권계급의 저항으로 궁지에 몰린 군주제는 삼부회를 소집할 수밖에 없었다. 그러나 과연 제3신분은 특권계급의 절대다수가 자신들에게 제공한 것만을 순순히 받아들일 것인가? 삼부회는 여전히 봉건적 제도로서 존속할 것인가, 아니면 경제적·사회적 현실에 부합할 새로운 질서를 세우는 과업에 착수할 것인가? …… 제3신분은 권리의 평등을 소리 높여 주장했고 구체제를 사회적·정치적으로 개조하는 작업에 착수했다. 이제 왕권은 동맹 세력이 된 특권계급에 대항할 때 사용했던 것과 동일한 방법으로 제3신분의 반란을 분쇄하려고 했지만 실패하고 말았다. 경제적 위기로 인해 민중 봉기가 발생했고, 공권력은 국왕을 외면했다. 평화적인 법률 혁명의 뒤를 이어 폭력적인 민중 혁명이 도래했다. 구체제가 붕괴했다.

법률 혁명(1788년 말~1789년 6월)

1788년 8월 26일, 루이 16세는 네케르를 재무총감 겸 국무대신에 임명했다. 네케르는 명확한 강령을 세우지 못해 사건을 주도하기보다는 오히려 그것에 끌려다녔고, 정치적·사회적 위기의 심각성을 감지하지 못했다. 그는 특히 경제적 위기에 충분한 주의를 기울이지 않아서 부르주아지에게 대중을 동원할 기회를 주었다. 농업 생산 분야에서 포도 재배의 위기는 여러 지역에 영향을 끼쳤다. 당시 포도 재배는 오늘날보다 훨씬 광범위하게 보급되어 있었으며, 많은 농민들에게 포도주는 내다 팔 수 있는 유일한 생산물이었다. 빵을 사 먹을 수밖에 없는 포도 재배 지역의 주민들은 수와 집중도 면에서 도회지적 성격을 보였다. 1778년부터 1787년에 걸치는 불경기와 가격 하락의 시기에 많은 포도 재배농은 비참하게 살았다. 1789~1791년에 포도의 작황이 부진해 가격이 상승하기는 했지만 생산량이 적은 까닭에 손해를 만회할 수 없었다. 그리고 1788~1789년에 곡물 가격이 올라 포도 재배농, 특히 여유가 없는 절반 소작농과 날품팔이농은 파멸하고 말았다. 포도 재배의 위기가 전반적인 경제 위기로 편입되었다. 동시에 1786년에 영국과 체결한 자유 무역 협정으로 산업 활동이 하강 곡선을 그렸다. 영국의 공업이 새 기술을 채택하여 생산 능력을 증대한 반면에, 이제 막 혁신을 시작한 프랑스의 공업은 국내 시장에서 영국과 경쟁해야 했다. 게다가 외환 위기가 사태를 더 악화시켰다.

1. 삼부회 소집(1788년 말~1789년 5월)

1788년 8월 8일에 국왕이 다음 해 5월 1일에 삼부회를 소집하기로 한 약속은 제3신분에게 커다란 열망을 불러일으켰다. 이제까지 제3신분은 절대주의에 저항하는 과정에서 특권계급의 뒤를 따랐다. 그러나 파리 고등법원이 1788년 9월 21일에 삼부회는 "1614년의 절차에 따라 정기적으로 소집되고 구성될 것"이라고 결정하면서부터 특권계급과 부르주아지의 동맹은 깨졌다. 부르주아지는 이제 신민들에게 도움을 청하고 이들의 진정서에 귀를 기울이기로 한 국왕에게 모든 희망을 걸었다. 1789년 1월, 자크 말레 뒤 팡(Jacques Mallet du Pan)은 다음과 같이 말했다. "공공 토론의 양상이 바뀌었다. 국왕과 전제 정치, 그리고 헌법은 부차적인 문제가 되었고, 이제 그것은 제3신분과 다른 두 신분 사이의 전쟁이 되었다."

애국파는 특권층에 저항하는 투쟁의 선봉이었다. 애국파는 법률가, 저술가, 사업가, 은행가 등 부르주아지 출신의 인사로 구성되었는데, 라 로슈푸코 리앙쿠르 공작(duc de la Rochefoucauld-Liancourt), 라파예트 후작과 같은 대영주들이나, 아드리앵 뒤포르*, 에로 드 세셀(Hérault de Séchelles), 루이미셸 르펠르티에 드 생파르조* 같은 고등법원의 판사들처럼 새로운 사상에 공명하는 특권층 인사들도 가담하였다. 시민적·사법적 평등, 조세의 평등, 기본적 자유, 대의제 정부 등이 바로 그들의 주된 요구 사항이었다. 노예제 폐지를 주장하는 '흑인우애협회' 같은 단체나 사적인 관계를 통해 선전이 조직되었으며, 유명한 프로코프 카페*같이 많은 카페가 소요의 중심지가 되었다. 소책자를 찍어내고 진정서 표본을 각지에 돌린 '30인위원회'와 같은 중앙 조직이 애국파의 소요를 지휘했던 듯하다.

뒤포르(Adrien Du Port, 1759~1798) 귀족 출신이지만 제3신분에 가담하여 혁명 초기에 인기를 모았다. 바렌 탈주 뒤 국왕을 옹호하면서 자코뱅파와 결별한 후 푀양파에 가담했다. '8월 10일 사건' 뒤 당통의 도움으로 외국으로 망명했다가 테르미도르 반동 이후에 귀국하였다.
르펠르티에 드 생파르조(Louis-Michel Lepeletier de Saint-Fargeau, 1760~1793) 귀족 출신으로서 파리 고등법원장의 아들로 태어났다. 삼부회에 귀족 대표로 들어갔으나, 제3신분에 합류했다. 제헌의회에서 의장을 지냈고, 자유주의적인 개혁 성향을 보였다. 국민공회 의원으로 1793년 1월 국왕 처형을 요구하며 열렬히 활동하다가 국왕 처형 전날 밤에 국왕 근위대원에게 살해되었다. 그의 '국민교육안'은 지육주의(知育主義)에 반대하고 훈육을 강조하는 철저한 의무교육을 주창한 것으로서, 로베스피에르와 당통의 강력한 지지를 받아 1793년 8월 법령으로 발표되었다.
프로코프 카페(la café procope) 코메디 프랑세즈 극장 앞에 있는 카페. 볼테르와 디드로와 엘베시우스 같은 계몽주의 사상가들이 자주 출입했다.

'제3신분 대표 수의 배가(倍加)'가 애국파 선전의 핵심이었다. 제3신분은 귀족과 성직자 두 신분의 대표를 합친 것과 동일한 수의 대표를 선출하여야 한다는 것인데, 이는 곧 신분별 투표가 아닌 머릿수 표결을 의미하는 것이었다. 네케르는 확고한 정책도 없이 오직 시간이나 벌고 모든 사람과 타협하려고 했다. 그는 1788년 11월에 제2차 명사회를 소집하였을 때, 배가에 유리한 결정을 내리도록 명사들을 설득할 생각이었다. 하지만 예상대로 명사들은 기존의 절차에 따르겠다는 뜻을 분명히 했다. 12월 12일, 왕족들은 국왕에게 탄원서를 제출해 제3신분의 주장과 공격을 논박했다. 이것은 명실상부한 특권계급의 선언서였다. "이미 사람들은 봉건적 부과조의 폐지를 제안하고 있습니다. …… 전하께서는 용감하고 존경받을 만한 오랜 전통을 지닌 전하의 귀족들을 희생시키고 모욕하는 일에 가담할 작정이십니까?"

그러나 특권층 인사들의 반대는 애국파 운동에 새로운 활력을 주었다. 고등법원은 기존의 태도를 바꿔 1788년 12월 5일의 결정을 통해 제3신분 대표의 배가를 인정했다. 그러나 고등법원은 다른 핵심적인 문제인 머릿수 표결에 관해서는 아무런 언급도 하지 않았다.

모든 당파로부터 환심을 사려는 네케르의 태도는 1788년 12월 27일에 국왕참사회에 올린 보고에 잘 나타났다. 그에게는 대표의 수와 인구의 비례 문제, 제3신분 대표의 배가 문제, 각 신분 내에서 대표를 선출하는 문제 같은 세 가지 사항만이 고려 대상이었다. 1614년 당시에는 바이야즈나 세네쇼세 별로 동일한 수의 대표를 선출했으나 비례 형평의 원칙을 중요하게 여기는 지금에 와서 1614년과 같은 원칙을 적용할 수 없었다. 네케르는 비례대표제에 동조한다는 의사를 밝혔다. 제3신분 대표의 배가 문제에 관해서도 1614년 당시의 관례를 그대로 따를 수는 없는 노릇이었다. 그 이후 제3신분의 중요성이 커졌기 때문이다.

그동안에 모든 면에서 중대한 변화가 일어났다. 비(非)토지적 부(富)와 정부의 부채 때문에 제3신분은 공공재산의 영역에 진입하였다. 지식과 계몽은 공동의 자산이 되었다. …… 국내외 교역 거래, 제조업의 현황, 산업 진흥에 가장 적합한 수단, 공적 신용, 화폐의 이자와 유통, 조세 징수에서 발생하는 부정, 특권의 폐단 등 제3신분만이 경험할 수 있는 여러 많은 분야의 다양한 공적 사업을 통해 유일하게 그들만 필요한 교육을 받을 수 있었다.

네케르는 만약 제3신분의 희망 사항이 일치된 의견이고 또 형평의 일반 원칙에 부합한다면 그것을 국민의 희망 사항으로 간주할 수 있다고 결론지었다. 따라서 제3신분 대표의 수는 다른 두 신분의 대표를 합한 수와 같아야 했다. 네케르가 생각한 세 번째 문제는 각 신분의 대표들을 오직 그 신분 내에서만 선출할지를 결정하는 일이었다. 이에 대해 그는 신분에 구애받지 않는 대표 선출 방법을 지지했다.

결정 사항은 '1788년 12월 27일에 베르사유에서 열린 국왕참사회의 결과'라는 제목으로 공포되었다. 삼부회 소집과 선거 규정을 알리는 공문은 이보다 한 달 늦은 1789년 1월 24일에 나왔다. 하지만 표결 방법을 머릿수로 할 것인가 아니면 신분별로 할 것인가 하는 문제는 결정되지 않은 상태였다.

선거 운동은 엄청난 열광과 국왕에 대한 충성 분위기가 심각한 사회적 위기와 겹쳐진 가운데 진행되었다. 실업 사태가 맹위를 떨쳤고, 1788년의 흉작으로 인해 기근의 위험이 닥쳐왔다. 1789년 초 몇 달간 '민중의 소요'가 급증하였고, 식량 폭동이 여러 지방에서 터져 나왔다. 도시의 민중은 곡물의 공정 가격제를 요구했으며, 특히 1789년 4월 28일에 파리의 레베용 벽지 공장의 노동자들이 그랬던 것처럼 폭동을 일으키곤 했다. 사회적 소요가 정치적 소요와 겹쳐진 것인데, 흔히 전자는 후자의 원인이었다. 주일 강론에서 읽혔던 선거 규정에는 다음과 같이 쓰여 있었다. "전하께서는 왕국 구석구석의 가장 미미한 백성 그 누구도 자신들의 소원과 요구 사항이 당신에게까지 전달되리라는 것을 확신하기 바란다는 희망을 피력하셨다."

이 약속은 문자 그대로 받아들여졌다. 제3신분 출신 인사들은 여론을 부추기는 데 이를 이용했다. 정치적 문서가 홍수를 이루었고, 암묵적인 합의 속에 언론의 자유가 확립되었다. 법률가, 사제, 특히 중간 부르주아지 출신 인사들이 써낸 소책자나 논설이 급증했다. 파리뿐만 아니라 지방에서도 정치, 경제, 사회 등 체제의 모든 측면을 분석하고 비판한 후 재구성하였다. 아라스에서 막시밀리앙 로베스피에르*는《아라스 국민(nation)에게 드리는 호소》를, 루앙에서 자크기욤 투레(Jacques-

---

로베스피에르(Maximilien de Robespierre, 1758~1794) 아라스에서 변호사의 아들로 태어나 여섯 살 때 어머니를 잃고 조부 슬하에서 자랐다. 1769년, 파리의 루이르그랑 중학교의 장학생으로 선발되었고, 1775년에는 새로 즉위한 루이 16세 앞에서 라틴어 헌시(獻詩)를 읽는 영광을 누릴 정도로 발군의 성적을 보였다. 1782년 아라스 고등법원의 변호사로 개업해 '피뢰침 사건'으로 일약 유명해졌으며 1786년 이후에는 민권의 신장에 근거한 저술 활동을 시작하여 특권계급으로부터 비난을 받았다. 삼부회에 아르투아 주(州) 제3신분 대표로 선출되어 바스티유 함락을 지지하는 연설로 파리 민중들의 환호를 받았다. 1791년 7월, 루이 16세의 바렌 탈주 사건 뒤 푀양파와 대립이 심각해지자 "나는 혁명이 아직 끝나지 않았다고 생각한다."라고 말하며 혁명의 급진화를 요구했으며, 1792년 5월 지롱드파에 대항해 신문 〈헌법의 옹호자〉를 발간했다. 국민공회 선거에서 제1위로 파리에서 당선됐으며, 1792년 12월 국왕 처형을 요구하는 일련의 연설을 행하여 지롱드파와 결별했다. 1793년 7월 국민공회의 공안위원회에 참여한 뒤에는 산악파의 독재를 주도했으며, 같은 해 12월 의회에서 '혁명정부의 원리'를 밝히고 당통이 이끄는 관용파와 에베르가 이끄는 과격파를 함께 공격했다. 1794년 4월 당통과 그의 일파를 처형했다. 5월에는 '최고 존재'의 신앙에 관한 의견을 개진했으며, 당시 파리 민중을 휩쓸던 무신론(無神論)에 대항해 '이신론(理神論)'을 내세웠다. 1794년 6월 28일, 공안위원회에서 카르노로부터 독재자라는 비난을 받고 생쥐스트와 더불어 약 한 달간 공안위원회에 불참하면서 자코뱅 클럽에 전념하며 '부패 분자'의 배제를 역설했다. 1794년 7월 17일(혁명력 2년 테르미도르 9일), 국민공회에서 '폭군 타도!'의 고함에 압도되어 발언을 하지 못한 채 체포당했다. 그 다음 날, 혁명 재판소에서 인정 심문만으로 사형을 선고받고 저녁 6시에 단두대에서 처형됐다. 청렴했던 그는 많은 지지자로부터 '부패할 수 없는 사람'이라고 불렸다.

Guillaume Thouret)는 《선량한 노르망디 인들에게 드리는 충고》를, 엑스에서는 미라보가 《프로방스 국민에게 드리는 호소》를 출판했다.

파리에서 《특권론(Essai sur les privilèges)》으로 이미 유명해진 시에예스가 1789년 1월에 《제3신분이란 무엇인가?》라는 제목의 소책자를 출판하여 대성공을 거두었다. "제3신분이란 무엇인가? 모든 것이다. 지금까지는 무엇이었는가? 아무것도 아니었다. 제3신분은 무엇을 요구하는가? 무언가가 되는 것이다."

유명한 저술가, 저널리스트, 평론가들이 '평론', '서한', '고찰', '충고', '계획안' 등을 출판했다. 기장바티스트 타르제(Guy-Jean-Baptiste Target)는 《삼부회에 보내는 서한》을 집필했고, 데물랭*은 어떠한 관직 매매, 세습 귀족, 재정적 특권도 존재하지 않는 통일된 프랑스를 제안하는 격한 어조의 소책자 《자유 프랑스》를 출간하였다. "그렇다! 그렇다! 모든 덕행이 구현되려고 한다. 이러한 복된 혁명, 이러한 재생(régénération)은 곧 실현될 것이다. 지상의 어떤 힘도 그것을 가로막지는 못할 것이다. 철학과 자유와 애국심의 고귀한 실현이어라! 누구도 우리를 꺾지 못한다."

부르주아 출신 인사들의 이러한 일련의 선전 저술들은, 자신들의 이해관계에 어긋난다는 이유로 특권을 폐지하려는 유산계급의 열망을 반영하고 있을 뿐, 노동자, 농민, 소장인 계층의 운명에는 큰 관심이 없었다. 그런 가운데서도 민중의 참상에 관심을 기울인 저작이 없었던 것은 아니다. 루이 피에르 뒤푸르니(Louis Pierre Dufourny)의 《제4신분의 진정서》가 바로 그것이다. 이 저작은 비록 외로운 목소리이기는 하

데물랭(Camille Desmoulins, 1760~1794) 로베스피에르와 명문 루이르그랑 고등학교를 함께 다녔고, 바스티유 공략 당시 민중을 선동하는 연설로 유명해졌다. 데물랭은 자신이 발행하는 신문 〈프랑스 및 브라방 혁명〉이 엄청난 성공을 거둬 '가로등 검사'로 불렸으며 마침내는 당통과 같이 임시 행정 내각의 법무부에 들어가 사무국장을 지냈다. 당통과 같이 온건파에 속했던 그는 1794년 5월, 단두대에서 처형됐다.

지만 이미 정치 무대에 상퀼로트가 등장하고 있음을 간파했다. 이들의 등장은 반혁명과 대외 전쟁이라는 시련 속에서 자유주의적 부르주아지가 세운 체제를 파산시킬 것이었다.

정부가 작성한 '선거 규정'은 자유주의적이었다. 바이야즈 또는 세네쇼세가 선거구의 단위가 되었다. 특권계급의 인사들, 즉 한편으로는 주교, 수도원장, 연금을 받는 세속·비세속의 모든 교회 참사회나 교단, 수도원, 대체로 은대지(恩貸地)나 기사령(騎士領)을 소유한 모든 성직자들, 다른 한편으로는 봉토를 소유한 모든 귀족들이 각각 성직자와 귀족의 선거인단을 구성하기 위해 선거구의 중심지로 모여들었다. 또한 소교구의 모든 사제들도 선거인단에 포함되었는데, 이는 하급 성직자들에게 상당한 수적 우위를 보장해주었다. 제3신분의 경우는 훨씬 복잡했다. 투표권은 25세 이상의 성년으로서 일정한 거처가 있고 조세대장에 등재되어 있으면, 프랑스인이건 귀화한 사람이건 가리지 않고 제3신분 누구에게나 주어졌다. 도시에서는 선거인단이 우선 동업조합별로 구성되었고, 동업조합에 소속되지 않은 사람들은 동(quartier)별로 구성되어 100명 가운데 한 사람 또는 두 사람 꼴로 대표가 선출되었다. 이 대표들이 해당 도시의 제3신분 선거인단을 구성했는데, 이 선거인단에게는 삼부회에 보낼 자신들의 대표를 선출할 바이야즈의 제3신분 선거인단을 뽑을 의무가 있었다. 농촌에서는 주민들이 소교구별로 회합해 200세대당 2명꼴로 바이야즈의 제3신분 선거인단에 보낼 대표를 선출했다. 이 모든 선거인단은 진정서를 작성했다.

1789년 1월 24일에 발표된 이 선거 규정은 부르주아지에게 유리하였다. 제3신분의 대표들은 항상 농촌에서는 두 단계, 도시에서는 세 단계를 거치는 간접 선거를 통해 선출되었다. 특히 투표는 선거인단이 진정서를 토의해 작성한 뒤에야 호명 순서에 따라 실시되었던 만큼, 연설에 능하고 영향력이 큰 부르주아 출신의 인사들, 즉 대체로 법률가들이 토론을 주도하고 농민이나 장인(匠人)들을 이끌었던 것은 확실하다. 제3신분의 대표는 오직 부르주아 출신으로만 구성되었으며, 농민이나 도시 민중계급은 삼부회에 자신들의 직접적인 대표를 보내지 못했다.

선거는 더디게 진행되었다. 선거인단의 회합은 조용히 이루어졌다. 하지만 성직자 선거인단에서는 열렬한 주임 사제들이 수적 우세로 의사를 관철시켜 애국파의 대표만을 뽑으려고 하여 약간의 문제를 야기하였으며, 귀족 선거인단에서는 지방 귀족과 자유주의적 경향을 지닌 몇몇 대귀족 두 파가 대립하였다. 제3신분 선거인단에는 특히 성당에서 자주 모이곤 했던 농민들의 위엄, 심지어는 장엄함이 충만해 있었다.

모든 선거인단은 진정서를 작성했다. 성직자와 귀족은 선거구별로 각기 하나의 선거인단만을 구성했으므로 오직 한 통의 진정서만을 작성했는데, 이것들은 신분 대표를 거쳐 베르사유로 전달되었다. 바이야즈의 제3신분 선거인단은 소교구와 도시의 여러 진정서들을 종합해 한 통의 진정서를 만들어냈다.(도시의 진정서는 각 동업조합과 농quartier의 진정서들이었다.) 모든 진정서가 독창적일 수는 없었다. 많은 작성자들이 지방에 배포되고 있던 소책자의 영향을 받았다. 루아르 강 유역 지방의 여러 진정서는 애국파 지도자의 일원이었던 오를레앙 공(duc d'Orléans)의 부탁을 받아 라클로(Pierre Ambroise François Choderlos de Laclos)가 작성한 '지침서'로부터 영향을 받았다. 이처럼 진정서의 표본이 각 지역에 유포되었다. 종종 인접해 있는 여러 소교구의 진정서들을 모두 주임 사제나 법원 서기와 같은 명사나 어떤 중요 인사가 작성하기도 했다. 프랑수아 드 뇌프샤토*가 작성한 보주 지방의 비슈레 진정서는 다른 18명의 작성자들에게 영향을 주었다.

대략 6만여 통에 가까운 진정서가 현존하는데, 그것들은 구체제 말의 프랑스를 폭넓게 보여준다. 농민과 장인들, 즉 민중이 직접 작성한 진정서는 종종 표본의 영향을 받거나 사사로운 불평의 긴 목록에 불과한 경우도 있지만, 가장 솔직하고 참신했다. 작성된 615통 가운데 523통이 현존하는 바이야즈나 세네쇼세의 총괄 진정서는 특히 흥미롭다. 제3신분의 총괄 진정서는 신분 전체가 아니라 부르주아지의 의견만을 반영했다. 소교구 진정서들의 조항들은 부르주아지의 흥미를 끌지 못해 배제되기 십상이었다. 귀족과 성직자의 총괄 진정서는 주임 사제나 수도원이 작성한 몇 안 되는 것을 제외하고는 기초 진정서가 없었기에 특히 중요하다.

세 신분의 진정서들은 절대주의에 반대한다는 점에서 완전히 의견이 일치했다. 성직자, 귀족, 부르주아들이 요구한 것은, 왕권을 제한하고, 과세의 결정과 법의 제정을 담당할 국민적 대표제를 확립하며, 지방 행정을 선거를 통해 지방 삼부회에 이양하는 내용의 헌법이었다. 또한 이 세 신분은 세제의 개정, 형법과 사법제도의 개혁, 개인의 자유와 언론의 자유 보장을 요구하는 데 의견이 일치했다. 그러나 성직자의 진정서는 특권의 문제를 도외시했고, 양심의 자유에 관해서도 비록 명백하게 거부하지는 않았지만 침묵을 지켰다. 귀족의 진정서는 대부분 신분별 표결을 특권 보장에 가장 좋은 방편으로 간주해 열렬히 옹호했고, 조세 부담의 평등은 받아들였으나 권리의 평등과 직업 선택의 자유에는 반대했다. 제3신분의 진정서는 완전한 시민적 평등, 십일조 폐지, 봉건적 부과조 폐지에는 한 목소리를 냈으나, 마지막 요구 사항에는 '되사

프랑수아 드 뇌프샤토(François de Neufchâteau, 1750~1828) 동인도회사에 들어가 행정 수완을 익혔고 혁명 후에는 지방 행정에 투신했다. 입법의회에 진출하여 선서거부파 성직자에게 엄격한 제재 조치를 취하자고 주장했고, 국유 재산 매각에서 작은 필지로 분할 매각할 것을 제안했다. 자신이 쓴 희극이 공안위원회를 모독했다는 이유로 체포되어 구금되었다. 테르미도르 반동 이후 고향에서 행정관으로 일하다가 1797년 7월에 내무장관이 된 후, 제2차 총재정부에서 총재로 잠깐 외도한 것을 빼고는 1799년 6월까지 자리를 지켰다. 그는 행정관으로서 탁월한 능력을 발휘했고, 나폴레옹 치하에서도 계속 복무했다.

기(rachat)'로 만족한 진정서도 많았다.

그런 중요한 문제에 관해 세 신분 사이에 나타난 대립에 더하여 각 신분 내부에서도 갈등이 나타났다. 주임 사제들은 주교와 교단에 대항해 수많은 명목의 성직록을 비판하고 생계 수당이 불충분함을 강조했다. 궁정 귀족에 반대하는 지방 귀족은 국가의 좋은 자리는 다 그들이 독점하여 거드럭거리고 있다고 비난했다. 제3신분의 진정서에는 여러 다른 집단 간의 이해관계와 사상의 미묘한 차이가 반영되어 있다. 공동 목초지를 없애고 공동지를 분할하는 법령에 반대하는 것에서도 완전한 의견 일치를 보지 못했다. 동업조합에 관해서는 도장인(都匠人)들의 견해가 지배적이었다. 31개 도시에서 작성된 943통의 진정서(자유 전문업 185통, 금은 세공업자와 도매 상인 138통, 직종별 단체 618통) 가운데 41통만이 동업조합의 폐지를 지지했다. 동업조합의 폐지는 특히 주요 도시에서 강력히 반대했는데, 그곳에서는 도장인들이 원하지 않는 경쟁이 두드러졌기 때문이다. 반면에 상인과 사업가들의 진정서에는 여러 생산 분야에서 취약성을 노출하는 계기가 된 영국과의 통상 조약의 불리한 결과에 항의하는 것이 대부분이었다.

전국과 전 사회 계급에 걸쳐 영향력을 행사하는 데 정통했던 애국파의 힘은, 요구 사항을 진정서로 작성하는 과정에서와 마찬가지로 선거 결과에서도 입증되었다.

291명의 성직자 대표단에는 200인 이상의 자유주의적인 성직자, 개혁적인 주임 사제들이 있는데, 그중 가장 유명한 사람은 낭시 바이야즈의 대표인 그레구아르 신부*였다. 엑스의 대주교인 부아즐랭(Jean de Dieu-Raymond de Boisgelin), 보르도의 대주교 드 시세(Champion de Cicé), 오툉의 대주교 탈레랑(Talleyrand-Périgord)처럼 개혁을 향한 확고한 의사를 지닌 고위 성직자들이 베르사유에 도착했다. 구체제의 옹호자들은 탁월한 능력을 지닌 설교자 모리(Jean-Sifrein Maury) 신부나 제1신분의 특권을 수호하는 데 유능한 몽테스키우(Montesquiou) 신부를 중심으로 결집했다.

270명의 귀족 대표단은 특권을 지키는 데 매우 부심했던 '특권파'가 지배적이었다. 가장 반동적인 인사가 곧 항상 가장 훌륭한 가문 출신인 것은 아니었다. 법복 귀족의 대변자인 데프르메닐은 고등법원의 판사였고, 용기병(龍騎兵) 장교인 카잘레스(Cazalès)는 남프랑스의 소귀족 출신이었다. 대영주 가운데에는 자유주의적인 사상을 지닌 대표들도 있었다. '철학자들'의 후원자나 제자이자 미국 독립전쟁의 의용병이었던 이들은 제3신분과 공동 보조를 취할 태세가 되어 있었다. 애국파 의원 90인의 지도자급으로는 리옹에서 가까스로 선출된 라파예트 후작*, 그리고 노아유(Louis Marc Antoine de Noailles) 자작, 클레르몽 토네르 백작, 라로슈푸코 공작, 에기용(duc d'Aiguillon) 공작이 있었다.

그레구아르 신부(abbé Grégoire, 1750~1831) 삼부회 성직자 대표였으며, 시에예스와 탈레랑과 함께 자유주의파 신부였다. '성직자 민사 기본법'의 발의와 제정에 적극 참여하고, 1790년 12월 최초의 '선서파' 성직자가 되었다. 1792년 9월, 국민공회 의원으로 선출된 후 왕정 폐지와 공화정을 제의하면서 "정신 세계에 왕이 존재한다는 것은 자연 세계에 도깨비가 존재하는 것처럼 불합리하다.…… 모든 왕의 역사는 모든 국민의 순교사(殉敎史)이다."라고 말했다. 그러나 루이 16세의 처형 문제에는 집행유예를 제안해 산악파 의원들로부터 공격을 받고 정치 일선에서 물러났다. 테르미도르 반동 이후 '5백 인 회의' 의원에 선출되었고, 나폴레옹 치하에서는 백작의 작위를 받았으나 나중에 나폴레옹의 몰락에 가담했다.

라파예트(marquis de Lafayette, 1757~1834) 대령의 아들로 태어난 귀족이었으며, 1774년 미국 독립전쟁에 참여해 자비로 독립군 부하들의 장비를 보충하여 조지 워싱턴 다음가는 인기를 얻었다. 귀국해서는 '신세계의 영웅'으로 불렸으며 1787년 제1회 '명사회'에서 자유주의 귀족 대표로 활약했고 삼부회 의원에 선출됐다. 1790년의 파리 '연맹제(聯盟祭)'에서 국민방위대 사령관으로서 인기의 절정에 달했던 라파예트는 1790년 8월에 일어난 '낭시 사건'에서 병사들에 대한 탄압을 지지하여 인기를 잃기 시작해, 1791년 7월 17일 샹드마르스 발포 사건을 계기로 하여 파리 민중에게 증오의 대상이 되었다. 1792년 8월, 푀양파가 몰락하자 그는 국경을 넘어 오스트리아군에 투항했으나, 애초의 기대와는 달리 5년 동안 오스트리아와 프로이센의 감옥을 전전했다. 나폴레옹이 정권을 장악한 후 귀국해 나폴레옹의 지배를 반대하는 운동을 벌이다가 라그랑주 성에 반유폐되는 상태에 이르렀다. 왕정복고 후에는 야당인 자유파의 의원을 지냈다. 이어 '7월혁명'에 가담하여 루이 필리프의 입헌 왕정 설립에 기여했다.

578명의 제3신분 대표 가운데 약 절반은 선거 운동 과정에서 매우 중요한 역할을 담당했던 법률가들이었다. 변호사는 200명에 가까웠다. 그르노블에서는 무니에와 바르나브가, 샤르트르에서는 제롬 페티옹*이, 렌에서는 장 르 샤플리에*가, 아라스에서는 로베스피에르가 대표로 선출되었다. 상인, 은행가 또는 기업가들 역시 많은 편인 약 100명 정도가 진출했다. 50명 이상의 부유한 지주들이 농촌 부르주아지의 대표로 뽑혔다. 그와는 반대로, 농민이나 장인층은 자신들의 대표를 단 한 사람도 선출하지 못했다. 제3신분의 대표에는 또한 천문학자 장실뱅 바이*, 작가 볼네(comte de Volney), 경제학자 뒤퐁 드 느무르(Dupont de Nemours), 님에서 선출된 라보 생테티엔(Rabaut-Saint-Étienne)과 같은 신교 목사도 있었다. 끝으로 제3신분 대표에는 엑스와 마르세유의 미라보나 파리의 시에예스 신부와 같이 특권 신분으로부터 이탈한 사람도 있었다.

페티옹(Jérôme Pétion, 1756~1794) 삼부회 의원으로 출발하여 초기에 로베스피에르와 매우 가까웠으며 곧 파리형사 재판소장으로 임명되었고 1791년 11월에 파리 시장에 선출되었다. 국민공회에 진출하면서부터 로베스피에르와는 멀어진 반면 지롱드파와 가까워져 루이 16세의 처형과 관련하여 집행유예안을 지지했다. 1793년, 산악파 쪽에서 뒤무리에 음모 사건을 추궁하자 뷔조와 함께 노르망디에 피신해 있다가 체포되어 처형 직전에 자살했다.

르 샤플리에(Jean Le Chapelier, 1754~1794) 렌 출생의 변호사로서 삼부회에 진출했다. 1790년에 장자상속권 및 귀족 칭호의 폐지안을 제출했다. 그러나 왕정 폐지론을 주장하는 자코뱅파에 반대하여 푀양파에 가담해 노동자들과 장인들의 단결을 금지하는 법안을 제안했다. 국민공회 소집 후, 군주파의 음모에 가담했다는 비난을 받자 1792년 10월에 영국으로 망명했는데, 부재자의 재산을 몰수하는 법률이 제정된다는 소식을 듣고 귀국했다가 체포되어 1794년 4월에 처형됐다.

바이(Jean-Sylvain Bailly, 1736~1793) 이름난 천문학자였으며 삼부회에 진출한 후 제헌의회 의장이 되었다. 미라보 및 시에예스와 더불어 1789년 6월 23일 루이 16세의 명령에 불복하는 입장을 밝힘으로써 민중의 신망을 얻어 파리 시장으로 선출됐다. 그러나 온건한 견해의 대변자인 바이는 국왕의 탈주 사건 뒤 공화정을 부르짖는 움직임이 거세지자 파리 시에 계엄령을 선포했다. 이로 말미암아 샹드마르스 발포 사건이 일어났다. 1791년 11월, 공직에서 사임한 후 정치 일선에서 물러났으나, 1793년 9월에 발포 사건의 책임자로 몰려 단두대에서 처형됐다.

귀족에 대한 성직자들의 반감과 자유주의적인 대영주에 대한 지방 귀족의 질시로 인하여 베르사유에 모인 특권 신분은 매우 분열되어 있었다. 561명의 대표들은 두 신분의 특권을 옹호하는 것에서도 완전한 의견 일치를 보지 못하였다. 이에 맞서 자신들의 권리와 이익을 자각한 부르주아지는 제3신분의 전위 역할을 하였다. 제3신분 대표들은 유식하고 유능하며 성실하였고, 자신들의 계급적 이익에 애착을 품고 전체 국민의 이익과 구분하려 하지 않았다. 법률혁명은 기본적으로 그들의 집단적 업적이었다.

2. 법률적 충돌(1789년 5~6월)

선거는 국민들의 의사를 명확하게 드러낸다. 그러나 왕권이 제3신분의 염원에 부응한다는 것은 곧 권력을 포기하고 구체제라는 사회적 구조물을 파괴하는 것을 의미했다. 특권계급의 본래 지지자인 왕권은 즉시 반대 진영에 가담해버렸다.

5월 2일, 국왕은 삼부회 대표들을 접견했다. 그 자리에서 국왕은 신분 간의 전통적 구별을 계속 유지하겠다는 뜻을 분명히 밝혔다. 의식의 관례에 따라 국왕은 집무실에서 성직자 대표들은 문을 닫은 상태에서, 귀족들은 문을 열어놓은 상태에서 접견한 반면에, 제3신분 대표들은 침실에서 열병(閱兵)하듯이 맞아들였다. 제3신분 대표들은 비단 외투를 걸치고 마직 넥타이에 흑색 정장을 입은 검소한 차림이었고, 귀족들은 금 장식의 겉옷, 비단 외투, 레이스가 달린 넥타이에 앙리 4세 풍의 깃털 달린 모자를 쓴 흑색 예복 차림이었다.

개회식은 1789년 5월 5일에 거행되었다. 루이 16세는 애절한 목소리로 모든 대표들에게 개혁 정신에 대한 경각심을 일깨웠다. 혁신에 반대하는 국새경 바랑탱(Charles Louis François de Paule de Barentin)의 무미건조한 연설이 뒤따랐다. 침묵이 흐르는 가운데 마침내 네케르가 말문을 열었다. 그러나 세 시간에 걸친 그의 연설은 재정 문제에만 국한됐을 뿐 어떠한 정치적 강령도 없었고, 신분별 투표인가 머릿수 표결인가에 대한 언질도 없었다. 개혁에 대한 열망으로 부풀었다가 크게 낙담한 제3신분 대표들은 침묵한 채 회의장을 빠져나왔다. 삼부회 개회 첫날 저녁, 특권 신분과 제3신분의 충돌은 불가피해 보였다. 국왕은 배가 문제에 대해 제3신분의 견해에 동조했을 뿐, 그 이상을 양보할 생각은 아니었다. 그렇다고 특권 신분을 공공연하게 지지할 마음도 없었다. 국왕은 머뭇거리느라 제3신분, 즉 국민을 만족시키는 동시에 스스로 일신하여 국민적 속성을 지닐 수 있는 좋은 기회를 놓쳐버렸다. 군주의 우유부단한 태도를 본 제3신분은 오직 자신들 이외에는 믿을 것이 없다는 자각을 하게 되었다. 만약 신분별 토의와 표결 방법이 채택된다면, 제3신분의 배가는 별 의미가 없었다. 신분별 투표는 곧 제3신분의 무력화를 뜻하는 것으로서, 제3신분은 특권이 문제가 되는 많은 쟁점에서 다른 두 신분의 동맹을 보게 될 우려가 있었다. 그와는 반대로 세 신분이 공동으로 토론하고 표결한다는 원칙이 채택된다면, 하급 성직자와 자유주의적 귀족의 합세가 확실한 만큼 제3신분이 수적 우위를 차지할 것은 명백했다. 삼부회의 토의 주제이자 국민적 관심의 초점인 이 주요 쟁점은 한 달 이상 미해결 상태로 있었다.

  5월 5일 저녁부터 같은 주 출신의 제3신분 대표들이 접촉하기 시작했다. 르 샤플리에와 장드니 랑쥐네*를 중심으로 모인 브르타뉴 출신의 대표들이 특히 활발했다. 의견이 하나로 모아졌다. '평민부'란 명칭을 내걸었던 제3신분 대표들은 1789년 5월 6일, 토의를 거쳐 신분별 회의 구성안에 반대하기로 결정했다. 제3신분이 처음으로 보인 이러한 정치적 행동은 혁명적인 것이었고, 평민부는 이제 신분 간의 전통적 구분을 인정하지 않기로 했다. 한편 귀족들은 141대 47로 머릿수 표결 방법을 부결시키면서 대표들의 자격 심사를 시작했고, 성직자 대표들은 133 대 114의 근소한 차이로 모든 타협안을 거부했다.

각 신분 상호 간에 타협의 여지가 없을 정도로 문제는 중대했다. 귀족 대표의 양보는 (제1, 2신분 가운데 주도권을 장악하고 있는 쪽은 특히 귀족이었기 때문에) 특권의 종말과 새로운 시대의 도래를 의미하는 반면에, 제3신분이 패배를 자인한다면 그것은 곧 구체제가 유지되고 삼부회의 소집이 만들어낸 열망이 환멸로 바뀐다는 것을 뜻했다. 평민부는 그 점을 이해하고 있었고, 미라보의 뜻을 좇아 "적대 세력을 두렵게 하기 위해서는 움직이지 않고 가만히 있는 것으로" 충분하다고 생각하였다. 여론은 평민부에 유리했다. 그레구아르 신부를 중심으로 하는 일부 하급 성직자들의 태도 때문에 힘이 약화된 성직자 신분은 머뭇거렸다.

1789년 6월 10일, 평민부는 시에예스의 제안에 따라 세 신분 합동으로 대표들의 자격 심사를 위해 모든 대표를 삼부회 의사당에 불러들인다는 최후의 조처를 취하기로 결정했다. 그날 소환되는 모든 바이야즈 대표가 호명될 것이고, "특권 신분의 대표가 참석한 경우뿐만 아니라 불참할 경우에도" 자격 심사를 실시할 예정이었다. 6월 12일, 독촉장이 성직자 대표들에게 전달되었다. 그들은 제3신분의 요구를 '가장 진지

랑쥐네(Jean-Denis Lanjuinais, 1753~1827) 젊은 나이에 렌 법학교의 교수를 역임했고 삼부회 대표로 선출되어 브르타뉴 클럽의 창립에 기여했다. 제헌의회 의원 시기에 퇴양파의 일원으로서 특권의 폐지, 자유 유색인의 권리 승인에 노력했다. 최대 공헌으로는 교회위원회의 위원이 되어 수도원을 폐지하고, 성직자 민사 기본법을 작성했으며, 선서거부파를 공격하는 데 정력적으로 활약한 점을 들 수 있다. 국민공회 의원 시기에는 지롱드파의 일원이 되어 축출되었으나, 18개월 후에 복귀했다. 원로원 의원 시절에는 왕당파로 간주됐다. 나폴레옹이 집권한 후에는 그에게 봉사했다.

한 태도로' 검토하겠다고 약속했다. 귀족들은 회의를 열어 토의에 부칠 것이라고 답변하는 데 그쳤다. 그날 저녁, 제3신분은 대표들의 자격 심사를 세 신분 합동으로 하겠다는 목적으로 모든 대표를 호명하기 시작했다. 특권계급 진영이 무너지기 시작했다. 6월 13일에 푸아티에 지방 출신의 주임 사제 3명이 합류했고, 14일에는 그레구아르 신부가 포함된 6명이, 16일에는 10명이 더 가담했다. 승리를 직감한 제3신분의 대표들은 계속 밀어붙였다.

6월 15일, 시에예스는 대표들에게 "지체 없이 의회 구성에 착수할 것"을 제의했다. 적어도 전 국민의 100분의 96을 포함하는 만큼, 의회는 국민이 자신에게 기대하는 과업을 수행할 수 있다는 것이었다. 시에예스는 이제부터는 뚜렷한 목표도 보이지 않는 삼부회라는 명칭을 포기하고, 그 대신 '프랑스 국민이 공인한 대표자 의회'라는 명칭을 사용하자고 제안했다. 더 법률을 존중하는 무니에는 '소수파의 부재(不在)를 대신하는 프랑스 국민 다수파의 합법적 의회'라는 명칭을 제안했다. 미라보는 '프랑스인민대표회의'라는 더 간결한 명칭을 제안했다. 마침내 시에예스는 베리 출신 의원인 제롬 르그랑(Jérôme Legrand)이 제의한 '국민의회'라는 명칭을 다시 제안했다. 1789년 6월 17일, 평민부는 '의회 구성에 관한 선언'을 통해 시에예스의 발의안을 490대 90으로 채택했다. 곧이어 평민부는 조세 징수와 공채의 이자 업무를 보장하는 법령을 가결했다. 그럼으로써 제3신분의 대표들은 국민의회로 자처하고 과세 동의권을 자신들이 맡았다. 그러나 중요한 것은 의회의 부르주아지가 조세 징수는 국민의 동의를 필요로 한다고 선언한 후에 납세자의 조세 거부로 정부를 명백히 위협하면서, 동시에 국가의 채권자들을 안심시킬 수 있었다는 점이다. 제3신분의 태도는 성직자의 저항에 타격을 주었다. 성직자들은 (귀족보다) 먼저 굴복했다. 6월 19일 성직자들은 149대 137로 대표의 최종 자격 심사를 합동으로 한다는 데 찬성했다. 그날 귀족은 국왕에게 항의서를 제출했다.

만약 저희들이 지키려는 권리들이 순전히 개인적인 것이고 오직 귀족 신분에만 관계된 것이라면, 그 권리를 요구하는 저희들의 열성, 그 권리를 지키려는 저희들의 굳은 지조는 그렇게 강력하지 못할 것입니다. 전하, 저희들이 지키려는 것은 저희들만의 이익이 아니라 바로 전하의 이익, 국가의 이익이며, 따라서 전 프랑스 인민의 이익입니다.

귀족들의 반대에 힘을 얻은 루이 16세는 왕족들의 영향력을 업고 저항하리라 결심했다. 6월 19일, 참사회는 제3신분의 결의를 무효화하기로 결정했다. 이를 위해 참사회는 전원회의를 열어 국왕의 의지를 명백하게 밝힐 예정이었다. 전원회의를 준비하는 동안 성직자 대표들이 평민부에 합류하는 것을 방해하기 위해, 수리를 한다는 핑계를 들며 삼부회 회의장(salle des Menus)을 왕명으로 폐쇄해버렸다.

6월 20일 오전, 제3신분 대표들은 회의장이 폐쇄된 것을 발견했다. 그들은 조제프 이냐스 기요탱(Joseph Ignace Guillotin)의 귀띔을 받아 거기서 얼마 떨어져 있지 않은 실내 정구장*으로 옮겨 갔다. 바이가 주재하는 가운데 무니에는 다음과 같이 선언했다. "권리와 존엄성을 침해받은 우리, 국민의 대표들은 국왕으로 하여금 참담한 조치를 취하게 강요하는 악착같고 재빠른 음모에 경각심을 지니면서 조국의 공공의 안녕과 이익에 결속되어 있음을 엄숙히 선서하는 바이다."
열렬한 환호 속에 단 한 사람을 제외한 모든 대표들이 평민부의 단

---

* 정구는 실내에서 손바닥으로 하는 공놀이의 일종으로 라켓을 사용하지 않아 엄밀한 의미에서 현재의 테니스와는 다르다.

호한 개혁 의지인 '정구장의 선서'에 서명했다. 대표들은 다음과 같이 맹세했다. "우리들은 헌법이 제정되어 그것이 확고한 토대 위에 자리 잡을 때까지 해산하지 않고 사정이 허락하는 한 어떠한 장소에서도 회합을 열 것이다."

당초 6월 22일에 열릴 예정이었던 친림회의는, 시위가 일어나지 않을까 하는 두려움 때문에 일반인에게 제공하는 방청석을 없애기 위해 다음 날인 23일로 연기되었다. 이 시간적 여유는 평민부에 유리하게 작용하였다. 22일, 성직자 대표단은 19일의 결정을 강행해 생루이 성당에 자리 잡고 있던 제3신분에 합류했으며, 도피네 출신인 2명의 귀족 대표도 그 자리에 나타나 우레 같은 박수로 환영받았다. 귀족 신분, 과연 그들도 양보할 것인가?

친림회의(1789년 6월 23일)는 국왕과 귀족에게는 큰 실패였다. 루이 16세는 세 신분의 분리 회합을 명령하고 제3신분의 결정이 무효라고 선언하는 동시에 과세의 평등에는 동의했으나, '십일조, 연금, 모든 봉건적 및 영주제적 부담'을 계속 존속시킬 뜻을 분명히 했다. 왕은 협박조로 연설을 끝냈다.

이 중차대한 사업을 추진하는 데서 대표 여러분이 끝내 짐(朕)을 버리고 협력하지 않는다면, 짐은 내 백성의 행복을 위해 단독으로라도 일을 추진할 수밖에 없소. 짐은 여러분이 즉시 분리 회합하여 내일 아침부터 각 신분에게 지정된 회의실에서 토의를 계속할 것을 명하는 바이오.

제3신분 대표들은 조금도 움직이지 않은 채 그대로 남았다. 귀족과 일부 성직자 대표들은 자리를 떴다. 제3신분 대표들은, 의전장이 그들에게 환기시킨 국왕의 명령에는 전혀 아랑곳하지 않은 채 앞서 취한 자신들의 결정을 재확인한 후 대표의 신분은 불가침이라고 선언했다. 6

월 20일에 비해 훨씬 과격해진 제3신분 대표들은 왕권에 노골적으로 반항하기 시작했다. 국왕은 일순간 무력 행사를 계획했다. 대표들을 해산시키라는 명령이 근위대에 하달되었다. 제3신분에 가담한 귀족 대표들은 그러한 명령에 항의했고 라파예트와 다른 여러 사람들은 칼집에 손을 대고 싸울 태세까지 취했다. 루이 16세는 더는 밀어붙이지 않았고, 제3신분은 사태의 주도권을 계속 유지했다.

그때부터 제3신분의 승리는 급속도로 진전되었다. 6월 24일, 대부분의 성직자 대표들이 국민의회에서 제3신분 대표들에 합류했다. 다음 날, 오를레앙 공이 이끄는 47명의 귀족 대표도 그 뒤를 따랐다. 국왕은 더 저지할 수 없는 바에야 사태를 기정사실로 인정하기로 결심했다. 6월 27일, 국왕은 일부 성직자와 대부분의 귀족 대표들에게 국민의회에 합류하라고 촉구하는 서한을 보냈다.

1789년 6월 23일 하루는 혁명의 진전에서 중요한 고비였다. 루이 16세 스스로 친림회의 연설에서 삼부회의 과세 동의권을 받아들였고 개인의 자유와 언론·출판의 자유를 보장하는 데 동의했다. 그것은 곧 입헌적 정부의 여러 원칙을 승인함을 의미하는 것이었다. 또한 세 신분의 합류를 명령하면서 왕권은 새로운 양보의 길을 텄다. 이제 삼부회는 소멸했으며, 국왕의 권위는 국민의 대표들의 통제 아래 놓이게 되었다. 그러나 국민의회는 붕괴된 구체제의 폐허 위에서 법률상의 절차를 거쳐 재건 작업에 착수할 생각이었다. 7월 7일, '헌법위원회'가 구성되었으며, 7월 9일에 국민의회는 스스로가 '제헌국민의회'임을 선언했다. 폭력에 의지하지 않고도 법률혁명이 완성되었다. 그러나 국왕과 특권계급이 기정사실을 어쩔 수 없이 인정했던 바로 그 순간에, 그들은 다시 제3신분을 굴복시키기 위해 무력 사용을 결심했다.

민중 혁명(1789년 7월)

1789년 7월 초, 법률혁명은 달성되었다. 법률적인 수준에서 본다면, 제3신분 대표와 하급 성직자 대표, 그리고 귀족의 자유주의적 분파 간의 결합 덕분에 국민 주권이 국왕 절대주의를 대체할 수 있었다. 민중은 아직 정치 무대에 등장하지 않았다. 반동의 위협에 직면할 때 민중이 개입함으로써 부르주아 혁명이 결정적인 승리를 할 수 있었다. 사실 국왕과 귀족에게는 군대의 동원이 실현 가능한 유일한 해결책이었다. 루이 16세는 특권 신분에게 국민의회에 합류하라고 명한 바로 그 전날에 이미 파리와 베르사유 근방에 있던 2만여 명의 군대를 소집하기로 결정했다. 궁정이 의도한 것은 의회의 해산이었다.

5월 이후부터 인민대중은 사태의 진전에 촉각을 곤두세우고 있었다. 프랑스 전체가 베르사유에서 일어난 사건을 주시하였고, 대표들은 선거구민들에게 정치적 사건에 관한 소식을 정기적으로 보냈다. 부르주아지는 이 점에서도 역시 주도권을 장악했다. 6월 25일, 파리에서는 삼부회 대표를 선출한 바 있는 선거인단 407명이 일종의 비공식적인 자치 기구를 구성하기 위한 모임을 가졌다. 루앙과 리옹에서는 종래의 자치체가 어찌할 줄 몰라 하며 선거인과 명사들에게 협력을 요청했다. 한마디로 지방 권력이 부르주아지의 수중에 넘어갔다. 궁정의 무력시위가 분명해졌을 때, 적어도 일부 상층 부르주아지는 저항 운동을 조직하는 데 이바지했다. 그들은 자신들의 정치적 목적을 위해 파리에 있던 많은 장인 및 소상점주 등의 소부르주아지를 동원했다. 바로 이들이 혁명 기간 내내 수많은 봉기를 일으킨 주역이며, 직인과 노동자들이 그들의 뒤를 따랐다. 삼부회 소집은 이러한 대중들에게 쇄신에 대한 무한한 희망을 불러일으켰다. 그런데 특권층 인사들이 이러한 쇄신을 방해했다. 제3신분 대표의 배가 문제와 머릿수 표결 문제에 대한 귀족의 반대는, 그들이 특권을 완강하게 고수하리라는 관념을 고착화했다. 그리하여 '특권계급의 음모'라는 관념이 형성되었다. 아주 자연스럽게 민중은 특권파가 공세를 취하기 전에 먼저 국민의 적을 공격해야겠다는 생각을 하게 되었다.

경제적 위기가 대중의 결집을 부채질했다. 1788년은 특히 흉년이었다. 8월부터 빵 가격이 오르기 시작하자, 네케르는 외국으로부터 곡물을 구매하라고 지시했다. 포도 경작 지역에서는 1778년부터 불경기가 맹위를 떨쳐 포도 가격이 최하 수준으로 떨어졌으므로 경작자들은 빵 가격의 앙등에 더욱 민감했다. 흉작과 불경기는 대중의 구매력을 감소시키는 동일한 결과를 가져왔다. 1786년의 통상 조약으로 이미 충격을 받은 공업 생산에 이번에는 농업의 위기가 직접적인 영향을 끼쳤다. 생계비의 앙등에 때를 맞추어 실업 사태가 악화되었다. 생산이 정체 내지 후퇴했기에 노동자들은 임금 인상을 기대할 수 없었다. 1789년 당시, 파리의 노동자는 일당으로 30~40수(sous)를 받았다. 그러나 7월에 빵 가격은 파운드당 4수였으며 지방에서는 8수까지 올랐다. 민중은 물자 부족의 책임을 현물 지대를 거둬들이는 십일조 징수인이나 영주들, 곡물 투기를 하는 도매상인들에게 돌렸다. 민중은 곡물의 징발과 공정 가격제를 요구했다. 물자의 공급 부족과 높은 물가로 인한 폭동은 1789년 봄부터 발생하기 시작했고 수확 직전에 위기가 절정에 달해 7월에는 크게 늘어났다.

민중의 의식 속에서는 특권계급의 음모와 경제적 위기가 긴밀하게 결합하였다. 특권파가 제3신분을 굴복시키려고 곡물을 매점한다는 비난이 들끓었다. 민중은 극도로 흥분했다. 그들은 자신들의 열망을 담고 있는 국민의회를 국왕이 무력으로 해산하려 한다는 점을 믿어 의심치 않았다. 애국파는 정부가 수도 근교에 집결해 있던 군대, 특히 외국인 연대를 진격시킬 구실을 찾느라 파리 시민들을 선동하고 있다고 비난했다. 1789년 7월 1일, 장 폴 마라*는 《민중에게, 혹은 음모가 폭로된 대신들에게 보내는 충고》라는 제목의 소책자를 출간했다.

> 시민 여러분! 항상 대신들의 행동에 주목하고 이에 따라 여러분의 태도를 결정하십시오. 우리 국민의회를 해산하는 것이 그들의 목표이며, 내전이 그들의 유일한 수단입니다. 대신들은 폭동을 유도하고 있습니다! …… 그들은 군인과 총검이라는 가공할 무기로 여러분을 포위할 것입니다!

1. 파리의 반란 – 7월 14일과 바스티유 함락

사태의 심각성이 국민의회를 압박했다. 7월 8일, 국민의회는 미라보의 제안에 따라 국왕에게 군대의 철수를 요구하는 서한을 보내기로 결정했다. "아! 어찌하여 2천5백만 프랑스인이 경애하는 국왕으로서 전하께서는 큰 희생을 감수하면서까지 왕위를 수천 명의 외국인 손아귀에 놓으려 하십니까?" 7월 11일, 국왕은 국새경을 통해 전달한 회답에서 군대는 새로운 무질서를 진압하고 예방하기 위한 것이라고 해명했

마라(Jean Paul Marat, 1743~1793) 스위스인 아버지에게서 태어나 프랑스와 영국에서 의학을 공부했으며 일찍이 '프리메이슨'에 가담했고, 파리에 온 뒤에는 아르투아 백작 근위대의 군의(軍醫)를 지냈다. 혁명이 발발하자마자 〈인민의 벗〉을 창간해 갈팡질팡하던 제헌의회의 태도에 신랄한 공격을 퍼붓고 한때 투옥되기도 했으며, 1790년 초에는 두 차례 영국으로 피신한 적도 있다. 샹드마르스 발포 사건과 국왕 탈주 사건 후에 민중의 독재를 주창하며 민중의 궐기를 호소하기도 했다. 그뿐만 아니라 '9월 학살'을 사전에 준비했다는 설 때문에 왕당파의 증오를 한 몸에 받기에 이르렀다. 마라는 용모도 수려하지 못하고 피부병을 앓고 있었지만 파리의 민중들에게 엄청난 신망을 얻고 있었으며, 파리에서 국민공회 의원으로 선출됐다. 그가 민중의 인기에 근거해 폭력 봉기를 선동하자 산악파들조차 불안해했다. 1793년, 침략군의 압력이 가중되자 신문을 통해 모든 애국자들이 파리 코뮌을 지지하고 지롱드파에 대항해 싸워야 한다고 호소했다. 이런 언동으로 인해 지롱드파에게 체포됐으나 혁명 재판소에 의해 곧 석방된 후, 1793년 7월 13일 지롱드파 지지자인 코르데에게 목욕탕에서 암살당했다. 그의 유해는 혁명적 숭배의 대상이 되어 팡테옹에 안치됐으나 테르미도르 반동 후 그곳에서 제거됐다. 왕당파 작가 샤토브리앙은 마라를 가리켜 '네거리의 칼리굴라(로마의 폭군)'라고 불렀다.

다. 이에 더해 일을 그르치느라고 그랬는지 루이 16세는 바로 그날 네케르를 파면하고 그 자리에 공공연한 반혁명파인 루이 오귀스트 브르퇴유(Louis Auguste Breteuil) 남작을 임명했고, 육군상에는 빅토르 프랑수아 브로이(Victor François Broglie) 원수를 임명했다. 무력한 의회를 구한 것은 파리 민중의 개입이었다.

파리에 네케르의 파면 소식이 알려진 것은 7월 12일 오후였다. 이 소식은 파국적인 결과를 초래했다. 민중은 그것이 반동의 첫걸음이라고 생각했다. 금리 생활자와 금융업자들은 네케르의 파면을 곧 파산이 도래할 위험이라고 여겼다. 즉각 중개인들이 모여 항의의 표시로 증권거래소 폐쇄를 결정했다. 같은 날 할인은행의 어음이 4,265리브르에서 4,165리브르로 100리브르 폭락했다. 공연장들이 문을 닫았고, 여러 형태의 집회와 시위가 급하게 꾸려졌다. 카미유 데물랭은 팔레루아얄*에서 군중에게 연설했다. 시위 군중의 주력은 튈르리 궁의 정원에서 랑베스크 공(prince de Lambesc)의 독일 근위대와 충돌했다. 이 소식이 신호가 되어 민중이 무기 상점을 약탈해 무장하기 시작했다.

7월 13일, 국민의회는 파면당한 네케르와 기타 대신들에게 '존경과 유감의 뜻'을 표하고, 사태의 책임이 유임된 대신들에게 있음을 선언했다. 그러나 국민의회는 무력행사에는 무방비 상태였다.

그런 가운데 새로운 권력이 태동하였다. 7월 10일, 제3신분의 선거인단은 파리 시청에서 새로운 집회를 열고 '하루빨리 파리에 부르주아 방위대를 창설할 것'을 결의했다. 12일 저녁에 열린 새로운 모임에서 다음 날 아침에 공포할 포고문을 채택하였다. 포고문의 제3조는 '상임위

팔레루아얄(Palais-Royal) 리슐리외 재상의 저택으로 건조되었으나 그가 죽은 후 왕실에 기증돼 오를레앙 가(家)의 저택으로 사용되었다. 건물 중앙에 큰 공원이 있어 많은 사람들이 드나들었다.

원회'의 설치를 규정했다. 제5조는 "구마다 무기를 소지하고 애국심이 투철한 200인의 시민 명부를 작성하고, 이들을 규합하여 공공 안전을 감시할 파리민병대를 조직할 것"을 규정했다. 중요한 것은 '부르주아' 민병대가 국왕 휘하의 군대와 왕권이 행사하는 폭력뿐만 아니라 위험하다고 판단되는 사회 계층의 위협으로부터 모든 유산자를 보호하려 했다는 점이다. 7월 14일 오전, 파리의 대표단은 국민의회에서 다음과 같이 선언하였다. "부르주아 민병대의 창설과 어제 취해진 조치 덕분에 파리는 평온한 밤을 되찾았다. 분명한 것은 무장하고 있던 많은 사람들이 스스로 무장을 풀고 부르주아 민병대 휘하에 들어갔다는 점이다."

13일에는 하루 종일 소요가 재발했다. 사람들은 떼를 지어 파리 거리를 누비면서 무기를 찾아다녔고, 귀족의 저택을 수색할 것이라고 위협했다. 그들은 참호를 파고 바리케이드를 쌓았다. 새벽부터 철공 노동자들이 창을 만들어냈으나, 필요한 것은 화기(火器)였다. 이에 군중이 파리 시장에게 무기를 공급해 달라고 요구했으나 허사였다. 오후에는 파리에서 철수하라는 명령을 받은 프랑스 근위대가 명령에 불복하고 시청의 결정에 따르겠다고 나섰다.

7월 14일, 군중은 전면 무장을 요구했다. 무기를 구할 요량으로 그들은 보훈병원*에 침입해 3만 2천 정의 소총을 탈취한 뒤 바스티유로 향했다. 바스티유는 단 80명의 상이군인과 이들을 지원하는 30명의 스위스 병사들만 지키고 있는데도 불구하고, 높이 30미터나 되는 성벽과

보훈병원(Invalides) 1670년에 세워진 파리의 기념비적 건물. 루이 14세가 상이군인과 퇴역 군인을 국가 비용으로 수용하던 곳이다. 그 후 이 건물의 후면에 거대한 돔 형태의 건물이 부설(附設)되고 1840년에 나폴레옹 보나파르트의 유해가 옮겨졌으며, 이어 그의 아들과 몇몇 장군들의 유해도 안치됐다. 1896년 이후부터는 군사박물관으로 사용되고 있다.

물이 가득하고 폭이 25미터인 외호(外濠) 덕분에 어떠한 습격에도 안전했다. 생탕투안 교외 지구의 장인들은 프랑스 근위대의 2개 분견대와 부르주아 민병대의 지원을 받아 증강되었는데, 부르주아 민병대는 대포 5문(門)을 끌고 와서 그 가운데 3문으로 요새의 정문 앞에 포진지를 구축했다. 이들 지원 부대의 결정적인 개입 덕분에 수비사령관 드 로네 (de Launay)가 항복했다. 현수교가 내려지자 민중은 요새 안으로 거칠게 몰려 들어갔다.

베르사유의 국민의회는 파리에서 벌어지는 사태를 불안한 눈초리로 주시하였다. 14일에 국왕으로부터 몇 가지 양보를 얻어내기 위해 두 명의 대표가 파견되었다. 곧 바스티유 함락 소식이 전해졌다. 루이 16세는 과연 어느 파의 의견을 따를 것인가? 파리를 굴복시키려면 치열한 시가전이 필요했다. 자유주의적인 대영주 가운데 한 사람인 리앙쿠르 공작은 국왕에게 왕권의 이익을 위해서라도 군대를 철수시키라고 권유했다. 루이 16세는 시간을 벌기로 결심했다. 7월 15일, 국왕은 의회에 모습을 나타내 군대의 철수를 공표했다.

파리의 부르주아지는 민중의 승리를 발판으로 삼아 수도의 행정을 장악했다. 시청의 '상임위원회'는 '파리 코뮌(Commune de Paris, 곧 시자치정부)'으로 이름을 바꾸고 바이를 시장으로 선출했다. 라파예트는 곧 '국민방위대(garde nationale)'라고 불리게 될 부르주아 민병대의 사령관이 되었다. 국왕은 자신의 양보를 마무리 지을 요량으로 7월 16일에 네케르를 재입각시켰을 뿐만 아니라 17일에 파리로 친행하는 데 동의했다. 수도에 모습을 나타냄으로써 국왕은 스스로 7월 14일 반란의 결과를 승인한 셈이었다. 시청에서 바이는 국왕을 영접하면서 "군주와 인민 사이에 맺어진 장엄하며 영원한 결합"의 상징인 삼색 모장(帽章)을 증정했다. 루이 16세는 크게 감동했지만 겨우 다음과 같이 말했을 뿐이다. "짐의 인민은 항상 짐의 애정을 기대할 수 있노라."

특권파는 군주의 권위가 실추된 것을 심각하게 느꼈다. 특권파의 지도자들은 양보를 거듭하는 국왕과 계속 연대하기보다는 국외 망명의 길을 택했다. 아르투아 백작은 7월 17일 새벽에 자녀와 수행원을 대동하고 네덜란드를 향해 출발했다. 콩데 공도 가족들을 이끌고 그의 뒤를 따랐다. 폴리냐크 공작 부부는 스위스로, 브로이 원수는 룩셈부르크로 향했다. 망명이 시작된 것이었다.

왕권은 1789년의 7월 사건으로 위신이 크게 실추된 반면에, 파리의 부르주아지는 승자로 보였다. 그들은 수도에 대한 지배력을 확립해 국왕으로부터 자신들의 주권(主權)을 승인받는 데 성공했다. 7월 14일은 부르주아지의 진정한 승리인 동시에, 그 이상의 것, 즉 자유의 상징이 되었다. 7월 14일은 새로운 계급을 권좌로 끌어올려놓은 한편, 바스티유가 상징하는 구체제의 붕괴를 의미하는 것이기도 했다. 이런 의미에서 이날의 사건은 모든 억압받는 인민들에게 무한한 희망을 열어주는 듯 보였다.

2. 지방 도시들의 반란(1789년 7월)

삼부회 대표들의 서신 연락을 통해 지방은 특권 신분을 향한 제3신분의 투쟁을 수도에서와 마찬가지로 불안한 눈초리로 주시했다. 네케르의 파면 소식은 파리에서와 마찬가지로 흥분을 불러일으켰다. 바스티유 함락 소식은 파리로부터 떨어져 있는 거리에 따라, 7월 16일부터 19일 사이에 전해졌다. 이 소식은 열광을 불러일으켰고, 7월 초부터 몇몇 도시에서 나타나고 있던 움직임에 박차를 가했다.

'도시 혁명'은 실제로는 7월 초에 루앙에서처럼 식량 부족 때문에 발생해, 오슈나 부르주에서처럼 8월까지 근 한 달 동안 진행되었다. 디종에서는 네케르의 파면 소식이, 몽토방에서는 바스티유 함락 소식이 혁명의 기폭제가 되었다.

도시 혁명은 지역에 따라 정도의 차이를 보였고, 그 양상 또한 매우 다양했다. 어떤 도시들에서는 혁명이 전면적이었다. 스트라스부르처럼 종래의 시 정부가 폭력에 의해 해체된 경우, 또는 디종이나 파미에처럼 시 정부가 존속하더라도 위원회로 흡수되어 소수파로 전락한 경우, 아니면 시 자치체의 권한이 '통상적인 치안 유지'의 범위로 축소되어 보르도처럼 혁명적 성격을 지닌 업무가 위원회에 맡겨지거나, 앙제 혹은 렌같이 더는 행정 업무에 관여하지 못하게 된 경우가 그러했다. 또한 다른 어떤 도시들에서는 도시 혁명이 불완전하게 수행되어 구권력이 혁명 권력과 병존했다. 불확실한 미래의 위험에 신중하게 대처했던 노르망디의 일부 도시들이 그러했다. 이러한 이중 구도는 흔히 상이한 요소 간의 대립을 반영하는 것으로서 두 집단 가운데 어느 쪽도 상대편을 누르고 결정적 승리를 얻을 수 없었다. 메스와 낭시에서와 같은 사회적 대립, 몽토방과 님에서와 같이 사회적 대립에 더해 가톨릭과 신교 사이의 종교적 적대감까지 겹쳐진 경우, 리모주에서와 같은 개인적 대립 등이 그러했다. 리옹과 트루아와 같이 7월에 애국파가 승리한 뒤에 구체제 세력의 역습이 뒤따른 경우에는 도시 혁명이 일시적이었기 때문에 불완전했다. 끝으로 종래의 시 정부가 툴루즈와 같이 애국파의 신뢰를 받았거나 엑스에서처럼 군대와 법원의 지지를 받았던 경우에는 시정 혁명이 진행되지 않았다. 이러한 다양성은 사회적 대립과 마찬가지로 구체제 시기에 시 자치체가 지녔던 구조의 다양성에서 기인한 것이다. 플랑드르 지방에서는 그러한 움직임이 별로 활발하지 못했는데, 부르주아의 요구 사항은 정치적인 것이고 민중의 요구 사항은 사회적인 것이어서 양자가 시기적으로 동시에 발생하지 않았기 때문이다. 자유시의 특권이나 'consul'이라는 이름의 시정관을 지닌 도시들이 많아 자치 전통이 강했던 북부와 남부에서는 대체로 도시 혁명이 미약했다. 툴루즈와 타르브에서는 종래의 자치체가 전 주민의 다양한 계층을 꽤 잘 대변했기에 애국파는 자치체를 없애는 데 별 관심을 보이지 않았다. 반면에 군주제가 도시 자치권을 모두 파괴해버린 몽토방과 보르도에서 자치체의 관리들은 그 누구도 대변하지 못했기에 쫓겨나고 말았다.

부르주아 국민방위대의 창설도 비슷하게 다양성을 지닌 채 도시혁명과 함께 이루어졌다. 가장 흔한 것은 새로운 자치위원회가 질서 유지를 위해 파리를 본받아 서둘러 부르주아 방위대를 조직했던 경우이다. 때로는 앙제에서와 같이 종래의 시 자치체가 국민방위대를 창설했는데, 이 경우에는 더 애국파에 가까운 국민방위대가 위원회의 설치를 강요했다. 툴루즈에서는 도시 혁명을 경험하지 않은 채 국민방위대가 조직되었고, 알비에서는 방위대가 구체제 때부터 존재했던 민병대의 새로운 형태에 불과했다.

도시 혁명의 이러한 양상은 어찌되었든 결과가 어디에서나 동일했다. 왕권은 소멸했고, 중앙 집권화는 무너졌으며, 거의 모든 지사들이 자리를 포기했고, 세금 징수는 중단되었다. 당시의 표현을 따르면, "국왕, 고등법원, 군대, 경찰이 더는 존재하지 않게 되었다." 새로운 시 자치체가 구 권력을 이어받았다. 절대주의가 오랫동안 억눌러 왔던 지방의 자율성이 자유롭게 작동하게 되었으며, 자치체의 생명력이 다시 풍성해졌다. 프랑스가 자치 공동체화한 것이다.

많은 지역에서 중요한 것은 도시 혁명의 사회적 측면이었다. 왜냐하면 그것은 식량 부족이나 곡물 가격의 앙등과 관련이 있었기 때문이다. 도시의 민중은 간접세 폐지와 곡물 유통에 대한 엄격한 통제를 기대했다. 렌에서는 새로운 시 정부가 즉시 밀의 재고 조사에 착수했다. 캉에서는 민중의 분노를 진정시키기 위해 자치체의 관리가 빵 가격 인하 조처를 취했으나 부르주아 방위대를 조직하는 데에는 신중을 기했다. 퐁투아즈에서는 곡물을 요구하는 폭동이 발생했다가 파리에서 연대 병력이 온 뒤에야 진정되었다. 푸아시에서는 매점했다는 혐의를 받던 사람이 민중의 소요에 휩쓸렸다가 국민의회 의원에게 겨우 구조되었으며, 생제르맹앙레에서는 제분업자가 살해되었다. 플랑드르에서는 세관이 약탈당했다. 베르됭에서는 7월 26일에 봉기한 민중이 입시세관(入市稅關, octroi)의 울타리에 불을 질렀으며, 양곡을 보관하고 있다는 혐의를 받은 집들이 협박을 받았다. 총독은 질서 회복을 위해 도시 민병대를 조직하는 일을 부르주아지에게 위촉했다. 그러나 결국 빵 가격을 내려서 양보할 수밖에 없었다. 브로이 원수는 망명길에 소요에 휩쓸렸다가 지방 수비대에게 구조되어 간신히 민중의 분노를 피할 수 있었다.

특권계급의 음모에 대한 공포가 사실상 지방의 분위기를 무겁게 내리눌렀다. 모든 움직임은 의심을 받았고, 수송은 감시를 받았으며, 모든 역마차는 수색을 받았고, 여행 중이거나 국외 망명 중인 요인은 억류되었다. 국경에서는 외국군이 침입한다는 소문이 떠돌았다. 피에몬테 군이 도피네를 침략할 준비를 하고 있으며, 영국 군이 브레스트 항구를 점령한다는 것이었다! 불안한 예측이 전국을 무겁게 짓눌렀다. 이윽고 대공포가 터져 나왔다.

3. 농촌의 반란 – 대공포(1789년 7월 말)

신분 간의 투쟁이 계속되는 동안, 선거 때 거대한 흥분을 맛보았던 농민들은 애를 태우며 진정서에 대한 답을 기다렸다. 소요의 대가로 부르주아지는 권력을 장악했는데, 농촌의 민중은 더 참고 기다려야만 하는가? 농민들이 요구하는 어떠한 사항도 충족되지 않았다. 봉건 체제는 고스란히 유지되고 있었다. '특권계급의 음모'라는 관념은 도시뿐 아니라 농촌에도 널리 퍼졌다.

경제적 위기가 불만을 증폭시켰다. 기근은 매우 혹독했으며, 농민의 대부분은 먹고살 정도의 수확을 거두어들이지 못했다. 공업의 위기는 농촌 공업이 광범위하게 퍼져 있던 지역에 영향을 끼쳤다. 실업도 늘어났다. 실업과 기근으로 말미암아 거지와 부랑자가 크게 늘어났으며, 봄에는 도적 떼가 출몰하기 시작했다. '비적에 대한 공포'가 특권계급의 음모를 더욱 두려워하게 만들었다. 경제적 위기는 걸인의 수를 크게 늘려 농촌에 불안을 심화시켰고, 동시에 농민을 자극해 영주를 공격하게 만들었다.

농민 반란의 징조가 나타났다. 봄 내내 프로방스, 캉브레지 지방, 피카르디, 심지어 파리와 베르사유 근방까지 여러 지역에서 소요가 발생했다. 7월 14일의 사건이 결정적인 영향을 끼쳤다. 노르망디의 보카주 지방, 노르에서 스카르프 강 유역과 상브르 강 이남에 있는 지역, 프랑슈콩테 지방, 마코네 지방까지 네 지역에서 반란이 터졌다. 이러한 농민 반란은 특히 특권계급을 겨냥했다. 농민들은 봉건적 부과주 폐지를 얻어내고자 했다. 이를 위한 가장 확실한 방법은 성채에 불을 지르는 동시에 문서고를 태워버리는 일이었다.

1789년 7월 말에 나타난 이른바 '대공포'는 이러한 반란의 움직임을 결정적으로 폭발시켰다. 7월 초부터 파리와 베르사유로부터 들려온 왜곡되고 과장된 소식이 마을에서 마을로 퍼져 나감에 따라 새로운 반향을 불러일으켰다. 농민 반란, 경제적 위기, 특권계급의 음모, 비적들에 대한 공포 따위가 한데 결합하여 공황의 분위기를 조성하였다. 비적이 떼를 지어 나타나서는 채 덜 익은 밀을 베어 가고 마을을 불태울 것이라는 소문이 겁먹은 사람들의 입을 통해 번져 나갔다. 가상의 위험에 대처하기 위해 농민들은 낫, 쇠스랑, 수렵용 총으로 무장하는 한편, 위험을 알리는 경보 소리는 공포를 점점 키웠다. 공황은 넓은 지역으로 확대될수록 더 심해졌다.

　의회와 파리, 그리고 언론은 그들대로 흥분했다. 미라보는 〈프로방스 회보(Courrier de Provence)〉 제21호에서 자유의 적들이 그러한 허위 경보를 퍼뜨리고 있으니 침착을 되찾아 신중하라고 권고했다.

　　재난의 시기에 불길한 소문을 믿고 그것을 과장하는 보편적 성향만큼이나 관찰자를 놀라게 하는 일은 없다. 그 소문의 논리는 이미 개연성의 정도를 계산에 넣지 않고 출처를 알 수 없는 소문을 그럴듯하게 만드는 데 치우쳐 있다. 그 소문은 폭력을 공공연하게 떠들어대고 음침한 공포의 위협으로 상상력을 고조시킨다. 그리하여 우리는 마치 무서운 이야기일수록 귀를 잘 기울이는 어린아이처럼 되어버린다.

　프랑슈콩테의 농민 반란에 뒤이은 프랑슈콩테의 공황, 그리고 샹파뉴, 보베지, 멘, 낭트, 뤼페크 등지의 공황 등 6개 지역에서 일어난 최초의 공황이 커다란 흐름의 발단이 되어 7월 20일부터 8월 6일까지 프랑스의 주요 지역에 급속하게 영향을 끼쳤다. 브르타뉴, 로렌, 알자스, 에노만이 공황의 영향을 받지 않았다.

　대공포는 농민 봉기를 부채질했다. 곧 그 공포에 근거가 없다는 것이 판명되었다. 그러나 농민들은 무장을 해제하지 않았다. 가상의 비적에 대한 추적을 포기하는 대신에, 그들은 영주의 성으로 화살을 돌려 증오의 대상이었던 봉건적 권리가 기록된 고문서와 오랫동안 부과조 징수를 합법화했던 증서들을 협박을 가해 문서고에서 꺼낸 후 마을 광장에서 불태워버렸다. 때로 영주들이 양피지 증서를 내놓지 않으려고 하면 농민들은 성에 불을 지르고 그들을 목매달았다. 봉건적 권리의 포기를 바람직하고 적합한 형태로 인증하기 위해 그 지방의 공증인이 자주 소환되곤 했다.

오랫동안 지속된 착취로 인한 빈곤, 기근과 생계비의 앙등, 굶주림에 대한 공포, 과장되고 모호한 소문, '비적'에 대한 공포, 봉건제의 압박으로부터 벗어나려는 욕구, 이러한 모든 것이 결합해 대공포의 분위기를 조성했다. 농촌이 변모하기 시작했다. 농촌의 반란과 농민 전쟁은 봉건 체제를 무너뜨렸다. 농민위원회와 촌락 민병대가 조직되었다. 파리의 부르주아지가 무장하여 시 자치 행정을 장악한 것과 마찬가지로 농민들도 힘으로 지방 권력을 움켜잡았다.

그런데 곧 부르주아 계급과 농민 사이에 적대 관계가 나타나기 시작했다. 도시의 부르주아지는 귀족과 마찬가지로 지주였다. 심지어 그들은 영주령을 소유했고, 그 자격으로 농민들로부터 관례에 따른 부과조를 징수했다. 도시 부르주아지는 공황에 뒤이은 농민 전쟁으로 자신들의 직접적인 이익이 위협받고 있다고 느꼈다. 공권력의 무력화와 모든 권위의 해체에 직면한 부르주아지는 스스로 자체 방어를 감당했다. 새로운 시 자치체가 구성한 상임위원회와 국민방위대가 농촌에서 귀족과 부르주아 지주의 권리를 보호하는 일을 맡았다. 마코네 지방에서 농민 무리와 부르주아 민병대 간에 벌어진 교전에서와 같이 탄압은 종종 유혈 사태를 야기하기도 했다. 사회 혁명의 위험에 직면하여, 토지의 해방을 위한 농민의 투쟁에 대항하는 부르주아지와 귀족, 즉 유산 계급의 동맹이 형성되었던 것이다. 계급투쟁의 이러한 양상은, 특히 부르주아지는 귀족을 지지한 반면에 민중의 동정심은 봉기한 농민들을 향한 도피네 지방에서 전형적인 형태로 나타났다. 그러나 이러한 탄압 사태도 대공포가 낳은 본질적인 결과를 훼손할 수는 없었다. 봉건 체제는 1789년 7월의 농민 전쟁을 견디어낼 수 없었다.

국민의회는 어찌할 바를 모른 채 무기력하게 사태의 추이를 쫓을 뿐이었다. 의회는 부르주아 출신의 지주가 대다수를 구성하였다. 그들은 과연 농촌에서 벌어진 새로운 사태를 합법화할 것인가? 아니면 모든 타협을 거부하고 부르주아지와 농민 사이에 뛰어넘을 수 없는 간극을 깊이 파는 모험을 할 것인가?

민중 혁명의 결과(1789년 8~10월)

1. 8월 4일의 밤과 권리선언

농촌 봉기에 직면한 국민의회는 한때 탄압을 조직할 생각이었다. 보고위원회가 그런 취지의 법령 초안을 작성했고, 8월 3일에 의회가 그에 대해 토론했다.

> 지대, 십일조, 조세, 면역(免役) 지대, 영주제적 부과조의 납부가 끈질기게 거부되고 있다는 점, 무장을 한 자들이 폭력의 범죄자가 되고 있다는 점, 그들이 성에 침입하여 문서와 권리 증서를 가져다가 성의 앞마당에서 불태우고 있다는 점 등의 사실을 접할 국민의회는 별도의 성명이 있을 때까지 어떠한 이유로든지 세금이나 기타 다른 모든 부과조의 납부가 유예될 수 없음을 선언한다.

그러나 의회는 탄압 정책이 야기할 위험을 깨닫고 있었다. 의회는 진압군의 지휘권을 국왕 정부에 맡길 생각은 추호도 없었다. 왜냐하면 내각이 그 상황을 이용하여 국민대표체에 타격을 가할 수도 있기 때문이었다. 그러나 의회의 부르주아지는 비록 탄압 준비를 망설이긴 했지만, 귀족들이 재산을 몰수당하도록 내버려 둘 수는 없었다. 그것은 곧 부르주아지 자신들의 재산에 대한 위협을 뜻하였기 때문이다. 그들은 일정하게 양보하기로 결심했다. 봉건적 부과조란 대체로 폭력에 의해 강탈되고 과세된 특수한 형태의 재산인 만큼, 토지 부과조의 납부를 정당화하는 증서들을 검증할 필요가 있다는 점을 인정하였다. 입법화의 작전 수행자로 에기용 공작을 선택한 것은 상당한 정치적 수완을 보여준다. 그는 자유주의적 귀족이자 당시 프랑스의 최대 지주 가운데 한 사람이었기 때문이다. 그의 개입은 특권계급 출신의 의원들을 큰 혼란에 빠뜨렸으며, 자유주의적인 귀족들의 경쟁심을 자극했다. 혁명적 부르주아지의 지도자들은 그렇게 함으로써 의회에서 일시적으로 특수한 이해관계를 제거했다.

이렇게 사전 준비된 8월 4일 밤의 회의는 자신의 재산이라고는 별로 없는 차남인 노아유 자작이 발언함으로써 시작되었다. 그는 모든 재정적 특권, 부역이나 농노의 상속세, 기타 인신적(人身的) 예속을 폐지하고 물적 부과조를 되사야 한다고 제안하였다. 에기용 공작이 그를 열렬히 지지했다. 이 제안은 요구되는 희생이 보기보다는 훨씬 작았기에 더욱 열렬한 환호 속에 통과되었다. 이렇듯 일단 발동이 걸리자 의회는 신분, 주, 도시가 지닌 모든 특권들을 조국의 제단 앞에서 포기하였다. 곧 수렵권, 토끼장 및 비둘기장을 소유할 권리, 영주의 재판권, 관직 매매 등을 폐지하였다. 한 귀족의 제안에 따라 성직자들은 십일조를 포기했다. 다음 날 새벽 2시, 의회는 이러한 숭고한 자기희생 작업을 마무리하면서 루이 16세에게 '프랑스 자유의 부흥자'라는 칭호를 부여했다. 절대 군주제조차 달성할 수 없었던 전국적인 행정적·정치적 통일이 드디어 완성된 듯 보였다. 구체제가 사망한 것이다.

사실 8월 4일 밤의 희생은 농민들의 요구에 자발적으로 부응한 것이라기보다는 일시적인 필요에 따른 양보였다. 지방에서 질서를 회복하고 혼란을 진정시키는 일이 가장 먼저 필요하였다. 미라보는 8월 10일자 〈프로방스 회보〉 제26호에 이렇게 썼다.

8월 4일 이후 의회가 수행한 모든 과업의 목표는 왕국 내에서 법의 권위를 확립하고, 인민에게 그들의 행복을 보증해주며, 그들이 자유의 첫 번째 혜택을 신속히 누리게 해서 그들의 불안을 완화하는 데 있다.

8월 4일 밤의 결정은 문서화하지 않은 채 이루어진 것이었다. 막상 법적 형식을 부여하는 문제에 직면하자, 의회는 민중 반란의 압력을 받아 채택한 그 조치의 실질적인 효과를 약화하려고 했다. 한때 환호에 휩쓸렸던 반대파는 다시 냉정을 되찾았다. 특히 성직자들은 십일조의 폐지를 되돌리려 했다. "국민의회는 봉건 체제를 전면적으로 폐지했다." 그러나 특이한 유보 사항이 확정된 법령 속에 삽입되었다. 인신 부과조는 폐지되었으나, 토지 부과조는 돈을 주고 되사야 한다고 선언되었다. 이는 봉건적 부과조가 지주인 영주와 소작인인 농민 사이에 오래전에 맺어진 과거의 계약에 의한 것임을 인정한다는 것을 뜻했다. 농민은 해방되었지만, 농민의 토지는 그렇지 않다는 것이었다. 농민들은 곧 이 특이한 유보 조항을 감지했고, 되사기를 완결할 때까지 부과조를 납부해야 할 형편임을 깨달았다.

국민의회가 되사기의 방식을 규정하자, 제한은 더욱 확대되었다. 의회는 영주들에게 그들의 조상이 농민들과 체결한 것으로 간주되는 토지 부과조나 계약과 관련한 어떠한 증거도 요구하지 않았다. 이러한 상황에서 농민들은 봉건적 부과조를 되사서 토지로부터 해방되기에는 너무도 가난했고, 설사 여유가 있더라도 부과된 조건이 되사기를 사실상 불가능하게 했다. 봉건 체제는 이론상 폐지되었지만, 실제로 본질적인 부분은 살아남았다. 농민 대중은 환멸을 느꼈다. 그들은 여러 지역에서 저항을 조직했으며, 암묵적 합의를 통해 부과조 납부를 거부하였다. 소요 사태가 재발했다. 그래도 의회는 본래의 계획을 견지해 끝까지 계급 입법을 포기하지 않았다. 농민들이 8월 4일 밤의 진정한 논리적 귀결인 봉건제의 전면적 폐지를 보기까지는 뒷날 입법의회와 국민공회의 투표 결과를 기다려야 했다.

이러한 유보 조건에도 불구하고 8월 5일부터 11일까지 마련된 법령이 승인한 8월 4일 밤의 결과는 매우 큰 의의를 지닌다. 국민의회는 구체제를 파괴했다. 차별과 특권, 그리고 특수주의를 타파하였다. 이제부터 모든 프랑스인은 동일한 권리와 의무를 지니며, 어느 직종에나 종사할 수 있고, 동일한 세금을 납부하게 되었다. 국토가 통합되고, 구프랑스의 복잡한 틀은 파괴되었다. 지방의 관습법과 주와 도시의 특권들이 사라졌다. 의회는 모든 것을 백지화했다. 재건이 필요했다.

8월 초부터 의회는 주로 이러한 재건 과업에 전념했다. 7월 9일의 회의에서 무니에는 헌법위원회를 대표하여 새로운 헌법의 원칙을 설명하면서 헌법의 앞머리에 권리선언을 삽입할 필요성을 역설했다.

> 헌법이 훌륭한 것이 되려면 인간의 권리에 기반을 두어야 하고 그것을 보호해야 합니다. 자연적 정의가 각 개인에게 부여한 권리와, 모든 종류의 사회에서 그 토대가 되어야 하는 원칙들을 기억해야 합니다. 그래서 헌법의 각 조항이 그러한 원칙의 귀결이라는 점을 잊지 말아야 합니다. …… 이러한 선언은 간결하고 단순하며 명확한 것이 되어야 합니다.

8월 1일, 의회는 토의를 재개했다. 인권선언의 초안을 작성할 필요성을 둘러싸고 대표들의 의견이 일치하지 않아서, 바로 이 점을 둘러싸고 토론이 벌어졌다. 심지어 몇몇 발언자는 선언의 시의적절함 자체를 문제 삼았다. 피에르빅토르 말루에(Pierre-Victor Malouet)같이 무질서에 놀란 온건파 인사는 권리선언을 쓸데없거나 심지어 위험한 것으로 간주했다. 그레구아르 신부 같은 이들은 인권선언에 의무 선언을 덧붙이기를 희망했다. 결국 4일 오전, 의회는 헌법의 앞머리에 권리선언을 삽입하기로 결정했다. 토론은 더디게 진행되었다. 언론의 자유와 공공 예배에 관련된 초안의 조항을 두고 장시간 논쟁이 벌어지자, 성직자들은 의회가 국교의 존재를 보장해야 한다고 주장했다. 이에 대해 미라보는 양심과 신앙의 자유를 옹호하며 격렬하게 반박했다. 1789년 8월 26일, 의회는 '인간과 시민의 권리 선언(인권선언)'을 채택하였다.

인권선언은 특권 사회와 군주제의 폐단에 대한 암묵적인 유죄 선고로서 '구체제의 사망 증서'가 되었다. 그러나 그와 동시에 인권선언은 계몽사상가들의 교리에서 영감을 받아 부르주아지의 이상을 표현했고, 프랑스만이 아니라 전 인류에게 적용할 수 있는 새로운 사회 질서의 토대를 놓았다.

2. 9월의 위기 – '명사들의 혁명'의 실패

불과 몇 주 동안에, 민중 반란의 결과를 승인한 국민의회는 8월 4일 밤의 결정을 통해 구체제를 붕괴시켰고 권리선언을 채택하는 것으로 재건 과업을 시작했다. 그렇지만 1789년 9월의 위기는 프랑스의 재건이 쉽지 않음을 보여주었다.

재정적 어려움은 여전했다. 의기양양하게 재무총감 직을 다시 떠맡은 네케르도 어쩔 수 없음이 분명해졌다. 조세 수입이 더는 들어오지 않았다. 3천만 리브르의 국채가 발행되었으나, 20일이 지나도록 겨우 250만 리브르가 소화되었을 뿐이다. 네케르의 인기는 땅에 떨어졌다.

정치적 어려움도 커져 갔다. 국왕은 의회에 소극적으로 저항했다. 그는 비록 봉기 앞에 굴복하기는 했지만 의회의 결정을 재가하는 데 응하지 않았다. "짐은 짐의 성직자나 귀족의 재산을 박탈하는 데 결코 동의하지 않을 생각이오." 국왕은 8월 5일~11일에 마련된 법령들과 인권선언에 서명하지 않았다. 이는 제도를 개정하는 작업이 유예될 수밖에 없음을 뜻했다. 새로운 민중 운동이 일어나지 않는 한, 아무도 국왕에게 재가를 강요할 수 없는 노릇이었다.

헌법 제정의 어려움이 국왕의 저항을 부추겼다. 헌법에 대한 토론은 그 전문(前文)에 해당하는 인권선언이 채택된 후 곧 시작되었다. 분열이 격화되어 거의 치유 불능 상태가 되었다. 민중 봉기와 그 결과에 놀란 일부 애국파는 이때부터 혁명의 진행을 늦추고 국왕과 귀족의 권한을 강화하려 했다. 헌법위원회의 보고자인 무니에와 제라르 드 랄리톨랑달(Gérard de Lally-Tollendal)은 영국을 본떠 상원을 설치하자고 제안했다. 상원은 국왕이 임명하며 세습할 수 있으므로 특권계급의 요새가 될 수 있었다. 아울러 국왕은 입법부의 결정을 무효화할 수 있는 '절대적 거부권'을 지니게 될 것이었다. 상원의 설치와 절대적 거부권을 지지하는 자들은 '군주파' 혹은 '영국파'라고 불렸다. 이들은 '명사들의 혁명'을 바랐다.

또 다른 일부 애국파 대표들은 이러한 제안을 단호히 반대했다. 시에예스는 모든 종류의 '거부권'에 반대 의견을 표명했다. "한 개인의 의지가 일반 의지에 앞설 수는 없다. 만약 국왕이 법의 제정을 방해할 수 있다면, 그것은 곧 개별 의지가 일반 의지보다 우월함을 뜻하는 것이다. 입법부의 다수파는 행정부로부터 독립해 행동해야 한다. 절대적 거부권 혹은 유예권(猶豫權)은 일반 의지에 역행하는 봉인장*과 다름없는 것이다."

봉인장(封印狀, lettre de cachet) 왕명을 내리는 서면장. 옥새를 찍어 투옥, 추방 등을 명령할 때 쓰였다.

파리의 여론은 민감했다. 팔레루아얄의 단골 참석자들은 의회의 결정에 영향력을 행사할 요량으로 베르사유를 향해 시위 행진을 시도한 뒤, "'거부권'은 일 개인이 아닌 2천5백만 명에게 속한다."라는 결의문을 작성했다. 8월 31일, 그들은 시청에 대표를 보내 "지방 각 주와 파리 각 구의 결의가 있을 때까지 거부권에 관한 국민의회의 토의를 중지시키기 위한" '구민총회'의 소집을 요구했다.

바르나브, 뒤포르, 라메트 형제(Alexandre et Charles de Lameth)가 이끄는 애국파의 다수는 상원 설치에 반대했다. 9월 10일, 양원제 안(案)은 우파가 기권하여 849대 89로 부결되었다. 애국파는 국왕의 '거부권' 문제에 대해서는 덜 강경했다. 예컨대 바르나브는 국왕에게 두 차례의 입법회기를 늦출 수 있는 유예권을 부여하자고 제안했다. 9월 11일, 유예권 안이 575대 325로 통과되었다. 이러한 양보를 통해 애국파 지도자들은 루이 16세가 8월의 법령들을 승인하리라 기대했다. 그러나 국왕은 태도를 바꾸지 않았다. 애국파는 점차 새로운 민중 궐기가 필요하다고 여기게 되었다.

경제적 어려움 때문에 파리 민중을 다시 동원하는 것이 사실상 가능했다. 망명자들이 가급적이면 많은 돈을 갖고 나가려 했기에 망명은 많은 양의 정금(正金)을 국외로 유출했을 뿐 아니라, 사치품 제조업과 파리의 상업에 타격을 주었다. 실업이 증가한 반면에, 빵 가격이 올라 파운드당 3수 이상이 되었다. 밀은 타작이 아직 끝나지 않은 상태였다. 9월부터는 다시 빵 가게 문 앞에 긴 행렬이 나타났고, 노동자들은 임금 인상과 일자리를 요구하는 시위를 시작했다. 예컨대 도제 제화공들은 샹젤리제에 모여 임금표를 작성한 후, 자신들의 이익을 대변하고 실직자들을 돕는 데 필요한 갹출금의 확보를 책임질 위원회를 구성했다. 양곡 유통의 문제에 관한 국민의회의 무능력과, 식량과 생필품을 수도에 공급하는 문제에 대한 파리 시청의 무관심은 이런 상황을 악화할 뿐이었다. 마라는 〈인민의 벗(L'Ami du peuple)〉 제2호에서 시청의 '식량위원회'가 져야 할 책임 문제를 제기했다.

> 오늘(9월 16일 수요일), 기근의 공포가 새롭게 느껴지고, 제빵업자의 가게는 사람들의 북새통으로 시달리고 있으며, 민중에게는 빵이 부족하다. 우리는 풍작과 풍요 속에서도 아사(餓死) 직전에 있는 것이다. 어느 누가 우리들이 우리의 파멸을 즐기는 악의 무리에 둘러싸여 있다는 사실을 부정하겠는가? 그러한 재난은 공적(公敵)의 맹렬한 위세, 독점자들의 탐욕, 행정 책임자의 무능이나 태만에서 기인하는 것이다.

경제적 위기는 정치적 소요를 증폭했다. 파리에서는 60개의 구민회의가 각 구를 관장하면서 각각 민중 클럽을 형성했다. 팔레루아얄은 정치 투사들의 사령부가 되었다. 애국파의 간행물이 널리 퍼졌다. 7월 이후 앙투안조제프 고르사(Antoine-Joseph Gorsas)의 〈파리-베르사유 회보(Le Courrier de Paris à Versailles)〉, 엘리제 루스탈로(Élisée Loustallot)의 〈파리 혁명(Les Révolutions de Paris)〉, 자크 피에르 브리소*의 〈프랑스 애국자(Le Patriote français)〉가 정기적으로 나왔다. 9월에는 마라가 〈인민의 벗〉을 창간했다. 애국파 언론인들은 소책자와 전단지를 발간해 자유를 파괴하는 특권계급의 음모를 파헤쳤고, 구체제 시기의 신분 대표일 뿐 이제 더는 국민을 대변할 수 없게 된 주교와 귀족을

브리소(Jacques Pierre Brissot, 1754~1793) 샤르트르 출신의 변호사이자 언론인이며 웅변가로서, 입법의원에 당선된 직후부터 독설로 명성을 날렸다. 1788년 '흑인우애협회'를 창설하고, 피부색에 따른 인종 차별을 대담하게 반대했으며, 바렌 탈주 사건 뒤에는 국왕의 폐위를 주장했다. 국민공회에서는 루이 16세의 처형 안 대신 집행유예 안을 지지했고, 그 후부터 산악파 및 파리의 코뮌 운동에 반대 입장을 취했다. 산악파 집권 뒤 스위스로 도망치다가 물랭에서 붙잡혀 파리로 압송된 후 단두대에서 처형되었다.

의회로부터 숙청해야 할 필요성을 민중에게 알렸다. 7월에 철제(鐵製) 교수대에서 약식(略式) 처형이 있었던 그레브(Grève) 광장의 가로등 밑에서 천재적인 웅변으로 변호를 맡았던 카미유 데물랭은 《파리 시민들을 향한 가로등 연설》*을 출간했다. 총체적인 불만 상태를 보여주는 익명의 소책자들도 많이 쏟아져 나왔는데, 그중에서 《1789년 9월사건의 원인》이라는 의미심장한 제목을 단 책자도 있었다.

이리하여 9월 말에 혁명은 새로운 위험에 직면한 듯했다. 국왕은 여전히 8월의 법령들을 재가하지 않고 있었다. 그는 군대를 다시 베르사유로 집중해 공세를 취할 생각이었다. 파리 민중의 개입이 두 번이나 국민의회와 자유를 구했다. 실제로 9월부터 혁명과 구체제 사이에 격렬한 충돌이 불가피하다고 느낀 애국파, 의회의 좌익 세력, 파리의 언론인들, 각 구의 투사들은 국왕과 군주파의 뿌리 깊은 저항을 끝장내기 위한 궐기를 준비했다. 궐기를 통해 파리 민중은 또다시 자신들의 의사를 강요할 것이었다. 마라는 〈인민의 벗〉 10월 2일 자에서 겨울이 되어 사태가 더욱 악화되기 전에 앞질러 행동하도록 파리 시민들을 격려했다. 9월에 창간된 친(親)애국파 계열 신문인 〈국민의 채찍(Le Fouet national)〉은 제3호에서 더욱 격렬한 논조를 폈다.

파리 시민들이여, 마침내 눈을 뜨고 마비 상태에서 깨어나라. 특권파들은 당신들을 포위해 쇠 우리 속에 가두고 잠재우려 한다! 만약 당신들이 서둘러 그들을 쓸어버리지 못한다면, 당신들은 노예 상태의 비참과 비탄에서 헤어나지 못할 것이다. 깨어나라. 다시 한 번 외치건대 깨어나라.

《파리 시민들을 향한 가로등 연설》 반혁명 분자를 가로등에 매달아 교수형에 처한 사건에서 연상된 제목으로, 가로등은 반혁명파에 대한 경고의 상징이었다.

애국파의 의견에서 한 가지 계획이 명료하게 드러났다. 만약 국왕이 자신의 착한 파리 민중의 품으로 되돌아와 국민의 대표자들로 둘러싸여 특권파의 영향권에서 벗어난다면, 혁명의 안전이 보장될 것이라는 점이었다. 민중이 예의 주시하고 있었으므로, 그들을 봉기하게 하는 데에는 사소한 사건으로도 족한 상황이었다.

3. 1789년 10월의 봉기

10월의 봉기는 경제적·정치적 위기가 겹친 것이 근본적인 원인이겠지만, 실제로는 '근위대의 연회'라는 사소한 사건이 발단이었다. 1789년 10월 1일, 근위대 장교들이 베르사유 궁에서 플랑드르 연대의 장교들에게 연회를 베풀었다. 왕실 가족들이 나타나자, 악대는 〈오 리처드, 오 나의 왕이시여, 온 세상이 그대를 버렸도다〉라는 곡을 연주했다. 포도주를 마셔 흥분한 참석자들은 삼색 모장(帽章)을 짓밟아 버리고 왕가의 상징인 백색 휘징이나 왕비의 휘장인 흑색 휘상을 달았다.

이틀 뒤에 이 소식이 파리에 전해졌다. 민중은 격분했다. 10월 4일 일요일, 군중이 모여들었다. 팔레루아얄에 모인 사람들은 매우 흥분한 상태에서 연이어 결의문을 채택했으며, 애국파 언론인들은 이 사건이 특권계급 음모의 새로운 형태라고 비난했다. 〈국민의 채찍〉은 다음과 같은 짤막한 기사를 실었다. "월요일 이후, 선량한 파리 시민들에게 빵을 구하는 일은 결코 쉽지 않다. 그들에게 빵을 제공해줄 수 있는 이는 오직 '가로등' 씨 한 사람뿐인데, 그들은 이 선량한 애국파 인사에게 도움 청하기를 꺼린다." 기근이 또다시 민중 행동의 결정적인 요인이 되었다.

10월 5일, 생탕투안 교외 지구*와 중앙시장(Halles)에서 출발한 여자들이 시청에 떼를 지어 모여들어 빵을 요구했다. 곧 6~7천 명에 달한 그들은 7월 14일의 투사들로서, 군사적으로 조직된 '바스티유 의용대' 지도자의 한 사람인 스타니슬라스마리 마야르(Stanislas-Marie Maillard) 의 지휘 아래 베르사유를 향해 행진하기로 결정했다. 정오 무렵 파리 시 전체에 경종이 울리고 구민회의가 소집되었으며 국민방위대는 "베르사유로!"라고 외치며 그레브 광장을 메웠다. 라파예트는 마지못해 지휘를 맡았다. 오후 5시경에는 약 2만 명의 사람들이 베르사유를 향해서 길을 떠났다. 같은 시각에 파리의 여인들은 베르사유에 도착해 의회와 국왕에게 대표를 보냈다. 국왕은 그들에게 밀과 빵을 원활하게 공급하겠다고 약속했다. 국민방위대는 밤 10시가 지나서야 도착했다. 국왕은 적대자들의 무장을 해제할 생각에서 법령들을 승인한다고 의회에 통고했다. 민중 운동이 애국파의 승리를 확실하게 했다.

10월 6일 새벽, 시위대 한 무리가 궁 안으로 들어가 왕비가 거처하는 전실(前室)에까지 침입했다. 군중과 근위대 사이에 한바탕 난투극이 벌어졌다. 국민방위대가 개입하여 싸움을 말리고 궁에서 철수했는데, 서두르지는 않았다. 국왕은 왕비와 세자를 거느리고 라파예트와 함께 발코니에 모습을 보이는 데 동의했다. 처음에는 어떻게 해야 할지 마음을 정하지 못하던 군중들은 결국 환호를 보내며 환영의 뜻을 나타냈다. 그러나 그들은 "파리로!"라고 외쳐댔다. 루이 16세는 어쩔 도리 없이 수락했다. 국왕이 국민의회에 의견을 묻자, 의회는 국왕과 따로 떨어져 있을 수 없다고 응답했다. 오후 1시에 대포 소리와 함께 국민방위병들이 선두에 서서 행진을 시작했고, 여인들의 호위를 받으며 밀과 밀가루를 실은 마차의 거대한 행렬이 그 뒤를 따랐다. 그 뒤에는 군대가,

---

교외 지구(faubourg) 원래는 도시의 성곽 바깥에 있는 하층민 거주 지역을 일컫는 말이나, 파리의 경우 생탕투안, 생제르맹처럼 오래된 동네이고 장인 계층이 밀집해 거주한 지역을 가리킬 때 쓰인다.

그리고 그 뒤에는 루이 16세와 그의 일가를 태운 4륜마차가 따랐으며, 이를 지키듯 라파예트가 말을 타고 그 옆에 섰고, 그 뒤를 100여 명의 의원들을 태운 마차들이 쫓았다. 다시 그 뒤를 군중과 국민방위대가 따랐다. 밤 10시가 되어서야 국왕은 튈르리 궁에 도착했다. 루이 16세가 파리로 들어오자 의회도 서둘러서 12일에 대주교관에 자리를 잡았고, 그사이에 기마 훈련장의 수리를 끝내 의회의 회의 장소로 쓸 생각이었다.

1789년 10월의 민중 궐기는 각 정파의 상황을 변화시켰다. 8월부터 반대파가 된 군주파가 최대의 피해자였다. 무니에, 말루에를 비롯한 인물들은 이 점을 깨닫고 싸움판에서 물러나 제2차 국외 망명의 물결에 가담했다. 이들은 '명사들의 혁명'의 주창자로서, 혁명 운동이 유산계급의 이익에 위험하다고 판단되는 그 지점에서 그것을 멈추고자 했다. 이들이 바라는 체제가 확립되기까지는 뒷날 통령정부 치하의 안정기를 기다려야 했다.

카미유 데물랭이 〈프랑스 및 브라방 혁명〉 제1호에서 말한 바와 같이("파리는 도시의 여왕이 되었으며, 수도의 광채는 프랑스 제국의 위대함과 장엄함에 부응할 것이다."), 대부분의 애국파 인사들에게 유일하게 중요한 문제는 모든 시민과 국왕의 일체감 속에서 조국의 재건 과업을 완수하는 일이었다. 오직 통찰력 있는 몇 사람만이 지나친 낙관론을 경계했다. 마라는 〈인민의 벗〉 7호에서 다음과 같이 말했다.

> 드디어 국왕을 손아귀에 넣게 된 것은 선량한 파리 시민에게 과연 크게 축하할 일이다. 국왕이 우리들과 같이 있다는 것 자체가 사태의 양상을 신속히 변화시킬 것이며, 가난한 민중은 이제 굶주림으로 죽어 가지 않을 것이다. 그러나 만약 헌법이 완전하게 마무리될 때까지 왕실을 우리들 가운데 머물도록 붙잡아놓지 않는다면, 그러한 행복은 백일몽에

불과하게 될 것이다. 〈인민의 벗〉은 경애하는 동료 시민과 더불어 그 기쁨을 같이하기는 하지만 결코 깊은 잠에 빠지지는 않을 것이다.

제헌의회가 국가의 재건 과업을 수행하는 과정에서 드러냈던 경향과 1789년 7월부터 10월까지 일어난 사건들을 살펴보면, 애국파의 경계심이 정당한 것이었음을 알 수 있다.

민중의 봉기는 부르주아지의 승리를 확고하게 했다. 7월과 10월의 궐기는 반혁명 시도를 분쇄했다. 파리 시민의 힘을 빌려 군주제에 승리한 국민의회는 자신들이 민중에 의해 좌우되지 않을까 두려워했으며, 이후 절대주의만큼이나 민주주의를 경계했다. 특권계급의 반격으로부터 우위를 확보하려는 부르주아 다수파는 가급적이면 군주제를 약화시키려고 했다. 동시에 민중계급이 정치와 행정에 관여하는 것을 두려워한 그들은 인권선언에 의해 공식적으로 확립된 원칙으로부터 자연적으로 도출되는 결론을 끌어내지 않으려고 애썼다. 군주제를 약화시키고 민중을 후견(後見) 하에 두고 나서, 제헌의회는 1789년 말경부터 부르주아지 편에 서서 프랑스의 제도를 재건하는 과업에 착수했다.

2장

제헌의회
― 타협의 실패
1790년

1790년 내내 제헌의회는 커져 가는 위험 속에서 프랑스의 재건 작업을 추진했다. 특권계급은 경계심을 풀지 않았으며, 인민대중은 경제적인 어려움 때문에 조급해했다. 이러한 이중의 위협에 직면하여 제헌의회의 부르주아지는 입헌군주제라는 보호막 아래에서 주도권을 구축하였으며, 특권계급의 일부를 체제로 끌어들이려고까지 했다. 이렇게 하여 타협 체제가 들어섰다. 하지만 여전히 국왕을 설득하고 귀족을 납득시켜야 했다. 이러한 타협 정책의 주인공이 바로 라파예트였다. 허영심이 많고 고지식했던 그는 상반되는 것을 화해시키려고 시도했다.

의회와 국왕, 그리고 국민

타협 정책은 1688년에 일어난 영국 명예혁명을 본떠, 종속된 민중계급의 기반 위에서 상층 부르주아지와 특권계급의 지배를 보장하기 위한 것이었다. 프랑스 부르주아지의 중추를 이루는 부유한 명사들은 이를 받아들일 태세였다. 하지만 특권계급은 그렇지 않아서 그들의 저항을 분쇄하려면 인민대중에게 호소해야만 할 것이었다. 오직 라파예트의 이름으로 상징되는 소수파만이 그러한 타협을 통해 정치 권력을 유지할 수 있다고 생각했다. 영국의 경우가 그 점을 입증하고 있지 않은가?

1. 라파예트의 화해 정책

하지만 18세기의 프랑스 특권계급은 17세기의 영국 특권계급과는 전적으로 판이한 특성을 보였다. 영국에서는 재정적 특권이 존재하지 않아서 귀족들도 세금을 납부하였다. 특히 귀족의 군사적 성격이 완전히 사라지지는 않았더라도 상당히 약화되어 있었다. 사업에 관여한다고 해서 귀족의 체면이 손상되지 않았으며, 식민지와 해운업의 비약적인 발전 덕분에 귀족이 자본주의적인 부르주아지의 대열에 뛰어들었다. 이처럼 특권계급은 새로운 생산력의 발전에 참여하였다. 특히 봉건 구조는 파괴되었고, 소유와 생산이 그 족쇄로부터 해방되었다. 즉, 영국의 특수한 상황과 더 앞선 발전이 1688년의 타협을 설명해주는 것이다. 프랑스에서는 귀족이 본질적으로 봉건적인 속성을 지녔다. 몇몇 예외가 없진 않지만 상업이나 공업의 수익성 있는 사업에 참여한다는 것이 곧 귀족적 특권의 상실을 의미하는 상황에서 그들은 그러한 참여를 거부한 채 오직 군사 관련 직종에만 종사했으며, 그런 만큼 자신들의 존립과 지배권을 보장해주던 전통적 구조에 더욱 집착했다. 경제적·사회적 특권에 대한 끈질긴 집착, 완고한 배타주의, 부르주아적 원리에 무감각한 봉건적인 정신 상태, 이런 것들이 프랑스의 귀족들을 전면적인 거부의 태도로 응결시켰다.

1789년의 봄에 과연 타협이 가능했을까? 군주정은 분명히 과감하게 주도권을 장악했어야 했다. 그런데도 국왕의 태도는 군주제가 계급 지배의 수단에 불과함을 입증했다. 7월 초에 루이 16세가 군대의 소집을 결정했을 때, 이제 막 구체화되던 부르주아 혁명이 종말을 고하는 듯 보였다. 그러나 민중의 힘이 그것을 구했다. 7월 14일 이후에도 타협은 여전히 가능했을까? 특권계급과 부르주아 양 진영 모두에서 일부는 그것이 가능하다고 생각했는데, 라파예트와 무니에가 그러했다. 무니에는 1788년에 도피네 지방에서 일어난 '명사들의 혁명' 과정에 비지유에서 그랬던 것과 마찬가지로 1789년에도 제한된 혁명에 대해 세 신분의 동의를 얻어낼 수 있다고 믿었다. 나중에 무니에가 쓴 기록에 따르면, 당시 그의 계획은 다음과 같았다. "경험에서 배운 교훈에 따라 무모한 혁신에 반대하여, 기존의 정부 형태에서 자유를 보장하는 데 필요한 개선안만을 제안하는 것이 바람직하다."

대부분의 귀족과 특권적인 고위 성직자들은 비록 부분적이라도 봉건제의 파괴를 의미하는 것들, 즉 세 신분의 자발적인 재결합이나 인권선언, 그리고 8월 4일 밤의 결정들을 인정하지 않았다. 타협을 거부한 것이다. 무니에는 10월 10일에 베르사유를 떠났다. 그의 타협 정책은 실패로 끝났고, 그는 특권계급과 반혁명 진영에 가담했다. 1790년 5월 22일, 그는 망명했다.

정치에 대한 이해가 부족하기 때문인지 아니면 야심 때문인지 라파예트는 쉽게 포기하지 않았다. 대영주이자 '신·구 두 세계의 영웅'인 그는 상층 부르주아지를 매료할 만한 그 무언가를 지니고 있었다. 그의 정책은 영국식 입헌군주제의 틀 안에서 토지 특권계급과 상공업 부르주아지의 화해를 모색하는 데 있었다. 그는 근 일 년간 정계를 지배했다. 혁명 부르주아지의 진정한 우상이었던 라파예트는 우익 특권계급의 전복 기도와 좌익 민중의 압력이라는 이중의 위험에 직면해 있던 부르주아지를 안심시킬 수 있었다. 젊고 명성이 높았던 라파예트 후작은 자신의 친구인 조지 워싱턴(George Washington)이 미국혁명에서 담당했던 역할을 프랑스혁명에서는 자신이 수행해야 할 운명이라고 자부했다. 삼부회 소집 전후로 일어난 여러 사건에서 라파예트는 귀족의 자유주의 분파를 이끄는 지도자로서 중요한 역할을 수행했다. 7월의 파리 혁명 뒤, 그는 국민방위대의 총사령관으로서 휘하에 군대를 거느렸다. 루이 16세는 그를 싫어하면서도 그의 비위를 맞추지 않을 수 없었다. 그러나 국왕, 특권계급, 혁명, 이 삼자(三者)를 화해시키고 강력한 행정부라는 관념을 의회에 끌어들이기 위해서는 또다시 국왕을 납득시키고 의회 안에서 확고한 다수파를 규합하는 일이 필요했다.

미라보는 한때 이러한 정책을 실현하는 데 필요한 인물로 보였다. 네케르가 신망을 상실했기 때문에 애국파의 주요 인사들을 내각에 집결시킬 필요성이 생겼다. 미라보는 계속해서 입각을 위한 음모를 꾸몄다. 그러나 그는 비록 천재적인 웅변으로 의회에서 인정받았지만, 사생활과 독직(瀆職) 사건으로 의회를 추문에 휩싸이게 만들었다. 1789년 11월 7일, 의회는 그를 배제할 목적으로, 어떤 의원도 "의회의 개회 기간 중에는 입각할 수 없다."고 결정했다. 그 후 그는 변절해 궁정에 매수되었다. 루이 16세는 미라보가 라파예트와 한통속이 되도록 주선해 주었다. 1790년 5월경, 두 사람은 국왕에게 강화권(講和權)과 전쟁 선포권을 부여하여 왕의 권한을 증대하려고 무척 노력했다. 그러나 미라보는 이미 애국파의 심중에서 사라진 지 오래였다. 1790년 8월 10일 자 〈인민의 벗〉에서 마라는 다음과 같이 썼다.

리케티 가문의 상속자인 미라보가 애국파 저명인사가 되지 못한 것은 바로 그가 성실한 마음을 지니지 못했기 때문이다. 그에게 영혼이 없다니 얼마나 불행한 일인가! …… 그 누가 리케티의 변덕스러운 술책을 모르겠는가? 나는 입각을 위해 맹렬하게 움직이는 그를 두려운 마음으로 지켜보아 왔으며, 그 후 살기 위해 지조를 파는 지경에 이르게 된 그가 최고 가격을 부를 최후의 경매자에게 자신의 표결권까지도 팔게 되지 않을까 하는 생각을 했다. 처음에는 국왕에게 적대적이었던 그가 이제는 국왕에게 매수되었으며, 거부권에 관한 법령부터 전쟁 발의(戰爭發議)에 관한 법령에 이르기까지 불행을 초래할 그간의 모든 법령이 통과된 것은 바로 그가 매수당한 데에 기인한 것이다. 누가 원칙도 없고 품위도 없고 명예도 없는 자에게 기대를 걸겠는가? 그는 이 사회의 암적 존재이자 국왕 지지자이며, 반역자이자 음모가인 것이다.

그런데 미라보는 '질 세자르'*를 몹시 싫어했다. 따라서 그들 사이의 결합은 불가능했다. 라파예트의 정책은 성공을 거둘 수 없었다. 그것은 두 사람 사이의 개인적인 경쟁의식뿐 아니라 그 정책의 모순에서 비롯된 것이기도 했다. 특권계급은 끝내 거부의 태도를 고집하였다. 게다가 식량 위기에 더해, 1790년 3월 15일의 법에 의해 확정된 부과조의 되사기 의무 조항에 기인한 농민 반란으로 야기된 곤란은 점차 위협을 느끼게 된 특권계급의 저항을 더욱 강화했다. 봉건제의 마지막 잔재가 회복될 수 없을 정도로 파괴되지 않는 한, 특권계급과 상층 부르주아지의 정치적 타협을 모색하는 일은 신기루와 같은 것이었다. 절대군주제로 복귀하거나 몽테스키외와 페늘롱(François de Salignac de La Mothe Fénelon)이 상정했던 특권 체제를 확립함으로써 자신의 이익을 지킬 희망이 남아 있는 한, 귀족은 부르주아지의 승리에 반대했다. 자본주의적 생산 관계가 승리하는 것은 곧 특권계급의 이익을 침해하는 것이었기 때문이다. 귀족의 이러한 저항을 굴복시키기 위해서 부르주아지는 도시의 인민대중 및 농민층과 맺은 동맹에 의존해야만 했다. 이러한 저항을 최종적으로 분쇄하기 위해 부르주아지는 나중에 나폴레옹의 독재를 받아들일 것이었다. 봉건제가 완전히 파괴되고 특권 체제

질 세자르(Gilles César) 당시 유행하던 라파예트 후작의 별명이다. '질 세자르'는 '얼간이 시저'라는 뜻이며 '쥘리 세자르(Julius César)'의 풍자적인 동음이의어다.

의 부활을 위한 모든 시도가 영원히 불가능해져서야 마침내 특권계급은 타협을 받아들여 7월왕정을 통해 대부르주아지와 함께 권력에 참여했다.

그러나 1790년의 특권계급은 그들 나름의 목표를 전혀 포기하려 들지 않았다. 망명자들의 술책, 외국 조정의 음모, 반혁명의 개시에 희망을 걸 수 있었던 만큼 더욱 그러했다. 이러한 상황에서 1790년에 라파예트가 시도한 타협과 화해 정책은 오직 실패할 수밖에 없었다.

2. 정치 활동의 조직화

그런 가운데 의회는 활동을 조직했고, 운영 방식도 명확해졌다. 의회는 불편하나마 튈르리 궁의 기마 훈련장에 자리 잡았다. 보름에 한 번씩 선출되는 의장의 주재 하에 매일 오전, 그리고 저녁 6시 이후에 토의가 행해졌다. 민중과의 접촉은 의회 로비에 줄을 잇는 청원자들의 행렬과 의회의 방청객을 통해 이루어졌다. 토의는 31명 정원의 분과위원회에서 이루어졌고, 각 위원회의 보고자는 검토된 결정 사항을 본회의에 보고했다.

이와 동시에 오늘날과 같은 의미의 정당은 아닐지라도 의회 안에 그룹이 형성되었다. 처음에는 구체제를 옹호하는 특권파와 신체제를 지지하는 애국파, 이 두 개의 커다란 집단만 있었으나, 곧 미묘한 차이가 드러나기 시작했다.

'흑색파(Noirs)' 또는 '특권파'는 의회의 우측에 자리 잡았다. 뛰어난 웅변가 카잘레스, 저돌적인 모리 신부, 노련한 몽테스키우 신부 등이 속했는데, 이들은 특권을 지키려는 악착같은 싸움을 이끌었다. 왕실의 세비(歲費)로부터 재정 지원을 받는 많은 신문들, 이를테면 토마마리 루아유(Thomas-Marie Royou) 신부의 〈국왕의 벗(Ami du roi)〉이나 '파트뤼요티즘'*을 비웃는 앙투안 리바롤(Antoine Rivaroli)의 글을 게재한

〈사도행전(Les actes des apôtres)〉이 이들의 견해를 대변하였다. 이들의 집회 장소는 프랑세 살롱(Salon français)이었다.

'군주파'는 말루에, 클레르몽 토네르 백작, 10월 봉기 때 의회를 떠나 11월 15일에 사직했던 무니에 등이 이끌었는데, 국왕대권(國王大權)의 옹호자로 자처했으며 혁명의 진행을 저지하기 위해 점차 우파 쪽으로 기울었다. 이들은 '군주제 헌법의 벗(Amis de la Constitution Monarchique)'이라는 클럽에서 모였다.

'입헌파'는 애국파의 대부분을 흡수했다. 1789년의 원리에 충실했던 이들은 부르주아지의 이익을 대변했고 제한군주제라는 포장 아래서 권력을 창출하려고 했다. 즉, 이들은 라파예트파였다. 거기에는 부르주아지와 성직자 계층의 대표적 인물들이 모여 있었는데, 드 시세 대주교, 부아즐랭 대주교, 시에예스 신부, 신제도의 구축에 큰 역할을 담당하게 될 카뮈, 타르제, 투레와 같은 법률가들이 바로 그들이었다.

'삼두파'*는 의회의 좌측에 자리 잡았다. '삼거두'는 자유주의적인 경향을 지닌 바르나브, 뒤포르, 알렉상드르 드 라메트로 구성되어 라파예트의 영향력이 약화된 1790년 말경부터 왕권을 지지하는 쪽으로 선회하여 왕권의 자문역을 맡았다. 국왕의 탈주 사건 뒤 민주주의의 진전과 민중 봉기에 놀란 그들은 라파예트의 화해 정책을 답습해 혁명의 진행을 저지하려고 시도했다.

의회에서 가장 좌측에 뚝 떨어져 자리 잡은 프랑수아 뷔조(François Buzot), 페티옹, 로베스피에르가 포함된 민주파는 민중의 권익을 옹호하고 보통 선거를 주장했다.

파트뤼요티즘(Patrouillotisme) 애국주의를 비웃기 위한 동음이의적 표현이자, 본래 '순찰'이라는 뜻을 지닌 단어 'patrouille'에서 끌어온 경멸적 표현이다.
삼두파 세 지도자를 특정해서 부를 때는 '삼거두'로, 추종자까지 포함할 때는 '삼두파'로 한다.

애국파는 확고한 조직을 갖추었다. 1789년 5월 이후 그들은 정치적 문제를 토의하기 위해 정기적으로 회합을 가졌다. 이렇게 브르타뉴 출신 의원들의 클럽이 형성되었다. 이들은 10월의 궐기 후에는 '헌법의 벗 협회'라는 명칭으로 생토노레 가의 자코뱅 수도원에 자리를 잡고 의회의 의원들뿐 아니라 유복한 부르주아지에게도 문호를 개방했다. 자코뱅 클럽은 지방 주요 도시의 클럽과 정기적으로 서신을 교환하면서 혁명적 부르주아지의 모든 전투적 인물들을 결집하고 교육하는 데 성공했다. 1791년 2월 14일 자 〈프랑스 및 브라방 혁명〉에 카미유 데물랭은 다음과 같이 썼다.

이제 막 전 세계를 정복하기 시작한 새로운 종교인 애국주의―말하자면 박애―를 전파하는 데서 자코뱅 클럽 또는 자코뱅 교회는 마치 로마 교회가 기독교를 전파하는 과정에서 그랬던 것처럼 대본산(大本山)의 지위를 맡게 될 것이다. 이미 전국 도처에서 조직되고 있는 모든 애국파의 클럽이나 집회 또는 교회들은 발족과 동시에 자코뱅 클럽에 서신으로 연락을 보내 일체감을 표시해 왔다. …… 자코뱅 협회는 국민의 진정한 수사 기관으로서 거기서 행해지는 고발이나 심리는 모두 공개로 진행되기 때문에 선량한 시민에게는 국민의회보다도 덜 위험하지만, 그 협회가 전국 방방곡곡의 가맹 단체와 서신 연락을 취하기 때문에 나쁜 시민에게는 더 무서운 존재이다. 자코뱅 클럽은 특권파 인사들을 공포에 빠뜨릴 뿐만 아니라 모든 악습을 고치고 모든 시민에게 구원의 손길을 뻗치는 대(大)종교 재판관이다. 자코뱅 클럽은 사실상 국민의회의 검찰관 행세를 하고 있다. 전국 도처에서 보내온 피압박자들의 청원서가 존엄한 의회에 당도하기 전에 먼저 처리되는 곳도 바로 이곳이다. 피압박자들에게 격려를 보내고 그들에게 일체감을 요구하며 경각심을 일깨워주고 그들의 잘못을 바로잡기 위해 끊임없는 토론이 전개되는 곳도 바로 이 자코뱅 회의장이다.

자코뱅파가 국왕의 탈주 사건과 샹드마르스 광장의 발포 사건 뒤 특히 로베스피에르의 영향을 받아 1791년에 민주적 발전을 가속화하자, 이로부터 푀양 클럽이 떨어져 나왔다. 라파예트와 그의 동료들이 이끈 푀양파는 회비의 액수를 올려 중류 부르주아지를 배제했다. 여기에는 국왕과 헌법을 적극적으로 지지하는 온건한 상층 부르주아지와 이들에 동조하는 귀족들이 모여들었다.

조르주 자크 당통*과 마라가 특히 이름을 드높였던 민주 클럽인 '코르들리에 클럽(club des Cordeliers)', 일명 '인권의 벗 협회(Société des amis des Droits de l'homme)'는 1790년 4월에 발족하였다. 파리 각 구에서 민중계급은 많은 우애협회를 통해 정치에 적극적으로 참여할 수 있었다. 이러한 우애협회 가운데 제일 앞선 것은 초등학교 교사인 클로드 당사르(Claude Dansard)가 1790년 2월에 창설한 '남녀애국자 우애협회'였다.

당통(Georges Jacques Danton, 1759~1794) 혁명이 발발했을 때 변호사로 출발했다. 코르들리에 클럽을 창설해 우렁찬 목소리와 열정적인 웅변으로 청중을 사로잡았다. 그의 정적(政敵)들조차 그를 가리켜 '민중의 미라보'라고 부를 정도로 대중적 인기가 높았는데, 특히 바렌 탈주 뒤 루이 16세의 폐위를 주장함으로써 인기가 절정에 달했다. 그러나 샹드마르스 발포 사건 뒤 민중과의 관계가 미묘해져 몇 주일 동안 영국으로 피신했다가 귀국한 후 파리 코뮌의 검찰관 대리로 선출됐다. 공화정 선포 뒤에 임시 행정 내각의 법무장관으로 선출된 후 '9월 학살'에 관대한 처분을 내렸다. 이 점에 대해서 프랑스혁명 사학자 올라르는 당통을 높이 평가한 반면 마티에는 그를 비난한다. 국민공회에서는 산악파에 가담했으나 점차 지롱드파에 가까워졌고, 특히 롤랑 부인과 밀접한 관계를 맺었다. 의회에서 그의 낭비 습성이 논란이 되자 그가 뇌물을 받은 것이 중요한 공격 자료가 되었는데, 이 점은 마티에 등이 실증적으로 규명하였다. 국민공회의 제1차 공안위원회를 장악하게 되면서 로베스피에르파와 관계가 극도로 악화되었으며, 젊은 애인과 함께 파리를 떠나 있는 동안 로베스피에르파가 그의 축출을 준비했다. 이런 와중에 동인도회사와의 독직 추문이 폭로되어 재기 불능 상태에 이른다. 1794년 5월 4일, 카미유 데물랭 등 13명과 함께 단두대에서 반혁명 분자로 처형되었다. 형장으로 끌려가는 수레 위에서 당통은 "로베스피에르여, 그대도 내 뒤를 따를 것이다."라고 외쳤다.

라파예트의 정책은 상당수의 주요 언론, 즉 당시에 가장 유명한 신문이었던 샤를조제프 팡쿠크(Charles-Joseph Panckouke)의 〈모니퇴르(Le Moniteur)〉, 〈파리일보(Journal de Paris)〉, 〈애국자의 벗(L'Ami des patriotes)〉 등이 대변하였다. 고르사의 〈쿠리에(Le Courrier)〉, 장루이 카라(Jean-Louis Carra)의 〈애국연보(Les Annales patriotiques)〉, 브리소와 루이마리 프뤼돔(Louis-Marie Prudhomme)의 〈프랑스 애국자(Le Patriote français)〉, 루스탈로의 이름을 드높인 〈파리 혁명〉, 카미유 데물랭의 〈프랑스 및 브라방 혁명〉 등과 같은 좌익 계열의 많은 신문들은 자코뱅 클럽의 영향을 받았다. 마라는 〈인민의 벗〉에서 통찰력 있게 인민대중의 권익을 옹호했다.

주요한 정치적 문제

1789년 말부터 정치 활동에서는 각 정파들이 끈질기게 추구했던 두 가지 주요한 과제, 즉 재정 문제와 종교 문제가 지배적이었다. 각 정파들이 국민의회에 제출한 여러 해결책은 혁명 사태의 발전에 엄청나게 중요할 것이었다.

1. 재정 문제

재정적인 궁핍은 삼부회가 소집된 뒤에도 줄곧 악화되어 갔다. 도시와 농촌의 소요 사태는 국고 수입에 치명적이었다. 무장한 농민들은 조세 납부를 거부했고, 모든 권위가 사라진 총체적인 와해 상태에서 조세 납부를 강요한다는 것은 매우 어려운 일이었다. 의회는 이러한 사태 덕분에 처음에는 큰 이득을 보았다. 왜냐하면 군주제가 재정적인 곤란에 처했다는 점에서 루이 16세와 그의 각료들에게 압력을 가할 훌륭한 수단을 발견했기 때문이다. 더욱이 네케르는 국고의 고갈 상태를 극복하기 위해 비상수단에 호소할 수밖에 없었다. 의회는 "국가의 절박한 궁핍 상태에 접하여" 8월 9일에 연리 4.5퍼센트의 국채 3천만 리브르를, 8월 27일에는 연리 5퍼센트의 새로운 국채 8천만 리브르를 발행할 것을 승인했다. 그러나 이 가운데 어느 것도 충분한 응모자를 확보하지 못했다. 국왕은 왕실의 식기를 조폐국으로 보냈으며, 9월 20일에 내각은 일반인들이 가져오는 식기를 조폐국에서 접수하는 것을 정식으로 허가했다. 제헌의회 의원들은 교회가 소유한 재물을 공격했으며, 9월 29일의 법령은 '예배의 규범 유지'에 꼭 필요하지 않은 모든 은그릇을 처분하라고 규정했다. 특히 1789년 10월 10일, 오툉의 주교인 탈레랑은 성직자의 재산을 국민의 처분에 맡기자고 제안했다.

성직자는 여타의 소유자와 같은 의미의 소유자가 아닙니다. 국민은 모든 단체에서 매우 광범위한 권한을 지니는 만큼 성직자에게도 실질적인 권리를 행사할 수 있습니다. 국민은 사회에 유용하지 못한 성직자 신분의 단체들을 해산시킬 수 있으며, 따라서 성직자들의 재산은 국민의 정당한 몫이 되어야 합니다. …… 합법적으로 취득한 교회의 재산이 아무리 신성할지라도, 법은 교회를 설립한 사람들이 부여한 것만을 보호해야 합니다. 성직자의 재산 중에서 성직록에 필요한 부분만이 그들에게 속하는 것입니다. 그 나머지는 성당과 가난한 자의 소유입니다. 만약 국민이 성직자의 생계를 보장하려면, 성직록에 해당되는 재산만큼은 비난하지 말아야 할 것입니다. 따라서 첫째, 국민은 교단(敎團)의 구성원들에게 생계를 보장하는 것 이상의 재산을 몰수할 수 있으며, 둘째, 직책이 없는 자의 성직록은 몰수해야 하고, 셋째, 원칙에 따라서 그들의 재산에 세금을 부과하여 사제들의 실수입에서 일부분을 떼어낼 수가 있습니다.

모리와 카잘레스를 한편으로 하고, 시에예스와 미라보를 다른 한편으로 하는 두 진영 사이에 치열한 논쟁이 벌어졌다. 전자의 두 사람이 소유권은 인권선언이 명시하는 바와 같이 침해할 수 없는 권리라고 주장한 반면에, 후자의 두 사람은 "합법적으로 확인된 공공의 필요성이 있을 때, 그리고 정당한 사전 보상의 조건이 이루어진다면" 소유권을 몰수할 수 있다는 인권선언 17조를 들어 응수했다. 게다가 성직자는 소유자가 될 수 없으며, 기껏해야 자선 단체나 공익 단체, 기타 병원, 학교, 신에 대한 봉사 등에 그 수입을 바쳐야 할 재산의 관리자에 불과하다. 따라서 이제부터 국가가 제반 업무를 수행하기 위한 비용을 필요로 하는 까닭에 성직자의 재산이 국가에 귀속되는 것은 합법적이라는 것이다. 격론 끝에, 1789년 11월 2일의 법령이 568대 346으로 통과되었다. 의회는 적절한 방식으로 예배에 필요한 경비, 성직자들의 생계비, 극빈자를 위한 보조비를 제공한다는 조건으로 모든 교회 재산을 국가의 처분에 맡긴다고 결정했다. 주임 사제는 성직록으로 최소한 연봉 1,200리브르를 받게 되었다.

이제 남은 것은 그러한 대규모 재산을 재정적으로 어떻게 운용할 것인가 하는 세칙을 마련하는 일이었다. 12월 19일의 법령은 교회 재산의 매각으로 마련된 재원을 주 수입원으로 하는 '특별 회계'를 설치했다. 즉, 그 재산을 담보로 하여 현금이 아니라 부동산으로 상환하는 연리 5퍼센트의 지폐, 사실상 국채인 아시냐(assignat)*를 발행한다는 것이었다. 애초의 계획은 교회 재산을 매각하면 아시냐가 그만큼 국고로 환수될 것이므로, 돌아온 아시냐를 없애버리면 이에 비례하여 공채가 점차 감소할 것이라는 기대였다. 모두 합쳐 4억 리브르에 달하는 왕령지—사냥을 위해 국왕이 남겨 두기를 희망한 숲과 성들을 제외하고—와 다수의 교회령 토지가 매각 대상이었다.

아시냐(assigneat) '충당하다'라는 뜻의 동사 'assigner'에서 유래한 말로서, 화폐가 아니라 국유 재산에서 충당되어야 제대로 구실할 수 있다는 의미에서 만들어진 명칭이다.

이는 측정하기 어려울 정도로 심대한 중요성을 띠는 조치였다. 아시냐는 곧 지폐로 바뀌었다. 아시냐의 가치 하락으로 말미암아 혁명은 경제적·사회적인 심각한 문제를 떠안게 되었다. 다른 한편, 국유 재산의 매각은 1790년 3월부터 소유권의 대규모 이전을 야기하여 그 수혜자인 부르주아들과 부농층을 돌이킬 수 없도록 새 체제에 결합시켰다.

2. 종교 문제

1789년 말부터 재정적 문제 못지않게 종교 문제도 격렬하게 제기되었다. 교회 재산의 몰수 때문에 프랑스 교회의 개편이 불가피했기 때문이다. 종교 문제와 재정 문제는 긴밀히 연관되어 있었다. 이 점에서 제헌의회 의원들이 가톨릭 교회에 증오심을 품고 행동하지 않았음은 확실하다. 그들은 항상 전통적 종교를 깊이 존경했다. 그러나 국민의 대표자로서 그들은 과거에 왕권이 그랬던 것처럼 교회의 조직과 성직의 규율에 관한 문제를 결정할 자격이 자신들에게 있다고 생각하였다. 18세기에는 가장 대담한 이론가일지라도 교회와 국가가 분리된 체제는 상상할 수도 없었다. 교회 조직의 개혁은 모든 제도의 전반적인 개편, 특히 교회 재산을 국가의 처분에 맡긴 것의 필연적인 귀결로 나타났다.

의회는 우선 수도단(修道團) 문제에 관여해 1790년 2월 13일에 수도단을 폐쇄하고, 수도사가 수도원을 떠나게 하거나 몇몇 지정된 건물에 모이도록 했다. 교회는 1790년 4월 20일에 재산 관리권을 박탈당했다. 이어서 의회는 상임위원회의 하나로서 '성직위원회'를 구성하는 문제를 토론하기 시작했다. 엑스의 대주교인 부아즐랭은 이제까지 의회가 취한 모든 조치를 '오류의 긴 연속'으로 규정하고 교회 규율과 재판권에 관한 교회의 기본 원리를 의원들에게 상기시키면서, 성직위원회 구성은 결국 가톨릭 교회의 기본적인 구조 자체를 손상시키게 될 것이라고 강조했다. 의회는 이러한 충고를 무릅쓰고 1790년 7월 12일에 '성직자 민사 기본법(Constitution civile du clergé)'을 통과시켰다.

화해 정책의 절정과 붕괴

반혁명적 선동은 국유 재산의 매각과 '성직자 민사 기본법'이 야기한 어려운 상황을 최대한 이용했다. 특권파 인사들은 아시냐를 비난하고 국유 재산의 매각을 최대한 방해했다. 망명자들은 음모를 꾸미기 시작했으며, 남부 지방에서 대대적인 봉기를 준비했다. 1790년 4월 13일, 의회가 가톨릭교를 국교로 인정하기를 거부한 사건은 이들에게 결정적인 계기가 되었다. 몽토방에서는 5월 10일에, 님에서는 6월 13일에 가톨릭 왕당파와 신교도 애국파 사이에 충돌 사태가 벌어졌다. 대규모 무장 집단이 8월에 비바레 남쪽(신 행정 구역으로는 아르데슈 주)의 잘레스(Jalès) 야영지를 형성했다. 이들은 1791년 2월에 가서야 강제로 해산되었다.

1. 1790년 7월 14일의 '연맹제'

애국파는 이러한 반혁명적 선동에 대항해 '연맹'을 조직함으로써 국민이 혁명 대의에 결속되어 있음을 과시하려고 했다. 처음에 농촌과 도시의 주민들은 지방 연맹을 결성하고 상호 간의 협조를 약속했다. 도피네와 비바레의 국민방위병들은 1789년 11월 29일에 발랑스에서, 브르타뉴와 앙주의 국민방위병들은 1790년 2월에 퐁티비에서 '연맹'을 결성했다. 1790년 5월 30일에 리옹이, 6월에는 스트라스부르와 릴이 '연맹'을 조직했다.

프랑스의 통합을 결정적으로 입증한 1790년 7월 14일의 '연맹제'에서 이러한 국민적 합의는 절정을 이루었다. 30만 명이 지켜보는 가운데 탈레랑이 샹드마르스 광장에서 조국의 제단에 장엄한 미사를 올렸다. 라파예트는 연맹제에 참석한 모든 사람의 이름으로 "자유와 헌법, 그리고 법을 수호하기 위해 프랑스인들 사이에 통합을 이루고, 또한 자신들의 국왕과 결합할" 것을 선서했다. 자신의 차례가 되자 국왕은 국민과 법에 충실하겠다고 맹세했다. 감격한 민중은 되찾은 화합을 열광적인 환호로 맞이했다. 라파예트는 이날의 행사에서 개선장군처럼 보였다.

그렇지만 연맹 운동이 심원한 사회 현실의 문제를 은폐할 수는 없었다. 연맹은 애국파의 통합 의식과 새 체제에 대한 국민의 지지를 잘 보여준다. 이 점은 1790년 10월 28일 메를랭 드 두에*가 알자스에 영지를 소유한 외국 제후들의 문제에 관해 새로운 국제법 원리를 제시하려고 시도했을 때 명확하게 나타났다. 그는 왕조 국가와 자발적 결사체로서 국민을 대비시켰다. 1790년 7월 14일에 폭발한 민중의 열정에도 불구하고, '연맹제'에서 라파예트가 수행한 탁월한 역할을 보면 기실 그가 부르주아지의 우상이면서도 특권계급이 혁명에 가담한 것을 상징하는 타협적 인물에 불과하다는 사회적·정치적 의미가 돋보인다. 라파예트가 지휘한 국민방위대는 사실 '수동 시민'들이 배제된 부르주아 방위대였다. 1791년 4월 27일, 로베스피에르는 무기를 소지할 수 있는 부르주아의 특권에 항의했다. "자기방어를 위해 무장하는 것은 차별 없이 적용되어야 하는 만인의 권리이다. 조국을 지키기 위해 무장하는 것은 모든 시민의 권리이다. 가난한 자는 가난하다는 이유로 이방인이나 노예가 되어야만 하는가?" 1790년 7월 14일에 열린 '연맹제'에서 열광했던 민중은 확실히 주역이라기보다는 방관자에 가까웠다. 연맹의 상징인 국민방위대는 '부르주아'의 무력(武力)을 표상하는 것이었다. 이는 국왕의 '사병(私兵)'에 불과한 정규군과 비교해서 그러했을 뿐만 아니

메를랭 드 두에(Merlin de Douai, 1754~1838) 변호사 출신이며 혁명 이후 지방 행정 경험을 거쳐 입법의원으로 당선됐다. 국민공회 의원이 되어 파견의원으로 활약했지만 기본적으로 평원파였다. 로베스피에르의 몰락에 중요한 역할을 했고, 테르미도르 반동 이후 부상하여 치안위원회의 위원이 됐다. 총재정부기에 프뤽튀도르 18일의 쿠데타의 입안자였으며, 곧 이어 총재가 되었다. 그러나 총재정부 말기에는 언론통제의 실패 및 패전에 대한 책임으로 물러났다.

라. 신체제가 부르주아적 속성을 지닌다는 점에서도 그러했다. 국민방위대는 1792년 8월 10일에 군주제와 함께 '재산 제한 선거제'가 폐지된 뒤 민중이 대규모로 국민방위대에 가담하면서부터 비로소 참된 의미에서 '국민적' 성격을 지니게 되었다.

2. 정규군의 와해와 낭시 사건(1790년 8월)

낭시 사건으로 말미암아 라파예트의 명성은 순식간에 땅에 떨어졌고 그의 화해와 타협의 정책은 실패로 끝났다. 표면적으로는 조화되는 듯이 보였으나 특권계급은 신체제를 인정하지도 않았고 그것에 통합되는 것도 거부했다. 국내에서는 특권계급이 음모와 내전을 계획하는 가운데, 국외에서는 망명자들이 무장을 갖춘 채 이탈리아의 토리노에 자리 잡은 아르투아 백작이 외국 궁정에 부탁했던 군사 개입이 시작되기를 기다렸다. 그러나 애국파는 경계를 늦추지 않았다. 1790년의 수확이 대풍이어서 전반적인 긴장 완화에 도움이 되었지만, 시장의 혼란과 곡물의 자유로운 유통을 방해하는 장애가 완전히 제거된 것은 아니었다. 특히 농민 반란이 끊이지 않았다. 농민 전쟁이 케르시 지방과 페리고르 지방에서는 1790년 1월에, 부르보네 지방에서는 5월에 발생해 토지 특권계급의 직접적인 이익을 위협했다. 1790년 7월, 벨기에에 주둔한 오스트리아 군대가 침입할 것이라는 막연한 소문이 떠돌아 티에라슈, 샹파뉴, 로렌 등지에서는 '소요 사태'가 벌어졌다. 도처에서 인민대중은 응전할 채비를 갖추었다.

게다가 사회적 갈등은 귀족들의 망명 때문에 조직이 와해된 군대에까지 영향을 끼쳤다. 망명하지 않은 장교들은 제헌의회의 개혁에 더욱 영향을 받아 적대적인 태도를 취하였고, 클럽에 자주 출입하여 애국심을 함양했던 애국파 병사들과 대립하였다. 의회는 군사 문제에서 국민적인 해결책을 제시할 만한 능력을 보이지 못했다. 의원들은 국민의 방위와 혁명의 방위가 불가분하게 결합되어 있음을 간파하였다. 그러나 군대를 진정한 의미에서 국민화(國民化)하지 않은 채 어떻게 국왕의 군대에 대한 특권계급의 영향력을 제거할 수 있겠는가? 그런데 군대를 국민화한다는 것은 곧 군대에 혁명을 도입한다는 뜻이었다. 자신들의 모순과 사회적 편견의 포로였던 제헌의회 의원들은 행정 개혁 및 군율 개혁과 봉급 인상이라는 임시방편을 취하는 것으로 그쳤다.

하지만 에드몽 루이 알렉시 뒤부아크랑세*는 이미 1789년 12월 12일에 우익의 야유와 좌익의 거북스러운 침묵 속에서 국민적 해결책을 제시하였다.

> 왕국의 제2인자부터 '능동 시민'의 마지막 한 사람까지, 그리고 모든 '수동 시민'까지 포괄하는 진정한 의미의 '국민개병제'가 필요한 것입니다.

말하자면 국왕을 제외한 전 국민으로 군대를 구성하자는 것이었다. 이렇듯 뒤부아크랑세는 이미 1789년 말부터 의무적인 국민개병제와 국민군의 창설을 제안했다. 토론 과정에서 라로슈푸코 리앙쿠르 공작은 그러한 법이 실시되는 나라에 사느니 모로코나 콘스탄티노플에서 사는 것이 백번 나을 것이라고 공언했다. 우리는 1793년에 나온 군 통합법(amalgame)에서 1789년에 뒤부아크랑세가 제안한 국민개병제의 특징을 쉽게 찾아볼 수 있다. 그러나 제헌의회는 그런 방향으로 나갈 채비를 갖추지 못했다. 그렇지만 의회 안에서 사태의 심각성에 관한 경고는 계속되었고, 1791년 6월 10일에 로베스피에르는 위기가 다가오고

뒤부아크랑세(Edmond Louis Alexis Dubois-Crancé, 1747~1814) 제헌의회와 국민공회 의원으로서 군대의 개편에 열성적으로 참여했다. 군 통합법의 주창자이며, 리옹의 왕당파 반란의 진압 책임을 맡았을 때 미온적 입장을 보였다는 이유로 쿠통과 로베스피에르의 추궁을 받은 후 테르미도르 반동의 음모를 꾸미는 데 적극적으로 기여했다. 총재정부 때 육군장관을 지냈고 나폴레옹의 브뤼메르 쿠데타에 반대해 정계에서 은퇴했다.

있다고 다음과 같이 외쳤다.

> 모든 특권계급이 몰락한 이 마당에 아직도 뻔뻔스럽게 도전을 시도하는 세력이 있다면 그것은 누구이겠습니까? 우리는 귀족을 분쇄했습니다. 그런데 귀족들은 아직도 군대의 우두머리를 차지하고 있습니다.

귀족 출신이자 직업 장교였던 라파예트는 망설이지 않았다. 그는 수비대가 주둔한 도시와 군항에서 명령 불복종 사태가 빈발하자 병사들에 반대하여 장교들의 편을 들었다. 장교들이 연대(聯隊) 금고에 대한 통제권을 병사들에게 넘겨주기를 거부하자 낭시의 수비대가 1790년 8월에 반란을 일으켰을 때, 제헌의회 의원들은 16일에 "국왕이 승인한 국민의회의 법령을 병사들이 무력 행동으로 거부하는 것은 1급의 '대역죄'라고" 결정했다.

메스에 주둔한 부대의 사령관인 부이예 후작은 주모자급 20여 명을 처형하고 샤토비외(Chateauvieux) 연대의 스위스 병사 40여 명을 갤리선 노역형에 처하게 하여 반란을 강제 진압했다. 라파예트는 같은 집안인 부이예를 지원하며 반혁명의 움직임을 고무했다. 라파예트의 인기는 즉각 땅에 떨어졌다. 마라는 1790년 10월 12일 자 〈인민의 벗〉에서 "위대한 장군이자 신·구 두 세계의 영웅이요, 자유의 영원한 재건자였던 그가 이제 반혁명파의 우두머리이자, 조국에 대한 모든 음모의 핵심이 된 것을 누가 아직도 의심할 수 있겠는가?"라고 썼다.

동시에 일부 성직자들이 1790년 7월 12일에 통과된 '성직자 민사 기본법'에 반대하여 일어섰고, 루이 16세는 외국에 도움을 호소할 각오를 하였다. 이는 곧 국민과 국왕을 화해시키려던 라파예트의 타협 정책이 실패했음을 뜻한다. 혁명은 다시 한 번 발길을 재촉하였다.

3장
제헌의회의 부르주아지와 프랑스의 재건
1789~1791년

1790년을 특징지은 모든 어려움 속에서도 제헌의회는 끈기 있게 프랑스의 재건 과업을 추진했다. 제헌의회 의원들은 계몽사상의 아들로서 사회와 제도를 합리적으로 만들려고 했으며, 사회와 제도가 토대를 둔 원칙에 보편적 가치를 부여했다. 그러나 그들은 또한 민중 세력의 압력과 반혁명적인 기도에 직면한 부르주아지의 대변자로서, 스스로 엄숙하게 선언한 원칙을 어기면서까지 자신들이 속한 계급의 이익에 맞게 재건 과업을 왜곡하는 일도 서슴지 않았다. 그들은 유동적인 현실을 조정할 줄 알았으며, 추상적인 해결의 유혹에 빠지지 않고 상황에 유연하게 대처했다. 이러한 모순은 한편으로 제헌의회의 정치적 업적이 이미 1792년에 파산하여 실효성을 상실했다는 점을 보여주며, 다른 한편으로는 선언된 원칙들이 심지어 오늘날까지도 잦아들지 않는 반향을 불러일으켰다는 점을 설명해준다.

'1789년'의 원칙들

제헌의회의 부르주아지는 과업을 수행하는 데 토대로 삼았던 '원칙들'이 보편적 이성에 기반을 둔 것이라고 여겼다. 일부는 열정적으로 혹은 빈정거리며 원칙을 받아들였으나 절대다수는 깊은 존경심을 품고 원칙을 받아들였다. 엄숙하게 선언된 그 원칙들은 언제나 행동의 지침으로 환기의 대상이 되었다. 우리는 그 원칙들의 우렁찬 표현을 '인간과 시민의 권리선언'에서 발견한다. 그 서문에 따르면, 권리들에 대한 "무지, 망각 또는 멸시가 공공의 불행과 정부의 부패를 초래한 유일한 원인들"이다. 이제 "단순하고 명백한 원리들에 근거한 시민들의 여러 요구들"은 오직 "헌법의 유지와 만인의 행복"을 가져올 뿐이다. 이는 곧 계몽 시대의 정신에 잘 부합하는 이성의 전능함에 대한 낙관주의적 믿음이었다.

1. 인간과 시민의 권리선언

1789년 8월 26일에 채택된 '인권선언'은 새로운 체제의 '교리 문답서'이다. 물론 그 선언에서 제헌의회 의원들의 모든 생각이 발견되는 것은 아니다. 예컨대 부르주아지에게 가장 중요한 관심사였던 경제적 자유의 문제는 명백하게 나타나 있지 않다. 그러나 자연권 이론을 연상케 하는 서문과 뚜렷한 계획 없이 기초(起草)된 17개 조의 항목에서 '인권선언'은 인간과 국민이 지니는 권리들의 본질을 명확히 밝혔다. '인권선언'은 특히 17세기에 선언된 것과 같은 영국적 자유의 경험적 속성을 넘어서는 보편적인 관점을 지녔다. 미국인들이 독립전쟁 때 행한 선언들은 분명히 자연권의 보편주의를 천명했지만, 동시에 이러한 보편주의에 일정한 제한을 가하여 그 의미를 크게 제약하였다.

인간의 권리는 모든 사회와 국가에 선행(先行)한다. 모든 정치적 결사의 목적은 인간의 '자연적이고 소멸할 수 없는' 권리들을 보존하는 데 있다(제2조). "인간은 자유롭고 평등한 권리를 지니고 태어나며 또 그렇게 살아간다(제1조)." 이 권리들은 자유, 소유권, 안전, 그리고 압제에 대한 저항이다(제2조). 압제에 저항할 권리는 앞으로 일어날 봉기를 정당화하겠다는 것이라기보다는 과거의 반란을 합법화하기 위한 것이었다.

자유는 "타인에게 피해를 주지 않는 한 모든 것을 행할 수 있는" 권리로 정의되었다. 따라서 자유는 타인의 자유 이외에는 어떠한 제약도 받지 않는다(제4조). 자유는 그중 신체의 자유를 일컬으며, 각자는 자의적인 고소와 체포를 당하지 않을 개인적 자유를 가지며(제7조), 모든 사람은 유죄로 선고되기까지는 무죄로 추정되어야 한다(제9조). 인간은 인격의 주체로서 누구든지 말하고 쓰고 출판하며 공표할 수 있다. 단, 의견 표명이 법이 규정한 공공질서를 어지럽히지 않아야 하며(제10조), 법이 정한 경우에 그 자유의 남용에는 책임을 져야 한다(제11조). 인간은 또한 자유롭게 획득하고 소유한다. 소유권은 제2조에 따르면 소멸할 수 없는 자연권이며, 제17조에 따르면 불가침의 신성한 권리이다. 따라서 누구도 합법적으로 확인된 공공의 필요성이 있는 경우가 아니고서는, 그리고 정당한 사전 보상의 조건이 이루어지지 않고서는 그 소유권을 빼앗길 수 없다(제17조). 이는 곧 봉건적 부과조의 되사기를 암묵적으로 확인한다는 의미였다.

평등은 '인권선언'에서 자유와 밀접하게 결합되었다. 부르주아지는 특권계급에, 농민은 영주에 맞서 평등을 열렬하게 주장하였다. 그러나 시민적 평등만이 문제시되었다. 법은 만인에게 동일하며, 모든 시민은 법 앞에서 평등하다. 이들은 모두 출생의 차별 없이 평등하게 공적인 위계, 지위, 직무에 오를 수 있다(제6조). 사회적 차별은 오직 공동의 유용성(제1조), 덕성과 재능(제6조)에 근거할 뿐이다. 꼭 필요한 세금은 모든 시민들에게 그들의 능력에 따라 평등하게 배분되어야 한다(제13조).

국민의 권리들을 규정하는 데 '인권선언'은 몇 개의 조항을 할애하였다. 국가는 더는 그 자체의 목적이 아니다. 국가는 시민들에게 그들의 권리를 향유할 수 있게 해주는 것 이외에 다른 목적을 갖지 않는다. 만약 그러지 못한다면, 시민들은 압제에 저항할 수 있다(제2조). 주권자는 국민, 말하자면 시민들의 총체이다(제3조). 법은 일반 의지의 표현이다. 모든 시민들은 직접, 또는 자신들의 대표를 통하여 법 제정에 협력할 권리를 갖는다(제6조). 국민 주권을 보장하기 위해 여러 원칙이 제시되었다. 우선 권력의 분립인데, 이것이 정해지지 않으면 헌법은 없는 셈이다(제16조). 다음으로 시민들이 직접, 또는 대표를 통해 공공 재정과 행정을 감독할 권리이다(제14조와 제15조).

'인권선언'은 계몽사상가들의 후예들이 만들어낸 작품이고 만인에게 호소하였는데도 불구하고 부르주아지의 특성을 반영했다. 자유주의자이며 유산자인 제헌의회 의원들이 기초한 선언에는 '제약', '주의', '조건' 등의 조항이 많아 그 의의를 크게 제한하였다. 미라보는 〈프로방스 회보〉 제31호에서 이 점을 지적하였다

모든 시대, 상이한 풍습과 지리적 환경을 지닌 지구상의 모든 인민들에게 적용 가능한 인간의 권리를 꾸밈없이 선언한다는 것은 의심할 나위 없이 위대하고 아름다운 일이다. 그러나 일반적인 수준에서 다른 나라의 국민들에게도 적용 가능한 법전을 생각하기에 앞서, 우리 것의 토대를 제대로 놓지는 못하더라도 최소한 그것에 대해 합의를 보는 것이 좋을 것이다. …… 의회가 인간의 권리를 신장하는 조치를 취할 때마다 사람들은 시민들이 범할 수 있는 남용으로 그 권리가 훼손되는 것을 보게 된다. 종종 그 남용이 부풀려져 시민들에게 신중하게 행동하라고 요구되기도 한다. 그 결과 갖가지 제약, 상세한 주의들, 이런저런 조건들

이 선언의 모든 조항에 공들여 부가되었다. 이러한 제약, 주의, 조건들은 거의 도처에서 권리를 의무로, 자유를 속박으로 대체하고, 여러 측면에서 입법의 가장 거추장스러운 세부까지 잠식하여 인간을 자연 상태의 자유로운 존재가 아니라 국가와 사회에 속박된 존재로 만들었다.

실용적인 정신의 소유자들인 제헌의회 의원들은 보편적인 의미를 지닌 정식화라는 외피 아래 상황의 산물을 만들어냈다. 그들은 국왕의 권위에 도전한 과거의 반란을 합법화하는 한편, 자신들이 세운 질서를 겨냥하는 민중의 모든 시도에 대비하고자 했다. 그 결과 '인권선언'은 수많은 모순을 안게 되었다. 제1조는 모든 인간이 평등하다고 선언했지만, 평등을 사회적 유용성에 종속시켰다. 제6조는 과세의 평등과 법 앞의 평등을 형식적으로 인정했을 뿐, 부에서 야기된 불평등에는 전혀 손대지 않았다. 제2조는 소유권을 인간의 소멸할 수 없는 자연권이라고 선언하였다. 그러나 의회는 엄청나게 많은 무신 대중에게는 관심을 두지 않았다. 제10조는 종교적 자유에 색다른 제한을 가했다. 이단 종파의 경우 "그들의 의사 표명은 법이 규정한 공공질서를 어지럽히지 않는" 범위 안에서만 허용되었다. 가톨릭교는 여전히 국교로서 국가의 유일한 지원을 받았으며, 신교와 유대교는 사적 예배의 허용에 만족해야 했다. 모든 시민은 자유롭게 말하고 쓰고 출판할 수 있다고 제11조는 확언한다. 그러나 특정한 경우에 법은 "그러한 자유의 남용"을 억압할 수 있었다. 애국파의 언론인들은 출판 및 언론의 자유에 대한 침해에 맹렬하게 항의했다. 루스탈로는 〈파리 혁명〉 제8호에서 다음과 같이 썼다.

우리는 짧은 기간에 노예 상태로부터 풀려나 자유롭게 되었으나, 더욱 짧은 기간에 다시 자유에서 노예 상태로 치닫고 있다. 우리를 다시

금 노예로 만들기를 원하는 자들의 최고의 관심은 출판 및 언론의 자유를 제한하는 것, 아니 그것을 질식시키는 것에 있다. "누구도 자신의 의견 표명이 법이 규정한 공공질서를 어지럽히지 않는 한 그 의견 때문에 괴롭힘을 당할 수 없다."는 간교한 원리가 나타난 곳이 불행히도 바로 국민의회 내부였다. 이 조항은 마치 가죽과 같아서 마음대로 잡아 늘이거나 줄일 수 있다. 여론이 그것을 거부해보았자 부질없으며, 한자리 얻어 자리를 부지하려는 모든 음모가들에게 구실을 제공할 뿐이다. 사실상 '공공질서'를 어지럽히지 않은 채 어느 누구도 과거에 했던 것, 현재 하는 것, 그리고 미래에 하고픈 것에 대해 동료 시민들의 눈을 열어주는 것은 불가능한 법이다.

2. 침해된 원칙들

프랑스의 사회적 현실을 재구축해야 할 필요성에 직면한 제헌의회의 법률가와 이론가들은 일반 원칙이나 보편 이성에 크게 괘념치 않았다. 이들은 상황에 맞춰 원칙을 조정해야 하는 현실주의자로서, 과업을 수행하는 과정에서 부딪히는 모순들에 별로 개의치 않았다. 왜냐하면 이들은 자신들의 계급 이익에 봉사하는 것이 곧 혁명을 수호하는 것이라고 확신했기 때문이다.

먼저 시민적 권리들이 모든 프랑스인들에게 선뜻 부여된 것은 아니었다. 신교도는 1789년 12월 24일에, 남부의 유대인은 1790년 1월 28일에, 동부의 유대인은 1791년 12월 27일에 가서야 시민권(droit de cité, 도시에 자유롭게 거주할 수 있는 권리)을 부여받았다. 노예제는 프랑스에서 1791년 9월 28일에 폐지되었으나, 식민지에서는 계속 존속했다. 노예제 폐지가 특히 의회에서 라메트 형제가 대변했던 대농장주들의 이익을 해칠 것이었기 때문이다. 심지어 자유로운 유색인에게 정치적 권리가 부여되는 것조차 논란의 대상이 되었다. 최종적으로 1791년 9월 24일, 제헌의회는 모든 유색인은 시민권(droits de citoyen, 시민적 권리)을 갖지 못한다고 결정했다. 노동자들에게도 제헌의회는 결사와 파업을 금지했다. 르 샤플리에 법(loi Le Chapelier)은 파리의 작업장에서 벌어진 일련의 파업 끝에 1791년 6월 14일에 의회를 통과했는데, 노동의 자유(곧 노동의 시장)를 확립하고 노동자들에게 자신들의 이익 옹호를 위한 결사권을 금지했다.

정치적 권리는 소수에게만 주어졌다. '인권선언'은 모든 시민들이 법의 제정에 협력할 권리를 갖는다고 선언했으나, 제헌의회는 1789년 12월 22일에 공포한 법을 통해 유산자에게만 투표권을 부여했다. 시민들은 세 범주로 나뉘었다.

'수동 시민'은 소유권이 없다는 이유에서 선거권에서 배제되었다. 이 새로운 용어를 만들어낸 시에예스에 따르면, 수동 시민은 "자신들의 신체, 소유권, 자유를 지킬" 권리는 갖지만, "공권력의 형성에 적극적으로 참가할" 권리는 갖지 못한다. 이렇게 해서 약 3백만 명의 프랑스인이 투표권을 박탈당했다.

'능동 시민'이란 시에예스에 따르면, "사회라는 큰 회사의 진짜 주주"이다. 이들은 최소한 3일 치 일당에 해당되는 액수의 직접세, 즉 지방에 따라 1.5~3리브르의 금액을 납부하는 사람들이다. 4백만 명이 넘는 이들은 '제1차 선거회'를 구성하여 지방 자치 기구와 선거인을 지명했다.

'선거인'은 10일 치의 일당, 즉 지방에 따라 5~10리브르에 해당되는 금액의 직접세를 납부하는 사람들인데, 능동 시민 100명당 1명꼴로 프랑스 전국에 약 5만 명 정도가 있었다. 이들은 도청 소재지에 모여서 '선거인회'를 구성하고 의회의 의원, 판사, 도 행정의 구성원들을 지명했다.

마지막으로 '입법의회'를 구성하는 의원들은 일정한 양의 토지 재산을 소유하고 은화 1마르크(약 52리브르)에 해당하는 직접세를 납부하는 사람이어야 했다. 이 두 단계의 재산 제한 선거제는 출생에 의한 특권 계급을 금전에 의한 특권계급으로 바꾼 셈이다. 민중은 정치 활동에서 배제되었다.

헌법위원회의 보고자는 재산 제한 선거제의 확립으로 인해 '수동 시민들' 사이에서 어느 정도 경쟁이 생길 것이라는 논변을 폈다. 즉, 처음에는 '능동 시민', 나중에는 '선거인'이 되려고 부유해지기 위한 경쟁을 하게 될 것이라는 말이었다. 이는 기조가 말한 "여러분, 무슨 수를 써서라도 돈을 버세요(Enrichissez-vous)."라는 유명한 경구를 보면 알 수 있다. 한편 의회의 민주 세력, 특히 그레구아르 신부와 로베스피에르가 이 문제에 항의했으나 성과가 없었다. 1789년 10월 22일, 의회에서 로베스피에르는 다음과 같이 역설했다.

> 모든 시민은 누구든지 모든 단계의 피선거권을 갖습니다. 이것이 바로 여러분의 권리선언이 가진 기본 정신의 하나입니다. 왜냐하면 그것에 따르면 모든 특권, 모든 차별, 모든 예외는 사라져야 하기 때문입니다. 헌법은 주권이 인민에게, 인민의 모든 개개인에게 있음을 확립했습니다. 따라서 각 개인은 의무의 하나인 법의 제정과, 바로 자신의 일인 공공 행정에 참여할 권리를 갖는 것입니다. 그렇지 않다면 모든 인간이 법 앞에서 평등하고 모두가 시민이라는 선언은 거짓에 불과합니다.

민주파 계열의 신문들은 더욱 격렬했다. 〈파리 혁명〉 제17호에서 루스탈로는 금전에 따른 새로운 특권계급에 반대하면서, 이 법령은 결국 장 자크 루소 같은 사람으로부터 피선거권을 박탈할 만큼 불합리하다고 비난하였다. 1789년 11월 18일 자 〈인민의 벗〉에서 마라는 이 선거제가 민중계급에게 끼칠 해로운 영향을 언급하며 민중에게 저항하라고 호소했다.

> 이처럼 직접세 액수에 따라 피선거권을 부여하는 것은 권력을 부자들의 손아귀에 내맡기는 것이다. 이렇게 되면 항상 복종해 왔고 굴종적이며 억압받아 온 가난한 자들의 운명은 평화적인 방법으로는 결코 개선될 수 없다. 그리고 이것이 바로 부자들이 법에 영향력을 끼친다는, 의심할 여지 없이 분명한 증거이다. 그런데 법은 민중이 그것에 맡긴 만큼만 힘을 갖는다. 만약 민중이 귀족이 채워놓은 멍에를 부수었다면, 마찬가지로 부유함의 멍에도 부수게 될 것이다.

〈프랑스 및 브라방 혁명〉 제3호에서 카미유 데물랭도 이에 못지않게 격렬했다.

> 수도 파리에는 은화 1마르크 법령에 항의하는 목소리가 드높으며, 지방도 곧 그렇게 될 것이다. 왜냐하면 그 법령은 프랑스에 특권계급의 정부를 수립하겠다는 목적으로부터 나왔기 때문이다. 그리고 그것은 사악한 시민들이 국민의회에서 횡령해낸 가장 큰 승리이다. 이 법령에 따르면 장 자크 루소, 피에르 코르네유*, 마블리는 피선거권을 갖지 못하는데, 이 점만 보아도 이것이 얼마나 불합리한 것인지를 알 수 있다. …… 그런데도 그렇게 반복되는 '능동 시민'이란 단어로 당신들은 무엇을 말하려 하는가? 사실 능동 시민이란 곧 바스티유를 점령하고 농토를 개간

---

* **코르네유**(Pierre Cormeille, 1606~1684) 17세기 프랑스 최고의 시인이자 극작가. 《오라스(Horace)》, 《시나(Cinna)》 등의 비극 작품을 남겼다. 그러나 동시대 극작가인 라신에 비해 작품들이 대중의 인기를 얻지 못해 궁핍한 생활을 했다.

한 사람들을 말한다. 반면에 교회와 궁정의 게으름뱅이들은 넓은 영지를 가졌는데도 아무런 열매를 맺지 못하는, 이를테면 복음서에 나오는 불 속에 던져질 나무와 같은 식물에 불과한 자들이다.

부르주아 자유주의

제헌의회의 부르주아지가 가장 집착한 것은 자유, 모든 형태의 자유였다. '인권선언'이 자유를 평등과 연결시킨 것은 사실이다. 하지만 그것은 특권의 폐지와 특권계급의 평준화를 정당화하는 원칙을 확인한 것일 뿐, 민중의 열망을 승인한 것은 아니었다. 여전히 시민적 평등만이 문제시되었다. 자유는 우선적으로 정치적 자유와 공적 취임의 자유(기회의 평등)로 이해되었으나, 재산 제한 선거권이라는 한계를 지녔다. 또한 모든 통제로부터 해방된 경제적 자유를 뜻했다. 자유로운 개인은 이윤을 창출하고 생산하고 추구하는 데서 자유로웠으며, 그것을 자기 뜻대로 처분하는 데도 자유로웠다. 1791년에 제정된 자유주의 헌법은 '자유방임주의'에 기반을 두고 있었다.

1. 정치적 자유 – 1791년의 헌법

새로운 정치 제도의 유일한 목적은 특권계급과 국왕의 모든 공격뿐만 아니라 민중 해방의 모든 시도에도 맞서 승리한 부르주아지의 평화적인 지배를 보장하는 것이었다.

정치 개혁은 이미 1789년 7월부터 시작되었다. 새 헌법의 기초(起草)를 위한 30인위원회가 7월 7일에 구성되었다. 8월 26일에 '인권선언'이, 10월에는 몇몇 조항들이, 12월에는 선거 제도 관련 조항이 통과되었다. 1790년 여름에는 벌써 헌법 개정의 필요성이 나타났다. 1791년 8월이 되면 최종안을 놓고 토론이 벌어졌으며, 마침내 9월 3일에 확정되었다. 이것이 1791년의 헌법이다. 이것은 구체제와 절대주의의 폐허 위에 국민 주권을 확립했다는 점에서 자유주의적이었고, 유산계급의 지배를 보장했다는 점에서 부르주아적이었다.

행정권은 군주제적인 형태가 될 수밖에 없었다. 당대인들에게 큰 나라가 그것 이외에 어떤 다른 형태가 된다는 것은 상상도 할 수 없는 일이었다. 의회는 거의 한 달이나 중단했던 토의를 재개하여 1789년 9월 22일에 "프랑스 정부는 군주제다."라고 의결했다. 그러나 국왕의 권한을 규정해야 할 즈음에 이르자, 의회는 민중의 열망에 맞서 완전히 무장 해제하지는 않도록 유의하면서 국왕의 권한을 가급적이면 제한하려고 했다. 9월 22일에 통과된 조항은 군주제 정부를 규정하면서 다음과 같이 명시했다. "프랑스에 법보다 우월한 권위는 존재하지 않는다. 국왕은 오직 법에 따라 군림하며 법을 통해서만 복종을 요구할 수 있다."

국왕의 의지는 더는 법의 효력을 지니지 못하게 되었다. 다음 날인 9월 23일, 의회는 국왕의 권위를 국민에게, 말하자면 부르주아지에게 더 긴밀하게 종속시키는 작업에 다시 착수했다. 모든 권력은 본질적으로 국민으로부터 나오며 국민 이외에 어떠한 원천도 없다. 입법권은 국민의회에 있다. 그렇지만 군주권은 민중들의 모든 시도로부터 부르주아지를 보호할 수 있을 만큼 충분히 강력해야 했다. 의회의 다수파가 앞서 '유예권'을 지지했던 것은 그런 의미에서였다(1789년 9월 11일). 그것은 국왕으로 하여금 민주적 입법의 모든 시도를 분쇄할 수 있게 해주었다. 그러나 유예권은 절대적 거부권이 아니었다. 따라서 국왕이 절대주의로 복귀를 책동하거나, 아니면 미라보가 국왕에게 간언했던 바와 같이 국왕이 부르주아 의회의 후견 체제를 뒤엎기 위해 민중에게 의지하려고 하는 경우, 결국은 의회가 상황을 장악할 것이었다. 다른 한편 의회가 1789년 9월 10일에 상원의 설치를 거부한 이유는, 봉건적 관계로 군주제와 결합되어 있던 귀족들의 영향력을 배제하기 위한 것이었다. 국왕에게 의회 해산권을 주지 않았고, 입법부의 상설화는 법으로 보증받았다. 이는 국왕이 입법부를 장악한 부르주아지에게 맞설 수 없게 하기 위한 것이었다.

10월의 궐기 뒤, 국민의회는 전통적인 군주제의 해체 작업을 계속했다. 10월 8일의 법령은 '프랑스와 나바라의 왕'이라는 칭호를 '프랑스인들의 왕(roi des Français)'이란 칭호로 바꾸었다. 10월 10일, 군주제의 신적인 특성을 완전히 부정하지는 못한 제헌의회는 이제부터 국왕을 "신의 은총과 국가의 헌법률에 따른 프랑스인들의 왕, 루이"라고 명명한다고 결정했다. 1789년 11월 9일에 통과된 법안의 제출과 비준, 그리고 법령 공포의 형식에 관한 조항들은 부르주아지의 대변자 격인 입법부의 분신인 법에 국왕이 종속된 것을 더욱 명확하게 했다. 법안들을 통과시킬 때마다 따로따로, 혹은 매 회기 말에 한꺼번에 국왕에게 제출해야 한다. 국왕이 법안에 동의할 때는 "국왕이 승인하며 시행케 하겠노라."는 문구를 넣고, 유예권을 행사할 때는 "국왕은 검토하겠노라."는 관례적 문구를 넣는다. 법률을 공포할 때 사용한 문구는 행정부보다 입법부가 우위에 있다는 점을 뚜렷하게 보여준다. "국민의회가 의결한 고로 짐은 다음과 같은 사항을 원하고 명하노라……."

중앙 정부에서 무력해진 국왕은 지방 행정에서도 그렇게 되었다. 새로운 도(道) 행정 조직에 관해 1789년 12월 22일에 제정된 법은 새로 편성된 행정 구역에서 중앙 행정의 모든 대리인들을 없앴다. 도 행정과 중앙 정부를 매개하는 관리가 더는 존재하지 않게 되었다. 도의 행정관들이 직무를 수행함에 따라, 지사와 지사대리들이 직무를 중단했다.

'프랑스인들의 왕'은 세습은 되지만, 그가 선서한 헌법에 종속되어 세비 2천5백만 리브르를 받는 공무원에 불과해졌다. 그는 각료 선택권을 지녔지만, 원내 인사는 기용할 수 없었다. 국왕은 각료들의 부서

(副署) 없이는 아무것도 할 수 없었다. 이 의무 조항으로 말미암아 그는 모든 의사 결정권을 박탈당했으며, 사실상 의회의 종속물인 내각에 종속되었다. 바꿔 말하면 그는 그 어떤 것도 책임질 수 없었다. 국왕은 고위공무원, 대사, 장군을 임명했고, 외교를 관장했다. 그러나 의회의 사전(事前) 동의 없이는 선전 포고나 조약 체결을 할 수 없었다. 중앙 행정은 대신 6명(내무, 법무, 육군, 해군, 외무, 재무)의 소관이 되었고, 종래의 각종 참사회는 폐지되었다. 장관들은 의회로부터 탄핵당할 수 있으며, 퇴임 시에는 의회에 지출 내역을 보고해야 했다. 권력분립론과는 모순되게 국왕은 유예권을 지녀 입법권의 일부를 지닌 셈이었다. 하지만 헌법률이나 재정 관련 법률은 유예권의 대상이 아니었다.

입법권은 '입법국민의회'라는 단원제(單院制) 의회에 속했다. 입법국민의회는 2년마다 실시하는 두 단계의 재산 제한 선거제를 거쳐 선출된 745명의 의원들로 구성되었다. 의회는 상설 기구였으며 누구에게도 침해받지 않고 누구도 의회 해산권을 갖지 못해 왕권을 압도하였다. 의회는 법안 발의권을 지녔다. 또한 장관들을 감사할 권한을 지녀, '국가의 안전과 헌법'에 어긋나는 범법 행위를 저질렀다는 이유로 대신을 국가고등법원*에 기소할 수 있었다. 의회는 외교위원회를 통해 대외 정책을 통제했으며, 군사 재정을 결정했다. 의회가 재정 문제에서 최고 권한을 지녔기 때문에 국왕은 세출을 마음대로 하지 못했고 심지어 예산안을 제출할 수도 없었다. 의회는 해산권이 없는 국왕으로부터 독립되어 있었다. 또한 의회는 국왕이 소집하지 않아도 독자적으로 정당하게 5월 첫 번째 월요일에 모여 스스로 회의장과 회기를 결정하였다. 의

국가고등법원 법학계에서는 '고등법원'이라고 옮기지만, 구체제의 고등법원(Parlement)과 구분하기 위하여 '국가고등법원(Haute Cour nationale)'이라고 옮겼다. 우리나라의 고등법원처럼 정상적인 사법 심급 가운데 하나가 아니라 정치특별 재판소의 성격을 지닌다.

회는 심지어 '성명(聲明)'을 통해 직접 인민에게 호소하여 국왕의 거부권을 번복할 수도 있었다.

군주제라는 허울 아래 권력의 실체는 재산 제한 선거제를 통과한 부르주아지, 곧 '금전의 명사들'의 수중에 있었다. 경제 분야를 지배한 것도 바로 이들이었다.

2. 경제적 자유 – '자유방임주의'

1789년 8월 26일의 인권선언에서 우리는 경제와 관련된 어떠한 언급도 발견할 수 없다. 제헌의회의 부르주아지가 경제적 자유를 당연하게 여겼기 때문이라는 것은 의심할 여지가 없지만, 민중계급이 어느 정도 생활 조건을 보장해주던 규제와 공정 가격이라는 옛 체제에 애착을 보였기 때문이라는 것 또한 사실이다. 구체제 경제 구조의 모순적인 이원성 때문에 전통적인 소상점주와 수공업자들은 새로운 형태의 산업 활동에 적대적이었다. 자본주의적인 부르주아지가 경제적 자유를 요구했다면, 민중계급은 반자본주의적인 태도를 보였다. 1788년의 대흉작이 촉발한 경제적 위기는 10년 전부터 시작된 경제적 쇠퇴 국면의 절정에 이르러 제3신분을 분열시키는 요소가 되었고, 통일적인 국민 의식의 형성에 부정적으로 작용했다. 브리엔이 포고했다가 네케르가 일시적으로 중단했던 곡물 유통과 수출의 자유는, 비록 생산을 증대하기는 했지만 본질적으로 유산자, 곧 부르주아지에게 유리한 것이었다. 대가를 치른 것은 민중이었다. 민중은 영주와 십일조 징수인들을 매점의 혐의로 비난했다. 그러고 나서는 밀 상인, 제분업자, 제빵업자들에게 화살을 돌렸다. 제3신분의 연대 의식이 위협을 받았다. 식량 문제(경제의 자유냐 아니면 통제냐? 이윤 획득의 자유냐 아니면 생존권이냐?)는 깊은 반향을 불러일으켜, 혁명 기간 내내 여러 사회적 범주들이 생각하는 국민이라는 이념에 영향을 끼쳤다. 혁명력 2년에 파리의 상퀼로트는 생존권을 요구했고, 그러한 권리의 승인과 적용을 통해서만 각자가 동등한 국민의 자격으로 통합되는 것이 가능하다고 믿었다. 반면에 1793년 9월 4~5일의 봉기로 절정에 달했던 민중 운동의 고조기에 자크 르네 에베르*는 자신의 신문 〈페르 뒤셴(Père Duchesne)〉에 "젠장, 장사치한테 조국이 어디 있어?"라고 썼다. 그러나 경제적 자유주의는 자본주의적 부르주아지의 이익에 잘 부합했다.

소유권의 자유는 8월 4일 밤에 결정된 봉건제 폐지의 산물이다. 왜냐하면 인신과 마찬가지로 토지도 모든 구속으로부터 해방되었기 때문이다. 그러나 4일 밤의 원칙을 구체화한 1789년 8월 5~11일의 법령들은 십일조, 토지에 대한 영주적 권리, 특정한 법제를 지닌 봉토의 계서제, 특히 장자상속제를 폐지하는 한편, 무상으로 폐지되는 "물적, 인신적 상속불능제와 인신적인 예속"에 속하는 부과조를, 되사야 할 "다른 모든 것"으로부터 구분하는 법을 도입했다. 메를랭 드 두에는 이 구분법을 봉건적 부과조의 되사기에 관한 1790년 3월 15일의 시행령에서 재도입했다.

에베르(Jacques René Hébert, 1757~1794) 부르주아 가정에서 태어나 청년 시절에 보헤미안처럼 살았으며, 혁명이 발발하자 언론인으로서 재능을 발휘했다. 에베르는 1790년에 〈페르 뒤셴〉을 발간하여 대중적인 속어와 비어(卑語)를 구사해 부유층과 특권계급을 통렬히 비난하고 야유함으로써 파리 민중에게 큰 영향을 끼쳤다. 1791년, 코르들리에 클럽 가입 후 샹드마르스 발포 사건이 일어나자 국왕의 퇴위를 요구하는 청원 운동을 벌였으며, 1792년 8월 10일에 일어난 봉기에서는 코뮌의 지도자로 활약했다. 1792년 9월에 발생한 대학살에는 직접 관여하지 않았으나 이를 공공연히 옹호하였다. 이에 지롱드파는 1793년 5월에 그를 체포하기에 이르렀으나 파리 코뮌의 압력에 못 이겨 곧 석방했다. 지롱드파 추방 뒤, 그의 과격주의는 한층 더 심해져 1793년 9월, 국민공회 침입 사건으로까지 비화했다. 그는 최고 가격제 조치를 국민공회에 요구했다. 한편 에베르가 쇼메트와 더불어 비기독교화 운동을 전개하고 노트르담 사원에서 '이성의 여신(la déesse Raison)' 제전을 벌이자, 로베스피에르는 에베르의 과격한 무신론이 민중에게 끼칠 영향을 우려해 그를 과격혁명파로 단정하고 경계했다. 이에 에베르는 로베스피에르가 온건파라고 응수했다. 에베르는 결국 1794년 3월 생쥐스트의 고발로 체포돼 처형되었다. 그가 처형된 뒤 파리의 상퀼로트와 로베스피에르파가 이끄는 공안위원회는 사이가 벌어졌으며, 이는 테르미도르 반동을 초래한 원인의 하나로 지적된다.

이 구분에서 첫 번째 '예속적 속성의 봉건 부과조'는, 공권력을 참칭하거나 공권력이 인정한 것, 또는 폭력에 의해 확립된 것으로 추정되는 부과조를 말한다. 모두 무상으로 폐지된 이런 부과조는 다음과 같다. 영예적 특권과 영주 재판권, 농노상속세, 가격결정권, 부역과 부역 대납세, 시설 독점 및 사용 강제권, 통행세 및 시장세, 수렵과 어로의 독점권, 비둘기와 토끼의 방목권 등등. 지난 30년 동안 영주에게 유리하게 작용했던 공동지의 '삼분법'도 폐지되었다.

두 번째로 '계약적 속성의 봉건 부과조'는, 지주인 영주와 소작인인 농민 사이에 맺어진 계약에서 유래했기 때문에 토지의 원초적인 양도에 상응하는 부분이라고 생각되었던 부과조를 말한다. 이것들은 되사야 한다고 선언되었다. 화폐 지대(cens), 생산물 지대처럼 매년 납부하는 부과조, 부정기적인 '소유권 이전세'가 이에 해당한다. 1790년 5월 3일에 결정된 되사기의 금액을 보면, 금납(金納)의 경우는 연납 액수의 20배였고, 물납의 경우 25배였다. 또한 그 부담액에 비례해서 토지 매매시에 납부했던 부정기적인 부과조도 되사야 했다. 되사기는 엄격하게 개별적인 것이었다. 또한 농민은 30년 동안이나 소홀히 했던 연체금도 갚아야 했다. 영주는 30년간 계속해서 토지를 소유해 온 사실을 입증하기만 하면 권리 증서를 제시할 필요도 없었다. 신용대부제가 실시되지 않는 한, 되사기의 부담이 너무 커서 소농들이 돈을 주고 자유를 살 수 없다는 것은 곧 명백해졌다. 오직 부농들과 비경작 지주들만이 토지를 해방시킬 수 있었다. 그러나 이들은 되사기의 부담을 차지농과 절반 소작인들에게 전가했다. 1791년 3월 11일의 법령에 의해 결정된 십일조 폐지는 결과적으로 지주에게 유리했다. 차지농은 화폐로, 절반 소작인은 현물로 내던 십일조는 그대로 지주의 차지가 되었다. 봉건제 폐지가 부르주아지와 지주 농민들에겐 이익이 됐지만, 농민 대중을 만족시키지 못했다. 그러한 불만이 악화되어 소요가 일어나고, 때로는 농민 폭동이 발생했다. 지롱드파가 몰락한 뒤 국민공회는 봉건제를 최종적으로 폐지했다.

소유권에 대한 새로운 개념, 즉 부르주아적 의미를 갖는 소유권이 봉건제 폐지와 더불어 나타나 인간의 소멸할 수 없는 자연권에 포함되었다. 로마법에서와 마찬가지로 자유롭고 개인적이며 전면적이고 심지어 남용할 수도 있게 된 소유권은, 타인의 소유권에 의해서만, 그리고 좁은 범위 내에서 공공의 이익에 의해서만 제한을 받을 뿐이었다. 이러한 부르주아적 개념은 영주의 이익을 위해 부과조를 부담하는 봉건적인 소유권 개념뿐만 아니라 공동체적 소유권 개념과도 상충했는데, 공동체적 소유권이란 공동지의 집단적 소유 및 촌락 공동체의 이익을 위해 용역을 제공하는 사적 소유를 함께 의미하는 것이었다. 제헌의회는 기왕에 토지를 소유한 농민들에게 유리할 공동지의 분할에는 호의적이었으나, 정책을 시행하는 데는 신중을 기해 사실상 이 문제에 관해서는 아무런 변화가 없었다.

소유권이 전면적으로 승인을 받자 경작의 자유가 최종적으로 확정되었다. 경작의 자유는 '농업적 개인주의'의 승리를 통해 장기간에 걸친 사회적·법률적인 발전을 마무리 짓는 동시에, 공동체적인 오래된 농업 체제를 붕괴시키는 경향이 있었다. 지주는 윤작(輪作)의 구속을 받았던 토지를 이제 자유롭게 경작하고 마음대로 울타리를 치며 휴경지를 없앨 수 있게 되었다. 그러나 위원회의 보고자인 외르토 드 라메르빌(Heurtault de Lamerville)이 '들판의 자유'를 주장했을 때, 제헌의회는 그러한 과격한 조치를 거부했다. 왜냐하면 '소유의 입헌적인 자연권'과 상충된다는 이유로 공동 방목지를 없앨 것이기 때문이었다. 물론 틀림없이 인공 목초지는 예외가 되었다. 그러나 1791년 9월 27일에 최종적으로 통과한 '농지법전'은 채택된 원칙으로부터 모든 결론을 이끌어내려고 하지 않았다. 인클로저는 허용되었지만, 증서나 관습에 의해 만들어진 공동 목초지와 공동지의 방목권 역시 살아남았다. 토지를 전혀 갖지 못하거나 설사 가졌더라도 적게 가진 소농층은 차후에도 오랫동안 공동체적 권리를 옹호하게 마련이었고, 나폴레옹조차도 그러한 권리를 권위적인 방법으로 감히 없애려고 하지 않았다. 이처럼 19세기 내내 오래된 농업경제와 전통적인 농촌 공동체는 새로운 개인주의적 권리와 새로운 농업과 병존하며 살아남았다.

경작의 자유에 의해 농업 분야에 이미 확립된 생산의 자유는, 동업조합과 독점의 폐지를 통해 일반화되었다. 제헌의회의 부르주아지는 이 조치를 취하는 데 상당히 망설였다. 왜냐하면 제도란 다양한 현실이나 상반된 이해관계를 담아내지 못하기 때문이다. 이론적으로 동업조합의 특권은 8월 4일 밤의 선언을 통해 폐지되었다. "주(州), 제후령, 도시, 법인체, 공동체들이 소유한 특수한 모든 특권은 영원히 폐지되어 모든 프랑스인들의 공통의 권리로 통합된다." 동업조합은 사형 선고를 받은 듯이 보였다. 카미유 데물랭은 이런 상황을 다음과 같이 이해했다.

오늘 밤, 도장인(都匠人)들과 그들의 배타적 특권이 폐지되었다. …… 이제 능력이 있으면 모두 가게를 갖게 될 것이다. 재단사-도장인, 제화공-도장인, 가발공-도장인들은 특권 폐지를 슬퍼할 것이다. 그러나 견습공들은 기뻐하며 다락방에 불을 밝힐 것이다.

그러나 너무 빨리 축배를 들었다. 1789년 8월 11일의 최종 법령에는 "주, 제후령, '나라(pays, 오늘날의 행정 구역으로는 대개 '군'에 해당함)', 면(canton), 도시, 주민 공동체의 특수한 특권" 말고는 어떤 것도 더는 문제시되지 않았다. 동업조합이 존속하게 된 것이다. 그것이 폐기되기까지는 일 년 반 이상을 더 기다려야 했다. 영업세에 관한 토론이 벌어졌을 때, 조세위원회의 보고자인 귀족 출신의 피에르 알라르드(Pierre d'Allarde)는 모든 문제를 연결 지었다. 즉, 동업조합은 독점과 마찬가지로 높은 물가의 한 요인이며, 따라서 폐지되어야 할 배타적 특권이라고 지적한 것이다. 1791년 3월 2일의 법, 이름 하여 '알라르드 법'은 동업조합과 그 대표체, 그리고 도장인(都匠人)의 신분만이 아니라 특권적인 매뉴팩처까지 폐지했다. 이렇게 생산의 자본주의적 활력이 해방되었으며, 누구나 가게나 작업장을 열 수 있게 되었다. 대상인들의 대변자였던 상업회의소의 폐지, 그리고 '검인', 검사, 매뉴팩처 감독 등을 통한 산업 규제의 폐지는 생산의 자유에 더욱 힘을 실어주었다. 수요와 공급의 경쟁 법칙만이 유일하게 생산과 가격, 그리고 임금을 규제하고 결정하는 요인이 되었다.

이러한 체제에서 노동의 자유는 기업 활동의 자유와 밀접하게 연관되었다. 노동 시장은 생산 시장과 같이 자유로워야 하기에, 직인들의 단결은 장인들의 동업조합과 마찬가지로 허용되지 않았다. 경제적 자유주의는 오직 개인만을 인식했던 것이다. 1791년 봄에는 노동자들의 단결이 여럿 나타나 제헌의회의 부르주아지를 놀라게 했다. 그 가운데 특히 목공 직인들의 단결은 파리의 시 정부로부터 고용주에게 강제할 수 있는 '임금표'를 얻어내려고 했다. 노동자들의 이러한 요구 투쟁의 와중에서 1791년 6월 14일에 르 샤플리에 법이 통과되었다. 이 법은 노동자건 고용주건 상관없이 동일 직종의 시민들이 대표나 비서 혹은 위원을 임명하는 행위와, "스스로 자신들의 공동의 이익이라고 주장하는 것에 대해 토의하거나 결정하는 행위", 즉 간단히 말해 단결과 동맹파업을 금했다. 이는 결사 및 집회의 권리와 상충하는 것이었지만, 이 법의 취지는 노동의 자유가 결사의 자유보다 우선한다는 것이었다. 이렇게 해서 직인들의 동업조합과 노동자들의 상조회가 불법화되었다. 1791년 7월 20일에 이런 규정은 농촌까지 확대 적용되어, 가격과 임금에 영향력을 행사하려는 목적을 지닌 모든 집단행동은 지주와 차지농뿐만 아니라 하인과 농업 노동자에게도 금지되었다. 고용주와 노동자는 이론적으로 동등한 지위를 누렸으나, 그것은 노동자들을 고용주의 재량권 아래에 두는 것을 의미했다. 노동자들의 단결과 동맹 파업의 금지는 자유 경쟁 자본주의의 요체 가운데 하나인데, 동맹 파업권은 1864년에, 노동조합 결성권은 1884년이 되어서야 합법화되었다. 자유주의는 사회적 평등을 보장한다는 개인주의의 추상적 이념에 기반을 두고 있으면서도 사실상 강자(强者)에게 유리하기 마련이었다.

마지막으로 제헌의회는 상업의 자유를 확립하였다. 1789년 8월 29일부터 곡물 거래는 수출의 자유를 제외하고는 브리엔이 부여했던 자유를 회복했다. 9월 18일에는 곡물 가격이 자유화되었다. 소금세(1790년 3월 21일), 거래세와 내국 관세(1790년 10월 31일), 입시세, 마지막으로 보조세(1791년 3월 2일)의 폐지를 통해 국내 유통의 자유가 점차 확립되었는데, 이는 경제적인 동시에 재정적인 의미를 갖는 조치였다. 이렇게 하여 이미 중농주의자와 계몽사상가들이 비난한 적 있던 소비 관련 세금이 거의 전부 없어졌다. 그러나 이로 인한 민중의 구매력 증대는 곧 높은 물가에 의해 상쇄되거나 오히려 구매력이 떨어지기도 했다. 모두 되사기의 대상이 된 소금세, 보조세, 통행세를 징수하던 내국세관과 검사소를 폐쇄하고, '사실상의 외국 주'인 알자스와 로렌을 통합하여 관세 장벽을 국경에 일치시킨 '관세장벽의 후퇴'를 통해, 국내 시장이 통합되었다. 금융 및 은행 업무의 자유화로 상업의 자유가 완성되었다. 주식 시장이 상품 시장과 같이 자유화되어 금융자본주의의 비약적인 발전을 촉진하였다.

대외 교역은 상사(商社)의 특권 폐지를 거쳐 자유화되었다. 동인도회사는 1785년에 재조직되어 희망봉 너머 동쪽 지역의 무역 독점권을 지녔다. 이 독점권을 비판하는 데 앞장섰고 대규모 무역업과 항구의 이익을 대변하는 의원들이 만족스럽게도, 제헌의회는 1790년 4월 3일에 동인도회사의 독점권을 폐지했다. "희망봉 너머의 인도 무역은 모든 프랑스인들에게 개방된다." 세네갈과의 무역도 1791년 1월 18일에 자유화되었다. 마르세유는 1791년 7월 22일에 레반트 지역과 북아프리카의 바르바리 지역에 관한 무역 독점권을 상실했다. 그러나 제헌의회의 부르주아지는 외국과의 경쟁이라는 위험에 직면하자 타협하여 교역의 자유주의를 완화시켰다. '1789년' 인사들의 현실주의가 또다시 고개를 든 것이다. 국내 생산물에는 관세 보호 조치가 취해졌다. 다만 이 보호 조치는 온건했는데, 의회는 1791년 3월 2일의 관세표 가운데 수입에서는 직물류 등 몇몇 품목을, 수출에서는 몇 가지 원료, 특히 곡물 등 일부 품목의 통관을 금지했을 뿐이다. 게다가 의회는 식민지 교역에서 계속 중상주의적인 '독점 무역 체제'를 유지했다. 식민지는 식민 본국 이외의 국가와는 교역할 수 없었다(1791년 3월 18일의 관세표). 이미 노예제를 존속시키고 자유로운 유색인에게 정치적 권리를 부여하려는 움직임을 막았던, 식민지 이익을 대변하는 압력 단체의 힘은 그만큼 강했던 것이다.

이처럼 전통적인 경제 질서는 붕괴되었다. 부르주아지가 이미 1789년 이전부터 생산과 교환의 주역이었음은 의심의 여지가 없다. 그런데 '자유방임주의'는 부르주아지의 상공업 활동을 특권과 독점의 굴레로부터 해방시켰다. 자본주의적 생산은 여전히 봉건적인 성격을 지닌 소유제의 틀 속에서 탄생하여 발전을 시작했다. 그리고 이제 그 틀이 깨졌다. 제헌의회의 부르주아지는 경제를 해방하여 그 발전을 가속화했다.

제도의 합리화

제헌의회는 구체제의 제도적 혼란을 같은 크기의 계서적인 행정 구획에 기반을 둔 일관되고 합리적인 조직으로 대체하고자 했다. 각 행정 구획은 각종 행정 업무의 유일한 틀로 기능할 것이었다. 재산 제한 선거제의 한계 속에서 국민 주권의 원칙이 모든 영역에 두루 적용되었다. 이는 곧 모든 관리가 선출된다는 것을 뜻한다. 그 결과 전 국민의 열망에 부응하는 가장 철저한 형태의 지방 분권화가 나타났다. 그러나 지방 자치는, 꼭 그런 것은 아니지만 대체로 부르주아지에게만 유리하게 작용하였다.

1. 행정적 지방 분권화

제헌의회는 1789년 12월 22일의 법을 통해 '제1차 선거회'와 '지방 의회들'의 토대가 되는 새로운 행정 구역을 설정하였다. 여러 행정 구역이 복잡하게 얽혀 있던 것이 단일 체제로 바뀌었다. 도(道, département)는 군(郡, district)으로, 군은 면(面, canton)으로, 면은 코뮌(commune)으로 나뉘었다. 1789년 11월 3일, 투레는 기하학적인 구획안을 제안했다. 프랑스 전국을 각기 320평방 류(1류lieue는 약 4킬로미터)에 달하는 정사각형 모양의 도로 분할하고, 각 도는 36평방 류 넓이의 정사각형 모양의 9개 코뮌으로 재분할한다는 것이었다. 미라보는 이의를 제기하면서 전통과 역사를 고려하라고 요구했다.

> 나는 수학적이고 거의 관념적인, 따라서 실행될 수 없는 분할이 아니라, 지방색과 그 지방의 상황에 맞는 실용적이고 실제적인 분할을 원합니다. 내가 목표하는 것은 오직 비례적인 대표제를 확립하는 것뿐만 아니라, 인간과 사물을 접근시키는 행정, 시민들 사이에 더 큰 협력을 허

용하는 그러한 분할을 원합니다. 따라서 나는 여러 면에서 지나치게 새로운 것이 아니라, 감히 이야기하건대 편견이나 실수와 타협할 수 있으며 모든 주(州)가 똑같이 희망하고 있고 기존의 관계에 기반을 둔, 그러한 분할을 요구합니다.

1790년 1월 15일의 법령은 도의 수를 83개로 확정지었다. 이 분할은 미라보가 제시한 원칙에 따라 결정되었다. 도의 구획은 추상적인 분할이 아니라, 역사적·지리적 필요성에 부응하는 것이었다. 그렇지만 그러한 구획은 전국에 명확하게 정의된 행정 단위들을 갖추게 함으로써 주 단위의 전통적인 삶의 틀을 무너뜨렸다.

코뮌 행정은 1789년 12월 14일의 법에 의해 조직되었다. 각 코뮌의 능동 시민들은 2년마다 명사들과 자치체(Corps municipal)의 구성원들로 구성되는 코뮌의회(Conseil général de la commune)를 선출했다. 이 기초 자치체는 코뮌의 관리들, 시장, 감찰관(procureur de la commune) 등으로 구성되었다. 감찰관은 공동체 전체의 이익을 수호할 책임을 졌는데, 큰 도시의 경우 감찰관보의 보좌를 받았다. 자치 기구(municipalité)는 다음과 같은 광범위한 권한을 지녔다. 과표의 책정과 조세의 징수, 국민방위병의 징집과 계엄령 선포의 권한을 통한 질서 유지, 경범죄 재판권 등이다. 직접 선거로 선출되는 기초 자치체는 두 단계의 간접 선거로 구성되는 도의 행정에 비해 훨씬 민주적이었다. 코뮌 생활의 활기는 혁명기 프랑스의 특징적인 면모 가운데 하나였다.

도 행정은 1789년 12월 22일의 법에 의해 조직되었다. 의결 기구인 도 의회는 2년마다 도의 '선거인회'가 선출하는 36인으로 구성되었다. 도 의회는 내부에서 8명을 지명하여 집정부(Directoire)를 구성했는데,

이는 도 의회의 상설 집행 기구였다. 감찰감(procureur général syndic)은 집정부의 법 시행을 감독했고, 중앙 정부의 장관들과 직접 연락을 취하면서 도 차원에서 일반 이익을 대변했다. 사실상 감찰감은 국가 행정의 비서(현지 책임자)였다. 집정부는 지사의 권한을 이어받아 도의 모든 행정을 장악했다. 도는 중앙의 권위를 대변할 만한 직접적인 대리인이 부재했기에 마치 상층 부르주아지가 지배권을 장악한 소공화국과 다름없었다. 군의 행정은 도 행정의 축소판이었다(12인으로 구성되는 의회, 4인의 집정부, 군 검찰관 등등). 군 행정은 특히 국유 재산을 매각하고 세금을 코뮌에 할당하는 일을 책임졌다. 면에는 어떤 행정 조직도 없었다.

이렇듯 재산 제한 선거제에 기반을 둔 지방 분권이 군주제에 기반을 둔 중앙 집권을 대체했다. 중앙 권력은 부르주아지가 장악한 지방 당국에 어떠한 영향력도 행사할 수 없었다. 국왕은 확실히 지방 당국의 직무 수행을 일시 정지할 수 있는 권한을 가졌으나, 의회 역시 그것을 복권시킬 권한이 있었다. 국왕도 의회도 시민들에게 세금의 납부나 법의 준수를 강요할 수단을 갖지 못했다. 그런데 정치적 위기가 악화되자 행정적 분권화는 국민 통합에 심각한 위협을 야기했다. 전국적으로 지방 권력은 선거에 의해 구성되는 자치체에 속했다. 만약 이 자치체들이 신체제의 반대파 손아귀에 떨어진다면, 혁명은 위태로워질 것이었다. 혁명을 수호하려면 중앙 집권화로 복귀해야만 했고, 실제로 2년 뒤에 그렇게 되었다.

2. 사법 개혁

사법 행정 개혁은 행정 개혁과 동일한 의도에서 수행되었다. 구체제의 수많은 특수한 사법권이 폐지되었다. 그 대신에 국민 주권에 기반을 두고 만인에게 동등한 재판을 행사하는 법원들의 새로운 위계가 들어섰다. 새로운 사법 조직의 목표는 개인적 자유를 보호하는 것이었다. 따라서 피고를 위한 일련의 보호 장치가 마련되었다. 체포 후 24시간 이내에 법정에 설 수 있는 권리, 공개 재판의 원칙, 변호사 변론의 의무화 등이 그것이다. 국민 주권의 원칙에 기반을 둔다는 것은 곧 판사의 선거제와 배심원제가 도입된 것을 뜻했다. 관직 매매제는 사라졌다. 판사는 법학사 가운데서 선거로 뽑혔고, 국민의 이름으로 권한을 행사했다. 재판 과정에서 시민들은 증인으로 소환되어 사실 관계를 밝혔고, 법률에 대한 판단은 판사의 몫이었다. 배심원제는 형사 사건에만 적용되었다.

민사 재판의 경우, 1790년 8월 16일의 법은 영국의 용어를 빌려 '치안 판사'를 면(canton)마다 한 명씩 임명했다. 치안 판사는 2년마다 '제1차 선거회'가 '능동 시민' 가운데서 선출하며, 계쟁액(係爭額) 50리브르까지는 확정 판결을 내리고 100리브르까지는 초심(初審) 판결을 내렸다. 그는 또한 가족회의를 주재하여 무보수의 재판관 노릇도 했다. 법은 특히 모든 가정 사건의 경우에는 중재를 의무화하는 데 큰 비중을 두었다. 무보수의 배석자들이 별로 열성적이지 않아 치안 판사가 재판을 꾸리는 일이 종종 곤란에 부딪히기는 했지만, '치안 재판'은 큰 성공을 거두어 제헌의회의 가장 확고한 업적의 하나가 되었다. 치안 재판의 상급심인 '군 법원'은 6년마다 군의 '선거인회'가 선출하는 5인 판사와 국왕이 임명하는 1인 검사로 구성되었다. 이것은 치안 판사의 판결에 대한 항소심이었다. 군 법원은 100리브르 이하의 소송에서는 최종심이었고, 그 금액 이상의 사건에서는 항소가 가능했다. 그렇지만 특별 항소심이 별도로 설치되는 것은 아니어서 다른 군 법원이 항소심의 역할을 맡았다.

형사 재판의 경우, 1791년 1월 20일, 7월 19일, 9월 16일의 법들이 각기 세 심급의 재판권을 설정했다. 코뮌에는 자치체 관리들로 구성되는 '위반법원(tribunal de simple police)'이 관할 구역의 모든 위반 행위를 재판했다. 면에는 치안 판사와 2인의 조정위원으로 구성되는 '경범죄법원(tribunal de police correctionnelle)'이 범죄행위를 심리했다. 마지막으로 도청 소재지에는 '형사법원'이 설치되었다. 형사법원에는 도의 '선거인회'가 선출하는 법원장과 3인의 판사 외에, 기소의 책임을 지는 검사(accusateur public)와 국왕이 임명하며 형의 집행을 구형하는 검찰위원(commissaire du roi)이 포함되었다. 기소 배심원단(사전에 준비된 명단 중에서 추첨으로 선출된 8인의 배심원)은 기소할 적법한 이유가 있는지를 결정했고, 판결 배심원단(기소 배심원단과는 다르게 준비된 명단 중에서 추첨으로 뽑힌 12인의 배심원)은 기소 내용에 근거해 피고에게 판결을 내렸다. 배심원들은 능동 시민으로서 최소한 유복한 시민에 속했다. 이들의 판결에는 항소가 불가능했다. 1791년 9월 25일에 제헌의회는 형법을 채택하여, 이단이나 대역죄 같은 이른바 모든 '가상의 범죄'를 폐지하고 범법 행위의 세 위계(각종 위반 행위, 경범죄, 신체형과 불명예 구금을 요구하는 범죄 행위)를 확립했다. 이 형법은 '엄격하고 명백하게 필요한' 형벌만을 규정했으며, 형벌은 본인에게만 국한하고 만인에게 동등한 것이었다.

사법적 위계의 정상에는 두 종류의 최고법원이 있었다. 하나는 1790년 11월 27일의 법이 설치한 '파기원(破棄院, tribunal de cassation)'이다. 이 법원은 도마다 한 명꼴로 선출된 판사들로 구성되며, 다양한 심급의 법원들이 내린 판결을 파기할 수 있었다. 그러나 절차상 하자와 위법 사항만 심리할 수 있었다. 파기된 판결은 그 판결을 내린 법원과 같은 심급의 타 법원으로 환송되었다. '국가고등법원'은 1791년 5월 10일에 설치되었다. 이것은 국가 안전에 대한 범죄와 함께 장관 및 고위 관리의 범법 행위를 관장했다.

이러한 사법 조직은 일관성이 있고 합리적이며 국왕으로부터 독립되어 있었다. 비록 재판이 항상 국왕의 이름으로 행해지기는 했지만, 그것은 국민의 것이 되었다. 그러나 실제로는 재산 제한 선거제로 선출된 부르주아지가 행정권이나 정치 권력과 마찬가지로 사법권도 장악했다.

3. 국가와 교회

구체제 시기에는 국가와 교회의 영역이 서로 뒤엉켜 있었기에, 국가 및 행정 개혁으로부터 성직 개혁의 필요성이 생겨났다. 성직 개혁은 종교적 갈등을 야기하여 반혁명의 온상을 제공할 것이었다. 대부분이 독실한 가톨릭 신자였던 제헌의회 의원들은 이러한 충돌을 원하지 않았다. 가톨릭교는 공적 예배의 특권을 보유했으며, 유일하게 국가의 재정 보조를 받았다. 그러나 갈리아주의*의 영향을 받은 제헌의회 의원들은 교회가 개혁되어야 한다고 생각했다.

먼저 성직자들의 수입과 재산이 개혁의 대상이 되었다. 십일조는 8월 4일 밤에 폐지되었다. 1789년 11월 2일에는 재정 위기를 해결하기 위해 사제의 보수, 예배 비용, 빈민 구호 비용을 명예로운 방법으로 제공받는다는 조건 하에 교회 재산이 국가의 처분에 맡겨졌다. 주임 사제는 구체제 하에서 받았던 750리브르의 '생계 수당' 대신에 1,200리브르의 연봉을 받게 되었다. 이렇게 몰수된 교회 재산은 제1차 국유 재산이 되었다. 그리고 이러한 교회 세습 재산의 폐지는 필연적으로 전통적인 성직자 조직의 개혁을 초래했다.

갈리아주의(gallicanism, 프랑스 국가교회주의) 로마 교회로부터 프랑스 교회의 독립과 자유를 지키려는 것을 가리키며, 절대주의가 대두할 무렵부터 제기되었다. 프랑스 교회는 로마 교회와 몇 차례에 걸친 분쟁 끝에 주교의 임명권과 그 밖의 중요한 권리를 프랑스 국왕이 보유하게 되었다.

1790년 2월 13일, 수도(修道)성직제는 폐지되었다. 성직자들은 쇠퇴의 길을 걷고 있었고 평판도 좋지 않았지만 막대한 재산을 지녔다. 수도자의 서원(誓願)이 금지되어 수사의 충원은 중단되었다.

재속 성직자는 1790년 7월 12일에 통과되어 8월 24일에 공포된 '성직자 민사 기본법'을 따라 재조직되었다. 행정 구역이 새로운 교회 조직의 기본 틀이 되어 도가 곧 하나의 주교구가 되었다. 주교와 주임 사제는 다른 관리들과 마찬가지로 선출되었다. 주교는 도의 '선거인회'가, 주임 사제는 군의 '선거인회'가 선출했다. 새롭게 선출된 성직자들은 직속의 상위 성직자에 의해, 예컨대 주교는 교황이 아니라 대주교에 의해 서임되었다. 교회참사회는 특권 단체로 간주되어 폐지되었고, 그 대신에 주교참사회가 교구 행정에 관여했다. 이리하여 프랑스 교회는 국민 교회가 되었고, 동일한 분위기가 교회와 국가를 지배했다. 1790년 2월 23일의 법령에 따라 주임 사제들은 주일 강론 때마다 의회의 법령을 읽고 그것에 대한 설명을 덧붙였다.

프랑스 교회와 교황의 유대는 약화되었다. 교황의 교서는 정부의 검열을 받게 되었고, '아나트'*는 폐지되었다. 교황은 프랑스 교회의 수위권(首位權)을 계속 보유했지만, 모든 재판권을 박탈당했다. 그런데 엑스의 대주교인 부아즐랭의 표현을 따르면, 제헌의회는 "성직자 민사 기본법에 세례를 주는" 역할을 교황에게 떠맡겼다. 실제로 성직자 민사 기본법에 교회법에 따라 축성을 주어야 할 필요성 때문에 곤란한 문제가 생겼다. 그러한 축성을 줄 수 있는 자가 과연 교황인가 아니면 프랑스 공의회인가? 반혁명적인 주교들의 책동을 염려한 제헌의회는 공의회 안을 거부하고 교황의 자비에 몸을 맡겼다. 1790년 8월 1일, 로

아나트(l'annate) 성직자가 교황에게 바치던 일종의 소득세. 특히 취임 후 첫해의 수입 전액은 교황에게 돌아갔다.

마교황청 주재 프랑스 대사였던 베르니스(Bernis) 추기경은 비오 6세의 축성을 얻어내라는 훈령을 받았다. 추기경은 성직자 민사 기본법에 적대적이었다. 그의 행동은 수상쩍은 정도가 아니었다. 특권계급 출신의 주교들과 서신 연락을 했던 베르니스 추기경은 교황에게 그들의 흥분 어린 서한들을 전달했다. 결국 그는 성직자 민사 기본법을 반대하는 교황을 찬양했으며, 자신의 임무 실패를 즐겼다.

교황은 이미 '인권선언'을 불경한 것이라고 비난하였다. 그의 불만은 여러 가지였다. 아나트가 폐지되었다. 아비뇽은 교황 주권을 거부하고 프랑스와 합병을 주장했다. 비오 6세는 영적인 권위와 아울러 세속적 권력에도 큰 관심을 보였다. 그는 우선 영적인 일에 깊이 관여하기에 앞서 세속적인 일, 특히 아비뇽 문제에 관한 프랑스 정부의 의도를 알고 싶어 했다. 그는 경솔한 행동을 취해 영적인 이익을 위하여 세속적 이익을 희생시킬 생각은 없었다. 따라서 의회가 1790년 8월 24일에 아비뇽 문제에 대한 결정을 포기하고 아비뇽 주민들이 청원을 국왕에게 이관하는 온건한 조치를 취했는데도 불구하고, 교황은 시간을 질질 끌면서 진정한 흥정에 몰두했다. 교황의 속셈은 단지 자신의 이익이 침해받지 않는 것뿐만 아니라, 신앙적인 갈등을 통해 프랑스를 분열과 내전으로 몰아넣는 데 있었다.

그러나 엑스의 대주교 부아즐랭이 이끄는 주교단은 여러 차례에 걸쳐 국왕과 교황에게 성직자 민사 기본법을 적법하게 실시해 달라고 간절하게 호소했다. 만약 정말로 분열이 생긴다면, 그것은 주교들의 의사와 기대에 반하는 것이었다. 1790년 10월 30일, 주교 출신 의원들은 '성직자 민사 기본법에 대한 원칙 표명'을 공표했다. 이들은 성직자 민사 기본법 자체는 비난하지 않으면서, 다만 그 법이 교황의 승인을 받아 시행되어야 한다고 요구했다. 프랑스 교회에 자율성을 부여한 성직자 민사 기본법은 당시의 교회 법규상 반드시 분리주의적인 것은 아니었다. 1790년에는 아직 교리에서 교황의 무류성(無謬性) 문제가 제기되지 않았다. 프랑스의 주교들이 교황에게 얻어내려고 한 것은, 교구나 주교참사회의 개혁을 양심에 거리낌 없이 실시하게 해줄 수 있는 교회법적인 수단이었다. 교황은 여러 가지 동기를 근거로 들며 반대했는데, 그 동기가 모두 종교적인 차원에서 정당화될 수 있는 것은 아니었다. 가톨릭 열강, 특히 에스파냐가 교황의 반대에 힘을 보탰다. 그렇지만 부아즐랭은 최종 순간까지도 교황이 프랑스를 분열의 소용돌이 속으로 몰아넣지 않기를 기대했고, 성직자 민사 기본법에 교회법적인 형태를 부여하는 것이 자신의 의무라고 믿었다.

기다리는 데 지친 제헌의회는 1790년 11월 27일에 모든 성직자들에게 왕국의 헌법에 충성하고, 따라서 헌법에 포함된 성직자 민사 기본법에도 충성의 서약을 하라고 요구했다. 주교들 가운데 단지 7명만이 서약했다. 주임 사제들은 대략 비슷한 수로 양분되었는데, 지역에 따라서는 매우 불균등하게 분포하였다. '선서파' 혹은 '입헌파'는 남동부 지방에서, '선서거부파'는 서부 지역에서 다수를 차지했다.

성직자 민사 기본법에 대한 교황의 단죄는 이런 사태를 확실하게 만든 셈이었다. 교황은 1791년 3월 11일과 4월 13일의 교서를 통해 혁명의 원칙들과 성직자 민사 기본법을 공식적으로 규탄했다. 분열 사태가 벌어졌다. 전국이 두 쪽으로 나뉘었다. 선서거부파의 반대가 반혁명적인 소요를 강화했고, 종교적 충돌이 정치적 충돌을 증폭했다.

혹자는 왜 제헌의회 의원들이 달리 행동할 수 없었을까 하고 자문한다. 사실상 교회와 국가의 분리는 물질적 이유뿐만 아니라 도덕적 이유로도 불가능했다. 그러한 분리는 성직자 민사 기본법의 실패로서 생겨났을 뿐이다. 당시만 해도 누구도 교회와 국가의 분리를 주장하지도 않았고, 심지어 인식하지도 못했다. 계몽사상가는 교회를 국가와 결합해 사제들이 사회적 진보에 이바지하기를 기대했다. 제헌의회 의원들은 예배에 열심히 참석하지는 않았지만 충실한 신도였다. 민중은 독실한 가톨릭 신자로서 구원이 위태로워졌다고 생각하여 분열을 받아들이지 않았다. 이들은 분리를 종교에 대한 선전 포고로 해석하였다. 따라서 그것은 반혁명주의자들의 손아귀에 가공할 무기를 쥐여준 셈이었다. 물질적 이유로 인해 분리가 불가능하다는 점 또한 분명했다. 교회 재산이 몰수되었기에 성직자들의 생계를 유지하고 예배 예산을 수립해야 할 필요성이 생겨났다. 바로 이와 같은 재정적 어려움에서 프랑스 교회의 개편이 비롯되었다. 옛 주교구의 거의 절반이 없어지고 수도원 대부분이 폐쇄된 것도 역시 경제적인 이유에서였다. 이처럼 종교 개혁은 행정 개편 및 재정 문제와 밀접하게 연관되었다.

4. 세제 개혁

제헌의회의 부르주아지가 지녔던 제도 개편의 일반 원칙이 진정서의 핵심적인 요망 사항 가운데 하나인 세제 개혁에도 적용되었다. '기여'라고 불린 조세 납부에서 만인의 평등, 각 개인의 세원(稅源) 크기에 비례해 매년 전 국민에게 평등하게 부과되는 조세 할당의 합리화가 바로 그 일반 원칙이었다. 제헌의회의 조세 제도는 납세자 대중에게 분명히 조세를 경감해주었다. 토지세 및 동산세(動産稅)의 설정에 필요한 등록세와 인지세와 관세를 제외한 모든 간접세는 철폐되었다.

새로운 조세 제도는 세 종류의 주요한 직접세로 구성되었다. 1790년 11월 23일에 도입된 '토지세'는 토지 소득에 부과되었다. 중농주의자들의 원리에 따르면, 토지세는 조세 수입의 주된 원천이었다. 그러나 토지세의 과세 기준을 마련하기 위해서는 전국적으로 토지 대장을 작성할 필요성이 제기되었다. 이것만이 실질적인 조세의 균등 할당, 즉 도

(département)와 코뮌, 그리고 납세자들 사이에 공정한 세금의 할당을 가능케 할 것이었다. 의회는 이전의 조세 수입 총액에 비추어 각 도마다 필요한 할당 총액을 설정하는 데 그쳤으며, 코뮌의 토지 대장은 납세자들의 신고에 따라 작성되었다. 1791년 1월 13일에 도입된 '동산세'는 집세나 가옥의 임대 수입으로 입증된 소득에 부과되었다. 동시에 법은 부양가족을 위한 공제와 독신자에게 부과할 할증세를 미리 마련해 두었다. 1791년 3월 2일에 도입된 '영업세'는 상공업의 소득에 부과되었다. 위와 같은 세 종류의 세금을 할당하는 일은 코뮌에 맡겨졌는데, 곧 실망을 자아냈다. 대부분의 코뮌들은 좋은 결과를 얻기 어려운 이러한 업무를 수행할 수단도 의욕도 없었다. 종래의 '20분의 1세'를 약간만 수정한 채로 그 기준에 따라 세금을 할당한 편법은 격렬한 반발을 불러일으켰다. 특히 동산세가 농촌에는 불리하고 도시의 부르주아지에게는 유리하다는 점이 드러났다. 세금 할당에 대한 이의 제기와 할당 작업의 지지부진에 직면한 제헌의회는, 1791년 6월에 코뮌의 업무를 보조할 위원직을 신설했다.

새로운 징수 체제는 이러한 불편을 더욱 악화했다. 법을 따른 전문화된 재정 행정이 확립되지 못했기 때문에 각 자치체가 조세 징수의 책임을 맡았다. 군에서는 선출직인 징세관이 모든 재원을 장악했던 반면에, 도에서는 회계감이 재무부의 지시에 따라 비용을 지출했다. 최상부 기관인 재무부는 1791년 3월에 조직되어 국왕이 임명한 6인의 재무위원으로 구성되었으며, 각 부처의 지출에 대한 지불 명령을 내렸다.

단순하고 일관된 이런 세제 조직은 19세기 내내 그 기본 골격을 유지했다. 그러나 당장은 그것이 재정 위기를 악화하는 데 기여했다. 새로운 제도가 본궤도에 오르기까지는 시간이 필요했다. 즉 종래의 세금들은 1791년 1월 1일 자로 폐지된 반면에, 토지세는 이제 막 도입되었고 동산세와 영업세는 아직 도입되지도 못했다. 1789년 10월 6일에 제정된 애국세(愛國稅)는 소득의 4분의 1을 부과했으나, 이것 역시 상당 기간이 지나도록 재정 수입에 큰 보탬이 되지 못했다. 네케르가 발행한 공채(1789년 8월 9일에 연리 4.5퍼센트의 3천만 리브르, 8월 27일에 연리 5퍼센트의 8천만 리브르)는 실패했다. 반면에 성직자들의 부채, 관직 보유자들의 관직 매매가와 보증금 상환, 이어서 성직 연금과 예배 비용 지출로 국고 지출의 부담은 증가했다. 국고는 텅 비었고, 국가는 어음 할인으로 받은 선불금으로 하루하루를 지탱했다.

재정 위기로 말미암아 제헌의회는 교회 재산을 매각하고 '아시냐'라는 지폐를 도입하는 두 가지 핵심적인 조치를 취할 수밖에 없었고, 그 결과 사회 혁명은 더욱 철저하게 진행되었다.

새로운 사회적 균형을 향하여 - 아시냐와 국유 재산

이 두 조치를 통해 우리는 제헌의회 부르주아지의 과업을 짓누른 상황의 압력이 어느 정도인지를 가늠하고, 어떻게 이들이 자신들의 이해관계를 충족하는 이러한 합리적이고 일관된 체제를 넘어설 수밖에 없었는지를 알 수 있다. 이들은 급진적인 결정을 내릴 수밖에 없었고, 명백히 원하지도 않았고 예견하지도 못했지만 결국은 신체제에서 부르주아지와 농민층에게 확고한 지지 기반을 마련해줄 사회 변혁을 촉진하기에 이르렀다.

1. 아시냐와 인플레이션

재정 위기에서 비롯된 화폐 개혁은 막대한 사회적 결과를 야기했다. 1789년 11월 2일, 제헌의회는 교회 재산을 국가에 귀속시켰다. 그런데 이 재산은 부동산이라서 '현금화'하는 일이 필요했다. 1789년 12월 19일의회는 4억 리브르의 교회 재산을 매각하기로 하고, 이에 상당하는 양의 '아시냐'를 국유 재산을 담보로 삼아 지불을 보증하는 어음의 형태로 4억 리브르만큼의 아시냐를 발행하기로 결정했다. 애초에 아시냐는 교회 재산으로 상환하는 연리 5퍼센트의 채권에 불과했다. 이것은 국가 채무의 하나였다. 그렇기에 아시냐가 처음에는 1천 리브르짜리 고액권 한 종류뿐이었다. 교회 재산을 매각함에 따라 국가의 부채가 감소되는 양만큼 아시냐의 폐기는 예정된 것이었다.

애초의 의도가 달성되려면 매각이 신속하게 이루어져야 했다. 그런데 아시냐는 쉽게 자리 잡지 못했다. 상황이 불확실했다. 성직자들은 교회 재산을 계속해서 관리했고, 교회 개혁은 아직 실시되지 않고 있었다. 그래서 제헌의회는 급진적인 조치를 취하게 되었다. 1790년 4월 20일, 의회는 성직자들로부터 재산 관리권을 박탈했다. 한 달 후에는 예배 회계를 신설했다. 5월 14일, 의회는 국유 재산 매각의 시행 규칙을 작성했다. 하지만 국고는 여전히 텅 비었고, 부채는 하루가 다르게 증가했다. 의회는 일련의 조치를 취해 국채인 아시냐를 더는 이자를 지불하지 않아도 되고 무제한의 강제 유용 능력을 지닌 화폐로 변모시켰다. 1790년 8월 27일, 아시냐는 은행권(銀行券)으로 탈바꿈했고 발행고도 12억 리브르에 달했다. 50리브르권(券)이 새로 발행되었고, 곧 5리브르짜리 소액권도 발행될 예정이었다(1791년 5월 6일). 이렇게 애초에 부채를 청산하기 위해 만들어진 아시냐는 그 목적이 변질되면서 예산 부족을 메우기 위한 것으로 변모했다. 특히 이 조치가 경제적·사회적 영역에 끼친 영향은 측정할 수 없을 정도로 실로 엄청났다.

경제적 관점에서 볼 때, 아시냐 지폐는 급격한 인플레이션을 불러일으켰다. 발행고도 급증했다. 1790년 5월 17일, 의회는 경화(硬貨)의 유통을 허용하여 아시냐의 가치 절하를 조장했다. 사람들은 금속 화폐를 감췄다. 이윽고 하나는 명목 가치와 실질 가치가 같은 본위 화폐인 정화(正貨)로, 다른 하나는 지폐로 측정되는 두 종류의 가격이 나타났다. 소액권의 발행은 가치 절하를 더욱 부추겼다. 1790년에 지폐 가치는 5~25퍼센트나 하락했다. 1791년 5월, 런던 시장에서 100리브르의 시세는 73리브르에 불과했다.

사회적 관점에서 볼 때, 아시냐 지폐의 영향은 더욱 컸다. 인플레이션의 희생자가 된 민중계급의 생활 여건은 계속 악화되었다. 지폐로 임금을 받는 직인과 노동자들의 실질 구매력도 하락했다. 생계비는 앙등했고, 곡물 가격의 상승은 흉년과 동일한 결과를 초래했다. 사회적 소요가 재발했다. 생계비의 앙등은 상층 부르주아지를 향한 도시 인민대중의 적대감을 야기했고, 상층 부르주아지의 몰락에 기여했다. 인플레이션은 일부 부르주아지에게도 마찬가지로 불리했다. 관직을 박탈당한 관직 보유자들, 공채 증서를 사거나 담보 대부로 여분의 돈을 활용하던 구체제의 금리 생활자들은 화폐 가치가 하락함에 따라 수입이 줄어들었다. 인플레이션은 기존의 보유 재산에는 타격을 가했던 반면에, 투기꾼들에게는 유리했다. 특히 아시냐-지폐는 모든 사람이 교회 재산을 획득할 수 있게 해주었던 반면에, 아시냐-국채는 납품업자들, 금융업자들, 보상을 받은 관직 보유자 같은 국채 소유자들에게 교회 재산을 그대로 넘겨준 셈이었다. 아시냐는 이제 재정적 임시방편이 아니라 정치적·사회적 행동의 강력한 수단이 되었다.

2. 국유 재산과 부르주아 소유제의 강화

국유 재산의 매각과 아시냐라는 장치를 통해 혁명은 토지 재산의 새로운 분배를 향해 나아갔으며, 이러한 분배가 사회 혁명의 성격을 강화했다. 매각 방식은 사실 소농층의 열망에 부응하지 못했다. 토지를 전혀 보유하지 못하거나 독립된 생활을 영위하기에는 충분하지 않은 토지를 보유하고 있던 대부분의 농민들에게, 토지 문제는 국유 재산을 작게 분할해 매각을 쉽게 하여 소유 농민의 수를 증대하는 것으로 해결할 수 있었다. 그렇게 했더라면 봉건적 부과조의 폐기로 이미 시작된 토지 개혁은 완성되었을 것이다. 그러나 재정적 필요가 그런 꿈을 앗아 갔고, 이는 부르주아지의 이익과 일치했다. 봉건적 부과조의 되사기와 마찬가지로 국유 재산의 매각 역시 농민 대중의 시각에서 구상된 것이 아니었다. 그것은 유산자들의 우위를 강화했다.

1790년 5월 14일의 법은 교회 재산이 군청 소재지에서 경매 방식을 거쳐 덩어리째 매각될 것이라고 규정했다. 모든 조건이 빈농에게는 불리했다. 게다가 임차 계약은 그대로 유지되었다. 그런 가운데 제헌의회는 일부 농민을 새로운 부르주아적 질서에 편입할 목적으로 연리 5퍼센트의 12년 분할 상환을 허용했고, 분할 경매가가 일괄 경매가보다 액수가 더 클 경우에는 분할 매각도 허용해주었다. 또한 어떤 지역에서는 농민들이 경매에 붙여진 자기 마을의 토지를 집단적으로 구입할 목적에서 결속하기도 했고, 어떤 곳에서는 입찰자들에게 폭력을 가해 쫓아버리기까지 했다. 1791년부터 1793년까지 농민들이 부르주아지보다 10배나 더 많은 토지를 구입했던 캉브레지, 피카르디, 랑, 상스 지방에서는 농민의 소유가 강화되었다. 그렇지만 역시 교회 재산의 매각으로 이득을 본 자들은 이미 지주가 된 자영 농민과 대차지농, 그리고 특히 부르주아지였다. 한 조각의 땅뙈기나마 챙길 수 있었던 날품팔이 농민이나 소농은 아주 드물었다. 따라서 교회의 대영지가 해체된 결과 경작지의 세분화가 이루어지고 수많은 농민들이 절반 소작인이나 차지농으로서 토지를 사용할 수 있게 됐다고는 하더라도, 농지 문제는 전혀 해결되지 않았다. 그 대신에 아시냐의 가치 하락으로 모험가와 모리배들의 '매점 동맹'이 투기를 통해 곧 엄청난 부를 축적할 것이었다.

제헌의회의 과업은 이처럼 정치, 행정, 종교, 경제의 모든 영역을 망라 하는 광범위한 것이었다. 프랑스와 국민은 새롭게 태어났고, 새로운 사회의 기초가 놓여졌다. 이성과 계몽사상의 아들인 제헌의회 의원들은 논리적이고 명쾌하며 통일적인 구조를 세웠다. 그러나 또한 부르주아지의 아들로서 그들은 엄숙하게 선언한 자유와 평등의 원칙을 자신들의 계급적 이익에 맞게 왜곡했다. 그렇게 함으로써 그들은 우월성이 허물어진 구 특권계급 및 특권파 인사들뿐만 아니라 민중계급과 민주파로부터도 불만을 샀다. 제헌의회는 과업을 완수하여 해산하기도 전에 이미 많은 난관에 봉착했다. 제헌의회는 새로운 국민을 재산 제한 선거제의 부르주아지라는 옹색한 기반 위에 구축함으로써 사실상 여러 모순에 빠질 수밖에 없었다. 의회는 화해 불가능한 특권계급과 싸워야 했는데도 오히려 조급하게 새로운 조치를 기대하는 민중을 배척함으로써 부르주아 국민을 불안정으로, 그리고 마침내는 전쟁으로 몰아넣었다.

새로운 경제적 유대―그러나 단지 부르주아적 유대에 불과할 뿐인―가 새로운 통합을 공고히 했다. 봉건적 파편화가 근본적으로 폐기되고 국내 유통이 자유로워져 국내 시장이 통합되었다. 이리하여 국내의 여러 다른 지역 간에 경제적 관계가 강화되고 연대가 뚜렷하게 나타났다. '관세 장벽의 후퇴'를 통해, 그리고 외국의 경쟁에 맞서 국내 생산을 보호함으로써 국민이 명확하게 정의되었다. 그러나 제헌의회의 부르주아지는 그러한 통합을 달성하는 동시에 경제의 해방을 통해 제3신분을 해체했다. 동업조합 및 생산 규정의 철폐는 독점권을 상실한 도장인들을 자극했을 뿐이다. 곡물 거래의 자유는 농촌뿐 아니라 도시에서도 민중계급의 전반적인 적대감을 초래했다. 적대감은 경작의 자유에 반대하는 농민들 사이에서도 마찬가지로 컸다. 빈농층의 생존을 보장해 온 공동체적 권리가 사형 선고를 받은 꼴이었다. 규제와 전통 경제에 애착을 가진 대중이 느낀 환멸에는 그들이 한 계급의 이해관계라는 좁은 한계 속에서 형성된 조국으로부터 등을 돌리게 될 위험성이 내포되어 있었다.

 대중들은 재산 제한 선거제를 따라 정치 활동으로부터 배제되었다. 평등의 이론적 선언, 구체제 사회를 분할했던 각종 '법인체(corps)'의 폐지, 사회적 관계에 대한 개인주의적 관념의 확립을 통해 제헌의회 의원들이 국민 모두가 각자 자신의 자리를 갖는 국민의 토대를 놓았음은 의심의 여지가 없다. 그러나 제헌의회 의원들은 소유권을 소멸할 수 없는 자연권의 반열에 올려놓음으로써 자신들의 과업에 극복할 수 없는 모순을 끌어들였다. 노예제의 존속과 재산 제한 선거제의 구성은 이러한 모순을 백일하에 드러냈다. 정치적 권리는 재산 정도에 따라 부여되었다. 국민은 3백만 명의 수동 시민을 제외한 채 과연 제1차 선거회를 구성하는 4백여 만 명의 능동 시민으로만 구성되는가? 아니면 엄밀한 의미에서 선거인회를 구성하는 5만 명의 선거인들이 곧 국민인가?

 '국민, 국왕, 법', 이것은 의회의 입헌적 과업을 상징하는 유명한 문구이다. 이것은 국민 주권의 원칙이라는 그럴듯한 외관을 지녔지만 사람들의 눈을 속일 수는 없었다. 국민은 유산자 부르주아지라는 좁은 테두리로 축소되었다. 재산 제한 선거제의 국민은 반혁명과 전쟁의 충격을 견디어낼 수 없었다.

4장
제헌의회와 국왕의 탈주
1791년

제헌의회가 만든 제도적 구축물은 상반되는 압력의 무게 때문에 1791년부터 금이 가기 시작했다. 특권계급이 모든 타협을 완강히 거부하여 바르나브, 뒤포르, 라메트의 삼두 체제가 새롭게 시도한 타협책이 불가능해진 반면에, 이제는 분명해진 외국에 대한 호소와 침입의 공포 때문에 '특권계급의 음모'라는 관념은 민중의 정신속에서 활력과 생명력을 부여받았다. 이리하여 국민 범주의 문제가 점차 전면으로 부상하면서 종래의 제3신분 내부의 사회적 긴장을 악화시키고, 부르주아지가 재산 제한 선거제를 통해 권력을 구축했던 취약한 균형의 토대를 무너뜨리는 데 이바지했다.

반혁명과 민중의 압력

1790년 여름이 시작되면서 라파예트가 그동안 추구해 온 정책이 이미 파산했음이 명백해졌다. 특권계급과 부르주아 사회의 화해는 불가능했다. 교회의 분열과 선서거부파의 선동은 특권계급의 저항을 강화했다. 아시냐의 가치 하락과 경제적 위기가 또다시 민중 운동을 자극했다.

1. 반혁명 – 특권파, 망명 귀족, 그리고 선서거부파

반혁명은 이제 망명자들과 특권파 인사들, 그리고 선서거부파 성직자들의 노력을 결집해 하나의 운동으로 이끌었다.

망명자들의 선동은 국경 지방에서 집중적으로 나타났다. 주요한 망명 중심지는 라인란트 지방(코블렌츠, 마인츠, 보름스), 이탈리아(토리노), 영국 등지였다. 망명자들은 혁명을 깨뜨리기 위해 외국을 끌어들일 음모를 꾸몄다. 1791년 5월, 아르투아 백작은 만토바에서 레오폴트 2세*와 회견을 했지만, 황제는 개입을 회피했다.

국내에서 특권계급의 선동은 더 커졌고, 그 선동은 헌법의 문제에만 국한되지 않았다. 특권파, 세칭 '흑색파'는 아시냐에 대한 불신을 조장하고 국유 재산의 매각을 방해하려고 애썼다. 무장 시도도 늘어났다. 1791년 2월, '단검의 기사들(chevaliers du poignard)'은 튈르리 궁에 있는 국왕을 납치하려고 시도했다. 1790년 8월 비바레 지방의 남부에 있는 잘레스 야영지에 집결한 2만 명의 왕당파 국민방위병들은 1791년 2월에 가서야 무력으로 겨우 해산되었다. 1791년 6월에는 레자르디에르 남작(baron de Lézardière)이 방데 지방에서 봉기를 획책했다. 도처에서 특권파 인사들이 준동했다.

선서거부파의 선동은 반혁명 운동에 새로운 자극을 주었다. 선서거부파는 귀족의 대의에 자신들의 대의를 결합해, 반혁명의 적극적인 주체가 되었다. 그들은 계속해서 예배를 드리고 성사를 베풀었다. 전국이 분열하였다. 많은 사람들이 '선한 목자'를 저버려서 자신들의 구원이 위협받는 것을 원치 않았기 때문에, 선서거부파는 주민 가운데 일부

---

* 레오폴트 2세(Leopold II) 루이 16세의 부인인 마리 앙투아네트의 오빠이자 당시 오스트리아의 황제였다.

를 반혁명 운동에 끌어들일 수 있었다. 혼란이 커지자 제헌의회는 1791년 5월 7일에 단순히 예배를 묵인한다는 조건 하에서 선서거부파의 예배 집전을 허용했다. 입헌파는 분개했으며, 선서거부파와의 경쟁에서 뒤지지나 않을까 두려워했다. 종교 전쟁이 발발했다.

2. 민중의 압력 – 사회적 위기와 정치적 요구

동시에 혁명 운동이 확대되어 국민의회의 중용 정책을 더욱 어렵게 했다.

선서거부파의 선동에 대항해서 반교권주의 선동이 나타났다. 종교적 충돌은 결과적으로 특권파의 힘을 배가했을 뿐만 아니라 반교권파의 형성도 조장했다. 자코뱅파는 입헌파 성직자들을 옹호하기 위해 로마 가톨릭을 격렬하게 공격하고 미신과 광신을 비난했다. 이러한 선전 활동을 벌인 〈마을 소식(La Feuille villageoise)〉이란 제호의 신문은 다음과 같이 역설했다.

> 사람들은 우리가 교황권에 다소 너그럽지 못한 태도를 취한다고 비난한다. 그들은 우리가 신앙이라는 불멸의 나무를 항상 특별히 우대하지 않는다고 질책한다. 그러나 그러한 신성한 나무를 자세히 살펴보면 광신이란 것이 그 나무의 모든 가지에 얽혀 있는 까닭에 한쪽 가지를 쳐내지 않고서는 다른 쪽 가지도 쳐낼 수 없다는 점을 알게 될 것이다.

반교권적인 저술가들은 점차 대담해져서 예배 예산의 폐지를 요구하고, '연맹제'라는 국민적인 대축전이 예시한 것처럼 애국적이면서 공민적인 예배 관념을 제시했다.

선서거부파의 선동에 대항해서 민주파가 주도한 선동 역시 나타났다. 국왕과 선서거부파의 유착(癒着)은 민주파의 진전에 유리하게 작용했다. 이미 1789년부터 로베스피에르는 보통 선거제를 주장해 왔다. 민주파의 성장은 민중 클럽들의 증가에 힘입었다. 파리에서 1790년 2월 2일에 초등학교 교사인 당사르가 최초로 '남녀애국자우애협회'를 설립했다. 수동 시민을 받아들였던 이러한 민중 협회들은 1791년 5월에 중앙위원회를 결성했다. 1790년 4월에 창설된 코르들리에 클럽은 명실상부한 투사들의 결집체로서, 특권파 인사들을 감시하고 행정을 감독하며 집단행동이 필요한 경우에는 여론 조사, 서명 운동, 청원, 시위 운동을 조직하며 여러 운동을 이끌었다. 마라는 〈인민의 벗〉을 통해, 니콜라 드 본빌(Nicolas de Bonneville)은 〈총구(銃口, La Bouche de fer)〉를 통해 이러한 운동을 고무했다. 일부 민주파 인사들은 심지어 공화파를 자처했다. 이들은 프랑수아 로베르(François Robert)가 발행하는 신문인 〈국민의 사자(Mercure national)〉를 중심으로 결집했다.

1791년의 봄에 사회적 소요가 재발했다. 농민 폭동이 니베르네, 부르보네, 케르시, 페리고르 등의 지방에서 발생했다. 파리의 노동자들도 동요했다. 실업은 감소하지 않았고, 사치품 제조업은 불황이었다. 생계비가 앙등했다. 식자공, 대장장이, 목수 같은 직종의 노동자들은 최저임금제를 요구하기 위해 결합했다. 우애협회들과 민주파 언론은 노동자들의 대의를 지지했고, 경제적 자유를 선호하는 기업가와 상인들의 '새로운 봉건제'를 비난했다. 사회적 소요 덕분에 민주파의 선동이 확고해졌다.

3. 제헌의회의 부르주아지와 사회의 공고화

제헌의회는 이러한 이중의 위협에 맞서 강경한 정책을 추진했다. 부르주아지는 특권계급의 반혁명 음모에 못지않게 민중 운동의 진전도 몹시 두려워했다. 라파예트의 인기와 국왕에 대한 그의 영향력이 끝장나면서 미라보가 잠시 전면에 부상했다.

1789년 11월 7일의 법령으로 입각이 불가능해진 미라보는 이제 궁정에 매수되어 일하게 되었다. 그는 1790년 5월 10일 국왕에게 첫 의견서를 보냈다. 미라보는 왕권이 명목상의 것이 아니라 실질적인 것이어야 한다는 견해를 지녀, 군주에게 강화 체결권과 선전 포고권을 부여하려고 노력했다. 그는 루이 16세에게 대규모 선전(宣傳)과 매수를 권했다. 당파를 형성하는 것이 급선무이며, 그러고 나서 국왕은 파리를 빠져나와 의회를 해산하고 국민에게 호소한다는 계획이었다. 이러한 계획 가운데서 국왕이 매수의 방법만을 받아들여, 왕실세비지사(intendant de la liste civile)인 탈롱(Talon)이 많은 첩자와 공모자를 동원했다. 루이 16세는 라파예트뿐만 아니라 미라보 역시 신뢰하지 않았기 때문이다. 미라보의 정책은 좌초할 시간조차 없었다. 1791년 4월 2일, 그가 느닷없이 사망했다. 혁명 주역 가운데 한 사람이 무대에서 사라졌다.

바르나브, 뒤포르, 라메트의 '삼두파'가 즉시 미라보의 역할을 대신하였다. 특권계급의 음모보다는 민주파의 성장과 민중의 소요에 더 놀란 이들 역시 혁명을 바로 그 상태에서 멈추고자 했다. 이들은 왕실의 돈을 활용해 새로운 신문 〈산문가(散文家, Logographe)〉를 창간했다. 삼두파는 라파예트와 접촉하면서 우익으로 기울어졌다. 의회를 지배하고 있던 이들은 의회에도 동일한 방향 선회를 강요했다. 수동 시민들은 국민방위대에서 제외되었고, 집단 청원 또한 금지되었다. 노동자의 단결과 파업을 금지하는 르 샤플리에 법이 1791년 6월 14일에 통과되었다. 이러한 반동적 정치 상황은 당시에 좌파가 취한 행동을 설명해 준다. 로베스피에르는 침묵했다. 그러나 그는 어떤 상황에서도 통찰력 있고 단호하게 민중의 권리를 옹호했다. 그는 또한 1791년 4월 27일과 28일에 열린 국민방위대 조직에 관한 토론에서 다음과 같이 역설했다.

누가 우리의 영광스러운 혁명을 이룩했습니까? 부자들입니까, 권력자들입니까? 오직 민중만이 혁명을 원했고 혁명을 일으킬 수 있었습니다. 같은 이유로 오직 민중만이 혁명을 지켜 나갈 수 있는 것입니다.

마라도 르 샤플리에 법이 갖는 사회적 의미를 제대로 알아차리지 못했다. 그는 그 법이 집회와 청원의 권리를 제한하는 정치적 반동의 입법이라고 간주했다. 그는 1791년 6월 18일자 〈인민의 벗〉에서 다음과 같이 썼다.

> 그들은 헤아릴 수 없을 정도로 수많은 일꾼과 노동자 계급에게서 자신들의 이익에 관해 정식으로 토의하기 위한 결사권을 빼앗아 갔다. 그들의 유일한 목적은 시민들을 고립시켜 공공의 문제에 공동으로 참여하는 것을 막는 것이다.

특권계급과 타협하는 정책이 다시 시도되었다. 민주주의에 대한 공포 때문에 삼두파와 라파예트는 헌법을 개정하고, 선거권 획득에 필요한 납세점(cens)을 올리고, 국왕의 권한을 강화하려고 했다. 그러나 이러한 정책은 국왕의 동의뿐만 아니라 '흑색파'와 특권파 인사들의 협조를 필요로 했다. 특권계급의 반발로 그 정책은 불가능했다. 국왕의 탈주는 이러한 시도가 망상임을 분명하게 보여주었다.

혁명과 유럽

국내의 불안에 대외적 난관이 겹쳐질수록 제헌의회가 처한 상황은 1791년 내내 점점 더 어려워졌다. 새로운 프랑스와 구체제의 유럽은 마치 봉건 특권계급과 자본주의 부르주아지가, 그리고 군주제적 전제주의와 자유주의 정부가 서로 대립하듯이 맞섰다. 열강 사이의 경쟁으로 인해 프랑스 문제는 잠시 각국의 관심권 밖에 놓일 수 있었다. 망명자들과 루이 16세가 절대 권력과 사회적 우위를 회복하기 위해 외국에 호소하자 충돌은 피할 수 없게 되었다.

1. 혁명의 전염과 특권계급의 반발

혁명 이념의 선전과 확산력은 처음부터 각국의 국왕들을 불안하게 했다. 혁명의 사건들과 1789년의 원칙들은 그 자체가 다른 나라의 인민들을 동요시키고 국왕들의 절대 권력을 뒤흔들기에 충분한 파급력을 지녔다. 프랑스에서 벌어진 사건들은 도처에서 걷잡을 수 없이 강력한 호기심을 불러일으켰다. 마인츠의 게오르크 포르스터*, 영국의 시인 윌리엄 워즈워스(William Wordsworth), 러시아의 작가 니콜라이 미하일로비치 카람진(Nikolai Mikhailovich Karamzin)과 같은 외국인들, 이른바 '자유의 순례자들'이 파리로 모여들었다. 그들은 정치 투쟁에 가담했고, 클럽에 자주 드나들었으며, 혁명 이념의 적극적인 선진가가 되었다. 그들 가운데 가장 열렬했던 사람은 사부아, 브라반트, 스위스, 라인란트 출신의 정치 망명자들이었다. 1790년부터 스위스 망명자들, 특히 주네브와 뇌샤텔 출신의 망명자들은 '헬베티아 클럽'을 조직했다.

더욱이 국외에서는 부르주아지나 귀족들 사이에 계몽사상이 번져 있어서 특히 독일과 영국이 혁명의 전염에 민감했다.

독일에서는 교수와 작가들이 열광적이었다. 마인츠의 대학 도서관 사서인 게오르크 포르스터, 함부르크의 시인 프리드리히 고틀리프 클롭슈토크(Friedrich Gottlieb Klopstock), 프로이센의 철학자 이마누엘 칸트(Immanuel Kant)와 요한 고틀리프 피히테(Johann Gottlieb Fichte)가 바로 그들이었다. 튀빙겐에서는 대학생들이 자유의 나무를 심었다. 그

포르스터(Georg Forster) 독일의 과학자이자 대학 교수이며, 1792년 프랑스군이 마인츠에 진주했을 때는 마인츠 공화국의 대통령이 되었다.

리고 변혁 운동은 지식인들의 좁은 범위를 넘어 부르주아지와 농민층으로 확대되었다. 라인 지방과 팔츠에서는 농민들이 봉건적 부과조 납부를 거부했다. 작센의 마이센 지방에서는 농민 봉기가 터져 나왔다. 함부르크에서는 부르주아들이 1790년 7월 14일을 기리는 축전을 거행했다. 축제가 진행되는 동안 참석자들은 가슴에 삼색 리본을 달았고, 소녀 합창대는 자유(의 여신)의 도래(到來)를 노래했고, 클롭슈토크는 자신의 시 〈우리가 아닌 그들(Eux et pas nous)〉을 낭송했다.

오! 갈리아의 자유의 여신이여, 나는 천의 목소리를 갖고 있지만, 그대를 노래할 수가 없노라.
오! 신이여, 나의 곡조는 너무도 미약합니다. 어떻게 하면 갈리아의 자유가 실현되는지 ……

영국에서는 휘그파 지도자 가운데 한 사람인 찰스 제임스 폭스(Charles James Fox), 노예제 반대론자인 윌리엄 윌버포스(William Wilberforce), 철학자 제레미 벤담(Jeremy Bentham), 화학자 조지프 프리스틀리(Joseph Priestley)가 소리 높여 혁명을 지지한다고 선언했다. 지배층은 처음에는 혁명을 찬양했지만, 사건이 급박하게 돌아가자 열의가 식어 갔다. 오직 급진파와 비국교도들만이 혁명에 공감을 견지하면서 자국의 개혁을 주장했다. 1790년 맨체스터에 '헌법 협회'가 창설되었고, 1791년에는 '헌법 지식 증진을 위한 런던 협회'가 새로이 출발했다. 윌리엄 블레이크(William Blake), 로버트 번스(Robert Burns), 워즈워스, 새뮤얼 테일러 콜리지(Samuel Taylor Coleridge) 같은 시인들은 더 오랫동안 초기의 열정을 견지했다. 콜리지는 1798년에 송가 〈프랑스〉에서 당시 자신의 열광을 다음과 같이 회상했다.

프랑스가 분노 속에서 거대한 팔을 높이 들고,

공기와 땅, 그리고 바다를 뒤흔드는 선서를 행하면서,

힘찬 발걸음으로 지축을 울리며 자신들이 자유롭다고 선언했을 때

……

하지만 곧 유럽 곳곳에서 혁명에 대한 반동이 나타났다. 특권계급은 봉건제가 폐지된 뒤에, 성직자들은 교회 재산이 몰수된 뒤에 반혁명파가 되었다. 부르주아지는 끊임없이 발생하는 소요에 겁을 집어먹었다. 망명자들은 혁명에 위협받는다고 느끼는 구체제 계급들이 혁명 프랑스에 적대적인 태도를 취하도록 백방으로 기를 썼다. 아르투아 백작은 1789년부터 토리노에 자리 잡았다. 1790년에는 트리어 선제후의 영토에서 최초의 무장 집회가 열렸다. 자기 계급의 이익을 조국의 이익보다 앞세우고 궁핍하면서도 거만했던 망명 귀족들은, 한줌의 선동가가 지배하는 파리는 약간의 군대만 있으면 굴복시킬 수 있다고 호언했다. 독일에서는 1790년 초부터 소책자 작가들이 예나의 〈문예신문(Gazette littéraire)〉과 같은 언론을 통해 프랑스의 민주적 운동을 공격했다. 영국에서는 토지 특권계급과 국교회가 반동의 포문을 열었다. 1790년의 선거에서 다수당인 토리당이 더욱 많은 지지를 획득했고, 의회 개혁은 연기되었다. 1790년 11월, 에드먼드 버크(Edmund Burke)는 반혁명의 복음서가 될 《프랑스혁명에 대한 성찰(Reflections on the Revolution in France)》을 출판했다. 그는 프랑스혁명이 특권계급을 파괴하고 신성한 제도인 계급 간의 위계질서를 붕괴시켰다고 비난했다. 이미 미국 독립전쟁에서 식민지인들을 지지해 유명해진 토머스 페인(Thomas Paine)은 1791년에 민중 사이에서 커다란 반향을 불러일으킨 《인간의 권리(Rights of Man)》를 출판해 버크에 대항했다. 버크는 반혁명 성전(聖戰)을 주창했다. 같은 시기인 1791년 봄, 교황 비오 6세는 프랑스혁명의

원칙을 공식적으로 규탄했다. 같은 해 3월, 에스파냐 정부는 '프랑스 역병(疫病)'을 막고자 피레네 산맥을 따라 군사 방역선을 쳤다. 유럽의 반혁명이 명확한 모습을 갖추자, 루이 16세는 그것에 모든 희망을 걸었다.

2. 루이 16세와 제헌의회, 그리고 유럽

루이 16세의 정책은 유럽의 특권계급이 바라는 것과 같은 목표를 겨냥했다. 그는 은밀하게 각국의 국왕들에게 개입해줄 것을 간청했다. 망명자들도 같은 방향에서 움직였다. 마드리드에서 아르투아 백작은 프랑스 남부 지방에서 획책하고 있던 반란에 무력 수단으로 개입해 달라고 요청했다. 1790년 11월부터 망명 귀족단에서 사실상의 수석 대신 역할을 한 칼론은 프로이센에 기대를 걸었다. 콩데 공이 코블렌츠에서 조직한 군대가 외국 군대에게 길을 열어주어 구체제를 다시 세운다는 것이었다. 루이 16세는 표면적으로만 혁명을 받아들였다. 1789년 11월부터 그는 강제로 양보한 여러 가지 것에 반대한다는 의견을 에스파냐의 카를로스(Carlos) 4세에게 적어 보내곤 했다. 1790년 말경 탈주를 결심한 루이 16세는 메스 주둔군의 사령관이자 낭시 학살의 장본인인 부이예 후작에게 탈주를 확실하게 실행할 수 있도록 제반 조치를 취하게 했다. 국왕의 계획은 유럽의 열강에게 국경에서 무력시위를 일으켜 개입해주기를 요청하여 의회가 자신들이 만든 법령들을 개정하게 만든다는 것이었다.

혁명에 대한 전반적인 적대감에도 불구하고 국왕들의 반응은 각양각색이었다. 러시아의 예카테리나(Ekaterina) 2세는 겉으로는 반혁명 성전의 이념에 열을 올렸다. "프랑스의 무정부 상태를 타파하는 것, 이것이 바로 불멸의 영광을 준비하는 길이다." 스웨덴의 구스타프(Gustav) 3세는 동맹을 주도할 채비를 갖추었다. 그는 1791년 봄에 아헨에 자리를 잡았다. 프로이센의 국왕 프리드리히 빌헬름(Friedrich Wilhelm) 2세와 사르데냐의 국왕 비토리오 아메데오(Vittorio Amedeo) 3세 역시 반혁명 편으로 돌아섰다. 오스트리아 황제 레오폴트 2세는 신중했고, 영국 정부도 마찬가지였다. 특히 국왕들은 경쟁과 영토에 대한 야심으로 분열되어 있었다. 동맹의 맹주 격인 황제의 참여 없이는 아무것도 할 수 없었다. 그런데 레오폴트는 근본적으로 입헌적인 개혁에 적대적이지 않았으며, 프랑스 국왕의 권위가 약화된 것을 유감스럽게 생각하지도 않았다. 더욱이 그는 자국 내의 민족 문제와 동방의 국경 문제 때문에 충분히 골머리를 썩고 있었다.

제헌의회의 대외 정책을 지배했던 것은, 유럽의 국왕들과 대혁명을 대립하게 하는 사법적·영토적 질서의 충돌이었다.

봉건적 부과조의 폐지로 알자스에 '영지를 갖고 있는 제후들'의 문제가 생겼다. 알자스에 영지를 가진 다수의 독일인 제후들은 자신들의 이익이 침해받았다고 생각하여 프랑스 제헌의회의 결정을 두고 제국의회(Diete germanique)에 이의를 제기했다.

교황은 아비뇽 문제로 프랑스에 등을 돌렸다. 아비뇽과 브나스크 백작령(Comtat-Venaissin)은 교황권을 거슬러서 구체제를 폐지해버렸다. 1790년 6월 12일, 아비뇽은 투표를 거쳐 프랑스에 합병하기로 결정했다. 제헌의회는 확고한 태도를 취하지 않은 채 망설이며 시간을 끌었다. 8월 24일에 아비뇽 문제에 대한 토의가 시작되자, 제헌의회 의원들은 교황에게 프랑스에 대한 새로운 불만거리를 제공하지 않으려고 했다. 따라서 외교 문제에 관한 한 국왕에게 주도권이 있으므로 아비뇽 주민들의 청원은 국왕에게 이관되어야 한다는 프랑수아 드니 트롱셰(François Denis Tronchet)의 의견이 채택되었다. 의회는 혹시라도 시의에 맞지 않은 결정을 내려 '성직자 민사 기본법'을 둘러싸고 당시 진행되고 있던 협상에 해를 끼치지 않으려고 했다.

그런 가운데 1789년의 원칙으로부터 도출된 새로운 국제공법(國際公法)이 나타났다. 1790년 5월 22일, 제헌의회는 공식적으로 정복권(droit de conquête)을 포기했다. 자유롭게 표명된 인간의 의지만이 국민을 형성할 수 있다는 것이었다. 1790년 11월, 의회는 1790년 7월 14일의 '연맹제'에 참가했다는 사실이 입증하는 바와 같이 정복권이 아니라 주민들의 의지에 따라 알자스는 프랑스에 속한다고 독일 제후들에게 선언했다. 새로운 국제법의 원칙을 모색하는 가운데 메를랭 드 두에는 1790년 10월 28일에 사실상 왕조 국가와 자발적 결사로서의 '국민'을 대비했다. 이때 그는 1789년 6월 17일에 국민의회임을 선언한 제3신분의 결정과 다음 달인 7월 9일에 헌법 제정의 권한을 지녔다고 선언한 국민의회의 결정을 염두에 두었다.

여러분과 여러분의 형제 알자스인 사이에는 지난해에 바로 이 의회에서 특권층과 평민을 아우르는 모든 프랑스인들 사이에 만들어진 사회계약 이외에는 통합의 어떠한 합법적 정당성도 존재하지 않습니다.

문제가 있다면 그것은 '극히 단순한' 것으로서 다음과 같은 내용이다.

알자스 인민이 프랑스인으로 태어나는 이점을 갖게 된 것이 외교 문서 때문이라고 하는데 …… 과연 전제주의의 시기에 알자스 인민을 프랑스 인민에게 결속시킬 목적으로 체결된 조약이 알자스 인민과 프랑스 인민에게 무슨 의미가 있겠습니까? 알자스 인민은 자신들이 원했기 때문에 프랑스 인민으로 통합되는 것입니다. 따라서 통합을 정당화해주는 것은 뮌스터 조약이 아니라 바로 그들의 의지입니다.

알자스는 1790년 7월 14일의 '연맹제'에 참가함으로써 이러한 통합 의지를 표명했다.

1791년 5월 교황이 여전히 성직자 민사 기본법을 비난하는 가운데 의회는 아비뇽과 브나스크 백작령을 점령하여 주민의 의사를 확인하기로 결정했다. 1791년 9월 14일에 합병이 받아들여졌다. 따라서 군주들의 눈에는 새로운 국제공법이 결국은 혁명적인 국민의 이익을 위해서 합병을 원하는 인민을 병합할 수 있는 권리를 선언하는 것과 다를 바 없었다. 이는 구체제 외교의 틀을 근저부터 흔들어놓는 조치였다.

그렇지만 의회는 전쟁을 두려워했다. 전쟁이 벌어지면 결과적으로 궁정에게 유리해질 것이기 때문이었다. 의회는 독일 제후들에게 보상을 제의했지만, 루이 16세는 곧바로 개입하여 독일 제후들에게 그 제안을 거부하도록 종용했다. 의회는 아비뇽의 합병을 가급적이면 늦추었다. 이러한 화해 정책은 프로이센, 오스트리아, 러시아가 폴란드 문제에 열중해 있었기에 별 어려움 없이 실행될 수 있었다. 레오폴트는 프리드리히 빌헬름과 예카테리나가 프랑스에 무력 개입할 것을 촉구하고 있는 이유가 레오폴트 자신이 서방 문제에 몰두하고 있는 동안 폴란드 문제를 그들의 이익에 맞게 처리하려는 의도임을 알아차리고는 개입을 자제하기로 결심했다.

그러나 국왕의 탈주 사건으로 의회의 유화 정책이 좌초하자, 레오폴트 2세는 프랑스 문제에 개입하지 않을 수 없었다.

바렌 사건 – 혁명에 대한 국왕의 배신(1791년 6월)

국왕의 탈주 사건은 혁명사에서 매우 중요한 사건 가운데 하나이다. 국왕의 탈주는 국내적으로는 왕권과 혁명적 국민 사이에 화해하기 어려운 대립이 있음을 드러내주었고, 대외적으로는 충돌을 재촉했다.

1. 국왕의 탈주 사건(1791년 6월 20일)

국왕의 탈주는 마리 앙투아네트의 스웨덴인 정부(情夫) 악셀 폰 페르셴(Axel von Fersen) 백작이 오래전부터 준비해 왔다. 역마차를 통해 부이예 군(軍)에 보내지는 대규모 현금을 보호한다는 구실 아래 역참과 경기병들이 생트므누에 이르는 길을 따라 배치되었으며, 루이 16세는 샬롱쉬르마른과 아르곤을 거쳐 몽메디에 도착할 예정이었다. 1791년 6월 20일 자정 무렵에, 궁정 하인으로 변장한 루이 16세는 가족과 함께 튈르리 궁을 떠났다. 같은 시각에 라파예트는 궁의 초소를 순시하며 경비 상태가 퍽 양호하다고 생각하였다. 그러나 이미 오래전부터 라파예트는 페르센이 왕비 거처에 자유롭게 드나들 수 있도록 튈르리 궁의 한쪽 문을 보초병 없이 비워 둔 상태였다.

루이 16세의 일족을 가득히 실은 육중한 대형 4륜마차는 특별히 설계된 것이었다. 마차는 예정 시간보다 5시간이나 지체했다. 샬롱 다음에 배치된 역마들은 국왕이 오지 않는 것으로 알고 철수해버렸다. 6월 21일 한밤중에 바렌에 도착했을 때, 국왕은 예정된 교대용 역마를 발견할 수 없었기에 거기에서 멈추었다. 그런데 생트므누에서 루이 16세는 몸을 가리는 데 부주의하여 장바티스트 드루에(Jean-Baptiste Drouet)라는 우체국장의 아들에게 정체를 들키고 말았다. 드루에는 바렌에서 멈춰 서 있는 대형 마차를 발견하고 그것을 앞질러 에르 강의 다리 위에 바리케이드를 치게 했다. 다시 떠나려고 했을 때, 국왕은 다리가 막혀 있는 것을 발견했다. 경종이 울리자 농민들이 떼 지어 몰려들었고, 달려온 경기병들은 민중의 편에 가담했다. 22일 아침, 국왕 일족은 주위의 여러 마을에서 달려온 국민방위대에 둘러싸여 파리 귀환 길에 올랐다. 소식을 들은 부이예가 도착한 것은 이미 국왕이 파리로 향한 지 두 시간이 지나서였다. 6월 25일 저녁, 죽음과 같은 침묵 속에서 국왕은 총을 거꾸로 멘 병사들에 둘러싸여 파리로 되돌아왔다. 그야말로 '군주제의 장송 행렬'이었다.

　탈주하기 전에 루이 16세가 작성하여 프랑스인들에게 발표한 성명은 그의 의도를 뚜렷하게 보여준다. 그는 부이예 군대의 영내에 도착한 후 네덜란드에 주둔하고 있던 오스트리아 군대와 함께 파리로 되돌아와 의회와 클럽을 해산하고 절대 권력을 재확립할 생각이었다. 루이 16세가 계획한 모든 비밀 정책의 목표는 에스파냐와 오스트리아를 자신에게 유리하게 끌어들이는 데 있었다. 1789년 10월에 이미 루이 16세는 에스파냐 국왕 카를로스 4세에게 비밀 첩자 퐁브륀(Fonbrune) 신부를 파견하였다. 또한 알자스에 영지를 가진 독일 제후들과 갈등이 악화되도록 갖은 애를 썼다. 우리가 흔히 생각하듯이 루이 16세는 단순하고 나약하며 무분별한 인물이 아니었다. 오히려 그는 국민을 배반하면서까지 자신의 절대 권력을 재확립한다는 유일한 목표를 달성하기 위해 집요한 노력을 기울일 만큼은 총명했다.

2. 바렌 사건이 국내에 끼친 영향 – 샹드마르스 광장의 발포 사건(1791년 7월 17일)

　바렌 사건은 국내에 두 가지 상반되는 결과를 가져왔다. 한편으로 국왕의 탈주 사건은 민중 운동과 민주적인 변혁 운동을 비약적으로 성장하게 했다. 그러나 부르주아 지배층은 민중에 대한 두려움 때문에 권력을 강화하고 군주제를 존속시키려고 했다.

　바렌 사건 직후, 민주 운동의 요구는 그 어느 때보다도 명확해졌다. 코르들리에 클럽은 "우리는 마침내 자유로워지고 국왕을 갖지 않게 되었다."고 선언했고, 6월 21일부터는 제헌의회에 '공화국'을 선포하든지 아니면 최소한 제1차 선거회의 의견을 듣기 전까지는 국왕의 운명에 대한 결정을 미루라고 요구했다. 게다가 국왕의 탈주는 인민대중의 국민 의식이 강화되는 데 결정적인 요인으로 작용했다. 그것은 군주제가 외국과 결탁했다는 것을 드러내주어, 농촌 구석에까지 격렬한 흥분을 불러일으켰다. 사람들 사이에 외국의 침입에 대한 공포가 나타나자, 국경의 요새는 자발적인 방어 태세에 들어갔고 의회는 국민방위병 중에서 10만 명의 의용군을 선발했다. 1789년과 마찬가지로 또다시 사회적이며 국민적인 반응이 나타났다. 바렌에서 국왕의 탈주를 보호할 줄 알았던 경기병들이 달려와 민중의 편이 되었을 때, "국민 만세!"라는 함성이 일었다. 자위를 위한 반응이 폭발했다. 1791년 6월 22일 저녁, 생트므누 근방을 지나는 루이 16세를 알현하려고 나타났던 그 지역의 영주 당피에르(Dampierre) 백작이 농민들에게 살해되었다. 1791년의 공포에서 국민적 열정은 사회적 증오만큼이나 강력한 원동력이 되었다. 국왕의 탈주는 외국 군대의 침입이 임박했다는 증거로 비쳤다. 인민대중은 글자 그대로 군사적인 동원으로 대응했다.

그런 와중에도 제헌의회의 부르주아지는 냉정을 유지했다. 그들은 농민 전쟁(jacquerie)을 두려워했고, 또 그것 못지않게 도시의 민중 운동도 싫어했기 때문이다.(르 샤플리에 법이 1791년 6월 14일에 통과되었다.) 의회는 왕권과 국왕의 거부권을 정지하여 프랑스를 사실상의 공화국으로 만들었다. 그러나 의회는 민주주의로 가는 길을 의도적으로 차단했다. 의회는 '국왕 납치 사건'이라는 허구를 만들어냈다. 6월 21일 저녁, 바르나브는 자코뱅 클럽에서 역설했다. "헌법, 그것은 우리의 지침서입니다. 국민의회, 그것은 우리의 결집처입니다." 로베스피에르의 항의에도 불구하고 루이 16세는 무죄를 인정받았다. 오직 납치 주범들, 즉 1791년 6월 26일에 의회에 보낸 서한에서 전적인 책임은 자신에게 있다고 주장했으나 출두를 기피했던 부이예, 그리고 7월 15~16일 이틀에 걸쳐 기소장이 발부된 몇 명의 단역들만이 소추를 받았다. 1791년 7월 15일, 바르나브는 열변을 토하는 가운데 문제의 핵심을 건드렸다.

우리는 혁명을 종결지으려는 것입니까, 아니면 혁명을 다시 시작하려는 것입니까? …… 여기서 한 발자국 더 나아가는 것은 곧 자유의 경계선을 넘어 군주제를 파괴하고, 평등의 경계선을 넘어 소유제를 파괴하는 치명적인 범죄 행위가 될 것입니다.

국왕의 반역과 특권계급의 위협에도 불구하고, 제헌의회의 부르주아지는 국민이 유산자의 국민으로 계속 머물러 있기를 원했다. 그들에게 혁명은 끝난 것이었다.

샹드마르스 광장의 발포 사건(1791년 7월 17일)은 부르주아지의 확고한 의도를 명확하게 보여주었다. 파리의 민중은 코르들리에 클럽과 우애협회들의 부추김을 받아 청원과 시위 운동을 확대했다. 1791년 7월 17일, 코르들리에 클럽 인사들이 조국의 제단 앞에서 공화정을 요구하는 청원에 서명하기 위해 모였다. 의회는 무질서를 핑계 삼아 파리 시장에게 집회를 해산하라고 명령했다. 계엄령이 선포되었다. 부르주아들로만 구성된 국민방위대가 해산 권고도 없이 비무장 군중들에게 발포해 50여 명을 사살했다. 가혹한 탄압이 뒤를 이었다. 수많은 인사들이 체포되었으며, 민주 계열의 여러 신문들이 폐간되었다. 코르들리에 클럽은 폐쇄되었고, 민주파는 잠시 지도부를 상실했다. 이것이 바로 '삼색 테러'다.

이 사건의 정치적 결과는 돌이킬 수 없는 것이었다. 애국파는 상호 적대적인 두 집단으로 분열했다. 자코뱅파의 보수적인 분파는 1791년 7월 16일에 떨어져 나와 푀양 수도원에 새로운 클럽을 개설했다. 자코뱅 클럽에서는 로베스피에르가 이끌던 민주파가 더욱 우세하게 된 반면에, 라파에트파와 라메트파가 함께 모인 입헌파는 푀양파로 결집하여 그동안 이루어 온 타협의 성과를 보존하고 재산 제한 선거제에 기반을 둔 부르주아지의 정치적 우위를 유지하기 위해 국왕 및 '흑색파'와 한 패가 될 각오였다. 이리하여 다시 타협 정책이 나타났다. 그러나 특권계급은 요지부동이었다.

헌법의 개정은 당시 상황을 주도하던 '삼두파'가 원했던 것만큼 나아가지는 못했다. 하지만 재산 제한 선거제의 특성은 더 강화되었다. 선거인이 되려면 경우에 따라 150일, 200일 혹은 400일 분의 노동량에 상당하는 재산을 소유하거나 임대해야 했다. 국민방위대는 결정적으로 1791년 7월 28일의 법에 의해 새로운 틀이 잡혔고 9월 19일의 법에 의해 개편되었는데, 오직 능동 시민만이 국민방위대의 구성원이 될 수 있었다. 무장한 부르주아지 앞에서 민중은 무장 해제를 당했다. 국왕은 1791년 9월 13일에 이렇게 수정된 헌법을 승인했고, 14일에는 다시 한 번 국민에게 충성을 맹세했다. 제헌의회 부르주아지는 또다시 혁명은 끝났다고 믿었다.

3. 바렌 사건이 국외에 끼친 영향 – 필니츠 선언(1791년 8월 27일)

바렌 사건이 국외에 끼친 영향은 국내에 초래한 것 못지않게 심각했다. 국왕의 탈주와 체포 사건은 전 유럽에 광범위하게 근왕주의적 감정을 불러일으켰다. "얼마나 소름끼치는 일인가!"라고 프로이센의 국왕은 개탄했다. 그러나 역시 모든 것은 오스트리아 황제의 의사에 달려 있었다. 만토바에서 오스트리아 황제는 프랑스의 왕가와 군주제를 구하기 위해 공동 보조를 취하자고 유럽 여러 나라의 궁정에 제안했다. 그러나 계산과 이해관계가 군주제의 연대감보다 우세했다. 프랑스에 대항하는 유럽의 협조 체제는 실현될 수 없었다. 푀양파의 정책 덕분에 오스트리아 황제는 루이 16세의 운명에 대해 일단 안심했다. 1791년 8월 27일 황제 레오폴트는 자신이 발을 빼고 있음을 은폐하기 위해 프로이센의 국왕 프리드리히 빌헬름과 공동으로 '필니츠 선언'을 발표했으나, 단지 조건부로 유럽이 간섭하겠다고 혁명가들을 위협하는 데 그쳤다. 두 군주는 "상호 협력 하에 필요한 무력을 동원해 신속하게 행동하겠다."고 선언했으나 이것은 다른 열강들이 자신들의 동맹에 가담하겠다고 결정할 경우에만('오직 그럴 때만, 그리고 그런 조건에서만') 개입한다는 조건부 약속이었다. 그러나 프랑스 여론은 필니츠 선언을 그 작성자들이 의도한 문자 그대로 받아들였다. 사람들은 이러한 외국의 내정 간섭은 용납할 수 없으며, 혁명 자체가 위협받는다고 느꼈다. 그 결과 국민 감정이 극도로 고조되었다.

제헌의회는 "국왕 만세! 국민 만세!"라는 함성 속에서 1791년 9월 30일에 해산하였다. 의회의 지도자들은 특권계급의 반동과 민중의 압력에 대항해, 왕권과 재산 제한 선거제로 선출된 부르주아지의 일치에 영원한 봉인을 찍었다고 생각했다. 그러나 국왕은 단지 겉으로만 1791년의 헌법을 받아들였을 뿐이다. 제헌외회 의원들이 믿었던 것과는 달리 국민은 부르주아지와 결코 동일한 것이 아니었다. 바렌 사건이 터져 위기가 고조되자, 의회는 국민방위병 10만 명을 징집하라고 명령했다. 상비군인 국왕의 군대에 대한 경계를 게을리하지 않으면서도 민중에 의지하지도 않은 채, 의회는 재산 제한 선거제의 헌법이 규정한 것과 같은 의미에서 국민에게 모든 것을 맡긴 셈이었다. 하지만 사태는 의회의 계산과는 다르게 전개되었다. 필니츠 선언 뒤, 전쟁은 불가피하게 보였다.

위협에 직면한 부르주아지는 거리낌이 없지는 않았지만 민중에게 호소할 수밖에 없었다. 그러나 민중은 출생의 특권을 타파한 뒤에는 이제 돈의 특권을 감수할 생각이 없었다. 민중은 자신들이 국민에 포함되기를 요구했다. 이후부터 정치적·사회적 문제는 새로운 용어로 제기될 것이었다.

5장

입법의회

— 전쟁과 왕위의 전복
1791년 10월~1792년 8월

    1791년의 헌법이 설정한 자유주의적 군주제의 실험은 1년도 지속되지 못했다. 민중의 압력과 국왕이 이끈 특권계급 반동의 틈바구니 속에서, 권좌의 부르주아지는 대내적인 어려움을 회피하고자 대외적인 어려움을 악화시키는 데 주저하지 않았다. 부르주아지는 국왕의 암묵적인 동조 아래 프랑스와 혁명을 전쟁의 와중으로 몰아넣었다. 그러나 전쟁을 일으킨 자들의 계산은 빗나갔다. 전쟁은 혁명 운동에 생기를 불어넣었으며 동시에 왕위의 전복을 초래했고, 몇 달 뒤에는 권좌의 부르주아지까지 끌어내렸다.

    무모하게 시작된 특권계급과 유럽의 충돌 때문에 혁명적 부르주아지는 민중에 호소해야 했고 결국 그들에게 양보해야만 했다. 이렇게 하여 국민의 사회적 토대가 확대되었다. 국민은 정말로 전쟁으로부터, 국민적인 동시에 혁명적인 성격을 띠는 전쟁으로부터 탄생했다. 이 전쟁은 특권계급에 대항하는 제3신분의 전쟁이자, 동맹으로 맺어진 구체제의 유럽에 대항하는 국민의 전쟁이었다. 국내와 국경에서 국민에 대항하여 전쟁을 벌이는 프랑스와 유럽의 특권계급의 위협에 직면하여, 재산 제한 선거제라는 불안정한 기반은 민중의 압력으로 붕괴하였다.

전쟁의 도정(途程)(1791년 10월~1792년 4월)

1. 푀양파와 지롱드파

1791년까지 통합되어 있었던 부르주아지는 바렌 사건 뒤 분열하였고, 필니츠 선언은 그 분열을 심화했다. 의회 내뿐만 아니라 전국적으로도 부르주아지는 더는 적대 세력에 대한 공동 전선을 구축하지 못했다.

의회 의원들의 압도적 다수는 언제나 부르주아 출신이었고, 그 가운데서 지주와 변호사가 지배적이었다. 6월에 제1차 선거회의 지명을 받은 선거인들은 샹드마르스 사건 직후인 1791년 8월 29일부터 9월 5일까지 필니츠 선언이 몰고 온 흥분 속에서 의원들을 선출했다. 1791년 10월 1일에 첫 회의를 연 입법의회 745명의 의원들은 모두 초선이었고 (로베스피에르의 발의에 따라 1791년 5월 16일의 법령은 제헌의회 의원들의 피선거권을 박탈했다), 대부분 젊었으며(대다수가 30세 미만이었다), 많은 이가 코뮌과 도 의회에서 경험을 쌓고 정치 활동을 시작한 무명의 인사들이었다.

푀양파에 가입한 우파는 모두 264명이었다. 구체제뿐만 아니라 민주주의에도 적대적이었던 이들은 1791년의 헌법이 수립한 것과 마찬가지로 제한군주제와 부르주아지의 우위권을 옹호하였다. 그러나 푀양파는 두 가지 경향, 더 정확히 말하면 두 분파로 나뉘었다. '라메트파'는 바르나브, 뒤포르, 라메트로 이루어진 '삼거두'의 지시를 따랐다. 삼거두는 비록 의회에서 의석을 차지하지는 못했지만 외무대신 레사르(Claude Antoine Valdec de Lessart)와 같이 신임 각료 대부분을 천거했다. '라파예트파'는 라파예트로부터 지시를 받아 행동했다. 그는 당시 국왕의 총애를 삼거두에게 빼앗겨 허영심에 상처를 입은 상태였다.

좌파는 대체로 자코뱅 클럽에 등록한 136명의 의원으로 이뤄졌다. 이들은 특히 브리소와 콩도르세라는 파리 출신의 두 의원에게 지도를 받았다. 기자 출신인 브리소를 따르는 의원들은 브리소파(brissotins)로 불렸으며, 콩도르세는 볼테르의 저작을 편집한 철학자였다. 좌파는 지롱드 도 출신의 뛰어난 웅변가들인 피에르빅튀르니앵 베르뇨*, 아르망 장소네(Armand Gensonné), 장앙투안 그랑주뇌브(Jean-Antoine Grangeneuve), 엘리 가데(Élie Guadet)의 영향을 받았는데, 이로부터 50년 뒤에 알퐁스 드 라마르틴(Alphonse de Lamartine)이 명명한 지롱드파(Girondins)라는 말이 여기에서 유래했다. 신문 기자, 변호사, 교사 출신의 브리소파는 혁명의 제2세대를 형성했다. 대부분이 중류 부르주아지 출신인 이들은 보르도, 낭트, 마르세유의 항구에서 사업을 하는 대부르주아지, 즉 선주, 은행가, 도매업자들과 관계를 맺었고 그들의 이익을 옹호했다. 브리소파는 출신 성분과 철학적 훈련의 측면에서는 정치적 민주주의 쪽으로 기울었다면, 연고 관계나 기질 면에서는 부(富)를 존중하고 그것에 봉사하려는 경향을 지녔다.

극좌파에는 로베르 랭데*, 조르주 쿠통*, 라자르 카르노*와 같이 보통선거제를 지지하는 몇 안 되는 민주파 인사가 있었다. 클로드 바지르*, 프랑수아 샤보*, 메를랭 드 티옹빌(Merlin de Thionville) 세 의원은 깊

베르뇨(Pierre-Victurnien Vergniaud, 1753~1793) 보르도 출신의 변호사. 입법의원과 국민공회 의원을 지낸 그의 이상(理想)은 고대 그리스 철인 플라톤이 묘사한 '공화국'의 실현이었다. 지롱드파 숙청 때 처형되었다.
랭데(Robert Lindet, 1746~1825) 입법의회에 이어 국민공회 의원으로 선출되었으며, 국민공회에서는 산악파에 속했고, 공안위원회 위원이기도 했다. 테르미도르 반동에서는 중립을 취했으며 총재정부 하에서 재무장관을 지냈다.
쿠통(Georges Couthon, 1755~1794) 하반신 장애가 있는 변호사 출신으로서 입법의회와 국민공회 의원을 지낸 열렬한 로베스피에르파였다. 1793년 공안위원회에서 로베스피에르 및 생쥐스트와 함께 삼두 체제를 유지했으며, 리옹 반란의 진압 책임을 맡았다. 테르미도르 반동 때 로베스피에르와 같이 기요틴에서 처형되었다.

은 우정으로 결합하여 '코르들리에 삼총사(trio cordelier)'로 불렸다. 이들은 의회에 큰 영향력을 행사하지는 못했으나, 클럽과 민중 협회에 일정한 영향을 끼쳤다.

푀양파와 브리소파 사이에는 '무소속' 혹은 '입헌파'로 불리는 345명의 부동층이 있었다. 이들은 혁명을 성실하게 지지했지만, 뚜렷한 정치적 견해도 걸출한 지도자도 갖지 못했다.

파리의 클럽과 살롱은 의회 내 여러 집단들의 견해를 반영했고, 정치 투쟁의 강도를 높이는 데 기여했다.

살롱에는 여러 분파의 지도급 인사들이 모여들었으며 그들에게 제휴의 기회를 제공했다. 네케르의 딸이자 나르본(Narbonne) 백작의 정부이기도 한 스탈 부인*의 살롱은 라파예트파의 근거지가 되었다. 베르뇨와 동료들은 만찬을 같이하거나, 방돔 광장에 자리 잡은 총괄 징세 청부업자의 미망인인 도됭(Dodun) 부인의 호화로운 살롱에서 모이

카르노(Lazare Carnot, 1753~1823) 대혁명 발발 당시 공병대위였다가 입법의회와 국민공회에 진출했다. 1793년 8월 이후 공안위원회 위원으로서 산악파에 가담했으나 테르미도르 반동에서 주역을 담당한다. 이후 총재정부에서 총재의 한 사람으로 선출된다.

바지르(Claude Basire, 1764~1794) 산악파 정치가로서 샤보, 메를랭 드 티옹빌과 극좌파를 형성하여 의회와 자코뱅 클럽에서 활약하였으며, 8월 10일 사건의 사전 모의에도 참여했다. 그러나 지롱드파의 몰락 이후 망명 의원들을 법의 보호 밖에 두자는 결의에 반대하여 자코뱅 클럽 내에서 비판을 받았다. 게다가 뇌물을 받거나 투기 사업을 벌였던 친구 샤보를 위해 의원의 재산 공개 안건을 거부하여 제 무덤을 파는 결과를 초래했다. 사실 바지르는 자신의 재산을 희생하고 처의 연금으로 생활할 정도로 청빈했는데, 친구의 비밀을 지켜주려다 결국 사건에 연루되어 체포당한 후 처형되었다.

샤보(François Chabot, 1756~1794) 학교 요리사의 아들로 태어나서, 혁명이 발발할 무렵 수도원장을 지냈으며 '성직자 민사 기본법'을 지지한 최초의 진보적인 성직자였다. 입법의회 및 국민공회에 선출된 뒤 국왕의 재판 등 혁명 과정에서 과격한 입장을 취했다. 변변치 않은 복장에다 머리와 가슴을 풀어헤쳐 대중의 이목을 끌려고 했으며, 상퀼로트처럼 보이려고 애썼다. 그의 선동적 활동은 결국 로베스피에르의 비판을 받았으며, 치안위원회로부터 추방되었다. 그 후 그의 오직(汚職) 사건이 일어났으며, 결국 동인도회사의 추잡한 부정 사건을 일으켜 체포당해 처형되고 말았다.

곤 했다. 브리소파는 롤랑 부인의 살롱에서 모였다. 롤랑 부인은 정의감에 사로잡힌 감성적인 여인으로서 지롱드파의 정신적 지주였다. 그녀는 친구들이나 전직 공장 감독관인 정직하고 평범한 남편 롤랑을 통해 큰 영향력을 행사했다.

　이 시기에 클럽의 역할은 점차 커졌는데, 여기에 각 분파의 투사들이 모여들었다. 푀양파의 클럽에는 입헌파나 온건한 부르주아들이 자주 드나든 반면에, 자코뱅파의 클럽은 회비가 훨씬 적어 더 많은 사람들이 드나들었다. 소부르주아, 소상점주, 수공업자들이 열심히 자코뱅파의 클럽에 참석해 영향력을 행사했다. 그들에게 인기 있는 웅변가는 로베스피에르와 브리소였는데, 두 사람은 의견 차이로 곧 충돌하였다. 자코뱅 클럽은 여러 지부를 통해서 전국적으로 영향력을 행사했으며 특히 도처에서 혁명의 지지자와 국유 재산의 매입자들을 끌어모았다. 코르들리에 클럽은 더 민중적인 인사들로 구성되었다.

　48개에 달하는 파리의 구(區, section)를 통해 능동 시민들은 정치적 사건들을 주시하면서 어느 정도 그런 사건에 통제력을 행사했다. 각 구는 정기적으로 총회를 소집했다. 총회는 점차 민중이 정치 활동을 하는 격렬한 중심이 되었으며, 1792년 7월에 수동 시민들이 대거 참여한 뒤부터는 민주적이며 평등주의적인 정신을 확산시키는 데 이바지했다.

2. 국왕과 의회의 첫 번째 충돌(1791년 말)

　제헌의회가 해결하지 못하고 입법의회로 넘긴 많은 난제 때문에 국왕과 의회는 충돌에 휘말렸다. 이 문제들은 합헌적인 방법으로는 해결

스탈 부인(Mme Staël, 1766~1817) 파리 주재 스웨덴 대사 스탈의 부인이다. 공안위원회의 테러가 절정에 달했을 때 스위스로 피신했다가 총재정부 시기에 파리로 돌아왔다. 문재(文才)가 뛰어나 소설 《델핀(Delphine)》 등 많은 저술을 남겼으며 보나파르트 집권 후에는 그를 사로잡으려 했으나 실패했다.

할 수 없으며, 모든 차원에 걸쳐 있었다.

먼저 이 난제는 사회적이고 경제적인 것이었다. 1791년 가을에 도시와 농촌에서 소요가 재발했다. 도시에서는 일차적으로 아시냐의 가치 하락과 생활필수품 가격의 상승, 특히 노예 해방을 요구하는 생도맹그의 흑인 반란의 결과로서 나타난 커피, 설탕, 럼주 등 식민지산 식료품 가격의 앙등 때문에 소요가 일어났다. 1792년 1월 말부터 파리에서 군중들이 가격을 강제로 내리게 하자, 여러 식료품 가게 근처에서 무질서가 나타났다. 파리의 여러 구는 매점한 자들을 비난하기 시작했다. 농촌에서는 밀 가격이 앙등하고, 되사기할 때까지 봉건적 부과조의 납부가 계속되었기 때문에 폭동이 발생했다. 1791년 11월부터 거의 도처에서 양곡 수송 행렬과 시장을 약탈하는 일이 벌어졌다. 민중 봉기의 압력을 받은 보스 지방의 지자체들은 곡물과 생활필수품에 공정 가격제를 도입했다. 에탕프에서 부유한 피혁 제조업자인 시모노(Simoneau) 시장(市長)이 공정가격제 실시를 거부했다가 1792년 3월 3일에 살해되었다. 푀양파는 그를 순교자로 추어올렸다. 1792년 3월에 중부와 남부에서 망명 귀족들의 성채가 약탈당하고 불에 탔다. 농민 대중은 봉건제의 전면적 폐지를 요구했다. 이러한 사회적 위협에 직면하고도 의회는 명확한 결정을 내리지 못하고 분열했다.

다음으로 종교적 어려움이 뒤따랐다. 선서거부파 성직자들은 선동을 계속했고 가톨릭교를 신봉하는 대중의 일부를 반혁명 진영으로 끌어들였다. 1791년 8월, 선서거부파가 방데 지방에서 폭동을 사주했다. 1792년 2월 26일, 그들은 망드의 애국파에 대항해 로제르 도의 농민 폭동을 선동했다. 도처에서 선서거부파와 특권파가 결탁했다. 1791년 10월 16일, 특권파는 아비뇽에서 봉기를 선동하여 진보 세력의 지도자이자 코뮌법원의 서기인 니콜라 레스퀴에(Nicolas Lescuyer)를 살해했다. 이에 애국파는 교황청의 글라시에르 탑에서 학살을 벌여 응수했다.

마지막으로 대외적인 어려움이 닥쳤다. 이번에는 프로방스 백작이 가담한 망명 귀족의 무리가 도발을 계속했다. 프랑스에 침입하겠다, 의회를 격렬하게 공격하겠다, 콩데 공의 명령으로 트리어 선제후의 영지에 병력을 집결하겠다고 예고하는 선언문이 코블렌츠에서 공표되었다. 혁명에 대한 위협이 노골화되었다.

의회의 정책은 사회 문제에 관해서는 우유부단했지만, 혁명의 적에게는 매우 단호했다.

사회적 차원에서 부르주아지는 1789년 당시에 비해서 훨씬 의견 일치를 보지 못했는데, 그때 그들은 농민 봉기를 진압하기 위해 무장할 것을 결정한 바 있었다. 사회적 소요에 겁먹은 부유층 부르주아지는 점차 특권계급에 합류하여 왕권과 화해를 모색했다. 그러나 바렌 사건 이후 중류 부르주아지는 국왕에 대한 모든 신뢰를 상실했다. 이들은 자신들의 이익을 최우선적으로 고려했고, 오직 민중의 지지에 의해서만 이익을 지킬 수 있다는 점을 알고 있었다. 이들의 지도자들은 부르주아지와 민중계급의 분열을 사전에 방지하느라고 무진 애를 썼다. 1792년 2월 6일에 페티옹은 뷔조에게 보낸 편지에서 "부르주아지와 민중의 결합이 혁명을 만들었다. 그 결합만이 혁명을 보존할 수 있다."라고 썼다. 퓌드돔 도 출신 의원이며 로베스피에르의 친구가 된 쿠통은 같은 시기에 공정한 법으로 민중을 혁명에 결속하고 "군대의 힘보다도 더 강력한 민중의 도덕적 힘을 확보할" 필요성을 역설했다. 1792년 2월 29일, 쿠통은 영주가 본원적 증거 문서(titres primitifs)를 제시할 수 있는 경우를 제외하고는 모든 봉건적 부과조의 무상 폐지를 제안했다. 푀양파는 이 제안을 표결하는 데 반대했다. 부르주아지가 처한 난관을 악화시켜 비로소 농민의 전면적 해방을 가능하게 한 것은 바로 전쟁이었다.

정치적 차원에서 브리소파는 전쟁의 발발을 두려워하지 않던 라파예트파의 지지를 받고 의회를 부추겨 혁명의 적에게 강경한 조치를 취하도록 했다. 망명 귀족과 선서거부파를 겨냥한 네 개의 법안이 통과되었다. 1791년 10월 31일의 법령은 프로방스 백작이 2개월 내에 프랑스로 귀환하지 않는다면 왕위 계승권을 박탈당할 것이라고 규정했다. 11월 9일의 법령은 망명자들에게 귀국을 독촉하면서 그것을 이행하지 않으면 음모 혐의자로 간주해 그들의 재산에서 나오는 수입을 국민의 이익을 위해 공탁할 것이라고 선언했다. 11월 29일의 법령은 선서거부파 성직자들에게 시민으로서 선서를 새로이 요구했고, 폭동이 발생할 경우에는 그들을 거주지에서 추방할 수 있는 권한을 지방 당국에 부여했다. 마지막으로 11월 29일의 다른 법령은 국왕에게 "프랑스인 탈주자들을 환대하는 트리어와 마인츠의 선제후와 신성로마제국의 다른 제후들에게, 국경 지방에서 묶이고 있는 병력의 징집과 집결을 멈추도록 해 달라고 요청할 것을" 권고했다.

이러한 발의(發議)를 통해 지롱드파는 점차 국민 감정을 자극했다. 그러나 그들은 이렇게 함으로써 국왕을 진퇴유곡의 지경에 빠뜨려서 혁명에 대한 지지 여부를 분명히 밝히게 할 작정이었다.

궁정이 내놓은 방책 역시 극단적인 해결을 겨냥했다. 11월, 궁정은 사직한 바이의 후임으로 라파예트가 파리 시장에 입후보하는 것을 좌절시켰다. 결국 자코뱅파인 페티옹이 1791년 11월 16일에 파리 시장에 선출되었다. 국왕과 왕비는 그 결과에 만족했다. 11월 25일, 마리 앙투아네트는 다음과 같이 썼다. "이 커다란 불행 가운데서도 우리는 생각했던 것보다는 빨리 이 모든 것에서 유리한 해결책을 이끌어낼 수 있을 것이다." 그야말로 최악의 방책을 실행에 옮길 속셈이었다. 11월에 발표된 여러 법령들과 브리소파의 호전적인 발의는 루이 16세와 마리 앙투아네트를 매우 기쁘게 했다. 국왕은 비록 성직자와 망명자 관련 법안에는 거부권을 행사했지만, 동생과 관련된 법령과 독일 제후들에게 최후통첩을 보내라고 권고하는 법령은 승인했다. 의회는 국왕의 속셈대로 행동을 개시할 것이며, 공격받은 제후들은 반드시 프랑스에 선전 포고를 할 것이었다. 루이 16세와 마리 앙투아네트는 유례를 찾아볼 수 없는 이중적 행위로 적대 세력 양쪽을 자극해 전쟁을 불가피하게 만들었다. 외국에 호소하는 것이 군주제로서는 유일한 구제 수단이었기 때문이다.

3. 전쟁이냐 평화냐(1791~1792년 겨울)

혁명과 구체제 사이의 이해관계와 이념상의 갈등은 미묘한 외교적 상황을 야기했다. 내정(內政)을 이유 삼아 브리소파와 궁정은 갈등을 해소하기는커녕 점차 전쟁으로 치달았으며, 로베스피에르의 소수파가 미약하나마 전쟁을 저지하려고 했지만 허사였다.

언뜻 보기에 역설적으로 보일 수 있는 브리소파와 궁정의 결합으로 주전파(主戰派)가 형성되었다.

전쟁은 외국의 개입에서 유일한 구원의 길을 기대하며 항상 동일한 이중 정책을 추구한 궁정이 바라던 바였다. 1791년 12월 14일, 국왕은 트리어 선제후에게 만약 1792년 1월 15일까지 망명자들이 집결한 군대를 해산하지 않는다면 '프랑스의 적'으로 간주할 것이라고 통고했다. 궁정은 그토록 간절히 바랐으나 여태껏 이루어지지 않은 외국의 개입이 이 사소한 사건으로부터 시작되기를 바랐다. 트리어 선제후를 위협한 바로 그날, 루이 16세는 실제로 오스트리아 황제에게 자신의 최후통첩이 거절되었으면 하는 희망을 표명했다. 그는 첩자인 브르퇴유에게 다음과 같이 써 보냈다.

이것은 내전이 아니라 대외 전쟁이 될 것이며, 사태는 호전될 것이오. 프랑스의 물질·도덕적 상황이 프랑스를 어중간한 상태로 내버려 두지는 않을 것이기 때문이오.

그리고 12월 14일에 마리 앙투아네트는 자신의 정부 페르센에게 다음과 같이 써 보냈다. "멍청이들 같으니라고! 그들은 이 전쟁이 우리의 목적에 이바지하게 되리라는 것을 모르고 있답니다." 궁정은 전쟁의 패배가 절대 권력을 되살릴 것이라는 은밀한 기대를 품고 프랑스를 전쟁의 와중으로 몰아넣었다.

전쟁은 다른 이유에서 브리소파도 바라던 바였다. 대내적 측면에서, 브리소파는 전쟁을 통해 반역자들과 루이 16세의 정체를 폭로할 생각이었다. 가데는 1792년 1월 14일 입법의회의 연단에서 "반역자들에게 미리 단두대에 그들의 자리를 마련해주어야 한다."라고 역설했다. 브리소파는 전쟁이 국민의 이익에 부합한다고 여겼다. 브리소는 1791년 12월 16일 자코뱅 클럽에서 다음과 같이 선언했다.

10세기에 걸친 노예 상태로부터 자유를 획득한 인민은 자유를 공고히 하기 위해 전쟁을 필요로 합니다.

브리소는 12월 29일에 입법의회에서도 다음과 같이 선언했다. "마침내 프랑스는 모든 유럽인의 눈 앞에서 자유를 지키고 유지하려는 자유 국민의 특성을 보여줄 시기가 도래했습니다." 이어서 그는 다음과 같이 구체적으로 언급했다. "전쟁은 사실상 국민적 은총입니다. 두려워해야 할 재난이 있다면 그것은 오직 전쟁을 회피하려는 것입니다. …… 전쟁을 권고하는 것, 이것이 바로 국민의 유일한 이익입니다."

그러나 여기서 국민은 누구를 지칭하는 것인가? 이 점에서 가장 솔직한 것은 1792년 1월 5일에 막시맹 이스나르*가 입법의회에서 행한 연설이었다. "자유를 지키는" 것으로는 충분치 못하며 "중요한 것은 혁명을 완수하는 데 있습니다."라고 그는 말했다. 이스나르는 다가올 전쟁이 갖는 사회적 의의에 대해 다음과 같이 지적했다. "문제가 되는 것은 벌족(patriciat)과 평등 사이에 벌어질 싸움입니다." 여기서 벌족은 특권계급을 의미하며, 평등은 재산 제한 선거제가 규정하는 '헌법적 평등'에 불과했다. 이스나르는 다음과 같이 말했다.

모든 계급 가운데 가장 위험한 계급은 혁명으로 손해를 본 많은 사람들로 구성됩니다. 그러나 그들은 더 근본적으로 많은 수의 대지주와 부유한 상인들, 평등을 지지할 수 없고 그렇게 열망했던 귀족제의 폐지를 애석히 여기는 자들, 따라서 평등의 모태인 새 헌법을 저주하는 일군의 부자들과 교만한 자들로 구성됩니다.

그 직후에 베르뇨가 지적했던 바와 같이, 이스나르에게 중요했던 것은 1791년의 헌법, 즉 '오직 권리만이' 문제가 되는 평등이었다. 지롱드파가 원했던 전쟁은 오직 부르주아 국민의 이익에만 합치할 뿐이었다.

경제적 고려도 마찬가지로 중요했다. 사업가 부르주아지와 이들을 대변하는 정치가들은 특히 기업의 원활한 경영에 필요한 아시냐의 신용 회복을 위해 반혁명을 끝장내고 싶어 했다. 군수물자 보급이 언제

이스나르(Maximin Isnard, 1755~1825) 상인 출신으로 입법의원과 국민공회 의원을 지냈고 루이 16세 처형 뒤에는 파리의 코뮌 운동에 맹렬히 반대했다. 1793년 5월, 입법의회의 의장이었을 때 그가 행한 연설이 지롱드파가 몰락하는 요인이 되었다. 그 후 공포 정치기에 피신하여 살아남았으며 브뤼메르 쿠데타 뒤에는 마침내 보나파르트 진영에 가담했다.

나 상당한 이익을 가져다준다는 점에서 전쟁은 상인층에게도 불쾌한 것만은 아니었다. 그러나 그들은 영국과의 해전보다는 오스트리아와의 육전(陸戰)을 원했다. 영국과의 전쟁은 서인도제도의 무역과 항구의 번영을 위협할 것이기 때문이었다. 지롱드파는 1792년 4월부터 대륙 전쟁을 시작했지만, 영국에게 선전 포고를 한 것은 다음 해 2월이 되어서였다.

외교적 차원에서 브리소파는 사실상 구체제의 상징인 오스트리아에 대한 공세에 주로 집중했다. 그들은 정치 망명자들의 지지를 받아 피압박 인민을 해방하는 전쟁을 개시했다. 브리소는 1791년 12월 31일에 "보편적 자유를 위한 새로운 십자군의 시기가 도래했다."고 선언했다. 이스나르는 이미 "국왕들에 대항하는 인민들의 전쟁"을 벌이겠다고 전 유럽을 위협한 바 있었다. 전쟁은 모든 정치적 관심의 중심이 되었다. 1792년 1월, 한 의원은 다음과 같이 썼다.

"전쟁! 전쟁!"이라는 외침이 전국 방방곡곡에서 내 귀를 두드리고 있다.

화평파(和平派)는 전쟁으로 향한 발걸음을 얼마간 늦추었다. 삼두파와 이들 휘하의 각료들은 궁정과 의회의 호전적인 정책에 반대했다. 1792년 1월, 바르나브와 뒤포르는 레오폴트 황제에게 망명 귀족들을 해산시키라고 권고하는 의견서를 보냈다.

주전 정책을 가장 명쾌하고 집요하게 반대한 사람은 로베스피에르였다. 초기에는 당통과 몇몇 민주파 계열의 신문들로부터 지지를 받았던 로베스피에르는 브리소파의 주도 아래 모든 혁명가들을 전쟁으로 이끌어 간, 좀처럼 거스르기 힘든 시대의 흐름에 홀로 맞섰다. 로베스피에르는 3개월 동안이나 놀라운 통찰력으로 자코뱅 클럽의 연단 위에서 브리소에 반대했고, 혁명파를 영원히 분열시키게 될 맹렬한 투쟁을 전개했다. 로베스피에르는 궁정이 진심으로 전쟁을 제의하는 것이 아님을 간파했다. 1792년 1월 2일 그는 자코뱅 클럽에서 행한 연설에서 전쟁은 망명 귀족과 궁정, 그리고 라파예트파의 의도를 만족시키는 것이며 악의 본거지가 코블렌츠에만 있지는 않다는 점을 역설했다. "따라서 파리도 악의 본거지가 아니겠습니까? 여기서 그리 멀지 않은 어떤 장소와 코블렌츠 사이에는 과연 아무런 관련도 없단 말입니까?" 혁명을 완성하고 국민을 공고히 하는 일이 필요한 것은 의심할 여지가 없지만, 로베스피에르는 긴급한 일의 우선순위를 바꿔놓았다.

> 여러분은 우선 국내 정세에 눈을 돌려야 합니다. 자유를 외부에 가져다주기에 앞서, 우리들은 우리들 주변에 먼저 자유의 질서를 회복해야 합니다

전쟁을 일으켜 외국의 특권층에 타격을 가하기에 앞서, 국내의 특권파를 굴복시키고 궁정을 제압하며 군대를 숙청해야 했다. 전쟁은 사태를 악화시킬 수 있었다. 군대는 귀족 장교들의 망명으로 붕괴되었으며 병사들은 무기도 장비도 갖추지 못했고 요새에는 탄약조차 없었기 때문이다. '전쟁을 선포하자마자' 민중을 곧 출정시킬 수도 없었다. 따라서 수동 시민들을 무장시키고 공공 정신을 고취할 필요가 있었다. 더욱이 만약 승리할 경우에 자유가 야심을 품은 장군의 손아귀에 떨어질 위험이 있지 않은가. 로베스피에르의 명쾌하며 용기 있는 반대조차도 시대의 흐름을 중단시킬 수는 없었다.

4. 선전 포고(1792년 4월 20일)

잠시 동안 로베스피에르 때문에 지체되었던 전쟁을 향한 진전은 1792년 초 몇 달 동안 걷잡을 수 없이 치달았다. 1791년 12월 9일, 라파예트파는 브리소파의 도움을 받아 육군상에 나르본 백작을 앉히는 데 성공했으며, 나르본 백작은 내각에서 주전 정책의 추진자가 되었다. 이 사태에 놀란 트리어 선제후가 양보해 망명 귀족들의 집결을 해산시키자, 1월 25일에 의회는 국왕에게 "국민의 주권과 독립, 그리고 안전에 반(反)하는 모든 조약과 협정을 파기할 것"을 오스트리아 황제에게 요구하라고 권고했다. 이것은 필니츠 선언을 공식적으로 부인하라고 요구하는 것이었다. 외무상 레사르는 이러한 호전적인 정책에 제동을 걸려고 했고, 나르본을 파면하는 데 성공했다.

나르본의 파면에 반격한 결과, 브리소파 일색인 내각이 구성되었다. 지롱드파는 파면에 항의하여 즉각 들고 일어섰다. 베르뇨는 국왕의 '사악한 보좌관들'을 비난했다. 브리소는 화평파 각료인 레사르를 격렬하게 비난했고, 레사르는 1792년 3월 10일 국가고등법원에 기소되었다. 겁에 질린 다른 각료들은 사표를 제출했다. 루이 16세는 외무상에 임명된 샤를프랑수아 뒤 페리에 뒤무리에*의 간언에 따라 브리소의 친구들과 지롱드파 인사들로 내각을 구성했다. 에티엔 클라비에르(Étienne Clavière)가 재무상에, 롤랑은 내무상에, 좀 늦은 5월 9일에는 조제프 세르방(Joseph Servan)이 육군상에 임명되었다. 과거에는 비밀 첩자이자 협잡꾼이었으며 야심 때문에 혁명을 지지했던 뒤무리에는 라파예트와 같은 생각을 했다. 짧은 기간에 전쟁에서 승리를 거둔 다음

뒤무리에(Charles-François du Périer Dumouriez, 1739~1823) 혁명 초기에 미라보, 라파예트, 오를레앙 공과 사이가 가까워 육군 중장으로 진급한 후 외무상에 올랐다. 발미와 제마프 전투의 개선장군으로 용맹을 드날렸으나 프로이센군과의 밀약이 폭로된 후 입법의회에서 사령관직을 해임당했다. 1793년, 오스트리아로 망명한 후 그로부터 20년간 반(反)프랑스 진영에서 활동했다.

개선군을 회군시켜 왕권을 다시 세운다는 계획이었다. 자코뱅파의 반대를 무마할 요량으로 내각의 몇 자리가 자코뱅파에게 할애되어 외무상에는 피에르 르브룅통뒤(Pierre Lebrun-Tondu)가 당통의 친구인 노엘(Noël)과 함께 임명되었고, 내무상에는 장니콜라 파슈(Jean-Nicolas Pache)가 임명되었다. 지롱드파 계열의 언론은 곧 궁정에 대한 공격을 중지했다. 로베스피에르는 자리를 얻기 위해 원칙을 저버리는 '음모가들'의 타협적인 행태를 비난할 절호의 기회를 잡았다. 그의 지지자들과 지롱드파의 결별은 결정적인 것이었다.

그 후 곧 전쟁이 선포되었다. 1792년 3월 1일, 레오폴트 황제가 갑자기 죽었다. 그의 후계자인 프란츠(Franz) 2세는 끝을 맺을 생각으로 모든 타협을 거부했다. 그는 3월 25일에 자신에게 전달된 최후통첩에 회답을 보내지 않았다. 4월 20일, 국왕은 '헝가리와 보헤미아의 왕', 말하자면 신성로마제국의 황제가 아니라 단지 오스트리아의 국왕에게 선전 포고를 하자는 의회의 결정을 승인했다. 오직 10여 명만이 선전 포고에 반대했다.

전쟁은 그 주동자들인 궁정이나 지롱드파의 계산대로 전개되지 않았다. 그러나 전쟁은 국민 감정을 고양하는 데 이바지했고, 지롱드파에게 한동안 명성을 가져다주었다. 하지만 이어진 파국으로 인해 결국 지롱드파는 그 명성을 상실했다. 지롱드파가 몰락한 이유는 전쟁을 일으켜 마침내 국민을 각성시켰기 때문이 아니라, 그 전쟁을 수행할 능력이 없었기 때문이다. 19세기의 혁명사가인 미슐레는 다음과 같이 썼다.

> 공화국의 건설자인 지롱드파는 전 세계를 위해 1792년의 십자군과 자유의 대의를 추구했다는 점에서 만인의 감사를 받아 마땅하지만, 속죄를 통해 불후의 명성을 얻으려면 1793년의 오점(汚點)을 씻어야만 할 것이다.

왕위의 전복(1792년 4~8월)

전쟁은 어떤 면으로는 1815년까지 거의 끊임없이 지속되어 유럽을 대혼란 속으로 몰아넣었지만, 프랑스혁명 운동에는 활력을 불어넣었다. 왕권은 그 첫 번째 희생물이었다.

1. 군사적 실패(1792년 봄)

궁정과 브리소파의 계산이 들어맞으려면 전쟁은 신속하고 단호하게 수행되어야 했다.

하지만 그 반대로 군대는 병력과 지휘관의 부족으로 개전 초부터 궁지에 몰렸다. 프랑스군은 한창 와해 중이었다. 1만 2천 명의 장교 가운데 적어도 절반은 이미 망명했고, 실제 병력도 줄어들어 정규군과 1791년에 조직된 의용군을 합쳐도 약 15만 명 정도였다. 군대 내에는 정치적·사회적 충돌이 만연했고, 애국파 사병과 특권파 지휘부가 대립했다. 군기(軍紀)도 문란해졌다. 최고 사령부는 무능했다. 로샹보(Jean-Baptiste-Donatien de Vimeur Rochambeau) 원수는 미국 독립 전쟁에서 이름을 드날렸으나 이제는 늙어서 휘하 프랑스 군대의 신뢰를 받지 못했고, 전직 독일 기병 장군인 니콜라 뤼크네르(Nicolas Luckner) 원수는 무능했고, 라파예트는 정치 장군에 불과했다.

곧 최초의 패전 소식이 날아들었다. 뒤무리에는 이미 국경 지대에 집결해 있던 3개 군(軍)에 공격 명령을 내렸다. 맞서는 오스트리아군의 병력은 3만 5천에 불과했다. 프랑스군이 벨기에 전체를 점령하려면 기습 공격이 필요했다. 그러나 4월 29일 딜롱(Arthur Dillon) 장군과 비롱(Armand-Louis de Gontaut Biron) 장군은 오스트리아군을 보자마자 병사들을 못 믿고 퇴각 명령을 내렸다. 배반당했다고 생각한 병사들은 패주했고, 딜롱 장군은 살해되었다. 국경은 무방비 상태가 되었다. 아르덴 도에 있던 라파예트는 움직이지 않았다. 장군들은 패전의 책임을 병사들의 기강 해이와 이를 용인한 내각에 돌렸다. 1792년 5월 18일, 발랑시엔에 모인 군 지휘관들은 내각의 지시에도 불구하고 공격이 불가능하다고 선언한 후 국왕에게 즉각 강화하자고 진언했다. 최고사령부가 취한 이러한 태도의 진정한 동기는 군사적인 것이 아니라 정치적인 것이었다. 언제나 통찰력이 있던 로베스피에르는 자코뱅파의 인사들 앞에서 5월 1일부터 벌어진 위험 사태를 규탄했다.

> 그렇다! 나는 장군들을 신뢰하지 않으며, 그들 가운데 몇몇 명예로운 예외를 제하고는 거의 대부분이 구질서를 아쉬워하고 국왕의 총애를 그리워하고 있다고 감히 말할 수 있다. 나는 민중, 오직 민중만을 신뢰한다.

이제 라파예트는 민주파에 대항하기 위해 결국 라메드파에 접근했다. 그는 자코뱅파를 분쇄하기 위해 군대를 이끌고 파리로 진군할 준비가 되었다고 공언했다.

2. 국왕과 의회의 두 번째 충돌(1792년 6월)

군사적 패배, 장군들의 태도, 궁정과의 결탁 등은 국민을 우롱하는 특권파의 태도와 맞물려, 혁명 정신과 불가분의 관계가 있는 국민 정신을 새롭게 일깨우고 고양했다.

4월 26일, 스트라스부르에서 클로드조제프 루제 드 릴(Claude-Joseph Rouget de Lisle)은 국민적이며 동시에 혁명적인 열정을 노래한 〈라인군을 위한 군가〉를 작곡했다. 작곡자나 그 노래를 부르는 병사들에게 혁명과 국민은 하나였다. 이 노래는 프랑스를 '예전의 노예 상태'로 되돌리려는 폭군과 '야비한 전제 군주'뿐만 아니라, 특권계급, 망명 귀족, '노예와 반역자 무리들', '대역죄인들', '부이예 추종자들'을 고발하였다. 신성한 애국심의 대상이자 소집병들을 수호하는 존재인 조국("당신들에게는 전쟁터에서 들려오는 저 용감한 병사들의 함성이 들리지 않느뇨……")은 특권계급과 봉건제에 대항해서 1789년 이후 형성된 바로 그것이었다.

이 노래가 곧이어 국가(國歌) 〈라 마르세예즈〉, 즉 마르세유 소집병들의 행진곡이 되었다는 사실은, 1792년 봄의 위기라는 역사적 맥락과 따로 떼어서 생각할 수 없다. 국민 정신과 혁명의 열정은 불가분이었다. 왜냐하면 계급 충돌이 애국주의를 야기하고 강화했기 때문이다. 특권층은 국왕으로 하여금 자신들이 경멸하는 국민에게 등을 돌리게 했는데, 국내의 특권층은 초조하게 침략군을 기다렸고 망명자들은 국민의 적의 편에서 싸웠다. 1792년의 애국파에게 문제는 어떻게 1789년의 유산을 보존하고 증진하는가 하는 점이었다. 국민적 위기는 항상 특권계급의 음모에 사로잡혔던 인민대중에게 새로운 자극을 주어 민주 운동을 확대시켰다. 지롱드파조차 수동 시민들을 부추겨 그들이 창으로 무장하고 붉은 모자를 쓰고 우애협회에 대거 가담하게 했다. 과연 수동 시민들은 부르주아 국민의 재산 제한 선거제의 틀을 분쇄할 것인가?

롤랑은 루이 16세에게 보낸 1792년 6월 10일의 유명한 서한에서 다음과 같이 진언했다.

조국이란 말은 상상력에 의해서 쉽게 미화될 수 있는 것이 아닙니다. 조국이란 사람들이 목숨을 바치는 대상이며, 그것에 대한 걱정으로 매일매일 그것과 결합되어 있는 존재입니다. 조국이란 성스러운 노력에 의해 창조되고, 사람들이 두려움 속에서도 그것을 위하여 궐기하는 존재입니다. 조국이란 사람들의 기대를 충족해주는 만큼 희생을 요구하면서도 사람들의 사랑을 받는 그러한 존재입니다.

그러나 수동 시민들에게 조국이란 단지 권리의 평등으로 이해될 뿐이었다.

그런데 국민적 위기는 혁명적 감정을 고조하는 동시에 종래의 제3신분 내부의 사회적 대립을 날카롭게 만들었다. 부르주아지는 1789년에 비해서 더욱 불안해했고, 지롱드파는 망설였다. 의용군을 무장시키기 위해 부자들에게 세금이 부과되었다. 케르시 지방에서 농민 반란이 터져 나와 남부 랑그도크 지방으로 확대되어 갔으며, 인플레이션은 계속 맹위를 떨치고 식량 위기가 다시 나타났다. 1792년 3월 3일에 에탕프 시장 시모노가 살해된 사건으로 상업과 소유에 관한 부르주아의 개념과 민중의 요구 사이에 도사리고 있는 돌이킬 수 없는 대립이 드러났다. 파리에서는 자크 루*가 이미 5월에 주장했던 한편, 리옹에서는 6월 9일에 시정관인 랑주(Lange)가 공정 가격제와 규제를 통해 '빵을 확보하고 공정 가격을 정하는 간단하고 쉬운 방법'을 제안했다. 이후부터 '토지 균분법'의 망령이 부르주아지의 뇌리에서 사라지지 않았다. 모샹의 주임 사제인 피에르 돌리비에(Pierre Dolivier)가 에탕프의 폭도들을 옹호했던 반면에, 지롱드파는 샤보의 반대에도 불구하고 1792년 5월 12일에 시모노의 장례식을 거행하기로 결정하고 그의 시장 깃발을 팡테옹의 천장에 내걸었다. 이렇게 해서 곧 산악파와 지롱드파 사이에 분열의 조짐이 나타났으며, 여기에서 우리는 역사가들이 지롱드파의 '경륜 부족'이라고 완곡하게 명명한 것의 근본적인 원인을 간파할 수 있

자크 루(Jacques Roux, 1752~1794) 보좌신부 출신으로 '상퀼로트의 설교사'라고 불릴 만큼 유명한 코뮌 운동의 지도자였다. 1792~1973년에 파리 탕플 구의 코뮌 지도자로서 철저한 사회적 평등을 주장했으며, 그의 구상은 국민공회를 공포의 도가니로 몰아넣었다. 과격한 행동으로 혁명재판에 기소되자 자결했다.

다. 즉, 부르주아지의 대변자로서 경제적 자유를 열렬하게 옹호했던 지롱드파 인사들은 주전 정책으로 자신들이 폭발시킨 민중의 거센 물결에 공포감을 느꼈으며, 지롱드파에서 내세운 국민 감정은 계급의 연대의식을 침묵시킬 만큼 충분히 강력하지 못했던 것이다.

의회의 정책은 민중의 압력으로 경직되어 갔다. 브리소파는 궁정이 장군들의 반란을 지원하고 있음을 알아차렸다. 1792년 5월 23일, 왕비의 지시를 받아 적의 승리와 반혁명을 준비하고 있다는 '오스트리아 위원회'를 브리소와 베르뇨가 격렬하게 비난했다. 이 두 사람의 영향 아래 의회는 위협 전략을 재개했다. 새로운 법령들이 잇달아 통과되었는데, 같은 도에 거주하는 시민 20인에게 비난을 받은 모든 선서거부파 성직자의 강제 이주(5월 27일), 특권층 인사들로 구성되어 있던 국왕근위대의 해산(5월 29일), 연맹제에 참가한 국민방위병으로 파리에 2만 명의 야영 부대 창설(6월 8일) 등을 규정하는 법령들이었다. 이 혁명군은 파리를 보호할 뿐만 아니라 경우에 따라서는 반역 장군들의 모든 반란 시도에 대비하려는 것이기도 했다.

국왕의 정책은 장군과 각료들의 불화를 이용하는 것이었다. 루이 16세는 선서거부파 성직자를 추방하는 조치와 연맹군의 소집에 관한 법령을 재가해주지 않았다. 6월 10일, 롤랑은 국왕에게 그런 태도는 프랑스인들로 하여금 국왕이 망명 귀족들이나 적국과 내통하고 있다고 믿게 해 격렬한 폭동을 야기할 위험이 있다고 경고하면서 거부권의 철회를 종용했다. 루이 16세는 계속 버텼고, 6월 13일에는 브리소파의 각료인 롤랑, 세르방, 클라비에르 등을 파면했다. 지롱드파는 의회의 법령을 통해 그들에 대한 파면 조치가 전 국민의 유감을 자아내고 있다고 선언했다. 탄핵을 두려워한 뒤무리에는 6월 15일에 사표를 제출하고 북부군을 향해 떠났다. 푀양파가 다시 권력을 장악하였다. 좋은 기회라고 판단한 라파예트는 1792년 6월 18일에 "프랑스 헌법이 외부의 적뿐만 아니라 내부의 반역자에게도 위협받고 있다."고 선언하고 민주 운동을 분쇄하라고 의회에 촉구했다.

1792년 6월 20일의 시위는 국왕에게 압력을 가할 의도로 조직되었다. 법령에 대한 승인 거부, 지롱드파 각료의 파면, 푀양파 일색의 내각 구성은, 궁정과 장군들이 자코뱅파와는 손을 끊고 왕권을 강화하는 방향으로 헌법을 개정하며, 적과의 타협을 통해 전쟁을 종식하려는 라메트파와 라파예트파의 강령을 구체화하려고 애쓰고 있다는 사실을 증명하는 것이었다. 이러한 위협에 직면한 지롱드파는 '정구장의 선서' 3주년과 바렌 사건 1주년을 기념하기 위한 시위를 조직하는 데 가담했다. 앙투안조제프 상테르*가 이끄는 교외 지구의 민중은 군대의 무기력과 국왕의 법령 재가 거부, 그리고 각료의 파면에 항의하는 시가행진을 의회와 궁 앞에서 전개했다. 국왕은 붉은 모자를 쓰고 발코니에 나와 국민을 위해 건배했지만 법령의 재가와 지롱드파 각료들의 재입각은 끝내 거부했다.

평화적인 방법을 통해 압력을 가하려는 민중의 시도는 실패했다. 이러한 시도는 심지어 반대파를 확고하게 만들어 사태가 잠깐 동안 국왕에게 유리하게 전개되기까지 했다. 페티옹은 파리 시장직에서 일시적으로 정직(停職)되었다. 6월 28일, 라파예트는 자코뱅 클럽의 해산과 6월 20일에 일어난 시위 책임자들의 처벌을 촉구하기 위해 부대를 떠나 다시 의회에 모습을 나타냈다.

상테르(Antoine-Joseph Santerre, 1752~1809) 생탕투안 교외 지구의 양조업자로서 바스티유 점령과 샹드마르스 연맹제의 지도자로 출발해 1792년 봉기에서 중요한 역할을 했다. 그 후 파리 국민방위대 사령관을 지냈으며 루이 16세와 그 가족을 단두대로 직접 끌고 간 행동대의 우두머리였다. 1793년 방데 지방의 반혁명군 진압 작전에서는 큰 성과를 내지 못했기 때문에 테르미도르 반동 때까지 파리의 감옥에서 지냈으며, 테르미도르 반동 후 국유 재산 투기로 큰 재산을 모았다.

3. 대외적 위협과 지롱드파의 무능(1792년 7월)

지롱드파는 자신들의 모순에 사로잡혀 대내외적으로 어려운 문제를 해결할 수 없었고, 수도의 혁명 분자들에게 추월당했다. 지롱드파는 민중에게 호소하는 데는 선뜻 동의했지만, 자신들이 설정한 목표를 넘지 않는 범위 내에서만 지지해주기를 호소했을 뿐이다.

지롱드파로선 도저히 어찌해볼 수 없는 대외적 위협이 심각해지자, 1792년 7월 11일에 의회는 "조국이 위험에 처해 있다(la patrie en danger)."고 선언했다. 7월 초, 브라운슈바이크(Braunschweig) 공작 휘하의 프로이센 군대와 이어서 콩데 공이 지휘하는 망명 귀족의 군대가 전선에 모습을 나타냈다. 전투는 곧 프랑스 영토 안에서 벌어질 판이었다. 임박한 위험 앞에서 자코뱅파는 내부의 분열을 잊고 오직 조국과 혁명의 안위만을 생각했다. 6월 28일, 클럽의 연단에서 로베스피에르와 브리소는 단결을 호소했다. 7월 2일, 의회는 국왕의 거부권을 무시한 채 7월 14일 '연맹제'에 국민방위대가 참가하는 것을 정식으로 허용했다. 7월 3일, 베르뇨는 국왕과 내각의 반역 행위를 맹렬하게 비난했다. "자유가 공격받은 것은 국왕의 이름으로 행해졌다." 7월 10일, 브리소는 이 문제를 다시 제기하여 그것의 정치적 의미를 다음과 같이 명확히 했다. "폭군들의 선전 포고는, 바로 혁명과 권리선언, 그리고 국민 주권을 겨냥한 것이다." 브리소의 발의에 따라 의회는 1792년 7월 11일에 조국이 위험에 처해 있다고 선언했다.

수많은 군대가 우리의 국경을 향해 몰려오고 있다. 자유를 두려워하는 자 모두가 우리의 헌법에 대항하여 무장하고 있다. 시민들이여! '조국이 위험에 처해 있다.'

모든 행정 관서가 비상근무에 들어갔으며, 전 국민방위대에 무장 소집령이 내려졌다. 새로운 의용군이 징집되어 며칠 사이에 1만 5천 명의 파리 시민들이 모였다. 이 선언은 자신들의 가장 소중한 이익을 위협받는다고 느낀 민중의 단결을 공고하게 했고, 조국의 수호만이 아니라 정치 활동에도 참여하도록 민중을 자극했다.

그러나 지롱드파의 음모가 애국적 열정에 제동을 걸었다. 의회의 위협으로 푀양파 각료들이 7월 10일에 사표를 제출했고, 이 사건으로 말미암아 애국파 내에 새로운 분열이 나타났다. 지롱드파는 재집권을 원했으므로 궁정과 비밀 협상에 들어갔다. 7월 20일에 베르뇨, 장소네, 가데가 화가 조제프 보즈(Joseph Boze)를 통해 국왕에게 서한을 보냈다. 가데는 튈르리 궁에서 왕가를 알현했다. 루이 16세는 양보하지 않고 시간을 질질 끌어 지롱드파의 노력을 수포로 돌아가게 했다. 지롱드파는 의회에서 곧 태도를 바꾸어 민중 소요를 비난하고 주동자들을 위협했다. 7월 26일, 브리소는 보통 선거와 국왕의 폐위를 반대한다고 분명하게 밝혔다.

> 만약 지금 헌법의 폐허 위에서 공화국을 수립하려는 자들이 있다면, 법의 칼날은 양원제(兩院制)를 적극 지지하는 자들, 그리고 코블렌츠에 머물러 있는 반혁명 분자들 뿐만 아니라 바로 그들 공화파에게도 떨어질 것이다.

8월 4일, 베르뇨는 루이 16세를 더는 프랑스인들의 왕으로 인정하지 않는다고 선언한 파리 모콩세유(Mauconseil) 구의 결의를 무효화했다.

지롱드파의 정책이 논리적 귀결에 이르자 민중과 지롱드파의 결렬은 피할 수 없었다. 지롱드파는 민중 봉기에 직면하여 뒷걸음쳤고, 자신들이 동원하는 데 공을 들인 혁명 대중에게 압도되지 않을까 무서워했다. 지롱드파는 소유제 자체는 아닐지라도 적어도 부(富)의 우위성이 위협받는 것이 두려웠다. 그러나 지롱드파는 그때까지 자신들이 비난하던 루이 16세와 협상함으로써 한 걸음을 내디디려던 순간에 뒤로 물러선 격이었다. 이렇듯 그들은 비난을 자초했을 뿐만 아니라, 국민을 재산 제한 선거제의 틀 안에 가둬 질식시킨 1791년의 체제를 스스로 비난한 셈이었다.

4. 1792년 8월 10일의 봉기

적과 협정을 체결하려는 가증스러운 왕권에 대항해 파리만이 아니라 전국이 궐기했다. 8월 10일의 봉기는 단지 파리 민중만이 아니라 연맹제 참가자들이 대표하는 전 프랑스 인민의 업적이었다. 따라서 그것은 국민적 성격을 띤다는 점에서 '1792년 8월 10일의 혁명'이라고 불릴 수 있었다.

애국 운동이 터져 나오자 누구도 저지할 수 없었다. 중앙위원회를 결성한 파리의 구들은 상설 기관이 되었으며, 수동 시민들도 회합에 참여하였다. 이들은 7월 30일의 법령으로 마침내 국민방위대의 일원이 될 수 있었다. 바로 이날, 테아트르프랑세 구는 총회에서 보통 선거제를 채택했다. 48개 구 가운데 47개 구가 마침내 국왕의 폐위를 결의했다. 자코뱅 클럽에서는 로베스피에르가 운동의 방향을 제시했다. 그는 이미 7월 11일부터 연맹제 참가자들에게 다음과 같이 연설했다. "시민들이여, 여러분은 기껏해야 7월 14일의 연맹제를 되풀이하는 하잘것없는 행사를 위해 여기에 모였습니까?"

연맹제 참가자들은 로베스피에르의 조언을 받아 청원서를 작성하여 의회에 제출했는데, 논조가 갈수록 협박조로 되어 갔다. 예컨대 청원서는 7월 17일에 이어서 23일에도 국왕의 폐위를 요구했다. 지롱드파가 궁정과 새로운 흥정을 진행하고 있음을 감지한 로베스피에르는 그들에 대한 공격을 재개했다. 그는 7월 29일에 "궁정과 입법의회 음모자들 간의 합작극"을 비난하면서, 의회를 즉각 해산하고 헌법의 개정을 위한 '국민공회'를 구성하자고 제안했다. 브르타뉴와 마르세유 출신의 연맹군들이 각각 7월 25일과 30일에 속속 도착했다. 마르세유 출신의 참가자들은 곧 자신들의 이름을 따서 제목이 된 〈라 마르세예즈〉를 부르면서 생탕투안 교외 지구를 행진했다. 연맹제 참가자들은 로베스피에르의 권고를 받아 비밀 지도부를 조직했다.

코블렌츠에서 작성되어 8월 1일에 파리에 알려진 브라운슈바이크의 선언은 애국파를 흥분시켰다. 7월 말부터 수도의 분위기는 고조되어 있었다. 사람들은 조국이 위험에 처했다고 거리에서 외치고 다녔다. 여러 광장에서 엄숙하고 웅대한 의식이 행해지는 가운데 국민방위대의 입대 등록이 실시되었다. 혁명파의 기를 꺾을 심산으로 마리 앙투아네트는 적국의 군주들에게 위협적인 선언을 하라고 촉구했다. 그리하여 망명 귀족들이 선언서를 작성하고, 브라운슈바이크 공작이 거기에 서명했다. 이 성명은 침략자들에 대항해 감히 "스스로를 지키려는" 국민방위대와 주민들을 사형에 처하겠다고 위협했고, 만일 왕실이 "조금이라도 모욕을" 당한다면 "파리 시를 군사적으로 응징하고 전면적으로 파괴함으로써 영원히 본보기로 기억될 만한 복수를" 하겠다고 파리 민중을 협박했다. 브라운슈바이크의 선언은 민중을 오히려 격앙시켜 궁정의 계산과는 정반대의 효과를 낳았다.

7월 말에 봉기는 터져 나오지 못했지만, 그것은 국왕의 폐위를 요구하는 파리 구들의 청원서가 입법의회에 제출될 때까지 미뤄진 것에 불과했다. 생탕투안 교외 지구의 캥즈뱅 구는 8월 9일까지라는 시한을 의회에 통고했다. 그러나 바로 그날 의회는 아무런 결정도 내리지 않은 채 폐회했다. 그날 밤에 경종이 울렸다. 생탕투안 교외 지구는 파리의 다른 구들에게 시청으로 대표들을 파견하자고 제의했다. 이 대표들은 기존의 '합법 코뮌'과는 별도로 자리를 잡았고 결국 합법 코뮌을 대체했다. 이것이 바로 '봉기 코뮌'이다. 궐기한 교외 지구의 민중은 연맹군과 함께 튈르리 궁을 향해 행진했는데, 튈르리 궁의 수비대에 속해 있던 국민방위병들은 이미 그곳을 이탈한 상태였다. 8시경 마르세유 출신의 연맹군이 맨 처음 모습을 나타냈다. 이들은 아무런 제지도 받지 않고 궁의 앞뜰로 침입해 들어갔으나 스위스 용병들의 발포로 곧 격퇴당했다. 교외 지구의 민중이 도착하자 연맹군은 그들의 도움을 받아 다시 공세를 취했다. 10시 무렵 수비대는 국왕의 명령으로 발포를 중지했다.

봉기가 발발하자, 지롱드파 계열의 도 감찰감인 피에르루이 뢰드레르(Pierre-Louis Roederer)의 간언에 따라 국왕은 가족과 함께 바로 옆 기마 훈련장에 위치한 의회의 보호를 받을 요량으로 궁을 빠져나왔다. 전투의 향방은 아직 불투명했지만, 의회는 루이 16세를 국왕으로 대접했다. 봉기의 승리가 확실해지자 의회는 국왕의 폐위가 아니라 왕권의 권한 정지를 명령했고, 로베스피에르가 제안한 대로 보통 선거제에 의한 국민공회 소집안을 통과시켰다.

왕권이 몰락했다. 그러나 왕권의 몰락과 더불어 푀양파, 말하자면 혁명의 발발에 이바지한 동시에 라파예트와 그의 뒤를 이어 삼두파의 지도를 받아 혁명을 제어하고 그 고삐를 늦추려고 한 자유주의 귀족과 상층 부르주아지도 역시 무너졌다. 궁정과 타협해 봉기를 저지하려고 노력했던 지롱드파는 자신들의 것이 아닌 그 승리로부터 큰 이득을 얻지 못했다. 반면에 로베스피에르와 장차 산악파라 불릴 사람들이 이끄는 수동 시민들, 즉 장인들과 소상점주들이 갑자기 정치 무대로 부상했다.

1792년 8월 10일에 일어난 봉기는 진정한 의미의 국민적 성격을 지녔다. 프랑스 남부와 브르타뉴 출신의 연맹군들이 궐기를 준비하고 전개하는 과정에서 지배적인 역할을 수행했다. 게다가 국민을 분열시킨 사회적·정치적 장벽이 사라졌다. 1792년 7월 30일, 파리의 테아트르프랑세 구는 다음과 같이 선언했다.

시민 가운데 어떤 특정한 계급도 조국을 수호할 배타적 권리를 독점할 수는 없다.

따라서 테아트르프랑세 구는 "특권층이 수동 시민이라고 불렀던" 시민들에게 국민방위대의 일원으로 복무하고, 구민총회에서 의결권을 행사하라고 촉구했다. 요컨대 "각 구에 속하는 주권의 몫을 행사하는 데" 동참하라는 것이었다. 7월 30일, 입법의회는 국민방위대에 수동 시민들이 편입하는 것을 법령화함으로써 그러한 현실을 공식적으로 승인했다. 뷔트데물랭 구는 다음과 같이 선언했다.

조국이 위험에 처해 있는 동안 주권자는 맡은 바 위치를 고수해야 한다. 주권자는 군대와 국사(國事)의 선봉에 서야 한다. 주권자는 어디에나 있어야 한다.

이러한 '제2차 혁명'은 보통 선거제 채택과 수동 시민들의 무장을 통해, 민중을 국민에 통합하고 정치적 민주주의의 도래를 이룩했다. 동시에 새로운 국민적 실체의 사회적 범주가 확대되었다. 특권계급과 타협하자고 주장했던 자들은 몇 차례 헛된 시도를 벌이고는 스스로 사라졌다. 예컨대 디트리히(Dietrich)는 스트라스부르 주민들을 선동하려 했다가 도주했으며, 라파예트는 1792년 8월 19일에 휘하의 군대로부터 따돌림을 받고 오스트리아로 넘어갔다. 그러나 이번에는 상퀼로트의 등장으로 부르주아지의 한 분파가 새로운 국민적 실체로부터 소외되었다. 그리하여 8월 10일의 제2차 혁명이 예고했던 민주적이며 민중적인 공화국에 대한 저항이 이미 나타나기 시작했다.

2부

'자유의 전제'
혁명정부와 민중 운동

1792~1795년

제4신분의 시대가 도래한 것인가? 혁명 프랑스와 유럽 특권층의 충돌 속에서, 일부 부르주아지는 민중의 도움 없이는 승리할 수 없다는 것을 깨달았다. 그 결과 산악파는 상퀼로트와 동맹을 맺었다. 그러나 정치 무대에 상퀼로트가 독자적으로 등장했다는 사실은 상층 부르주아지의 이익이 크게 위협받게 되었음을 뜻했다. 그렇기에 상층 부르주아지는 대변자인 브리소의 입을 빌어 '무질서의 히드라'라고 비난했다. 지롱드파 부르주아지는 자신들의 사회적·정치적 우위를 지키기 위해 반혁명 세력과 구체제 옹호자들에게 득이 되는 정책을 마다하지 않았다. 1793년 4월 말, 페티옹은 "우리의 재산이 위협받고 있다."고 선언하면서 유산자들에게 한데 뭉치자고 호소했다. 6월 2일, 지롱드파는 파리 상퀼로트의 타격을 받아 무너졌다.

민중 운동이 대폭 확대되었다. 민중은 모든 주요한 혁명적 궐기의 주인공이 되었으며, 국경을 지키기 위해 일어섰다. 그러한 희생의 대가로 민중은 자신들의 생존을 확보할 수 있었다.

1793년 6월 25일, 격앙파의 지도자인 자크 루는 국민공회에서 다음과 같이 역설했다. "한 계급의 사람들이 거침없이 다른 사람들을 굶주리게 할 수 있다면 자유는 단지 허깨비에 불과합니다. 부자가 독점을 통해 동포들에게 생사(生死)의 권한을 휘두른다면 평등 또한 허깨비에 불과합니다."

상퀼로트의 생계와 공화국의 안녕을 확보하기 위해 산악파는 징발, 공정 가격제, 국유화 같은 조치를 통해 유산자들의 권리를 침해하는 경제 개편에 착수했다. 이것은 상황 때문에 어쩔 수 없는 것이긴 하지만 상퀼로트의 열망만큼이나 필요에도 부응하는 명백한 계급 정책이었다.

자크 루는 산악파에게 다음과 같이 역설했다. "결정을 내리시오. 그러면 상퀼로트의 창을 들고 여러분의 법령을 집행할 것이오."

하지만 격앙파가 제거되고 이어서 1794년 봄에 인민대중의 막연한 희망을 정치적으로 대변해주던 에베르와 코르들리에파가 제거되었다. 그 결과 혁명력 2년 공화국의 특징인, 상퀼로트와 자코뱅파 중류 부르주아지의 우호적 동맹 관계를 유지하는 것이 점차 어렵게 되었다. 민중을 혁명과 뗄 수 없는 관계로 결속하는 사회 혁신을 위해 로베스피에르와 루이 앙투안 드 생쥐스트*가 했던 노력("가난한 사람들이야말로 이 지구상의 참된 힘이다.")은 헛되이 끝나고 말았다. 두 사람은 방향감각을

생쥐스트(Louis Antoine de Saint-Just, 1767~1794) 기병장교의 아들로 태어나 20대 초반에 이미 혁명 이념에 깊이 심취했으며, 국민공회 의원으로 진출함으로써 정치 활동을 시작했다. 고대 그리스의 이상주의 국가에 바탕을 둔 평등주의적이며 덕치주의적인 공화정을 대담하게 주장함으로써 산악파 의원들에게 깊은 영향을 끼쳤다. 용모가 수려한 그는 민중의 우상이었으나 그 자신은 로베스피에르에 매료돼 그의 인격에 경도되었다. 공안위원회 위원으로 국민공회에 혁명적 독재의 열기를 불러일으켰으며 혁명 방위 전쟁 중에는 세 차례나 라인 강 전선과 북부 전선에 파견돼 군대의 사기를 북돋웠다. 그의 절친한 친구인 르바셰르는 "생쥐스트가 꿈꾸었던 공화국을 건설하기 위해서는 그의 목숨과 더불어 10만 명의 프랑스 젊은이의 목숨을 내던져야 했다."고 기록했다. 생쥐스트는 정치적 반대파인 지롱드파, 에베르파, 당통파 등을 숙청하는 데 결정적 역할을 했으며 유명한 방토즈 법을 통과시켰다. 로베스피에르가 탄핵되던 테르미도르 9일, 생쥐스트는 국민공회 회의장에서 로베스피에르를 옹호하기 위해 절규하다가 함께 단두대에 섰다. 사후에 그가 구상했던 사회개혁안이 발견됐다.

상실한 대중의 무관심, 부르주아지의 공공연한 적대 행위, 자신들의 능력으로는 극복할 수 없는 여러 모순에 부딪혔다. 위기의 시기인 혁명력 2년 테르미도르 9일(1794년 7월 27일), 민중 진영은 로베스피에르를 지지하는 봉기 코뮌의 호소에 부응하지 못했다. 이미 얼마 전에 생쥐스트는 "혁명이 얼어붙었다."고 선언했다. 민중은 새로운 질서의 적대 세력에게 자유의 전제를 행사함으로써 특권계급의 반혁명과 유럽의 대불동맹에 대한 승리를 확보할 수 있었다. 그러나 승리의 여신은 민중을 외면했고, '명사들'은 안도의 숨을 쉬었다.

이번에는 수개월에 걸쳐 테르미도르파의 부르주아지가 혁명력 2년의 공화국을 파괴하고, 혁명정부를 해체하며, 통제 경제를 폐기하고, 경제적 자유와 이윤 취득의 자유라는 토대 위에서 부와 소유의 특권을 재확립했다. 로베스피에르파의 몰락에 크게 놀란 파리의 상퀼로트는 끈질긴 퇴각전을 계속하며 몇 개월 동안은 생존권과 국민으로서 자신들의 지위를 가까스로 지탱할 수 있었다. 혁명력 3년 프레리알, 즉 1795년 5월의 극적인 봉기로 인해 몰락한 상퀼로트는 정치 무대에서 사라졌으며, 이로써 1792년 8월 10일 국왕의 폐위로 시작된 민주 혁명은 종말을 고했다. 이 점에서 혁명력 2년 테르미도르 9일보다는 오히려 혁명력 3년 프레리알 봉기에 혁명이 종결된 셈이다. 왜냐하면 바로 그때 혁명의 재생력(再生力)이 결정적으로 꺾였기 때문이다.

1장
입법의회의 종언
– 혁명의 약진과 국가 방위
1792년 8~9월

입법의회는 국왕권의 행사를 정지시키고, 새 헌법을 기초할 국민공회를 보통 선거를 거쳐 선출하여 구성한다고 결정하면서 민중의 승리를 즉각 승인했다. 8월 10일의 봉기 코뮌은 루이 16세와 그의 가족을 엄중히 감시하며 성당기사단 본부 건물에 감금했다. 의회는 내무장관 롤랑, 재무장관 클라비에르, 육군장관 세르방과 같은 종전의 지롱드파 각료 이외에, 해군장관 가스파르 몽주(Gaspard Monge), 외무장관 르브룅퉁뒤, 법무장관 당통과 같은 자코뱅파 인사들을 포함하는 임시 행정 내각을 구성했다.

제1차 공포 정치

1. 8월 10일의 봉기 코뮌과 입법의회

1792년 8월 10일부터 9월 20일까지 입법의회의 마지막 6주간은 봉기 코뮌과 의회의 충돌로 점철되었다. 이는 혁명의 진전에서 결정적인 중요성을 띤다. 의회가 대변하는 합법적 권력에 맞서 8월 10일의 '봉기 코뮌'이라는 혁명적 권력이 등장하였다. 브리소가 경영하던 신문 〈프랑스 애국자〉의 편집인인 장마리 지레뒤프레(Jean-Marie Girey-Dupré)는 의회에 보낸 8월 30일 자 서한에서 봉기 코뮌으로부터 호출당한 것에 불만을 토로했고, 지롱드파는 봉기 코뮌의 권력 탈취와 독재를 고발하면서 격렬한 공세를 취했다. 1792년 8월 31일, 봉기 코뮌은 대변인 장랑베르 탈리앵*을 통해 장소네, 가데, 그랑주뇌브의 비난을 다음과 같이 반박했다.

> 우리가 행한 모든 과업을 민중이 승인했다. …… 따라서 만약 당신들이 우리를 비난한다면, 그것은 7월 14일의 혁명을 일으키고 8월 10일의 봉기로서 혁명을 공고히 했으며 앞으로 계속 혁명을 추진해 나갈 민중을 비난하는 것과 같다.

두 권력 사이의 대립은 국민공회가 개원할 때까지 지속되었고, 그 뒤에는 지롱드파와 산악파 간의 대립으로 이어졌다. 8월 10일의 승리자들은 자신들의 의지를 강요할 생각이었으며, 입법의회는 선거에 의해 중소부르주아지 출신 288명으로 구성된 봉기 코뮌을 인정할 수밖에 없었다. 그러나 상층 부르주아지와 합법적인 당파로서 지롱드파가 지배하는 의회는, 봉기 코뮌이 제시하고 산악파가 이어받은 혁명적인 조치들에 근본적으로 거부감을 느꼈다.

당통은 임시 행정 내각에서 의회와 봉기 코뮌 두 권력 사이의 연결고리였다. 그의 혁명 경력은 봉기 코뮌에게 보증 수표였고, 의회가 볼 때 그의 애매한 태도는 상당한 안도감을 주었다. 1759년에 아르시쉬

탈리앵(Jean-Lambert Tallien, 1767~1820) 가난한 집안 태생으로 혁명 초에 급진적인 언론 활동을 해 주목을 받았다. 봉기 코뮌의 일원으로 활동하다가 국민공회 의원으로 선출된 후 산악파로서 지롱드파를 신랄하게 비판했다. 산악파 독재 기간 중에는 보르도에 파견되어 과격한 공포 정치가로 활동했으며, 파리 귀환 후 부인인 테레즈 카바뤼(Thérèse Cabarrus)의 영향으로 로베스피에르의 반대파 진영에 가담해 테르미도르 반동의 주역 가운데 한 사람이 된다.

르오브 바이야즈 대소인의 아들로 태어난 당통은 혁명 전에는 국왕참사회의 변호사였으나 1789년부터 민주주의자로서 두각을 나타냈다. 그는 테아트르프랑세 구와 코르들리에 클럽에서 했던 활약에 힘입어 1791년에 도 집정부의 일원이 되었고, 이어 봉기 코뮌의 감찰관이 되었다. 틀림없이 궁정에 매수되었으면서도 그는 국왕에게 어떤 중요한 양보도 하지 않았던 것으로 보인다. 비록 8월 10일의 봉기에서는 별로 대단한 역할을 하지 못했지만 당통은 곧 전면으로 부상했다. 달변에 서민적인 말투와 수수한 차림새를 한 현실주의자이며, 결단을 내릴 줄 아는 동시에 술수에도 능하고, 배짱이 있으며 향락적인 기질이고, 격정적이며 모질지 못한 인물인 당통은 애국주의와 민중에 대한 신뢰로 한동안 혁명 프랑스를 상징하는 존재였다. 그는 임시 행정 내각을 지배했다.

권력은 그렇게 끊임없이 서로를 침범하면서도 명확하게 구별되는 세 권력체, 즉 봉기 코뮌과 의회와 행정 내각이 나눠 가졌다. 경쟁적인 세 권력체는 돌발적으로 발생하는 사건에 따라 번갈아 가며 혁명적인 조치들을 채택했다. 상황 논리와 특히 대내외적인 이중의 위협이 그것을 정당화했다. 그 결과 어떠한 명확한 형태도 갖추지 않고 특정 제도나 인물 또는 당파나 계급을 구현하지도 않은 일종의 막연한 독재가 나타났다.

우선 각 도 당국과 군대를 새로운 사태에 협력하도록 끌어들이는 일이 필요했다. 8월 10일 바로 그날, 의회는 "모든 장군, 장교, 기타 민간인 관리와 군속들의 권한을 잠정적으로 중단시킬 권한을 지닌" 12명의 의원을 뽑아 각 군대에 3명씩 파견했다. 행정 내각은 파리 봉기 세력의 대표들 가운데서 당통이 선발한 위원을 각 도에 파견했다. 봉기 코뮌도 별도의 위원들을 파견했다. 이들은 혐의자를 체포하고 감시위원회를 창설하고 지방 당국을 단속해서 바로잡으며 혁명 과업을 수행했다.

도 당국은 수도를 따를 수밖에 없었다.

봉기 코뮌은 반혁명적인 범죄를 심리하기 위해 파리 각 구에서 선출된 판사들로 구성되는 '특별범죄재판소'를 창설하라고 요구했다. 8월 17일, 의회는 마지못해 코뮌의 요구를 받아들였다. 이미 8월 11일부터 국가의 안전을 해치는 범죄를 수사하고 필요한 경우에는 혐의자를 일시적으로 체포할 임무가 시 자치체에 주어졌다. 의회는 성직자를 포함해 전 공무원에게 자유와 평등을 준수하겠다는 선서를 하라고 요구했다. 8월 26일, 의회는 선서를 요구받고도 행하지 않는 성직자들은 보름 안에 프랑스를 떠나야 하며 이를 위반할 때는 기아나로 유형(流刑)을 보내기로 결정했다. 8월 28일, 봉기 코뮌의 압력을 받은 의회는 혐의받은 시민이 지니고 있을지도 모를 무기를 색출하기 위한 가택 수색을 정식으로 허용했다. 이리하여 점차 비상 체제가 구축되어 갔다.

2. 9월 학살

9월 학살은 제1차 공포 정치의 절정을 이루었다. 대외적 위협이 제거되기는커녕, 8월 26일 롱위의 함락 소식이 파리에 전해졌다. 침입이 임박하자 혁명적이고 애국적인 열정이 불타올랐다. 동시에 방데 지방에서 반란 소식이 날아들었다. 적은 도처에 있었다.

봉기 코뮌이 성벽 앞에 참호를 파고, 창 3만 정을 주조하고, 새로운 모병(募兵)을 실시하고, 의용군을 무장시키기 위해 혐의자들을 무장 해제시키며 국가 방위를 위한 새로운 열정을 불러일으켰던 반면에, 지롱드파의 지도자들은 군사적 상황이 절망적이라고 판단하여 파리를 포기하고 정부를 옮길 생각이었다. 롤랑이 루아르 강 이남으로 철수할 준비를 하자 당통이 반대했다. "롤랑이여, 그대는 도망에 관해 말하지 말라. 민중이 그 이야기를 들으면 어떻게 될 것인가를 생각해보라." 한편, 의회가 정식으로 허가한 가택 수색이 8월 30일부터 시작되어 이틀

동안 계속되었다. 3천 명에 달하는 혐의자가 체포당해 투옥되었다. 체포된 사람 가운데 대부분은 석방되었다. 9월 2일 당시에 9개의 구치소에는 2,800명의 수감자가 있었는데, 그 가운데 8월 10일 이후 수감된 사람은 1천 명 미만이었다.

9월 2일 오전, 국경에서 파리로 통하는 마지막 요새인 베르됭이 포위되었다는 소식이 파리에 날아들었다. 코뮌은 곧 파리 시민들에게 격문을 발표했다. "시민들이여! 무기를 들어라, 무기를. 적군이 바로 우리의 문턱까지 와 있다!" 봉기 코뮌의 명령에 따라 사람들은 공포(空砲)를 쏘고 비상소집을 알리고 경보를 울리고 성문을 닫았으며, 국경경비대를 조직하기 위해 샹드마르스 광장에 건장한 사람들을 소집했다. 코뮌의 인사들은 각기 출신 구로 돌아갔다. "이들은 조국의 긴박한 위험, 우리를 포위하고 위협하는 반역 행위, 프랑스 영토의 침입에 관해 정력적으로 시민들에게 설명했다."

코뮌은 다시 한 번 더 애국적 열정의 본보기를 보여주었다. 포성과 경종이 야기한 이러한 흥분된 분위기 속에서 반역에 대한 강박 관념이 커져 갔다. 의용군들은 무리 지어 출발할 채비를 갖추었다. 이들이 떠난 뒤에 투옥되어 있는 혐의자들이 적에게 구원을 요청하기 위해 봉기할 것이라는 풍문이 떠돌았다. 마라는 민중의 적들을 재판하지 않고는 수도를 떠나지 말라고 이미 의용군들에게 권고한 바 있었다.

9월 2일 오후, 라베이(L'Abbaye) 감옥에 수감되어 있던 선서거부파 성직자들이 간수인 마르세유와 브르타뉴 출신의 연맹군들에게 살해당했다. 소상점주, 장인, 연맹군, 국민방위병 등의 무리가 선서거부파 성직자들이 많이 감금되어 있던 레 카름(Les Carmes) 감옥에 침입해 그들을 살해했으며, 곧이어 라베이 감옥의 나머지 수감자들도 같은 운명을 맞았다. 그러자 코뮌의 감시위원회가 개입하여 인민재판소가 설치되었다. 민중적 개념에서 볼 때, 사법권의 행사는 주권의 한 속성이며 필요하다면 민중이 언제나 그것을 행사할 수 있었다. 코뮌의 한 위원은 9월 2일 밤에 다음과 같이 선언했다. "민중은 복수를 함으로써 재판권을 행사했다." 이후 처형은 라포르스(La Force), 콩시에르주리(Conciergerie), 샤틀레(Châtelet), 살페트리에르(Salpêtrière), 그리고 마지막으로 9월 6일에 비세트르(Bicêtre) 감옥에서 계속되었다. 전체적으로 1,100명 이상의 수감자들이 살해되었는데, 그것은 전체 일반 사범 수감자의 4분의 3에 해당하는 수였다.

당국은 방관했고, 의회는 무력했다. 공포에 놀란 지롱드파 인사들은 위협감을 느꼈다. 법무장관인 당통은 감옥을 보호할 어떠한 조치도 취하지 않았다. 롤랑 부인에 의하면, 당통은 "죄수라니요? 나보고 어쩌란 말이오."라고 말했다는 것이다. 각 도에 발송한 회람에서 코뮌의 감시위원회는 자신들의 행동을 정당화하면서, "공공 안전을 위해 필요하다면, 민중이 적군을 향해 진격할 때까지 우리들의 벽 속에 숨어 있는 반역의 무리를 공포로써 붙잡아 두기 위해" 필요한 조치를 국민 전체가 강구해야 한다고 촉구했다.

《한 민중 여성의 회상(Souvenirs d'une femme du peuple)》에는 9월 학살에 대해 "모든 사람은 공포에 떨면서도 그들의 행동을 정당한 것으로 간주했다."고 쓰여 있다. 9월 사건을 정당하게 평가하려면 그것이 일어난 시대적 상황과 맥락을 고려해야만 한다. 혁명적 위기가 더욱 악화됨으로써 국민의 새로운 특징이 명료해지는 동시에 공고해졌다. 9월 학살과 제1차 공포 정치는 사람들이 잘 구분하지 못하는 국민적 측면과 사회적 측면을 보여주었다. 외국군의 침입(프로이센군은 8월 19일에 프랑스 영내로 진입했다)은 극도의 흥분 상태를 야기한 강력한 요인이다. 의심할 여지 없이 혁명의 가장 위험한 시기였던 1792년 8월 말부터 9월 초까지는 동시에 민중이 대외적인 위협을 가장 절실하게 느꼈던 시기이기도 하다. 그러나 국민적 공포에 사회적 공포가, 즉 혁명을 위한 공포에 반혁명에 대한 공포가 겹쳐졌다. '특권계급의 음모'라는 관념이 다시 애국파의 뇌리에 자리 잡았다. 용기병 출신의 마르캉(Marquant)은 아르곤 지방의 라크루아조부아(La Croix-aux-Bois) 초소가 함락된 직후인 1792년 9월 12일에 자신의 일기장에 다음과 같이 썼다. "적군의 수도 입성을 저지해야 한다. 만약 그러지 못한다면 적군은 우리의 입법자들을 도살하고 루이 카페(Louis Capet)의 폭정을 재현해 우리를 다시 노예 상태로 떨어뜨릴 것이다." 침략자에 대한 공포와 증오가 커짐에 따라 국내의 적, 즉 특권계급과 그들의 지지 세력에 대한 공포와 증오 역시 커졌다. 사회적 증오는 파리의 상퀼로트 사이에서만 끓어오른 현상이 아니었다. 혁명에 도저히 호의적이지 않을 것 같은 이폴리트 텐은, 구체제와 봉건제가 되살아날지도 모른다고 생각한 농민 대중의 마음속에서 '무서운 분노'가 폭발한 감동적인 장면을 다음과 같이 묘사했다.

질서와 무질서 중에서 선택하는 것이 아니라 신체제와 구체제 중에서 하나를 선택하는 문제였다. 이는 사람들이 외국인의 배후에 국경에 머무르고 있는 망명 귀족들이 있음을 알고 있었기 때문이다. 특히 구체제의 무게를 거의 홀로 지탱했던 최하위 계층, 즉 팔뚝의 노동으로 근근이 살아왔고 수 세기 동안 세금에 시달리고 빼앗기고 혹사당하며 조상 대대로 빈곤, 압제, 모멸을 감내해야 했던 수백만의 사람들에게 체제의 이러한 동요는 엄청난 것이었다. 그들은 자신들이 얼마 전까지 처했던 상황과 현재 상황의 차이를 그들 특유의 경험을 통해 알았다. 그들은 국왕, 교회, 영주에게 납부하던 각종 세금의 막대한 부담을 상상하려면 단지 어제를 회상하기만 하면 되었다. …… 폭군들의 음모를 비난하고 민중에게 무장을 호소하는 민중 가요들과 함께 도시의 작업장에서 농촌의 초가까지 무서운 분노가 넘쳐흘렀다.

혁명의 그 어느 시기보다도 이때가 국민적 문제와 사회적 현실의 긴밀한 관계가 가장 뚜렷했다. 1793년 6월 16일에 에티엔 아제마(Étienne Azéma)는 《증언》에서 "우리는 적군의 진격을 중단시킬 수 있었을 때 비로소 민중들의 복수를 멈추게 할 수 있었다. 왜냐하면 적군의 진격이 멈추자마자 곧 민중의 복수도 멈췄기 때문이다."라고 썼다. 발미에서 거둔 승리로 제1차 공포 정치는 종언을 고했다. 그날 "국민 만세!"라는 구호를 외쳤던 이들은 연맹제의 부르주아 국민방위대가 아니라 9월 학살의 주인공인 '재단사와 구두 수선공'의 군대였다.

이러한 제1차 공포 정치와 9월 학살로 인해 8월 10일과 국왕 폐위 사건의 영향은 더욱 뚜렷해졌다.

종교 문제에 관해 의회는 바로 그 8월 10일에 국왕이 '거부권'을 행사했던 법령, 즉 선서거부파 성직자의 감금과 유형에 관한 1792년 5월 27일의 법령을 시행하기로 결정했다. 8월 16일, 코뮌은 종교적인 옥외 행렬과 옥외 예배를 금지했다. 8월 18일, 의회는 그때까지 남아 있던 모든 수도회의 해산을 명령했다. 의회는 또한 성직자는 예배 집전 때 이외에는 사제복을 착용할 수 없다는 1792년 4월 6일의 결정을 재확인했다. 8월 26일, 의회는 선서거부파 성직자들에게 15일 내에 출국할 것과 그러지 않을 경우 유형에 처할 것임을 공포했다. 수많은 코뮌에서 주임 사제들을 축출한 이러한 반(反)선서거부파 조치로 호적 업무가 세속화되어 1792년 9월 20일부터 자치체가 그 업무를 떠맡았다. 이는 교회와 국가의 분리를 이루는 첫 단계의 중요한 개혁으로서, 세속적 중립성의 원칙을 따른 것이라기보다는 불가피한 상황과 투쟁 정신이 낳은 부득이한 결과였다. 그것은 선서거부파에게 타격을 주었을 뿐만 아니라, 곧 교회의 종과 은제품을 징발당하고 교회 재산까지 매각에 부쳐진 입헌파 성직자에게도 타격을 주었다. 1792년 9월 20일, 이혼이 합법화되었다. 공화파와 입헌파 성직자들의 결렬이 임박해지고 있었다.

8월 25일, 사회적 영역에서는 되사야 할 조건이 되는 모든 봉건적 부과조가 그 취득이 '본원적 증거 문서'로 인정되지 않는 한 무상으로 폐지되었다. 8월 14일, 의회는 7월 27일의 법령에 따라 매각되는 망명 귀족의 재산을 작은 필지로 분할하기로 결정했다. 공유지의 분할이 허용된 것이다. 식량 문제를 해결하기 위해 지방 당국은 가장 필수적인 식료품의 공정 가격제를 실시했다. 9월 9일과 16일에, 의회는 마침내 군(郡)의 집정부에 곡물의 재고를 조사하고 시장에 공급하기 위한 곡물을 징발할 수 있는 권한을 부여했다. 그러나 의회는 공정 가격제 실시는 거부했다. 그렇지만 제헌의회의 사회적 과업은 이제 민중이 거둔 승리의 영향을 받지 않을 수 없었다. 점차 통제 경제가 들어섰다. 이는 코뮌의 지지를 받는 민중이 요구했던 것이며, 부르주아지의 이익을 대변하는 지롱드파는 이를 근본적으로 반대했다. 이리하여 지롱드파와 산악파 간의 대립이 분명해졌다.

정치 분야에서 군주제의 복귀는 점차 가능성이 희박해졌다. 9월 4일, 입법의회의 의원들은 장차 국민공회가 군주제를 폐지했으면 하는 바람을 나타냈다. 파리의 선거인회는 당선자들에게 그러한 임무를 강제로 위임했다. 이러한 분위기에서 국민공회의 선거가 진행되었다. 선거인회는 9월 2일부터 소집되었다. 수동 시민들에게 선거권이 주어졌지만 많은 수가 기권했는데, 그렇다고 기권자 전체를 모두 반대파로 단정 지을 수는 없다. 오직 특권파와 쇠양파만이 몸조심을 하느라고 기권했다. 국민공회 의원들은 이처럼 혁명으로 쟁취한 것을 지키기로 결단한 소수에 의해 선출되었다.

침략의 저지 – 발미의 승리(1792년 9월 20일)

제1차 공포 정치는 민중이 떨쳐 일어선 것이며 국내의 적을 지배하는 수단이었을 뿐만 아니라, 외부의 위협에 대한 반격으로서 승리를 확보하는 데 기여했다. 국가 방위는 코뮌과 의회의 영향 아래 정력적으로 추진됐다. 정규군을 보충하기 위해 5만 명을 징집하고 42개의 새로운 의용군 대대를 편성하기 위해 33,600명을 소집할 것을 결정하는 법이 1792년 7월 12일에 통과되었다. 7월 22일, 파리에서는 조국이 위험에 처했다는 격문이 공포되었다. 단 일주일 만에 1만 5천 명의 파리 시민들이 의용군으로 자원했다. 몇몇 도에서도 이러한 분위기가 현저해졌다. 동부의 여러 도는 7월 말까지 4만 명의 국민방위병들을 징집하였다. 9월 7일, 퓌드돔 도의회는 자원 입대를 격려할 의도로 면에 위원들을 파견해 "이제까지 했던 노력에도 불구하고 우리들이 다시 노예 상태로 떨어질지도 모를 끔찍한 가능성을" 소집된 국민방위병들에게 역설했다. 위원들은 "이 혁명이 우리들에게 제공한 모든 성과들, 즉 십일조와 봉건적 부과조 등의 폐지를" 상기시켰다. 이 혁명 전쟁의 사회적 함의를 누구도 이보다 더 잘 돋보이게 할 수는 없었을 것이다. 1791년과는 달리 1792년에 의용군에 소집된 사람들에는 부르주아가 거의 포함되지 않았으며, 장인과 직인 같은 수공업에 종사하는 사람들이 대부분이었다.

그와 동시에 군대를 무장하고 군수품을 제공하기 위해 혁명력 2년에 본격적으로 나타날 경제 체제가 모습을 드러냈다. 파리 코뮌은 무기와 일 등급 말, 교회의 종과 은제품을 징발하고, 군복 제조를 위한 작업장도 설립했다. 9월 4일, 행정 내각은 공정 가격제를 통해 군대의 식량과 군마의 사료를 징발했다. 그러나 이 징발 체제는 경제적 자유에 집착하는 부르주아지를 불안하게 했다. 이미 국가 방위가 야기하는 여러 문제에 대해 사회적 반응이 나타나기 시작했고, 지롱드파와 산악파 사이에 분열의 윤곽이 뚜렷해졌다.

그런 가운데 프로이센군의 진격이 구체적으로 나타났다. 9월 2일, 멘에루아르 도 의용군 대대의 대대장(중령)이자 요새의 애국파 사령관인 니콜라조제프 보르페르(Nicolas-Joseph Beaurepaire)가 왕당파에게 살해된 직후, 베르됭은 반혁명과 반역으로 무너져 마침내 함락되었다. 9월 8일, 적군은 아르곤 지방에 도달했지만 도처에서 뒤무리에가 지휘하는 프랑스군의 반격에 직면했다. 반면 9월 12일에 오스트리아군은 라크루아조부아의 협로를 돌파하는 데 성공했다. 뒤무리에는 생트므누를 향해 남쪽으로 퇴각했고, 이로써 파리로 가는 길이 무방비로 열렸다. 그러나 9월 19일, 메스 군대를 지휘하던 프랑수아크리스토프 켈레르만(François-Christophe Kellermann)이 뒤무리에 군대에 합류했고, 이때부터 프랑스군은 적군에 비해 수적으로 우세해졌다(5만 명 대 3만 4천 명).

발미 전투는 전투라기보다는 일종의 단순한 연속 포격이었다. 그러나 그 결과는 심대했다. 브라운슈바이크는 프랑스군을 교묘한 작전으로 포위할 생각이었으며, 성급한 프로이센 왕은 그에게 즉각적인 공격을 명령했다. 1792년 9월 20일, 맹렬한 집중 포격 후에 프로이센군은 켈레르만이 장악하고 있던 발미 고지의 전면에서 정오 무렵 작전대로 공격을 개시했다. 프로이센 왕은 프랑스군이 허둥지둥 퇴각할 것이라고 예상했다. 그러나 상퀼로트들은 잘 버텼고 더욱 치열하게 포격을 가했다. 켈레르만은 모자를 칼끝에 달아 흔들면서 "국민 만세!"라고 외쳐댔다. 이것이 이 대대에서 저 대대로 전파되어 전군이 그의 혁명적 구호를 따라 외쳤다. 전 유럽에서 정예(精銳)로 유명한 군대의 포격 앞에서 한 사람도 물러서지 않았다. 프로이센의 보병 부대는 전진을 멈추었고, 브라운슈바이크는 감히 돌격 명령을 내릴 수 없었다. 간간이 포격이 계속되었다. 저녁 6시경 억수 같은 비가 쏟아졌다. 군대는 그 자리에서 하룻밤을 세웠다.

프로이센군은 아무런 손실도 입지 않았다. 발미의 승리는 전략상의 승리라기보다는 군대의 사기가 거둔 승리였다. 상퀼로트의 군대가 유럽 최강의 군대를 버텨낸 것이다. 혁명은 자신의 힘을 세상에 드러냈다. 국민적이고 민중적인 새로운 군대가 수동적인 기율만을 훈련받은 직업 군대에 성공적으로 대항했던 것이다. 이제 대불동맹군에게 혁명 프랑스는 쉽게 물리칠 수 있는 대상이 아니라는 것이 명백해졌다. 요한 볼프강 폰 괴테(Johann Wolfgang von Goethe)는 전투의 현장에 있었다. 발미의 기념비에는 요한 페터 에커만(Johann Peter Eckermann)이 전하는 다음과 같은 괴테의 글귀가 적혀 있다. "오늘 바로 이 자리에서 세계사의 새로운 시대가 열렸다."

프로이센군은 뒤무리에와 비밀 협상을 벌여 휴전 협정을 맺은 뒤, 퇴각했다. 계속되는 비로 질척거리는 땅을 걸어야 하는 고통스런 행군에 지친 프로이센군은 침략자와 망명 귀족에 대항하여 궐기한 로렌과 샹파뉴 지방의 농민들에게 시달렸고, 유행성 이질로 많은 사망자를 냈다. 뒤무리에는 프로이센군의 약점을 최대한 이용해서 괴멸할 생각은 하지 않고 천천히 프로이센군의 뒤를 따랐다. 프로이센군의 이 고통스런 퇴각은 곧 선언될 공화국의 승리를 의미했다. 베르됭은 10월 8일에, 롱위는 22일에 수복되었다.

1792년 9월 20일, 발미의 승리가 있던 바로 그날, 국민공회가 입법의회의 뒤를 이었다.

2장

지롱드파의 국민공회
— 자유주의적 부르주아지의 파산
1792년 9월~1793년 6월

프랑스에 새로운 헌법을 부여할 사명을 지닌 국민공회는 발미 전투가 끝난 바로 그날인 1792년 9월 20일 오후에 개원했다. 국민공회는 사무국을 조직한 뒤 21일에 입법의회의 뒤를 이어 기마 훈련장을 차지했다. 국민공회는 입법의회로부터 국내외적인 위기 상황을 물려받았다. 대불동맹군은 격퇴되었지만 완전히 정복되지 않았고, 반혁명은 타격을 입었지만 분쇄되지 않았다.

자유주의적 부르주아지는 8월 10일의 사건 뒤 국민과 혁명을 수호하는 정책에서 민중에게 추월당하기는 했지만, 새 의회에서 지롱드파를 통해 우위를 확보했다. 과연 이들에게 과업을 수행할 능력이 있을까? 대외 전쟁의 패배는 지롱드파에게 치명적임을 뜻했다. 공화국의 군대가 승리를 확보하는 한 그들은 권력을 유지할 수 있으나, 패배한다면 그날로 몰락할 것이었기 때문이다. 그런데 대중의 여론이 자신들로부터 멀어진다고 느낀 지롱드파는 주전파로서 계속 대외적인 충돌을 일으켜 인기를 만회하려고 했다. 정치적 술책 혹은 혁명적 이상주의, 그 어느 것이든 간에 지롱드파는 프랑스를 압제받는 민중의 해방자로 만들 생각이었다. 이렇게 해서 그들은 혁명적 국민에 대항해서 유럽 특권계급의 모든 이해관계를 결속했다. 그러나 지롱드파는 전쟁을 승리로 이끌 능력이 없었다. 1793년 3월의 패배와 이로 말미암은 위기는 지롱드파의 운명을 결정했다.

당파들 사이의 투쟁과 루이 16세의 재판(1792년 9월~1793년 1월)

국민공회는 보통 선거로 선출된 새로운 제헌의회로서, 유일하게 국민을 대표했고 모든 권력을 홀로 장악했다. 봉기 코뮌도 국민의 대표체 앞에서 무력할 수밖에 없었다. 코뮌은 그 점을 이해하여 자제했고, 감시위원회를 해산하기까지 했다. 당파 간 투쟁을 끝내는 것은 국민공회를 지배하던 지롱드파에 달려 있었다. 무력함을 느낀 산악파는 실제로 국민공회 초기에 갖가지 방법으로 화해를 모색했다. 9월 22일, 마라는 〈인민의 벗〉에서 '새로운 흐름'을 쫓을 것이라고 천명했다. 당통은 브리소와 타협을 모색했다.

사실상 '당파 간의 휴전'은 짧았다. 그러나 휴전 상태일 때 중요한 결정이 만장일치로 통과되었다. 국민공회는 첫 번째 회기에 독재권과 토지 균분법의 도입을 만장일치로 거부함으로써 유산자와 민주파를 안심시켰다.

> 오직 인민이 승인한 것만이 헌법이 될 수 있다. 인신(人身)과 소유권은 국민의 보호 아래에 있다.

1792년 9월 21일, 국민공회는 만장일치로 왕정의 폐지를 결정했다. 장마리 콜로 데르부아*가 안건을 내놓았고 그레구아르 신부가 지지했다. "정신세계에서 국왕은 물질세계의 유령과 같은 존재이다. 궁정은 범죄를 제조하는 곳이며 부패의 온상이고 또한 폭군의 소굴이다. 국왕들의 역사는 곧 국민의 순교사이다." 그날 저녁, 휘황한 횃불 속에서 왕정 폐지 결정이 파리 시내에 전해졌다. 롤랑은 전국의 행정 기관에 발송한 회람에 다음과 같이 썼다.

원컨대 공화국임을 선포하시오. 즉, 우애의 체제를 선포하시오. 양자는 동일한 것입니다.

다음 날인 9월 22일, 장니콜라 비요바렌*은 이제부터 모든 공문에 공화국 연호를 사용할 것을 제안하여 통과시켰다.

9월 25일, 국민공회는 퓌드돔 도 출신 의원인 쿠통의 제안에 따라 "프랑스 공화국은 하나이고 나뉠 수 없다(La République française est une et indivisible)."는 유명한 규정을 오랜 토론 끝에 이번에도 만장일치로 채택했다. 이렇듯 의회는 지롱드파의 견해로 간주되는 연방제안(聯邦制案)을 거부했다. 1792년 12월 16일, 국민의회는 이러한 과정의 논리적 귀결로서, "프랑스 공화국의 통합을 깨뜨리거나 외국 영토에 병합할 의도로 프랑스의 일부를 떼어내려는" 시도를 하는 자는 사형에

콜로 데르부아(Jean-Marie Collot d'Herbois, 1749~1796) 인기 있는 배우이자 희곡 작가였으며 '8월 10일 봉기'에서 중요한 역할을 하여 코뮌의 간부가 되었다. 이어 국민공회에 진출한 후 공포 정치의 여러 조치들을 지지했다. 1793년, 공안위원회에 들어간 뒤에는 푸셰와 같이 리옹에 파견돼 왕당파에 가혹한 보복 조치를 취했다. 탄압이 지나치게 잔혹했기 때문에 로베스피에르에게 소환되기에 이르렀고, 두 사람 사이가 멀어져 마침내 테르미도르 반동의 주역으로까지 변신하게 된다. 테르미도르 반동에 공헌했는데도 불구하고 국민공회에 의해 기아나 유형에 처해져 그곳에서 말라리아로 사망했다.

비요바렌(Jean-Nicolas Billaud-Varenne, 1756~1819) 자코뱅 클럽과 코르들리에 클럽에 차례로 가입하여 루이 16세의 탈주 사건 직후 공화국을 요구하는 소책자를 펴냈으며, 이 때문에 한때 지하로 숨기도 했다. 8월 10일의 사건에서 봉기 코뮌의 일원으로 맹활약했고, 나중에 로베스피에르의 독재를 공격하면서 "침묵을 지켜 야심가가 저지른 대죄의 공범자가 되느니 차라리 나의 해골로 야심가의 옥좌를 만들도록 하는 편이 낫겠다."고 외쳤다. 그는 나중에 《비망록》에서 자기 일생에서 유일하게 후회하는 것은 당통과 로베스피에르 공격에 가담했던 일이라고 언급했다.

처할 것이라고 결정했다.

1. 지롱드파와 산악파

그렇지만 당파 간의 휴전은 오래가지 않았다. 휴전의 결렬은 지롱드파의 작품이었다. 아직 영향력이 작았던 산악파에 비해 지롱드파는 중도파의 지지로 다수파를 형성했다. 8월 10일 봉기의 주역들과 그것을 막지 못한 이들의 대립은, 1793년 6월 2일 지롱드파 인사들이 국민공회에서 제명되어 축출될 때까지 계속되었다. 이들의 싸움은 곧 극단적인 폭력을 수반했다. 지롱드파는 1792년 9월 25일부터 공세를 취했다. 이를테면 타른(Tarn) 도 출신 의원인 마르크 다비드 라수르스(Marc David Lasource)는 "파리도 다른 도와 마찬가지로 83분의 1의 영향력만을 행사해야 한다."고 했고, 부슈뒤론 도 출신 의원인 프랑수아 트로핌 르베키(François Trophime Rebecqui)는 "로베스피에르의 도당이야말로 독재권을 확립할 의도를 품고 있다."고 말했다. 지롱드파는 가장 두려운 산악파 지도자들, 즉 이른바 '삼거두'라 불렸던 마라, 당통, 로베스피에르에게 타격을 가하려고 했다. 당통이 마라를 겨냥해 "몇몇 극단적인 인사들 때문에 모든 의원들을 비난하지는 말라."고 발을 빼려 했으나 헛수고였고, 다음에는 "오스트리아가 우리들의 성스러운 단결을 알게 되면 전율할지도 모른다."고 했으나 역시 허사였다. 원한에 가득 찬 지롱드파는 완강했다.

바로 그 1792년 9월 25일에 지롱드파는 독재 체제를 꾸민다는 이유로 마라를 다시 공격했다. 〈인민의 벗〉은 고발 내용을 인정하면서 다음과 같이 응수했다.

나는 내가 반역자들과 음모가들을 분쇄하기 위한 유일한 수단으로서 삼두 정치에 의한 군사적 호민관제(護民官制)와 독재관제를 제안한, 혁명 이후 프랑스에서 최초이자 아마도 유일한 정치 저술가라고 믿는다.

마라는 "조국을 수호하기 위해 보냈던 투옥과 고통의 3년을" 다음과 같이 회상했다.

밤을 지새워 했던 나의 기도, 나의 노력, 나의 곤궁, 나의 고통, 내가 처했던 위험의 결실을 보라! 따라서 나는 당신들의 분노에 용감히 맞서기 위해 당신들 가운데 계속 머무를 것이다.

논쟁은 돌연 끝났다. 지롱드파는 공화국의 단일성과 불가분성에 관해 쿠통이 제안한 법안을 승인해야만 했다.

당통은 화해하려고 했지만 지롱드파는 그를 더욱 불신했다. 1792년 10월 9일, 지롱드파의 도미니크 조제프 가라(Dominique Joseph Garat)가 당통의 뒤를 이어 법무 장관이 되었다. 다음 날, 퇴임하는 모든 각료들처럼 당통도 회계 보고를 해야 했다. 그는 비록 특별 지출이라고 변명하기는 했지만 기밀비라는 명목으로 재임 중에 사용한 20만 리브르에 대해 결백을 입증할 수가 없었다. 10월 18일, 르베키는 공격을 재개했다. 당통은 해명하느라 정신이 없었고 마침내 다음과 같이 인정했다. "본인은 그 지출의 대부분에 대해 법률로 정한 영수증을 가지고 있지 못함을 시인한다." 11월 7일에 논쟁이 다시 벌어졌을 때, 지롱드파는 끈질기게 물고 늘어졌다. 마침내 국민공회는 정직성이 의심스러운 당통에게 결산 확인을 거부했다. 그 뒤부터 지롱드파는 사사건건 회계 문제로 당통을 괴롭혔다. 당통은 감정이 격해졌고 정치적 입지가 약해졌다. 그의 화해 정책도 불가능한 것으로 판명되었다.

1792년 10월 25일, 루아레 도 출신 의원인 장바티스트 루베*는 로베스피에르가 독재권을 장악하려는 야심을 품고 있다며 전례 없이 난폭한 어조로 비난했다.

로베스피에르, …… 나는 당신이 계속해서 우상 숭배의 대상이 되어 간다는 점, 음모와 협박의 모든 수단을 동원하여 파리 도의 선거인회를 괴롭히고 있다는 점, 요컨대 명백하게 최고 권력을 목표로 하고 있다는 점에서 당신을 고발한다.

로베스피에르는 이미 그에 앞서 9월 25일에 태도를 표명한 바 있었다.

나는 내가 조국의 대의 앞에 피고가 아니라 변호인이라고 생각한다. 나는 야심가이기는커녕, 언제나 야심가들에 맞서 싸워 왔다.

11월 5일, 루베에게 응수하는 자리에서 로베스피에르는 진정한 자신의 영역으로 논쟁을 끌고 갔다. 그는 8월 10일의 봉기와 혁명적 행동을 다음과 같이 옹호했다.

혁명이 그랬고, 왕권의 폐지가 그랬고, 바스티유 함락이 그랬고, 자유 그 자체가 그랬던 것처럼, 이 모든 일들은 불법이다. 누구도 혁명을 하지 않으면서 혁명을 원할 수는 없다.

루베(Jean-Baptiste Louvet, 1760~1797) 혁명 직전 이미 소설로 이름을 날렸다. 1792년 1월 자코뱅 클럽의 통신위원회 위원으로 선출되어 그해 3월 〈파수꾼〉의 편집을 맡았으며, 롤랑 부인을 후원자로 삼았다. 〈파수꾼〉은 8월 이후 산악파를 공격하는 롤랑파의 기관지가 되었다. 국민공회 의원으로 선출된 그는 의회에서 정면으로 로베스피에르를 고발하는 연설을 했다. 결국 지롱드파가 체포될 때 지하로 숨어 국내외로 도망 다녔다. 1795년 3월에 국민공회로 복귀하여 공안위원회 위원을 지냈고 혁명력 3년에 헌법과 '3분의 2 법령'을 기초하는 작업에 참여했다. 오백인의회 의원이 됐으나 폐결핵으로 사망했다.

이 논쟁의 결과는 지롱드파에게 새로운 실패였다. 로베스피에르는 이 논쟁을 통해 존재감이 더욱 커졌다. 그는 산악파의 지도자로 부상했다.

지롱드파의 이러한 공격이 초래한 가장 중요한 결과로서 산악파가 지롱드파에게 결정적으로 등을 돌렸다. 그와 동시에 지롱드파와 산악파 사이에는 카미유 데물랭이 〈애국파 논단(La Tribune des patriotes)〉에서 '냉정파'라고 명명한 '제3의 당파'가 생겨났다. "브리소와 로베스피에르의 중간에 자리 잡고 어느 쪽으로 판세가 기우는지 지켜보는 진짜 정치적 야바위꾼들." 무당파(無黨派) 의원들은 봉기 코뮌과 산악파에 나쁜 선입관을 지니고 상경했으나 지롱드파의 계속적인 고발과 과거 사건에 대한 비난 때문에 동요했다. 오랫동안 지롱드파의 지지자였던 아나카르시스 클로츠*는 《마라도 롤랑도 아니다》라는 제목의 소책자를 펴내면서 극적으로 지롱드파와 결별했다. 그 책자는 제목과는 달리 옛 동료에 대한 비난 일색이었다. 1792년 11월 초에 '제3의 당파'가 이미 형성되었다. 지롱드파는 이제 단독으로 국민공회를 지배할 수 없게 되었고, 마침내 11월 16일에는 의장직을 상실했다. 바로 이날, 무소속의 그레구아르 입헌파 주교가 의장으로 선출되었다.

국민공회는 혁명과 조국을 수호하려는 소수에 의해 선출된 까닭에, 원내에는 구체제나 입헌군주제를 지지하는 어떠한 왕당파도 존재하지 않았다. 혁명적 봉기들의 주동자이자, 민중의 생존권을 보장하는 경제적·사회적 조치의 지지자인 상퀼로트 역시 원내에 대표를 보내지 못

클로츠(Anacharsis Cloots, 1755~1794) 프로이센 출신이며 아주 어려서 파리로 이민 왔다. 자코뱅 클럽에 참여했고 여기서 "지구상의 모든 압제자에 대항하자."라는 유명한 연설을 했다. 입법의회는 그에게 프랑스 국적을 부여했으며, 이어 국민공회 의원에 선출되어 비기독교화 운동을 전개했다. 과격한 선동과 종교 반대 운동으로 로베스피에르파와 같이 단두대에서 처형됐다.

했다. 그러나 이들은 파리의 각 구를 지배했고, 이를 통해 1793년에는 의회 자체를 추동할 수 있었다. 국민공회에 조직된 정당은 없었으나, 지롱드파와 산악파라는 두 참모부를 따르는 경계가 불명확한 정파가 존재했다. 근본적으로 양자를 대립시켰던 것은 계급적 이해관계였다.

우파이자 합법주의를 내세우는 지롱드파는 산악파와 각 구의 투사들로 충원된 파리 코뮌이 앞장서서 채택한 혁명적 조치들을 싫어했다. 지롱드파는 상퀼로트가 요구한 규제 조치에 반대하여 소유권과 경제적 자유를 옹호하려는 상공업 유산자 부르주아지의 이익을 대변했다. 정치 분야에서 지롱드파는 공공의 안녕에 필요한 모든 비상조치에 적대적이었다. 그들은 전쟁을 벌여놓고도 승리를 확보하는 데 필요한 수단을 거부한 셈이었다. 권력의 중앙 집중과 행정 기구의 긴밀한 종속에 반대한 지롱드파는 온건한 부르주아지가 지배하는 지방 당국에 지지를 호소했다. 상공업 부르주아지와 결속되어 민중을 불신한 지롱드파는 경제 분야에서 경제적 자유, 기업 활동의 자유, 이윤 추구의 자유를 열렬히 지지했으나, 상퀼로트가 요구한 규제, 공정 가격제, 징발, 아시냐의 강제 유통에는 반대했다. 사회의 계서제를 유지하고 강화할 의도를 품었으며, 소유권을 불가침의 자연권으로 간주하고, 유산자 부르주아지의 이익에 전적으로 공명했던 지롱드파는 민중을 이끌어 나갈 자신도 없었고 그들에게 본능적으로 거부감을 느꼈다. 지롱드파는 자신들이 속한 계급에 행정권을 전적으로 넘길 생각이었다.

좌파인 산악파는 전쟁과 그 후유증, 생계비의 앙등, 실업, 저임금으로 고통받고 있던 중간 부르주아지와 민중계급, 즉 장인(匠人), 소상점주, 소비자의 이익을 대변했다. 산악파 인사들은 비록 부르주아지 출신이기는 했지만, 프랑스의 위기 상황이 민중의 지지가 있어야만 효력이 있는 비상 해결책을 요구하고 있음을 깨달았다. 또한 이들은 왕권을 전복하고 반란을 통해 정치 무대에 등장한 상퀼로트들과 관련이 있었다. 민중과 그들의 요구에 매우 밀착해 있었다는 점에서 현실주의자였던 산악파는, 이론에 별로 구애받지 않았고 공익이 사익에 우선해야 한다는 점을 알고 있었다. 혁명을 충실하게 지지하는 유일한 세력인 민중의 이익을 위해 산악파는 사적 소유와 개인적 자유를 제한할 준비를 갖추었다. 산악파 지도자들은 대부분 파리 출신 의원들로서 1789년의 제1차 혁명과 8월 10일의 제2차 혁명에서 파리의 민중이 수행했던 압도적인 역할을 인식하고 있었다. 1792년 9월 25일에 라수르스가 요구한 것과 마찬가지로 지롱드파가 혁명적 대중에 대한 두려움 때문에 파리가 "다른 도와 똑같이 83분의 1의 영향력만을" 행사해야 한다고 주장한 것에 대해 산악파는 거세게 항의했다.

1792년 10월, 브리소는 자신의 〈파리의 자코뱅 협회에 관해 프랑스의 모든 공화주의자들에게 보내는 호소문〉에서 자코뱅파와 산악파를 "파리의 협회를 장악하여 그 명예를 훼손하는 무정부주의자들"이라고 지칭했다.

> 산악파는 소유권, 생활 수준, 식료품의 가격, 사회에 대한 여러 가지 봉사 등 모든 것을 평균화하려는 질서 파괴자들이다.

로베스피에르는 그보다 앞선 1792년 9월 30일에 〈선거구민에게 보내는 서한〉 제1호에서 다음과 같이 응수했다.

> 왕권은 제거되었고 귀족과 성직자는 사라졌다. 평등의 지배가 시작된 것이다.

그는 "자신만을 위해 공화국을 건설하려 하며 부자와 공무원의 이익만을 위해 통치하려는" 사이비 애국자들에게 공격을 퍼붓고, "평등과 대다수의 이익이라는 원칙 위에 공화국을 세우려는" 진정한 애국자들을 그들에 견주었다.

산악파 지도자들, 특히 자코뱅파는 인민대중을 결합할 수 있는 실제적인 내용을 국민적 실체에 부여하려고 노력했다. 그 점에서 산악파 지도자 가운데 한 사람인 생쥐스트의 사상적 발전은 의미심장하다. 아직 몽테스키외의 영향에서 완전히 벗어나지 못한 그는 1791년에 출간한 《프랑스의 혁명 및 헌법의 정신》에 다음과 같이 썼다.

> 법이 없는 곳에는 조국도 없다. 왜냐하면 전제 정치 아래 사는 인민은 다른 국민을 비방하고 증오할 수는 있어도 조국을 가지지는 못하기 때문이다.

1792년 11월 29일, 생쥐스트는 식량 문제에 관한 연설에서 조국과 자유의 일치라는 18세기적인 진부한 논지를 극복하면서, 크게 독창적인 것은 아니지만 조국과 인민의 행복을 일치시켰다. "행복하지 못한 인민에게 조국이란 있을 수 없다." 그러나 그는 공화국을 건설하려면 "민중을 망가뜨리는, 앞날에 대한 불확실성과 궁핍한 상태로부터 그들을 구제할" 필요가 있다고 역설할 정도로 발전했다. 그는 아시냐의 "무절제한 발행"을 비난하면서 국민공회 의원들에게 다음과 같이 촉구했다. 인플레이션의 피해를 막고 민중에게 식량을 확보해주며 따라서 "그들의 행복과 자유를 밀접하게" 결합함으로써, "여러분은 일순간에 프랑스 인민에게 조국을 가져다줄 수 있다." 1792년 12월 2일, 로베스피에르는 외르에루아르 도에서 일어난 밀가루 폭동에 관한 연설에서 더 명쾌하게 말했다. 그는 소유권을 생존권에 종속시켜 국민의 범주를 인민대중에까지 확대할 수 있는 이론적 기초를 마련했다.

이론가들은 생활필수품을 보통의 상품 이상으로 간주하지 않았습니다. 그들은 밀 거래와 인디고 거래를 전혀 구별하지 않았습니다. 그들은 민중의 식량보다는 곡물의 교역에 대해 더 길게 논했습니다. …… 그들은 장사치나 지주들의 이익은 크게 고려했지만 인간의 생존에는 거의 관심이 없었습니다. …… 가장 으뜸이 되는 권리는 생존권입니다. 따라서 사회의 으뜸 법은 사회의 모든 구성원들에게 생존의 수단을 보장해 주는 법입니다. 모든 다른 법들은 그것보다 부차적입니다.

그러나 산악파는 전쟁 수행의 필요성과 자신들의 국민 의식 때문에 상퀼로트 쪽으로 기울었던 반면에, 지롱드파는 계급 정신 때문에 산악파와 멀어졌고 더욱 자기모순에 빠져들었다. 지롱드파는 선전 포고를 이끌었으나, 특권계급과 대불동맹에 맞서는 데 꼭 필요한 민중에게 호소하는 것이 결국은 유산자의 우위를 위태롭게 하지 않을까 두려워했다. 지롱드파는 모든 양보를 거부했다. 1792년 12월 8일 샤를 장 마리 바르바루(Charles Jean Marie Barbaroux)가 "소유권을 침해할 법안을 원하는" 자들을 비난하고 나서자, 롤랑은 곡물 거래의 자유를 회복시켰다. 1793년 3월 13일, 베르뇨는 자유와 평등에 관한 민중적 개념을 비난하면서 지롱드파 정책의 계급적 기반을 한층 더 강조했다. "사회적 인간에게 평등이란 권리의 평등일 뿐이다." 그는 계속해서 말했다. "평등이란 신장, 체력, 지능, 활동력, 근면함, 노동의 평등이 아닌 만큼 재산의 평등도 아니다." 이는 곧 소유와 부(富)의 우위를 유지하겠다는 것이다. 이것은 재산 제한 선거제에 기반을 둔 국민에 대한 지롱드파의 향수를 뜻하는 것일까? …… 어쨌든 이 말은 최소한 민중에 대한 깊은 불신을 보여준다.

따라서 지롱드파와 산악파의 대립 관계는 계급 갈등의 측면을 지녔다. 산악파의 대부분은 분명히 지롱드파와 마찬가지로 부르주아지 출신이었다. 그러나 산악파는 국가와 혁명을 수호하기 위해 불가피하게 대중 노선이라는 정책을 택할 수밖에 없었다. 그 노선은 일부에게는 원칙에 부합하는 것이었던 반면에, 다른 일부에게는 상황 때문에 어쩔 수 없는 것이었다. 산악파가 받아들여 법제화했던 공포 정치는, 마르크스에 따르면, "부르주아지의 적인 절대주의와 봉건제를 끝장내려는 평민적 방식"에 다름 아니었다. 부르주아 혁명이 구원받을 수 있었던 것은 바로 공포 정치 덕분이었다. 그러나 문제는 그렇게 간단하지 않다. 먼저 우리는 산악파에 가담한 국민공회의 재정 전문가 피에르 조제프 캉봉*이 잘 보여주듯이, 종종 상층 부르주아도 포함된 산악파 부르주아지의 사회적 조건이 어떤 것이었는지 명확히 할 필요가 있다. 그들은 어쩔 수 없이 그런 정책을 추진했던 것인가? 사실상 그들은 모든 타협을 거부하고 완전한 승리를 거두지 않고서는 국민과 자신들의 계급에게 안녕을 보장할 수 없다고 보았기에 그런 정책의 불가피성을 받아들인 강경 부르주아였다. 또한 그들은 혁명으로, 특히 국유재산의 매각으로 이득을 보았기 때문에 특권계급이 공격적으로 복귀한다면 자신들이 잃을 것이 많다는 것도 알고 있던 강경 부르주아이기도 했다. 하지만 당통과 '관용파'가 그러했듯이 그들 가운데 일부는 강제 조치와 공포 정책에 곧 염증을 느끼기도 했다. 마찬가지로 국가와 혁명을 수호하기 위한 이 정책은 외부로부터, 즉 자코뱅파와 상퀼로트

캉봉(Pierre Joseph Cambon, 1756~1820) 입법의원과 국민공회 의원으로 산악파에 가담해 제1차 공안위원회에 참여했던 재정 전문가다. 국민공회에서 점령 지역의 재정 수탁 체제를 조직하고 공채를 제도화했다. 지롱드파의 축출에 반대하는 등 온건파에 속했으나 혁명력 3년 제르미날 12일 사건으로 소추되어 피신했다. 왕정복고 후 루이 16세의 처형에 찬성했다는 이유로 국외로 추방당했다.

가 국민공회에 강요한 것이었다. 혁명정부를 떠받친 이 두 세력의 동맹에서 지도력을 제공해준 것은 로베스피에르로 상징되는 자코뱅파의 중간 부르주아지였다. 이들은 상퀼로트의 활발한 세력과, 혁명을 끝까지 밀고 나가려는 부르주아지의 한 분파 사이에 꼭 필요한 연결 고리가 되었다. 이러한 입장에 모순이 없을 수 없으며, 바로 이 점이 로베스피에르 정책의 궁극적인 실패를 상당 부분 설명해준다. 이는 로베스피에르의 하숙집 주인이자 더할 나위 없이 훌륭한 자코뱅인 소목장이 뒤플레로 상징되는 자코뱅의 중간 부르주아지가 처했던 사회적 상황에서 비롯한다. 뒤플레는 출신으로 보자면 여전히 노동의 세계에 몸담고 있었지만, 그러면서도 연간 1만~1만 2천 리브르의 집세를 받았다. 사실상 꽤 유복한 기업가형 소목장이였던 뒤플레의 이러한 이중성은, 많은 자코뱅 인사들의 전형이었다.

마지막으로 국민공회의 중도파는 혁명을 수호하는 데 확고한 신념을 품은 성실한 공화주의자들로서, '평원파(平原派)' 혹은 '소택파(沼澤派)'라고 불리는 부동적 집단을 이루었다. 이들은 부르주아지의 대변자이자 경제적 자유의 옹호자로서 마음속 깊이 민중계급을 두려워했다. 그러나 성실한 공화주의자인 그들에게 혁명이 위기에 처해 있는 한 7월 14일과 8월 10일 봉기의 주동자인 민중과 갈라서는 것은 상상하기 어려운 것이었다. 비록 일시적이고 승리할 때까지라는 유보 조건이 붙기는 했지만 중도파는 결국 민중이 요구하는 조치를 받아들였다. 그들은 처음에는 지롱드파로 기울었다. 그러나 지롱드파가 악의적인 태도를 보이고 위기를 극복하는 데 무력하자, 그들은 등을 돌렸다. 베르트랑 바레르*, 캉봉, 카르노, 랭데와 같은 인사들은 산악파에 가담해 공안 정책을 지지했다. 그러나 나머지 대부분의 인사들은 '제3의 당파'를 형성했다. 1792년 11월경에 모습을 드러낸 이들은 결국 산악파의 지침을 혁명의 안전을 확보하는 데 유일한 해결책으로 받아들였다.

2. 루이 16세의 재판(1792년 11월~1793년 1월)

루이 16세의 재판으로 국민공회의 분열은 악화되었고, 지롱드파와 산악파의 대립은 화해할 수 없는 지경에 이르렀다.

국왕의 기소(起訴)는 꽤 늦어졌다. 지롱드파는 재판을 연기할 속셈으로 별로 열의를 보이지 않았다. "만약 재판을 받는다면 그는 사형당할 것이다."라고 당통은 말했다. 국민공회는 사실상 유죄 선고를 내릴 수밖에 없었다. 그러지 않는다면 결국 8월 10일의 봉기를 단죄하는 셈이었다. 1792년 10월 16일, 국왕에 대한 기소를 접수한 법제위원회는 장시간 동안 재판 절차를 검토했다. 11월 7일, 장바티스트 마이유(Jean-Baptiste Mailhe)는 국민공회가 루이 16세를 재판할 수 있다는 확고한 결론을 기록한 보고서를 제출했다. 이 보고서를 둘러싸고 논쟁이 벌어졌다. 지롱드파 지도자들이 논쟁에 끼어들기를 피했던 반면에, 생쥐스트는 11월 13일에 한 연설에서 논쟁이 정치적 차원의 것이라고 밝혔다.

루이를 재판하는 사람들만이 공화국을 건설할 수 있습니다. 국왕을 적당히 벌하자고 역설하는 자들은 결코 공화국을 건설하지 못할 것입니다. …… 내게 두 가지 방안의 중간은 없습니다. 이 사람(루이 16세)은 군림하든가 아니면 죽어야 합니다. …… 누구나 죄를 짓지 않고 군림할 수는 없습니다. 그들의 광기는 너무나 명백하기 때문입니다. 모든 왕은 폭도이며 찬탈자입니다.

바레르(Bertrand Barère, 1755~1841) 툴루즈 고등법원의 변호사로서 삼부회에 대표로 진출하면서부터 급격히 좌경화했다. 국민공회에서는 로베스피에르와 가까워 공안위원회의 위원으로 두 차례나 선출됐다. 공안위원회에서는 해군 문제를 담당했으며 나중에는 군사 문제를 책임졌고 공포 정치 때는 과격한 폭력 사용을 주장했다. 테르미도르 반동 때는 로베스피에르를 배신했으나 로베스피에르와 가까웠다는 혐의로 유형에 처해지자 오랫동안 피신했다. 보나파르트 집권 이후 특사를 받고 보나파르트에게 축시를 헌정하며 아첨 끝에 한때 그의 총애를 얻었으나, 원로원의 승인을 얻지 못해 입법원 의원에는 취임하지 못했다. 왕정복고 이후에 다시 추방돼 브뤼셀에 거주하다가 7월혁명 이후 귀국해 의원에 선출됐다.

루이 16세는 평범한 시민일 수 없으며 적이자 이방인이므로, 국민공회는 그를 재판하기보다는 타도해야 한다는 것이었다.

그는 바스티유, 낭시, 샹드마르스 광장, 투르네, 튈르리 궁의 살인자입니다. 여러분에게 어떤 적, 어떤 외국인이 그보다 더 큰 악행을 행했습니까?

1792년 11월 20일, 루이 16세의 지시로 궁전의 벽에 만들어진 비밀 벽장, 즉 '철제 장농'과 그 안에 들어 있던 문서가 발견되어 국왕이 적과 비밀 교섭을 진행하고 있었다는 것이 입증되었다. 이 사건으로 재판을 연기하는 것이 불가능해졌다. 12월 3일, 로베스피에르는 생쥐스트의 논지를 반복했다.

국왕은 피고가 아니며, 여러분은 재판관이 아닙니다. 여러분은 한 개인에게 유무죄의 판결을 내리는 것이 아니라, 공공의 안전을 위한 조치를 취하는 것이며 국민의 구원자로서 행위하는 것입니다.

국왕에 대한 유죄 판결은 신생 공화국을 더욱 확고하게 할 뿐이었다.

방식에 구애받지 않고 루이 16세의 재판을 진행하자는 주장은, 곧 입헌적 국왕 전제주의로 퇴행하자는 것입니다. 이는 반혁명적 사상입니다. 왜냐하면 그것은 혁명 자체를 문제 삼자는 것이기 때문입니다.

국민공회는 지롱드파의 책동에도 불구하고 1792년 12월 6일, '루이 카페(루이 16세)의 죄상에 대한 논고장(論告狀)'을 작성할 임무를 띤 위원회를 임명했다.

1792년 12월 11일, 랭데가 작성한 기소장을 낭독하는 것으로 국왕에 대한 재판이 시작되었다. 기소장은 혁명의 모든 결정적 시기에 루이 16세가 보여준 이중성을 폭로하는, 일종의 연대기였다. 12월 26일, 국왕의 변호인인 레이몽 드 세즈*는 1791년의 헌법이 선언한 국왕의 면책 특권을 옹호하면서 성실하고 품위 있는 변론을 전개했다. 지롱드파는 재판을 저지할 수 없게 되자 국왕을 구제하기 위한 새로운 교란 작전을 시도했다. 그들은 의회의 판결에 대해 인민의 승인을 요구했다. 베르뇨는 1791년의 헌법이 국왕에게 면책 특권을 부여한 점을 강조했다. 오직 인민만이 루이 16세에게서 그러한 권리를 박탈할 수 있다는 것이었다. 하지만 이는 그 헌법이 지닌 재산 제한 선거제적 속성을 망각한 주장이었다. 1792년 12월 28일, 로베스피에르는 지롱드파에게 응수해 인민에게 의회의 판결을 승인하게 하거나 제1차 선거회를 소집하면 전국적으로 위험이 확대될지도 모른다고 비난했다. "쓸데없이 공화국이 혼란에 빠지게" 된다는 것이었다. 1793년 1월 초, 로베스피에르는 〈선거구민에게 보내는 서한〉에 게재된 '인민 주권 및 루이 카페의 판결에 대해 인민에게 호소하는 방식에 관하여'라는 글에서 다음과 같은 논지를 다시 전개했다.

첫째, 인민이 루이를 폐위하고 쫓아내기 위해 무기를 들었을 때, …… 둘째, 인민이 조국의 안녕을 위해, 그리고 전 세계에 모범을 보이기 위해 명확한 방식으로 루이에게 유죄 판결을 내릴 신성한 의무를 여러분에게 부여했을 때, …… 이미 인민은 두 번씩이나 루이에게 판결을 내린 셈이다. 새 정부가 위기에 빠져 있는 이러한 위험과, 우리에게 대항해 결

드 세즈(Raymond de Sèze, 1750~1828) 귀족 출신으로서 말제르브 및 트롱셰와 더불어 국민공회에서 루이 16세를 변호했다. 감동적인 변론을 했던 그는 1793년 10월에 투옥되었다가 테르미도르 반동 뒤에 석방됐다.

합한 적들의 공격에 국가를 노출한다는 것은, 결국 무정부 상태와 분열을 통해 왕정을 부활시키려는 것이 아니고 무엇이겠는가?

1793년 1월 14일, 국왕의 유죄 여부가 논의에 부쳐졌다. 바로 그날, 국민공회는 의원들이 결정해야 할 다음과 같은 세 가지 의제를 정했다.

루이 카페는 공공의 자유를 해칠 음모를 꾸미고 국민의 안녕을 침해한 죄를 지었는가? 국민공회가 선고한 판결을 국민이 재심(再審)하도록 할 것인가? 루이에게 가해질 형벌은 어떤 것이어야 하는가?

국왕의 유죄는 몇몇 기권을 제외하면 만장일치로 결정되었다. 인민의 재심안은 426대 278로 부결되었다. 지롱드파가 패배한 것이었다. 1월 16일 저녁에 시작되어 24시간 동안이나 계속된 끝없는 개별 호명식 투표 끝에 387대 334로 사형 선고가 내려졌다. 26명의 의원들은 집행유예를 조건으로 사형을 지지했다. 1월 18일, 투표에 붙여진 집행유예안은 380대 310으로 부결되었다. 지롱드파에 반대하는 바레르는 집행유예가 국내의 분열을 장기화하고 외부의 적대 세력에 직면해 혁명을 약화시킬 것이라고 역설했다.

1793년 1월 21일, 국왕의 처형은 프랑스인들에게 큰 충격을 주었고, 유럽을 경악하게 하였다. 국왕 처형식은 이날 오전 11시에 대규모 무력시위가 펼쳐지고 사람들이 크게 몰려든 가운데 혁명 광장(현재의 콩코르드 광장)에서 거행되었다. 그 전날 밤, 근위대의 한 퇴직 병사인 파리스(Pâris)가 국민공회 의원인 르펠트티에 드 생파르조를 살해했다. 이 무력하고 절망적인 단독 범행은 국민공회 내의 다수파에게 자신들의 정책에 대한 확신을 불어넣어주었을 뿐이며, 혁명의 제단에 첫 번째

'자유의 순교자'를 바친 셈이었다.

국왕의 처형으로 왕권은 전통적이며 거의 종교적인 위신에 타격을 받았다. 루이 16세는 보통 사람과 마찬가지로 처형되었고, 이로써 신권 군주제는 종언을 고했다. 국민공회는 배수의 진을 친 셈이었다. 이 국왕 시해자들에 대하여 유럽은 무자비한 전쟁을 일으켰다. 혁명 프랑스와 구체제 유럽의 대립, 그리고 국왕을 구출하려고 온갖 시도를 다했던 지롱드파와 산악파의 대립은 그 절정에 달했다.

루이 16세가 처형됨에 따라 지롱드파가 이제까지 추구해 온 지연 정책은 사실상 불가능하게 되었다. 재판 과정 중에도 지롱드파는 계속해서 지연 정책을 정당화하는 대외 정책의 논변을 제기하였다. 브리소는 "이제까지 해 온 토론에서 우리는 유럽에 대해 충분한 검토를 하지 못했다."라고 주장했다. 이에 대해 로베스피에르는 1792년 12월 28일에 "당신들이 인류의 반역자가 되느냐 아니면 은인이 되느냐에 따라 승리는 결정될 것이다."라고 응수했다. 지롱드파는 국왕을 구출하는 데 열중하기 위해 유럽과의 충돌을 막으려고 했다. 이렇듯 그들은 의식적으로든 아니든 특권계급과 타협하는 쪽으로 기울었다. 이는 11월까지도 선전전을 부르짖던 인사들로서는 앞뒤가 맞지 않는 태도였다. 국왕의 사형으로 산악파가 국민에게 제시한 유일한 해결책은 승리뿐이었다.

1793년 1월 20일, 파드칼레 도 출신 의원인 르바는 다음과 같이 썼다.

주사위는 던져졌다. 우리에게 퇴로는 없다. 좋든 나쁘든 우리는 앞으로 나아가야 한다. 지금이야말로 참으로 '자유롭게 사는 것이 아니면 죽음을'이라고 외쳐야 할 때이다.

전쟁과 제1차 대불동맹(1792년 9월~1793년 3월)

공화국의 군대는 발미 전투 뒤 불과 몇 주 만에 승리하여 알프스와 라인 강에 도달했다. 그러자 점령 지역의 처리 문제가 제기되었다. 점령 지역은 해방된 것인가? 아니면 정복된 것인가? 전쟁 논리와 정치적 필요성 때문에 해방은 곧 정복으로 탈바꿈되었다.

1. 선전에서 병합으로(1792년 9월~1793년 1월)

국민공회는 라인 강 좌안 지역, 사부아, 니스 등을 정복함으로써 제기된 문제를 최종 결정할 때까지 상당 기간 망설였다.

1792년 9월 29일, 앙셀름(Jacques Bernard d'Anselme)이 지휘하는 바르 군이 니스에 입성했다. 같은 시각에 몽테스키우는 민중의 열렬한 환호를 받으며 사부아를 해방했다. 9월 25일, 몽테스키우는 "도시와 농촌의 민중이 우리를 영접하려고 모여들었으며, 삼색기가 도처에서 휘날렸다."고 국민공회에 보고했다.

라인 지방에서 아당 필리프 드 퀴스틴*은 9월 25일에 슈파이어를 점령했고, 이어서 10월 5일에 보름스, 21일에 마인츠, 이틀 뒤에는 프랑크푸르트를 점령했다.

같은 시기에 벨기에도 정복되었다. 오스트리아군은 발미 전투 뒤 10월 5일에 릴에 대한 포위를 풀 수밖에 없었다. 10월 27일, 정규군으로만 편성된 최정예 프랑스군 4만 명을 거느린 뒤무리에는 발랑시엔을 거쳐 벨기에로 침입하여 몽스로 향했다. 1792년 11월 6일, 그는 몽스에 도달하기에 앞서 즈마프 일원을 공격하여 장악했다. 패배한 오스트리

퀴스틴(Adam-Philippe de Custine, 1740~1793) 귀족 출신의 장교로 대혁명을 맞아 제헌의회의 의원이 되었으며, 혁명 전쟁 중에는 라인 지방군 사령관을 지냈고 이후 북방군 사령관을 역임했다. 외국군 수뇌와 몰래 공모했다는 혐의로 기소돼 기요틴에서 처형됐다.

아군은 퇴각하면서 11월 14일에는 브뤼셀을, 30일에는 안트베르펜을 포기했다. 한 달 동안 오스트리아군은 벨기에에서 쫓겨나 루르 강까지 밀려났다. 즈마프 전투는 유럽에 커다란 충격을 주었다. 발미 전투는 단순한 교전에 불과했지만, 즈마프 전투는 공화국 군대가 공격을 시도하여 승리한 최초의 대규모 충돌이었기 때문이다.

군주제 유럽에 도전하는 선전전이 11월에 선포되었다. 니스, 사부아, 라인 지방의 주민들이 사실상 프랑스에 합병되기를 요구했다. 국민공회는 망설였다. 1792년 9월 28일, 국민공회는 사부아 주민들이 프랑스의 84번째 도가 되기를 요구한다는 것을 몽테스키우의 서한을 통해 들었다. 카미유 데물랭은 "사부아를 공화국에 결속시킨다면 우리가 국왕들의 행동을 답습하는 것은 아닐까 두렵다."고 토로했다. 장프랑수아 들라크루아*는 그의 발언을 가로막고 "누가 전쟁의 비용을 부담할 것인가?"라고 외쳤다. 지롱드파는 분열되었다. 앙셀름은 니스 백작령에게 지방자치체의 지위를 부여하자고 주장한 반면에, 라수르스는 10월 24일에 한 보고에서 앙셀름을 비난했다. "법을 주는 것, 그것은 곧 정복입니다!" 라인 지방 인사들, 벨기에인, 리에주인, 네덜란드인, '헬베티아 클럽'의 스위스인과 제네바인, 클럽과 알로브로주(Allobroges) 외인부대를 구성했던 사부아인 등과 같이, 특히 코르들리에 클럽에서 활동 중이던 수많은 외국인 망명자들은 즉각적인 행동을 촉구하였다. 이

들라크루아(Jean-François Delacroix, 1753~1794) 변호사 출신으로서 1791년에 입법의회에 진출하여 국왕의 거부권을 공격했으며, 선서거부파의 추방과 망명 귀족의 재산 몰수를 제안하여 이름을 날리기 시작했다. 의회 내의 당파에게 우파나 좌파라는 이름을 붙인 것이 바로 그라고 한다. 1792년 8월 10일에 일어난 제2차 혁명 후 봉기 코뮌의 주장을 억압하는 입장을 취하여 로베스피에르와 적대적 관계가 되었다. 그 후 뒤무리에가 점령한 벨기에에 당통과 함께 파견되었으며, 뒤무리에가 배반을 하자 공모의 의심을 받았다. 결국 나중에 에베르파에 의해 뒤무리에의 공범자, 벨기에의 침탈자로 고발되었으며 당통파의 몰락에 휩쓸려 단두대에 올랐다.

렇게 혼합된 집단에서 프로이센인이자 우아즈 도의 국민공회 의원인 '인류의 웅변가' 클로츠, 제네바 태생의 은행가 클라비에르, 네덜란드 태생의 은행가 코크(Jean Conrad de Kock), 오스트리아의 재상 카우니츠(Wenzel Anton von Kaunitz)의 서자로 알려진 벨기에 태생의 은행가 피에르 프롤리(Pierre Proli) 등이 특히 눈에 띄었다.

1792년 11월 19일, 국민공회는 열광적인 분위기에서 다음과 같은 유명한 법령을 채택했다.

> 국민공회는 자유를 회복하고 싶어 하는 모든 인민들에게 우애와 도움을 줄 것이라고 프랑스 국민의 이름으로 선언한다. 또한 이러한 인민들을 도와주기 위하여, 그리고 자유의 대의를 위해 고통받아 왔거나 앞으로 고통받게 될 시민들을 보호하기 위하여 장군들에게 필요한 명령을 내릴 책임을 행정부에 부여한다.

의회는 독립적인 자매 공화국들을 세우는 방안으로 기울었다. 당시 외교위원회의 위원장인 브리소는 11월 21일에 프랑스를 '공화국들의 띠(공화국 벨트)'로 둘러싸는 것을 검토했다. 26일, 그는 세르방 육군장관에게 편지를 보냈다. "왕좌에 부르봉 왕가 출신이 있는 한, 우리의 자유는 결코 안정되지 않을 것입니다. 부르봉 왕가와는 평화 조약을 맺을 수 없습니다." 브리소는 계속해서 말하기를, "유럽, 유럽 전체가 불타고 있을 때만 우리는 평온할 수 있을 것입니다." 그레구아르는 요새도 국경도 없는 유럽이 도래할 것이라고 전망했다. 해방된 국민이 스스로 압제받는 인민의 보호자가 될 것이기 때문이었다.

선전전은 아주 자연스럽게 합병전으로 발전했다. 국민공회는 각국의 인민들에게 반란을 호소하는 동시에 이들을 보호하는 일에 착수했다. 합병보다 더 좋은 보호책이 있겠는가? 이런 정책에는 여러 동기가 뒤섞여 있었다. 우선 정치적인 동기가 개재되었다. 전쟁과 선전이 국민적 열망을 일깨웠던 것이다. 프랑스군은 마치 자연 국경을 확보하는 것이 자신들에게 주어진 임무인 양 알프스와 라인 지방에 주둔했다. 브리소는 말했다. "프랑스 공화국은 라인 강을 국경으로 해야 한다." 그리고 11월 26일에 그는 또 다음과 같이 말했다. "만일 우리가 국경을 라인 강까지 확장하고 피레네 산맥이 자유민들의 경계가 된다면, 우리의 자유는 확고해질 것이다."

선전과 합병은 서로 밀접하게 결합하였다. 더욱 분명한 동기가 여기에 끼어들었다. 전쟁에 막대한 비용이 들었기 때문이다. 과연 점령한 지역에서 어떻게 군대를 먹여 살릴 것인가? 니스에서 앙셀름이, 사부아에서 몽테스키우가, 벨기에에서 뒤무리에가 주민들의 부담을 가급적이면 줄이려고 했던 반면에, 라인 지방에서 퀴스틴은 군대를 먹이는 문제를 전적으로 주민들에게 의존했다. 국민공회는 1792년 11월까지 이 문제에 대해 확실한 태도를 보이지 않았다. 12월 10일, 에로 도의 의원이자 재정위원회 위원인 캉봉은 그 문제를 다음과 같이 노골적으로 제기했다.

적국 안으로 깊숙이 들어가면 갈수록 전쟁 비용은 치명적일 정도로 늘어납니다. 특히 우리가 철학과 관대함의 원칙을 품고 있을 때는 더욱 그렇습니다. …… 사람들은 우리의 이웃에게 자유를 가져다주자고 계속 외쳐댑니다만, 그러려면 또한 정금(正金)도, 식량도 가져가야 합니다. 왜냐하면 거기에서는 사람들이 우리의 아시냐를 원하지 않기 때문입니다!

선전 정책의 어려움과 전쟁의 필요성으로 인해 변화가 빨라졌다. 사부아가 구체제를 폐지하고 합병을 요구했던 반면에, 벨기에와 라인 지방 대부분의 주민들은 그렇게 열광적이지 않았다. 마침내 재정적인 동기가 여타 동기를 압도했다.

캉봉이 제안하여 통과된 1792년 12월 15일의 법령으로 정복 지역에 혁명 행정이 들어섰다. 신체제에 반대하는 자들과 성직자의 재산은 몰수되어 아시냐의 담보가 되었다. 십일조와 봉건적 부과조는 폐지되고, 종래의 조세는 부자들에게 부과하는 혁명세(革命稅)로 대체되었다. 새 행정부는 자유에 선서할 준비가 되어 있는 이들만이 선거에 참여하여 구성되었다. "성(城)에는 전쟁이! 초가(草家)에는 평화가!" 캉봉은 보고서에서 다음과 같이 말했다. "모든 특권, 모든 폭군은 우리가 점령한 지역에서 적으로 취급되어야 한다."

따라서 피정복 인민은 프랑스의 혁명 독재를 받아들여야 했다. 12월 15일의 법령을 적용한다는 것은 곧 무력을 행사한다는 의미였다. 이런 정책은 확신을 품은 혁명적 소수파를 제외하고는 곧 지지를 상실했다. 예컨대 국민공회는 사정없이 교회 재산을 몰수한 벨기에서 상당수 주민으로부터 인기를 잃었다.

합병은 점령 지역에서 반혁명을 피할 수 있는 유일한 정책이 되었다. 이미 1792년 11월 27일에 국민공회는 그레구아르의 보고에 근거해 단 한 표를 제외한 만장일치로 사부아의 합병을 결정했다. 보고자는 인민주권, 지리적 근접성, 사부아와 프랑스가 가진 공동의 이해관계를 환기했다. 사실 10월 22일에 샹베리에 모인 알로브로주의 자칭 국민의회는 구체제를 폐지한 뒤 프랑스에 합병하기를 희망한다는 의사를 표명한 바 있었다. 니스는 1793년 1월 31일의 법령으로 병합되었다. 바로 그날, 당통은 벨기에의 합병을 요구하면서 자연 국경 정책을 솔직하게 공식화했다.

공화국이 너무 넓은 면적을 차지하지 않을까 하는 걱정은 부질없는 것이라고 생각한다. 공화국의 경계는 자연이 설정한 것이기 때문이다. 우리는 지평선의 가장자리 네 곳, 즉 라인 강, 대서양과 지중해, 알프스 산맥의 경계에 도달할 것이다. 바로 거기서 우리 공화국의 국경선이 그어져야 할 것이다.

벨기에에서는 1793년 3월 동안 프랑스와 합병하는 문제에 대한 투표가 도시 및 주별로 행해졌다. 라인 지방에서는 마인츠에 모인 의회가 3월 17일에 합병을 승인했고, 국민공회가 곧 그것을 인준했다. 끝으로 3월 23일에 예전의 바젤 주교구는 이제 몽테리블 도로 이름을 바꿔 합병되었다.

이 무렵 대불동맹이 결성되어 전쟁이 전면화되었고, 이미 프랑스 군대는 패배를 겪기 시작했다. 이제 지롱드파와 그 정책의 운명은 불가피하게 공화국 군대의 운명과 긴밀하게 결합되었다.

2. 제1차 대불동맹의 형성(1793년 2~3월)

혁명의 선전과 프랑스의 정복으로 군주제적 국가들의 이익이 위협받았다. 이들은 혁명 국민에 맞서 대동맹을 결성하고 반격을 가했다.

영국과 결렬된 것이 그 발단이었다. 프랑스가 벨기에를 정복하자, 윌리엄 피트(William Pitt)가 이끄는 영국 정부는 점차 중립 정책을 포기하기 시작했다. 1792년 11월 16일, 프랑스의 행정 내각은 에스코 강(또는 스헬데 강)의 하구를 폐쇄한 뮌스터 조약을 별로 개의치 않고 항해의 자유를 선언하여, 영국의 주전파에게 새로운 불만거리를 제공했다. 반란을 일으키는 민중에게 원조와 도움을 주겠다는 국민공회의 결정으로 드디어 영국의 지도층도 대책을 강구하지 않을 수 없었다. 피트는 거듭해서 적대적인 조치들을 취했다. 루이 16세의 처형 소식에 런던의 왕실은 상복을 입었고, 주영 대사 프랑수아베르나르 쇼블랭(François-Bernard Chauvelin)은 1793년 1월 24일에 출국 명령을 받았다. 2월 1일, 국민공회는 브리소의 보고에 근거해 영국과 네덜란드에 선전 포고를 했다. 충돌은 주로 경제적 이해관계의 대립에서 비롯됐다. 피트의 판단에 의하면, 런던의 시티*는 안트베르펜을 프랑스인들이 장악하는 한 버티어낼 수 없었다. 다른 한편 국민공회는 네덜란드와 벌이는 전쟁에서 암스테르담은행을 장악하여 재정 운영에 유리한 수단을 찾을 생각이었다. 특히 프랑스와 영국은 구체제 말에 이르러 상업, 해상, 식민지에서 더 치열한 경쟁을 벌이고 있었다. 프랑스의 재계나 정계의 많은 지도급 인사들은 영국과의 경쟁을 두려워했다. 1793년 7월 2일에 상업위원회가 국민공회에 제출한 보고서가 인정했듯이, 프랑스는 상품을 해상 운송할 때 영국의 선박에 의존했다. 프랑스와 영국의 싸움은 경쟁적인 두 군주들의 전쟁이 아니라 많은 측면에서 정치적인 동시에 경제적인 우위성을 확보하려는 국민 대 국민의 전쟁이라는 성격을 지녔다.

전쟁은 곧 유럽 차원의 전면전으로 비화했다. 국왕의 처형이 영국에게는 하나의 구실에 불과했으나, 군주제에 강한 애정을 지녔던 에스파냐에게는 전쟁을 벌일 더 심각한 이유가 되었다. 에스파냐의 재상 마누엘 드 고도이(Manuel de Godoy)는 1월 21일부터 프랑스 공사 장프랑수아 부르구앙(Jean-François de Bourgoing)의 접견을 거부했고, 부르구앙은 2월 22일에 마드리드를 떠났다. 3월 7일, 국민공회는 에스파냐에 대한 선전 포고에 갈채를 보내며 에스파냐와의 전쟁을 만장일치로 통과시켰다. 바레르는 "프랑스의 적이 하나 더 느는 것은 단지 자유의 승리를 더욱 확고하게 할 뿐이다."라고 선언했다. 먼저 프랑스의 외교관

런던의 시티(City of London) 런던의 중심부인 금융, 상업의 중심지를 가리킨다. 1.6제곱킬로미터의 면적 안에 영국은행(Bank of England)을 에워싸고 세계 주요 은행이 밀집해 있다. 전통적인 자치기구가 치안을 포함한 행정 일체를 집행한다.

인 니콜라장 바스빌(Nicolas-Jean Hugou de Bassville)이 1월 13일에 성직자들이 선동한 소요의 와중에서 살해된 뒤에 교황과 관계가 단절되었고, 이어서 나폴리, 토스카나, 마지막으로 베네치아 등 이탈리아 군주들과의 결렬이 뒤따랐다. 프랑스는 스위스 및 스칸디나비아 나라들을 제외한 전 유럽과 전쟁 상태에 돌입했다. 브리소는 다음과 같이 선언했다. "여러분이 이제 육지와 바다에서 싸워야 할 자들은 모두 유럽의 폭군들입니다."

대부분의 유럽 국가들은 프랑스와 전쟁 상태에 들어갔지만 서로 단결하지 못했다. 1793년 3월부터 9월까지 일련의 조약으로 모든 교전국들을 차례차례 묶어 동맹을 만든 것은 영국이었다. 그렇게 하여 점차 영국을 핵심으로 하는 제1차 대불동맹이 결성되었다.

혁명은 자신 이외에는 외부의 도움을 기대할 수 없었고, 지롱드파는 전쟁에 필요한 준비를 하지 않았다. 동맹 측의 승리는 그들의 운명을 결정할 것이었다.

혁명의 위기(1793년 3월)

혁명 프랑스는 군주제 유럽에 선전 포고를 하자마자 곧 치명적인 위기에 처했다. 대불동맹과 군사적 패배, 특권계급의 반혁명과 내전, 경제적 위기와 민중의 압력 등이 복합적으로 작용하여 위기가 절정에 달했고, 지롱드파와 산악파의 대립은 쉽게 진정될 수 없는 지경에 이르렀다.

1. 생계비의 앙등과 민중의 압력

경제적·사회적 위기는 1793년 봄에 공화국을 무너뜨릴 뻔했던 혁명의 총체적 위기의 첫 번째 측면이다. 이러한 위기는 국민공회 개원 초부터 지속된 것인데, 지롱드파가 일관되게 소극적인 정책을 내놓자 더욱 악화되었다. 지롱드파는 유산계급의 특권을 지키는 데만 부심했고, 정복한 지역을 희생해 경제적 위기를 타개할 생각이었다. 그들이 계산이 틀렸다는 것이 드러났다.

재정상의 위기는 새로운 아시냐를 계속 발행함으로써 더욱 악화되었고, 이는 생계비의 급속한 앙등을 초래했다. 생쥐스트는 1792년 11월 29일에 한 연설에서 높은 물가를 잡으려면 아시냐의 발행을 중단하고 재정을 건전하게 만들어야 한다고 촉구했다. "우리 경제의 병폐는 지폐(아시냐)의 과잉 공급에 있습니다. 따라서 가치의 하락을 막으려면 이제부터는 아시냐의 발행을 중지해야 합니다. 가급적이면 화폐를 덜 찍도록 법을 만들어야 합니다. 그러려면 앞으로 더는 지폐를 발행하지 않으면서 채권자들에게 토지를 주든가 연부 지불(年賦支拂)을 하든가 해서 국고의 지출을 줄여야 합니다."

생쥐스트의 말은 주목을 받지 못했다. 재정위원회를 이끌었던 캉봉은 인플레이션 정책을 유지했다. 1792년 10월 초, 유통되는 아시냐의 양은 거의 20억 리브르에 달했다. 캉봉은 10월 17일에 또 새로운 발행을 결정하여 유통량이 24억 리브르로 늘어났다. 아시냐의 가치 하락은 계속되었고, 국왕의 처형과 전면전의 발발로 상황은 더 악화되었다. 1월 초에는 여전히 명목 가치의 60~65퍼센트에 달했던 실질 가치가 2월에는 50퍼센트로 떨어졌다.

그 결과 식량의 위기가 심화되었다. 평균 임금은 농촌에서 일당 20수이고 파리에서는 40수였는데, 빵 가격은 어떤 지역에서는 파운드 당 8수까지 뛰었다. 다른 모든 물품들, 특히 식민지 산물들도 비슷하게 올랐다. 빵은 가격이 올랐을 뿐만 아니라 구하기도 쉽지 않았다. 1792년은 풍년이었으나, 밀은 더는 유통되지 않았다. 생쥐스트는 11월 29일에 한 연설에서 이러한 기근 '조작'의 기제를 다음과 같이 분석했다. "자영농은 금고에 지폐를 모아 두기를 원하지 않아 곡식을 파는 것을 꺼린다. 다른 모든 거래에서 사람들은 물건을 팔아야 그 이익으로 먹고 살 수 있는데, 자영농은 오히려 아무것도 사지 않는다. 자신이 필요로 하는 물품이 시장에 없기 때문이다. 이들은 매년 토지 생산물의 일부를 현금으로 바꿔 비축해 두곤 했는데, 현재는 지폐를 모으기보다는 곡식을 보관해 두기를 더 원한다." 그 결과 대도시에는 빵이 부족했다. 지주와 차지농들이 가치가 하락한 지폐와 바꾸기 위해 곡물을 시장에 내다 팔려고 서두를 하등의 이유가 없었기 때문이다.

제1차 공포 정치에 힘입어 그해 여름에 도입된 규제 정책을 실시했다면, 곡물 조사가 강행되고 곡물의 징발이 정식으로 허용되어 생산자들의 악의를 틀림없이 꺾을 수 있었을 것이다. 그러나 내무장관이자 직책상 경제의 책임자인 롤랑은 정통 자유주의의 신봉자로서 시의적절한 법을 실시하는 데 별로 뜻이 없었다. 1792년 12월 8일, 국민공회는 곡물과 밀가루의 수출 금지는 유지한 채 9월의 규제 정책을 폐기하고 두 품목의 거래에서 '전적인 자유'를 다시 선언했다. 또한 식량의 유통을 방해하거나 폭동을 주동하는 자는 사형에 처한다고 규정했다. 그러나 사실상 곡물은 이제 유통되지 않았으며, 1792년 10월에 곡물 가격은 지방마다 달라 세티에(setier)당 오브 도에서는 25리브르, 오트마른 도에서는 34리브르, 루아르에셰르 도에서는 47리브르였다. 파리에서는 빵 가격이 파운드당 3수에 불과했는데, 파리 코뮌은 그 적자를 납세자들로부터 받는 세금으로 충당했다. 롤랑은 그것을 낭비라고 끊임없이 비난했다. 자유 경쟁을 만병통치약이라고 공언하는 지롱드파는 민중계급의 고통에 여전히 무감각했다.

사회적 위기도 고조되었다. 1792년 가을부터 농촌과 도시에서 심상치 않은 소요가 터져 나왔다. 리옹에서는 견직업의 불경기로 견직공들의 실직 사태가 발생했으며, 국민공회가 파견한 위원들은 헌병대를 강화하고 체포 선풍을 일으켰다. 오를레앙에서는 민가가 약탈당했다. 10월에는 베르사유, 랑부이예, 에탕프 등지에서 소요가 발생했다. 11월에는 곡물 폭동이 보스 지방 전역과 그 인접 지역으로 번졌다. 공정 가격제를 요구하는 무리들이 장터로 몰려들었다. 11월 28일에 방돔에는 3천 명이, 29일에 외르에루아르 도의 쿠르빌 도매 시장에는 6천 명이 무장을 하고 모여들었다. 이들은 떡갈나무 가지로 만든 모자를 쓰고 "국민 만세! 밀 값을 내려라!"라는 구호를 외쳐댔다. 지롱드파는 단호하게 보스 지방에 질서를 회복시켜 계급 정책을 재확인했다.

1792년 11월 29일, 파리의 코뮌과 구들이 공정 가격제를 요구했지만 허사였다. 이런 요구를 제기한 것은 민중의 지도자들과 각 구의 투사들이었다. 12월 1일, 그라빌리에 구의 자크 루 신부는 "최후의 왕 루이의 재판에 관해, 그리고 투기업자, 사재기하는 자들, 반역자들 때려잡기에 관해" 격렬한 연설을 행했다. 드루아드롬 구의 꽤 유복한 우체국 직원인 바를레(Varlet)는 1792년 8월 6일부터 광장의 회전누대 위에서, 아시냐를 강제 유통시키고 매점에 대한 규제 조치를 취할 것을 계속 요구했다. 리옹에서는 마리 조제프 샬리에*와 샤를 르클레르*가, 오를레앙에서는 피에르 알렉상드르 타부로(Pierre Alexandre Taboureau)가 같은 구호를 외쳤다. 즉, 식량의 공정 가격제, 곡물의 징발, 빵 가게 규제

샬리에(Marie Joseph Chalier, 1747~1793) 열정적인 산악파로서 리옹 혁명 클럽의 우두머리가 되었으며 리옹 지방의 부르주아를 추궁하는 임무를 맡았다. 1793년 5월에 일어난 왕당파 반란을 진압하는 데 실패하고 혁명 재판소에 기소돼 처형됐다.

르클레르(Charles Leclerc, 1772~1802) 1793년 툴롱 항구가 영국군에게 포위됐을 당시 보나파르트의 참모장을 지냈다. 보나파르트를 따라 이탈리아 전선에 참가한 후 장군으로 승진했다. 보나파르트의 누이와 결혼한 뒤에 보나파르트의 브뤼메르 쿠데타에 참여했다. 원정군을 이끌고 생도맹그에 침입했으나 열병으로 사망했다.

조치, 적빈자 및 의용군의 가족에 대한 지원을 요구했다. '격앙파'라고 불린 이러한 투사들의 선전은 특히 파리의 많은 구에서 대인기였다. 악화된 경제 위기가 그들에게 유리하게 작용했던 것이다. 1793년 2월 12일, 파리 48개 구의 대표단이 국민공회의 로비에 나타났다.

우리가 공화국의 프랑스인이라고 선언하는 것으로는 충분하지 않다. 거기에 더해 인민이 행복해야 하고 빵이 있어야 한다. 왜냐하면 빵이 없는 곳에는 법도, 자유도, 공화국도 더는 존재하지 않기 때문이다.

청원자들은 '곡물 거래의 절대적 자유'를 비난하면서 공정 가격제를 요구했다. 마라는 이러한 청원을 치사한 음모라고 낙인을 찍었다. 2월 25일, 식민지 산물의 거래 중심지인 롱바르 구역에서 폭동이 터져 확대된 후 연일 계속되었다. 여성들이 앞장서고 남성들이 뒤따랐던 폭도들은 설탕, 비누, 양초 등을 자신들이 정한 가격으로 강제로 넘기게 했다. 자크 루는 다음과 같이 말했다.

식료품 가게 주인들이 오래전부터 매우 비싸게 받아 온 것을 민중에게 되돌려주는 것에 불과하다.

그러나 마라와 마찬가지로 로베스피에르도 그러한 행동이 "애국파 자체를 겨냥한 계획적인 음모"라고 비난했다. 민중에게는 '변변치 않은 상품을 구하려고' 폭동을 일으키는 것보다 더 중요한 일이 있다. "민중은 궐기하여 설탕을 얻으려고 할 것이 아니라 비적의 기세를 꺾어놓아야 한다."

격앙파는 비록 공정 가격제를 받아들이게 하는 데는 실패했지만, 그래도 시의적절하게 문제를 제기했다. 이 문제에 대해 산악파는 지롱드파와 동일한 반응을 보였다. 그러나 정치적 위기가 더 악화되자 산악파는 지롱드파에 대항하고 조국을 수호하기 위해 민중의 강령을 받아들이지 않을 수 없었다. 1793년 3월 26일, 장봉 생탕드레*는 바레르에게 다음과 같은 내용의 서한을 보냈다.

> 만약 당신이 혁명을 완수하는 데 가난한 자들로부터 도움을 받기 원한다면, 그들을 부양하는 일이 절대적으로 긴요합니다. 비상시에는 오직 공공의 안녕이라는 대원칙만을 고려해야 하기 때문입니다.

이처럼 생계비의 앙등으로 지롱드파의 몰락이 빨라졌다.

2. 뒤무리에의 패배와 반역

1793년 3월에 국경에 도사리고 있던 위험이 명확해지자 정치적 위기가 악화되어 지롱드파와 산악파의 필사적인 투쟁이 재개되었다.

1793년 초, 공화국의 군대는 적군에 대한 수적인 우위를 상실했다. 뒤무리에의 비호를 받은 납품업자들이 횡령을 저질러 의복과 영양 상태가 형편없었던 많은 의용병들이 작전이 끝난 뒤 각자 가정으로 복귀했는데, 이는 법이 보장한 권리였다. 1792년 12월에 40만 명에 달했던 프랑스군은 1793년 2월에는 22만 8천 명에 불과했다. 군대의 커다란

---

* **생탕드레**(Jean-Bon Saint-André, 1749~1813) 산악파에 속한 신교회 목사로서 몽토방 교구에 근무하다 그 지역 민중 협회 의장이 됐다. 국민공회에 진출해 공안위원회 멤버로 활동했으며 '9월 학살'의 책임자 특사를 요구하여 좌파의 지지를 받아 국민공회의 의장(1793년 7월)으로 선출된 후 로베스피에르를 공안위원회에 끌어들였다. 1793년에는 브레스트 군항에서 직접 해군을 독려하다가 영국 해군에게 부상을 입었다. 테르미도르 반동 이후에는 공포 정치의 책임자 가운데 하나로 지목돼 체포되었으나, 곧 석방되어 1798년 총재정부 때 알제리 총독을 지냈다. 브뤼메르 쿠데타 후에는 나폴레옹에 의해 몽토네르 도지사로 임명됐고 라인 강 좌안의 3개 도에 걸친 병참총감을 지냈다.

취약점 가운데 하나는 별개의 조직과 신분 규정을 지닌 정규군 연대와 의용군 대대가 나란히 배치되었다는 점이다. 푸른색 군복을 입은 의용군, 이른바 '청군'은 장교를 투표로 선출하고 꽤 많은 봉급을 받았으나, 훈련은 엄격한 편이 아니었고 전투가 있는 경우에만 병력으로 투입되었다. 백색 군복의 정규군, 이른바 '백군'은 청군보다 훨씬 장기간 복무를 했으며 엄격한 훈련을 받았고 장교는 임명되었다. 의용군과 이들을 깔보고 시기하는 정규군 사이에서 자주 난투극이 벌어지곤 했다.

 1793년 2월 21일의 '군 통합법'으로 이러한 군대의 이중성은 사라지고 군대는 단일한 국민적 체제로 통합되었다. 이 법은 2월 7일에 국민공회에 보고하는 자리에서 뒤부아크랑세가 제안했다. 의용군 2개 대대와 정규군 1개 대대를 묶어 1개 연대(demi-brigade, 반 여단)를 만든다는 내용이었다. 의용군은 정규군에게 열정과 공민 정신을 고취하고, 그 대신에 정규군으로부터 경험, 기능, 기율을 배울 것이었다. 또한 사병들이 장교를 투표로 선출하고, 진급의 3분의 1만이 복무 연수에 따라 행해질 것이었다. 2월 12일, 생쥐스트는 뒤부아크랑세의 제안을 강력하게 지지했다.

> 단지 군인의 수나 기율에 의해서만 승리를 기대할 수 있는 것은 아닙니다. 공화국의 정신이 군대 내에 확산되어야만 여러분은 승리를 확보할 수 있습니다. [이어서 말하기를] 공화국의 통합은 군대의 통합을 필요로 합니다. 조국은 오직 하나의 심장만을 갖기 때문입니다.

군 통합법은 지롱드파의 반대에도 불구하고 통과되었다. 군사적인 상황 때문에 법의 시행이 1793~1794년의 겨울까지 늦춰졌지만, 이미 1793년 여름부터 군복, 봉급, 군율은 단일화되었다. 정규군이 의용군에 통합된 것이었다.

1793년 2월 24일의 법령으로 30만 명이 징집되어 병력 부족의 문제는 해결되었다. 국민공회는 "시민-병사 여러분! 법은 그대들의 제대를 허용했다. 이제 조국의 함성이 그대들이 그렇게 하는 것을 금한다."라고 애국심에 호소해 의용병들을 붙잡으려고 했지만 허사였다. 뒤부아크랑세는 국방위원회 이름으로 1793년 1월 25일에 중대 보고서를 제출했으며, 의회는 토론을 거쳐 2월 21일에 기본적인 원칙에 합의하고 24일의 법령을 최종 확정했다. 이에 따라 국민공회는 30만 명의 징집을 명하고 그것을 도별로 할당했다. 원칙적으로 의용병의 지원제는 유지되었다. 그러나 이것으로 불충분할 경우에 "시민들은 지체 없이 부족분을 메워야 할 의무가 있으며, 이를 위해 가장 적합하다고 판단한 방법을 다수결로 채택한다."(제11조)

1791년도와 1792년도의 징집이 열성적인 분위기에서 이루어졌던 반면에, 1793년도의 징집은 매우 큰 곤란에 직면했다. 그러한 책임의 일부는 보충이 방식을 명확히 하지 않은 국민공회에 있었다. 국민공회가 징집을 지방 당국에 일임한 것은 충원을 이기적인 경쟁에 내맡긴 셈이었다. 에로 도는 추첨을 하거나 투표를 통해 최고 득표자를 뽑는 방식으로 할 때 발생할 수 있는 부정적인 측면을 피하기 위해, 1793년 4월 19일에 직접적이고 개별적인 징집 방식을 채택했다. 지방 당국이 요청하고 국민공회의 위원이 임명한 위원회가 '용기와 성격, 그리고 신체적 능력의 면에서 공화국의 군대에 유용하게 복무하기에 가장 적합하고 애국적이라고 인정받는 시민들'을 지명했다. 그와 동시에 이들에게 봉급을 지급하고 이들을 무장시킬 경비를 충당하고 '빈민층'을 돕기 위해 부유층에게 500만 리브르의 공채를 강제로 매입하게 했다. 이런 충원 방식은 징집을 혁명 당국의 손에 맡긴다는 이점이 있었으므로 널리 채택되었다. 한편 1793년 2월 24일의 법령에 의한 징집은 목표의 절반도 넘기지 못했다. 오직 총동원과 징병제만이 병력의 부족을 해결할 수 있었다. 그러나 다시 패배를 겪고 난 뒤에야 이런 방법이 시도될 것이었다.

결국 실패로 끝났지만, 네덜란드를 향한 공세는 1793년 군사 작전의 서막이었다. 프랑스군이 적군에 비해 열세인 것이 명백한 상황인데도 뒤무리에가 제안한 공격안이 채택되었다. 1793년 2월 16일에 안트베르펜을 출발한 뒤무리에는 2만 병력을 이끌고 네덜란드에 침입한 후 2월 25일에 브레다를 점령했다. 그러나 3월 1일, 오스트리아군의 총사령관인 코부르크(Coburg)의 군대가 루르강 지역의 여러 숙영지에 산재해 있던 프랑스 측의 벨기에군을 공격했다. 재앙이었다. 프랑스군은 3월 2일 극도의 무질서 상태에서 아헨에 이어서 리에주에서도 퇴각했다. 이 패배로 파리에는 진정한 혁명적 열정이 불타올랐고, 공공 안전을 위한 첫 번째 조치가 취해졌다. 3월 9일, 지롱드파 계열의 신문들인 〈파리 연대기(Chronique de Paris)〉와 〈프랑스 애국자〉의 인쇄소가 약탈당했다. 다음 날 민중 봉기의 시도가 있었지만, 코뮌과 자코뱅파의 지원을 받지 못해 실패했다. 그러나 3월 10일에 적의 첩자를 재판하기 위해 혁명 재판소가 설치되었다. 당통은 다음과 같이 선언했다. "나는 적을 찾아내어 쳐부술 뿐이다."

곧 프랑스는 벨기에를 잃었다. 뒤무리에는 벨기에를 지킬 가장 좋은 방법은 로테르담 쪽으로 나아가는 것이라고 생각하여 남쪽으로 후퇴할 수밖에 없었는데, 여기엔 엉큼한 속셈도 있었다. 그는 패배한 부관들인 미란다(Francisco de Miranda)와 발랑스(Jean-Baptiste Cyrus de Valence)의 군대를 규합해 3월 16일에 티에넨에서 잠시 우위를 점하기도 했지만, 1793년 3월 18일에 네르빈덴에서 괴멸했고 21일에는 루뱅에서 다시 패배했다. 당시 뒤무리에는 승자인 코부르크와 연줄이 닿아 있었다. 뒤무리에의 계획은 국민공회를 해산하고 1791년의 헌법을 살려 루이 17세를 위해 군주제를 재확립한다는 것이었다. 뒤무리에는 벨기에에서 철수하는 일에 착수했다. 국민공회는 그를 파면할 목적으로 4명의 위원과 육군장관 피에르 리엘 드 뵈르농빌(Pierre Riel de Beurnonville)을 파견했지만, 뒤무리에는 이들을 체포해 4월 1일에 오스트리아군에 넘겼다. 마침내 뒤무리에는 휘하의 군대를 파리로 회군하려고 했다. 병사들은 명령을 따르지 않았다. 1793년 4월 5일, 루이니콜라 다부(Louis-Nicolas Davout)가 지휘하는 욘 도 의용군 제3대대의 포격 속에서 뒤무리에는 평등공 필리프(Philippe-Égalité)의 아들이자 장차 7월 왕조의 루이 필리프(Louis Philippe)가 될 샤르트르 공작(duc de Chartres)이 포함된 몇 사람을 수행하고 오스트리아 진영을 향해 전속력으로 도주했다.

벨기에를 잃은 결과로 라인 강 좌안도 잃었다. 네르빈덴의 함락 소식을 들은 브라운슈바이크는 1793년 3월 25일에 라인 강을 건너 퀴스틴의 군대를 남쪽으로 밀어냈다. 보름스와 슈파이어도 함락되었다. 퀴스틴은 란다우를 향해 퇴각했고, 프로이센군은 마인츠를 공략했다.

대불동맹의 반격으로 다시 프랑스 영토 안에서 전쟁이 벌어지자, 그와 동시에 30만 명의 징집령을 내리자 방데 반란이 폭발했다. 4월 초, 안트베르펜 회담에 모인 동맹국들은 반혁명을 일으키고 배상으로 영토를 획득하려는 자신들의 전쟁 목적을 감추지 않았다. 패배는 정치적 투쟁을 격화시켰다. 지롱드파는 당통에게 뒤무리에와 공모했다는 죄를 뒤집어씌웠다. 당통은 3월 초에 군대에 파견되어 초기의 패배를 목격했지만 오랫동안 뒤무리에를 지지했고, 심지어 3월 10일에도 뒤무리에를 위해 국민공회를 납득시키려고 했다. 뒤무리에 또한 반역하기 바로 전날인 3월 26일에 당통과 친분이 두터운 피에르윌릭 뒤뷔송(Pierre-Ulric Dubuisson), 자코브 페레라(Jacob Pereira), 프롤리 등 매우 의심스러운 자코뱅파 인사 세 사람과 투르네에서 면담을 가졌다. 1793년 4월

1일, 과감하게 밀고 나간 당통은 산악파의 열광적인 환호 속에서 지롱드파를 고발하였다. 뒤무리에의 배반은 지롱드파의 몰락을 재촉했다.

3. 방데 반란

한편 30만 명의 징집령을 내리자 수많은 폭동이 발생했다. 1793년 3월 9일, 국민공회는 징집의 진척 과정을 감독하기 위해 각 도에 1명씩 모두 82명의 의원을 파견했다. 가장 심각한 폭동은 서부 지방의 여러 도에서 발생했다. 일에빌렌 도에서 "국왕 루이 17세, 귀족, 성직자 만세!" 라는 구호를 외치는 집회가 수없이 많이 열렸다. 모르비앙 도에서 군청 소재지인 라로슈베르나르와 로슈포르는 반도들의 손아귀에 떨어졌으며, 그중 절반은 포위되었다. 3월 23일, 비요바렌을 포함해 파견된 의원들은 렌에서 국민공회에 다음과 같은 서신을 보냈다. "백색기가 또 다시 자유의 대지를 더럽히고 있으며, 백색 휘장이 나부끼고 있다. …… 음모의 주동자들은 성직자와 망명 귀족들이다." 그러나 브르타뉴에서 일어난 이러한 봉기는 초기에 진압되었다.

방데 도와 멘에루아르 도, 옛 앙주와 푸아투 지역, 모주 지방에서는 성직자와 귀족들이 오래전부터 준비해 왔기 때문에 30만 명의 징집령이 반란의 원인은 아니었지만, 적어도 반란의 계기는 되었다. 숄레의 장날인 1793년 3월 2일, 농민들은 징집에 반대하는 시위를 벌였고 징집 업무는 다음 날로 연기되었다. 3일에는 젊은이들이 난투극을 벌였다. 숄레 사태는 이 지역의 거의 어디에서나 되풀이되었다. 추첨일로 예정된 3월 10일 일요일, 생플로랑르비에유에서는 경보가 울리고 농민들이 쇠스랑, 낫, 도리깨로 무장하고는 국민방위대를 쫓아버렸다. 방데 반란이 시작된 것이다.

방데 반란은 혁명이 마주쳤던 저항 가운데 가장 위험한 것이었고,

농민 대중이 지닌 불만이 가장 위험하게 발현된 것이었다. 이들이 그렇게도 벗어나려고 발버둥친 가난과 불행은, 농민들이 도시의 부르주아들과, 절반 소작제 지역에서는 아주 흔한 마름들, 양곡 도매상인들, 국유 재산 취득자들에게 저항하게 하고 반동의 선동에 부응하도록 영향을 끼쳤다. 종교적 위기는 신앙열이 매우 높은 서부 지방의 여러 도를 크게 자극했다. 이곳은 보카주 지대의 중심지인 생로랑쉬르세브르에 본부를 둔 선교회 뮐로탱*이 17세기 말부터 포교를 해 왔던 곳이다. 많은 선서 거부 성직자들은 농민들의 종교적 감정을 이용해 이들을 혁명에 저항하게 했다. 전쟁이 전면전의 양상을 띠면서 왕당파도 다시 고개를 들었다. 하지만 방데의 농민들은 1791년 8월에 귀족의 반란을 지지하지 않았으며, 1792년에 추방당하는 '선한' 성직자들을 구출하려고 봉기하지도 않았다.

구체제 때 농촌에서 가장 미움을 샀던 제도로서 정규군에 결원이 생겼을 때 추첨으로 신병을 충원하는 제도인 민병대의 기억이 채 사라지지 않은 농민들에게 30만 징집령이 환영받을 리는 만무했다. 게다가 법은 자의적인 적용을 허용했다. 법은 신병을 지명하는 임무를 당사자들에게 맡김으로써 충원을 지방의 열정에 내맡긴 셈이었다. 1793년 3월 10일 이후 해안에서부터 브레쉬르와 숄레에 이르는 지역에서 봉기한 농민들은 "평화! 평화! 추첨을 거부한다!"라는 구호를 외쳤다. 봉기가 동시에 터져 나왔다는 것은 사전에 협의가 있었다는 추론을 가능하게 한다. 농민들은 선서거부파 성직자들의 선동을 받기는 했지만 왕당파도, 구체제 옹호자도 아니었다. 다만 마을을 멀리 떠나 전쟁터로 가는

뮐로탱(les Mulotins) 동정녀 마리아 신앙을 전도했던 선교회의 하나. 공식적으로 몽포르(Louis-Marie de Montfort)가 세웠으며, 18세기에 신부 르네 뮐로(René Mulot)와 아드리앵 바텔(Adrien Vatel)이 계승하였다. 뮐로의 이름을 따 '뮐로탱'이라 불렸으며, 특히 프랑스 서부 지방에서 열심히 포교했다.

것을 거부했을 뿐이다. 처음에는 뜻밖이라 생각한 귀족들은 곧 자신들의 목적을 위해 봉기를 이용했다.

처음부터 여러 군청 소재지 가운데 특히 숄레가 반도들의 손아귀에 떨어졌다. 레의 옛 중심지인 마슈쿨에서는 공화파 부르주아들이 고문을 당하고 살해되었다. 방데 전쟁은 곧 쉽게 진정시킬 수 없는 상태가 되었고 무서운 속도로 확산되었다. 반란은 그 지방의 여건과 보카주 지방의 지형지물로부터 도움을 받았다. 즉, 오솔길은 울타리로 둘러쳐져 있어서 시야가 차단돼 매복하기 용이했고, 주거지가 넓게 분산되어 있어서 농가는 고립되다시피 했다. 도로와 인구 밀집 지역이 드물었고, 군대는 주둔하지 않았다. 처음에 국민공회는 국민방위대를 파견했을 뿐이다. 모주 지방의 짐마차꾼인 자크 카텔리노(Jacques Cathelineau)와 사냥터지기인 장니콜라 스토플레(Jean-Nicolas Stofflet), 브르타뉴 마레 지방의 전직 소금세 징수인인 르네 수쉬(René Souchu)와 가발 기술자인 가스통(Gaston)과 같이 제1급의 지도자들은 모두 민중 출신이었다. 귀족들은 4월 초가 되어서야 모습을 드러냈는데, 마레 지방의 프랑수아 아타나스 샤레트(François Athanase Charette), 모주 지방의 샤를 드 봉샹(Charles de Bonchamp)과 프랑수아 앙리 델베(François Henri d'Elbée), 보카주 지방의 샤를 사피노(Charles Sapinaud), 푸아투의 라로슈자클랭(La Rochejaquelein)은 모두 장교 출신이었다. 선거 거부파 성직자인 베르니에(Bernier) 신부는 '가톨릭근위대' 지도부의 일원이 되었다. 그러나 농민들은 자신들이 속해 있는 소교구 본당을 떠나거나 전답을 방치하고 싶어 하지 않았다. 그래서 지도자들은 대규모 작전을 계획할 수 없었고, 단순한 기습 작전을 벌이는 데 그쳤다. 농민들은 '청군'이 나타나면 모였다가 전투가 끝난 후 곧 해산했다.

그래도 방데 반란군은 상당한 성공을 거두었다. 브레쉬르, 숄레, 파르트네를 장악한 이들은 1793년 5월 5일에 투아르를, 6월 9일에는 소뮈르를 점령했다. 그러나 6월 29일에 낭트 공략에는 실패했다. 해안 지방은 항구 부르주아지의 성공적인 저항으로 피해를 면할 수 있었다. 이를테면 레사블돌론은 3월 23일과 29일에 두 차례의 공격을 막아냈다. 그 결과 방데 반란군은 영국과 접촉할 수 없었다. 3월 19일, 국민공회는 무장한 반도들을 사형에 처하고 그들의 재산을 몰수할 것을 만장일치로 결정했다. 행정 내각은 겨우 5월에 가서야 국경 지방에서 차출한 정규군을 방데에 파견하기로 결정했다. 그리하여 두 개의 부대가 조직되었는데, 하나는 캉클로(Jean Baptiste Camille de Canclaux)가 지휘하는 코트드브레스트 군이었고, 다른 하나는 비롱이 지휘하는 코트드라로셸 군이었다. 그런데도 공화파 장군들, 즉 프랑수아조제프 베스테르만*과 상테르는 7월 5일과 13일에 각각 패배했다. 1793년 10월까지 방데 반란군은 무적이었다.

    반란의 결과는 돌이킬 수 없었다. 내전은 공화파 인사들을 격분시켜 산악파로 기울게 했다. 산악파는 공안 정책의 유일한 주창자로서 혁명 방위파로 부상했기 때문이다. 그러나 대불동맹에 대항하고 반혁명을 극복하기 위해서 산악파는 민중의 지지가 필요했다. 산악파는 인민대중에게 양보해야 하는 현실을 받아들일 수밖에 없었다. 3월 10일에는 혁명 재판소가, 20일에는 감시위원회가 설치되었다. 또한 4월 11일에는 아시냐의 강제 유통이, 5월 4일에는 곡물의 최고 가격제가 법령화되었다. 이러한 모든 비상조치는 지롱드파 의원들로부터 억지로 얻어낸 것이었다. 아울러 방데 반란은 혁명의 위기를 절정으로 끌어올려 지롱드

베스테르만(François-Joseph Westermann, 1751~1794) 혁명 전 기병장교로서 당통과 개인적으로 가까워 1792년 8월 궐기에서 중요한 역할을 했으며, 혁명 방위 전쟁 초기에는 뒤무리에를 따라 벨기에까지 갔다. 장군이 된 후에는 방데의 왕당파 반란 진압에 공을 세웠으나 나중에는 군사 작전에 실패하여 국민의회에 의해 소환된 후 당통과 같이 처형됐다.

파의 몰락을 촉진했다.

1793년 3월 26일, 로트 도 출신 의원인 장봉 생탕드레는 바레르에게 다음과 같은 내용의 서한을 보냈다.

> 국가(공화국)는 파멸될 위기에 처해 있고, 그것을 구할 수 있는 유일한 방법은 오직 가장 신속하고 격렬한 조치뿐임을 우리는 확신합니다. …… 현재 혁명이 완수되지 못했다는 것은 경험이 입증하는 바입니다. 따라서 국민공회에 다음과 같이 명백하게 이야기해야겠습니다. 여러분은 혁명적 의회입니다. …… 우리는 그 누구보다도 가장 긴밀하게 혁명의 운명과 결합되어 있습니다. …… 우리는 국가라는 배를 항구로 인도하든지, 아니면 그 배와 운명을 함께해야 합니다.

지롱드파의 최후(1793년 3~6월)

국내외로부터 이중의 위협에 직면한 민중 운동은 공공 안전을 위한 최초의 조치들을 강제했다. 위협에 대처하는 데 지롱드파가 무능하다는 점이 뚜렷해지는 반면에, 혁명을 구하기로 결심한 산악파는 민중의 투사들이 주장했던 강령을 점차 채택해 갔다. 이렇게 하여 1793년 봄부터 지롱드파의 반대에도 불구하고 혁명정부의 틀이 잡혀 갔으며, '자유의 독재'가 나타났다.

1. 공공 안전을 위한 최초의 조치들

위기의 급변에 발맞춰 대중의 압력과 혁명적인 조치들이 나타났다. 1793년 3월 10일, 혁명 재판소가 설치되었다. 벨기에에서 패배한 결과, 전년도 8월에 프로이센이 침입했을 때 못지않은 애국적 열정과 민중의 폭발이 파리를 휩쓸었다. 몇몇 구들은 국내에 있는 적의 첩자들을 재판하기 위한 비상재판소를 설치하라고 요구했다. 9월 학살의 기억에 사로잡힌 당통은 3월 9일에 이 제안을 되풀이했다.

우리 선배들의 실책에서 교훈을 배웁시다. 입법의회가 하지 못한 것을 하자는 얘깁니다. 가혹한 조치를 택해 민중이 직접 가혹해지는 것을 막자는 것입니다.

3월 10일, 독재라고 외치는 지롱드파의 반대를 무릅쓰고 국민공회는 "모든 반혁명적인 기도(企圖)나, 공화국의 자유와 평등, 그리고 단일성과 불가분성을 침해하는 모든 것, 또한 왕권을 재확립하려는 모든 음모를 심리할 수 있고" 항소도 파기도 불가능한 비상재판소를 설치하기로 결정했다. 국민공회는 판사와 배심원에 대한 임명권뿐만 아니라, 특히 기소권을 스스로 장악했다.

혁명감시위원회는 네르빈덴에서 패배한 뒤인 1793년 3월 21일에 법령화됐다. 국민공회는 파리의 여러 구에서 잇따라 생겨난 민중적 제도를 일반화한 셈이었다. 이 위원회는 코뮌이나 대도시의 구에서 외국인을 감시하는 업무를 맡았다. 위원회는 공민증을 교부하고 군인들의 서류를 조사하고 삼색휘장이 없는 자를 체포하며 급속히 권한을 확대해 나갔다. 또한 곧이어 용의자의 명단을 작성하고 이들에게 체포 영장을 발급하는 권한도 갖게 되었다. 대체로 상퀼로트 출신의 신뢰할 만하고 열성적인 애국자들로 구성된 혁명위원회들은 지롱드파, 온건파, 특권파와 벌이는 투쟁에서 조직적 기반이 되었다. 즉, 그것은 공안 체제의 주요한 수단 가운데 하나였다.

1793년 3월 28일, 망명자에 관한 법이 만들어졌고 더욱 가혹해졌다.

1789년 7월 1일 이후 조국을 떠나 1792년 5월 9일까지 돌아오지 않은 프랑스인들, 1792년 5월 9일 이후 계속해서 국내에 거주했다는 사실을 입증할 수 없는 모든 프랑스인들은 망명자로 간주되었다. 망명자들은 프랑스 영토로부터 영원히 추방당해 "민법상 사망한 것으로 간주되었으며", 이들의 재산은 공화국에 귀속되었다. 추방령 위반죄는 사형에 처했다.

1793년 4월 5~6일에 공안위원회가 만들어졌다. 이는 같은 해 1월 1일에 설치되었으나 그 활동이 지지부진했던 국방위원회를 대체하기 위한 것이었다. 공안위원회는 국민공회 의원들 가운데에서 선출되어 매달 경질이 가능한 9명의 위원으로 구성되며 회의는 비공개였다. 그것은 임시 행정 내각에 위임된 행정 행위를 감독하고 촉진하는 책임을 부여받았다. 또한 비상시에 국가 방위를 위한 조치를 취할 수 있는 권한을 지녔고, 행정 내각은 이 조치를 '지체 없이' 집행해야 했다. 지롱드파는 또다시 독재라고 부르짖었고, 이에 마라는 다음과 같이 응수했다.

자유는 폭력을 통해서만 확립될 수 있습니다. 국왕들의 독재를 분쇄하기 위하여 일시적으로 자유의 독재를 조직할 시기가 도래한 것입니다.

산악파에 가담한 바레르와 캉봉 같은 인사들과 함께 당통도 새로이 공안위원회 위원이 되었다.

군에 대한 파견의원제가 1793년 4월 9일에 도입되었다. 이미 3월 9일에 국민공회는 30만 명을 징집하기 위해 각 도에 82명의 의원을 파견한 바 있었다. 4월 9일의 법령은 공화국의 11개 군대에 각각 3명의 의원을 파견하도록 했다. 무제한의 권력을 부여받은 이들은 "행정 내각의 관리들, 모든 군수품 납품업자와 군대 청부업자들의 활동과 장군, 장교, 사병들의 행동을 매우 적극적으로 감시"하게 되었다.

이 제도에 만족하지 못한 국민공회는 4월 30일에 그것을 철회하고 새로운 법안을 채택해 군 파견의원들의 권한을 더 강화하는 한편, 그들의 활동 경과를 서로 협의하도록 의무 조항을 두었다. 파견의원들은 장군을 체포할 수 있는 권한을 부여받았으며, 자신들의 활동 일지를 매일 공안위원회에 보고하고 국민공회에는 매주 보고서를 제출해야 했다. 이리하여 의회는 전군에 대한 감독권과 지휘권을 장악하게 되었다.

정치적 조치에 뒤이어 인민대중을 위한 경제적·사회적 조치가 취해졌다. 4월과 5월에 지롱드파와 산악파의 대립은 한층 더 격화되었다. 1793년 4월 11일, 아시냐의 강제 유통이 법령화되었다. 이중 가격제와 정금(正金)의 암거래는 금지되었고, 아시냐를 거부하는 자는 처벌을 받게 되었다. 공정 가격제는 4월 18일에 파리 도의 여러 당국이, 30일에는 생탕투안 교외 지구의 여러 구들이 끈질기게 요구했다. 1793년 5월 4일, 국민공회는 한발 양보하여 각 도에 양곡과 밀가루의 최고 가격제를 도입했다. 각 군은 시장에 식료품을 조달하기 위해 양곡과 밀가루를 조사하고 징발했으며, 시장 밖에서 거래하는 것은 금지했다. 마지막으로 1793년 5월 20일, 국민공회는 부유층이 감당할 10억 리브르의 강제 공채를 발행하기로 결정했다. 국민공회가 민중의 협력을 얻을 요량으로 계급적 속성을 띠는 비상조치를 승인한 것이었다. 1793년 5월 8일, 로베스피에르는 자코뱅 클럽에서 '특권층'에 맞서서 "엄청나게 많은 상퀼로트들"에게 다음과 같이 호소했다.

여러분들은 자유를 구하고 자유의 권리를 주장하는 데 온 정력을 쏟아 왔습니다. 여러분들에게는 상퀼로트라는 거대한 민중이 있습니다. 순수하고 활기찬 그들은 결코 자신들의 과업을 포기하지 않을 것입니다. 그 과업의 비용은 부유층이 지불할 것입니다!

2. 1793년 5월 31일~6월 2일의 사건

이제 지롱드파와 산악파의 대결은 사실상 최종 국면으로 접어들었다. 산악파에게는 인민대중의 지지가 필요했다. 의회 내에서 지롱드파가 항상 우위를 차지했기 때문이다. 하지만 그들은 이제 분명히 더는 행정부를 장악하지 못했다. 1793년 1월 22일에 내무장관 롤랑이 사임하고 신중한 가라가 취임했으며, 법무장관 루이 고이에(Louis Gohier)도 사표를 제출했다. 그러나 명백히 상퀼로트 출신인 육군대령 장바티스트 부쇼트*가 4월 4일에 뵈르농빌의 후임으로 육군장관이 되었으며, 10일에는 당통의 친구인 장 달바라드(Jean Dalbarade)가 몽주의 뒤를 이어 해군장관에 임명되었다. 이제 외무장관인 르브룅과 재무장관인 클라비에르만이 지롱드파 각료였다. 의회 내에서 평원파는 산악파가 제안한 공공 안전을 위한 모든 조치를 지지했다. 그러나 파리 코뮌을 불신한 평원파는 지롱드파에 맞선 대결에서 산악파와 함께하기를 거부했고, 스스로 당파를 초월했다고 자부하였다.

1793년 4월 3일, 로베스피에르는 공격을 개시했다.

뒤무리에와 공모한 혐의를 받는 모든 자들, 그 가운데 특히 브리소를 고발하는 법령을 채택하는 것이 공공 안전을 위해 취해야 할 첫 번째 조

부쇼트(Jean-Baptiste Bouchott, 1754~1840) 부하의 재능을 꿰뚫어 보는 능력을 지녀 휘하에서 클레베르, 마세나, 모로, 나폴레옹 등을 배출했다. 그러나 그는 '승리의 조직자'인 카르노를 능가하지 못했으며, 지롱드파로부터 끊임없이 공격을 받았다. 마라, 로베스피에르가 그를 변호했다.

치임을 선언하는 바입니다.

4월 10일, 로베스피에르는 또다시 지롱드파 지도자들의 반혁명적인 정책과 뒤무리에에게 호의적인 온당치 못한 배려를 비난했다. 베르뇨는 이러한 공격에 답변하면서, 자신의 당파를 온건파라고 피력하는 것을 조금도 두려워하지 않았다.

그렇습니다. 우리는 온건파입니다. …… 왕정이 폐지된 이후 본인은 혁명에 대한 많은 이야기를 들어 왔습니다. 본인은 오직 두 가지 가능성 밖에 없다고 생각하였습니다. 하나는 소유권의 혁명 혹은 토지 균분법의 제정이요, 다른 하나는 우리를 전제주의로 이끌 가능성이라는 것입니다. 본인은 이 두 가지 모두와 싸우리라 굳게 결심하였습니다. …… 사람들은 공포를 통해 혁명을 완성하려고 하지만, 본인은 사랑을 통해 그것을 하고자 합니다. …… 우리들의 온건함이 그러한 무서운 재앙, 즉 내전으로부터 공화국을 구출해 왔던 것입니다.

1793년 4월 5일, 마라의 주재 아래 자코뱅 클럽은 국왕을 구출하기 위해 그의 처형 문제를 인민의 의견을 물어 결정하자고 했던 국민공회 의원들, 곧 '상소파'를 소환해서 파면하라고 요구할 것을 권고하는 내용의 회람을 가맹 협회에 배부했다. 4월 13일, 국민공회는 클럽 의장의 자격으로 5일의 회람에 서명했다는 이유를 들며 마라를 고발한 가데의 제안을 격렬한 토론 끝에 찬성 226, 반대 93, 기권 47로 통과시켰다. 혁명 재판소로 넘겨진 마라는 "자유의 사도이자 순교자"로서 재판소에 출두했다. 4월 24일, 그는 당당하게 풀려났다. 4월 15일부터 파리의 48개 구 가운데 35개 구가 가장 대표적인 지롱드파 의원 22명을 위협하는 청원서를 국민공회에 제출했다.

여론에 끼치는 영향력을 회복하기 위해 지롱드파는 무진 애를 썼으며 토론의 초점을 사회적 영역으로 이동했다. 1793년 4월 말, 페티옹은 모든 유산자에게 투쟁에 가담하라고 호소하는 《파리 시민에게 보내는 서한》을 출판했다.

여러분의 재산은 위협받고 있는데, 여러분은 이 위험에 눈을 감고 있다. 사람들은 가진 자와 못 가진 자의 전쟁을 부추기고 있는데, 여러분은 그것을 막기 위한 어떤 것도 하고 있지 않다. …… 파리 시민들이여, 늦었지만 잠에서 깨어나 독충을 그들의 굴 속으로 되돌려 보내자!

같은 시기인 1793년 4월 24일, 로베스피에르는 소유권을 사회적 효용에 종속시키는 권리선언의 초안을 국민공회에서 낭독했다.

여러분은 소유권을 행사하는 데서 가장 큰 자유를 보장하는 많은 법조문을 갖고 있으나, 그 소유권의 합법적 성격을 규정하는 단 하나의 단어조차 갖고 있지 못합니다. 그리하여 여러분의 '인권선언'은 인간을 위한 것이 아니라, 부유층, 독점가, 투기업자, 폭군을 위한 것이 되어버렸습니다.

따라서 로베스피에르는 소유권을 "각 시민이 법이 그에게 보장한 재산의 몫을 향유하고 처분할 권리"라고 정의하였다. 1789년의 '인권선언'이 자연권으로 규정했던 소유권이 이제 하나의 사회적 제도가 된 것이다. 그러나 우리는 로베스피에르가 취한 입장의 전술적 성격을 간과할 수 있다. 왜냐하면 지롱드파를 물리치려면, 상퀼로트에게 자코뱅파가 사회민주주의의 실현을 위해 노력한다는 희망을 주어 이들의 승리에 관심을 보이도록 하는 것이 필요했던 것이다.

한편 여러 도에서 지롱드파는 본의 아니게 특권계급과 반혁명에 득이 되도록 행동했는데, 왕당파가 주도했던 구민 운동에도 꽤 자주 협조했다. 1793년 5월 9일에 보르도에서 상인 부르주아지가 지배하는 구들은 산악파의 '무정부주의자들'을 위협하는 성명을 내는 것으로 만족했다. 이는 그곳이 방데 반란군에 가까웠기 때문이다. 낭트에서도 마찬가지였다. 마르세유의 구들을 장악한 지롱드파는 4월 29일에 특권파와 협력해서 파견의원들을 축출했고, 모든 구의 대표로 구성된 위원회가 상퀼로트와 자코뱅파를 추적하기 시작했다. 리옹에서는 반혁명이 노골적으로 터져 나왔다. 5월 29일, 이미 과반수의 구를 장악한 온건파와 왕당파는 산악파의 시 자치 기구를 전복하고 시장인 샬리에를 투옥했다. 그는 1793년 7월 17일에 처형되어 세 번째 '자유의 순교자'가 되었다. 지롱드파의 저항은 도처에서 파견의원들의 행동을 제약했다. 중앙 권력에 대항하여 지방의 특수주의가 나타났고, 연방주의의 경향도 뚜렷해졌다. 지롱드파가 종종 적극적으로 공모했기 때문에 계급의 이해관계가 국가 방위의 필요성을 압도했다. 여전히 군주제와 구체제를 옹호하는 부르주아들이 혁명을 수호하려는 노력을 무력화시켰던 것이다.

지롱드파는 결정적인 승리를 확보하기 위해 산악파의 보루인 파리 코뮌에 맞서 투쟁을 개시했다. 가데는 카미유 데물랭이 5월 17일에 자코뱅 클럽에 제출한 〈브리소파의 역사, 곧 혁명 비사(秘史)〉의 한 단편을 반박하면서, 다음 날 국민공회에서 파리 당국을 "금욕과 지배욕으로 가득한 무정부주의적 권력기관"이라고 비난했다. 가데는 파리 당국의 즉각적인 해산을 제안했다. 지롱드파 12명으로 구성된 조사위원회가 즉시 설치되었다. '12인위원회'는 〈페르 뒤셴〉 제239호에 실린 다음과 같은 내용을 이유로 삼아 5월 24일에 에베르의 체포를 명령했다.

"〈페르 뒤셴〉은, 자유에 치명타를 가하고 왕권을 재확립할 의도로 용감한 산악파, 자코뱅파, 파리 코뮌을 학살하려는 브리소파, 지롱드파, 롤랑파, 뷔조파, 페티옹파, 기타 카페(곧 루이 16세) 및 뒤무리에와 공모한 모든 악질적인 패거리들의 음모를 프랑스 여러 도의 모든 상퀼로트들에게 고발하는 바이다." 바를레와 시테 구의 의장인 클로드에마뉘엘 돕상(Claude-Emmanuel Dobsen)을 포함한 다른 민중 투사들도 체포되었다. 이러한 탄압 조치로 말미암아 최후의 위기가 폭발했다.

5월 25일, 파리 코뮌은 감찰관보인 에베르의 석방을 요구했다. 국민공회 의장인 이스나르는 유감스럽게도 파리를 향해 브라운슈바이크 성명의 문구를 연상시키는 비방을 가했다.

> 만약 언제나 재발할 수 있는 이러한 반란 때문에 국민 대표제에 타격을 가하는 일이 벌어진다면 파리는 전멸되어야 한다고 본인은 전 프랑스의 이름으로 여러분에게 선언하는 바입니다. 그리하여 곧 사람들은 센 강변에서 파리가 어디에 있었는지 찾으려고 애쓰게 될 것입니다.

다음 날, 자코뱅 클럽에서 로베스피에르는 민중에게 폭동을 일으키라고 호소했다.

> 민중이 압제에 시달릴 때, 오직 자신들 이외에는 의지할 곳이 없을 때, 그들에게 봉기하라고 말하지 않는 자는 비겁한 자일 것입니다. 민중이 폭동을 일으켜야 할 때는, 모든 법이 침해되고 독재 정치가 절정에 달해 선의와 신중함이 멸시받을 때입니다. 바로 지금 그 시기가 도래했습니다.

자코뱅파는 자신들이 봉기 상태에 돌입했다고 선언했다.

5월 28일, 시테 구는 폭동을 조직하기 위해 다음 날 주교관에서 모이자고 파리의 다른 구들을 불러 모았다. 5월 29일, 33개 구의 대표들이 모여 9인의 '봉기위원회'를 결성했다. 여기에는 틀림없는 주동자인 바를레뿐만 아니라 돕상도 포함되었는데, 이들은 산악파와 평온파만이 참석한 국민공회의 명령에 의해 그 전날 석방되었다. 5월 30일, 파리 도는 이러한 움직임을 지지했다.

　1793년 5월 31일, 봉기는 '에베세위원회(Comité de l'Evêché)'의 지휘 아래 1792년 8월 10일의 봉기와 동일한 방법으로 전개되었다. 경보가 울리고 비상 소집령이 내리고 공포(空砲)가 울렸다. 파리 구들과 코뮌의 청원자들이 저녁 5시경 국민공회의 로비에 모습을 드러냈고, 시위 군중은 주변을 에워쌌다. 이들이 요구한 것은 다음과 같다. 지롱드파의 지도자를 국민공회에서 제명 처분할 것, 12인위원회를 해산할 것, 혐의자를 체포할 것, 여러 행정 기관들을 엄격히 단속하여 부정을 바로잡을 것, 혁명군을 조직할 것, 오직 상퀼로트에게만 투표권을 부여할 것, 부유층에 과세해서 빵 가격을 파운드당 3수로 동결할 것, 노약자, 불구자, 군인들의 양친에게 공공 부조금을 할당할 것까지 혁명의 수호와 사회적 조치를 위한 포괄적인 강령을 제시한 것이다. 베르뇨를 겨냥한 로베스피에르의 격렬한 개입에도 불구하고("나는 결심했습니다. 당신에 반대합니다!"), 국민공회는 단지 12인위원회의 해산안만을 통과시켰다. 봉기가 실패한 것이다.

　그날 저녁, 비요바렌은 자코뱅 클럽에서 다음과 같이 선언했다.

　조국은 구원받지 못했습니다. 아직도 공공 안전을 위해 취해야 할 대규모 조치가 남아 있습니다. 그 패거리들에게 최후의 타격을 가해야 할 때는 바로 오늘이었습니다.

일요일인 6월 2일, 폭동이 재개되었다. 반란위원회는 "국민공회가 파리 시민들의 요구를 입법화하지 않을 경우 바로 그날 그 패거리의 우두머리들을 체포할 수 있도록" 앙리오*가 지휘하는 8만 명의 국민방위대에게 국민공회를 포위하게 하였다. 대표단은 지롱드파 지도자를 즉각 체포하라고 요구했다. 혼란스런 토의 끝에 국민공회 의원 전원은 의장인 에로 드 세셀의 뒤를 따라 바리케이드를 돌파하려고 하였다. 앙리오는 명령을 내렸다. "포수(砲手), 포탄 장전!" 무력한 국민공회는 의사당 안으로 철수한 후 결국 굴복했다. 국민공회는 각료인 클라비에르 및 르브룅과 함께 29명의 지롱드파 의원들을 체포하기로 결정했다. 입법의회 때부터 지속된 지롱드파와 산악파의 투쟁이 마침내 끝났다.

이렇게 지롱드파는 몰락했다. 그들은 전쟁을 선포했지만, 그것을 이끌 줄을 몰랐다. 그들은 국왕을 비난했지만, 국왕의 유죄 판결 앞에서 그만 뒷걸음쳤다. 그들은 군주제에 대항하여 민중의 지지를 호소했지만, 민중과 더불어 통치하는 것을 거부했다. 그들은 경제적 위기의 악화에 이바지했지만, 민중의 모든 요구를 거절했다. 공공 안전을 최고의 원칙으로 간주하는 산악파와 함께 상퀼로트가 권좌에 올랐다. 이런 의미에서 5월 31일~6월 2일의 사건은 단순히 정치적으로만 의미가 있는 것이 아니었다. 그것은 혁명적 도약이자 국민적인 반응이며, 특권계급의 음모가 또다시 나타나는 것을 방어하고 처벌하려는 행동이었다. 지

앙리오(François Hanriot, 1761~1794) 빈농의 아들로 태어나 1789년에 총괄 징세 청부 업체의 직원이 되었고, 곧 파리 구민정치에 가담했다. 파리의 국민방위대에서 두각을 나타냈고, 1793년에 코뮌에 의해 파리 국민방위군 사령관에 임명되었다. 국민공회에서 파리 코뮌의 부정 조사라는 명목으로 파견한 12인위원회의 해산과 지롱드파 추방에 앞장섰으며, 그 후 에베르파와 당통파를 제거하는 데 기여했다. 에베르파와 관련이 있었지만 로베스피에르는 앙리오를 보호했다. 1794년 테르미도르 반동으로 로베스피에르가 체포되자 이에 반발하여 반항을 시도하다가 로베스피에르와 함께 처형됐다.

방에서 전개됐던 '구민 운동'은 이미 이 사건에 진정한 의미를 부여했다. 왜냐하면 특권계급의 반혁명이 지롱드파의 반대라는 외피를 쓰고 재차 공세를 취했기 때문이다.

조레스는 《프랑스혁명의 사회주의사》에서 5월 31일~6월 2일의 사건의 계급적 성격을 부정한다. 우리가 그 사건을 정치적이고 의회적인 측면에만 한정시켜 본다면, 지롱드파와 산악파 모두가 부르주아지 출신이므로 확실히 그러하다.(그래도 양자 간의 미묘한 차이를 명확히 하는 일이 필요하지만 말이다.) 그러나 상층 부르주아지가 제거되고 정치 무대에 상퀼로트가 등장했다는 사실은, 그 사건에 사회적 의의를 부여해주기에 충분하다. 그리고 이런 점에서 조르주 르페브르는 이 사건을 가리켜 '1793년 5월 31일과 6월 2일의 혁명'이라고 말할 수 있었다.

3장

산악파의 국민공회
— 민중 운동과 공공 안전의 독재
1793년 6~12월

지롱드파가 가까스로 제거되자, 이제 산악파가 이끌게 된 국민공회는 이중의 포격에 시달렸다. 반혁명이 연방주의자들의 반란으로부터 새로운 추동력을 얻은 한편, 높은 물가에 자극을 받은 민중 운동은 압박의 수위를 높였다. 그런데도 정부는 상황을 장악하는 데 무능력을 드러냈다. 공안위원회의 당통은 맞서 싸우기보다는 협상을 벌였다. 1793년 7월, 국가는 해체에 직면한 듯 보였다.

그러나 산악파가 자기모순에 사로잡혀 망설였던 반면에, 인민대중은 곤궁과 증오심의 자극을 받아 공공 안전을 위한 대규모 조치들을 강요했다. 그 첫 번째 조치가 1793년 8월 23일에 나온 국민 총동원령이다. 그 결과 민중의 압력을 제어하고 부르주아지와 동맹을 유지하기 위하여 혁명정부가 더 한층 절실하게 되었다. 사실 부르주아지와 동맹해야만 필요한 간부급 인력을 얻을 수 있었다. 상퀼로트와 부르주아지(산악파나 자코뱅파)라는 이중의 사회적 기반 위에서 1793년 7~12월에 걸쳐 혁명정부가 점차 조직되어 갔다. 그 지도자들 가운데 더 통찰력 있는 이들은 종래 제3신분의 혁명적 통합, 말하자면 국민적 통합을 어떠한 대가를 치르더라도 유지하려고 했다. 그러나 과연 그들은 그러한 제휴 관계에 내재하는 모순을 극복할 능력을 지녔을까? 그러한 모순은 국민적 위기 때문에 잠시 동안은 드러나지 않았다. 그러나 일단 승리가 확실해지면 그러한 모순이 백일하에 드러나리라는 것은 쉽게 예측할 수 있었다.

산악파와 온건파, 그리고 상퀼로트 (1793년 6~7월)

산악파는 파리의 상퀼로트 덕분에 지롱드파에게 승리를 거두었다. 하지만 그들은 상퀼로트의 압력에 굴복할 생각이 없었다. 6월 2일의 사건 후 몇 주 동안에 산악파에게 제기된 고민거리는 지롱드파에게 유리해질 반동은 조장하지 않으면서 동시에 민중 운동을 진정시키는 일이었다. 사실상 지롱드파와 충돌하는 과정에서 중립을 지킨 일부 부르주아지를 끌어들이기 위해 산악파는 유산자들과 온건파의 비위를 맞추려고 했다. 산악파는 반란위원회의 민중 투사들이 5월 31일에 제안한 정치적·사회적 강령, 즉 지롱드파 인사들을 체포할 것, '상소파'의 모든 인사들을 국민공회로부터 제명 처분할 것, 혐의자를 체포하고 파리에 생활필수품을 확보하는 책임을 질 유급(有給) 혁명군을 창설할 것, 양곡의 최고 가격제를 실시하고 모든 생활필수품에 공정 가격제를 도입할 것, 군대와 행정을 엄격히 단속해 부정을 바로잡되 특히 귀족들을 파면해서 그렇게 할 것 등을 모두 실현할 생각은 추호도 없었다. 산악파는 공포 정치를 거부하고 소유권을 보호하며 민중 운동을 좁은 테두리 속에 가두어 부르주아지를 안심시키려고 했다. 그러나 실현되기 어려운 이러한 평형 상태는 결국 7월에 위기가 악화되어 무너지고 말았다.

1. 산악파의 타협적인 조치들

6월 내내 산악파는 기회를 기다렸다. 비록 1793년 6월 8일 로베스피에르가 바레르와 당통이 이틀 전에 제안한 감시위원회 폐지안을 국민공회를 설득하여 부결했지만(토론 중에 장봉 생탕드레는 "자유라는 구실 아래 자유 그 자체를 말살하려는 것은 아닌지 반드시 짚고 넘어가야 한다."라고 말했다), 어떠한 적극적인 조치도 채택되지 않았다. 혁명군은 조직되지 않았고, 공채의 강제 발행에 관한 토의는 중지되었으며, 감금되어 있거나 탈주한 지롱드파 의원들에 관해 7월 8일에 생쥐스트가 제출한 보고서는 매우 온건했다. "무장을 해제했거나 법에 순종하는 자들에게 자유는 절대로 무서운 것이 아니다." 문제는 어떻게 도(지방)들을 안심시키고 파리 상퀼로트의 독재에 대한 공포심을 해소해서 지지를 확보할 수 있느냐에 있었다.

사회 영역에서는 농민의 요구를 충족한 세 종류의 법안이 통과되었다. 망명 귀족의 재산을 매각하는 방식에 관한 1793년 6월 3일의 법은, 빈농들도 토지를 획득할 수 있도록 재산을 작은 필지로 분할하고 대금 지불도 10년간 유예할 수 있도록 규정했다. 공유지의 분할에 관한 6월 10일의 법은 임의 선택권을 정식으로 인정했다. 그리하여 공유지를 거주하는 주민 수에 따라 동일한 크기로 나누고 각자의 몫은 추첨하여 의해 선택하도록 하였다. 봉건제에 관한 7월 17일의 법은 본원적 증거 문서로 규정된 것까지 포함해 모든 봉건적 부과조를 무상 폐지하여 봉건제의 전면적 폐지를 완성했다. 각 지방 자치체의 문서과에 보관되어 있던 증거 문서들은 소각 명령을 받았다. 지롱드파의 몰락은 농민들에게 토지의 최종적인 해방을 의미했다.

정치 영역에서 국민공회는 헌법을 신속히 통과시켜 독재라는 비난을 벗고 지방을 안심시키려고 했다. 에로 드 세셸의 보고에 근거해 신속하게 토론한 후 6월 24일에 통과된 이른바 1793년의 헌법은 정치 민주주의 체제의 기본적인 특징들을 확정지었다.

헌법의 전문(前文)에 해당하는 권리선언은 1789년의 인권선언보다 훨씬 더 나아가 제1조에서 "사회의 목적은 공동의 행복에 있다."고 선언했다. 권리선언은 노동권, 부조권, 교육권을 명시했다.

> 공공의 구제는 신성한 책무이다. 사회는 불행한 시민들에게 일자리를 제공해주거나, 노동할 수 있는 상태가 아닌 자들에게는 생계 수단을 보장해주어야 하는 생계의 의무를 지닌다.(제21조)
> 교육은 만인에게 필요한 것이다. 사회는 온 힘을 다하여 공공 이성의 진보를 촉진하고 모든 시민들이 교육받을 수 있게 해야 한다.(제22조)

마지막으로 1793년의 권리선언은 1789년의 인권선언과 마찬가지로 압제에 대한 저항권(제33조)을 승인했을 뿐만 아니라, 봉기권도 인정했다.

> 정부가 인민의 권리를 침해할 때, 봉기는 인민과 인민의 각 부분에 가장 신성한 권리이자 가장 필수적인 의무이다.(제35조)

그러나 앞서 4월 24일에 로베스피에르가 제안했던 바와 같이 소유권의 정의를 수정하는 문제는 전혀 제기되지 않았다.

> 소유권은 자신의 재산, 수입, 노동과 근면의 산물을 마음대로 향유하고 처분하는, 모든 시민에게 속하는 권리이다.(제16조)

1789년의 인권선언은 언급하지 않았던 경제적 자유도 제17조에서 명확히 규정되었다. "어떠한 종류의 노동, 경작, 상업도 시민들의 생업으로서 금지될 수 없다." 산악파는 사회민주주의로의 전환을 거부했던 것이다.

헌법의 주된 관심은 정치적 민주주의의 기본적인 토대인 국민 대표제의 우월성을 보장하는 데 있었다. 콩도르세가 작성한 지롱드파의 초안이 예시했던 두 단계의 선거 제안은 거부되었다. 선거인단 제도를 인정하지 않는 인민의 직접 선거는 행정부에 대한 입법부의 우위와, 행정 관료에 대한 의원들의 우위를 보장했다. 입법의회는 매년 보통 선거와 직접 선거를 거쳐 단기명으로 투표하여 최대 득표자가 당선되는 식으로 구성되었다. 24인으로 구성되는 행정 내각은 보통 선거로 도마다 1명씩 총 83명의 후보 가운데서 입법의회가 선출하여 구성되었으며, 그렇기 때문에 내각은 국민 대표제에 종속되었다. 콩도르세의 초안이 이미 예시했던 국민 투표제 덕분에 국민 주권의 행사 범위가 확대되었는데, 그 결과 헌법은 법이 상세하게 규정하는 조건에서 인민의 비준을 받아야 했다.

19세기 전반기의 공화주의자들에게 정치적 민주주의의 상징이 될 1793년의 헌법은 찬성 180만 표, 반대 1만 7천 표로 인민의 비준을 통과했다. 투표자 가운데서 10만 명 이상은 온건한 경향의 수정안을 삽입하는 조건으로 헌법을 받아들였다. 인민 투표의 결과는 군주정 몰락의 기념일이자 공화국의 단일성과 불가분성을 위한 축제날인 1793년 8월 10일에 공표되었다. 그러나 헌법의 시행은 평화가 회복될 때까지 연기되었고, 그 원본은 '언약의 궤' 속에 넣어져 국민공회 의사당에 안치되었다.

2. 반혁명의 공격

산악파가 지배하는 국민공회의 온건하고 타협적인 정책도 내전의 확대를 저지할 수 없었다. 지롱드파는 자신들의 세력이 강한 여러 도에서 국민공회에 대항하여 궐기했다. 방데 전쟁이 더 한층 격화되고 대불동맹의 공세 앞에서 국경 곳곳이 무너져 가는 상황에서 연방주의의 반란은 확대되어 갔다.

연방주의의 반란은 5월에 발생했던 '구민 운동'의 연장이었다. 파리에 봉기가 발생해 지롱드파가 몰락했다는 소식은 리옹과 보르도의 반란을 자극하고 확대했다. 체포 대상에서 벗어나거나 피신에 성공했던 지롱드파 지도자들이 6월 2일의 사태에 대한 항의서에 서명했던 75명의 우파 의원들 일부와 힘을 합쳐 여러 도에서 봉기를 이끌었다. 브르타뉴와 노르망디, 남서 지방과 남부 지방, 프랑슈콩테에서 도 당국들은 공화국으로부터 분리를 선언했다. 연방주의자로 탈바꿈한 구민 운동의 지도자들은 애국파를 재판하기 위해 비상위원회와 비상재판소를 설치하고 클럽을 폐쇄했으며 군대를 일으키려고 했다. 캉은 지롱드파가 지배하는 서부 지방의 수도가 되었다. 보르도, 님, 마르세유, 툴롱은 반도들의 손아귀에 떨어졌다. 이들은 이미 리옹을 장악하고 7월 17일에 샬리에를 처형한 바 있었다. 6월 말경, 약 60여 개의 도가 국민공회에 대항하여 공공연한 반란 상태에 돌입했다. 그러나 노르망디 및 브르타뉴와 남서 지방 사이에는 왕당파의 방데군이 끼어 있었다. 툴루즈는 결국 보르도를 따를 것을 거부하여 아키텐과 랑그도크 저지대 지방의 연결을 저지했다. 프로방스와 리옹 사이에 위치한 드롬 도는 자코뱅파인 조제프 프랑수아 드 파이앙(Joseph-François de Payan)의 활약에 힘입어 애국파의 보루가 되었다. 국경 지방의 도들은 계속하여 국민공회를 지지했다.

연방주의는 정치적 측면보다 사회적 내용 면에서 더 특징적이었다. 명백히 지방적 특수주의의 잔재가 부분적으로 그 점을 설명해주기는 하지만, 역시 계급적 이해관계의 연대가 더 중요한 요인이었다. 이미 1793년 5월 15일에 론에루아르 도 출신 의원인 샤를 앙투안 샤세(Charles Antoine Chasset)는 다음과 같이 썼다. "첫째가 생명이고 다음은 재산이다." 6월 2일의 사건 이후, 샤세는 반란이 일어난 리옹에 들어가 운동의 우두머리가 되었다. 법의 보호를 박탈당한 그는 망명했다가 혁명력 4년이 되어서야 귀국했다. 반란은 도의 행정을 장악한 부르주아지가 기본적으로 소유권에 불안을 느껴 만들어낸 작품이었다. 그러한 반란은 모든 구체제 옹호자로부터 지지를 받았다. 반면에 더 민중적인 인사들로 충원된 지방 자치체는 반란에 적대적이었다. 노동자와 수공업자들은 부유층을 위해 싸우는 것이 마음에 내키지 않았다. 반란을 일으킨 도 당국이 내린 징집령은, 민중의 무관심 내지는 적대감에 부딪혔다. 게다가 반란의 지도자들은 곧 분열했다. 이들 가운데 충실한 공화주의자들은 왕당파를 잘 따르지 않았다. 공화주의자들은 외국군의 침입과 방데 반란에 불안해했고 반동에 득이 될 어떤 역할을 하는 것을 망설였다. 반면에 왕당파는 남동 지방, 특히 리옹에서 매우 신속하게 운동의 주도권을 장악했다. 여기서 루이 프랑수아 페랭 드 프레시(Louis François Perrin de Précy)는 사르데냐 왕을 설득하여 알프스 지방에서 교란 작전을 벌이게 했다.

국민공회는 정력적으로 탄압책을 강구했다. 국민공회는 특별히 졸개들은 너그럽게 봐주면서 주모자들을 강하게 처벌하는 데 집중했다. 가장 심각한 위협은 노르망디 방면에서 왔는데, 그쪽에는 파리를 수비할 군대가 없었기 때문이다. 그러나 1793년 7월 13일 지롱드파 군대는 파리 각 구에서 징집된 수천 명의 군대와 파시쉬르외르에서 마주치자 패주했다. 지도자인 뷔조, 페티옹, 바르바루는 캉에 이어서 브르타뉴도 포기하고 보르도로 피신했다. 노르망디에 파견된 랭데는 최소한의 처벌로 신속하게 평정했다. 프랑슈콩테 지방의 여러 도들은 항전도 하지 못하고 쉽게 항복했지만, 보르도는 꽤 오랫동안 저항을 계속하여 9월 18일에 가서야 점령되었다. 남동 지방에서는 마르세유와 님의 반도들이 리옹에 합류해 한동안 두려움의 대상이 되었다. 그러나 드롬 도는 계속 산악파를 지지했고, 님 사람들의 손아귀에 떨어졌던 퐁생테스프리는 탈환되었다. 또 마르세유 군은 뒤랑스 강을 넘어 아비뇽을 점령했지만 격퇴되었다. 장프랑수아 카르토(Jean-François Carteaux) 장군의 부대는 7월 27일에 아비뇽에, 8월 25일에는 마르세유에 입성했다. 그러나 8월 29일, 왕당파는 툴롱을 영국군에게 개방해 지중해 함대를 넘겨주었다. 리옹은 끈질기게 저항했다. 이 두 도시를 탈환하는 데는 요새를 하나하나 차례로 점령하는 정규적인 공성전을 벌여야 했다. 리옹은 10월 9일에 함락되었고, 툴롱은 1793년 12월 19일까지 버텼다. 두 도시에서 행해진 처벌은 잔혹했다. 8월 말에 이르러 확실히 위협은 사라진 듯 보였다. 하지만 그렇다고 해서 7월에 공화국이 해체의 위기에 처했다는 사실이 지워질 수는 없었다.

연방주의자들의 반란이 낳은 결과는 방데 반란의 결과와 동일했다. 중앙 권력을 강화하는 추세가 빨라졌고, 혁명에 적대적이거나 미온적이라는 혐의를 받는 시민들에 대한 민중 조직의 통제가 증대되었다. 일부 지롱드파 인사들은 왕당파에 가담하는 데 망설이지 않았는데, 왕당파는 국외의 적과 결합되어 있었다. 이들이 유산계급에 기반을 두고 있었기 때문에 유산계급도 혐의자로 몰렸다. 그 어느 때보다도 산악파와 상퀼로트는 공화국과 일체가 되었다.

한편 방데 반란은 새로운 국면에 접어들었다. 1793년 6월 9일에 소뮈르의 주인이 된 반도들은 7월 18일에 비이에(멘에루아르 도)에서 공화국 군대를 괴멸한 후 27일에는 퐁드세를 점령하고 앙제를 위협했다.

외국군이 침입할 위험 역시 분명해졌다. 당통은 공안위원회의 위원이 된 뒤 맞서 싸우기보다는 타협책을 강구했다. 그러나 대불동맹 측이 벨기에와 라인 강의 좌안을 재점령하자, 프랑스에게 더는 타협책이 불가능해졌다. 아마도 당통은 의심받은 대로 왕비와 그 자녀들을 도울 생각이었을 것이다. 한편 1793년의 헌법은 제121조에서 다음과 같이 규정했다. "프랑스 인민은 자신들의 영토를 점령한 어떠한 적과도 강화 조약을 맺지 않는다."

북부 국경에서 영국군이 전투에 참여했다. 요크(York) 공작이 지휘하는 2만 명의 하노버군은 1만 5천 명의 네덜란드 증원군과 함께 됭케르크 공략을 준비하였다. 코부르크 휘하의 오스트리아군은 북부 국경을 지키는 요새들을 체계적으로 포위해 갔다. 콩데는 7월 10일에, 발랑시엔은 28일에 무너졌고, 그 뒤를 이어 르케누아와 모뵈주가 포위되었다. 하지만 노르 군대의 사령관으로 임명된 퀴스틴은 움직이지 않았고, 곧 애국파의 의심을 샀다.

라인 지방에서 브라운슈바이크 휘하의 프로이센군은 마인츠를 점령했다. 장바티스트 클레베르(Jean-Baptiste Kléber)와 파견의원인 메를랭 드 티옹빌 휘하의 2만 명의 프랑스군이 지키고 있던 마인츠는 4월에 포위되어 7월 28일에 가서야 항복했다. 란다우가 포위되자 라인군과 모젤군은 라우테르 강과 자르 강까지 후퇴해야 했다.

알프스 지방에서는 피에몬테군이 켈레르만의 군대를 압박했다. 켈레르만의 군대는 프로방스 지방과 론 강 계곡의 연방주의자들을 격퇴하고 리옹과 툴롱을 포위하느라 분견대를 파견하여 힘이 약화된 상태였다. 모리엔 및 타랑테즈 협로는 간신히 지켜냈지만, 사부아 지방은 곧 침입을 받았다. 니스도 위협을 받았다.

피레네 지방에서 에스파냐군은 국경을 돌파하여 페르피냥과 바욘까지 진격했다.

공화국의 군대는 국경의 전 지역에서 밀렸다. 제대로 지휘받지 못한 군대는 사기가 뚝 떨어졌다. 확고하지 못한 지휘권은 빈번하게 교체되었다. 귀족 출신인 퀴스틴은 겨우 육군 중령에 불과한데도 육군 장관이 된 상퀼로트 출신의 부쇼트에게 경멸을 퍼부었다. 방데 지방에서 군대의 상황은 한마디로 무질서 그 자체였다. 장군들을 감독할 책임을 맡은 파견의원들은 서로 손발이 맞지 않았다. 파견의원들은 니오르에서 혁명군을 지휘하던 비롱(그는 칭호를 박탈당한 귀족이었다)과 의견이 엇갈려, 일부는 상퀼로트 출신의 장군인 샤를필리프 롱생*과 장 앙투안 로시뇰(Rossignol)을 지지하고 나머지 일부는 그들을 비난했다. 하지만 파견의원 모두는 패배의 책임을 회피했다. 상황은 절망적인 듯 보였다.

1793년 7월 13일에 발생한 마라 암살 사건은 당시 상황이 얼마나 위험한지를 구체적으로 보여주었다. 노르망디 출신의 왕당파인 샤를로트 코르데(Charlotte Corday)라는 한 젊은 여인이 혁명 파리의 한복판에서 '인민의 벗'을 살해할 수 있었던 것이다. 코르데는 암살을 통해 혁명의 상징 하나를 해치고자 했다. 그러나 그녀의 행동은 산악파에게 새로운 활력을 주고 혁명 운동을 다시 불붙게 했다. 마라는 호의와 깊은 인류애로 상퀼로트의 운명을 보듬었기 때문에 그들에게 매우 인기가 높았다. 마라 암살 사건은 강렬한 감정을 불러일으켰다. 그리하여 복수하겠다는 욕망에 공공 안전을 위한 조치의 필요성까지 겹쳐졌다. 7월 15일, 국민공회 의원들이 대거 참석한 가운데 파리에서 성대한 장례

롱생(Charles-Philippe Ronsin, 1751~1794) 혁명 발발과 함께 코르들리에 클럽에서 활동하기 시작했다. 육군성 사무총장인 뱅상과 친교를 맺고 그와 더불어 코르들리에 클럽을 지도해 나갔으며, 과격한 언행으로 주위의 주목을 받았다. 1793년 코르들리에 클럽의 지지를 받아 국민공회에서 혁명군 지휘관에 임명되었으며, 폭력적 행동을 일삼았다. 이로 인해 탄핵을 받아 리옹으로 좌천되었으나, 여기서도 푸셰 등과 함께 맹렬한 탄압 정책을 펼쳤다. 그러나 결국 에베르파로 지목받아 체포되어 사형에 처해졌다.

식이 치러졌다. 마라의 심장이 코르들리에 클럽의 천장에 내걸렸다. 마라는 '자유의 순교자'로서 1월 20일에 살해된 르펠르티에와 7월 17일에 참수된 샬리에와 함께 혁명의 팡테옹에서 신 가운데 하나가 되었다.

3. 혁명의 반격

사회적·경제적 위기는 산악파 국민공회의 과업을 더욱 어렵게 했다. 그러나 위기는 동시에 대중으로 하여금 혁명적인 행동을 취하도록 자극했다.

식량과 생필품의 부족은 여전히 민중 불만의 주된 요인이었다. 곡물의 최고 가격제는 1793년 5월 4일에 채택됐지만 실시되지는 않았다. 국민공회는 실패를 인정하고 7월에 각 도 당국과 파견의원들에게 최고 가격제 실시 연기를 허용했다. 파리 코뮌이 정부의 보조금 덕택에 빵 가격을 파운드당 3수로 유지할 수 있었기 때문에 파리의 상퀼로트가 빵 가격의 앙등으로 고통받지 않았던 것은 확실하다. 그러나 곡물의 반입이 일정하지 않아 재고가 점차 감소함에 따라 빵 가게 앞에는 다시 긴 줄이 늘어섰고, 민중은 불안해했다. 다른 식료품의 가격도 앙등했고, 식육(食肉)은 6월 2일부터 계속 일어난 여러 도의 반란 때문에 반입이 줄어들어 부족 사태가 더욱 악화되었다. 1793년 6월에 쇠고기 가격은 1790년 6월에 비해서 90퍼센트가 올랐고, 돼지고기 가격은 136퍼센트가 올랐다. 거의 도처에서 폭동이 터져 나왔는데, 물가의 폭등 때문이었다. 6월 21일, 생탕투안 교외 지구에서는 다음과 같이 소리친 자가 체포되었다. "전에는 12수에 불과했던 비누 값이 이제는 40수나 되다니, 공화국 만세! 20수에 불과하던 설탕 값이 이제는 4리브르나 되다니, 공화국 만세!"

아시냐의 위기는 식량 위기를 증폭했다. 아시냐 유통이 팽창하자 물가가 상승했다. 국왕이 처형되고 대불동맹이 결성된 이후, 지폐의 가치는 계속 하락하여 7월에는 명목 가치의 30퍼센트 이하로 떨어졌다. 이러한 가치 하락으로 말미암아 자본은 국외로 도피했고, 투기와 상품의 매점 행위가 성행했으며, 물가의 상승 속도가 빨라졌다.

격앙파는 국민공회가 사회적·경제적 분야에서 아무것도 하지 않는다고 비난하며 이 기회를 이용하여 총체적인 불만 상태를 부채질하려고 했다. 1793년 6월 8일, 바를레는 자신이 작성한 〈사회적 국가에서 인간 권리에 관한 엄숙한 선언〉을 코뮌의회에서 낭독하였다.

> 재산의 불균형은 정당한 방법에 의해 파괴되어야 하며, 공공 재산을 희생하면서 절도, 투기, 독점, 매점 등의 방법으로 형성된 재산은 국유 재산이 되어야 한다.

6월 15일, 드루아드롬(Droits-de-l'homme) 구는 공정 가격제의 전면적인 실시와 매점 업자 처벌법 제정을 요구했다. 25일, 자크 루는 의회의 로비에 나타나 국민공회를 위협하는 내용의 청원서를 제출했다.

> 헌법안이 곧 주권자 인민의 인준에 부쳐질 것이다. 그 초안에서 당신들은 투기 행위를 금지했는가? 아니다. 매점 업자에게는 사형을 선고했는가? 아니다. 당신들은 상업의 자유가 구체적으로 무엇인지 규정했는가? 아니다. 여러분은 은화의 매각 행위를 금지했는가? 아니다. 아! 우리는 당신들이 민중의 행복을 위해 해야 할 것을 다하지 못했음을 선언하는 바이다. 어떤 계급의 사람이 다른 계급의 사람들을 굶주리게 하고도 처벌받지 않는다면 자유는 허깨비에 불과할 뿐이다. 독점에 의해 부유층이 자신의 동포들에게 생사권(生死權)을 행사한다면 평등은 허깨비에 불과할 뿐이다. 시민의 4분의 3이 눈물을 흘리지 않고는 획득할 수

없는 식료품 가격을 조작하는 반혁명의 책동이 날마다 나타난다면 공화국은 허깨비에 불과할 뿐이다. …… 따라서 다시 한 번 선언한다. 상퀼로트는 자신들의 창(槍)으로 당신들의 법령을 시행하게 할 것이다.

그다음 날, 파리의 하역장에서 비누 폭동이 발생해 6월 26일부터 28일까지 3일간 계속되었다. 세탁소 주인들이 배에서 비누를 하역하고 공정 가격을 정한 뒤에야 상인들에게 물건이 나누어졌다. 상퀼로트가 앞장서 나아갔고 결국 산악파가 마지못해 개입했다.

1793년 7월 10일, 위기의 심각성이 반영되어 공안위원회 위원들이 대폭 경질되었다. 열렬한 민중의 투사들은 위기 상황에 따라 국민과 혁명을 방위하기 위한 여러 조치들을 제안했다. 이제까지 공화국을 지지해 온 혁명적 부르주아지가 과격한 조치 때문에 공화국으로부터 이탈하는 것을 다시 한 번 방지해야 했다. 곧 민중 운동에 규율을 부여할 수 있는 혁명정부의 필요성이 명백해졌다. 4월에 조직된 공안위원회는 무능함을 명확하게 드러냈다. 공안위원회는 외국의 침입을 격퇴하지도 못했고, 연방주의자들의 반란을 예방하지도 못했으며, 아시냐 문제와 식량 위기를 해결하지도 못했다. 공안위원회는 사건을 주도하기보다는 오히려 그것에 질질 끌려다니느라 사태가 악화되도록 방치했던 셈이다. 7월 10일, 국민공회는 공안위원회를 쇄신했다. 이때 당통이 파면되었다.

호명 동의(呼名動議)의 방법으로 선출된 새 공안위원회는 9명의 위원으로 구성되었다. 그 가운데서 퀴스틴 장군의 철저한 지지자인 토마 오귀스탱 드 가스파랭(Thomas-Augustin de Gasparin), 칭호를 박탈당한 어느 귀족 부인의 정부(情夫)이자 곧 혐의자로 의심을 사게 되는 에로 드 세셸, 당통의 친구인 자크 알렉시 튀리오(Jacques Alexis Thuriot)

는 곧 배제되었다. 쿠통, 생쥐스트, 장봉 생탕드레, 프리외르 드 라 마른*이 공안위원회에서 산악파의 핵심을 이뤘다. 평원파인 바레르와 랭데가 그들에게 가담했다. 그들은 오직 상퀼로트 세력을 통해서만 혁명이 승리를 확보할 수 있다고 확신했다. 따라서 상퀼로트의 요구를 충족해주고, 기근과 높은 물가의 희생자인 도시 주민들에게 생필품을 확보해주며, 모든 민중의 역량이 특권계급과 대불동맹을 향하도록 해야 할 필요가 있었다.

1793년 7월 13일에 마라가 암살당하자, 산악파의 정책은 정치적 위기의 악화에 직면하여 더욱 강경해졌다. 에베르와 격앙파는 '인민의 벗'의 계승자 자리를 놓고 서로 다투었다. 이미 7월 16일부터 자크 루는 자신의 신문 〈프랑스 공화국의 기자(Le Publiciste de la République française)〉에 서둘러 '인민의 벗인 마라의 음덕(陰德)을 입은'이라는 문구를 제호에 추가했다. 7월 20일, 이번에는 〈르클레르의 인민의 벗(L' Ami du peuple par Leclerc)〉이 새로이 나왔다. 한편 7월 21일에 에베르는 자코뱅 클럽에서 다음과 같이 외쳤다. "마라의 후계자가 필요하다면, 특권계급에게 바칠 제2의 제물이 필요하다면, 그것은 준비되어 있습니다. 바로 저입니다." 민중 계열 신문들 사이에서는 흔히 민중을 선동하려는 과열 경쟁이 벌어졌다. 에베르와 피에르가스파르 쇼메트*가 대표하는 산악파의 한 분파는, 파리의 상퀼로트와 멀어지지 않으려고 스스로 격앙파의 강령을 채택했다. 그들은 이구동성으로 '상업 특권계

프리외르 드 라 마른(Prieur de la Marne, 1756~1827) "프리외르처럼 청렴하라."는 말이 나올 정도로 신망을 받았다. 로베스피에르, 탈리앵 등과 같은 급진파로서 행정 및 사법 개혁에 노력했고, 교회 재산 몰수를 지지했으며, 망명 귀족에 대한 엄중한 조치를 요구했다. 또한 혁명정부의 지방 조직 정비에도 노력했다. 그래서 테르미도르 반동 때 파리를 떠나 있던 덕분에 그것에 휘말리지 않았다. 제르미날과 프레리알 봉기에 가담하였다. 이 때문에 봉기 실패 후 공포 정치가로 체포되어 자택에 연금되었다가 몰래 탈출하여 무사할 수 있었다. 브뤼메르의 쿠데타 이후 법조계로 복귀했다.

급', '장사치 부르주아 특권계급'을 더욱 격렬하게 비난했다. 물자 부족이 더욱 악화되고 밀가루가 부족해 많은 빵 가게가 문을 닫자, 메종코뮌 구는 7월 21일에 배급표제를 실시했다. 청원이 늘어났고, 빵 가게 문전의 행렬은 더욱 혼잡해졌다. 에베르는 〈페르 뒤셴〉 제263호에서 다음과 같이 썼다.

> 가난한 상퀼로트들은 너무도 오랫동안 고생해 왔고, 한계에 도달했다. 그들이 혁명을 일으킨 것은 행복하기 위해서다.

새 공안위원회가 겨우 구성되긴 했지만, 주도권을 행사하지 못하고 추월당할 위기에 처했다.

이런 상황에서 1793년 7월 26일에 매점 관련 법안이 통과되었다. 이 법은 국민공회에게는 전술적인 양보였다. 비요바렌의 제안은 사실상 인종외 회피였다. 왜냐하면 물자 부족을 공정 가격제가 아니라 매점 업자를 처벌하는 것으로 해결하려 했고, 사형으로 위협해서 물가를 잡으려고 했기 때문이다. 7월 26일, 국민공회는 콜로 데르부아의 보고를 듣고 매점 업자, 즉 생필품의 재고를 밝히지 않고 점포의 문에 품목의 목록을 게시하지 않는 자는 사형에 처한다는 법안을 통과시켰다. 이 법은 거래를 각 구의 '매점행위조사위원'의 통제 아래에 둔 것이므로 격앙파의 강령에 대한 중대한 양보로 볼 수 있다. 그러나 사실상 그 법

쇼메트(Pierre-Gaspard Chaumette, 1763~1794) 제화공의 아들로서 외과 의사를 하다가 혁명이 일어날 즈음 파리로 돌아왔다. 코르들리에 클럽에 가입하여 활동하다가 1793년 말에 파리 코뮌의 검찰관이 되었다. 그는 매춘제 금지, 최고 가격제 엄수 등을 주장하는 한편, 비기독교화 운동의 선두에 서서 교회 소유 재산을 빈민에게 양도하고 노트르담 사원 정면에 있는 모든 성상(聖像)을 파괴하라고 요구했다. 이러한 언행 때문에 로베스피에르의 반감을 샀다. 반감을 완화하기 위해 과격한 비기독교화 운동을 시정하고 산악파의 혁명정부를 찬양하는 변화를 보였지만 결국 외국인의 첩자라는 오명을 쓰고 사형당했다.

은 적용되는 데 시간이 걸려서, 당장은 상퀼로트에 대한 단순히 상징적인 양보로 비쳤다.

1793년 7월 27일, 공안위원회의 옹호자로 자처해 온 로베스피에르가 공안위원으로 임명되어 위원회는 완전한 조직을 갖추게 되었다. 국민공회에 대한 공안위원회의 권위는 전혀 확고하지 못했다. 매점 관련 법이 제정될 때도 공안위원회에 문의 한번 하지 않았으며, 의회 내에는 공안위원회가 초기에 내렸던 결정들 중 특히 7월 21~22일 밤에 퀴스틴을 체포한 것을 두고 암암리에 반대하는 세력이 있었다. 로베스피에르는 그러한 적대 세력에 맞서 공안위원회를 옹호했고, 7월 27일에는 위원회의 위원이 되었다. 8월 14일에는 카르노와 프리외르 드 라 코트도르*가, 9월 6일에는 비요바렌과 콜로 데르부아가 위원으로 선출되었다. 위원들은 성향과 기질이 다양했지만(카르노와 랭데는 분명히 사회적으로 보수적이었고, 비요바렌과 콜로 데르부아는 상퀼로트 쪽으로 기울어 있었다) 모두 성실하고 근면하며 신망이 있었고, 위기를 극복하자는 의지로 뭉쳐 승리할 때까지 1년간이나 굳게 결속되어 있었다. 이것이 혁명력 2년 당시 저 위대한 공안위원회의 면모였다.

로베스피에르는 혁명적 명성에 힘입어 국민공회와 자코뱅 클럽에게 공안위원회의 정책을 강제할 수 있었다. 그는 통찰력과 용기를 지녔고(그가 결국 선전 포고에 이른 여론의 전반적인 움직임에 맞서 외롭게 싸웠던 데서 그러한 점을 엿볼 수 있다), 달변인 데다 무사무욕(無私無慾)의 '청렴지사(그는 프랑스 역사상 이런 칭호를 받을 수 있는 유일한 사람이다)'로서

프리외르 드 라 코트도르(Prieur de la Côte-d'Or, 1763~1832) '혁명의 군수(軍需) 대신'이라 불렸고, 겸손하고 헌신적이었으며, 공안위원회 내에서 어느 파벌에도 속하지 않았다. 따라서 테르미도르 반동 후에도 테르미도르파로부터 축출되지 않은 유일한 공안위원이었다. 나폴레옹 치하에서는 공직을 거부하고 이전부터 관여하고 있던 사업에 전념했다.

상퀼로트의 신뢰를 받았다. 로베스피에르는 원칙에 충실하면서도 상황에 따라 굽힐 줄 알았고, 정치가연할 줄도 알았다. 그는 모든 혁명적 권한을 국민 주권의 표현인 국민공회에 두었다. 그러나 정부가 더 강력하고 효율적이려면, 민중에 근거를 두고 민중과 긴밀하게 결합되어야 했다. 5월 31일~6월 2일의 봉기 과정에서 로베스피에르는 일기에 다음과 같이 적었다.

'단일' 의지가 필요하다. …… 그 의지가 공화주의적인 것이 되려면, 각료도 정부도 공화주의적이어야 한다. 국내의 위험은 부르주아들로부터 온다. 부르주아들을 무찌르려면 민중을 규합해야 한다. …… 민중은 국민공회와 결합해야 하고, 국민공회는 민중을 활용해야 한다.

7월 13~21일에 걸쳐 로베스피에르는 르펠르티에 드 생파르조가 작성한 국민교육안을 국민공회에서 대신 읽었다.

지난 3년 동안의 혁명은 전적으로 시민 가운데 어떤 다른 계급을 위한 것이었으며, 아마도 가장 궁핍한 사람들, 즉 재산이라고는 유일하게 노동밖에 없는 프롤레타리아 시민들을 위해서는 여태껏 거의 아무것도 하지 않았다. 봉건제는 파괴되었지만, 그들을 위한 것은 아니었다. 왜냐하면 해방된 전답에서 그들은 아무것도 소유하지 못했기 때문이다. 조세는 더 공평하게 부과됐다. 그러나 그들은 가난 때문에 원래 납세 의무자가 아니었다. …… 시민적 평등은 확립됐다. 그러나 그들에게는 교육과 학식이 부족하다. …… 이제는 빈자(貧者)의 혁명을 할 때이다.

로베스피에르와 공안위원회 위원들이 사태를 명확하게 보고 있기는 했지만, 그 사태를 해결할 방책에는 자신이 없었다. 국민과 혁명을 방위하기 위한 대규모 조치들, 국민 총동원령, 공포 정치, 경제의 통제 등은 1793년 8월의 위기 속에서 민중 운동의 압력을 받아 외부로부터 주어졌다.

공안위원회와 민중의 압력(1793년 8~10월)

새 공안위원회는 국가 방위에 강력한 활력을 불어넣고자 했다. 국가 방위는 혁명 방위와 분리될 수 없는 것이었다. 그러나 공안위원회는 민중 운동에, 특히 격앙파의 선전에 압도당하지 않을 작정이었다. 민중의 투사들이 보기에 통제 경제와 국민 총동원령은 방위를 확실하게 하는 데 적합한 유일한 수단이었다. 한동안 공안위원회는 국민 총동원령을 비현실적인 것으로 여겼다. 또한 공정 가격제와 경제의 통제에 적대적이었고, 공포 정치에도 혐오감을 품었다. 그리고 위원회가 보기에 파리의 각 구에서 무질서하게 실시되던 직접 민주주의는 정부의 효율적인 운용과 양립할 수 없는 것이었다. 위원회는 8월 내내 온갖 방법을 다 동원했으나, 양보에 양보를 거듭하다 1793년 9월 4일과 5일에 일어난 민중의 압력에 결국 굴복하고 말았다.

8월 초부터, 로베스피에르는 정부와 국민공회를 격앙파의 반대로부터 벗어나게 하려고 격앙파와 싸움을 벌였다. 1793년 8월 6일, 자코뱅 클럽에서 로베스피에르는 민중으로부터 그들의 가장 오랜 동지들을 앗아 가려는 '신진 인사들'과 '하루살이 애국자들'을 비난했다. "민중의 적으로부터 돈을 받은 두 명의 인사, 마라가 비난했던 그 두 사람은 이 애국파 저술가(곧 마라를 말함)를 계승했거나 계승한다고 믿고 있습니다."라고 로베스피에르는 말했는데, 그 말에 악의가 없는 것은 아니었다. 특히 그는 상인들에 대한 자크 루의 공격을 비난했다. 격앙파가 주장하는 논지의 근거를 제거할 목적에서, 공안위원회는 식량 문제에 적극적으로 개입해 밀을 타작할 노동력을 징발할 수 있는 정력적인 의원들을 파리 주변의 여러 도에 파견했다. 1793년 8월 9일, 국민공회는 바레르의 제안에 따라 군마다 공설 곡물 창고를 하나씩 설치하기로 결정했다. 이것은 민중의 요구에 양보하는 척한 것에 불과했다. 왜냐하면 군마다 곡식을 사 둔다고 해서 물가 문제가 해결되는 것은 아니었기 때문이다. 그러나 파리는 식량을 보급받았고, 격앙파는 일시적이긴 했지만 상퀼로트에게 호소할 주요한 논거를 상실했다.

산악파를 몰락시키려는 희망을 품은 온건파가, 인민이 채택한 헌법을 시행할 것과 새로운 선거를 실시할 것을 요구하는 것에 대해 로베스피에르는 강력하게 반대했다. 이러한 요구는 에베르가 8월 10일이 되기 며칠 전 〈페르 뒤셴〉 제219호에서 뜻밖에 제기했기 때문에 더욱 위험스러운 것이었다. 공안위원회의 의도는 평화가 올 때까지 정부는 계속 혁명적이어야 하고, 헌법은 시행이 보류되어야 한다는 것이었다. 1793년 8월 11일, 장차 관용파의 일원이 될 외르에루아르 도 출신 의원인 들라크루아는, 헌법에 따라 총선거를 실시하고자 유권자의 수를 조사하자고 제안했다. 로베스피에르는 이러한 교활한 제안은 불순한 의원들이 제거된 국민공회를 피트와 코부르크의 파견원들로 대체하려는 데 그 목적이 있다고 단정지었다. 국내의 반란을 분쇄하고 국경에서 승리를 확보하기에 앞서 헌법을 시행한다는 것은, 혁명을 다시 위태롭게 하는 행위라는 것이었다. 바로 그날, 제1차 선거회의 대표자들은 '신성한 문서'(헌법)를 삼나무로 만든 궤 속에 넣어 국민공회에 안치했다. 비록 헌법의 실시를 평화 시까지 보류한다는 것은 1793년 10월 10일에 가서야 명시적으로 선언되었지만, 이제 헌법의 시행에 관한 문제는 논의거리가 되지 못했다.

1. 국민 총동원령(1793년 8월 23일)

한편 대외적인 위협과 국내의 반혁명으로 민중 운동은 계속 동원이 가능했고, 그 결과 공안위원회와 국민공회가 국민 총동원령을 내리게 하는 데 성공할 수 있었다.

국민 총동원령은 상퀼로트의 혁명 정신과 부합했으며, 파리의 구들과 클럽들 사이에서 인기 있는 주장이었다. 제마프 전투가 이미 입증한 바와 같이 총동원령은 혁명에 수적인 우위를 확보해주어, 상대적으로 전력이 축소된 적군에 맞서 신속한 승리를 얻어내겠다는 것이었다. 이러한 생각은 공화국이 국경 지방에서 이미 공격을 받고 있던 데다가 연방주의자들의 반란으로 위태로운 상황에 빠진 1793년 7월의 위기 과정에서 구체화됐다. 7월 6일, 뤽상부르 구는 반란을 일으킨 도들에 맞서 파리의 구민들을 대거 파견하자고 제안했다. "16세부터 50세에 이르는 모든 시민은 누구나 상시 징집되어 군대에 편입된다."

7월 28일, 위니테 구의 투사인 세바스티앙 라크루아(Sébastien Lacroix)가 또다시 그러한 제안을 했다. 우리는 다음과 같은 그의 연설에서 이미 8월 23일의 법령에 대한 서사시적인 영감을 발견하게 된다.

> 총의 개머리판, 포가(砲架), 수송 차량, 짐수레를 제작하는 데만 몰두케 하기 위해 모든 수레 제조공, 소목장이, 목공들의 개인적인 작업을 즉각 중지시키자. 오직 대포만 제작하도록 하기 위해 철물공, 편자 제조공, 날붙이 제조공 등 모든 철공 노동자의 다른 일들을 중지시키자. …… 조국을 사랑하는 자들을 무장시켜 수많은 대대로 편성하자. 무장하지 못한 자들에게는 탄약을 운반케 하자. 부녀자들은 식량을 운반하거나 빵을 만들게 하자. 전투 신호는 조국의 찬가로 시작될 것이다!

7월 말의 패배로 국민 총동원령이란 관념은 억제할 수 없는 추진력을 얻었다. 이번에는 민중 계열의 언론이 그것을 대서특필했다. 에베르는 〈페르 뒤셴〉 제265호에 다음과 같이 썼다. "무기를 소지하고 행군할 수 있는 모든 사람들을 일시에 징발하자. 그리고 위험이 발생할 모든 지역으로 그들을 급파하자."

자코뱅 클럽에서 민중이 처음으로 국민 총동원령을 요구한 것은 1793년 7월 29일이다. 이어서 8월 4일에 파리 코뮌이, 7일에는 헌법을 채택하기 위해 파리에 모인 제1차 선거회 대표단이 또다시 요구했다. 12일, 그 대변인 격인 장바티스트 루아예(Jean-Baptiste Royer)는 인민을 총동원하라고 국민공회에 요구했다. 하지만 공안위원회는 망설였다. 오합지졸을 총동원한다고 해서 무엇을 할 수 있겠는가? 이들을 어떻게 무장시키고 먹여 살릴 것인가? 8월 14일, 로베스피에르는 자코뱅 클럽에서 "국민 총동원이라는, 고결하지만 아마도 지나치게 열정적인 이러한 구상은 실현 가능하지 않다."고 선언하고, 다음과 같이 덧붙였다. "우리에게 부족한 것은 병사가 아니라 오히려 우리 장군들의 애국주의라는 덕성이다." 국민공회는 파리의 투사들과 제1차 선거회 대표단의 압력에 못 이겨 8월 16일에 총동원의 기본 방침을 확정했고, 마침내 공안위원회는 23일에 바레르의 보고에 입각하여 시행 세칙안을 제출하기로 결정했다.

이제부터 적군이 공화국의 영토 밖으로 쫓겨날 때까지 모든 프랑스인은 군대에 복무하기 위해 상시 징집된다. 젊은이는 전쟁터로 갈 것이다. 기혼 남성들은 무기를 제조하고 식량을 운반할 것이다. 부녀자들은 막사와 제복을 만들고 병원에서 간호를 맡을 것이며, 아이들은 헌 속옷으로 외과용 거즈를 만들고, 노인들은 광장에 모여 장병들의 사기를 고무하고 군주들에 대한 증오심과 공화국을 통합해야 할 필요성을 가르칠 것이다.

대리 복무제는 폐지됐다. 원칙상 동원은 개병제(皆兵制)였다. 그러나 18세부터 25세까지의 미혼 혹은 아이가 없는 홀아비인 청년들이 첫 번째 징집 대상이었고 제일선에 배치될 것이었다. 이들은 "프랑스 인민이 압제자에 맞서 궐기하다."라고 쓰인 깃발 아래 대대로 편성될 예정이었다.

국민 총동원령은 과연 상퀼로트의 열망에 정확하게 부응하는 것일까? 만약 상퀼로트가 그것을 열광적인 충동 속에 국경을 향해 진격하는 것으로 생각했다면, 그것은 공상이었다. 바로 그렇기 때문에 로베스피에르와 공안위원회가 망설였으며, 그 법령에 한계가 있는 것이다. 국민의 모든 자원을 동원하고 무기를 특별 제조한다고 했으면서도, 단지 부양가족이 없는 18세부터 25세까지의 청년들만 징집됐다. 사실상 군비와 식량 문제는 전혀 해결하지 못한 상태였다. 9월 초에 〈페르 뒤셴〉은 그 나름의 작전 계획을 세우면서, 이렇게 자문했다. "어떻게 수백만 명의 사람들을 한꺼번에 진격시키겠는가? 어떻게 그들을 무장시키고 군수품을 공급하겠는가? …… 가장 먼저 우리들은 공화국의 모든 식량을 확보해야 한다. …… 편자 제조공부터 금은 세공사에 이르기까지 모든 금속 노동자들을 징발하고 모든 공공장소에 철공소를 세워 주야로 대포와 소총, 군도(軍刀)와 총검을 제작해야 할 것이다."

에베르는 전 국민적인 전쟁 수행을 위한 경제적 운용의 문제를 명확하게 제기했다. 모두 일곱 동기생으로 편성되어 순차적으로 징집되는 수많은 장정들을 무장시키고 군수품을 공급하기 위해서는 통제 경제가 절대적으로 필요하다는 것이었다. 이제 정치적 문제와 경제적 문제는 국가 방위 문제와 굳게 결합되었다.

2. 1793년 9월 4~5일의 사건

1793년 8월 말경 당면한 큰 문제들 가운데 여전히 어떤 것도 해결되지 않았다. 정치적 문제도 그대로 남아 있었다. 비록 공안위원회가 적대 세력의 공세를 모면하기는 했지만, 혁명정부는 여전히 안정되지 않았고 제대로 조직되지도 못한 상태였다. 경제적·사회적 문제는 어떤 효과적인 해결책도 찾지 못하고 있었다. 매점 방지법과 공설 곡물 창고 설치법이 해결책이 되리라는 기대는 환상에 불과했다. 국민공회와 공안위원회는 이제까지 공정 가격제와 경제적 규제를 거부해 왔다. 혁명의 유일한 재정적 원천인 아시냐의 운명이 이러한 조치들에 달려 있는데도 말이다. 8월 말이 되면서 식량 위기는 악화되어 갔고, 민중의 압력은 더욱 커졌다. 그와 동시에 파리 투사들의 머릿속에서는 혁명 당국에게 민중의 의사를 강요할 수 있는 새로운 봉기가 필요하다는 생각이 구체화되었다.

한동안 호전되는 기미를 보였던 식량 위기는 가뭄으로 인해 새발하였다. 제분기의 제분량이 줄어들었고, 빵 가게 앞은 다시 사람들로 혼잡을 이루었다. 파리의 하루 밀가루 소비량은 1,500부대에 달했지만, 반입량은 400부대에 불과했다. 물자 부족이 에베르에게는 정치적 소요를 조장할 수 있는 강력한 무기였다. 그에게 식량 문제란 부자와 상인들을 공격하고 상퀼로트의 비위를 맞추려는 선전 활동의 핵심 사안이었다. 그는 〈페르 뒤셴〉 제279호에서 다음과 같이 썼다.

제기랄, 상인들에게는 조국이 없다. 그들은 혁명이 자신들에게 유익하다고 믿는 한에서 그것을 지지해 왔다. 그들은 귀족과 고등법원을 파괴하기 위해 상퀼로트와 손을 잡았다. 그러나 그들이 그렇게 한 목적은 자신들이 특권계급의 위치에 오르기 위해서였다. 그리하여 능동적 시민이 더는 존재하지 않게 되고 가장 가난한 상퀼로트가 가장 부유한 징세업자와 동등한 권리를 향유하게 된 이후, 이 모든 악당들은 우리들을 배반하고 공화국을 파괴하기 위해 갖은 방법을 모두 동원해 왔다. 그들은 터무니없는 가격으로 되팔기 위해, 혹은 우리를 기근으로 몰아넣기 위해 모든 식료품과 식량을 매점해 왔다.

바로 이 1793년 9월 초에 가장 강력하고 독창적인 형태의 민중 운동이 나타났다. 마티에는 이것을 '에베르파의 압력'이라고 불렀다. 분명한 점은 민중 계열의 신문들(여기에는 에베르의 신문만이 아니라 자크 루의 신문도 포함된다)은 상퀼로트가 자신들의 정치적 목표를 자각하고 사회적 요구를 명확히 하는 것을 도왔을 뿐, 민중 운동의 기원은 아니라는 것이다. 즉, 그러한 운동은 '민중의 압력'이지 에베르파의 압력은 아니었다. 결국 상퀼로트의 대변자인 에베르가 글을 쓰고 행동했으며, 자코뱅파가 동요하고 마침내는 국민공회와 공안위원회가 굴복한 것도 바로 상퀼로트의 압력 때문이었다.

민중 운동은 1789년 봄부터 나타났지만, 우리는 그 기원을 1789년보다 훨씬 전에 파리의 소상점주, 장인(匠人), 노동자들의 물질적인 생활 여건이 악화된 데서 찾아야 할 것이다. 이 운동이 위기의 시기에는 부르주아 혁명이 승리하는 것을 가능하게 해주었지만, 1793년 9월 4~5일의 봉기가 보여주듯이 부르주아 혁명과는 뚜렷하게 구별된다. 민중 운동은 상퀼로트의 전(前)자본주의적인 정신을 특징으로 하며, 자본주의적인 농업의 발전에 맞서 악착같이 공동체적 관습을 고수하려 했던 농민의 정신과 본질적으로 동일한 것이었다. 사업의 발전에 꼭 필요한 자유를 지키려고, 소상점주와 장인들에게는 그렇게 소중했던 경제적 규제와 공정 가격제를 없애려는 상공업 부르주아지의 정신 상태에 상퀼로트는 뿌리 깊은 반감을 품었다.

소상점주와 장인이 지닌 소유 개념을 알면, 부르주아와 상퀼로트의 근본적인 대립을 명확히 알 수 있다. 1789년의 인권선언과 마찬가지로 1793년의 권리선언에 따르면, 소유권이란 누구도 제한할 수 없는 절대적인 자연권이다. 그러나 상퀼로트에게 소유권이란 오직 개인의 노동에 근거하며, 모든 사람들의 필요에 따라 제한될 수 있는 것에 불과했다. 민중의 압력이 절정을 이루던 1793년 9월 2일, 파리의 상퀼로트 구(자르댕데플랑트 구에서 개명함)는 국민공회에 청원서를 제출하여 다음과 같이 요구했다.

생활필수품의 가격, 노동 임금, 산업 이윤, 상업 이익을 변함없도록 고정해 달라. …… 뭐라고! 특권파, 왕당파, 온건파, 음모가들은 당신들에게 그것은 신성하고 불가침이어야 할 소유권을 공격하는 행위라고 말할 것이다. …… 물론 그렇다. 그러나 소유권이 물질적 필요의 정도 외에 어떤 다른 것에 입각하지 않음을 이 악당들이 이제 무시힐 수 있겠는가?

이어서 상퀼로트는 식량과 임금의 최고 가격제를 요구했다.

2. 모든 생활필수품의 가격을 1789년부터 1790년까지 포함하는 이른바 옛 가격에 입각해서 물품의 품질에 따라 변함없도록 고정해야 한다.
3. 법의 규제를 받을 산업 이윤, 노동 임금, 상업 이익이 기업가, 농민, 상인들이 생계를 유지하는 데 필요할 뿐만 아니라 행복을 덧붙여줄 수 있는(즉, 이익을 제공할 수 있는 - 역주) 방식으로 원료의 가격도 결정되어야 한다.

특히, 자르댕데플랑트 구의 상퀼로트는 소유권의 엄격한 제한을 요구했다.

8. 소유 재산의 '상한선'이 설정되어야 한다. 9. 어느 개인도 그 '상한선' 이상의 재산을 소유할 수 없다. 10. 누구도 정해진 쟁기의 수로 갈 수 있는 경작지 이상의 토지를 임대할 수 없다. 11. 시민 각자는 하나의 작업장, 하나의 상점만을 소유할 수 있다.

사적 소유권을 유지하면서도 그 영향력을 제한하려는 의도로 인해 매우 모순적인 이러한 사회적 강령은, 혁명을 주도했던 부르주아지의 강령과는 근본적으로 대립적이었다. 이러한 대립 때문에 혁명정부는 테르미도르 반동으로 몰락할 수밖에 없었다. 그러나 구체제, 특권, 봉건 귀족 계급이라는 공통의 적에 대한 증오심과 심각한 반혁명의 위협 때문에 상퀼로트와 산악파 부르주아지의 유대는 일시적으로 공고해졌다. 산악파는 단독으로는 승리를 확보할 수 없었기 때문에 민중의 강령을 받아들이지 않을 수 없었다. 하지만 산악파에게 사회적 강령을 강요하는 일은 여전히 필요했다.

9월 초에 위기는 절정에 달했다. 에베르가 국민공회의 '감언이설가들'을 비난하는 한편, 각 구에서는 흥분이 고조되고 발의와 청원 운동이 활발히 진행됐다. 이런 열기 속에 믿어지지 않는 반역의 소식이 9월 2일에 날아들었다. 왕당파가 툴롱을 영국군에게 넘겨주었다는 것이다. 상처받은 애국주의의 고통과 귀족계급의 음모에 대한 강박관념이, 식량 문제에 대한 불안감 위에 겹쳐졌다. 그 어느 때보다도 공포 정치의 압력이 폭발하는 데 적합한 분위기가 조성되었다. 9월 2일 저녁, 최악의 사태를 막고자 자코뱅파는 행동을 취하기로 결정했다.

1793년 9월 4일, 오랫동안 억눌려 온 민중의 흥분이 마침내 폭발했다. 아침부터 노동자들, 특히 건축과 군수품 제조에 종사하는 노동자들이 파리 코뮌에 빵을 요구하기 위해 그레브 광장으로 무리 지어 모여들었다. 이 운동이 노동자들로부터 비롯했음은 이론의 여지가 없다. 즉, 그것은 상퀼로트 가운데서도 가장 무산자 계급화된 계층, 즉 소상점주도 장인도 아닌 자들로서 항상 가치가 떨어진 아시냐로 임금을 받아 생계유지에 큰 곤란을 겪었던 노동자층으로부터 비롯했다. 파리 코뮌의 지도자들이 시위자들을 진정시키려고 했지만 허사였다. "우리에게 필요한 것은 약속이 아니다. 빵이다. 지금 당장!" 쇼메트는 탁자에 뛰어올랐다.

저 역시 가난한 사람이며, 따라서 저는 가난한 사람이 어떻다는 것을 잘 압니다. 여기서 가난한 자에 대한 부자의 노골적인 전쟁이 벌어지고 있습니다. 그들은 우리를 분쇄하려고 합니다. 자! 그것을 막아야 합니다. 우리들 자신이 그들을 분쇄해야 합니다. 우리에게는 힘이 있습니다!

민중의 의사를 국민공회에 강요하기 위한 군중 시위가 다음 날로 계획되었다.

1793년 9월 5일, 무리 지어 모여들어 긴 행렬을 이룬 구민들이 "폭군에게 전쟁을! 특권층에게 전쟁을! 매점업자에게 전쟁을!" 하고 외치며 국민공회를 향해 행진했다. 시위자들은 국민공회를 포위하고, 평화적으로 의사당에 진입했다. 의원들은 민중이 주시하는 가운데 토의를 진행했다. 파슈가 파리 코뮌과 각 구의 이름으로 매점업자들의 술책과 유산자들의 이기주의를 비난했고, 뒤이어 쇼메트는 농촌에서 곡식을 징발해 파리로 수송하기 위한 혁명군 창설을 요구하는 청원서를 낭독했다. 비요바렌은 한술 더 떠 상퀼로트들이 보기에 기본적인 조치로 여겨졌던 혐의자 법을 제안했다. 국민공회는 이에 굴복해 공안위원회의 자문도 구하지 않은 채 혐의자 법을 받아들였을 뿐만 아니라, 혐의자를 색출할 의무를 띤 혁명위원회에서 불순한 위원들을 숙청하기로 결정했다. 이는 공포 정치가 의사일정(議事日程)에 포함되었음을 뜻한다. 바레르의 보고에 근거해, 보병 6,000명과 포수(砲手) 1,200명으로 구성되는 혁명군 창설안이 채택됐다. 마지막으로 국민공회는 매주 두 번 열리는 구민총회에 참석하는 시민들에게 참석할 때마다 40수의 수당을 지불하자는 당통의 제안을 통과시켰다.

  1793년 9월 4~5일의 사건은 민중의 승리였다. 상퀼로트는 자신들이 오래전부터 주장해 온 조치들을 채택하도록 혁명 당국에 강요했다. 그렇지만 불완전한 승리였다. 왜냐하면 5일의 결정들은 특히 정치적인 성격이었다. 반면에 국민공회는 4일에 민중의 핵심적인 요구인 최고가격제의 전반적인 실시를 약속하는 것으로 그쳤다. 파리의 상퀼로트는 계속 압력을 가해 마침내 국민공회로부터 9월 11일에 곡물과 사료에 대한 전국적 최고 가격제를, 29일에는 전면적 최고 가격제를 얻어냈다. 이처럼 산악파 부르주아지조차 경제적 자유의 침해를 싫어했다.

  이는 민중의 승리이자, 또한 정부의 성공이기도 했다. 합법성은 보전되었고, 합법적인 공포 정치가 민중의 직접 행동을 압도하게 되었다. 공안위원회는 분명히 저항했다. 그러나 자신들이 택한 기반 위에서 시대 흐름에 양보할 줄도 알았다. 공안위원회의 권한은 더욱 확대되었고, 혁명정부는 권한 강화를 향해 한 걸음을 내디뎠다.

3. 민중의 승리와 정부의 강화(1793년 9~10월)

  1793년 9월 4~5일의 사건이 일어난 뒤에도 민중의 압력은 계속되었고, 국민공회와 공안위원회는 마지못해 공포 정치와 통제 경제의 길을 걸었다. 민중의 압력은 국민공회의 내부에서조차 강력한 반대에 부딪힌 혁명정부의 권한 확대를 늦추면서, 두 방향으로 작용했다. 각 구와 클럽의 투사들은 한편으로는 광범위한 행정 쇄신 작업, 공직에서 반혁명 혐의자 추방, 강경한 탄압책 등을 통해 공포 정치를 강화하라고 요구했다. 다른 한편 그들은 식량 위기가 지속되는 것을 이유로 들면서, 경제의 전반적인 통제와 약속 이행이 계속 미뤄져 온 공정 가격제의 전면적인 실시를 끈질기게 요구했다.

9월 내내 공안위원회는 술책을 써서 국민공회를 붙잡아 두는 데 민중의 압력을 이용하고 민중의 압력을 진정하는 데 국민공회를 이용함으로써, 필요한 양보를 하면서도 동시에 점차 자신들의 권한을 강화해 갔다. 9월 6일, 민중의 요구를 지지했던 비요바렌과 콜로 데르부아가 공안위원회에 위원으로 들어갔다. 13일, 치안위원회가 개편되었다. 이때부터 공안위원회가 치안위원회 위원들의 명단을 국민공회에 제출하게 되었다. 같은 결정이 다른 위원회에도 적용되었다. 이렇게 하여 정부 권한의 집중 현상이 벌어졌다. 공안위원회는 이제까지 동등했던 다른 모든 위원회와 비교해 절대적 우위를 확보하고 모든 위원회를 통제할 책임을 맡게 되어, 정부가 하는 활동의 구심점이 되었다.

공포 정치는 9월 5일부터 원칙적으로 의사일정에 포함되었는데, 이후 민중의 활동을 통해 점차 확립되어 갔다. 여러 행정 부서에서는 구민들의 통제 아래 대규모 숙청 운동이 전개되었고, 특히 육군부에서는 사무국장인 프랑수아니콜라 뱅상(François-Nicolas Vincent)이 추진력을 제공했다. 파리의 코뮌의회가 개편을 주도하여, 혁명위원회들은 구민들의 개입에서 벗어날 수 있었다. 구민총회와 구의 여러 위원회들도 자신들의 대열에서 온건파, '회색분자', 미온파 인사들을 전부 추방했다. 국민공회와 정부의 여러 위원회들은 숙청 작업을 주도했다기보다는 떠밀려서 어쩔 수 없이 받아들였다. 그러나 민중이 더 큰 열의를 보인 것은 숙청 작업이 아니라 탄압이었다. 행정 당국이 탄압을 전면적으로 확대하지 않으려고 할수록, 공포 정치를 요구하는 목소리는 더욱 뚜렷하게 나타났다. 여러 혁명위원회가 파리 코뮌에 자극을 받아 이미 반혁명 혐의자를 체포하기 시작했던 한편, 9월 중순경에는 학살 사건이 벌어지리라는 소문이 파다하게 퍼졌다. 9월 8일, 아베이 감옥에 갇힌 죄수들은 지난해 일어났던 9월의 학살 사건이 다시 터지지나 않을까 두렵다고 말했다. 국민공회는 그런 위험과 함께, 속수무책의 지경에 빠질 우려가 있음을 감지했다. 1793년 9월 17일, 국민공회는 지난 5일에 통과된 원칙적인 조치에 대한 모든 부당한 해석을 불식하고자, 메를랭 드 두에의 보고에 근거하여 '혐의자 법'을 채택했다. 이 법이 정의하는 '혐의자'의 개념은 매우 광범위한 것이어서 혁명의 모든 적에게 적용이 가능했다. 혁명에 열의를 보이지 않는 망명 귀족의 친척들, '공민증' 발급이 거부된 모든 사람들, 정직(停職)이나 파면을 당한 관리 등이 혐의자의 범주에 포함되었다. 더 일반적으로 말하자면 혐의자란 행동이나 대인 관계, 그리고 말이나 저술 등을 통해 "폭정이나 연방주의의 옹호자이자 자유의 적"으로 판명된 자들과 자신의 생계 수단을 증명할 수 없는 자들(이는 투기업자를 겨냥한 것이다)을 뜻했다. 혁명위원회들은 혐의자 명단을 작성할 책임을 부여받았다.

통제 경제의 원칙은 9월 4일에 채택됐지만, 결국 이것 역시 파리 군중의 압력에 의해서만 설정될 수 있었다. 9월 11일에 도입된 곡물과 사료에 대한 전국적 최고 가격제 실시는 파리 민중을 만족시킬 정도로 충분하지 못했다. 9월 중순경 빵 가게 앞에는 다시 긴 행렬이 나타났고, 청원 활동이 늘어났다. 22일, 구민들이 파리 코뮌의 지원을 받아 국민공회에 청원서를 제출했다. "귀하들은 모든 생활필수품이 공정 가격제의 적용을 받아야 한다는 원칙을 공포했다. …… 인민은 궁핍을 견디며 귀하들의 후속 결정을 초조하게 기다리고 있다." 그리고 국민공회 내부로부터 격렬한 반대에 부딪힌 공안위원회 역시 민중의 압력에 대한 두려움을 활용하여 국민공회의 지지를 확보하고자 했고, 그리하여 민중을 만족시키기 위해 경제에 대한 통제를 강화하기로 결정했다. 1793년 9월 29일, '전면적 최고 가격제' 법이 통과되었다. 이 법은 식료품 가격과 임금에 공정 가격제를 적용했다. 각 군에서 생활필수품 가격은 1790년도의 평균치보다 3분의 1이 오른 값으로 정해졌다. 법을 위반하는 자는 혐의자 명단에 오를 것이었다. 일당(日當)을 그대로 놔두고 식료품 가격에만 공정 가격제를 적용하는 것은 비논리적일 것이다. 이 법은 각 코뮌에서 최고 임금을 1790년도보다 2분의 1이 인상된 수준에서 정한다고 규정했다. 법을 실시하는 데 따르는 난점은 매우 컸다. 전면적 최고 가격제를 실시하자, 더 큰 가혹함과 더 엄격한 중앙집권화가 필요해졌고 공포 정치와 독재가 결정적으로 진전되는 계기를 마련했다.

이에 발맞춰 공안위원회의 권한도 강화돼 갔다. 이러한 현상은 격앙파를 제거할 때와 국민공회 내의 반대파에게 강요된 침묵에서 동시에 나타났다.

격앙파 제거는 오직 민중 세력의 분열로만 가능했다. 자크 루, 르클레르, 바를레 등은 서로 선두에 서려고 결사적이었으며, 그리하여 그들에게 압도당하지 않으려는 정부 당국의 손쉬운 표적이 되었다. 1793년 9월 19일, 산악파의 비공식 기관지인 〈산악일보(Journal de la Montagne)〉는 다음과 같이 썼다.

> 민중 운동은 폭정으로 인해 불가피한 경우에만 정당한 것이다. …… 우리의 적을 돕거나 자신들의 사욕을 채우려고 광포하고 불순한 운동을 교사하는 악당들은 항상 치욕과 경멸을 받아 마땅하다.

공안위원회는 효율적인 정책 수행을 위해 그러한 '종잡기 어려운' 움직임, 말하자면 가끔 무질서하게 행해지는 민중의 압력을 더는 묵과하려 들지 않았다. 1793년 9월 5일에 고발을 당해 두 번째로 체포된 자크 루는 이번에는 풀려나오질 못했다. 바를레도 같은 운명을 겪었다. 그는 구민총회 개최를 매주 두 번으로 제한하는 내용의 법령에 반대하도록 드루아드롬 구의 구민들을 선동했다는 죄목으로 1793년 9월 18일 치안위원회의 명령에 의해 체포되었다.

당신들은 민중의 눈이 멀고 그들의 감시가 약화되기를 원합니까? 그런데 지금이 어떤 때입니까? 지금은 조국이 처한 위험 때문에 민중이 어쩔 수 없이 당신들의 손아귀에 막강한 권력을 넘겨주었지만, 그런 만큼 적극적인 감시가 절실합니다.

한편 르클레르는 〈인민의 벗〉에서 반정부적인 선전 활동을 계속 강행했다. 그는 자코뱅 클럽의 고발로 체포 위협을 받아, 9월 21일에 신문 발행을 일시 중단했다. 그리고 여배우 클레르 라콩브(Claire Lacombe)가 주도하는 혁명공화파여성협회가 있었다. 이 협회는 1793년 10월 20일에 해산되었고, 여성 클럽은 폐쇄되었다. 이러한 사건들의 필연적 결과로 공안위원회는 민중 조직에 대한 통제권을 장악해 갔다. 이런 결과가 장기적으로는 적어도 상퀼로트가 이해하는 것과 같은 의미의 주권 개념을 당국이 별로 개의치 않은 데 대한 불만을 야기할 수밖에 없을 터였다.

의회에서 매우 격렬한 논쟁이 있은 뒤, 한동안 국민공회 내의 반대 세력은 침묵을 강요당했다. 부쇼트가 옹드스코트에서 승리했다가 므낭에서 패배한 노르 군 사령관 장 니콜라 우샤르(Jean Nicolas Houchard)에게 1793년 9월 24일에 해임을 통고했을 때, 이는 공격의 신호였다. 공안위원회의 위원직에서 쫓겨난 튀리오는 9월 25일에 통제경제와 숙청 작업을 비난하고 정부의 정책을 철저하게 공박하면서 다음과 같은 결론을 내렸다. "우리를 야만 상태로 이끄는 이 거센 흐름을 저지해야 합니다." 이러한 비난은 국민공회 의원들이 내심 품고 있던 견해와 일치하는 것이었다. 이들은 발랑시엔이 적에게 항복했을 때 그곳에 파견되어 있던 브리에(Philippe Constant Joseph Briez) 의원을 박수갈채로 맞이하고는, 그를 공안위원회에 합류하도록 했다. 논쟁 과정에서 로베스피에르는 자신의 권위와 유창한 언변을 남김없이 보여주었다.

나는 적군이 발랑시엔에 입성했을 때 그곳에 있던 자는 공안위원회의 일원이 될 수 없음을 여러분에게 선언하는 바입니다. …… 나의 선언이 냉혹하게 들릴지도 모릅니다. 그러나 애국자에게 더욱 냉혹한 사실은, 지난 2년 동안 10만 명의 사람들이 배반과 관대함 때문에 참살을 당했다는 사실입니다. 바로 반역자들에 대한 지나친 관대함이 우리를 망쳤던 것입니다.

그의 말에 매료된 국민공회는 공안위원회를 계속 신뢰했다.

이 논쟁의 결과로 공안위원회의 권한이 강화되었다. 1793년 10월 10일, 국민공회는 생쥐스트의 보고에 근거하여 프랑스의 정부는 '평화가 도래할 때까지 혁명적'임을 선언했다. 이렇게 해서 9월 한 달 동안 취해진 일련의 비상조치들이 공안위원회의 독자적인 지도 아래 연계를 이루면서 혁명정부의 토대가 마련되었다. 이제 경제적인 요구와 전면적인 최고 가격제의 실시로 말미암아 혁명정부가 결정적으로 확립되었다. 1793년 10월 10일의 법령은 이러한 방향으로 가는 첫걸음이었다.

생쥐스트는 다음과 같이 선언했다.

> 법은 혁명적이지만 그것을 시행하는 사람들은 그렇지 못하다. ……
> 주권자의 의지가 소수의 왕당파를 제압하고 정복할 권리에 의하여 그
> 들을 지배하게 될 때에만 공화국은 확고해질 것이다. …… 정의를 따라
> 살 수 없는 자는 검으로 다스려야 한다. …… 정부 자체가 혁명적으로
> 구성되지 않는 한, 혁명적인 법률들이 실시되는 것은 불가능하다.

그 결과 각료들, 장군들, 중앙 및 지방의 행정 조직들이 공안위원회의 감시 아래 놓이게 됐다. 공안위원회는 새로운 조직의 관건인 군(郡)과 직접 연락을 취했다. 이제 권위의 원칙이 선거의 원칙을 압도했다.

민중의 압력은 결과적으로 공포 정치를 의회의 의사일정에 포함하도록 했으며, 정치적 차원에서는 혐의자 법을, 경제적 차원에서는 전면적 최고 가격제를 실시하게 했다. 9월의 위기는 혁명정부에게 강력한 추진력을 부여하고 공안위원회를 결국 강화하는 계기가 되었다. 이제 공안위원회의 우위가 확립되었다. 그러나 그 우위가 최종적으로 확립되려면 여전히 새로운 충격이 필요했다.

공안의 자코뱅 독재의 조직(1793년 10~12월)

정부는 평화가 도래할 때까지 혁명적이라고 선언되었고, 혁명정부는 점차 그 조직을 정비해 나갔다. 정부는 국경에서 승리를 거두고 국내의 반혁명 세력을 분쇄하는 데 모든 노력을 기울였다. 정치적 차원에서 공안위원회의 의지는 탄압을 정상화하고, 공포 정치를 합법적인 틀 안에 있도록 하며, 민중 운동을 통제하는 데 있었다. 이런 가운데서도 특히 정치적·경제적인 탄압책을 채택하라고 요구하는 민중의 압력은

계속됐다. 9월에 채택된 조치들이 상퀼로트를 어느 정도 만족시키기는 했지만, 그들이 무기를 내려놓게 하지는 못했다. 상퀼로트의 영향력은 1793년 10월과 11월에 절정에 달했다. 그러나 민중 운동에 좁은 경계를 설정하여 그 안에 민중 운동을 붙잡아 두려는 정부의 의도는 이미 명확하게 나타났다. 갑자기 비(非)기독교화 운동이 터져 나와 민중 운동에 다시 활력을 주었다. 공안위원회는 그러한 움직임에 제동을 걸려고 노력했고, 이는 위원회와 상퀼로트의 갈등을 심화했다. 혁명력 2년 프리메르 14일(1793년 12월 4일)의 법령은 공안위원회의 권위를 안정된 기반 위에 올려놓고 그 통치 조직을 본궤도에 진입시킨 것으로서, 6월 2일 이후 명확해진 사태의 진전에 대한 법적인 승인이었다.

1. 공포 정치

공포 정치는 1793년 9월에 조직됐지만, 10월이 되어서야 민중 운동의 압력을 받아 진정한 의미의 출범을 했다. 9월까지는 혁명 재판소에 소환된 260명의 인사 가운데 약 4분의 1에 해당하는 66명만이 사형 선고를 받았다. 상퀼로트주의의 승리로 혁명 재판소의 역사에서 새로운 시기가 시작되었다. 9월 5일, 혁명 재판소는 네 부로 분리되어 그 가운데 두 개의 부가 동시에 직무를 수행했다. 판사와 배심원의 명단은 공안위원회와 치안위원회가 공동으로 작성했다. 앙투안캉탱 푸키에탱빌*은 계속 검사직을 수행했고, 에르망(Martial Joseph Armand Herman)이

푸키에탱빌(Antoine-Quentin Fouquier-Tinville, 1746~1795) 부유한 지주의 아들로서 혁명 발발 당시 파리의 법률가였으며, 이후 민중 봉기에 열렬히 참여했다. 1793년 3월에 혁명 재판소의 검사가 되어 공안위원회와 치안위원회에 순종하여 맡은 업무를 착실히 수행했으며, 지롱드파, 에베르파, 당통파의 처형에 차례로 관여했다. 테르미도르 반동 때는 중립을 지켜 자리를 보전했으며, 로베스피에르파의 처형에도 관여했다. 이와 같이 새로운 권력자의 호의를 얻으려고 노력하며 항상 자기 보존을 꾀했지만, 결국 체포되어 사형 선고를 받고 부하 형리(刑吏)의 손에 의해 단두대에서 생을 마쳤다.

새로 재판장에 임명되었다.

중대한 정치 재판은 10월부터 시작됐다. 3일, 지롱드파의 의원들이 장피에르앙드레 아마르(Jean-Pierre-André Amar)의 보고에 따라 혁명재판소로 이송됐고, 마리 앙투아네트 역시 비요바렌의 보고에 따라 같은 운명을 맞았다. 10월 16일, 왕비는 단두대에서 처형됐다. 그녀의 처형은 "〈페르 뒤셴〉이 경험했던 것 가운데 가장 큰 기쁨"이 되었다. 21명의 지롱드파 의원들에 대한 재판은 24일에 시작됐다. 공판이 장기화할 조짐을 보이자 국민공회는 배심단이 3일간의 심리만으로 평결을 내릴 수 있도록 했다. 지롱드파 의원들은 10월 31일에 처형됐다. 가을 내내 에베르는 공포 정치를 선동하는 선전전을 벌였으며 상퀼로트의 처벌 의지를 고양하는 데 이바지했다. 평등공 필리프로 불린 오를레앙 공작이 처형된 직후인 11월 6일에 〈페르 뒤셴〉은 "쇠는 뜨거울 때 두드려야 한다. 반역자 바이, 몰염치한 바르나브를 즉시 단두대로 보내라."라고 혁명 재판소에 권고했다. 〈페르 뒤셴〉은 제312호에서 '성스러운 기요틴(단두대)'의 효력을 찬양했고, 모든 관용을 반대한다고 일찌감치 천명했다. 롤랑 부인은 11월 8일에, 바이는 10일에, 바르나브는 28일에 처형됐다. 1793년의 마지막 3개월 동안 395명이 기소되어 그중 45퍼센트인 177명이 사형 선고를 받았다. 파리의 여러 감옥에 갇혀 있던 수감자의 수는 1793년 8월 말에 1,500명 정도에서, 10월 2일에 2,398명으로, 12월 21일에는 4,525명으로 급증했다.

지방에서 공포 정치는 반란의 심각성과 파견의원의 기질에 따라 달랐다. 내전을 겪지 않은 지역은 적어도 1793년 말까지 거의 공포 정치를 경험하지 않았다. 노르망디에서는 연방주의자들의 반란이 끝난 후로는 사형 판결이 한 건도 없었으며, 랭데는 전반적인 화해를 호소했다. 방데 반란의 전화(戰禍)를 입은 서부 여러 도의 렌, 투르, 앙제, 낭트와 같은 주요 도시에서는 5인의 군사위원회가 세워져 단순히 신원만 확인되면 무장 반란자에게 사형을 선고했다. 낭트에서 파견의원인 장바티스트 카리에*는 재판도 없이 루아르 강에서 행해지는 익사형(溺死刑)을 허용했다. 그는 그런 식으로 12월과 1월에만 2~3천 명에 달하는 선서거부파 성직자, 혐의자, '비적', 보통법 위반자 등을 죽였다. 보르도에서는 탈리앵이 탄압을 이끌었다. 프로방스에서는 폴프랑수아장니콜라 바라스(Paul-François-Jean-Nicolas Barras)와 루이 프레롱*이 탄압을 주도했는데, 두 사람은 툴롱에서 행해진 집단 처형에도 책임이 있다. 리옹에서 공포 정치는 반란이 공화국에 끼친 위협만큼 가혹했다. 실제로 그 도시를 공략하는 데 1793년 8월 9일부터 10월 9일까지 두 달이나 소요됐다. 10월 12일, 바레르의 보고에 따라 국민공회는 그 도시를 파괴하라고 명령했다.

> 부유층이 살던 모든 저택은 파괴될 것이다. 오직 가난한 자의 가옥과 처형되거나 유형을 받은 애국자들의 가옥만이 남게 될 것이다. …… 차후 남은 가옥군(家屋群)은 '해방시'라는 이름을 갖게 될 것이다.

쿠통은 벨쿠르 광장의 몇몇 저택을 파괴하라는 명령을 내리는 데 그

카리에(Jean-Baptiste Carrier, 1756~1794) 혁명 당시 고향에서 변호사로 활동하다가 1792년에 국민공회 의원으로 선출되었다. 방데 반란을 평정하는 가운데(1794년 2월) 반란 주동자들에게 익사형을 가함으로써 유명해졌다. 로베스피에르의 몰락에 가담했으나, 1794년 11월에 체포되어 공포 정치의 주역이라는 이유로 단두대에서 처형되었다.

프레롱(Louis Fréron, 1754~1802) 1790년 초 급진적 신문 〈민중의 대변인〉을 창간하여 미라보의 배반을 고발했으며, 파리 코뮌의 일원이 되어 로베스피에르, 카미유 데물랭을 따라 적극 활동했다. 국민공회 의원이 됐고, 파견의원으로서 툴롱에서 가혹한 탄압을 벌여 로베스피에르의 비판을 받은 후, 이 때문에 1794년 테르미도르파의 반동에 가담해 '귀공자행동대'를 지휘했다. 1794년 말에는 자코뱅 클럽을 폐쇄하는 데 앞장섰으며, 또한 푸키에탱빌, 바레르, 바디에 등을 고발하여 산악파를 일소하는 등 유감없이 반동 역할을 발휘했다. 이런 전력 때문에 정치 활동을 접고 관계에 진출한 후, 생도맹그 부지사로 재직하던 중 사망했다.

쳤지만, 11월 7일에 도착한 콜로 데르부아와 조제프 푸셰*는 탄압을 대규모로 조직했다. 기존의 인민재판위원회는 너무 관용적이라는 평가를 받아 혁명위원회로 대체됐는데, 이 혁명위원회는 1,667명에게 사형을 선고했다. 단두대 처형에 시간이 너무 많이 걸리자 총살과 일제 사격이라는 방법까지 동원됐다.

공포 정치는 기본적으로 정치적인 것이었지만 종종 어쩔 수 없이 사회적 측면을 드러냈다. 왜냐하면 파견의원들이 기댈 수 있는 세력 기반은, 상퀼로트 무리와 자코뱅 클럽 조직뿐이었기 때문이다. 파견의원 대부분은, 국민 총동원령의 시행을 감독하는 책무를 기껏해야 국가 방위와 국내의 안정에 필요한 조치를 취하는 것으로 만족했다. 그러나 노르 도의 자크 이조레(Jacques Isoré)와 피에르자크미셸 샬(Pierre-Jacques-Michel Chasles), 알자스 지방의 생쥐스트와 르바, 니에브르 도의 푸셰 같은 파견의원들은, 부유층에 과세하고 혁명군을 조직하고 작업장과 구제원을 세우고 최고 가격제를 엄격하게 실시하며 자신들의 혁명적 행위에 뚜렷한 사회적 의미를 부여했다. 혁명력 2년 브뤼메르 10일(1793년 10월 31일), 생쥐스트와 르바는 스트라스부르의 부유층에게 9백만 리브르의 세금을 부과하는 행정 명령을 내렸는데, 이 가운데서 2백만 리브르는 가난한 애국자들을 위한 용도였다. 프리메르 1일(11월 21일), 로베스피에르는 생쥐스트가 행한 임무를 자코뱅 클럽에 보고하는 자리에서 다음과 같이 선언했다. "여러분은 빈자들을 먹여 살리고 입히기 위해 부자들이 어떻게 해체되는지 보았다. 이것이 혁명적인 힘과 애국적인 활력을 되살아나게 했다. 특권파는 단두대에서 사라졌다."

푸셰(Joseph Fouché, 1759~1820) 처음에 지롱드파였다가 국왕 재판 시기에 급격히 좌경화하면서 산악파가 되었다. 비기독교화 정책을 추진하고 콜로 데르부아와 함께 반혁명파를 대량으로 학살하는 과격한 행동을 벌였다. 자코뱅 클럽을 독립시키려다가 결국 로베스피에르로부터 '타파되어야 할 사기꾼'이라는 낙인이 찍혀 제명되었다.

공포 정치의 경제적 측면도 마찬가지로 명확했다. 파리에서 코뮌은 식료품의 분배를 관장했는데, 특히 빵의 배급표제를 도입했다. 코뮌은 구의 매점 행위 조사위원들에게 가택 수색권을 허용했다. 코뮌은 탄압적인 조치를 통해 공정 가격제가 지켜지도록 노력했다. 1793년 9월 9일에 법적 근거를 갖춘 후 10월 초에 조직된 혁명군의 분견대들은 파리 근교의 경작 지대를 순회하며 생산자들로부터 곡물을 넘겨받았다. 그렇지만 행정 당국은 매점 금지에 관한 기존의 법으로도 충분하다고 판단하여 파리 구민들의 압력에 양보하기를 거부했다. 1793년 10월 23일, 파리 구민들은 가난한 시민들로 구성되는 특별배심원단이라는 매점업자 고발 기구를 설치해 달라고 국민공회에 요구했지만 이루어지지 않았다. 지방에서 최고 가격제를 실시하려면 더 큰 가혹함이 필요했지만, 공포 정치는 단순하게 위협만 했을 뿐 경제적인 이유만으로 사형 선고가 내려지지는 않았다. 대부분의 도시들은 파리의 사례를 따라 빵의 배급제를 실시하고 종종 빵 가게를 시영화(市營化)하기까지 하였다. 그러나 배급제는 식료품의 정상적인 조달을 전제로 한 것이었다. 1793년 10월 22일, 공안위원회는 상품의 유통을 조직화하고 생산을 촉진할 목적에서, 생산, 상업, 수송 분야들을 전부 관할할 매우 광범위한 권한을 지닌 식량위원회를 설치했다. 이제 국민의 모든 경제 생활은 공안위원회의 통제 아래 놓이게 되었다. 공안위원회는 자신의 요원들과 파견의원들이 행사한 '강제력'을 통해 생산자들과 상인들이 원하지 않는 통제 경제를 강제할 수 있었다.

그러나 점점 더 엄격한 통제를 통해 공포 정치를 정규화해 갔던 바로 그 순간에, 공안위원회는 새로운 형태의 민중 압력에 직면해야 했다. 이것은 자칫 위원회의 주도적인 위치를 무너뜨려 혁명정부의 안정화를 위태롭게 할 뻔했다.

2. 비기독교화 운동과 자유의 순교자 숭배

비기독교화 운동의 기원은 1790년 이후 시행되어 온 종교 정책의 몇 몇 측면과 함께 민중의 심성이 지닌 어떤 특징에서 찾을 수 있다.

1790년부터 선서거부파 성직자들은 특권계급 진영에 가담했다. 더욱이 1792년이 되면, 이번에는 입헌파 성직자들조차 많은 혁명가들에게 혐의자로 비쳤다. 자크 루와 같이 민중 운동을 적극 지지한 몇몇 사제들을 제외하면, 입헌파 성직자들 대부분은 여전히 기질상 군주주의자였고 8월 10일의 사건뿐만 아니라 국왕의 처형을 개탄해 마지않았다. 이러한 경향은 1793년에 더욱 심해졌다. 입헌파 성직자들은 본성상 온건했기에 자연스레 지롱드파와 연방주의 쪽으로 기울었고, 바로 이러한 점 때문에 민중의 적개심은 더욱 커졌다. 그 무렵 많은 정치인들은 '민사 기본법'의 실험을 강행하는 것이 쓸데없다고 판단했고, 실제로 캉봉은 이미 1792년 11월에 성직자들에게 더는 급여를 주지 말자고 제안했다. 그러나 이들조차도 국가에는 교회가 필요하지 않고 민중에게는 종교 의식이 필요하지 않다는 생각은 잘못된 것이라고 여겼다. 1790년부터 점차 혁명 숭배가 나타나기 시작했으며, 7월 14일의 연맹제는 그 최초의 장엄한 발현이었다. 공민적 축제, 곧 7월 14일의 연맹제와 같은 기념 제전과, 미라보를 기리는 것과 같은 장엄한 장례식을 통해 새로운 종교적 관행들이 점차 모습을 갖추어 갔다. 그러나 1793년까지는 이러한 행사에 성직자들이 늘 관여해 왔던 반면에, 1793년 8월 10일에 열린 단일성과 불가분성의 축제(fête de l'Unité et de l'Indivisibilité)는 순수하게 세속적이었다. 바로 이 시기에 '자유의 순교자들'인 르펠르티에, 샬리에, 특히 마라를 향한 진정한 의미의 민중의 숭배가 나타났다.

비기독교화 운동이 맹위를 떨치기 몇 달 전에 이미 파리에서는 몇몇 투사들이 비기독교화 의지를 보여주는 사건들이 벌어졌다. 예컨대

1793년 6월의 성체 첨례 축제가 그러했고, 귀금속을 색출하고 군수품 생산에 필요한 교회 종을 떼어낸 경우가 그러했다. 1793년 9월 12일, 팡테옹프랑세 구는 일요일마다 "광신의 공포"를 설교할 '자유의 학교'를 개설해 달라고 요구했다. 이렇듯 비기독교화 운동은 특히 상퀼로트가 정치 무대에 등장한 이후에 더욱 뚜렷하게 나타난 흐름에 부합하는 것이었다. 게다가 일반적인 반종교적 감정에 국가 방위의 필요성이 덧붙여지면서, 이러한 움직임은 더욱 거세졌다. 귀금속은 아시냐를 지탱하는 데 필요했고, 교회 종의 청동은 대포를 주조하는 데 필요했던 것이다. 이처럼 비기독교화 운동은 경제적인 측면을 지녔다. '금을 추적하는 일'은 종종 이 운동의 여러 원인 가운데 하나인 동시에 여러 결과 가운데 하나이기도 하였다.

알퐁스 올라르(Alphonse Aulard)가 혁명의 모든 조치 가운데 가장 비기독교적인 것이라고 평가한 혁명력(革命曆)의 채택은, 이 특정한 문제에서 국민공회와 혁명 부르주아지의 감성이 민중의 전위가 품은 감성과 일치했음을 드러내준다. 1793년 10월 5일, 국민공회는 공화국이 들어선 첫날인 1792년 9월 22일을 공화국의 기원으로 하는 공화국 연호(年號)를 사용하자는 샤를질베르 롬*의 제안을 채택했다. 1년은 각각 30일짜리 열두 달로 나누며, 매달은 3순(旬)으로 나누고, 나머지 5일 또는 6일은 '상퀼로티드(sans-culottides)'라고 부른 연휴였다. 그 결과

롬(Charles-Gilbert Romme, 1750~1796) 혁명 전에 러시아에서 가정교사 일을 하다가 입법의회 및 국민공회에 의원으로 당선됐다. 1793년 봄에는 파견의원으로 노르망디에 갔다가 반란 세력에 의해 투옥되기도 했다. 공공 교육위원회에 들어가 초등학교 설치 문제에 특히 노력했다. 콩도르세의 지육주의(知育主義)에 맞선 그의 논점은 훈육을 중시하고 '인간 형성'을 강조하여 산악파와 가까워지게 되었다. 테르미도르 반동 때는 태도를 불분명하게 한 덕택에 살아남았다. 그러나 1795년 5월 프레리알 봉기에 가담한 후 체포되어 사형 선고를 받았다. 처형 직전에 자살하여, 이른바 '프레리알의 순교자' 가운데 한 사람이 되었다.

일요일의 자리를 순일(旬日)이 차지했고, 순일 축제가 종교 의식과 경쟁을 하였다. 1793년 10월 24일, 이번에는 필리프 파브르 데글랑틴*이 혁명력에 관한 새로운 제안을 했다. 〈비가 오네, 비가 오네, 양치기 소녀여(Il pleut, il pleut, bergère)〉라는 제목의 시를 쓴 시인이었던 그는 이후 각 달에 붙일 시적인 명칭들을 고안해냈다〔방데미에르(vendémiaire, 포도의 달), 브뤼메르(brumaire, 안개의 달), 프리메르(frimaire, 서리의 달), 니보즈(nivôse, 눈雪의 달), 플뤼비오즈(pluviôse, 비의 달), 방토즈(ventôse, 바람의 달), 제르미날(germinal, 씨앗의 달), 플로레알(floréal, 꽃의 달), 프레리알(prairial, 목장의 달), 메시도르(messidor, 수확의 달), 테르미도르(thermidor, 열熱의 달), 프뤽티도르(fructidor, 열매의 달)〕. 일상생활을 비기독교화하려는 이러한 시도는 공민적 축제들의 목록을 제시한 브뤼메르 15일(11월 5일)의 법령으로 완성되었다. 그 제안자인 마리 조제프 드 셰니에*는 다음과 같이 선언했다.

여러분은 편견에서 해방되어 프랑스 국민을 대표할 만한 이들로서,

파브르 데글랑틴(Philippe Fabre d'Eglantine, 1750~1794) 〈비가 오네, 비가 오네, 양치기 소녀여〉라는 시와 몰리에르의 《인간혐오자》 속편인 《몰리에르의 필랭트》라는 희곡으로 유명한 시인, 극작가, 배우로서 바스티유 함락과 더불어 정치에 투신했다. 코르들리에 클럽의 일원으로 당통 및 데물랭과 함께 활동했으며, 당통이 법무대신이 되자 그의 비서가 되었다. 산악파에 소속되어 국방위원회의 일원으로 뽑히기도 했다. 그 후 1793~1794년에 에베르파와 싸웠는데, 동인도회사 청산에 얽힌 오직(汚職) 사건에 관련된 것이 직접적 계기가 되어 로베스피에르파에게 고발당해 체포되었다. 무죄를 주장하였으나 1794년 4월에 혁명 재판소에서 당통, 데물랭, 샤보 등과 함께 사형 선고를 받았다.
셰니에(Marie-Joseph de Chénier, 1764~1811) 극작가로서 형인 시인 앙드레보다 더 진보적이었다. 혁명 후 〈샤를 9세〉를 발표하여 대성공을 거두었으며, 혁명에 대한 〈찬가〉와 〈카우스 그라쿠스〉를 발표하기도 했다. 자코뱅 클럽에서 활동했으며, 국민공회 의원이 되어 교육위원회에서 주도적인 역할을 했다. 산악파와 가까웠고 국왕의 처형에 찬성표를 던졌다. 하지만 형이 반혁명 혐의로 처형되자 동요하기 시작하여 테르미도르 반동에 참가했다. 이후 테르미도르파 내의 우파로 변신했고, 오백인의회 의원이 되었다. 브뤼메르의 쿠데타를 환영했으나, 가난한 학교 선생으로 생을 마감했다.

무력해진 미신의 폐허 위에서 비교(秘敎)적이지도 신비하지도 않은 유일한 보편 종교를 어떻게 구축할지 압니다. 이 종교의 유일한 교의는 평등입니다. 우리의 법이 그 설교자이고, 행정관들이 그 주교입니다. 이 종교는 어머니이자 공동의 수호신인 조국의 제단 앞에서만 대가족을 위한 분향을 할 것입니다.

그러나 이때까지만 해도 가톨릭의 예배는 적어도 법적으로는 아무런 제재를 받지 않았다.

엄밀한 의미의 비기독교화 운동은 몇몇 파견의원들의 주도 아래 맨 먼저 지방에서 나타났다. 1793년 9월 21일, 푸셰는 느베르의 대성당에서 브루투스(Brutus)의 흉상 제막식을 주재했다. 26일, 푸셰는 물랭의 민중 협회에서 "사이비 미신 숭배"를 자연 도덕 및 공화국 숭배로 대체하고 싶다고 선언했다. 마침내 10월 10일, 푸셰는 교회 밖의 모든 종교 예식을 금지하고 장례 행렬과 묘지를 세속화해 묘지 입구에는 "죽음은 영원한 잠이다."라는 비문을 세우도록 명령했다. 로슈포르에서 마리 조제프 르퀴니오(Marie Joseph Lequinio)는 교회를 진리의 신전으로 변모시켰다. 솜 도에서 앙드레 뒤몽(André Dumont)은 관공서의 일요일 휴일제를 금지하고, 순일(旬日) 휴일제로 대체했다. 모뵈주에서 드루에는 "광신과 무지의 장식품"인 예배용 귀중품류를 압수토록 했다. 몇몇 의원들은 성직자들의 결혼을 장려했다.

국민공회는 외부로부터 비기독교화라는 압력을 받았다. 쇼메트는 9월 말경 고향인 니에브르 도를 여행하고 푸셰를 도와 21일의 행사에 참석한 후, 파리 코뮌도 유사한 조치를 채택하라고 권고했다. 10월 14일, 파리 코뮌은 교회 밖에서 종교 의식을 금지했다. 그러나 파리 코뮌은 신중하게 행동했다. 에베르는 10월 말에 가서야 〈페르 뒤셴〉 제301호에서 '성직자놈들'을 비난했다. 자극은 다른 곳으로부터 왔다. 혁명력 2년 브뤼메르 9일(1793년 10월 30일), 코르베유 근처의 리스 코뮌은 수호신으로 블레즈 성인(saint Blaise) 대신 브루투스를 모시겠다고 국민공회에 알려 왔다. 브뤼메르 16일(11월 6일), 같은 군에 있는 멘시 코뮌의 대표단은 가톨릭교 예배를 포기한다고 선언한 후 소교구좌의 폐쇄를 요구하면서 국민공회의 로비에서 반종교적인 가장행렬을 주최했다. 리스와 멘시의 상퀼로트가 준 자극 때문인가? 아니면 입헌파 사제들을 겨냥한 반혁명적인 음모인가? 또는 혁명군의 분견대들의 도움을 받아 코르베유 군에서 곡식을 징발할 책임을 지고 있던, 도나 행정 내각에서 파견된 위원들의 압력 때문일까? 바로 그날인 브뤼메르 16일, 국민공회는 코뮌이 가톨릭 예배를 포기할 권리를 지닌다고 결정했다.

　이후 비기독교화 운동에는 가속도가 붙었다. 브뤼메르 16일 저녁, 자코뱅 클럽에서 레오나르 부르동(Léonard Bourdon) 의원은 성직자들을 비난하는 격렬한 연설을 했다. 이어서 프랑수아 데피외(François Desfieux), 페레라, 프롤리와 같은 과격파의 활동 무대인 민중 협회의 중앙위원회에서는 예배 예산의 폐지를 요구하는 청원서 초안을 심의했다. 16~17일 밤에 이 청원서의 발기인들은 클로츠 의원 및 부르동 의원과 함께 파리 주교인 고벨(Jean-Baptiste Gobel)의 관저로 찾아가 그에게 사직하라고 강요했다. 브뤼메르 17일(11월 7일), 고벨은 보좌 신부들을 대동하고 국민공회 로비에 나타나 정식으로 사직했다. 그 직후에 쇼메트는 "성직자들의 광신과 협잡이 마지막 숨을 거두는" 이 "기념할 만한 장면"을 코뮌에 알리고, 옛 대주교 성당인 노트르담 사원에서 자유의 축제를 거행할 것을 설득했다. 축제는 브뤼메르 20일(1793년 11월 10일)에 열렸다. 합창대석에는 산을 상징하는 기념물이 세워졌고, 한 여배우가 자유의 화신으로 등장했다. 축제에 참석한 국민공회 의원들은 쇼메트의 제안에 따라 즉시 노트르담 대성당을 이성(理性)에 봉헌한다는 결정을 내렸다. 며칠간 비기독교화의 물결이 파리의 구들을 휩쓸었다. 튈르리 구는 이미 17일 저녁부터 튀리오 의원의 요구에 따라 예배를 포기했으며, 그라빌리에 구는 19일에 부르동의 주도 아래 그 뒤를 따랐다. 이어서 혁명위원회들과 민중 협회들도 행동을 개시했다. 프리메르 5일, 수도의 모든 교회들은 이성의 신전으로 축성되었다. 프리메르 3일(1793년 11월 23일), 파리 코뮌은 교회의 폐쇄를 결정하여 이러한 사태를 승인했다.

자유의 순교자 숭배는 비기독교화 운동과 더불어 발전했다. 그러나 비기독교화 운동을 상퀼로트와 무관한 인사들이 추진했다면, 순교자 숭배는 마라에 대한 민중의 헌신에서 비롯했다. 1793년 여름에 겪은 위기 시에 상퀼로트들에게 순교자 숭배는 공화주의 원칙에 대한 확신이자, 민중적 방식의 영성체요, 혁명적 신앙의 고양을 뜻했다. 새로운 숭배 예식은 특정한 방식으로 전통 신앙을 대신했다. 언제나 경배의 대상이었던 전통 신앙은 감시를 받아 교회 안에서만 허용되다가 마침내 금지됐다. 1793년 8월에 파리의 여러 구들과 민중 협회들은 마라를 기리는 장엄한 장례식을 거행하기도 하고, 그와 르펠르티에의 흉상 제막식을 열기도 했다. 이렇게 하여 새로운 숭배의 특징들이 윤곽을 드러내기 시작했다. 9월에 상퀼로트가 결정적인 승리를 거두면서 새로운 숭배는 더욱 널리 퍼졌다. 합창대와 곧이어 나타난 행렬 의식은 공화주의 의례에 진정한 종교 의식의 측면을 더해주었다. 10월에 시민들의 행진이 빈번하게 벌어졌다. 리옹에서 반혁명 세력에 의해 단두대에서 처형된 샬리에가 마라와 르펠르티에에 추가되어 혁명의 세 수호신으로 완성됐다. 비기독교화는 순교자 숭배에 새로운 자극이 되었고, 순교자 숭배는 파리의 모든 구에 뿌리를 내렸다. 교회가 일단 폐쇄되자, 순교자 숭배는 민중의 투사들이 가톨릭교의 폐허 위에서 구축하려고 했던 공화주의 신앙의 한 구성 요소가 되었다. 자유의 순교자 숭배는 이성 숭배의 필수적인 일부가 됐다. 이성(理性)은 오페라 극장의 한 여배우의 모습을 하고 있기는 했지만, 정말이지 너무도 추상적인 신성을 지녔다. 이제 교회가 이성의 신전으로 변모한 가운데, 순교자들의 초상이 가톨릭교의 성인상을 대체했다. 그러나 이미 1793년 가을부터 정부 당국은 순교자 숭배를 위험하게 여겼고, 산악파 부르주아지의 한 분파는 더욱 그것을 위험시했다. 왜냐하면 순교자 숭배는 마라라는 인물을 통해 혁명적 감정을 극단적인 표현 방식으로 고양했기 때문이다. 따라서 그것은 비기독교화 운동을 겨냥한 공안위원회의 주요한 표적이 되었다.

12월 초부터 반격이 나타났다. 혁명력 2년 브뤼메르 21일(1793년 11월 11일), 민중 협회 중앙위원회의 대표단이 국가는 어떠한 형태의 예배에도 급여를 지불하지 말라고 요구했을 때, 국민공회는 뚜렷한 의사 표시를 거부했다. 27일, 공화국의 대외적 상황을 보고하면서 로베스피에르는 비기독교화로 인해 중립국들이 떨어져 나갈지도 모른다며 비기독교화의 위험성을 알렸다. 프리메르 1일(11월 21일), 그는 자코뱅 클럽에서 예배의 자유를 역설했다. 그는 가톨릭교에 결코 우호적이지는 않았지만, 실제로 종교 의식의 폐지를 정치적인 실책으로 간주했던 듯하다. 전통적인 종교에 집착하는 대부분의 인민대중이 종교 의식 폐지에 적대적인 것은 차치하고서라도, 공화국에게는 이미 적들이 충분히 많다는 것이었다. 로베스피에르는 데피외, 페레라, 프롤리 같은 '이 패덕자들'을 '외국의 첩자들'이라고 지칭하며, 교회의 제단을 뒤엎는 자들이 충분히 선동가의 탈을 쓴 반혁명가일 수 있음을 암시했다.

> 미사를 방해하려는 자들 역시 미사를 올리는 자들만큼이나 광신적이다. …… 국민공회는 평화롭게 예배를 집전하는 성직자들에 대한 박해를 허용하고 있지 않지만, 자신들의 직책을 이용해 시민들을 기만하고

공화국을 겨냥해 편견이나 왕정주의를 고취하려고 하는 이들은 준엄하게 응징할 것이다.

10월부터 고향인 아르시에 체류하고 있던 당통이 '외국인의 음모'가 발각된 것에 깜짝 놀라 파리로 되돌아오자, 이 문제와 관련한 정부의 입장이 강화됐다. 프리메르 6일, 당통은 종교적인 가장행렬을 격렬하게 비난하면서 그것을 "중지하라."고 요구했다. 8일, 로베스피에르는 비기독교화 운동이 내포하고 있는 위험성을 다시 한 번 경고했다. 다음 날 쇼메트는 형세가 바뀜을 느끼고 파리 코뮌을 통해 예배의 자유를 확인하게 했다. 그러나 파리 코뮌은 성직자들에게 더는 급여를 주지 않으면서 교회와 국가를 분리했다. 혁명력 2년 프리메르 16일(1793년 12월 6일), 이번에는 국민공회가 법령을 통해 공식적으로 예배 자유의 원칙을 재확인했다. 그러나 18일에 의회는 바레르의 제안에 따라 그 법령의 결과를 제한하면서, 이미 취해진 조치들, 특히 파견의원들이 내린 포고들에 손댈 생각이 전혀 없음을 명백히 했다. 바꿔 말하면, 기왕에 폐쇄된 교회는 현재 상태를 계속 유지하겠다는 것이다. 비기독교화 운동은 계속됐지만 드러나지 않게 숨었고, 지역과 파견의원들의 성향에 따라 처한 상황이 다 달랐다. 1794년 봄에 여전히 열려 있는 교회는 점점 드물어졌다.

공안위원회는 제한적인 승리를 거뒀지만 주도권을 장악했다. 또한 민중 운동에 제동을 걸었고, 비기독교화 운동의 주동자들에게 기선을 제압당하지 않는 데 성공했다. 그 무렵 군사적 상황도 호전되면서, 공안위원회의 입지는 더욱 단단해졌다.

3. 최초의 승리들(1793년 9~12월)

혁명정부에게 전쟁의 승리 이외에는 어떤 다른 존재 이유도, 목표도 없었다. 공안위원회가 신속하게 적군에게 승리를 거두지 못했더라면, 자신들의 권위를 내세우는 것은 물론 공안위원회 자체가 존속하는 것도 성공할 수 없었을 것이다.

전쟁 노력의 수행은 공안위원회가 총괄했다. 위원회는 전쟁 노력에 강력한 자극을 줬고, 상퀼로트 출신의 육군 장관인 부쇼트의 적극적인 보좌를 받았다. 직업 군인 출신의 카르노와 프리외르 드 라 코트도르는 1793년 8월 14일에 공안위원이 되었는데, 카르노는 군사 작전을 지휘하고 프리외르는 군수품 제조를 관장하며 특히 군사 문제에 전념했다. 그러나 전투 계획과 장군의 임명은 위원회 전체가 토의할 사항이었다. 로베스피에르(그의 《일기》가 보여주듯이)와 생쥐스트는 전쟁을 이끄는 데 중요한 역할을 담당했다. 장봉 생탕드레는 오랜 파견의원 기간에 제련, 총포 제조, 화약 제조창, 군함 건조 등을 감독하고 발전시켰다. 식량위원회의 랭데는 군대와 군수품 제조창에 물품을 보급하느라 불철주야 진력했다. 카르노는 확실히 '승리의 조직자'라는 별칭을 받을 만했다. 그러나 그 영예는 공안위원회 전체와 함께 받아야 할 것이다. 로베스피에르, 생쥐스트, 쿠통이 체계적으로 승리를 조직하는 데 아무런 역할도 하지 않았다는 주장은, 공안위원 가운데 살아남은 자들이 공포 정치의 책임을 법의 보호를 박탈당한 산악파 인사들에게 뒤집어씌우고 공화국의 안전을 확보한 영광을 자신들이 독차지하기 위해 꾸며낸 테르미도르파의 신화에 불과하다.

물적 자원의 동원은 1793년 여름부터 체계화됐다. 이미 7월경에 병력 수는 65만 명에 달했던 반면에, 모든 것이 부족했고 탄약고와 병기창은 텅 비어 있었다. 이제까지 외국에서 사들였던 모든 것을 국내에서 생산해야 했다. 공안위원회는 이런 일에 당대 최고의 학자들을 끌어들였고, 사상 최초로 과학 연구가 국방을 위해 체계적으로 봉사했다. 다양한 재능을 지닌 몽주가 앞장섰다. 그는 혁명력 2년 브뤼메르에 《대포 제작술 도해》를 편찬하고, 광산기사인 장 앙리 아상프라츠(Jean Henri Hassenfratz)와 함께 파리에 비상 무기 제작창을 설립하고, 초석의 채취와 화약 제조술의 발전에 중요한 역할을 수행했다. 화학자인 클로드루이 베르톨레(Claude-Louis Berthollet) 역시 화약 제조에 관여했다. 알렉상드르테오필 방데르몽드(Alexandre-Théophile Vandermonde)는 《백병전용(白兵戰用) 무기 제작술》에 관한 소책자를 편찬했고, 아상프라츠는 무기 제작을 관장하는 위원이 되었다. 파리에서는 비상 무기 제작창을 가동하는 데 철공 노동자들이 징발됐고, 공원이나 광장에 철공소가 들어섰다. 혁명력 2년 말에 소총의 하루 생산량은 거의 700정에 달했다. 1793년 12월에 초석의 혁명적 채취를 위해 조직적 활동이 시작됐다. 시민들은 지하실에서 초석토를 수집하고 지자체들은 이 초석토를 용해하고 증발시켜 '폭군 살해용 화약'을 추출할 작업장을 설치하라는 권고를 받았다. 이후 상퀼로트들이 애국적 열정은 초석 채취 작업으로 나타났다. 이런 기대한 노력은 명백히 1794년 봄에 가서야 진정한 결실을 맺게 되지만, 그 사이에 공안위원회는 일단 급한 불을 끄고 침입을 저지할 수 있었다.

군대에서 시행된 공포 정치가 이런 결과에 일조했다. 공안위원회가 14개 군(軍)을 징집하여 그들에게 장비, 무기, 식량 등을 공급하고 전쟁을 승리로 이끌 수 있었던 것은, 국민 총동원, 징발, 최고 가격제, 군수품 제조의 국유화와 함께 군 지휘부에 대한 숙청과 장군들에게 복종을 강제했기 때문이다. 이러한 모든 조치가 실시되어 결실을 볼 수 있었던 것은 오직 혁명정부가 공포 정치에 의해 승인받은 권위를 누렸기 때문이다. 공안위원회는 전면적인 조치를 통해 귀족들을 군대와 공직으로부터 추방하는 것은 언제나 반대했지만, 군 참모부와 지휘부는 쇄신된 후 종래의 제3신분과 가난한 귀족 가운데서 새로운 세대의 군 간부가 충원됐다. 1762년생인 장바티스트 주르당*은 노르군 사령관에, 1761년생인 장샤를 피슈그뤼*는 라인군 사령관에, 1768년생인 루이라자르 오슈*는 모젤군 사령관에 임명됐다. 장군들은 민간권의 엄중한 통제를 받았고, 그것에 복종해야 했다. 1793년의 헌법은 제110조에서 "총사령관직은 존재하지 않는다."고 규정했다. 혁명의 규율은 장군과 병사에게 똑같이 엄격하게 적용됐다. 옹드스코트 전투의 승리자인 우샤르 장군은 1793년 9월 6~8일에 므낭을 점령했다. 그러나 그는 공안위원회의 지침을 어기고 갑자기 퇴각 명령을 내려 궤멸을 자초했다. 그는 파직되어 혁명 재판소로 소환되었으며, 전투 계획을 위태롭게 했다는 이유로 사형 선고를 받아 1793년 11월 15일에 단두대에서 처형됐다. 그러나 장군들이 처했던 조건이 얼마나 열악했는지는 상상도 못할 지경이다. 모젤군의 오슈 장군이 카이저슬라우테른을 맹렬하게 공격했으나 실패했을 때, 공안위원회는 그를 위로하고 격려했다. 파견의원들은 병사들에게 애국심을 고취하는 데 진력했고, 군대는 사기를 회복했다. 공화국 군

주르당(Jean-Baptiste Jourdan, 1762~1833) 국민방위대를 거쳐 입대하여 1793년 7월에 장군이 되었다. 혁명군이 압박을 받고 있을 때 북부군 사령관이 되어 오스트리아군에 대항하여 플뢰뤼에서 승리를 거두었다. 오백인의회 의원으로서 브뤼메르 쿠데타에 반대했다. 1804년에 육군원수가 되었으며 왕정복고로 백작, 상원의원이 되었다.
피슈그뤼(Jean-Charles Pichegru, 1761~1804) 빈농의 아들로서 1783년에 입대했으나 출신 때문에 승진을 못하다가 혁명 이후 1793년 10월에 장군이 되었다. 오슈와 함께 여러 전투에서 전공을 거뒀지만 그를 모함했다. 또 1795년에 제르미날의 민중 봉기를 진압했다. 이후 왕정주의로 기울었고, 1797년에는 군대에서 은퇴하여 오백인의회 의원으로 당선되기도 했다. 프뤽티도르의 쿠데타 후 영국으로 망명했다가 1803년 카두달 음모에 가담하여 투옥됐으며 옥중에서 변사했다.
오슈(Louis-Lazare Hoche, 1768~1797) 군 통솔자로서 천재적 소질을 지녔으며 나폴레옹으로부터 '진정한 군인'이라는 평을 들었다. 말단 병사로 출발하여 하사관을 거친 후 1793년에 장군이 되었고, 다음 해에 결혼했다. 그러나 며칠 후 경쟁자 피슈그뤼에게 반혁명 혐의로 고발되어 연금되었다가 테르미도르 반동 덕분에 석방되었다. 그는 29세의 젊은 나이에 전선에서 사망했는데, 독살설도 있으나 사인(死因)은 폐결핵이다.

대의 구호는 '승리 아니면 죽음'이었다.

1793년 가을이 되자 승리가 확실해졌다.

연방주의 반란은 리옹의 함락으로 끝을 맺었다. 이를 위해 오랜 포위 공격을 해야 했다. 프레시 백작과 왕당파의 독려를 받은 리옹 시의 저항에는 알프스군을 위태롭게 할 만한 정도의 큰 군사적 노력이 필요했다. 1793년 9월 29일, 공화파는 푸르비에르를 장악했다. 그러나 그들이 나중에 해방시로 개칭되는 리옹에 입성한 것은 겨우 10월 9일에 가서였다. 그리고 나서야 공안위원회는 툴롱 공략에 박차를 가할 수 있었다. 여기에서 사령관 자크 프랑수아 뒤고미에(Jacques François Dugommier)는 포병대위 나폴레옹 보나파르트(Napoléon Bonaparte)의 도움을 받았다. 이들은 1793년 12월 15일에 공격을 개시하여 19일에 툴롱을 점령했다. 툴롱은 포르라몽타뉴(Port-la-Montagne, 산악 항구)로 개칭됐다.

방데 반란의 분쇄는 공안위원회가 취한 정력적인 조치들의 결과였다. 명예로운 항복 조건을 받았던 마인츠 수비대는 가톨릭 왕군에 결정적인 타격을 가했다. 모든 공화파 군대는 장 레셸(Jean Léchelle)을 사령관으로, 클레베르를 부사령관으로 하는 서부군으로 통합됐다. 강력한 2개 종대의 공화군은 각기 니오르와 낭트에서 진격을 개시하여 반란군을 격퇴하면서 숄레에서 합류했고, 바로 그곳에서 1793년 10월 17일에 방데 반란군을 분쇄했다. 그러나 라 로슈자클랭과 스토플레는 2~3만 명의 병력을 이끌고 루아르 강을 넘는 데 성공했다. 그들은 항구를 찾아 영국군에 도움을 요청하기 위해 그랑빌까지 나아갔다. 그들은 11월 13일과 14일에 그랑빌의 전면에서 그 도시를 지키고 있던 국민공회 의원인 장바티스트 르카르팡티에(Jean-Baptiste Le Carpentier)에게 막혀 다시 남쪽으로 방향을 돌렸으나, 12월 3일과 4일에 앙제에서 또다시 패퇴하여 마침내는 르망을 향했다. 프랑수아세브랭 마르소(François-Séverin Marceau)와 클레베르는 1793년 12월 13일과 14일에 르망에서 치열한 시가전을 벌여 방데 반란군을 괴멸했다. 방데 반란군의 잔당은 흩어졌거나, 아니면 12월 23일 루아르 강 하구의 사브네에서 처형됐다. 이렇게 '방데 전쟁'은 막을 내렸다. 분명히 라 로슈자클랭과 스토플레가 루아르 강을 다시 건넜고 샤레트가 여전히 마레 지방의 늪지대에 웅거하고 있었지만, 이제 방데는 직접적인 위협이 못 되었다.

침입의 저지 역시 공안위원회가 기울인 전쟁 노력이 반영된 것이었다. 외국군은 프랑스의 전 국경을 돌파하고 있었다. 북해 방면에서 요크 공작이 지휘하는 영국-네덜란드 연합군은 8월 말에 됭케르크를 봉쇄했다. 영국 정부는 어떤 대가를 치르더라도 됭케르크를 점령하고 싶어 했다. 상브르 강 방면에서는 코부르크 공의 오스트리아 제국 군대가 르케누아 요새를 점령한 뒤 9월 말에는 모뵈주 공략에 들어갔다. 자르 강 방면에서는 브라운슈바이크 공작의 프로이센군이 뚜렷한 동향을 보이지 않았다. 그러나 라인 강 너머에 있던 다고베르트 지크문트 폰 부름저(Dagobert Sigmund von Wurmser)의 오스트리아군은 공세를 취해 10월 13일에 '비상부르(Wissembourg) 선'을 장악하고는 란다우를 봉쇄하고 알자스 지방을 침입했다. 공안위원회는 전 국경에 공격 명령을 하달했다.

됭케르크는 조제프 수앙(Joseph Souham)과 오슈가 용감하게 지켰다. 우샤르 휘하의 군대가 옹드스코트에서 프라이타크(Wilhelm von Freytag)의 본대(本隊)에 승리를 거두면서 됭케르크도 해방되었다. 프라이타크는 됭케르크 포위 작전을 엄호 중이었다. 1793년 9월 6일에서 8일까지 계속된 이 긴 전투는 혼란스럽고 유동적이었다. 왜냐하면 우샤르는 프라이타크가 후퇴하도록 내버려 두었고, 됭케르크를 포위하던 영국군의 퇴각로를 차단할 수 없었기 때문이다. 얼마 안 되어 우샤르는 므낭에서 네덜란드군에게 패배를 자초했다. 그는 파직되어 단두대에서 처형됐다. 그러나 옹드스코트 전투는 오랜만에 공화국의 군대가 거둔 첫 번째 승리였다.

1793년 10월 16일에 카르노의 지원을 받은 주르당 휘하의 노르군이 와티니에서 승리를 거두었고, 그 결과로 모뵈주가 해방되었다. 파견 의원 카르노는 돌격대를 지휘해 장군들을 측면에서 지원했다. 요새 사령관은 전투가 벌어지는 동안 아무런 행동도 취하지 않았다. 그는 파직되어 단두대로 보내졌다. 오스트리아군은 몽스로 퇴각했다. 이곳에서 거둔 승리도 결정적인 것은 아니었다. 그러나 옹드스코트에 뒤이어 와티니에서 거둔 승리는 공안위원회의 정책이 정당함을 입증했고, 군대에 새로운 자신감을 불어넣었다.

란다우의 해방은 훨씬 늦어졌다. 오스트리아 장군인 부름저가 알자스에 침입한 반면에, 자르 강 방면의 브라운슈바이크와 프로이센 군은 움직이지 않고 있었다. 생쥐스트와 르바는 알자스에, 보도(Marc Antoine Baudot)와 라코스트(Jean-Baptiste Lacoste)는 로렌에 파견의원으로 보내졌다. 공안위원회는 동부의 군대를 재편성하여 피슈그뤼가 지휘하는 라인군의 전력을 증강했다. 모젤군 사령관으로 임명된 오슈는 11월 28일부터 30일까지 카이저슬라우테른에 주둔 중이던 브라운슈바이크를 공격했지만 아무 성과 없이 끝났다. 2개 군의 사령관으로 승진한 오슈는 재차 공세를 취해 비상부르 선을 돌파하고 1793년 12월 29일에는 란다우의 포위를 풀고 슈파이어에 입성했다. 프로이센군은 마인츠로 다시 후퇴했고, 오스트리아군은 라인 강을 다시 넘어갔다.

1793년 말까지 침입은 전 국경 지대에서 격퇴됐다. 에스파냐군은 피레네 산맥의 서부에서는 비다소아로, 동부에서는 르테슈 너머로 밀려났다. 사부아 지방은 이미 10월에 켈레르만이 해방시켰다. 물적 자원을 동원한 최초의 결과가 바로 이 시기에 나타나기 시작했다. 국민 총동원령으로 징집된 병사들이 군에 충원됐고, 군수품 제조창이 가동을 시작했다. 11월 초에는 새 병기창들이 생산한 최초의 소총이 국민공회에 선을 보였다. 공안위원회의 국방 정책이 효과적임이 드러났다.

4. 혁명력 2년 프리메르 14일(1793년 12월 4일)의 법령

1793년 12월 초에 민중 운동은 안정되어 가는 듯 보였다. 구와 클럽의 투사들은 비기독교화 운동에 대한 정부의 공세에 당황했으며, 공안위원회가 6월 2일부터 그렇게 억제하고 통제하려고 했던 민중의 추동력은 한풀 꺾였다. 그와 동시에 지방에서는 정부의 행위를 조정해야 할 필요성이 명백해졌다. 공포 정치는 매우 다양하게 나타났다. 가장 흔한 경우는 파견의원들이 해당 지방의 자코뱅파 인사들과 민중 협회에 의존하면서 임무를 상퀼로트들에게 일임하는 것이었다. 그 결과 그들의 성향에 따른 영향력 사이에 복잡한 갈등이 생겼고, 공포 정치의 여러 조치들을 적용하는 데서 일관성이 없었다. 파견의원들과 자코뱅파 인사들은 국민적 통합을 유지하는 데는 성공했지만, 그들의 행동에는 규율과 상호 연계가 부족했다. 많은 경우에 행정적 권위의 이원성은 —한편은 선거직이고 다른 한편은 혁명적 기원을 갖는 이원성— 무질서를 증대하곤 했다. 각 권한의 범위를 정해주고, 그것들을 중앙 권력에 종속시키며, 대중의 혁명적 자발성이 혁명정부가 설정한 목표를 향하도록 결정적으로 전환하는 일이 필요해 보였다.

이러한 과제는 경제적 상황 때문에 더욱 긴급하게 수행되어야 했다. 각 군(郡)에 전면적 최고 가격제가 실시되자 여러 종류의 불평등이 야기되는 한편, 1793년 9월 29일의 법령에서 언급되지 않았던 운임이나 도소매 상인들의 이윤폭을 일정한 수준으로 규정할 필요가 생겨났다. 남부처럼 어떤 지역은 물자가 부족한 반면에 다른 지역은 물자가 남아

돌았고, 그 결과 무질서와 소요 사태가 빚어졌다. 공안위원회는 경제의 운용을 개편하고 최고 가격제를 표준화하며 대외 무역을 국영화하고 모든 지방에 물자를 공정하게 분배하기 위해 행정의 중앙 집권화를 강화하는 것이 필요하다고 판단했다. 이렇듯 공안위원회는 정치적인 긴박함과 경제적인 필요 때문에 마침내 국민의 삶 전체에 대해 절대적인 권위를 확립하기에 이르렀다.

혁명력 2년 프리메르 14일(1793년 12월 4일)의 혁명정부 조직법은 이러한 목적에 부응하기 위한 것이었다. 전시(戰時)의 공화국을 위한 임시 헌법이 정해졌고, 중앙 집권화가 복원됐다.

국민공회는 통치의 유일한 추진체이다."(제1조) (그러나) 모든 정부 기관과 공무원들은 1793년 10월 10일의 법령에 의거하여 공안위원회의 직접적인 감독을 받는다. 그리고 인신 및 전반적인 국내 치안에 관계되는 모든 사항에 대한 그러한 특별한 감독권은 1793년 9월 17일의 법령에 의거하여 치안위원회에 속한다.(제2조)

파리 코뮌의 감찰관은 정부의 이 두 위원회의 통제를 받고, 혁명국가의 단순한 대표자에 불과한 '국민의 대리인'이 되었다. 선출직이 아니라 임명직인 '국민의 대리인'이 이끄는 군(郡)이 가장 중요한 행정 구역이 되었고, 도는 부차적인 구실을 맡는 데 그치게 되었다. 위원 파견권은 정부만이 지니고, 위원을 통해 연락을 꾀하고 중앙 집회를 개최하는 것은 민중 협회들뿐만 아니라 기타 정부 기관에서도 금지되었다. 중앙의 혁명군은 유지되었으나, 지방의 혁명군은 해체되고 혁명세는 금지됐다.

이러한 사건들은 결국 중앙 집권의 복원, 행정적 안정의 재확립, 정부 권위의 강화로 귀결되었다. 이는 공안위원회가 그렇게도 집요하게 추구했던 승리의 필요조건이었다. 그러나 민중 운동에게는 활동의 자유가 끝났다는 것을 뜻했다.

그 무렵 이러한 독재적인 중앙 집권화를 위태롭게 하는 상황이 생겼다. 혁명이 승리를 거둔 것이다. 툴롱은 12월 19일에 수복되고, 방데 반란군은 23일에 사브네에서 분쇄되었으며, 란다우는 29일에 포위에서 풀려났다. 그렇다면 공포 정치는 느슨해지고 독재는 완화되어야 하는 것이 아닌가? 평화로운 삶을 열망하는 모든 이들, 경제적 자유로 복귀하기를 바라는 모든 이들은 공안위원회가 독재의 고삐를 늦추고 권한 행사의 강도를 누그러뜨리기를 희구했다. 그러나 계속되는 전쟁과 봄부터 재개된 전투는 여전히 전과 동일한 긴박함을 요구했다. 공안위원회가 만약 날로 지지세가 커지는 관용파의 공세에 굴복한다면(그리고 위원회는 비기독교화 운동에 가한 타격으로 그렇게 하고 있는 듯이 보였다.), 과연 승리의 필수적인 조건인 상퀼로트들의 신뢰를 계속 받을 수 있겠는가? 혁명정부는 안정된 기반 위에 서자마자 곧 이중의 반대에 휩싸였다.

4장

승리와 혁명정부의 몰락

1793년 12월~1794년 7월

공안위원회는 국가 방위의 필요성을 최우선적으로 고려했기에, 민중의 요구나 온건파의 주장에 양보할 생각은 추호도 없었다. 왜냐하면 민중의 요구는 혁명의 통합성을 위태롭게 하는 것이고, 온건파의 주장은 전쟁 수행에 필요한 통제 경제와 모두를 복종시킬 수 있는 공포 정치를 희생하는 것이었기 때문이다. 그러나 이렇게 상반되는 요구 사이에서 어떻게 균형을 찾을 수 있을까? 혁명정부는 '온건주의'와 '과격론' 사이에서 중도적인 입장을 유지하려고 노력했다. 그러나 1793년의 겨울이 끝나 갈 무렵, 갑자기 식량 위기가 더 악화됐다. 방토즈에 진보적인 반대파와 민중의 불만이 합쳐지자, 혁명정부는 부동주의(不動主義)를 포기할 수밖에 없었다. 혁명정부는 과격파를 숙청했다. 코르들리에 클럽의 지도자들을 제거한다는 것은 곧 민중 운동의 특정한 요구를 단죄한다는 뜻이었다. 이리하여 혁명정부는 자신들의 투쟁 대상이라고 주장했던 온건파에게 좌우되는 처지에 빠졌다. 한동안 혁명정부는 온갖 수단을 다 활용하여 온건파의 압력을 견디어냈다. 그러나 혁명정부는 끝내 민중의 지지를 회복할 수 없었고, 결국 탄생할 때부터 지니고 있던 모순의 희생물이 되었다.

분파 투쟁과 공안위원회의 승리(1793년 12월~1794년 4월)

1793년 가을, 공안위원회는 격앙파를 숙청하고 비기독교화 운동에 제동을 걸었고 민중 조직들, 특히 구민협회를 은밀하게 공격하며 이제까지 자신들이 지휘하기보다는 질질 이끌려 왔던 민중 운동으로부터 거리를 두겠다는 의사를 분명히 나타냈다. 그러나 이렇게 해서 공안위원회는 국민공회의 재량권에 몸을 내맡긴 셈이 되었고, 의회 내의 반대파와 여론의 반대 세력에게 공세를 취할 호기를 제공했다.

당통은 비기독교화 운동의 주동자에 맞선 로베스피에르를 지지했는데, 여기에는 개인적이고 정치적인 저의가 없지 않았다. 당통은 로베스피에르를 지지함으로써, '외국인의 음모'로 체포된 동료들이나 파브르 데글랑틴처럼 동인도회사의 주식 청산 사건에 연루되어 혐의를 받을 위험에 처한 동료들을 구하려고 했다. 그러나 당통은 더 멀리 내다보고 있었다. 그는 공안위원회의 결속을 약화하여 혁명정부의 토대 자체를 무너뜨리려고 했다. 공안위원 가운데 비요바렌과 콜로 데르부아는 상퀼로트에 호의적인 인물로 평판이 나 있었다. 당통의 정책은 모든 점에서 에베르나 코르들리에 클럽에 속한 에베르의 동료들이 주장하는 민중적인 강령, 즉 과격한 공포 정치, 최고 가격제의 강화, 철저한 주전론(主戰論)과 상반되는 것이었다. 비기독교화 운동에 대한 정부의 공격은 반발을 불렀고 당통파의 공세를 조장했다. 분파 간의 투쟁이 터져 나왔다. 분파 투쟁은 혁명정부뿐만 아니라 민중 운동, 더 나아가 궁극적으로는 혁명 자체에 가장 중대한 영향을 끼쳤다.

1. '외국인의 음모'와 동인도회사 사건(1793년 10~12월)

사건의 중심 인물뿐만 아니라 사건의 결과도 서로 밀접하게 연결돼 있던 위의 두 사건은, 산악파의 결속을 파괴하고 국민공회의 분열을 심화했다.

'외국인의 음모'는 1793년 10월 12일경에 파브르 데글랑틴이 폭로했다. 당통의 친구로서 과격파와 결별한 그는 특히 프롤리, 데피외, 페레라, 뒤뷔송을 지목하면서, 이들이 사태를 극단으로 이끌어 공화국을 위태롭게 만들 요량으로 외국인들이 책동하는 음모에 가담했다고 고발했다. 당시 혁명의 여러 중심지에는 많은 외국 망명자들이 머물고 있었다. 혁명은 초기부터 전제주의의 희생자들을 환영한다고 선언했으며, 프랑스는 많은 외국인들의 은신처가 됐다. 클로츠나 페인과 같은 이들은 국민공회에 의석을 차지하기까지 했으며, 페레라와 같은 다른 이들은 코르들리에 클럽이나 민중클럽, 그리고 민중적인 여러 조직에서 이름을 날렸다. 곧 이러한 외국 망명자들은 상당한 정치적 역할을 하게 되었으며, 하는 일이 매우 의심스러운 외국인 사업가들과 어울렸기 때문에 공안위원회는 더욱 그들에게 신경을 곤두세웠다. 샤보의 보호를 받은 영국 외무성의 은행가 월터 보이드(Walter Boyd), 프로이센령 뇌샤텔 출신의 은행가 페레고(Perregaux), 자코뱅파의 선동가인 데피외 및 많은 산악파 의원들의 친구로서 오스트리아령 브라반트 출신의 은행가 프롤리, 1793년 10월 6일에 프란체스코수도회의 전 수사였던 샤보의 처남들인 오스트리아 출신의 사업가 프라이(Frey) 형제, 신분이 강등된 대귀족 출신의 에스파냐인 사업가 구스만(Guzman)이 바로 그들이었다. 일부 산악파 의원들과 깊은 관계를 맺고 있던 이들은 영토의 합병, 비기독교화 운동 등 모든 과격한 조치들을 채택하도록 압박했다.(입헌파 파리 주교인 고벨에게 사퇴를 강요하는 데 클로츠와 페레라가 일익을 담당했다.) 이들은 군수품 보급을 통해 이득을 보았으며, 아시냐의 가치가 하락하는 것을 이용하여 투기에도 손을 댔다.

이런 와중에 동인도회사 사건이 터져 나왔고, 산악파를 결정적으로 분열시켰다. 1793년 8월 24일, 모든 주식회사를 폐지하는 법령이 통과됐다. 들로네 당제(Delaunay d'Angers), 쥘리앵 드 툴루즈(Julien de Toulouse), 샤보, 바지르, 파브르 데글랑틴처럼 기업의 이익을 대변하는 의원들의 공격이 있은 뒤에 위의 법령이 채택됐고, 이들이 주식회사를 비난하자 주가가 급락했다. 정부는 동인도회사의 금고와 서류에 봉인 조치를 취했다. 1793년 10월 8일, 들로네는 약삭빠르게도 동인도회사의 청산 법안을 제출했다. 파브르 데글랑틴은 청산의 주체를 동인도회사가 아니라 국가로 규정하는 수정안을 제안하여 통과시켰다. 그러나 최종 법조문이 《법례집(Bulletin des Lois)》에 실렸을 때는 그 법령의 수정안이 아니라 원안이 들어 있었다. 즉, 청산을 동인도회사가 관장한다는 것이었다. 파브르 데글랑틴이 서명한 법령의 원본은 그의 공모로 위조되었다. 그 대가로 파브르 및 들로네와 친구들은 동인도회사로부터 50만 리브르에 달하는 뇌물을 받았다. 사건은 혁명력 2년 브뤼메르 24일(1793년 11월 14일)에 샤보가 치안위원회에 고발하여 드러났다. 주식 투기의 혐의를 받고 비기독교화 운동에 가담하여 위협을 느낀 샤보가 프라이 형제와의 관계 및 그들의 여동생과 결혼한 것에 대해 자코뱅 클럽에서 격렬한 비난까지 받게 되자, 공모 사실을 폭로하여 자신을 보호하고자 했던 것이다. 바지르가 샤보의 고발 내용이 사실임을 확인했다.

사업가 출신 의원들과 외국인 망명자들의 술책이 바츠(Jean-Pierre de Batz) 남작의 왕당파 음모와 연루되었던 만큼, 공안위원회는 '외국인의 음모'가 사실이라고 믿었다. 샤보의 고발은 파브르의 음모가 사실임을 입증하는 듯이 보였다. 공안위원회는 횡령 사건 자체보다도 정치적 문제와 그것이 국가적 차원에서 갖는 의의에 더 큰 관심을 보였다. 그와 동시에 공안위원회는 고발당한 인사들로부터 의회에서 공격을 받았다.

브뤼메르 20일(11월 10일), 바지르와 샤보는 공포 정치 체제에 항의하면서, 공안위원회와 치안위원회의 독재가 의회를 짓누르고 있다고 비난했다. 바로 그날, 국민공회는 어떤 의원이든지 사전(事前)에 의회의 동의 없이는 혁명 재판소에 회부될 수 없다고 결정했다. 사업가 출신 의원들과 당시 막 형성되는 중이던 관용파 사이에 결탁이 있음이 토론 과정에서 드러났다. 샤보는 주식 투기의 혐의를 받았고 튀리오는 온건주의의 혐의를 받았는데, 두 사람 모두 비기독교화 운동의 주동자들이었다. 국민공회의 결정은 이틀 후에 철회됐다. 그러나 파브르 데글랑틴이 폭로한 이유가 단지 자신을 보호하기 위해서였다는 사실에서 이미 경각심을 품고 있던 양 위원회는, 이때부터 애국파를 분열시키기 위한 모든 음모에 피트의 돈과 외국인들이 개입하고 있다고 여기게 되었다. 샤보의 고발에 따라 양 위원회는 11월 17일에 고발인과 피고발인인 샤보, 바지르, 들로네, 쥘리앵 드 툴루즈 등을 체포하라고 명령했다. 혁명력 2년 브뤼메르 27일(1793년 11월 17일), 로베스피에르는 〈공화국의 정치적 상황에 관하여〉라는 제목의 보고서에서 "사이비 애국자들의 한심한 온건주의와 치밀하게 계획된 과격론 모두를" 비난했다. 그들은 "외국 궁정에 매수된 밀정"으로서 "혁명이라는 마차를 억지로 위험한 길로 끌어들여 파괴하려고 하는 자들"이었다. 프리메르 1일(11월 21일), 로베스피에르는 자코뱅 클럽에서 "폭군들의 비열한 밀정"인 '외국인의 첩자들'이 비기독교화 운동에 책임져야 한다고 또다시 비난했다. 그는 프롤리, 데피외, 뒤뷔송, 페레라 등을 클럽에서 제명 처분했다.

'외국인의 음모'와 파렴치한 동인도회사 사건은, 연루된 인물들의 지위와 권세, 폭로된 부패의 실상, 백일하에 드러난 사업가 출신 의원들과 적대 열강 첩자들의 공모로 말미암아 격렬한 민심의 분노와 상당한 정치적 파장을 야기했다. 생쥐스트는 브뤼메르 15일에 로베스피에르에게 다음과 같이 썼다. "신망은 부패한 자들과 나누어 가졌을 때는 아무런 가치가 없는 것입니다." 이때부터 언제 어디서나 의심의 눈초리가 당파 간의 논쟁을 격화시키고 증오심을 심화시켰다. '외국인의 음모'와 동인 도회사 사건은 산악파를 영원히 분열시켜 분파 투쟁을 부채질했다.

2. 관용파의 공세(1793년 12월~1794년 1월)

당통은 1793년 10월에 파리를 떠나 있었다. 그는 그해 여름에 재혼하여 고향 아르시쉬르오브에서 휴식을 즐겼다. 당통은 쿠르투아(Edme-Bonaventure Courtois)의 귀띔을 받고 동료 바지르와 파브르가 이미 연루되어 있는 동인도회사 사건 때문에 피해를 입을지도 모른다고 느껴, 브뤼메르 30일(1793년 11월 20일)에 급하게 파리로 돌아왔다. 구심점을 찾던 온건한 반대 세력은 곧 당통을 중심으로 모여들었다. 공안위원회, 특히 로베스피에르가 비기독교화 운동에 제동을 걸려는 의도를 품었기 때문에, 이러한 움직임이 초기에는 쉽게 진행됐다. 즉, 혁명정부는 관용파의 공격이 극단파를 넘어서 정부의 혁명 조직을 파괴하고 공포정치를 종식하려는 목표가 있음을 유의하지 않은 채 '과격파'에 대항하는 데서 당통의 지지를 구했다.

당통이 이끄는 관용파의 공세는 진보적인 혁명가들이 전위를 맡은 모든 직책을 겨냥했다. 혁명력 2년 프리메르 2일(1793년 11월 22일), 당통은 반종교적인 "박해"를 비난하면서 "인간의 피를 절약할 것"을 요구했다. 프리메르 6일, 그는 반종교적인 가장행렬에 항의해 "그것의 종식"을 요구했고, "외국인의 음모라고 사람들이 부르는 사건에 대하여" 양 위원회에게 보고서를 제출하라고 요청했다. 프리메르 11일(12월 1일), 당통은 더 나아갔다. 상퀼로트가 요구했고 코르들리에 클럽이 청원서를 통해 바로 그날 주문했던 조치인 정금(正金)과 아시냐의 강제 교환을 캉봉이 제안했을 때, 당통은 그 제안에 반대하며 '창'이 맡았던 역할이 끝났다는 자신의 생각을 명확하게 표명했다.

전복하는 것이 창의 힘이라면, 사회 조직을 구축하고 공고하게 할 수 있는 것은 바로 이성과 정신에 속하는 것임을 명심해야 합니다.

프리메르 13일(12월 3일)에 자코뱅 클럽에서 반격에 부딪친 당통은 "혁명의 신경줄을 끊을" 의사는 추호도 없다고 물러섰다. 당통은 자신을 지킬 수밖에 없었고, 산악파의 결속을 유지하려는 로베스피에르가 그를 지지했다. "폭군의 대의명분이 하나이듯이 애국파의 대의명분도 하나입니다. 애국파는 모두 굳게 결속되어 있습니다."

〈늙은 코르들리에(Vieux Cordelier)〉의 선전 활동은 당통파의 공세를 강화했고, 정부의 정책에 위협이 됐다. 언론인으로서는 탁월했지만 정치가로서는 보잘것없던 카미유 데물랭은 혁명력 2년 프리메르 15일(1793년 12월 5일)에 이 새로운 신문을 창간했다. "오 피트여! 나는 그대의 천재성에 경의를 표하노라!" 데물랭에 따르면, 모든 진보적인 혁명가들은 피트의 첩자였다. 프리메르 20일(12월 10일) 자 〈늙은 코르들리에〉 제2호에서 카미유는 클로츠에게 비기독교화 운동에 대한 책임이 있다고 격렬한 비난을 퍼부었다. 그러나 데물랭은 아나카르시스 클로츠를 파리 코뮌의 검찰관인 쇼메트와 연관시켰다. "아나카르시스와 아낙사고라스는 자신들이 이성의 바퀴를 민다고 믿고 있지만, 그것은 반혁명의 승리를 돕는 일이다." 프리메르 25일(12월 5일), 〈늙은 코르들리에〉 제3호가 나왔다. 이번 호는 모든 공포 정치 체제와 혁명정부 자체를 규탄했다. 타키투스(Publius Cornelius Tacitus)를 인용한 카미유 데물랭은 최고의 카이사르들의 죄상을 열거하며 탄압적인 공포 정치의 관행을 비난했다.

공안위원회는 …… 공화국을 확립하려면, 전제 군주의 법적 관행에 호소하는 것이 필요하다고 믿고 있다.

〈늙은 코르들리에〉 제3호는 커다란 성공을 거두었다. 그것은 반혁명에 대한 희망을 일깨웠으며, 공포 정치로 불안해하던 모든 사람들을 관용파로 끌어들였다. 관용파는 더욱 대담해졌으며, 이제까지 로베스피에르가 보여준 우호적이고 중립적인 태도에서 더 한층 힘을 얻었다. 혁명력 2년 프리메르 27일(1793년 12월 17일), 공안위원회를 완벽하게 속여 온 파브르 데글랑틴은 진보적인 혁명가들의 지도자 가운데서 가장 두드러진 두 사람, 즉 육군부의 사무총장인 뱅상(그러나 뱅상을 통하여 장관인 부쇼트를 겨냥했다)과 혁명군 장군인 롱생을 국민공회에 고발했다. 두 사람에게 체포 영장이 발부되었다. 공포 정치는 과연 공포 정치의 장본인들을 배반할 것인가? 정부의 양 위원회는 그러한 책동이 자신들의 권위를 잠식하게 되리라는 점을 깊이 생각하지 않았다. 프리메르 30일(12월 20일), 리옹 시의 대표단("공포의 지배의 뒤를 이어 애정의 지배가 나타났으면")과 대규모 여성대표단의 요구에 따라 국민공회는 감금된 자들을 조사하여 잘못 투옥된 수인들을 석방해주는 관인위원회를 구성하기로 결정했다.

그렇지만 프리메르 말이 되면서 흐름이 바뀌었다. 프리메르 29일(12월 19일), 들로네가 봉인한 것 가운데서 동인도회사 청산에 관한 법령이 위조되었다는 사실이 밝혀지자, 당통파는 불리한 입장에 놓이게 되었다. 그 원본에는 파브르의 수정안과는 정반대되는 내용의 법조문 밑에 그의 서명이 들어 있었다. 게다가 진보적인 애국파가 반격하기 시작했다. 위급함을 느낀 콜로 데르부아가 '해방시'로부터 급하게 파리로 귀환했다. 니보즈 1일(12월 21일), 콜로 데르부아가 바스티유에서 튈르리 궁까지 자신을 호위한 대규모 민중의 무리와 샬리에의 유해를 모신 리옹 시의 상퀼로트 대표단에 둘러싸인 채 국민공회에 나타났다. 콜로 데르부아는 리옹에서 행해진 탄압에 대해 공화국이 직면한 위험 때문에 어쩔 수 없었다고 정당화했으며, 의회는 그것을 승인했다. 그날 저녁, 콜로 데르부아는 자코뱅 클럽에 나타나 그들의 무기력함을 비난하고 롱생의 정력적인 활동을 찬양하며 탄압의 희생자들에 대한 위선적인 감상주의를 공박하며 장광설을 늘어놓았다.

애국파가 여전히 가슴 찢어지는 고통을 받고 있는데, 자유의 적들의 시신을 위하여 흘릴 여분의 눈물이 있는 자들은 누구입니까?

공안위원회는 관용파의 공세에 대한 우호적이고 중립적인 태도를 포기했다. 니보즈 3일(12월 23일), 로베스피에르는 자코뱅 클럽에서 행한 연설에서 당파를 초월하는 입장을 취했다.

지방의 분파 투쟁은 정부의 안정에 실질적인 위협이 됐다. 혁명정부가 비기독교화 운동에 제동을 건 이후 뚜렷하게 나타난, 혁명정부와 민중 운동 사이의 결렬로 말미암아 많은 지역에서 정치 노선상의 변화가 일어났다. 많은 파견의원들이 상퀼로트와 손을 끊고 '극단파'를 탄압하고 혐의자들을 석방했다. 스당, 릴, '격앙파'인 타부로가 투옥당한 오를레앙, 프리메르부터는 블루아, 푸셰가 샬리에의 옛 동료들에게 타격을 가한 리옹, 탈리앵이 횡령 사실을 감추기 위해 '극단파'를 비난한 보르도, 조제프 앙투안 부아세(Joseph Antoine Boisset)가 님의 애국파 시장인 장앙투안 쿠르비(Jean-Antoine Courbis)를 해임한 가르 도 등지에서도 그런 변화가 나타났다. 도처에서 온건파와 과격파 사이에 충돌이 벌어졌으며, 파견의원들은 중재하기보다는 어느 한편을 지지했다. 위험을 느낀 공안위원회는 중재자의 위상을 회복하기 위해 사태에 개입했다.

니보즈 4일(12월 24일)에 배포된 〈늙은 코르들리에〉 제4호에 대하여 로베스피에르는 그다음 날 〈혁명정부의 원리에 관하여〉라는 제목의 보고서를 작성하여 응수했다. 카미유 데물랭은 자신의 신문 제4호에서 자유의 이름 아래("천부天賦의 자유란 파리 오페라 극장의 요정도, 붉은 혁명모도, 불결한 작업복도, 누더기 옷도 아니다. 자유란 행복이고 이성理性이고 평등이고 정의다.") "여러분이 혐의자라 부르는 이러한 20만 명의 시민을" 석방하라고 요구하면서, "만약 여러분이 '관용위원회'를 구성한다면 자유는 공고해질 것이며 유럽이 무릎을 꿇을 것이다."라고 선언했다. 니보즈 5일(12월 25일), 로베스피에르는 전쟁 상태라는 점을 들어 공포 정치를 정당화했다. 그는 국민공회 앞에서 혁명정부 이론을 개진했다. 그 이론에 따르면, 입헌정부의 목표가 공화국을 '보존하는' 데 있다면 혁명정부의 목표는 그 공화국을 '건설하는' 데 있다.

혁명이 자유의 적에 대한 자유의 투쟁이라면, 헌법은 승리를 이룩한 평화로운 자유의 체제입니다.

혁명정부는 전쟁 상태에 있기 때문에 "평상시와는 다른 행동을" 필요로 한다.

혁명정부는 선량한 시민을 국가적으로 보호할 책임을 집니다. 그러나 인민의 적에게는 오직 죽음만을 가져다줄 뿐입니다.

로베스피에르는 중재자의 입장을 취하면서 극단적인 두 분파를 비난했다.

혁명정부는 두 개의 암초, 즉 허약함과 무모함, 온건주의와 과격론 사이를 헤쳐 나가야 합니다. 중용과 온건주의의 관계는, 곧 정숙함과 무력함의 관계와 같습니다. 그리고 활력과 과격파의 관계는 건강함과 수종(水腫)의 관계와 같은 것입니다.

관용파의 공세가 실패했음은 니보즈 6일(12월 26일)에 뚜렷하게 나타나기 시작했다. 바로 그날 비요바렌은 프리메르 30일에 설치된 '관인위원회'를 철폐했다. 이후에도 얼마간 공안위원회는 부질없이 서로 다투고 있던 두 당파 사이에서 균형을 유지하려고 노력했다. 혁명력 2년 니보즈 16일(1794년 1월 5일), 카미유 데물랭은 〈늙은 코르들리에〉 제5호를 발행했다. 그는 에베르가 발행하는 신문 〈페르 뒤셴〉의 경영 자금이 부쇼트가 장관으로 있는 육군부로부터 흘러나왔다고 비난하며 에베르를 철저하게 고발했다. 그러나 니보즈 18일(1월 7일), 〈늙은 코르들리에〉는 자코뱅 클럽에서 비난에 부딪쳤다. 로베스피에르가 데물랭을 견책하고 그의 신문을 태워버리기로 결정한 것이다. 데물랭은 "태워버리는 것은 올바른 대처 방법이 아니다."라고 반박했다. 니보즈 19일(1월 8일), 로베스피에르는 두 분파가 혁명정부를 위태롭게 하면서도 "숲 속의 비적처럼" 서로 배 맞아 지낸다고 다시 비난했다. 한편 파브르 데글랑틴은 동인도회사 청산에 관한 법령의 초안을 직접 고쳤다는 사실이 발각되어 결정적으로 위태로워졌다. 같은 날 로베스피에르는 자코뱅 클럽에서 그를 비난했고, 결국 파브르 데글랑틴은 니보즈 23~24일(1월 12~13일) 밤에 체포되었다. 당통이 다음 날 동료를 구하기 위하여 끼어들었을 때, 비요바렌은 "파브르 데글랑틴에게 여전히 속아서 그의 편을 드는 자에게 재앙이 닥치기를!" 하고 외쳐댔다. 이는 곧 관용파의 공세가 실패했음을 뜻했다. 더욱이 그들은 명성이 실추된 데다가, 이제 적대 세력의 반격을 받아 위기에 몰리게 되었다.

3. 과격파의 반격(1794년 2월)

과격파는 관용파의 공격에서 벗어나자 곧 영향력을 회복했다. 과격파는 처음에는 비기독교화 운동에 대한 정부의 비난에 당황했고, 이어서 일부 극단파 외국인과 공모한 혐의로 타격을 받았으며, 마지막으로 파브르 데글랑틴이 꾸민 음모의 희생자였다. 과격파는 뱅상과 롱생의 석방을 끈질기게 요구하는 코르들리에 클럽을 이끌었다. 뱅상이 '공인된 애국파 인사들'로 충원한 육군부 사무국은 과격파의 보루 가운데 하나였다. 과격파는 에베르를 통해서는 파리 코뮌에, 앙투안프랑수아 모모로*를 통해서는 파리 도청에 영향력을 행사했다. 과격파는 투옥된 애국파 인사들의 석방과 공포 정치의 가속화, 통제 경제의 강화에 노력을 집중했다.

코르들리에 클럽은 뱅상과 롱생의 석방을 위한 선전 활동을 격렬하게 벌였다. 그러한 활동은 민중 협회와 파리의 각 구에서 선동하기 위한 명분 중 하나였다. 혁명력 2년 플뤼비오즈 12일(1794년 1월 31일), 코르들리에 클럽은 압제가 행해지고 있다고 선언하고 인권선언을 기리는 게시판을 휘장으로 가려버렸다. 이러한 은근한 위협, 그 활동에 비난할 만한 것이 없다는 점, 정부의 양 위원회가 온건파의 영향력을 견제하기 위해 급진적인 애국파에게 어느 정도 양보해야 할 필요성 등으로 말미암아 뱅상과 롱생이 플뤼비오즈 14일(2월 2일)에 석방되었다.

이들의 석방은 공포 정치의 가속화를 요구하는 선전 활동을 자극했

모모로(Antoine-François Momoro, 1756~1794) 혁명 전 뛰어난 인쇄업자로서 《인쇄술 요론》 등의 책을 저술했다. 혁명이 시작되면서 정치 활동에 투신해 코르들리에 클럽에서 활약했고, 〈코르들리에 클럽 신문〉의 편집을 책임졌다. 로베스피에르파가 에베르파를 공격할 때 체포되어 1794년 3월 24일 처형되었다.

다. 이러한 첫 번째 성공에 힘입은 코르들리에 클럽은 복수심을 품고 출옥한 뱅상에게 자극받아 더욱 격렬하게 '신(新)온건파'를 비난했다. 그들은 "애국파 압제자들"을 처벌하고 "소택파의 불순한 잔재 세력을 절멸할 것"을, 말하자면 국민공회를 정화할 것을 요구하였다(플뤼비오즈 18일). 공포 정치를 위한 선전 활동은 특히 6월 2일의 조치에 항의한 75명의 의원들을 노렸다. 이들은 수감됐지만 로베스피에르 덕분에 혁명 재판소로 이송되는 것은 모면할 수 있었다. 또한 1792년 봄에 온건파의 청원서, 이른바 '8천 인의 청원' 및 '2만 인의 청원'에 서명했던 이들도 다시 비난받았다. 플뤼비오즈 24일(1794년 2월 12일), 에베르는 코르들리에 클럽에서 외쳤다. "그러한 패거리들은 모두 영원히 타도되어야 한다." 방토즈 2일(2월 20일), 코르들리에 클럽은 마라가 발행하던 신문을 계속 펴내기로 결정했다. 그 신문에서 그들은 "인민을 기만하는 반역자들, 인민을 타락시키고 유혹하는 분파적인 야심가들"의 정체를 폭로할 작정이었다.

경제에 대한 통제 강화를 요구하는 선전 활동은 민중계급에게 더욱 열렬한 환영을 받았다. 겨울 내내 경제 상황이 계속 악화됐기 때문이다. 최고 가격제가 통과되었지만, 그렇다고 해서 모든 어려움이 해소된 것은 아니었다. 이제 빵의 공급은 부족하지 않았지만, 질이 형편없었다. 최고 가격제를 위반해도 아무 탈이 없는 식료품류는 공급이 달렸고 값이 비쌌다. 플뤼비오즈 초가 되면서 육류의 공급이 크게 부족해지자, 민중의 불만은 절정에 달했다. 민중의 요구 운동은 정치 문제에 대해서는 수그러들었지만, 식량 문제에 대해서는 여전히 활발했다. 경제 생활을 통제하는 기관들이 조직되었는데도 민중의 집단 심성의 특징인 상인들에 대한 반감은 사그라질 줄 몰랐다. 특히 두 부류의 사회 계층이 이 위기로부터 고통을 받았다. 하나는 군수품과는 관련이 없어서 거의 일거리가 없던 직종의 장인층이었고, 다른 하나는 날품팔이 노동자들이었다. 이 두 부류는 폭력과 탄압을 강화함으로써 풍요를 되찾을 수 있다고 여겼다. 에베르는 자신의 신문을 통해 한동안 가라앉았던 공포 정치 경향을 되살리는 데 이바지했다. 그는 〈페르 뒤센〉 제345호를 통해 "퐁네프 다리 밑에서 불법적으로 포도주를 거래하는 장사치나 상퀼로트를 개처럼 취급하여 그들에게 단지 변변찮은 뼈다귀만을 주는 푸주한에게 다른 모든 상퀼로트의 적들처럼 따끔한 맛을 보여주자는(즉, 단두대에 보내자는) 동의안"을 제출했다.

새로운 민중 봉기가 필요하다는 생각이 뚜렷하게 나타났다. 식량 위기로 말미암아 상퀼로트들이 다시 움직일 위험성이 커졌다.

한동안 관용파의 공세에 휩쓸렸던 공안위원회는 이제 온건주의와 과격론 사이에서 중도적 입장을 되찾았다. 그러나 과연 이렇게 상반된 두 가지 경향 사이의 어느 지점에서 균형점을 발견할 것인가? 로베스피에르는 공포 정치가 아니라면 오직 덕성(德性)에서 그 균형점을 발견할 수 있다고 생각했다. 그는 '국민공회가 마땅히 따라야 할 정치도덕의 원칙에 관하여'라는 제목을 단 혁명력 2년 플뤼비오즈 17일(1794년 2월 5일)의 연설에서 다음과 같이 그 이유를 설명했다.

> 평화 시에 인민정부의 원동력이 덕성이라면, 혁명 시에 인민정부의 원동력은 덕성인 동시에 공포입니다. 덕성이 결여된 공포는 흉악하지만, 공포가 결여된 덕성은 무력합니다. 공포는 신속하고 준엄하고 확고부동한 정의(正義) 이외의 다른 것이 아닙니다. 따라서 공포는 덕성으로부터 도출된 것입니다. 그것은 특수한 원리라기보다는 조국의 더 긴박한 요구에 적용된 민주주의의 일반 원리가 귀결된 것입니다.

덕성이란 말하자면 개인적인 무사무욕(無私無慾)이자 대다수의 이익에 헌신하는 것이며, 가능하다면 희생 정신까지 뜻하는 것이었다. 로베스피에르는 제도적 장치와 법적·사법적 보장을 통해 이러한 공민적 덕성을 뒷받침하고자 했다. 공안위원회는 공포 정치를 혁명적 합법성의 범위 내로 제한하면서도, 통치의 수단으로 계속 보존하려고 했다.

겨울이 끝나 가면서 갑자기 식량 위기가 악화되었다. 파리의 상황 역시 험악해졌다. 혁명정부를 위태롭게 할지도 모를 민중 폭동이 거의 폭발할 듯이 보였다.

4. 방토즈의 위기와 분파들의 몰락(1794년 3~4월)

혁명력 2년 겨울에 위기의 성격이 점차 명확해졌다. 혁명정부가 확립되면서 막연해 보이던 사회적·정치적 변화의 특징이 구체적인 윤곽을 드러내자, 민중 운동과 혁명정부의 관계에 관한 문제가 날카롭게 제기되었다. 이것이 바로 방토즈의 위기가 갖는 의미이다.

우선 사회적 위기를 살펴보자. 공정 가격제와 규제 조치, 그리고 경제에 대한 권위주의적 통제로도 파리 시민들이 충분한 물자를 공급받을 수 없다는 점이 드러났다. 상퀼로트들은 생계의 위협을 느꼈다. 물자 부족에 물가고가 겹쳤다. 임금의 상승이 종종 최고 가격제를 느슨하게 적용하도록 하기는 했지만, 물가의 오름을 따라잡지는 못했다. 얼마 전에 빵 가게 앞에서 그랬던 것처럼, 이번에는 푸줏간 문 앞에 긴 행렬이 나타났다. 사람들은 새벽 3시부터 몰려들어 서로 밀치면서 싸우곤 했다. 농산물의 공급이 크게 부족한 파리 중앙 시장에서도 난투극이 벌어졌다. 타격을 크게 받은 임금 노동자들이 목소리를 높였다. 건축 노동자들은 임금의 인상을 요구했고, 방토즈 내내 무기 제조창에서는 소요가 끊이지 않았다. 식량 위기가 공포 정치의 정신을 자극했다. 방토즈 8일(2월 26일), 드루아드롬 구의 민중 협회에서 한 여인이

다음과 같이 외쳤다. "여러분은 모든 특권파 인사들을 그냥 내버려 둘 작정입니까? 민중을 굶주리게 하는 모든 악당들은 이미 단두대로 보냈어야 하지 않습니까?"

다음으로 정치적 위기를 살펴보자. 자코뱅적인 권력 개념을 지녔던 혁명정부는 국가 방위의 필요성 때문에 점차 민중 조직의 수동적인 복종을 확보하려 했으며 민주주의의 민중적 실천을 부르주아 수준으로 축소하려고 했다. 따라서 상퀼로트의 혁명적 행위는 타격을 받았다. 파리의 구들과 민중 협회의 활동은, '자코뱅 기사단'의 무장, 초석의 수집, 군인 가족의 부양처럼 일반 정치와는 거리가 먼 전쟁 수행에 집중되었다. 하부 조직은 이제 정부의 지시를 받는 구의 혁명위원회가 점차 장악해 갔다. 비록 말썽과 충돌이 없지는 않았지만 말이다. 온건파는 이러한 기회를 이용하여 선전 활동을 재개해서 혼란을 더욱 부채질했다. 투사들은 이렇게 돌아가는 상황이 뜻하는 바를 잘 알았다. 방토즈 4일(2월 22일), 롬아르메 구의 민중 협회에서 한 발언자는 다음과 같이 선언했다. "만약 여러분이 단 한순간이라도 혁명 운동을 포기한다면, 애국파는 안녕입니다! 그들의 몰락이 임박한 것입니다."

혁명력 2년 방토즈의 위기로 '1789년의 애국파'와 '1793년의 애국파'의 대립이 구체화되었다. 이 대립 자체는 상퀼로트와 자코뱅파 혹은 산악파 사이의 적대 관계, 즉 정치 활동과 사회 조직에 관한 민중적 개념과 부르주아나 자코뱅의 개념 사이에 존재하는 어쩔 수 없는 적대 관계를 반영하는 것이었다. 위기의 이 마지막 단계에서 '신온건파'와 '공인된 애국파' 사이의 적대 관계는 개인적인 원한 때문에 더욱 격화됐다. 뱅상과 롱생의 지지파는 조금도 긴장을 풀지 않았다. 리옹에서 돌아온 콜로 데르부아가 분열된 애국파를 다시 결속하려고 방토즈 8일(2월 26일)에 코르들리에파와 자코뱅파의 화해를 모색했지만 허사였다. 방토즈 9일, 코르들리에파는 "국민공회에 의석을 가질 자격이 없는 반역자들", 특히 그 가운데서 카미유 데물랭을 체포하라고 또다시 요구했다. 진보적인 반대 세력과 민중의 불만이 결합한다는 것은 혁명정부에게 심각한 위협이었다. 혁명정부는 과감한 사회적 조치를 취하여 이를 사전에 예방하려고 했다.

혁명력 2년 방토즈의 법령들(이른바 '방토즈 법')은 이러한 상황을 고려해서 나온 것이다. 이미 플뤼비오즈 13일(2월 1일)에 국민공회는 1천만 리브르의 구호금안(案)을 통과시켰고, 방토즈 3일(2월 21일)에 바레르는 새로운 전면적 최고 가격제를 제안했다. 그러나 방토즈의 법령들은 더 급진적이었다. 방토즈 8일(1794년 2월 26일), 생쥐스트는 투옥된 인사들에 관해 보고한 데 이어 혐의자들의 재산을 몰수한다는 내용의 법안을 통과시키게 했다. 방토즈 13일(3월 3일)에 통과된 두 번째 법령은 공안위원회에게 "혁명의 적이 소유했던 재산으로 모든 가난한 사람들에게 보상해주는 방법"에 관하여 보고서를 제출할 임무를 부여했다. 생쥐스트는 다음과 같이 선언했다.

우리는 사물의 힘 때문에 불가피하게 아마도 우리가 전혀 생각지도 못한 결말에 이르게 될 것입니다. 혁명의 적은 대부분 부유하고, 민중은 가난하기 때문에 그 적들에게 예속되어 일하고 있습니다. 여러분은, 시민적 관계가 정부의 형태와 상반되는 속성을 지닌다면 과연 어떤 국가가 존재할 수 있다고 생각합니까?

생쥐스트는 계속해서 말했다.

가난한 사람들은 대지(大地)의 힘입니다. 그들은 자신들을 돌보지 않는 정부에게 주인의 자격으로 말할 권리를 갖습니다.

생쥐스트는 두 번째 보고를 끝내면서 구체제의 군주들에게 도전장을 내밀었다. "행복이란 유럽에서 새로운 사상입니다."

그렇지만 방토즈의 법령들이 갖는 의의를 과장해서는 안 된다. 마티에는 생쥐스트가 "그가 만족시키려고 했던 바로 그 민중으로부터 이해를 받지도 못하고, 자신의 추종자들을 갖지도 못한 것"에 놀란다. 그러나 생쥐스트와 혁명정부는 의심할 여지 없이 민중의 이해를 받았다. 혁명의 적은 공화국에서 어떠한 권리도 없으며, 적들의 재산은 생명의 위협을 무릅쓰고 공화국을 수호하는 애국자들을 위해 사용되어야 한다는 생각은 이미 오래전부터 상퀼로트들 사이에 퍼져 있었고 1793년 봄에 처음으로 공식화됐다. 따라서 방토즈의 법령들에는 그 어떤 예외적인 속성도 없었다. 마티에가 생쥐스트의 결론을 "에베르주의의 막연한 열망으로부터 하나의 사회적 강령을 이끌어내려는 놀라운 시도"라고 서술했지만, 우리는 이를 더는 받아들일 수 없다.

이 점에 대해 상퀼로트와 진보적인 애국파는 오래전부터 더 급진적인 강령을 제시해 왔다. 다른 한편, 비록 혐의자의 재산을 몰수하여 가난한 애국자들에게 보상해주는 것이 민중의 요구에 부합하고 바로 그런 점에서 환영받을 일이기는 했지만, 이 조치는 효과가 나타나려면 오랜 시간이 걸리는 만큼 시간을 다투는 긴박한 요구에는 적절하지 못한 것이었다. 즉, 그것은 식량 위기에는 아무런 해결책이 될 수 없었다. 생쥐스트와 로베스피에르파의 성실성은 결코 의심할 여지가 없지만, 방토즈의 법령들이 급진적인 선전 활동을 방해하기 위한 전술적인 책략임에는 틀림없었다. 그러나 이러한 술책은 별 효과가 없었다. 혁명정부가 상퀼로트에게 식량을 확보해주기 위한 경제적 계획이나 온건파의 위협으로부터 벗어나기 위한 어떠한 정치적 조치도 시도하지 않자, 방토즈 중순경 위기는 절정에 달했다.

민중계급 사이에서 상인과 부자들에게 공포 정치를 실시하자는 결의가 나타나고 선동적인 벽보가 나붙으며 폭동이 일어날지도 모른다는 소문이 떠돌았다는 점에서 방토즈의 위기가 절정에 달했다는 사실은 분명하게 드러난다. 그러나 폭동 소문은 비록 정부의 양 위원회의 경각심을 일깨우기는 했지만, 코르들리에파 인사들에게는 자신감을 불어넣어 반대파의 공세로부터 벗어나기 위해서 자신들이 결정적이라고 믿는 행동을 취하도록 자극했다. 코르들리에파는 정부에 압력을 가해 결정적으로 승리를 확보할 수 있다고 믿었다. 에베르는 〈페르 뒤셴〉에서 '감언이설가'의 새로운 분파, 말하자면 로베스피에르파를 비난했다. 그는 〈페르 뒤셴〉 제350호에서 "성스러운 단두대를 현자의 돌에" 비유했다. 그는 여러 분파 사이에서 균형을 유지하려는 정부의 정책을 비난하면서 다음과 같이 썼다.

사람들은 양쪽을 모두 만족시키고 빈(反)자유의 음모를 꾸민 악당들을 살리려고 하지만 부질없는 짓이다. 감언이설가들의 반대에도 불구하고 정의는 실현될 것이다.

에베르는 사회적 강령을 다음과 같이 명확히 정식화하는 것으로 글을 마쳤다.

모든 시민들에게 일자리를 마련해주자. 노인과 불구자에게 구호금을 제공하자. 그리고 여러분의 과업을 완성하는 뜻에서 즉시 공공 교육을 조직하자.

그러나 코르들리에 클럽의 지도자들은 이제까지 모든 혁명적인 민중 봉기로부터 얻은 교훈을 외면한 채, 자신들이 생각한 운동을 조직하는 일에도, 온건주의의 위협보다는 오히려 식량 부족에 훨씬 예민한 반응을 보이는 인민대중과 유대 관계를 유지하는 데도 별 관심을 보이지 않았다.

과격파에 대한 숙청은 민중 투사들을 당황시키고 그들을 점차 혁명정부로부터 멀어지게 한 하나의 전격 드라마였다. 방토즈 12일에 혁명군 장군인 롱생은 코르들리에 클럽에서 새로운 봉기가 필요하다고 선언했다. 방토즈 14일(1794년 3월 4일), 인권선언이 기록된 게시판이 휘장으로 가려졌다. 그날 육군부 사무총장인 뱅상은 "온건주의라는 파괴적인 체제를 확립하기 위해 공모하는" 자들을 비난했고, 카리에는 애국파에 대한 탄압으로부터 폭동을, '성스러운 폭동'을 일으키자는 결론을 끄집어냈다. 에베르는 다음과 같이 응답했다. "맞습니다, 폭동입니다. 그리고 코르들리에파 인사들은 압제자들에게 죽음의 타격을 가하는 데 앞장서야 할 것입니다."

코르들리에파가 군중 시위만을 계획했던 것은 사실인 듯하나, 온건파를 겨냥함으로써 (궁극적으로는) 혁명정부와 그들의 정책을 노렸다. 콜로 데르부아가 방토즈 17일(3월 7일)에 자코뱅파와 코르들리에파를 화해시키려고 했지만 허사였다. 이러한 시도에 대하여 롱생은 격렬한 연설로 응수했다. 그는 로베스피에르가 "새로운 반도(叛徒)들에게 가장 열렬한 애국파를 탄압할 구실을 제공해준," '급진혁명파'라는 말을 지어낸 장본인이라고 비난하면서, "즉시 온건파, 사기꾼, 야심가, 반역자 등을 절멸시킬 것"을 요구했다.

코르들리에파와 자코뱅파의 대립이나 민중 운동과 혁명정부의 대립을 넘어서서, 혁명적 대의를 위한 '운동'과 이에 대한 '저항'이라는 두 개의 정책이 정면으로 부딪쳤다. '공인된 애국파'는 운동 정책을 택했다. 그들이 보기에는 운동이 혁명의 안전을 확보하고 혁명을 상퀼로트의 운명에 결정적으로 결속시킬 수 있는 유일한 방책이었다. 에베르는 자신의 신문 최종호에서 "일 보 후퇴는 공화국의 파멸을 의미한다."고 썼다. 상퀼로트가 확립하려고 애쓴 이러한 민중적인 공화국에 관해서라면 에베르의 말은 옳다. 그러나 부르주아적이고 보수적인 공화국을 이상으로 하는 온건파에게 일 보 전진은 곧 그만큼의 파멸을 뜻했다.

방토즈 중순경부터 코르들리에파의 공세가 두드러지면서 정부 행위의 토대인 사회적 균형 상태를 위협하자, 공안위원회는 이제 더는 방관할 수 없게 되었다. 방토즈 23~24일(3월 13~14일) 밤에 코르들리에파의 주요 지도자들이 체포되어 혁명 재판소로 이송되었다. 에베르, 롱생, 뱅상, 모모로 등의 코르들리에파, 혁명기사단의 기병 중대장인 마쥐엘(Mazuel), 식량 행정을 담당하던 청렴한 데콩브(Descombes) 등의 진보적 애국파, 코르들리에 클럽 회원인 앙카르(Ancard)와 마라 구의 매점 행위 조사위원으로서 다소간 미미한 존재인 뒤크로케(Ducroquet) 등의 민중 투사들, 클로츠, 은행가 코크, 프롤리, 데피외, 페레라, 뒤뷔송 같은 외국인 첩자들에 대한 재판은 합동으로 진행되었다. 이들은 모두 혁명력 2년 제르미날 4일(1794년 3월 24일)에 단두대에서 처형되었다.

관용파의 숙청도 뒤따랐다. 당통파는 한동안 자신들의 시대가 도래했다고 믿어, 방토즈 말부터 압력을 강화했다. 공안위원회의 정책을 격렬하게 비난했던 〈늙은 코르들리에〉 제7호는 곧 압류되었다. 그러나 오랜 망설임 끝에 과격파를 타도한 공안위원회는 관용파가 자신들의 권한을 침해하도록 내버려 둘 생각이 전혀 없었다. 이미 방토즈 28일(3월 18일)에 국민공회는 동인도회사 사건에 연루된 의원들인 파브르 데글랑틴, 바지르, 샤보, 들로네 등을 탄핵하기로 결정했다. 에베르와 그의 동료들의 숙청에 불안해하던 비요바렌과 콜로 데르부아는 치안위원회의 지지를 받아 망설이는 로베스피에르를 설득하는 데 성공했다. 제르미날 9~10일(3월 29~30일) 밤에 당통, 카미유 데물랭, 들라크루아, 피에르 필리포(Pierre Philippeaux) 등이 체포되었다. 로베스피에르의 다음과 같은 비장한 연설이 끝난 뒤 국민공회는 그것을 인준했다(제르미날 11일).

그리고 나 역시 한때 페티옹의 친구였습니다. 그의 정체가 폭로되자, 나는 그와 결별했습니다. 나는 한때 롤랑과 교류가 있었습니다만, 그는 반역을 했고 나는 그를 고발했습니다. 이제 당통이 그들 자리에 있습니다. 내가 보기에 그는 조국의 적에 불과합니다.

당통파 지도자들에 대한 재판은 부정부패 의원들, 외국인의 첩자들(구스만과 프라이 형제), 투기업자인 에스파냐크(Espagnac) 신부, 당통의 친구인 베스테르만 장군, 에로 드 세셀 등과 동시에 진행되었다. 당통은 대담하게도 자신을 고발한 자들을 비난했다. 그러자 국가 재판을 모독하는 모든 피고인에게 변론의 기회를 박탈하는 법령이 통과됐다. 그들 모두는 혁명력 2년 제르미날 16일(1794년 4월 5일)에 단두대에서 처형되었다.

수감자들을 탈출시키려는 '감옥의 음모' 계획이 있었다는 것을 구실 삼아 반대파의 잔존 세력을 처치하기 위한 세 번째 재판이 행해졌다. 파리 코뮌의 '국민의 대리인'인 쇼메트, 데물랭과 에베르의 부인들, 딜론 장군 등의 잡다한 무리들이 혁명력 2년 제르미날 24일(1794년 4월 13일)에 처형되었다.

제르미날의 참극이 빚은 결과는 결정적이었다. 코르들리에파의 대담무쌍한 시도는 혁명정부에게 정부가 구성될 때부터 두드러지게 나타났던 변화를 촉진하는 계기를 마련해주었다. 비록 긴급한 위험에 직면한 혁명정부가 상퀼로트와 동맹을 맺는 데 동의하고 그 관계를 유지하기 위하여 몇 가지 양보를 하기는 했지만, 그렇다고 상퀼로트적인 민주주의의 사회적 목표나 정치적 방법을 받아들인 것은 결코 아니었다. 또한 정부의 양 위원회에게는 민중 조직을 통제하고 그 조직을 부르주아 혁명의 자코뱅적인 틀 속으로 통합하는 것이, 대불동맹이나 반혁명에 대한 투쟁과 양 위원회가 지닌 정치적 개념에 비추어 정당한 일이었다. 따라서 코르들리에파의 반대가 이러한 평형 상태를 위협하자, 혁명정부는 탄압 조치로 응수했다. 그러나 상퀼로트들은 자신들의 열망을 대변해주고 지지를 받았던 〈페르 뒤셴〉과 코르들리에파가 제거되는 것을 목도하고는 혁명정부를 불신하게 되었다. 혁명정부가 당통도 제거했지만 헛일이었다. 이러한 중대 재판 사건에 뒤이은 탄압 조치는, 비록 제한적이었지만 투사들에게 공포심을 심어주어 구의 정치 활동을 마비시켰다. 이제 혁명정부 당국과 구의 상퀼로트 사이에 직접적이고 우애 있는 접촉은 단절되었다. 곧이어 생쥐스트는 "혁명은 얼어붙었다."고 썼다. 제르미날의 참극은 테르미도르 반동의 서막이었다.

공안위원회의 자코뱅 독재

분파들을 숙청한 후 로베스피에르가 몰락하기까지, 즉 제르미날의 참극에서 테르미도르 반동에 이르는 기간 동안 혁명정부의 독재에 대해서 더는 이의 제기가 없었다. 혁명정부는 상황의 흐름에 따라 약간의 변모를 겪기는 했지만 상당한 정도의 안정을 누렸다. 중앙 집권이 강화되었고, 공포 정치는 새로운 추동력을 받았다. 숙청당한 정부 기구들은 굴복했고, 국민공회에서 표결은 토론 없이 진행됐다. 그러나 혁명정부의 사회적 토대는 위험할 정도로 축소되었다. 1793년 여름의 위기 당시, 파리 각 구의 투사들은 자신들의 사회적·정치적 열망에 걸맞는 비상 기구를 받아들이게 했다. 이를테면 7월에는 매점 행위 조사위원제를, 9월에는 혁명군제를 강요하였다. 상퀼로트의 힘을 빌려 승리를 확보한 정부의 양 위원회는, 제도를 체계화하고 혁명 세력을 통합하는 광범위한 작업을 벌였다. 하지만 정부의 양 위원회는 방토즈의 위기와 제르미날의 재판 사건을 통해 민중 운동의 자율성에 종지부를 찍고, 민중 운동이 정부에 강요하거나 스스로 만들어낸 제도들을 청산하였다. 그리하여 혁명군은 혁명력 2년 제르미날 7일(1794년 3월 27일)에 해산됐고, 매점 행위 조사위원제는 제르미날 12일(4월 1일)에 폐지됐다. 파리 코뮌은 숙청됐고, 구의 민중 협회는 해체되었다. 민중 운동이 자코뱅 독재의 틀 속으로 통합된 것이다. 그러나 양 위원회는 '강제력'을 획득한 대신, 민중 운동의 신뢰와 자발적인 지지를 상실했다. 제르미날부터 테르미도르에 이르기까지 혁명정부와 민중 운동의 관계는 점차 악화되어 갔다.

1. 혁명정부

혁명정부의 조직과 성격은 1793년 여름부터 끊임없이 진화해 왔는데, 1794년 4월이 이르러 그 대체적인 윤곽이 확정되었다. 그 헌장에 해당하는 것이 혁명력 2년 방데미에르 19일(1793년 10월 10일)의 법령과 특히 프리메르 14일(12월 4일)의 법령이다. 혁명정부의 이론은 여러 번에 걸쳐 제시되었다. 특히 생쥐스트가 1793년 10월 10일에 행한 보고, 그리고 로베스피에르가 행한 〈혁명정부의 원칙에 관하여〉라는 보고(혁명력 2년 니보즈 5일, 1793년 12월 25일)와 〈국민공회가 따라야 할 정치도덕의 원칙에 관하여〉라는 보고(혁명력 2년 플뤼비오즈 17일, 1794년 2월 5일)를 통하여 제시되었다.

혁명정부는 일종의 전시(戰時) 정부였다. 로베스피에르에 의하면, "혁명이란 국내외의 적에 대한 자유의 투쟁이다." 혁명정부의 목표는 공화국의 기초를 공고히 하는 데 있었다. 적이 패배한다면 "승리를 획득한 평화로운 자유 체제"인 입헌정부가 복귀할 것인데, 오직 적이 패배한 후에만 그렇게 된다는 것이다. 혁명정부는 전쟁 상태에 돌입해 있는 만큼 "비상조치를 필요로 하며", "벼락처럼 행동해야" 하고, 모든 저항을 분쇄해야 한다는 것이다. 어느 누구도 "동일한 체제 내에 평화와 전쟁, 건강과 질병을 공존하게 할" 수는 없는 법이다. 따라서 혁명정부는 '강제력'을 장악해야 한다. 말하자면 공포 정치를 실시해야 한다. 로베스피에르는 "힘이라고 하는 것이 단지 범죄를 보호하는 데만 사용되어야 하는가?"라는 질문을 던지며 이에 답한다. 혁명정부는 "인민의 적에게는 단지 죽음만을 가져다줄 뿐이다." 그러나 공포 정치는 오직 공화국의 안전을 위해서 실시되어야 한다. "민주적 또는 민중적 정부의 기본 원리"인 '덕성(德性)'이야말로 혁명정부가 전제주의로 흐르는 것을 막는 방파제다. 덕성이란 "말하자면 조국과 법에 대한 사랑이며, 모든 사적 이익을 대다수의 이익에 종속시키는 숭고한 자기희생이다." 로베스피에르는 다음과 같이 결론을 내렸다.

프랑스혁명 체제에서 부도덕은 곧 비정치요, 부패 분자는 곧 반혁명 분자이다.

그리고 로베스피에르는 혁명의 목적을 다음과 같이 밝혔다.

우리가 원하는 것은 자연의 염원을 충족하고, 인류의 운명을 성취하며, 철학의 약속을 이행하고, 범죄와 폭정의 오랜 지배로부터 섭리를 해방하는 일이다. 한때 노예 상태의 나라들 중에서 빛을 발했던 프랑스가 이제까지 존재했던 모든 자유로운 인민의 영광을 압도함으로써, 모든 국민들의 모범이 되고 압제자들에게 공포의 대상이 되기를, 압제에 신음하는 이들에게는 위안이 되고 전 우주의 보석이 되기를, 그리고 우리의 업적을 우리의 피로써 봉인하여 최소한 보편적인 지복(至福)의 서광이 빛나는 것을 볼 수 있게 되기를 바란다(혁명력 2년 플뤼비오즈 17일).

국민공회는 여전히 "통치의 유일한 추진체"였다. 국민 주권은 국민공회에 있었으며, 국민공회는 최상의 권위를 지녔다. 정부의 양 위원회는 국민공회의 통제를 받았고, 국민공회가 제정한 법령을 시행했다. 그러나 제르미날 이후에는 행정권이 통치 체제의 핵심이 되었으며, 의회는 사실상 그것에 종속됐다.

국민공회 산하에는 여러 분야의 행정과 정책을 이끌거나 통제하는 위원회가 혁명력 2년에 21개에 달했지만, 실제로 정치 권력을 효과적으로 행사했던 것은 단지 공안위원회와 치안위원회뿐이었고, 그리하여 정부의 양 위원회라고 불렸다.

공안위원회 위원은 이제 11명으로 줄어들어 다달이 재선되었다. 로베스피에르, 생쥐스트와 쿠통, 비요바렌과 콜로 데르부아, 바레르, 카르노, 프리외르 드 라 코트도르, 프리외르 드 라 마른, 장봉 생탕드레, 랭데가 그들이었다. "집행의 중심"이 된 공안위원회는 모든 행정 기관과 공무원들을 "직접 감독"했다. 공안위원회는 지형측량국(Bureau topographique)을 통해 외교 및 전쟁 문제를 다루었고, 무기화약위원회(Commission des armes et des poudres)를 통해 군비 전반을 운영했으며, 식량위원회를 통해 국가 경제 전반을 관장했다. 공안위원회는 혁명력 2년 플로레알 말에 창설된 경찰국(Bureau de police)을 통해 체포명령권을 지니게 되면서 치안위원회의 권한을 잠식했다. 예컨대 식량 문제에 관해서는 랭데, 군비 문제에 관해 프리외르 드 라 코트도르가 그랬던 것처럼 일부 위원은 전문 분야를 맡았지만, 전반적인 정책의 지휘 및 전쟁 수행에 관한 문제는 사실상 위원회 전체가 연대 책임을 졌다.

6명의 장관으로 구성되는 임시 행정 내각 역시 공안위원회에 종속됐는데, 1794년 4월 1일(혁명력 2년 제르미날 12일)에 국민공회에서 카르노의 보고에 따라 12개의 '집행위원회(Commissions exécutives)'가 만들어져 임시 행정 내각을 대체했다. 공안위원회의 추천을 받아 의회가 임명한 집행위원회들은 공안위원회가 직접 거느렸다. 공안위원회는 "정부를 실질적으로 대표하고 주요한 조치들을 국민공회에 제안하며" 지배적인 역할을 떠맡았다.

치안위원회는 공안위원회에 비해 훨씬 늦게 위원들이 정해져 역시 다달이 재선되었다. 아마르, 무아즈 벨(Moyse Bayle), 화가 자크루이 다비드*, 르바, 루이 뒤 바랭(Louis du Bas-Rhin), 마르크 기욤 알렉시 바디에(Marc Guillaume Alexis Vadier), 불랑(Jean-Henri Voulland)이 그들이었다. 치안위원회는 1793년 9월 17일의 법에 의거하여 "인신(人身)과 국내의 전반적인 치안에 관계되는 모든 사건에 대해 특별감찰권을" 지녔다. 치안위원회는 혐의자 법을 시행하는 책임을 맡아 치안 유지와 혁명 재판을 지휘하며 공포 정치의 집행인 역할을 담당했다.

혁명력 2년 프리메르 14일의 법령으로 지방의 행정 조직이 간소화되어, 중앙 집권이 강화되었다. 도 행정은 연방주의의 혐의를 받아 권한의 대부분을 상실하고, 오직 조세, 공공 사업, 국유지 문제에만 관여하였다. 군(郡)과 코뮌이 중요한 행정 구역이 되었다. 군은 "혁명적 입법

다비드(Jacques-Louis David, 1748~1825) 1789년 이전에 이미 루이 16세의 궁정 화가로서 명성이 높았으나 혁명이 일어나자 이에 기꺼이 가담했다. 1791년부터 많은 파리 축제들을 기획했으며, 국민공회 의원으로 당선되면서 기존의 화단을 혁파하고 일약 '혁명 화가'로 등극했다. 테르미도르 반동 후에 로베스피에르파로 간주되어 투옥됐으나, 풀려난 후에는 나폴레옹 1세의 궁정 화가가 됐다.

과 치안 및 공안을 위한 조치들이 제대로 집행되는지를 감시하는" 책임을 맡았고, 코뮌은 그러한 조치를 실행하는 책임을 맡았다. 10일마다 자치체는 군에, 군은 정부의 양 위원회에 활동 보고서를 제출해야 했다.

각 군의 행정 기관과 자치체에는 중앙 정부를 대신하여 이전의 검찰 관직이 폐지되고 '국민의 대리인'이 들어섰다. 이들은 "법률의 실시를 명령하고 독려하며, 법을 집행하는 데 태만하거나 혹 범법 행위가 저질러질 경우 이를 고발하는" 책임을 부여받았다. 각 군의 '국민의 대리인'은 10일마다 정부의 양 위원회에 보고서를 제출해야 했다.

1793년 3월 21일에 감시위원회라는 이름으로 설치된 후 9월 17일의 법령에 의해 재조직된 혁명위원회는 혐의자 법을 실행하는 기관이 되었다. 12명으로 구성된 혁명위원회는 코뮌마다 하나 꼴로 설치되었고, 큰 도시의 경우에는 구마다 하나 꼴로 설치되었다. 그렇지만 사실상 이 위원회가 없는 촌락도 많았다. 혁명위원회는 기본적으로 경찰권을 부여받아, 혐의자의 명단을 작성하고 가택 수사권과 체포권을 행사했다. 혁명위원회는 10일마다 치안위원회에 활동 보고서를 제출해야 했다.

클럽과 민중 협회들은 혁명적 감시를 통해 정부의 행위를 강화했다.

자코뱅 클럽은 모든 도에 지부망을 확대했다. 자코뱅파 인사들은 중류 부르주아지나 종종 국유 재산 취득자 가운데서 충원되었기에, 진보적인 혁명 이념에 소극적이었다. 그들은 온갖 종류의 위협에 맞서서 1789년에 정치적·사회적으로 획득한 것을 지키고자 했고, 상퀼로트 민중과 결합한 것도 바로 그런 목적에서였다. 자코뱅파는 경제적 자유주의를 신봉했지만 전시(戰時)에 필요한 조치로서, 또한 민중의 요구에 대한 양보로서 경제적 규제와 공정 가격제를 받아들였다. 자코뱅 클럽의 인적 구성은 혁명의 진행과 계속된 숙청의 결과로 어느 정도 민주화되었다. 자코뱅파 가운데 중류 계급 출신의 비율은 1789~1792년에 62퍼센트였던 것이 1793~1794년에는 57퍼센트로 떨어졌으며, 같은 기간에 장인층과 투사의 비율은 28퍼센트에서 32퍼센트로, 농민의 비율은 10퍼센트에서 11퍼센트로 증가했다.

더 민중적인 인사들로 충원된 다양한 종류의 우애협회에는 상퀼로트가 집결했다. 자코뱅 클럽과 마찬가지로 생토노레 가(街)의 자코뱅 수도원에 자리 잡은 '남녀애국자우애협회'를 초등학교 교사인 당사르가 1790년 2월 2일에 설립한 이후, 파리에서 우애협회가 잇따라 결성되었다. 서민들도 참여하는 동(洞, quartier) 우애협회는 1792년 8월 10일 사건 이후 파리에서 크게 늘어났다. 1793년 9월 9일에 국민공회가 구민총회의 상설화를 금지하자, 민중 투사들은 기존의 민중 협회를 구민협회로 전환하거나 새로운 구민협회를 설립했다. 그러한 새로운 형태의 '구민협회'가 파리 민중 운동의 기본 조직이 되었다. 구민협회를 통해 투사들은 구의 정치 활동을 주도하고 행정을 통제하며 시 정부 당국, 심지어는 행정 당국에까지 압력을 가했다. 혁명력 2년 가을부터 봄까지 온갖 협회들의 조밀하고 효과적인 조직망이 공화국을 뒤덮었다. 그 수가 전국적으로 얼마나 되는지는 평가하기 어렵다. 그러나 프랑스 동남부에서 특히 반혁명의 위협이 일시적으로 나타났을 때 그러한 협회의 수가 크게 늘었다. 당시 보클뤼즈 도의 154개 코뮌에 139개의 민중 협회가 있었고, 가르 도의 382개 코뮌에 132개, 드롬 도의 355개 코뮌에 258개, 바스잘프 도의 260개 코뮌에 117개의 민중 협회가 있었다. 이 애국적 조직들은 국내의 적을 물리치는 데 탁월한 역할을 했다.

그런 가운데 정부 정책을 강경하게 지지하는 자코뱅 클럽 및 그 지부들과, 혁명의 전반적 흐름 속에서 민중 운동의 자율성을 대변하는 구민협회 사이에 곧 어느 정도 대립이 생겨났다. 제르미날 이후 정부의 양 위원회는 자코뱅 클럽의 전폭적인 지지를 받으며 혁명 세력을 통합하기 위해 광범위한 노력을 기울였다. 파리의 자코뱅 '모협회(母協會)'가 '여론의 유일한 중심'이어야 했기 때문이다. 정부의 압박 때문에 파리의 구민협회들은 강제 해산에 직면했고, 그리하여 혁명력 2년 플로레알과 프레리알에는 39개의 구민협회가 사라졌다. 이처럼 정부의 양 위원회는 민중 운동의 기반을 무너뜨렸다. 그러나 이제까지 자율성을 유지하면서 자신들의 열망과 민주적 실천을 대변하던 민중 운동을 억지로 자코뱅의 틀 속으로 통합함으로써, 양 위원회는 상퀼로트로부터 멀어져 갔다. 그 결과 상퀼로트와 자코뱅파 부르주아지 사이에 돌이킬 수 없는 대립이 나타났다.

정부 권한의 중앙 집권화는 혁명력 2년 봄에 지방에 내려가 있던 파견의원들을 소환함으로써 최종적으로 강화되었다. 파견의원들은 초기에는 광범위한 권한을 부여받았으나, 이미 혁명력 2년 프리메르 14일의 법령은 그러한 권한을 제한했다. 비록 이 법령을 실시하기 위해 1793년 12월에 마지막으로 파견의원들이 대규모로 지방에 보내졌지만, 파견의원은 공안위원회에 종속되었다. 그들은 공안위원회에 10일마다 보고서를 제출해야 했고, 권한을 위임할 수도 없고 군대를 징집하거나 혁명세를 징수할 수도 없었다. 제르미날 30일(1794년 4월 19일), 21명의 파견의원들이 소환되었다. 그 대신 공안위원회는 쥘리앵 드 파리(Jullien de Paris)와 같은 자체 요원들을 활용하는 방식을 택했다. 드롬 도 출신 의원의 아들인 쥘리앵은 카리에가 낭트에서, 그리고 탈리앵이 보르도에서 월권 행위를 했다고 비난함으로써 그들을 소환하게 했다. 때때로 공안위원회는 메시도르에 생쥐스트를 노르 도의 국경 지대로 파견한 것처럼 공안위원을 직접 보내기도 했다.

그렇다고 중앙 집권화가 극단으로까지 치달을 수는 없었다. 공안위원회는 항상 국민공회와 다른 위원회들을 고려해야 했다. 캉봉이 좌지

우지하던 재정 문제는 공안위원회의 권한을 벗어나 있었다. 치안위원회는 자신들의 권한에 매우 집착했기 때문에 공안위원회의 경찰국이 하는 활동을 쉽게 받아들이지 않았다. 바로 이러한 양 위원회의 갈등이 혁명정부의 몰락을 재촉할 것이었다. 공안위원회의 노력에도 불구하고 정부의 조치는 지방에 따라 많은 미묘한 차이를 보였다.

2. '강제력'과 공포 정치

처벌 의지는 1789년 이래 혁명적 집단 심성의 주요한 특징 가운데 하나였다. 조르주 르페브르가 지적한 바와 같이, 인민대중과 통찰력 있는 혁명 지도자들은 '특권계급의 음모'에 맞서 '방어 반응'과 '처벌 의지'를 명확하게 드러냈다. 그 결과 민중 소요와 학살이 벌어졌고, 또한 1789년부터 일련의 상임위원회와 수색위원회가 생기더니 치안위원회도 생겨났다. 1789년 10월 11일의 법령은 파리의 샤틀레(Châtelet) 재판소에 대역죄에 대한 최종심의 권한을 부여했다. 1792년 8월 17일, 특별 재판소가 설치됐다. 이틀 후, 특별 재판소는 파기 환송의 가능성을 배제한 약식 소송 절차의 권한을 부여받았다. 9월의 학살 사건은 민중적 공포 정치의 절정을 이루었다. 지롱드파는 합법적인 탄압 조치조차 혐오했기 때문에, 8월 17일의 특별 재판소는 1792년 11월 29일에 바로 폐쇄되었다.

위기의 악화로 공포 정치가 확립되었다. 그런데 혁명정부가 확립되고 강화되면서, 공포 정치는 조직화되고 법제화되었다. 1793년 3월 10일, 새로운 민중적 학살 사태를 예방하기 위해 "반혁명적인 모든 기도(企圖)를" 심리하는 혁명 재판소가 설치되었으며, 9월 5일에 개편되었다. 국민공회의 임명을 받아 구성된 혁명 재판소는 약식 절차를 거쳐 판결을 내렸으며(즉, 기소배심제는 폐지되었다), 그 판결에는 항소할 수도 없었고 판결을 파기할 수도 없었다. 1793년 3월 21일에 설치된 감시 위원회는 같은 해 9월 17일의 혐의자 법에 따라 치안위원회의 통제를 받게 되었다. 게다가 국민공회는 1793년 3월 19일에 방데 반란군에 대하여, 3월 28일에는 망명 귀족에 대하여 특별 소송 절차권이 부여된 군사위원회를 설치했다. 반란군과 망명 귀족, 그리고 유형에 처했다가 귀국한 선서거부파 성직자들은 모두 법의 보호망 밖에 있는 것으로 간주되었기에, 그들에 대한 재판 절차는 단순히 신원만 확인하고 사형을 선고하는 식이었다.

이 두 번째 시기에 행해진 공포 정치의 강도는 지방에 따라, 그리고 파견의원들의 성향과 해당 지방의 공포 정치가들의 영향력에 따라 차이를 보였다. 탄압의 범위는 상황과 위협의 크기에 따라, 또한 책임자의 기질과 그가 법조문에 가하는 해석에 따라 확대되기도 하고 축소되기도 했다. 어떤 이들은 옛 푀양파 인사들, 옛 온건파 인사들, 8월 10일의 사건이나 5월 31일~6월 2일의 사건에 항의했던 인사들을 공격했다. 경제적 위기의 심화와 통제 경제의 실시로 정화를 쌓아놓은 부자나 최고 가격제를 위반한 생산자 및 상인 등 혐의자의 수가 급증했다. 끝으로 비기독교화 운동 또한 공포 정치를 새롭게 확대했다. 사제권(司祭權)의 행사를 포기하는 데 주춤거렸던 입헌파 성직자들과 예배 참석을 계속 고집했던 신자들에게 탄압이 가해졌다.

분파들의 몰락과 제르미날의 재판 사건으로 공포 정치의 중앙 집권화는 더욱 강화되었다. 이제까지 혁명의 적들만 겨냥했던 공포 정치는 이제 정부의 양 위원회의 반대 세력에게도 화살을 겨누는 동시에 위원회의 통제권도 강화했다. 점차 푸셰, 바라스와 프레롱, 탈리앵, 카리에 같이 악명 높은 공포 정치가들이 파리로 소환되었다. 〈치안과 분파들의 범죄에 관하여〉라는 생쥐스트의 보고가 있은 연후에 통과된 혁명력 2년 제르미날 27일(1794년 4월 16일)의 법령은, "음모 혐의를 받은 모든 피고인들은 공화국 방방곡곡에서 파리의 혁명 재판소로 소환될 것"이라고 규정했다. 플로레알 19일(5월 8일), 파견의원들이 지방에 설치한 혁명 재판소와 혁명위원회는 폐쇄되었다. 그렇지만 르봉(Joseph Le Bon)이 세운 아라스의 혁명 재판소는 메시도르 22일(7월 10일)까지 존속했고 플로레알 21일(5월 10일)에는 오랑주에 인민위원회가 설치됐는데, 이는 상황에 따른 예외적인 현상이었다.

'대공포 정치'는 혁명력 2년 프레리알 22일(1794년 6월 10일)의 법령에 근거해 실행되었으며, 상황의 산물이었다. 프레리알 1일(5월 20일)에 앙리 아드미라(Henri Admirat)라는 남자가 콜로 데르부아를 저격했고, 프레리알 4일에는 세실 르노(Cécile Renault)라는 여인이 로베스피에르를 암살하려 한 혐의로 체포되었다. 더욱이 그녀는 반혁명적인 신념을 노골적으로 드러냈다. 이처럼 공화국 군대가 전투에 돌입하려는 순간에도 '특권계급의 음모'가 여전했고 반혁명이 항상적인 정치 세력임이 명백한 듯 보였다. 공포 정치의 물결이 파리의 구들을 휩쓸었고, 처벌의 열정이 폭발했다. 그러나 이 무렵에 이러한 반응은 이미 자발적인 것이 아니었다. 공포 정치는 도식화되고 강화되었다. 쿠통은 프레리알 22일의 법을 제안한 사람으로서 다음과 같이 선언했다. "몇 번 본때를 보이는 것만으로는 불충분합니다. 개전의 여지가 없는 폭정의 추종자들은 절멸해야 합니다."

이 법에 따라 피고에 대한 변호와 예비 심문 제도는 폐지되었고, 배심원들은 심증만으로 심리하게 되었으며, 재판관은 석방과 사형 가운데 양자택일만 할 수 있게 되었다. 또한 혁명의 적에 대한 정의(定義)가 크게 확대되었다. "문제는 그들을 처벌하는 데 있지 않고 절멸하는 데 있다." 이 법의 제6조는 인민의 적으로 간주되는 자들의 여러 범주를 다음과 같이 열거했다.

애국주의를 공격하고 중상모략하면서 프랑스의 적이 꾸미는 계획에 도움을 주는 자들, 사기를 저하시키고 풍습을 타락시키며 혁명적 원리의 순수성과 활력을 훼손하려는 자들, 온갖 외관(外觀)을 하고 갖은 수단을 동원하여 공화국의 자유, 통합, 안전을 침해하고 공화국의 공고화를 방해하려고 하는 모든 자들.

바로 이 마지막 시기에 '합동 재판'의 관행이 일반화되었다. 특권계급의 음모라는 개념이 확산되자, 서로 관계가 없는 피고들이 동일한 재판에 회부되어 국민에 맞서 음모를 꾸몄다는 점에서 연관되어 있다는 판결이 가능하게 되었다. 파리의 여러 감옥에 수감되어 있는 혐의자의 수가 8천 명이 넘어서자, 수감자들이 반란을 일으키지나 않을까 하는 두려움이 생겨났다. '감옥의 음모'는 몇 가지 증거가 있기는 했지만 지나치게 과장되어 비세트르, 뤽상부르, 레 카름, 생라자르 같은 주요 구치소를 택해 6월에 세 차례, 7월에 일곱 차례 저질러진 '집단 처형'을 정당화하는 구실이 되었다. 1793년 3월부터 1794년 6월 10일(혁명력 2년 프레리알 22일)까지 파리에서 처형된 사람의 수가 1,251명이었던 반면에, 이날부터 테르미도르 9일(7월 27일)까지 대공포 정치 법으로 단두대에서 사형당한 사람의 수는 1,376명에 달했다. 혁명 재판소 검사였던 푸키에탱빌에 따르면, "사람들의 목이 마치 판암(板岩) 떨어지듯 잘려 나갔다."

하지만 공포 정치에 대한 종합적인 평가는 신중해야 한다. 수감된 혐의자의 수를 두고 어떤 사람들은 대략 10만 명 정도라고 하고, 또 어떤 사람들은 30만 명도 신빙성이 없지 않다고 본다. 도널드 그리어(Donald Greer)의 평가에 따르면 사망자 수는 낭트와 툴롱에서 재판 절차 없이 처형된 수를 포함하여 3만 5천 명~4만 명이다. 그리어가 작성한 통계에 따르면, 혁명 재판소와 여러 종류의 특별 재판소가 내린 사형 선고자의 수는 1793년 3월부터 9월까지 518명, 1793년 10월부터 1794년 5월까지 10,812명, 1794년 6월부터 7월까지 2,554명, 8월에는 86명까지 모두 16,594명에 달했다. 지역적인 분포를 살펴보면, 사형 선고 가운데 16퍼센트는 파리에서 받았으며, 내전이 격심하던 지역이 71퍼센트였는데 그 가운데 남동 지방이 19퍼센트, 서부 지방은 52퍼센트를 차지했다. 판결 이유의 비율도 이러한 지역적 분포와 일치한다. 78퍼센트가 반란죄 혹은 반역죄였고, 여론 행위(선서거부파의 선동, 연방주의, 이른바 '음모들')로 인한 사형 선고는 19퍼센트를 차지했고, 경제 사범(아시냐의 위조, 횡령)은 1퍼센트에 불과했다. 사회적 구성을 보면, 종래의 제3신분이 84퍼센트를 차지했고(부르주아가 25퍼센트, 농민이 28퍼센트, 상퀼로트가 31퍼센트), 귀족은 겨우 8.5퍼센트였고 성직자는 6.5퍼센트에 불과했다. 조르주 르페브르가 지적한 바와 같이, "그러나 그와 같은 투쟁에서는 변절자보다는 원래의 적이 훨씬 몸조심을 하는 법이다."

따라서 공포 정치는 본질적으로 반란자와 반역자들로부터 국민과 혁명을 지키려는 방어 수단이었다. 공포 정치를 단지 한 측면으로 갖는 내전(內戰)의 경우처럼, 공포 정치는 특권적이거나 특권계급과 운명을 같이한다는 이유로 사회적으로 동화될 수 없는 구성 요소를 국민으로부터 잘라내는 역할을 했다. 공포 정치를 통해 '강제력'을 부여받은 정부의 양 위원회는 국가의 권위를 회복하고 공공 안전의 규준을 모든 사람에게 부과할 수 있었다. 또한 공포 정치는 한동안 계급적 이기주의를 침묵시킴으로써 국민적 유대감을 북돋우는 데 이바지하였다. 특히 전쟁을 수행하고 국가의 안전을 도모하는 데 꼭 필요한 통제 경제가 공포 정치 덕분에 실행될 수 있었다. 이런 의미에서 공포 정치는 승리의 한 요인이었다.

3. 통제 경제

통제 경제는 국가 방위의 필요에서 비롯하였다. 마치 포위된 요새처럼 프랑스가 봉쇄되어 대외 교역이 끊겼을 때는, 국민 총동원령에 의해 징집된 자들을 먹이고 입히며 그들에게 무기와 장비를 공급하고 도시의 주민들에게 생활필수품을 확보해주는 것이 급선무일 수밖에 없었다. 바로 이런 이유에서 혁명정부는 1793년 여름부터 점차 경제에 대한 통제권을 확보하는 방향으로 나갔다.

국가의 모든 물적 자원이 징발의 대상이 되었다. 1793년 7월 26일의 법은 매점자의 사형을 규정하고, 생산자와 상인들에게 재고량을 신고하도록 했으며, 그것을 확인하기 위하여 '매점 행위 조사위원제'를 신설했다. 농민들은 생산한 곡식, 말먹이, 양모, 대마를 제공했고 수공업자들은 제품을 넘겨주었다. 예컨대 생쥐스트가 스트라스부르에서 혁명력 2년 브뤼메르 10일(1793년 10월 31일)에 구두 5천 켤레와 내의 1천5백 벌을 징발하고, 24일(11월 14일)에는 부상병을 치료하기 위해 부자들로부터 침대 2천 개를 징발했던 것처럼, 특별한 경우에는 민간인들이 무기, 구두, 담요, 혹은 시트를 내놓았다. 사람들은 금속, 밧줄, 탄약통용 양피, 초석토와 같은 원료를 찾아서 모았으며 청동을 얻기 위해 교회의 종을 떼어내어 용광로로 보냈다. 모든 기업은 생산을 극대화하고 공안위원회가 동원한 학자들이 발전시킨 새로운 기술을 적용하기 위하여 국가의 통제 아래 국익(國益)을 우선적으로 고려했다. 징발제는 사업의 자유를 제한했다.

공정 가격제는 징발제에 필요한 보조 장치였다. 1793년 5월 4일의 법령이 곡물과 밀가루의 최고 가격제를 제정했으나 실제로는 실시되지 않았고, 9월 11일의 법령이 최고 가격제를 다시 설정했다. 9월 29일의 법령은 생활필수품과 임금의 '전면적 최고 가격제'를 부과했다. 생활필수품은 1790년보다 3분의 1이 오른 가격으로, 임금은 1790년에 비해 2분의 1이 인상된 수준으로 설정됐다. 이를 시행할 책임은 각각 군(郡)과 코뮌이 맡았다. 새로운 입법을 준비하고 그 법의 실시를 감독하기 위하여 국민공회는 혁명력 2년 브뤼메르 6일(1793년 10월 27일)에 공안위원회 산하에 식량위원회를 설치했다. 식량위원회는 광범위한 조정 작업에 착수하여, 방토즈 2일(1794년 2월 20일)에 생산지를 기준으로 삼아 전국적 최고 가격제의 가격표를 공표했다. 각 군은 이 생산 원가에 운송료(곡물과 밀가루를 4km 수송하는 데 4수 6드니에), 도매 상인의 이익률(5퍼센트), 소매 상인의 이익률(10퍼센트)을 덧붙이도록 했다. 이렇게 최고 가격제는 이익의 폭을 규정하고, 투기 풍조를 억제했으며, 이윤 추구의 자유를 제한했다.

경제의 국가 통제는 생산과 대외 교역에 다양한 영향을 끼쳤으며, 특히 군대의 필요에 따른 것이었다. 실제로 공안위원회는 민간 부문에까지 국가 통제를 확대하는 것은 꺼렸다. 경제적 자유를 제한하는 이러한 생산 및 교환 체제는 상퀼로트에게 사회적으로 의미가 컸다. 그러나 공안위원회가 통제 경제 정책을 취한 것은 단지 필요에 따른 것일 뿐이었다. 공안위원회에게 통제 경제는 국가와 혁명을 지키는 임시 방편에 불과했다. 그러나 부르주아지는 경제적 자유를 제한하는 그 어떠한 국가 통제도 단호히 반대했다.

생산은 직접적으로 국영 공장의 설립을 통하여 국영화되었고, 간접적으로는 제조업자에게 원료가 공급된 후 생산의 규제와 관리, 징발과 공정 가격제 등을 통하여 부분적으로 국영화되었다. 소총과 백병전용 무기의 대규모 제조창이 파리뿐만 아니라, 조제프 라카날(Joseph Lakanal)에 의해 베르주라크에, 노엘 푸앵트(Noël Pointe)에 의해 물랭에 세워지고, 화약 제조창이 파리 근교의 그르넬에 세워지면서 무기와 군수품의 국영 공장이 가동되자 군수 산업은 큰 자극을 받았다. 그렇지만 공안위원회는 국영 공장의 증설을 꺼렸고(특히 카르노가 반대했다), 광산의 국영화를 거부했다.

몇 달에 걸쳐 국가 통제가 대외 교역에까지 확대됐다. 식량위원회는 외국에 관리를 파견하고 상선을 징발하고 항구에 국영 창고를 건립하며 1793년 11월부터 대외 무역을 관장하였다. 이 위원회는 중립국과의 교역을 재정적으로 지원하고 함부르크, 스위스, 제노바, 미국 등지에서 구매할 때 지불을 보증하기 위하여 포도주, 증류주, 견직물, 나사(羅紗) 등을 수출용으로 징발했다. 혁명력 2년 니보즈 6일(1793년 12월 26일), 캉봉은 외국환을 액면 가격으로 인도하게 했다. 에베르가 처형당한 후, 대외 무역에 대한 통제는 완화되었다. 방토즈 23일(1794년 3월 13일)부터 무역업자들에게 여러 편익이 주어졌다. 이후 정부는 물자의 보급과 생산을 원활하게 하기 위하여 대규모 상사와 협력을 모색했다. 항구의 무역업자들은 '상무관(商務舘)'을 중심으로 결합했으며, 외국에 파견되었던 식량위원회의 관리들은 프랑스로 소환되었다. 상공업 부르주아지의 이익에 부합하는 이런 변화는 상퀼로트의 반대를 불러일으킬 수밖에 없었다.

민간에 대한 보급 문제는 결코 직접적으로 국가의 통제 아래 놓이지 않았다. 식량위원회는 혁명력 2년 제르미날 12일(1794년 4월 1일)에 '통상보급위원회(Commission du commerce et des approvisionnements)'로 이름이 바뀌었지만, 징발권은 주로 군대를 위해 사용했을 뿐 민간 소비자에게는 거의 신경 쓰지 않았다. 자본주의적 집중이 미약했던 당시에는 전반적인 통계가 부재했기 때문에 주민의 필요를 정확하게 산출해서 전국적인 규모의 보급 계획을 수립하는 것이 불가능했다. 따라서 시장에 물자를 조달하기 위한 징발권은 군(郡)에 맡겨졌고, 제분업자를 감시하고 빵 가게를 통제하며 배급량을 결정하는 권한은 코뮌에게 주어졌다. 트루아 같은 많은 도시에서 빵 가게는 완전히 시영화(市營化)되었고, 그보다 훨씬 드물긴 했지만 클레르몽페랑에서와 같이 푸줏간이 시영화된 곳도 있었다. 식량위원회는 설탕과 비누를 제외한 다른 물품에는 직접 관여하지 않고 최고 가격표를 공표하는 것으로 만족했으며, 공안위원회는 지방 당국이 징발하는 것을 완전히 금지하기까지 했다. 상퀼로트가 혁명적 감시를 통하여 상인들에게 공정 가격을 준수하도록 강요하려고 했지만 헛일이었다. 특히 농산물의 경우에 암시장이 상당히 발달했다. 매점 행위 조사위원제는 혁명력 2년 제르미날 12일(1794년 4월 1일)에 폐지되었다. 공안위원회가 상인뿐만 아니라 이제 농민이건 수공업자건 생산자들의 비위를 맞추려고 했기 때문에, 상퀼로트의 항의에도 불구하고 민간의 보급에 대한 통제를 점차 완화하는 것 외에 다른 도리가 없었다. 결국 공안위원회는 빵을 제외한 다른 식량들에 대해 최고 가격제를 위반하는 행위를 묵인하였다.

따라서 1794년 봄에 혁명정부와 민중 운동의 결렬이 뚜렷하게 나타나면서, 새로운 경제 정책의 윤곽이 드러났다. 중류 계급의 열망에 민감한 공안위원회는 후퇴해서 상인들을 안심시키고 통제와 입법의 적용을 완화했다. 경제적 통제가 기본적으로 군대와 국가를 위한 것임이 분명해졌다. 공안위원회는 최고 가격제의 실시가 종래의 제3신분을 분열시키는 요인이 된다는 점을 놓치지 않았다. 부르주아지와 유산 농민층이 마지못해 통제 경제를 감내했던 반면에, 수공업자와 소상점주들은 식량의 최고 가격제 실시를 요구하면서도 그 제도가 자신들에게도 부과되는 것을 알고는 분개했다.

이런 가운데 최고 임금제는 노동자들을 자극했다. 국민 총동원령 이후 전쟁을 수행하느라 노동력이 달리게 되자 노동자들은 이를 이용하여 임금의 상승을 꾀했고, 많은 코뮌들, 특히 파리의 시 당국은 공정 임금표를 결코 공표하지 않았다. 하지만 국가는 국영 공장에 공정 임금을 엄격하게 적용하고 노동자들을 위한 어떠한 예외도 거부했다. 제르미날의 참극이 있은 뒤, 새로 구성된 파리 코뮌은 노동자들의 단결을 위한 모든 시도를 억압했다. 공안위원회는 경제 및 재정 체제 전반이 식량의 최고 가격제와 최고 임금제에 기반을 두고 있기 때문에 그 제도들을 포기한다는 것은 결국 체제의 붕괴와 아시냐의 파탄으로 이어진다고 간주하여 임금 노동자에 반대 입장을 취했다. 동맹 파업은 진압되었다. 수확기가 다가오자 농업 노동자들은 징용(徵用)되었고, 공정 임금의 적용을 받았다. 테르미도르 5일(7월 23일), 파리 코뮌은 마침내 최고 임금표를 공표했다. 그것은 사실상 많은 직종에서 일당(日當)을 강압적으로 인하한다는 의미였다. 이렇게 하여 징용의 고통에 짓눌린 농민들, 공정 가격으로 화가 난 상인들, 아시냐의 가치 하락으로 파산한 금리 생활자들에 더하여 노동자들의 불만이 증폭되었다.

그렇지만 통제 경제에 대한 최종적인 평가가 부정적일 수만은 없다. 통제 경제는 공화국의 군대를 먹여 살리고 군대에 장비를 공급할 수 있게 했다. 경제를 통제하지 않았더라면 혁명의 승리는 상상할 수도 없었다. 또한 통제 경제로 인하여 도시의 민중계급은 일용할 빵을 확보할 수 있었다. 혁명력 3년에 경제적 자유 체제로 복귀하면 민중계급은 끔찍한 비참의 나락으로 떨어질 것이었다.

4. 사회민주주의

사회민주주의의 이상은 몇 가지 미묘한 차이점을 제외하면 인민대중과 혁명의 주도권을 장악한 중류 부르주아지가 공유했다. 부(富)의 불평등 때문에 정치적 권리는 한낱 공허한 겉치레에 불과하고, 인간 불평등의 기원이 단지 자연만이 아니라 사적 소유권에 있다는 논지는 18세기 사회 철학의 진부한 주제였다. 그러나 그러한 논지의 사적 소유권을 폐지하고 기존의 사회 질서를 전복하자는 이념에 도달한 사람은 거의 없었다. 로베스피에르는 1793년 4월 24일에 국민공회에서 "재산의 평등이란 망상에 불과하다."고 선언했다. 그는 모든 혁명가들과 마찬가지로 '토지 균분법', 말하자면 토지 소유의 균등 분배를 비난했다. 이미 국민공회는 그보다 앞선 3월 18일에 토지 균분법의 신봉자는 사형에 처할 것이라고 만장일치로 결의했다. 그러나 로베스피에르는 바로 그 연설에서 또한 이렇게 단언했다. "재산의 지나친 불균형이야말로 수많은 해악과 범죄의 원천이다." 상퀼로트와 산악파는 똑같이 '부유함', '부자들', '과도한 부'에 적대적이었다. 상퀼로트와 산악파의 공통된 이상은, 각자 자신의 전답과 점포 또는 노점을 소유하여 고용 노동을 하지 않고서도 가족을 부양할 수 있는 농민과 수공업자의 독립적인 소생산자로 구성되는 사회였다. 그러한 이상은 18세기 말 당시 프랑스 민중의 조건에 걸맞는 것이었고, 소농과 날품팔이 농민, 수공업자와 직공, 소상점주의 열망에 부합하는 것이었다. 그것은 당시 대부분의 생산자들이 처한 경제적 조건과 일치하는 것이었으나, 자본주의적 집중을 초래하기 마련인 생산의 자유라는 다른 부류의 주장과는 명확하게 상반되는 것이었다.

이러한 사회적 이상의 가장 명확한 표현은 파리 구들의 투사들과 로베스피에르파가 동시에 제시하였다.

1793년 9월 2일, 상퀼로트 구(자르댕데플랑트 구에서 개명)의 구민들은 식량의 최고 가격제와 임금 인상을 요구하면서 "소유권이란 오직 물질적 필요의 범위라는 토대를 가질 뿐이다."라고 선언했다. 그들은 "재산의 '상한선'이 설정되어야 한다는 것, 어떤 개인도 그 '상한선' 이상을 소유할 수 없다는 것, 누구도 일정 수의 쟁기에 필요한 것 이상의 토지를 임차할 수 없다는 것, 어느 시민도 하나의 작업장이나 하나의 상점이상을 소유할 수 없다는 것"을 법령으로 만들어줄 것을 국민공회에 요구했다.

그런 가운데 로베스피에르는 이미 1792년 12월 2일에 생존권이 소유권에 우선한다고 주장했다. "가장 중요한 권리는 생존권이다. 따라서 어느 사회에서나 가장 중요한 법은 모든 구성원들에게 생존의 수단을 보장해주는 것이다. 다른 모든 것은 생존권에 종속된다." 1793년 4월 24일, 새로운 권리선언에 관한 연설에서 로베스피에르는 이보다 한걸음 더 나아가 소유권을 자연권이 아니라 법이 규정하는 하나의 권리로 간주했다.

> 소유권이란 법에 의하여 각 시민에게 보장된 재산의 몫을 각 시민이 향유하고 처분하는 권리를 말합니다.

생쥐스트는 이러한 소유의 사회적 측면을 더 선명하게 표현했다. "부자도 빈민도 있어서는 안 된다. 부유한 것은 부끄러운 일이기 때문이다." 그는 《공화제에 관한 단장(斷章, Fragments d'Institutions républicaines)》에서 유언의 자유를 폐지하여 유산을 직계 가족에게 균등 분할하고, 방계 가족이 유산을 상속받는 것을 금지하여 직계 친족이 없는 경우 망자의 재산을 국가에 귀속시켜 소유권을 엄격하게 제한해야 한다고 주장했다. 이러한 사회 입법의 목표는 "모든 프랑스인들에게 법 이외에는 다른 어떤 것에도 종속되지 않을 뿐만 아니라, 친척에게 의존하지 않고도 생활필수품을 획득할 수 있는 수단을 제공하는데" 있다. 다시 말해, "인간은 독립적인 생활을 향유해야 한다."는 것이다. 이렇듯 공화주의 사상은 사회권의 이념을 복원했다. 소유권을 편성할 수 있는 통제권을 지닌 국민 공동체는 상대적 평등을 유지하기 위해, 경제 발전으로 파괴되기 마련인 소규모 소유가 재조직되도록 적극 개입해야 한다는 것이다. 그래야 부의 독점과 종속적인 프롤레타리아트의 형성을 사전에 방지할 수 있다.

산악파의 입법은 이러한 원칙에서 비롯했다. 혁명력 2년 브뤼메르 5일(1793년 10월 2일)과 니보즈 17일(1794년 1월 6일)의 법들은, 1789년 7월 14일까지 소급하여 사생아까지 포함한 모든 상속자들에게 유산을 균등하게 분할할 것을 규정했다. 그러나 유산의 균등 분할을 보장하는 것만으로는 충분하지 않았다. 또한 재산이 없는 자들에게 재산을 소유할 기회를 마련해주어야 했다. 그 결과 1793년 6월 3일, 매각된 망명 귀족의 재산을 작은 필지로 분할해서 제공하고, 그 대금은 10년간 분할 상환으로 지불할 것을 규정하는 법령이 통과되었다. 이러한 규정은 혁명력 2년 프리메르 2일(1793년 11월 22일)에 모든 국유 재산으로 확대되었다. 1793년 6월 10일의 법은 공동지를 주민의 수에 따라 무상으로 분할하는 것을 허용했다. 비록 필지의 세분화로 일정 수의 농민들이 소유지를 늘리거나 새로이 소유주가 되기는 했지만, 훨씬 더 많은 농민은 이러한 입법으로부터 어떠한 이득도 보지 못했다. 1793년 7월 17일에 봉건적 부과조의 무조건적인 폐지로 인해 농민층 내부의 결속이 파괴됐다. 농촌의 해체는 가속화되었다. 노동력 부족에 시달리던 유산 농민층과 대규모 경작자들은, 농업 노동자가 재산을 소유하고 농촌 프롤레타리아가 독립적인 생산자로 전환하는 것에는 적대적일 수밖에 없었다. 혁명력 2년 방토즈 8일과 13일(1794년 2월 26일과 3월 3일)의 법령들은, 한걸음 더 나아가 가난한 상퀼로트들의 요구를 얼마간 만족시키려는 로베스피에르파의 의지를 보여주었다. 혐의자들의 재산을 몰수하고 분배하여 '가난한 애국자들'에게 '보상해준다'는 것이었다. 그러나 생쥐스트는 보고하는 자리에서 그 재산의 무상 양도를 분명히 말했지만, 법령이 만들어질 때 이 내용이 반영되지 않아 시행 방법에 관해서는 아무런 언급이 없었다. 사실상 방토즈의 법령들로는 토지 소유 문제가 해결될 수 없었다. 산악파와 마찬가지로 근본적으로 경제적 자유의 신봉자인 로베스피에르파는 토지 소유 문제에 개입하기를 꺼렸다. 두 분파 모두 가난한 농민들의 요구에 냉담했다. 그들은 절반 소작제를 개혁하려고 하지도 않았고, 대농지를 소규모 경작지로 분할하려고 하지 않았다. 또한, 농촌 상퀼로트의 여망에 부합하는 토지 개혁의 강령을 구상할 수도 없었다.

엄격한 의미의 사회 입법은 제헌의회의 시도를 연장한 것인 동시에 극복한 것이었다. 1793년 3월 19일과 6월 28일의 법령들은 극빈자, 아동, 노인에 대한 구호를 도입했다. 1793년 6월 24일의 권리선언은 제21조에서 "공공의 구제는 신성한 책무"라고 인정했다. 혁명력 2년 플로레알 22일(1794년 5월 11일)의 법은 사회 보장의 원칙을 제시하고 도마다 '국민 구호 대장'을 비치하게 하여, 구호받을 권리를 인정했다. 그리하여 농촌의 노인과 불구자, 아이가 딸린 모친과 과부는 '국민 구호 대장'에 명단이 기재되어 연금과 구호금, 그리고 집에서 무료로 의료 혜택을 받을 수 있게 되었다. 혁명력 2년 방토즈 13일(1794년 3월 3일), 생쥐스트는 다음과 같이 외쳤다.

여러분이 프랑스 영토 내에 단 한 사람의 불행한 자, 단 한 사람의 압제자도 더는 방치되기를 원치 않는다는 점과, 그러한 본보기가 바로 이 지상에서 실현되었다는 점, 그리고 그것이 이 지상에 덕성과 행복에 대한 사랑을 퍼뜨리고 있다는 점을 유럽은 알게 될 것입니다. 행복이란 유럽에서 새로운 사상입니다!

5. 공화국의 도덕

혁명력 2년 플뤼비오즈 17일(1794년 2월 5일), 로베스피에르는 덕성이

야말로 인민의 정부가 작동하는 원리이자 원동력이라고 선언했다.

저는 그리스와 로마에서 그렇게 많은 경이로움을 낳은 마력의 덕성에 대해 말하는 것입니다. …… 덕성은 조국과 법에 대한 사랑 이외의 그 어떤 것도 아닙니다.

덕성은 공포 정치의 중화제였다. 공안위원회는 직무를 유기한 부패한 혁명가들을 엄중하게 다스리는 한편, 잔혹한 공포 정치가들을 소환했다. 공안위원회는 비록 비기독교화 운동을 재개하지는 않았지만, 도처에서 나타나고 있던 시민 종교를 순화하고 개선할 뿐만 아니라 통합하려고 했다. 공공 교육과 공화제적 숭배를 통하여 대중의 공민 의식을 강화하려는 의도였다.

공공 교육은 1793년 6월 24일의 권리선언 제22조를 통해 인권의 하나로 인정받았다. 그것은 기본적으로 '국민 교육', '공민 체제'로 이해되었으며, 1793년 7월 14일에 파리 드루아드롬 구의 구민들에 따르면 시민들에게 "의무 규범과 덕성의 실천"을 가르치는 것이었다. 특히 공공 의식을 계발하고 국민적 통합을 강화하기 위한 것이었다. 1793년 10월 21일, 국민공회는 정신 교육과 신체 교육, 도덕과 체육, 훈육과 실습을 결합한 교과 내용을 가르치는 국립초등학교를 설립할 법령을 통과시켰다. 이 법령은 즉시 재검토되어, 비종교적인 무상 의무 교육을 실시할 초등학교의 창설을 규정하는 혁명력 2년 프리메르 29일(1793년 12월 19일)의 법령으로 대체되었다. 이 체제는 국가의 통제를 받기는 했지만 민중의 심성에 걸맞게 지방 분권화된 것이었다. 그러나 전쟁 수행에 전력을 쏟던 혁명정부는 민중의 요구에도 불구하고 그 법령의 시행에 태만했다. 시간과 재정이 둘 다 부족했다. 그렇기에 시민 종교의 조직화가 더욱 절실했다.

혁명 종교는 혁명 초기부터 나타났다. 1790년 7월 14일의 연맹제는 혁명 종교의 최초이자 가장 장엄한 발현이었다. 다비드가 천재적 재능을 쏟아부었던 새로운 예술 양식으로서 시민적 축제가 성행했다. 1793년 8월 10일, 파리에서 다비드가 감독한 단일성과 불가분성의 축제가 거행되었다. 비기독교화 운동이 절정에 달했던 1793년 가을에 이성(理性)에 대한 예배가 교회에서 열려 가톨릭의 예배를 대신하였고, 그것은 곧이어 공민 정신과 공화국의 도덕에 입각한 순일(旬日) 예배로 바뀌었다.

로베스피에르는 최고 존재의 숭배를 주창하며, 공화국의 교리를 형이상학적인 토대 위에 올려놓으려고 했다. 로베스피에르는 콜레주(collège) 재학 시절에 유심론(唯心論) 교육을 받았다. 그는 루소의 제자로서 콩디야크의 감각론과 특히 엘베시우스와 같은 철학자들의 무신론적인 유물론(唯物論)을 혐오했으며, 자코뱅 클럽에 걸려 있던 엘베시우스의 흉상을 파괴하도록 했다. 청렴했던 로베스피에르는 신과 영혼, 내세의 존재를 믿었다. 1792년 3월 26일에 그가 자코뱅 클럽에서 행한 선언은 이 점에 관해 의문의 여지를 허용하지 않는다. 순일 축제의 책임을 맡은 로베스피에르는 혁명력 2년 플로레알 18일(1794년 5월 7일)에 행한 보고에서 축제의 목적이 공민 정신과 공화국의 도덕성 함양에 있다고 규정했다.

시민 사회의 유일한 기초는 도덕입니다. …… 공화국의 본질이 덕성이듯이, 전제주의의 기초는 부도덕입니다. …… 공공 도덕을 부흥시킵시다. 승리를 향해 나아갑시다. 그러나 특히 악덕을 완전한 무(無)로 되돌려야 합니다.

그러나 그는 개인적 신념을 따르는 동시에, 인민의 습속을 보듬고 도덕을 앙양해줄 종교 의식을 제공하려는 정치적 고려를 염두에 두고 행동하면서 다음과 같이 역설했다.

> 입법자의 눈으로 볼 때 세상에 유용하고 실행에 좋은 것은 모두 다 진실된 것입니다. …… 최고 존재 이념은 정의로의 끊임없는 초대입니다. 따라서 그것은 사회적이고 공화주의적입니다.

플로레알 18일 법령의 제1조는 "프랑스 인민은 최고 존재의 존재성과 영혼의 불멸을 승인한다."고 선언했다. 혁명의 위대한 기념일을 기리기 위해 공화국의 4대 축제가 제정되었고(1789년 7월 14일, 1792년 8월 10일, 1793년 1월 21일, 1793년 5월 31일), 휴일인 순일마다 공민적 덕성 혹은 사회적 덕성을 축성하는 축제가 열리게 되었다.

혁명력 2년 프레리알 20일(1794년 6월 8일)에 거행된 '최고 존재와 자연의 축제'는 새로운 종교 의식의 시작을 의미했다. 며칠 전에 국민공회 의장으로 선출된 로베스피에르가 꽃다발을 한 아름 받아든 채 의식을 주재했다. 수많은 사람들이 지켜보는 가운데 다비드가 기획한 장엄한 행진이 프랑수아조제프 고세크(François-Joseph Gossec)와 에티엔니콜라 메월(Étienne-Nicolas Méhul)이 작곡한 장중한 음악이 연주되는 가운데 튈르리 궁의 국민 정원에서부터 샹드마르스 광장까지 이어졌다. 프레리알 20일에 열린 축제는 관람자와 외국인들에게 깊은 감명을 주었다. 기욤텔 구의 한 사무원인 지르발(Girbal)은 일기에 다음과 같이 적었다.

> 나는 역사가 그날과 같은 본보기를 제공해준적이 없다고 믿는다. 그것은 정신만이 아니라 육체까지 고양시켰다. …… 감수성이 예민한 사

람이라면 그 축제를 영원한 추억으로 간직할 것이다.

그리고 반혁명파인 말레 뒤 팡은 다음과 같이 말했다. "진실로 사람들은 로베스피에르가 혁명의 심연을 메울 수 있을 것이라고 믿었다."
하지만 최고 존재에 대한 예배를 통하여 로베스피에르가 추구하는 정치적 목표는 달성될 수 없었다. 제르미날의 참극이 발생한 뒤인 혁명력 2년 봄의 상황에서 플로레알 18일의 법령은, 이제까지 함께 혁명정부를 지지해 왔으나 계급적인 적대 관계 때문에 이제 상호 대립하게 된 여러 사회적 범주의 사람들을 신앙과 동일한 도덕으로 결합한다는 목표를 지닌 것이었다. 경제적·사회적 상황을 분석할 수 없었던 로베스피에르는 사상의 힘이 전능하다고 믿었으며 덕성에 호소함으로써 모든 것이 가능할 것이라고 생각했다. 그러나 사실상 최고 존재에 대한 예배는 혁명정부 내부에서조차 새로운 갈등을 야기했다. 비기독교화 운동의 급진적인 지지자들이나 국가의 완전한 세속성을 믿는 이들은 혁명력 2년 플로레알 18일의 법령을 주창한 로베스피에르를 용서할 수 없었다.

6. 국민군

혁명정부가 조직되고 그 권위가 공포 정치의 승인을 받을 수 있었던 것은 바로 전쟁 때문이었다. 통제 경제가 실시되었던 것도 공화국의 군대를 먹여 살리고 그들에게 장비를 제공해주기 위해서였으며, 사회민주주의로 인민의 조건을 개선하고 공화국의 도덕으로 인민들의 공민정신을 북돋운 것도 그들을 전투에 전념케 하기 위해서였다. "혁명은 자유의 적에 대한 자유의 투쟁"이라고 로베스피에르는 선언했다. 혁명력 2년에 혁명정부는 군대에 모든 에너지를 쏟아부었다.

1794년 봄에 총병력은 100만 명을 넘어섰고 12개 군대로 편성되었다. 병력이 충원되는 경로는 다양했다. 정규군 연대나 의용군 대대를 통해, 또는 30만 징집령이나 국민 총동원령을 통해 징집되었다. 군대는 1793년 2월 21일의 법령으로 '통합'되어 1793~94년 겨울에 '연대(demi-brigade)' 단위로 재편성되었다. 그렇게 하여 군대는 진정한 '국민군'이 되었다.

군의 간부진은 쇄신되고 개편되었다. 국민공회는 이미 국민방위대에서 시행되던 지휘관 진급의 선거제 원칙을 도입하면서, 부차적으로 복무 연수의 원칙을 적용했다. 1793년 2월 21일의 법은 사병들에게 하사관 선출권을 부여했다. 충원이 필요한 보직보다 한 계급 아래의 장교들 가운데 세 명의 후보자를 추천해서 후보자와 같은 계급의 장교들이 승진자를 선출하는 방법으로 장교의 3분의 2가 진급했고, 나머지 3분의 1은 복무 연수순으로 진급했다. 장군들 역시 3분의 1은 복무 연수순으로, 나머지 3분의 2는 선거를 통해 선출된 뒤 행정부의 임명을 받았다. 1793년 2월 12일, 생쥐스트는 다음과 같이 선언했다. "군대에서 특정 지휘관을 선출하는 일은 병사들의 시민권에 속하며, 장군을 선출하는 일은 국민 전체의 시민권에 속한다." 사실상 공안위원회는 종종 파견의원들에게 그 권한을 위임하여 군 간부진의 구성 문제에 관여케 함으로써 그러한 광범위한 권리를 가로채곤 했다. 그렇지만 하급 장교직의 선거제 원칙은 항상 지켜졌다. 이러한 선출 방법을 통해 점차 비길 데 없이 훌륭한 지휘부의 면모가 나타났다. 마르소, 오슈, 클레베르, 앙드레 마세나(André Masséna), 주르당 등이 바로 군사적 능력과 공민 정신으로 강력해진 참모진으로 둘러싸인 장군들이다. 혁명력 2년 프레리알 13일(1794년 6월 1일)의 법령은 새로운 장교들을 양성하기 위하여 '사관학교'를 설립했다. 군(郡)마다 6명의 젊은이가 선발되어 "혁명적 교육을 통해 공화국 병사에게 필요한 모든 지식과 품행을 배우게" 되었다.

군대의 규율도 재확립되었다. 혁명력 2년 브뤼메르에 생쥐스트는 라인군(軍)에게 "승리를 가져다주는 규율을 애호하라."고 역설했다. 1793년 7월 27일, 국민공회는 약탈하거나 탈영하는 병사는 사형에 처한다고 공포했다. 그러나 사실상 군사법원은 망명 귀족과 반란군에게는 무자비했지만, 병사들에게는 관대했다. 특히 혁명정부는 군대의 민주적 속성을 유지하려고 했다. 1793년 2월 12일, 생쥐스트는 다음과 같이 선언했다. "병력 규모나 규율만 가지고는 승리를 얻을 수 없습니다. 공화주의 정신이 군대에 뿌리를 내릴 때 비로소 여러분은 승리할 수 있을 것입니다." 병사들에 대한 정훈(政訓) 교육이 군사 훈련과 병행해서 실시되었다. 혁명력 2년에 병사들은 클럽에 자주 드나들었고 애국파 계열의 신문을 읽었다. 혁명력 2년 방토즈 26일(1794년 3월 16일)에 작성된 한 보고서에는 상퀼로트 출신의 육군 장관 부쇼트가 공화국의 여러 군대에 보낸 신문의 명단이 실려 있다. 〈페르 뒤셴〉을 필두로 하여 샤를프랑수아 뒤발(Charles-François Duval)의 〈자유인일보(Journal des Hommes libres)〉, 자코뱅 클럽의 기관지 〈산악일보〉, 쥘리앵 드 라 드롬(Jullien de la Drôme)의 〈반연방주의자(L'Antifédéraliste)〉 등. 혁명력 2년의 군대는 특권의 종식, 봉건제의 폐지, 전제주의의 소멸을 위해 싸우는 혁명군이었다. 따라서 영국, 프로이센, 오스트리아뿐만 아니라 반혁명 분자, 선서거부파 성직자, 망명자도 적으로 간주하였다. 공안위원회는 공화국을 자유 및 평등과 동일시함으로써 병사-시민들에게 전투원으로서 복종해야 한다는 점을 납득시킬 수 있었다.

군사 지휘권은 민간 권력에 엄격하게 종속되었다. 혁명정부에게 군대란 정책을 수행하는 수단에 불과하며, 전쟁을 수행하는 일은 전적으로 민간 권력의 소관이었다. 1793년 6월 24일의 헌법 제110조는 "대원수(大元帥)는 존재하지 않는다"고 규정했다. 라파예트와 뒤무리에가 반역 행위를 저지른 뒤, 공안위원회는 공포 정치를 통하여 장군들을 복종시켰다. 퀴스틴과 우샤르를 비롯해 여러 사람들이 단두대로 보내졌으며, 근무 태만이나 무능은 공민 정신이 부족하다는 증거로 간주되었다. 군사 문제를 매우 자세하게 다룬 생쥐스트의 연설은 다음과 같은 경구로 가득했다. "전쟁이 끝나기 전까지 장군들은 찬사를 받을 수 없다. 장군직은 속성상 여전히 군주제에 속한다." 혁명력 2년 프리메르 14일의 법령인 혁명정부 조직법을 해설한 한 유명한 회람에서 공안위원회는 장군직에 대하여 다음과 같이 언급했다.

자유 국가에서 군사권은 가장 제약받아야 할 권한이다. 그것은 일반 의지에 의하여 움직이는 수동적인 지렛대에 불과하다. …… 장군들이여, 불복종의 시대는 지나갔다.

심지어 군사 작전 현장에서도 파견의원들이 군대에 대한 민간의 감독권을 행사했다. 파견의원들의 권한은 1793년 3월 30일에 명확하게 규정되었는데, 사실상 무제한적인 권한이었다. 혁명력 2년 플로레알 1일(1794년 4월 20일), 1794년의 군사 작전이 벌어지기 직전에 비요바렌은 국민공회에서 또다시 다음과 같이 경고했다.

12개 군대가 야전에 있는 상황에서, 우리들이 두려워하고 사전에 예방해야 할 일이 병사들의 탈영만은 아닙니다. 전선을 갑자기 이탈한 대담한 지휘관의 군사적 영향력과 야심 또한 경계해야 합니다. 바로 이를 통해 모든 공화국이 사라졌음을 우리는 역사에서 배웁니다. …… 군사 정부는 신정 정치(神政政治) 다음으로 가장 나쁜 것입니다.

전술과 전략은 새로운 정치적·사회적 필요에 따라 변모했다. 마침내 결실을 맺은 물적 자원의 동원 덕분에 보급, 장비, 무기를 갖춘 공화국의 군대는 사단과 여단으로 편성되어 이제는 적군과 비교해 수적 우위를 확보하였다. 물론 사정거리가 100미터인 1777년형 소총, 주력이 사정거리 400미터인 4파운드 포탄을 장전하는 그리보발(Gribeauval)식 대포 등, 장비는 여전히 구체제 군대의 것이었다. 그러나 1793년 10월 10일, 생쥐스트는 이렇게 선언했다. "군주제의 전쟁 방식은 우리에게 더는 적합하지 않다. 프랑스군의 전쟁 조직 방식은 기습 전술에 기반해야 한다."

이 새로운 전술은 군대의 훈련 부족 때문에 어쩔 수 없이 채택된 것이었다. 혁명력 2년의 병사들은 대체로 지형을 이용하여 총을 쏘고 나서 착검(着劍)한 채 집단 돌격을 감행하곤 했다. 전통적인 선형(線形) 대형에 비해 질서를 유지하고 전개하기가 쉬운 종대(縱隊) 대형이 마침내 공화국 군대의 가장 전형적인 전술 대형이 되었다. 1794년이 되면서 새로운 전술 단위가 나타났다. 보병 2개 여단과 기병 2개 연대, 그리고 포병 1개 중대로 구성된 8~9천 명의 병력을 거느리는 사단(師團)이 바로 그것이었다.

수적인 우위를 효과적으로 이용해야 했기 때문에 전략의 변화가 나타났다. 그러나 포위 공격이라는 종래의 작전은 계속 활용되었으며, 요새는 여전히 활동 거점이자 작전 기지였다. 카르노는 결정적인 지점에 병력을 대거 투입한 후 계속해서 병력을 보충하는 공격법을 채택했다. 이 공격법에서는 정력과 집요함이 군사학보다 훨씬 중요했다. 혁명력 2년 플뤼비오즈 14일(1794년 2월 2일), 공안위원회는 이 문제에 관한 자신들의 원칙을 다음과 같이 표명했다.

항상 집단적이고 공격적으로 행동할 것, 쓸데없이 세세할 필요는 없지만 엄격한 규율을 군대 내에서 유지할 것, 과도하지 않은 긴장감을 항상 부대에 심어줄 것, 수비에 절대적으로 필요한 수의 병사만을 막사에 배치할 것, …… 어떤 경우라도 돌격전을 감행하고 적군을 완전히 섬멸할 때까지 추격할 것. 이것이 바로 지켜야 할 일반 규칙이다.

공안위원회는 프레리알 8일(1794년 5월 27일)에 "공격하라, 끊임없이 공격하라."고 명령했고, 프뤽티도르 4일(1794년 8월 21일)에는 "번개처럼 빠르고, 벼락처럼 세차게 공격하라."고 명령을 하달했다. 신속한 기동력, 과감한 공격, 전투에서 발휘한 집요함 등이 노련한 작전 이상으로 승리의 요인이었다.

1794년 6월, 혁명정부의 초인적인 노력의 결과 승리가 확실해졌다. 그러나 그와 동시에 정치적 위기가 재발했고 집권 세력은 분열했다.

테르미도르 반동(혁명력 2년 테르미도르 9일, 1794년 7월 27일)

1794년의 봄이 끝나 갈 무렵 공안위원회가 국민공회와 파리에서 직면한 어려움은 더욱 커졌다. 민중 운동과 혁명정부의 결렬이 분명해진 한편, 의회에서는 반대 세력이 다시 고개를 들었다. 또한 비록 경제적인 어려움이 악화되어 공포 정치가 체제 유지를 위해 불가피한 것으로 받아들여지기는 했지만, 승리가 확보되자 공포 정치를 정당화하고 감내하게 하는 일이 더욱 어려워졌다.

1. 혁명의 승리(1794년 5~7월)

공안위원회의 대외 정책은 기본적으로 주전(主戰) 정책이었다. 당통의 협상 정책은 이제 포기되었다. 협상 정책이 국내의 관용파에게 기회를 제공하고 국민적 활력을 느슨하게 할 우려가 있었기 때문이다. 공안위원회는 대불동맹국들의 분열을 이용하거나 타데우시 코시치우슈코(Tadeusz Kościuszko)의 호소에 따라 봉기한 폴란드인들을 지원하는 데는 아무것도 하지 않으면서 중립국들의 환심을 사려고 했다. 〈공화국의 정치적 상황에 관하여〉라는 로베스피에르의 보고(혁명력 2년 브뤼메르 27일, 1793년 11월 18일)에 따라, 국민공회는 중립적인 열강들의 이익을 존중한다고 선언하고 스위스연방과 미국에게 "공평무사함과 호의, 그리고 존경의 마음"을 표명했다. 이는 선전전(宣傳戰)의 종식을 뜻하는 것이었다.

북부의 국경 지대에는 전투가 개시되기 직전 공화국의 3개 군대가 배치되어, 대서양 연안부터 나무르까지 진영을 펼친 코부르크의 부대와 맞섰다. 피슈그뤼가 지휘하는 15만 명의 노르군은 이에페르를 경유하고, 2만 5천 명의 아르덴군은 샤를루아를 경유하고, 주르당이 지휘하는 4만 명의 모젤군은 리에주를 경유하여 플랑드르를 공략할 예정이었다. 피슈그뤼는 작전 미숙으로 코부르크가 랑드르시를 점령하는 것을 저지하지 못했으나, 혁명력 2년 플로레알 29일(1794년 5월 18일)에 투르쿠앵에서 그를 격파하여 스헬데 강으로부터 대서양에 이르는 국경 지대를 구할 수 있었다. 공안위원회는 아르덴군과 모젤군을 통합한 후 그들을 생쥐스트의 지원을 받은 주르당의 휘하에 9만 명의 규모로 증강시켜(곧 상브르에뫼즈군으로 불림) 샤를루아를 공략하게 했으며, 샤를루아는 메시도르 7일(1794년 6월 25일)에 항복했다. 바로 그날 이에페르에서 피슈그뤼에게 패배한 코부르크는 후퇴했다. 후방을 보호하기 위하여 코부르크는 메시도르 8일(6월 26일)에 샤를루아의 전방인 플뢰뤼스에서 주르당을 향해 공격을 감행했으나, 치열한 전투 끝에 패배했다. 생쥐스트는 종대 대형으로 계속 돌격을 감행하도록 독려하여 승리하는 데 매우 중요한 역할을 담당했다. 그러나 그는 그러한 사실을 국민공회에 보고하지 않았다.

나는 사람들이 승리했다고 떠드는 것을 매우 좋아한다. 그러나 그것이 개인적인 허영심을 채우려는 구실이 되지 않기를 바란다. 사람들은 플뢰뤼스의 승리를 떠들어대지만 그 전투에 참전했던 이들은 말이 없다. 사람들은 요새의 공략을 떠들어대지만 참호에 있던 이들은 말이 없다.

플뢰뤼스의 승리로 벨기에는 해방되었다. 주르당과 피슈그뤼는 브뤼셀에 함께 입성했다. 이어서 피슈그뤼는 영국과 네덜란드의 연합군을 북쪽으로 밀어냈고, 주르당은 오스트리아군을 동쪽으로 몰아냈다. 테르미도르 9일(1794년 7월 27일)에 피슈그뤼는 안트베르펜에, 주르당은 리에주에 입성했다.

피레네 산맥 지대에서는 뒤고미에가 르불루에서 야영을 끝내고(플로레알 12일, 1794년 5월 1일) 카탈루냐로 침입했고, 몽세(Bon-Adrien Jeannot de Moncey)는 서쪽에서 국경을 넘어 도노스티아를 점령했다(테르미도르 7일, 1794년 7월 25일). 알프스 산맥 방면에서는 이탈리아의 침입이 임박한 듯 보였다.

해상에서는 영국 함대가 지중해를 장악하고 파스콸레 파올리(Pasquale Paoli)의 협조를 얻어 코르시카를 점령하기는 했지만, 공화국의 대서양 함대는 여전히 건재했다. 프레리알 9일, 10일, 13일(5월 28일, 29일과 6월 1일)에, 루이 토마 빌라레주아외즈(Louis Thomas Villaret-Joyeuse)의 함대는 아메리카산(産) 소맥을 실은 상선단을 보호하기 위하여 브레스트를 출항한 후 우에상 섬 앞바다에서 리처드 하우(Richard Howe)가 이끄는 영국 함대와 교전을 벌였다. '방제르호(Vengeur는 복수하는 사람이라는 뜻)'가 격침되어 프랑스 측의 손실도 막대했으나, 영국군은 후퇴할 수밖에 없었고 상선단은 무사히 통과했다.

최대의 노력을 기울인 혁명정부는 국내의 위기를 모면하고 승리를 확보하여 대불동맹국들에게 화평을 강요할 수 있는 듯이 보였다. 플로레알 1일(1794년 4월 20일), 비요바렌은 국민공회에서 공안위원회의 이름으로 다음과 같이 선언했다.

우리는 정복하기 위해서가 아니라 승리하기 위해서, 승리에 도취되기 위해서가 아니라 적군 병사의 죽음이 자유의 대의에 아무런 쓸모가 없어지는 순간에 도달하자마자 싸우는 것을 멈추기 위해서 전진했습니다.

그러나 혁명정부는 바야흐로 이러한 목적에 도달하려는 순간 붕괴되었다.

2. 정치적 위기 – 불가능한 타협(1794년 7월)

1794년 7월의 정치적 위기는 여러 측면에서 나타났다. 자코뱅의 독재가 혁명정부 치하에서 집중되고 강화되었던 반면에, 파리에서 자코뱅의 사회적 기반과 국민공회 내에서의 정치적 기반은 끊임없이 축소되어 갔다. 정부의 양 위원회 사이에 나타난 대립과 공안위원회 내부의 반목은 그러한 위기를 더욱 악화했다.

파리뿐만 아니라 전국에서 민중 운동이 혁명정부에게 등을 돌리는 동시에, 여론은 공포 정치에 염증을 느꼈다.

승리가 확실해져 탄압이 더는 불필요한 것으로 간주됨에 따라 공포 정치에 대한 권태감은 더욱 짙어졌다. 사업가 부르주아지는 경제에 대한 정부의 통제를 감내하려고 하지 않고, 1789년의 혁명이 규정한 생산과 교환의 완전한 자유를 가능한 한 빨리 되찾으려고 하였다. 그들은 또한 정부의 통제가 자신들의 소유권을 침해하지나 않을까 전전긍긍했다. 실시되기까지 오랜 시간이 걸린 방토즈의 법령들은 다시 활력을 받을 듯이 보였다. 혐의자를 '가려내기' 위해 여러 민중위원회가 설치되었다. 공안위원회는 주요 공포 정치가들을 임지에서 소환하고, 프레리알 22일의 법을 통해 탄압과 사법상의 중앙 집권화를 재확립하여 공포 정치를 정규화하려고 노력했다. 그러나 공안위원회는 끝내 그 법을 시행하지 못했다. 치안위원회는 각종 소송 사건을 '합동으로' 재판하여 피고인들에게 '집단적으로' 형을 선고하고, '감옥의 음모'를 구실로 삼아 탄압을 가속화하며 그 법을 왜곡했다. 경제적인 어려움에 '단두대 혐오증'까지 겹쳐지자, 여론의 대부분은 혁명정부에 등을 돌렸다.

민중 운동은 제르미날의 참극 사건 이후 혁명정부로부터 점차 멀어졌다. 1794년 봄에 인민들이 국민공회와 정부의 양 위원회에게 보였던 외견상의 충성에도 불구하고, 우리는 구의 정치 활동이 돌이킬 수 없을 정도로 쇠퇴하고 파리의 상퀼로트가 체제에 되돌릴 수 없을 정도로 애정을 잃었다는 것을 확인할 수 있다. "혁명은 얼어붙었다."고 생쥐스트는 지적했다. 그렇게 된 이유는 사회적·정치적 측면에서 발견된다.

먼저 정치적인 면을 살펴보자. 구민총회는 순종적으로 변했고, 상퀼로트가 정치적 권리의 기본적인 표현이라고 여겼던 시와 구의 행정관 선출제는 폐지되었다. '에베르주의'로 낙인찍힌 투사들을 겨냥하여 은밀하게 탄압이 행해졌다. '에베르주의'는 자코뱅적인 중앙 집권화에 반대하고 민중민주주의 체제에 애착을 지닌 구민 운동 지도자들을 공격할 구실을 제공해주는 편리한 용어였다. 그런 와중에 비록 즉시 진압되기는 했지만 몇 차례 구민 폭동 시도가 있었다는 사실은 민중의 반대가 얼마나 끈질겼는가를 보여준다. 플로레알에 마라 구는 '인민의 벗'에 대한 숭배를 부활시켰으나, 프레리알 3일(1794년 5월 22일) 정부의 양 위원회는 전국적으로 행해지는 것이 아닌 '부분적인' 축제를 금지했다. 메시도르 말에 대부분의 구들이 '우애의 향연'을 위한 선전 활동을 펼쳤으나, 곧 비난과 단죄를 받았다.

다음으로 사회적인 면을 살펴보자. 경제 정책의 방향 전환에 민중의 소비자들은 불만을 느꼈다. 숙청을 겪은 후 이제 로베스피에르파인 파이앙의 통제를 받게 된 파리 코뮌은 상거래를 부활시켰다. 메시도르 9일(1794년 6월 27일), 그는 물었다. "민중의 피를 빠는 자들과 식료품 가게 주인들을 향해 끊임없이 푸념을 늘어놓았는데, 과연 무엇을 얻었는가?" 생활필수품에는 공정 가격제가 적용되었지만, 정부는 그 물품들을 징발하지 않고 빵을 공급하는 것으로 만족했을 뿐 분배 문제는 각 지자체 당국에 일임했다. 파리 코뮌은 이제부터 어느 누구도 개인들이 외부로부터 물품을 구입해 들여오는 것을 방해할 수 없다는 점을 분명히 밝힌 후 상거래를 방해하는 자를 체포하라고 지시함으로써 암시장의 형성을 조장하고 공정 가격제의 기반을 무너뜨렸다. 이렇듯 파리 코뮌은 생산자와 수공업자들을 배려했으나, 이는 상퀼로트 가운데 가장 가난한 계층인 노동자와 봉급 생활자들의 희생을 대가로 한 것이었고, 더구나 이들이 권리를 요구하는 행동을 하는 것은 모두 금지했다. 플로레알 이후, 새로운 최고 가격표가 공표되고 통제가 완화된 결과 식량 가격이 폭등하게 되자 임금 인상을 요구하는 노동자들의 소요가 여러 직종에서 확산되었다. 파리 코뮌은 르 샤플리에 법을 적용하여 그러한 소요를 폭력적으로 진압했다. 테르미도르 5일(1794년 7월 23일), 파리 시에 적용되는 최고 임금표의 공표는 이러한 억압 정책의 절정이었다. 이 임금표는 1793년 9월 29일의 법을 엄격하게 적용한 것으로, 노동자들은 종종 상당한 수준의 강압적인 임금 인하를 경험할 수밖에 없었다. 팡테옹의 작업장에서 방토즈에 5리브르를 벌었던 석공은 이제 고작 3리브르 8수를 받게 되었다. 로베스피에르파가 장악한 파리 코뮌 당국이 인민대중의 확고한 지지가 절실히 필요한 바로 그 순간에, 노동자들의 불만이 터져 나왔다.

그런 가운데 국민공회 내의 반대 세력은 소환된 파견의원들과 특히 위협을 느낀 잔혹한 공포 정치가들(카리에, 푸셰), 그리고 부패한 정치가들(바라스, 프레롱, 탈리앵)을 중심으로 결집했다. 부패 분자들의 분파가 다시 만들어진 것이다. 이들은 승리를 확보했다는 이유로 공포 정치를 끝내자고 요구했던 새로운 관용파와, 혁명정부를 단지 임시방편에 불과한 것으로 여겼던 평원파의 지지를 받았다. 이제 민중 운동이 길들여져 민중 봉기가 더는 두렵지 않은 마당에 무슨 이유로 국민공회가 양 위원회의 감독을 계속 감내해야 되겠는가? 족쇄를 벗어던지려고 안달하는 국민공회와 완강한 적의를 보이는 파리의 상퀼로트 사이에서, 혁명정부는 마치 허공에 매달린 격이었다.

정부의 양 위원회는 서로 반목하여, 마침내 몰락을 자초했다.

탄압 임무를 맡은 치안위원회는, 특히 공안위원회가 산하에 경찰국을 설치하여 자신들의 권한을 침해하는 것을 못마땅하게 여겼다. 아마르, 바디에, 불랑과 같이 극단파의 경향과 어울리는 냉혹한 인사들로 구성된 치안위원회는 자신들이 행사하는 권위의 기반인 공포 정치가 연장되기를 바랐다. 무신론자인 그들에게 비기독교화 운동의 중단과 최고 존재에 대한 예배는 또 다른 불만거리였다. 그들은 다비드와 르바를 제외하면 개인적이고 원칙적인 이유 때문에 로베스피에르에게 특히 적대적이었다.

공안위원회가 단결되어 있었더라면 이러한 반대는 쉽게 제압했을 것이다. 그러나 이 위대한 위원회의 내부에서 분열의 기미가 나타났다. 탁월한 업적을 쌓은 로베스피에르는 혁명 프랑스로 보자면 진정한 정부 지도자가 되었다. 그런데 그는 자신뿐만 아니라 남에게도 엄격하여 동료들의 감정을 전혀 고려하지 않았다. 그는 사람들과 거의 친교를 맺지 않고 일정한 거리를 유지했기 때문에 속셈이 있는 사람, 또는 야심가로 오해를 받았다. 이미 지롱드파에 이어 코르들리에파가 이 청렴한 사람에게 가했던 이러한 비난을, 이제 위원회 내부에서 카르노와 비요바렌이 되풀이했다. 비요바렌은 혁명력 2년 플로레알 1일(1794년 4월 20일)에 국민공회에서 다음과 같이 선언했다.

자유를 열망하는 모든 인민은 탁월한 지위에 있는 자들의 덕성도 경계해야 할 것입니다.

기질상으로도 대립했고 권한 문제를 두고서 갈등했을 뿐만 아니라(카르노는 생쥐스트와 격렬한 언쟁을 벌였고, 자신의 군사 계획에 대한 로베스피에르와 생쥐스트의 비판에 신경이 날카로웠다), 사회적 지향성에서도 차이를 보였다. 산악파에 가담한 평원파 인사로서 보수적인 부르주아였던 카르노와 랭데는 경제에 대한 통제를 못마땅하게 여겼고 사회민주주의에 반감을 지녔다. 비요바렌과 콜로 데르부아는 다른 쪽의 극단으로 기울었다. 치안위원회의 엉큼한 책략, 즉 바디에가 "신의 어머니"라 자처했던 노부인(老婦人) 카트린 테오(Catherine Théot)를 이용하여 최고 존재에 대한 예배를 조롱하려고 시도한 것에 크게 감정이 상한 로베스피에르는 메시도르 중순경 위원회에 출석하지 않았고, 이는 반대파에게 유리하게 작용했다.

혁명력 2년 테르미도르 4~5일(1794년 7월 22~23일)에 정부의 양 위원회는 전원이 참석한 가운데 합동으로 회의를 열어 화해를 모색했지만 실패했다. 만약 화해가 이루어지지 않는다면 부패 분자와 새로운 관용파들의 공세를 혁명정부가 견디어낼 수 없다는 점을 그들은 모두 이해하고 있었다. 그런데 생쥐스트와 쿠통은 타협에 응할 자세였지만, 로베스피에르는 거부했다. 로베스피에르는 산악파 내에 있는 자신의 반대파와 이제까지 자신을 지지해 온 평원파 사이에 맺어진 동맹 관계를 결정적으로 분쇄할 작정이었다.

3. 대단원 – 불가능한 민중 봉기

로베스피에르는 그러한 갈등을 국민공회 내로 끌어들이기로 결심했다. 그것은 혁명정부를 계속 유지시킬 것인가 하는 판단을 국민공회에 맡긴다는 것을 의미했으며, 그리하여 민중 운동을 동원하기 어렵고 파리의 상퀼로트가 무관심 내지는 반감을 보이는 상황에서 커다란 위험에 자신을 스스로 노출한 격이었다.

테르미도르 8일(1794년 7월 26일), 로베스피에르는 국민공회의 단상에서 반대파를 공격하고, 공포 정치가 과격하게 행해진 책임을 관용파로 가장한 잔혹한 공포 정치가들의 탓으로 돌렸다. 그러나 그는 자신이 고발한 의원들의 이름을 밝히지 않으려고 해서 몰락을 자초했다. 비난받을 만한 소지가 있는 자들은 모두 위협받고 있다고 느꼈던 것이다. 그날 저녁, 로베스피에르는 자코뱅 클럽에서 박수갈채를 받고 양 위원회는 어찌할 바 몰라 동요하고 있을 즈음, 그의 반대파는 행동을 개시했다. 그날 밤, 오래전부터 로베스피에르의 몰락을 획책해 온 의원들과 그들로부터 공포 정치의 종식을 보장받은 평원파의 음모가 진행되었다. 이 일시적인 공모에서 두려움이 연대의 유일한 근거였다.

테르미도르 9일(1794년 7월 27일), 국민공회의 본회의가 11시에 열렸다. 정오에 생쥐스트는 발언권을 얻었다. 이때부터 모든 것이 일사천리로 진행되었다. 음모자들의 악착같은 의사 방해 공작 때문에 생쥐스트에 이어 로베스피에르도 침묵을 강요당할 수밖에 없었다. 파리 국민방위대의 사령관인 앙리오와 혁명 재판소의 재판장인 르네프랑수아 뒤마

(René-François Dumas)에 대한 체포령이 통과되었다. 엄청난 소란 속에서 루이 루셰(Louis Louchet)라는 무명의 한 의원이 로베스피에르의 체포령을 제안했고 만장일치로 통과되었다. 로베스피에르의 동생 오귀스탱 로베스피에르(Augustin Robespierre)는 형과 운명을 함께하겠다고 요구했고, 쿠통과 생쥐스트의 이름도 명단에 추가되었다. 르바는 추방의 행렬에 가담하는 영광을 달라고 요구했다. 로베스피에르는 울부짖었다. "공화국은 망했다. 악당들이 승리를 거두었다." 방청객들은 국민공회를 떠나 이 놀라운 소식을 구민들에게 전했다. 오후 2시도 채 되지 않은 시각이었다.

파리 코뮌이 봉기를 시도했지만, 조직이나 지휘가 엉성했다. 3시가 되기도 전에 소식을 들은 시장 장바티스트 플뢰리오레스코(Jean-Baptiste Fleuriot-Lescot)와 '국민의 대리인'인 파이앙은 시의회 의원들에게 각기 출신 구로 돌아가 비상 신호를 올리고 경종을 울리도록 종용했다. 6시경, 모든 투사들은 비상소집되었고 구민들은 회의에 들어갔다. 그러나 48개의 구 가운데 단지 16개 구만이 파리 코뮌, 즉 그레브 광장에 국민방위대의 분견대를 파견했을 뿐이다. 이렇듯 제르미날 이후 계속된 구민 운동 지도자에 대한 탄압의 결과가 여실히 드러났다. 그렇지만 상퀼로트의 전위인 포병 중대들은 보병 대대들보다 훨씬 강력한 혁명적 자발성을 보였다. 밤 10시경 봉기군은 수도에 머물던 30개의 포병 중대 가운데 17개 중대와 대포 32문(門)을 접수했다. 반면에 국민공회는 단지 경비 중대만을 휘하에 거느렸다. 몇 시간 동안 코뮌은 화력 면에서 압도적인 우위를 유지했다. 만약 이러한 군사력을 지휘할 만한 지휘관이 한 명이라도 있었다면, 코뮌의 승리는 결정적이었을 것이다. 체포령이 내려진 의원들은 탈출하여 코뮌으로 피신했으며, 거기에서 논의를 거듭했다. 그런 가운데 냉정을 되찾은 국민공회는 반역 의원들을 법의 보호 밖에 두겠다고 선언하였다. 바라스는 군대를 규합할 책임을 부여받았고, 온건한 구민들이 거기에 가담했다. 파리 시청 건물 앞에 모여 있던 국민방위대와 포병들은 명령도 보급도 받지 못한 채 방치되었다. 곧 그들에게도 반역 의원들이 법의 보호를 받지 못한다는 소문이 들렸다. 그레브 광장은 점차 텅 비어 갔다. 다음 날 새벽 2시경 바라스는 시청을 향하여 진격했고, 기습적으로 시청을 점령했다. 파리 코뮌은 제대로 싸움 한번 해보지 못하고 패배했다.

테르미도르 10일(1794년 7월 28일) 저녁에 로베스피에르, 생쥐스트, 쿠통, 그리고 그들을 지지하던 19명이 재판 없이 단두대에서 처형당했다. 다음 날, 이번에는 혁명이 터진 이래 가장 많은 숫자인 71명이 집단 처형되었다.

민중 봉기의 시도 자체만을 놓고 볼 때, 실패의 책임은 어찌할 바를 몰랐던 파리 코뮌의 지도자들과 로베스피에르파에게 있다. 정부 기구의 강화와 많은 구 당국의 이반(離反), 특히 오래전부터 순종적으로 변한 여러 혁명위원회들의 변절에도 불구하고, 상퀼로트들은 몇천 명씩 떼를 지어 시청으로 몰려들었다. 따라서 비록 실패할지라도, 민중 봉기를 감행했던 역전의 용사들을 앞세우고 그레브 광장을 떠나 진격하는 대신 앉아서 최후의 일격을 기다렸던 로베스피에르파가 책임을 져야 마땅하다. 그러나 더 거슬러 올라가면, 테르미도르 9일 사건의 역사적 필연성은 상퀼로트 자체의 모순과 마찬가지로 바로 혁명 운동 자체의 모순에서 연유한다.

로베스피에르는 루소 신봉자였지만 과학과 경제에 대한 소양(素養)이 거의 전무하여, 엘베시우스와 같은 철학자들의 유물론을 매우 싫어했다. 그는 사회와 우주에 관한 유심론적인 관념을 지녔기 때문에 1794년 봄부터 뚜렷하게 드러난 모순에 직면하여 무력할 수밖에 없었다.

그는 비록 혁명정부와 공포 정치를 이론적으로 정당화할 능력은 있었지만, 당시의 사회적·경제적 현실을 정확히 분석할 수는 없었다. 물론 그가 여러 사회 세력 간의 균형을 과소평가했다거나 특권계급과 구체제에 대항한 투쟁에서 부르주아지가 차지하는 압도적인 역할을 무시했다는 것은 아니다. 그러나 로베스피에르는 생쥐스트와 더불어 자기모순의 포로였다. 즉, 두 사람은 상퀼로트를 전적으로 지지하기에는 부르주아지의 이익을 너무 의식했고, 그렇다고 부르주아지의 환심을 사기에는 상퀼로트의 요구에 너무 신경을 썼던 것이다.

혁명정부는 다양하고 모순적인 여러 요소들로 이루어진 사회적 토대에 기반을 두었기 때문에 계급의식이 없었다. 로베스피에르파의 세력 기반이던 자코뱅 클럽은 혁명정부가 요구하는 효율적인 통치 기구를 제공해줄 수 없었다. 왜냐하면 자코뱅 클럽은 계급적 이익으로 결합한 것도 아니었고, 더욱이 엄격한 기율을 갖춘 계급 정당도 아니었기 때문에 정치적 행위를 하는 데 효과적인 수단이 될 수 없었다. 혁명력 2년의 체제는 사회적 관계와 민주주의에 대한 유심론적 관념에 기반을 두었으며, 그 결과는 혁명력 2년의 체제에 치명적이었다.

정치적 차원에서 산악파 부르주아지와 파리의 상퀼로트 사이에, 즉 혁명정부와 구의 투사들 사이에는 일시적인 적대 관계 이상의 근본적인 모순이 존재했다. 전쟁은 권위주의 정부를 필요로 했고, 상퀼로트들은 이 점을 알았기에 스스로 그러한 정부를 형성하는 데 이바지했다. 그러나 전쟁과 그 전쟁이 요구하는 것은, 산악파와 상퀼로트들 모두가 희구했던 민주주의와는 상반되는 것이었다. 그 두 부류가 동일한 민주주의관을 지녔던 것은 아니지만 말이다. 상퀼로트가 실제로 행한 민주주의는 자연스럽게 직접 지배의 경향을 띠었다. 그런데 혁명정부는 그러한 관행이 전쟁의 수행과 양립할 수 없다고 여겼다. 선거로 뽑은 인물에 대한 감독, 위임된 권한을 무효화할 수 있는 인민의 소환권, 함성이나 갈채로써 투표하는 방법 등이 구의 투사들이 형식적 민주주의에 만족하지 않음을 보여주는 특징들이었다. 그러나 이러한 정치적 태도는 부르주아지가 구상하는 자유민주주의와는 어쩔 수 없이 대립했다. 상퀼로트는 특권계급을 분쇄할 수 있는 강력한 정부를 요구했다. 그래서 자신들의 권한을 축소하고 복종을 강요하는 혁명정부를 용서할 수 없었다.

민중 운동과 혁명정부의 관계에서 생긴 문제는 다른 차원에서도 나타났다. 1793년 봄과 여름에 거둔 민중적 승리의 결과 때문에 상퀼로트는 핵심 분자를 대거 상실했다. 파리 구들의 많은 투사들은 단지 야심 때문에 행동한 것은 아니지만 정부의 직위를 차지하는 것이 자신들의 헌신에 대한 정당한 보상이라고 생각했다. 하기야 혁명정부가 효율적으로 기능했던 것은 그런 대가가 치러진 덕분이었다. 1793년 가을 행정부에 숙청이 벌어졌고, 유능한 상퀼로트들이 충원되었다. 그리하여 새로운 형태의 순응주의가 나타났다. 파리 각 구의 혁명위원들이 그 대표적인 예이다. 그들은 상퀼로트 가운데 가장 민중적이고 가장 열렬한 분자들로서 애초에 혁명 인사 가운데 가장 투쟁적인 집단을 이루고 있었다. 그들의 생활 여건과, 그들이 승리를 획득했다는 바로 그 점이 그들의 유급화(有給化)를 요구했다. 혁명력 2년을 지나는 동안 이 투사들은 공무원으로 탈바꿈했고, 기득권을 상실하지나 않을까 하는 두려움 때문에 더욱 혁명정부의 권위에 순응했다. 국내와 국경에서 계급투쟁이 격화되어서 이러한 변화가 불가피했다. 민중 운동 진영의 가장 의식적인 분자들까지도 국가 기구에 들어갔고 혁명정부의 권한을 강화했다. 그러나 그 결과 민중 운동은 약화되었으며 민중 운동과 정부의 관계가 바뀌었다. 국가 방위의 요구가 커짐에 따라 이제 구민 조직의 정치 활동이 제약을 받았다. 동시에 관료화로 인해 점차 대중의 비판

정신과 정치적 전투성이 마비되어, 구의 차원에서는 민주주의가 약화되었다. 마침내 정부 기관에 대한 민중적 통제가 약화되자, 권위주의적 경향이 강해졌다. 이처럼 혁명정부와 그것을 권좌로 끌어올린 민중 운동 사이에 새로운 모순 관계가 나타났다. 로베스피에르파는 이러한 변화를 무기력하게 지켜보았다. 생쥐스트는 "혁명은 얼어붙었다."고 선언했다. 그러나 그는 왜 그렇게 됐는지는 설명하지 못했다.

사회적·경제적 차원에서 드러난 모순은 더욱 극복할 수 없는 것이었다. 경제적 자유주의의 신봉자인 공안위원회의 위원들과 특히 로베스피에르는 단지 대규모 국민 전쟁을 치르는 데 공정 가격제와 징발제가 꼭 필요하다는 이유만으로 통제 경제를 받아들였다. 반면에 상퀼로트는 최고 가격제를 강요받을 때 자신들의 생계 문제에 더 큰 관심을 두었다. 혁명이 아무리 민주적이 된다고 하더라도 그것의 부르주아적 속성이 유지되는 한, 혁명정부는 기업주와 임금 노동자 사이의 균형을 유지하기 위하여 식량의 공정 가격제와 더불어 반드시 최고 임금제를 실시하지 않을 수 없었다. 이러한 정책은 산악파와 상퀼로트 간의 동맹을 전제로 하는 것이었다. 그런데 이 정책은 경제적 자유를 철폐하고 이윤의 추구를 제약하기 때문에 부르주아지, 심지어는 자코뱅파 부르주아지의 이익을 해쳤다. 국가가 구매자였던 군수품 제조업 분야와 곡식과 말먹이의 징발제를 강요받은 농민들을 제외하고, 생산자와 상인들은 최고 가격제를 위반했다. 다른 한편, 상퀼로트는 기본적으로 물가와 임금의 비율에 집착했고, 상황을 이용하여 임금 인상을 꾀했다. 부르주아적 구조를 지닌 사회에서 공안위원회가 위기를 해결하려고 개입했을 때, 그러한 중재는 본래 임금 노동자보다 유산자와 생산자에게 더 유리하게 작용하게 돼 있다. 특히 테르미도르 5일에 파리에서 실시된 최고 임금제가 그 점을 단적으로 보여준다. 혁명력 2년의 통제 경제는 계급적 토대에 기반을 두지 않았기 때문에 불안정할 수밖에 없었다.

혁명정부는 이러한 모순에 의해 침식되어 로베스피에르와 그의 지지자들이 공격받은 이후 회복할 수 없었고, 그들이 건설하고자 했던 평등한 민주공화국 역시 그들과 운명을 같이했다. 그러나 점차 자신들이 시작한 반동의 포로가 되어 갔던 테르미도르파 부르주아지에 맞선 민중 운동은, 그 후로도 10개월 동안 악착스럽고 절망적인 퇴각전을 벌였다. 그것은 끝내 혁명의 활력이 결정적으로 분쇄되는 극적인 투쟁이었다.

5장

테르미도르파의 국민공회
– 부르주아 반동과 민중 운동의 종언
1794년 7월~1795년 5월

    로베스피에르가 몰락하자 혁명정부는 살아남지 못했고, 반동은 급속도로 진전되었다. 필사적인 정치 투쟁의 혼란 속에서 특히 우리의 관심을 끄는 것은, 이 테르미도르 시기에 반동이 드러낸 사회적 성격이다. 혁명력 2년의 체제는 방토즈의 법령들이나 국민구호법과 같은 조치들이 잘 보여주듯이 민중적인 사회적 내용을 지녔다. 정치적 차원에서 그것은 민중이 국사(國事)에 참여할 수 있게 했다. 이렇듯 제헌의회가 부르주아지에게 유리하도록 설정한 부의 특권과 정치적 독점은 심각한 타격을 받았다.

    혁명정부를 억압했던 민중 운동과 파리의 상퀼로트는 확실히 혁명력 2년 제르미날 이후 세력을 잃어 갔고, 그때부터 공안위원회가 내세운 사회적·경제적 정책은 점차 민중적 성격을 줄이는 방향으로 나아갔다. 이런 관점에서 볼 때, 테르미도르 9일의 사건은 하나의 단절이 아니라 기존 경향의 가속화였다. 혁명력 2년 테르미도르부터 다음 해 봄까지 반동이 진전되었지만, 아직 확실하게 결정된 것은 아무것도 없었다. 바로 이 결정적인 시기에 부르주아 혁명과 민중 운동이, 즉 '신사들'과 상퀼로트가 정면으로 대치했다. 혁명의 운명을 최종적으로 가르게 될 대규모 민중 봉기에서 한편은 두려움을, 다른 한편은 희망을 느꼈다. 1789년 이후, 파리의 민중은 무적이었던 것이다.

혁명력 3년 프레리알의 패배는 파리 상퀼로트의 최후이자 민중 운동의 결정적 소멸을 의미했다. 혁명은 부르주아 노선을 되찾았다.

테르미도르 반동의 진전

테르미도르의 시기는 정치 투쟁의 혼란기였다. 그러나 그러한 표면상의 혼란 아래에서 진짜 승부가 벌어졌다. '신사들', 즉 이름하여 '명사(名士)들'이 한동안 자신들에게 법을 강요했던 소부르주아들, 수공업자와 소상점주들, 심지어는 직인들까지, 한마디로 상퀼로트들을 정치 활동으로부터 배제하려고 했다. 민중 운동의 도약기였던 1793년과 마찬가지로, 소수의 산악파와 점차 세력이 커지던 반동적인 다수파의 의회 투쟁이 저변으로 확대되고 증폭되어, 도처에서 반동주의자들과 혁명력 2년의 인사들 사이에 충돌이 벌어졌다. 그러나 민중 운동은 1793년에는 혁명을 가속화하는 요인이었지만, 이제는 방향 감각과 조직력, 지도부까지 상실하여 단순한 저항 세력에 불과하게 되었고 퇴각전을 수행하는 것 이상을 할 수 없었다.

1. 혁명정부의 해체와 공포 정치의 종언(1794년 여름)

공안위원회는 로베스피에르파를 제거했지만, 기존의 통치 체제는 계속 유지하려고 했다. 테르미도르 10일(1794년 7월 28일), 국민공회에서 바레르는 공안위원회의 이름으로 9일의 사건은 "정부의 온전함에 아무런 영향을 끼치지 못하는 부분적인 진통"에 불과한 것이라고 선언했다. "권력이 원천을 되찾아 더 활기가 넘치고 여러 위원회에서 불순분자가 제거된 만큼, 혁명정부의 힘은 백 배나 더 강해질 것입니다." 동시에 바레르는 "정체를 숨긴 몇몇 특권파 인사들이 관용 운운합니다." 라고 비난했다. "관용! 그것은 고의가 아니라 과실일 뿐입니다. 그러나 그것이 특권파의 책동에서 비롯한 것이라면 가증스런 범죄이며, 그들의 과실은 죄악입니다."

그러나 사실상 혁명력 2년의 통치 체제는 안정성과 권력의 집중화, 그리고 (공포 정치를 포기하면서) '강제력' 같은 기본적인 특성들을 상실하여 불과 몇 주 만에 무너지고 말았다.

통치의 안정성은 혁명력 2년 테르미도르 11일(1794년 7월 29일)에 무너졌다. 바로 이날 국민공회는 탈리앵의 제안에 따라, 정부의 양 위원회는 차후부터 전 위원 가운데 4분의 1을 매달 경질해야 하며 경질된 위원은 1개월이 경과하지 않고서는 다시 위원으로 선출될 수 없다고 결정했다. 곧이어 공안위원회에서는 프리외르 드 라 코트도르와 장봉 생탕드레가 배제된 후 탈리앵과 당통파인 튀리오로 교체되는 중요한 인사 이동이 있었다. 오래지 않아 혁명력 2년의 저 위대한 공안위원회의 위원 가운데 카르노만 남게 되었다. 치안위원회에서는 로베스피에르파로 여겨진 다비드, 그레구아르 마리 자고(Grégoire Marie Jagot), 루이샤를 드 라비콩트리(Louis-Charles de Lavicomterie)가 제거된 후 루이 르장드르(Louis Legendre)와 메를랭 드 티옹빌 같은 인사로 교체되었다. 비록 몇몇 국민공회 의원들이 정부에 영향력을 행사하기는 했지만, 정부 인사(人事)의 안정성은 영원히 사라져버렸다.

통치의 집중화는 혁명력 2년 프뤽티도르 7일(1794년 8월 24일)의 법령을 견디어내지 못했다. 이제까지는 공안위원회의 우월성이 통치의 통일성을 보장했다. 그 우월성은 테르미도르 11일 이후 캉봉의 공격을 받았다. 캉봉은 재정위원회를 지배하고 재무부를 관장했는데, 이는 혁명력 2년에 공안위원회로부터 권한 행사를 받지 않은 유일한 부서였다.

13일, 바레르는 이를 고발하며, 사람들이 이렇듯 '도덕적 연방주의'를 세우려 한다고 비난했다. 국민공회는 망설이다 마침내 캉봉의 제안에 따라 프뤽티도르 7일의 법령을 채택했다. 이제 국민공회에 16개의 위원회가 설치될 것이었다. 그 가운데 12개의 주요 위원회가 각기 하나의 집행위원회를 지휘하고 감독했다. 공안위원회는 권한이 축소되어 전쟁과 외교 문제에만 관여했다. 치안위원회는 경찰과 감시에 관한 권한을 유지했다. 법제위원회(Comité de législation)는 국내 행정과 사법 체계에 관한 권한을 새롭게 받아 비중이 커졌다. 이는 통치의 집중화가 종식되었음을 뜻했다. 이제 권력은 특히 정부의 '세 위원회'에서 분할되었다.

공포 정치가 포기되자, 혁명정부의 다른 두 원동력과 함께 '강제력'도 사라졌다. 프레리알 22일의 법령은 테르미도르 14일(1794년 8월 1일)에 폐기되었다. 푸키에탱빌은 구속되었고, 혁명 재판소는 기능을 멈추었다. 혁명 재판소는 23일(1794년 8월 10일)에 메를랭 드 두에의 보고를 기초 삼아 재조직되었다. '범죄 의도의 유무'가 판단 기준이 되어 반혁명적인 의도가 없었다는 구실로 심지어 죄가 입증된 자까지 포함하여 모든 피고들이 석방되었다. 혁명위원회들은 테르미도르 9일 이후 격렬한 비판을 받아 폐지되었고, 그 대신에 프뤽티도르 7일에 대도시에는 구(區, l'arrondissement)마다, 지방의 도에는 군마다 하나씩 감시위원회가 설치되었다. 파리는 48개 구(section)에서 12개 구(arrondissement)로 재편성되었다. 새로운 감시위원회는 민사위원회(comités civils)와 함께, 프뤽티도르 4일(1794년 8월 21일)부터는 열흘에 한 번밖에 모일 수 없게 된 구민총회로부터 독립해 정부 기관이 되었다. 감옥의 문이 활짝 열리고, 테르미도르 18일부터 23일까지(1794년 8월 5~10일) 파리에서만 거의 500명에 이르는 혐의자들이 석방되었다. 이는 공포 정치가 끝났음을 말한다.

2. 온건파와 자코뱅파, 그리고 상퀼로트(1794년 8~10월)

옛 공포 정치가들의 노력에도 불구하고 정치적 반동은 급속도로 진전되었다. 메에 드 라 투슈(Méhée de la Touche)는 프뤽티도르 9일(1794년 8월 26일)에 《로베스피에르의 종말》이라는 제목의 소책자를 통해 공포 정치가들을 격렬하게 비난했다. 프뤽티도르 12일(8월 29일)에 로랑 르쿠앵트르(Laurent Lecointre)로부터 '폭정'에 협력했다는 공격을 받은 바레르, 비요바렌, 콜로 데르부아는 공안위원회의 위원직을 사퇴했다. 한 달 사이에 혁명력 2년의 정부 인사가 완전히 축출되었다.

국민공회 내에서 산악파는 모든 영향력을 상실하여 풍자적으로 '산정파(山頂派)'에 불과해졌으며, 이마저도 점차 많은 이탈자가 생겨나 진영이 축소되었다. 이제 평원파가 의회를 장악했다. 평원파는 전향한 공포 정치가들과 이탈한 산악파 인사들로 충원되어 중도의 다수파를 형성했다. 그 가운데 장자크레지 드 캉바세레스*와 메를랭 드 두에가 지도적인 위치를 차지했다. 평원파 인사들은 그들의 사회적 경향이 어떠한가를 명확하게 드러내 보였다. 그들은 통제 경제 못지않게 사회민주주의에도 반대했다. 또한 부르주아지의 일원으로서 부르주아지의 사회적 우위를 되살리고 사회 계서제를 재확립하며 민중을 종속적인 위치로 되돌리려고 했다. 프뤽티도르 27일(1794년 9월 13일), 산정파인 조제프피에르마리 파이오(Joseph-Pierre-Marie Fayau)가 "재산이 전

캉바세레스(Jean-Jacques-Régis de Cambacérès, 1753~1824) 몽펠리에의 유력한 법률가 가문 출신으로 국민공회 의원에 당선되었다. 국민공회를 지배하는 모든 당파와 차례로 관계했다. 자신을 드러내지 않으면서 자신을 보존하고 공무와 관계가 끊어지지 않는 범위 내에서 사람들과 관계를 유지했다. 이런 태도 덕분에 테르미도르 반동 이후에 갑자기 주목받는 정치가로 부상했다. '테르미도르파' 공안위원회의 위원, 오백인의회 의원에 이어 1799년에는 법무장관이 되었다. '혁명력 8년의 헌법'(1800년) 치하에서 제1통령 보나파르트에 이어 제2통령으로 지명되었으며, 제정(帝政)이 되자 대법관이 되었다. 나폴레옹이 몰락한 후에 국외로 추방되었다가 1818년에 귀국했다. 요직에 있을 때 축적한 재산으로 죽을 때까지 호화스런 생활을 누렸다.

혀 없거나 조금밖에 없는 공화주의자들"에게 유리한 국유 재산의 새로운 매각 방식을 제안했을 때, 샤랑트앵페리외르 도 출신 의원인 폴 오귀스탱 로조(Paul Augustin Lozeau)는 다음과 같이 파이오를 공박했다.

2천4백만 명의 사람들로 이루어진 공화국에서 모두가 경작자가 되기는 불가능합니다. 마찬가지로 국민의 대다수가 토지 소유자가 되는 것도 불가능합니다. 왜냐하면 만일 그러한 가정대로라면 각자는 살기 위해서 자신의 땅을 경작하거나 포도를 재배해야 하는데, 그렇다면 상업과 기술과 공업은 곧 사라지게 될 것이기 때문입니다.

테르미도르파는 독립적인 소생산자로 이루어진 국가라는 민중의 이상을 거부했다. 그렇지만 평원파 인사들은 혁명에 확고하게 집착했기에, 공화국을 지켜야 한다고 생각했다. 그리하여 혁명력 3년 브뤼메르 25일(1794년 11월 15일)에 평원파가 내세운 법규를 마련하여 망명자를 계속 처벌했다. 그들의 정책 목표는 모든 '1789년의 애국파 인사들'을 규합해 반혁명의 진행을 막고 체제를 안정시키는 것이었다. 그러나 1793년 당시와 마찬가지로 최종 결정권은 국민공회의 손아귀를 벗어나 있었다. 결정은 외부로부터 국민공회에 부과되었다.

파리에서 혁명력 2년 테르미도르부터 혁명력 3년 브뤼메르까지(1794년 8~10월) 세 정파가 혼란스런 정치 투쟁 속에서 삼파전을 벌였다. 온건파는 1791년 당시의 노선을 따라 '신사들', 말하자면 유복한 부르주아지의 사회적 우위를 재확립하려고 했다. '신(新)에베르파'는 혁명정부에 대항하는 민중적 경향을 대변했다. '선거 클럽'을 중심으로 결집한 그들은 뮈제옴 구를 장악했다. 신에베르파는 선거를 통해 파리에 자치체를 다시 세우고, 1793년의 민주헌법을 실시하라고 요구했다. 마지막으로, 자코뱅파는 평화가 도래할 때까지 통치의 중앙 집권화와 혁명력 2년의 탄압 조치를 계속 유지해야 한다고 주장했다.

'선거 클럽'의 선전 활동은 민중 세력을 분열시키고 자코뱅파를 고립시켜 반동의 진전을 조장했다. '신에베르파'는 단지 공포 정치와 로베스피에르에게 반감을 품고 온건파와 결합했지만, 곧 통탄할 만한 결과로 이어진 변화를 부르는 데 이바지했다. 테르미도르 9일의 사건 이후에 만들어진 '선거 클럽'은 옛 '에베르파'인 프랑수아 뱅상 르그레(François Vincent Legray)나 옛 격앙파인 바를레와 같은 인사들의 자극을 받아, 혁명력 2년의 체제에 대한 비난 활동을 전개했다. 프랑수아노엘 바뵈프*는 〈언론자유일보(Journal de la liberté de la presse)〉를 통해 그러한 활동을 지지했다. 그는 프뤽티도르 19일(1794년 9월 5일)에 "테르미도르 10일의 사건은 한 시대의 종말을 뜻한다. 그 이후 우리는 자유를 부활시키기 위하여 노력해 왔다."고 썼다. 그러나 그는 정치 투쟁이 사회적 갈등에 기반을 두고 있음을 감지하지 못했다. 바뵈프는 〈언론자유일보〉 혁명력 3년 방데미에르 1일(1794년 9월 22일) 자에서 프랑스에는 오직 두 개의 당파만이 존재한다고 지적했다. "한편은 로베스피에르의 정부를 유지하려고 하고, 다른 한편은 전적으로 인간의 영원

바뵈프(François-Noël Babeuf 또는 Gracchus Babeuf, 1760~1797) 초기 공산주의 운동의 지도자. 아버지로부터 교육받은 것 외에는 정규 교육을 받지 못한 채 가난하게 자랐다. 15세에 토지대장 관리인의 수습을 마치고 영주들의 지대 징수 일을 하면서 어머니와 가족들을 돌보았다. 영주의 봉건적 착취를 용이하게 해주었던 자신의 일을 통해 궁핍한 농민의 실정을 알게 되었으며, 봉건제의 본질을 인식하게 되었다. 혁명기에는 다양한 활동을 했으나, 그의 진정한 공적은 테르미도르 반동과 함께 시작되었다. 처음에는 테르미도르의 반동을 환영했으나, 곧 과격파의 잔류자들과 협력하여 재산의 평등을 위해 싸웠으며 〈호민관〉이 그의 선전지였다. 총재정부 성립 후에는 정치 결사인 팡테옹 클럽에 가입해 활동했다. 총재정부에 대한 반란 비밀 조직을 결성했으나 비밀이 누설되어 체포된 후 처형되었다. 그의 평등주의는 프랑스혁명에서 사회주의나 공산주의 사상을 대표하며, 그의 폭력혁명론은 바뵈프주의라고 불린다.

한 권리에 기반을 둔 정부를 재수립하려고 한다."

비록 바뵈프와 '선거 클럽', 그리고 온건한 반동분자들 사이에 공모가 있었던 것은 아니지만, 조르주 르페브르가 지적했듯이 여하튼 바뵈프와 '선거 클럽'의 행동이 온건파의 승리에 도움이 되었던 것만은 틀림없다. 바뵈프는 프리메르 28일(1794년 12월 18일)에 그의 선전지 〈호민관(Tribun du peuple)〉에서 그 점을 인정하였다.

자코뱅파는 테르미도르 11일(1794년 7월 29일)에 르장드르가 다시 문을 연 자코뱅 협회를 통하여 저항을 개시했다. 자코뱅 협회는 카리에의 요구에 따라 변절한 공포 정치가들인 프레롱, 르쿠앵트르, 탈리앵을 프뤽티도르 17일(9월 3일)에 제명 처분했다. 자코뱅파는 피에르장 오두앵(Pierre-Jean Audouin)의 〈보통일보(Journal universel)〉와, 샬(Chasles)과 르부아(Lebois)의 〈인민의 벗〉의 지지를 받아 공포 정치 체제로 복귀해야 한다고 주장했다. "감히 고개를 들어 모습을 보이는 특권파를 절멸하자." 프뤽티도르 19일(9월 5일), 자코뱅 클럽은 혐의자 법을 실시할 것, '범의(犯意)의 문제'에 관한 법령을 새롭게 토의에 부칠 것, 귀족과 성직자들을 모든 공직으로부터 추방할 것, 마지막으로 언론의 자유를 제한할 것을 골자로 하는 디종 시(市) 자코뱅파의 청원을 강령으로 채택했다. 파리의 8개 구가 디종 시 자코뱅파의 청원을 지지했다. 자코뱅파의 압력은 프뤽티도르 내내 기세를 떨쳤고, 혁명력 2년 상퀼로티드의 제5일(9월 21일)에 마라의 유해를 팡테옹으로 이장하면서 그 압력은 절정에 달했다. 랭데는 상퀼로티드의 제4일(9월 20일)에, 한편으로 옛 공포 정치가들의 신변 안전을 보장하면서도 혁명적인 탄압책의 확대를 거부하고, 다른 한편으로 "재산의 도피"를 꿈꾸는 자들을 비난하면서도 상업의 자유를 회복할 타협적인 성격의 강령을 담은 보고서를 국민공회에 제출했다. 혁명력 3년 방데미에르 10일(1794년 10월 1일), 파리 10여 개 구의 자코뱅파 인사들 대부분은 랭데의 제안을 격렬하게 비난했다. 자코뱅파의 자극을 받은 구민들의 소요는 반동에 몸을 맡기고 있던 대부분의 국민공회 의원들을 불안하게 했다. 그러나 민중의 지지를 추구했던 두 운동 — 신에베르파와 자코뱅파의 운동 — 은 서로를 방해하면서 스스로 무력해졌다. 승리는 온건파의 손아귀를 떠나지 않을 것이었다.

온건파의 공세는 혁명력 2년 체제와 특히 자코뱅파를 반대하는 우파의 모든 잡다한 세력, 즉 보수적인 부르주아, 왕당파, 입헌군주파 사이에 형성된 일종의 동맹 관계로 이어졌다. 이들은 정도의 차이는 있지만 모두 구체제를 공개적으로 지지하는 자들이었다. 이들의 강령은 공포정치가들에게 복수하고 상퀼로트를 굴복시키며 정치적으로나 사회적인 측면에서 민주주의로 회귀하는 것을 막자는 것처럼, 전적으로 부정적인 성격의 것이었다. 이들은 언론뿐만 아니라 '귀공자행동대'라는 두 가지 행동 수단을 더욱 중요하게 활용했다.

자코뱅파 계열의 신문들이 정부의 보조금을 받지 못하게 됨에 따라 이제 재원이 풍부한 반동적인 언론이 득세했다. 우파 언론인들은 그 가운데 한 사람으로서 〈프랑스 공화주의자(Républicain français)〉를 간행하던 라크르텔(Jean Charles Dominque de Lacretelle)의 제안에 따라 반혁명적인 전략을 공동으로 모색하기 위한 위원회를 결성했다. 그들의 관심사는 "국민공회가 무질서의 일탈이라는 견디기 힘든 2년을 겪은 뒤에 다시 제 길로 돌아오게 하는 일"이었다. 위원회에는 〈정치통신(Correspondance politique)〉의 장 조제프 뒤소(Jean Joseph Dussault), 〈논쟁(Débats)〉의 베르탱(Bertin) 형제, 〈저녁의 사자(Messager du soir)〉의 이시도르 토마 랑글루아(Isidore Thomas Langlois) 등이 속해 있었다. 프레롱은 프뤽티도르 25일(1794년 9월 11일)에 〈인민의 대변인(Orateur du peuple)〉을 속간했고, 탈리앵은 혁명력 3년 브뤼메르 1일(10월 22일)에 〈시민의 벗(L'Ami du citoyen)〉을 창간했다. 자코뱅파를 비난하는 많은 소책자들이 출간되었다. 예컨대 프뤽티도르 말에 《자코뱅파의 정체를 밝힌다(Les Jacobins démasqués)》가, 방데미에르에는 《자코뱅파를 법의 보호망 밖에 두자(Les Jacobins hors la loi)》가 나왔다. 욕설과 비난, 중상모략과 협박이 이른바 '흡혈귀', '무정부주의자', '외골수'로 불린 자코뱅파를 통상적으로 공격하는 방법이었다. 그러한 언론 운동의 사회적 성격은, '금리 생활자들의 도살자', '유산자의 로베스피에르'로 불렀던 캉봉이나 혁명력 2년에 경제 문제를 책임졌던 랭데를 겨냥한 공격에서 잘 나타난다. '신사들', 말하자면 돈 많은 명사들은 그들을 용서할 수 없었다.

프뤽티도르 말부터는 '청년행동대'가 반동의 주요한 행동 수단이었다. 이 단체는 변절한 공포 정치가들인 프레롱(그래서 사람들은 청년행동대를 '프레롱의 귀공자행동대'라고 불렀다), 탈리앵, 메를랭 드 티옹빌 등이 조직했다. 부르주아의 자제, 법원 서기, 은행원, 점원이 중심 대원이었으며, 기타 징병 기피자, 미귀병(未歸兵), 탈영병으로 충원되기도 했다. 대원 중의 한 사람인 뒤발은 《테르미도르파의 회상록》에서 다음과 같이 언급했다.

우리들은 거의 대부분 혹은 전부가 징병 기피자였다. 그래서 사람들은 우리들이 상브르에뫼즈군(軍)에서보다 파리의 거리에서 공공 이익에 더욱 효과적으로 봉사하게 될 것이라고 말하곤 했다.

'청년행동대원들'은 얼굴 양쪽으로 늘어뜨린 장발이나 제복에 달린 네모꼴의 옷깃으로 쉽게 알아볼 수 있었다. 곤봉으로 무장한 그들의 집합 신호는 '자코뱅파 타도! 국민공회 만세!'라는 함성이나 '그들은 우리를 피할 수 없으리!'라는 후렴구가 들어간 〈인민의 각성〉이라는 제목의 노래였다. 반대파가 '멋쟁이들'이라고 부른 '청년행동대원들'의 지휘 본부는 팔레에갈리테*의 샤르트르 카페에 자리 잡았다. 바로 이곳에서 대원들은 프뤽티도르 말에 자코뱅파나 그런 평판을 받는 인사들을 공격하여 최초의 난투극을 벌였다. 귀공자행동대는 치안위원회와 불순분자가 제거된 여러 감시위원회의 묵인을 등에 업고 곧 거리를 장악했다. 그들이 국민적 대표체의 옹호자로 자처했기에 부르주아 반동이 국민공회에 가한 압력은 더욱 기만적이었다. 곧이어 귀공자행동대는 망설이는 의회의 다수파에게 압력을 가하여, 그들이 원하는 것보다 훨씬 더 반동적인 방향으로 이끌었다.

3. 자코뱅파와 상퀼로트들의 추방(1794년 10월~1795년 3월)

혁명력 3년 브뤼메르의 격변은 테르미도르 시기의 정치적 변화 가운데 핵심적인 중요성을 띤다. 자코뱅 협회가 해산되고 선거 클럽이 폐쇄되었으며, 파리의 구들이 반동의 손아귀에 떨어졌다.

자코뱅파의 몰락은, 대체로 자코뱅 협회가 해산되기 몇 주 전부터 민중의 지지를 상실한 결과였다. 르네 르바쇠르*의 《회상록(Mémoires)》의 표현에 따르면, 민중이 "사직서를 던지고 난" 뒤로 자코뱅 클럽은 "무력한 지렛대"에 불과해졌다. 혁명력 3년 방데미에르 25일(1794년 10월 16일), 국민공회는 자코뱅 협회 산하의 여러 클럽들 간의 제휴와 집

팔레에갈리테(Palais-Égalité) 군주정의 몰락 이후 팔레루아얄(Palais-Royal)이 팔레에갈리테로 개칭되었다. '평등궁(平等宮)'이라는 뜻이다.
르바쇠르(René Levasseur, 1747~1834) 산부인과 의사 출신으로서 혁명 후 지방 행정을 경험한 후 국민공회 의원이 됐다. 산악파로서 지롱드파에 반대했고 지롱드파 몰락 이후에는 당통파에 반대했다. 로베스피에르 몰락 후에도 테르미도르파의 탈리앵 등을 비판했으며, 계속 의연하게 자코뱅 클럽에 남아 1794년에 열린 카리에 재판에서 그를 옹호했다. 제르미날의 민중봉기에 연루되어 투옥되었으나, 곧 사면되어 의사 활동으로 복귀했다.

단적인 청원을 금지해 자코뱅파의 조직을 마비시켰다. 브뤼메르에 자코뱅 클럽에서 이탈자가 속출했던 반면에, '청년행동대'의 공세는 더욱 거세졌다. 그달 19일(11월 9일), 청년행동대는 자코뱅 클럽을 겨냥한 첫 번째 원정을 벌였다. 이틀 후 벌어진 카리에 사건은 청년행동대에게 결정적인 기회를 제공했다. 전년도 겨울에 카리에는 파리로 132명의 낭트인들을 소환한 바 있었다. 그러나 혁명 재판소는 그들을 무죄 방면했고, 카리에가 법정에 서게 됐다. 브뤼메르 21일(1794년 11월 11일), 국민공회에서 롬은 기소하기로 결정했으나 확실한 태도를 유보했다. 그날 저녁, 프레롱은 의회에 압력을 가하려고 청년행동대를 이끌고 생토노레 가의 자코뱅 클럽을 엄습했다. "맹수의 소굴을 급습하러 가자!" 주먹질이 오가는 난투극이 벌어졌고, 군대가 질서를 유지하기 위해 개입했다. 정부의 세 위원회는 클럽의 폐쇄를 결정했고, 다음 날 국민공회는 그 결정을 승인했다.

　곧이어 선거 클럽도 폐쇄되었다. 부르주아 반동의 진전은 좌파 반대자들의 반(反)자코뱅적인 열정을 침묵시켰고, 자코뱅 클럽이 문을 닫은 후 한동안 선거 클럽은 모든 민중적인 반대 세력을 결집했다. 그러나 결국 선거 클럽도 뮈제옴 구의 집회장으로부터 쫓겨나 혁명력 3년 프리메르 초순경(1794년 11월 말경)에 문을 닫았다.
　민중적 저항의 두 거점인 자코뱅 협회와 선거 클럽이 사라지자 온건파는 파리의 구들을 쉽게 장악했다. 방데미에르 말경부터 귀공자행동대 대원들이 구민총회에 참석하기 시작했고, 행동대의 우두머리 가운데 한 사람인 쥘리앙(Jullian)은 튈르리 구 지도자의 한 사람이 되었다. 자코뱅파가 장악하고 있던 구들은 점차 굴복했고, 로베스피에르의 출신 구인 피크 구는 프리메르 10일(1794년 11월 30일)까지 견뎠을 뿐이다. 일단 구의 투사들이 제거된 마당에, 온건한 부르주아지에 대항해서 반동에 맞설 수 있는 민중 세력이 더는 존재하지 않았다. 이제 반동의 물결이 제도뿐만 아니라 개인들에게도 밀어닥쳤다. 백색 공포가 나타났다.

1794~1975년의 겨울, 즉 혁명력 3년 프리메르부터 방토즈에 이르는 기간에 백색 공포의 초기 형태라고 할 수 있는 반(反)공포 정치와 상퀼로트 축출 운동이 나타났다. 공포 정치의 주역들이 이미 제거되었기에 테르미도르 9일 사건 직후에 벌어졌던 사태와 같은 진정한 의미의 숙청은 나타나지 않았다. 그 대신 복수극이 난무했다. 초기에는 주요한 공포 정치가들을 겨냥했던 탄압의 물결이, 이제 종래의 모든 구민 인사들에게까지 확대되었다. 그리하여 옛 투사들의 공화주의적인 모든 가치 체계가 공격받으면서 탄압의 사회적 속성이 명확하게 드러났다. 바뵈프는 혁명력 3년 프리메르 28일(1794년 12월 18일) 자 〈호민관〉에서, 자코뱅파의 추방에 뒤이어 상퀼로트를 대변하는 모든 것이 추방된 것을 비난했다.

카리에의 재판과 함께 반(反)공포 정치가 나타났다. 카리에는 프리메르 3일(1794년 11월 23일)에 혁명 재판소로 이송되어 26일(12월 16일)에 단두대에서 처형되었다. 그는 낭트에서 벌어진 익사 처형 사건에 대한 책임을 부인했지만, 무장 반도(叛徒) 처벌법에 의거한 총살형 집행에는 책임이 있음을 인정했다. 메를랭 드 두에의 발의에 따라, 1793년 5월 31일~6월 2일의 사건에 항의했다는 이유로 체포되었다가 처형 직전에 로베스피에르에게 구출된 75명의 지롱드파 인사들이, 사직하거나 제명되었던 몇몇 의원들과 더불어 프리메르 18일(1794년 12월 8일)에 국민공회에 복귀했다. 이들 78명은 모두 피에르클로드프랑수아 도누*와 같이 온건파이거나 랑쥐네와 같은 반동분자, 또는 살라댕(Saladin)과 같이 심지어 왕정주의에 호의를 지닌 자들이었다. 이들의 복귀는 우파의 세력을 증강했다. 정부의 양 위원회에서 일했던 전직 위원들에 대한 비난이 맹렬하게 전개되자, 국민공회는 이에 굴복하여 니보즈 7일(12월 27일)에 바레르, 비요바렌, 콜로 데르부아, 바디에의 범죄 사실을 조사하기 위한 위원회를 구성했다. 캉바세레스가 그들의 사면을 제안했지만 허사였다. 사건이 질질 시간을 끌자, 귀공자행동대는 온건파 국민공회 의원들의 저항을 분쇄하기 위해 더욱 강하게 압박을 가했다.

이에 발맞추어 파리의 구에서는 상퀼로트 축출 운동이 벌어졌다. 48개 구 가운데 최소한 37개 구에서 종전의 구민 인사들의 행위를 조사하기 위한 위원회가 만들어졌다. 152명의 전직 혁명위원을 포함하여 200명에 달하는 옛 투사들이 11개 구에서 재판에 회부되었다. 그들은 정치적 권리를 박탈당하고 "대중의 멸시"를 받으며, 천민처럼 사회로부터 따돌림을 받았다. 정부는 혁명력 2년의 특별 세입(강제 공채, 기부금 등) 운용에 대하여 회계 감사를 요구하는 프리메르 13일(1794년 12월 3일)의 법을 제정하며 그러한 움직임을 고무하거나, 적어도 그것을 방해하지는 않았다. 상퀼로트 축출 운동의 사회적 성격은 반동적인 구민들이 제시한 주요한 요구 사항들에서 잘 드러난다. 혁명력 2년의 사회적·경제적 체제는 부르주아지에게 깊은 상처를 안겨주었다. 종래의 매점 행위 조사위원들이 이제 특히 공격 목표가 되었으며 징발, 강제 공채, 매점 상품의 몰수 등은 소유권을 침해하는 범죄가 되었다. 그들은 '살인마'만이 아니라, "재산의 분배"를 설파했기에 '수평파'로도 불렸다. 상퀼로트 축출 운동은 혁명력 2년에 정치적 안전, 경제적 이익,

---

도누(Pierre-Claude-François Daunou, 1761~1840) 성직자 출신으로 '민사 기본법'을 환영했고, 국민공회 의원이 됐다. 국왕 처형과 지롱드파의 축출에 반대하여 1793년 10월에 투옥됐다. 테르미도르 반동 후 국민공회에 복귀하여 공안위원이 되었고, 혁명력 3년의 헌법 기초에 영향을 끼쳤다. '프랑스 학사원'의 창설 회원으로서 혁명력 4년 브뤼메르 3일의 교육법을 기초했다. 오백인의회 의원이 되어 1798년에 '로마공화국'의 조직을 책임졌고, 나폴레옹이 집권한 후에는 그에게 봉사했다.

사회적 특권 등을 침해받은 부르주아지가 되돌려주는 반작용이었다.

반(反)공포 정치의 열정은 겨우내 고조되어 갔다. 플뤼비오즈 11일 (1795년 1월 30일), 탕플 구는 자신들의 옛 혁명위원회를 국민공회에 고발하면서, "이 잔인한 자들을 타도하라"고 촉구했다. 그리고 방토즈 11일(3월 1일)에 몽트뢰유 구는 국민공회에 다음과 같이 요구했다.

여러분은 이 땅에서 그러한 식인종들을 제거하는 데 무엇을 망설입니까? 그들의 창백한 안색과 움푹 팬 눈은 그들의 양부(養父)가 어떤 인물인지를 충분히 보여주고 있지 않습니까? 그들을 체포하게 하시오. …… 법의 양날 검이 그들이 그렇게 오랫동안 더럽혀 왔던 공기를 그들로부터 빼앗아 갈 것입니다.

이제 '멋쟁이들'은 길거리에서 반대파들을 공공연하게 괴롭혔으며, 〈저녁의 사자〉는 그러한 행동을 "공민적 산책"이라고 불렀다. 멋쟁이들은 친자코뱅파로 소문나 있는 카페들을 약탈했다. 플뤼비오즈에 그들은 극장으로 쳐들어가 자코뱅파 배우들에게 공개적으로 사과하라고 강요했고, 〈라 마르세예즈〉의 연주를 금지하는 대신 〈공포 정치가에 대항하여 민중이여 각성하라〉라는 곡을 연주하게 했다. 이어서 마라의 흉상을 없애자는 주장이 나왔다. 상퀼로트들이 항의하고 난투극이 벌어지곤 했지만, 정부의 세 위원회는 이 주장에 굴복했다. 플뤼비오즈 21일(2월 9일), 자유의 순교자인 르펠르티에 및 마라의 흉상과 그들의 죽음을 묘사한 다비드의 그림들이 관람석을 가득 메운 귀공자행동대 대원들의 환호를 받으며 국민공회 의사당에서 철거되었다. 마라와 조국을 위해 숨져 간 젊은 영웅 조제프 바라(Joseph Bara)와 조제프 아그리콜 비알라(Joseph Agricol Viala) 등의 유해가 팡테옹에서 쫓겨났다. 모살(謀殺)을 선동하는 분위기가 고조되었다. 방토즈 4일(2월 22일),

옛 공포 정치가들에 관하여 스타니슬라스 조제프 프랑수아 자비에 로베르(Stanislas Joseph François Xavier Rovère)는 선언했다. "만약 여러분이 그러한 자들을 처벌하지 않는다면, 프랑스인 가운데 어느 누가 그들을 처단할 권리를 지니겠습니까." 다음 날(2월 23일), 메를랭 드 두에는 테르미도르 10일 이후에 파면된 모든 관리는 그날 이전에 거주했던 코뮌으로 되돌아가서 그곳 지자체의 감시를 받아야 한다는 내용의 법령을 통과시켰다. 몇몇 지역에서는 이것이 곧 학살을 뜻하는 것이었다. 방토즈 12일(3월 2일), 마침내 이러한 상황에 굴복한 국민공회는 바레르, 비요바렌, 콜로 데르부아, 바디에 등을 즉각 체포하기로 결정했다. 이후 의회는 귀공자행동대의 포로가 되었다. 계속 규모가 커진 병역 기피자와 탈영병, 그리고 몰수된 재산의 회복을 끈질기게 요구하는 귀국한 망명 귀족의 합세로 그 힘은 더욱 커졌다.

지방에서 백색 공포가 나타나기 시작했다. 혁명력 3년 플뤼비오즈 14일(1795년 2월 2일), 리옹에서는 감금되어 있던 옛 공포 정치가들을 처음으로 학살했다. 니보즈부터 동남 지역 전역에서 개별적인 처형 행위가 나타나기 시작했다. 이어서 '예수단', '여호와단', 또는 '태양단'이라는 여러 행동대가 조직되어 공포 정치가들과 자코뱅파 인사들과 결국 모든 '1789년의 애국파 인사들'과 특히 국유 재산의 취득자들을 추적했다. 파견의원들은 예컨대 마르세유의 샹봉이나 바르 도의 지롱드파인 이스나르처럼 그러한 행동대의 결성을 고무하거나, 적어도 그것을 방해하지는 않았다. 학살 사건이 빈번하게 벌어졌다. 리옹에서는 '마테봉(Mathevons)'이라는 별칭으로 불리는 자코뱅파 인사들이 매일 살해되었다. 님에서도 방토즈 5일(1795년 2월 23일)에 죄수들이 학살되었다. 정부의 공격과 파견의원들의 비난을 받은 자코뱅파는 저항할 어떠한 힘도 없었다.

이후 국민공회는 무기력하게 사태를 수수방관했다. 인플레이션, 기근, 추위로 인해 민중의 고통이 심화되고 그들 사이에 반란의 정신이 퍼져 나가자, 국민공회는 파리의 상퀼로트가 반격하지나 않을까 두려워서 극우 반동의 과격 행위와 백색 공포의 살인 행위을 묵인했던 것이다.

4. 신구 부유층, 귀부인과 귀공자

정치적 · 사회적 반동과 더불어 도덕적 반동도 나타났다. 혁명력 2년에 민중은 공화주의적 덕성을 천부적으로 소유한 존재로 간주되어 찬양을 받았으나, 이제는 멸시를 받게 되었다. 귀공자행동대의 우두머리 가운데 한 사람인 쥘리앙은《회상록》에서 민중은 "사적인 덕성으로 맡은 바 본분을 다할 때는 의심의 여지 없이 매우 존경할 만하지만", 공직을 맡아서는 안 된다고 주장했다. 민중의 "소박함"은 이제 상스러운 것이 되었다. 1794년 프레리알이 되자, '상퀼로트주의'는 체포할 충분한 사유가 되었다. 혁명력 2년에는 비난이 대상이던 사치가 되살이났다. 공화주의적인 엄격함이 사라졌고, 한동안 억압받았던 유산계급은 열광적으로 쾌락을 추구했다. 쾌락을 쫓는 부르주아들의 기관지인 〈저녁의 사자〉 프리메르 2일(1794년 11월 22일) 자에는 다음과 같은 내용의 글이 실렸다.

공포 정치 시대에 멀리 달아났던 우아함과 유쾌함이 다시 파리로 되돌아왔다. 황금색의 가발을 쓴 우리의 어여쁜 아가씨들이 사람들의 넋을 앗아 가고 있으며, 감미로운 연주회가 사교계뿐만 아니라 일반 대중을 위해서도 열린다. …… 살인자들, 비요와 같은 자들, 콜로와 같은 자들, 격앙파의 무리들은 이러한 여론의 역전을 '반혁명'이라고 부른다.

긴 바지, 작업복, 특히 곧은 머리칼과 붉은 혁명모 같은 상퀼로트의 의상이 유행에서 밀려났다. 부르주아 젊은이들은 괴상한 옷차림으로 눈에 띄었다. 캉봉은 이에 대해 니보즈 8일(1794년 12월 28일)에 다음과 같이 비난했다. "상퀼로트를 흉내 내느라 누더기를 뒤집어쓴 요즘 사람들의 행동거지와 말씨는 우스꽝스럽기 짝이 없다."

춤이 대유행했다. 공중 무도회가 도처에서 열렸는데, 심지어 9월의 학살 사건이 벌어졌던 레 카름 교도소와 옛 공동묘지인 생쉴피스에서도 열렸다. '희생자의 무도회'에는 오직 단두대에서 처형된 가족이 있는 이들만 입장이 허용되었다. 거기에서 사람들은 디도(사도 바울의 친구)가 하던 식으로 머리를 자르고 목덜미는 마치 사형집행인이 해놓은 것처럼 풀어헤쳤으며 목에는 붉은 명주실을 늘어뜨렸다. 존대를 하지 않고 말을 놓는 것이 금지되었다. 그리하여 '시투아이앵(citoyen)', '시투아이엔(citoyenne, 여자 시민)'에 대신해서 '신사(monsieur)'와 '숙녀(madame)'라는 호칭이 다시 나타났다.

사교 생활이 살롱을 중심으로 하여 다시 활기를 띠었다. 니보즈 6일(1794년 12월 26일)에 탈리앵과 결혼한 라 카바뤼(La Cabarrus) — 찬미자들은 그녀를 '테르미도르의 성모'라고 불렀다. — 는 쿠르라렌 가에 '쇼미에르(Chaumière, 초가집이라는 뜻)'라는 이름의 살롱을 개설했고, 그리스풍의 짧은 반투명 드레스를 유행시켜 귀부인의 모범이 되었다. 곧이어 아믈랭(Hamelin) 부인, 레카미에(Récamier) 부인 등이 유명해졌다. 한동안 공포 정치의 제약을 받았던 금융업자, 은행가, 군수품 납품업자, 투기업자들이 우월한 위치를 되찾았으며 귀족과 상층 부르주아들, 곧이어 귀국한 망명자들이 구체제의 사교 전통을 되살렸다. 이렇게 구 지배계급과, 아시냐의 투기, 국유 재산의 불하, 군수품의 조달 등을 통해 부유해진 인사들이 결합하여 새로운 부르주아지가 형성되기 시작했다. 사교계는 출신이 매우 다양한 사람들로 구성되었으며, 루이즈

콩타(Louise Contat)와 같은 인기 여배우가 주요한 역할을 담당했다. 덕성의 지배에 짜증 나 있던 많은 국민공회 의원들은 설득당하거나 매수되었다. 앙투안 클레르 티보도(Antoine Claire Thibaudeau)는 《회상록》에서 다음과 같이 썼다.

그런 식으로 공화파로부터 많은 이탈자가 생겨 일부는 타협했고, 다른 일부는 완전히 왕정주의에 자신을 팔았다.

귀부인과 귀공자, 말하자면 부유하고 빈둥거리는 소수의 무분별한 사치와 기상천외한 언동은 전통적인 관습에 집착하는 전체 국민에게 충격을 주었고, 여전히 공화주의적 이상에 충실한 정치적 소수파를 분노케 했다. 게다가 대중의 끔찍한 빈곤과 소수의 파렴치한 부유함의 대조는 반동의 사회적 속성을 더욱 뚜렷하게 드러냈다. 겨울이 닥쳐오면서 기근이 악화되자 그러한 대조는 더욱 두드러졌고 분노가 고조되었다.

5. 종교적 반동과 방데 반란군에 대한 사면

이번에는 종교적 반동이 반혁명의 진전에 이바지했다.

교회와 국가의 분리는 혁명력 2년 상퀼로티드 제2일(1794년 9월 18일)의 법령에 의해 사실상 확립됐다. 캉봉은 경제적인 이유에서 바로 그 날 선서파 성직자들에 대한 봉급 지급을 폐지했다. 그리하여 '성직자 민사 기본법'도 암묵적으로 폐기되었고, 국가는 완전히 세속화되었다. 하지만 선서거부파 성직자에 대한 탄압은 계속 유효했고, 교회는 여전히 폐쇄된 상태였다. 그러나 반동의 기세가 더 강해짐에 따라 많은 프랑스인들은 옛 종교 의식을 그리워했고, 드디어 신도들은 교회의 문을 열라고 요구하기에 이르렀다. 공민 예배는 너무 지적인 데다가 이제 애국적이고 민주적인 성격이 완전히 배제되었기 때문에 상퀼로트들의 열정을 더는 부를 수 없었다.

입헌파 성직자들이 점차 교회를 되살렸다. 예컨대 루아르에셰르에서 그레구아르 주교는 니보즈 1일(1794년 12월 21일)에 예배의 완전한 자유를 요구하였다. 그런 가운데 노르 도에서 이른바 '여행 가방을 든 신부들'이라는 선서거부파 성직자들이 비밀리에 '보이지 않는 미사'를 집전했다.

일단 혁명력 3년 플뤼비오즈 29일(1795년 2월 17일)에 라조네에서 맺어진 화평 협정을 통하여 방데의 반도들에게 예배의 자유가 허용되자, 예배의 자유가 더는 장애물을 만날 일이 없었다. 방토즈 3일(2월 21일), 국민공회는 프랑수아앙투안 드 부아시 당글라*의 보고에 근거하여 성직자와 신도들에게 그들이 마련한 건물에서 예배를 보는 것을 허용했다. 정교분리(政教分離)는 재확인되었고, 교회는 계속 순일 예배를 거행했다. 예배는 여전히 사적인 행위였으나, 적어도 자유와 평등에 대해 서약하는 1792년 8월 14일의 선서, 즉 '소선서(小宣誓)'를 행하기만 한다면 어떤 성직자도 예배를 집전할 수 있게 되었다. 타종(打鐘), 성복 착용, 교회에 대한 공공 보조금의 지급 등은 여전히 엄격하게 금지되었다. 곧 그레구아르의 지도에 따라 입헌파의 교회가 개편되었다. 그레구아르가 〈종교 연보(Annales de la religion)〉를 발간했던 반면에, '소선서'를 행한 가톨릭 신부들은 〈종교·정치·문학 연보(Annales religieuses,

---

부아시 당글라(François-Antoine de Boissy d'Anglas, 1756~1826) 개신교 법률가이자 문인. 혁명기의 모든 체제를 거치면서 고위직을 유지한 기회주의자의 전형이라 일컬어진다. 1789년 제3신분 대표로서 삼부회에서 정치 활동을 시작하여 제헌의회 의원, 국민공회 의원을 거쳤지만, 테르미도르 반동 이후 가장 활동적인 정치 활동을 했다. 공안위원회의 일원이 됐고, 프레리알 봉기 무렵 국민공회 의장에 선출되었다. 1797년 9월 프뤽티도르의 쿠데타 직후에 영국으로 망명했다가 브뤼메르의 쿠데타 후에 귀국하여 화려한 의정 활동을 계속했다. 나폴레옹 치하에서 호민원 의원, 원로원 의원, 제국의 백작을 지냈고, 나폴레옹이 몰락한 뒤에도 왕정복고기에 귀족 작위를 받아 죽을 때까지 부귀를 누렸다.

politiques et littéraires)》를 발행했다. 선서거부파는 전에 없이 지하 예배를 확산시켜 나갔고, 그리하여 입헌파와 자주 충돌했다. 1795년 3월 17일, 말레 뒤 팡은 다음과 같이 썼다.

> 국민공회가 가톨릭교도를 인정하는 것은 곧 왕당파를 만드는 것이나 다름없다. …… 자신의 신도들에게 이 체제에 애착이 있는가 하는 양심의 문제를 제기하지 않는 성직자는 한 명도 없다.

이처럼 가톨릭교도들의 불만은 계속되었다. 이 문제를 해결하기 위하여 국민공회는 더 철저하게 양보할 각오가 되어 있었다. 더욱이 그와 동시에 국민공회는 경제적 위기로 증폭된 민중의 저항에도 맞서고 있었다.

서부 지역의 반도(叛徒)들에 대한 국민공회의 양보도 동일한 정책 노선에서 비롯되었다. 테르미도르 9일 당시 샤레트는 마레 지방을, 사피노는 보카주 지방을, 스토플레는 모주 지방을 여전히 장악하고 있었지만, 유격대의 잇단 공격으로 병력이 크게 감소하고 있었다. 하지만 올빼미단*의 행패가 기승을 부리던 브르타뉴와 관목 숲 주변 지역은 제2의 방데가 되고 있었다. 공포 정치와 탄압 행위를 포기한 테르미도르파는 이제 화해 정책을 통해 서부 지역을 평정하려고 했다. 오슈는 프뤽티도르 29일(1794년 9월 15일)에 이 지역 사령관에 취임하면서 공포 정치가 종언을 고했음을 상기시켰다. 죄수들이 석방되었고 징병 기피자들에게는 특별 사면이 내려졌다. 혁명력 3년 프리메르 12일(1794년 12월 2일), 한 달 내로 귀순하는 모든 반도들에게까지 특별 사면이

---

* 올빼미단(Chouannerie) 방데 반란군의 지도자 가운데 한 사람인 장 코트로(Jean Cottereau)의 별명이 '올빼미 장(Jean Chouan)'이었다는 사실에서 연유한 이름이다.

확대되었다. 1795년 1월에 왕당파 지도자들과 협상이 시작되었다. 사기가 오른 반도들은 계속 암살과 악랄 행위를 벌이면서—플뤼비오즈 4일(1795년 1월 23일), 파견의원인 부르소(Boursault)는 "우리는 표범에 대항해 양처럼 싸우고 있다."고 썼다.—자신들에게 유리한 조건을 관철하려고 정부를 압박했다.

낭트 근처의 라조네에서 특히 샤레트와 협상을 통해 플뤼비오즈 29일(1795년 2월 17일)에 평화 협정이 맺어졌다. 그리하여 반도들에게 특별 사면이 내려졌고, 그들의 재산이 회복되었으며, 재산이 이미 매각된 경우나 심지어 외국으로 망명했을 경우에도 그것에 상당하는 배상이 주어졌다. 또한 평화 협정은 방데 반란군이 무기를 그대로 소지한 채 병역 의무를 면제받는다고 규정했다. 마침내 신앙의 자유가, 심지어는 선서거부파 성직자에게도 허용되었다. 렌 근처의 라 프레발레에서 플로레알 1일(1795년 4월 20일)에 맺어진 화평 협정도 동일한 조건을 올빼미단원들에게 적용했다.

그러나 테르미도르파의 굴복도 효과가 없었고, 평화는 환상에 불과했다. 방데 반란군과 올빼미단원들은 투쟁을 재개할 준비를 할 만큼 충분한 여유를 얻었다. 곧 올빼미단의 세력이 인접한 여러 도로 확산되었다. 하지만 테르미도르파는 그러한 사태를 저지할 만한 힘이 없었다. 경제 위기의 악화로 재개된 민중 운동이 모든 반동분자들의 동맹을 요청했기 때문이다.

경제 위기와 통화의 파탄

통제 경제의 포기는 테르미도르 반동의 정책 노선에 부합했다. 국민공회는 단지 민중의 압력 때문에 어쩔 수 없이 최고 가격제를 받아들였을 뿐이며, 부르주아지는 그 제도가 모든 부문에서 자신들의 이익과 상반된다고 생각했다. 혁명정부가 해체되고 공포 정치가 종식되자, 불가피하게 경제에 대한 통제가 완화되더니 결국 폐기되었다. 따라서 '강제력'은 이윤 추구의 자유와 경제적 자유를 신봉하는 생산자와 상인들에게 더는 적용될 수 없었다. 그런데 경제적 속박을 포기하자, 민중이 빈곤해지는 요인인 아시냐의 가치 폭락과 물가 급등이 나타났다. 이 점에서 또다시 테르미도르 반동의 사회적 성격이 잘 드러난다.

1. 경제적 자유로 복귀(1794년 8~12월)

1793년 9월 29일에 공포된 생활필수품에 대한 전면적 최고 가격제는, 민간 부문에 대한 공급이라는 면에서 볼 때 오직 식량에만 엄격하게 적용되었다. 다른 생활필수품에 대해 공안위원회는 비록 공공연한 위반 행위는 묵인하지 않았지만 최고 가격제의 적용은 포기한 상태였다. 그리하여 암거래가 성행했다. 그러나 공포 정치가 계속됐기 때문에 물가가 약간 올랐을 뿐이었다. 테르미도르 9일의 사건이 이 모든 것을 바꿔놓았다. 혁명력 2년 프뤽티도르 21일(1794년 9월 7일), 국민공회는 1793년 9월 11일에 제정된 양곡과 밀가루에 대한 최고 가격제와 9월 29일에 제정된 전면적 최고 가격제를 혁명력 3년에도 계속해서 실시하기로 결정했다. 그러나 일단 탄압 행위가 사라지자 물가 상승세가 뚜렷해졌고, 암시장의 규모가 확대되어 점차 거래가 자유화되어 갔다. 일찍이 혁명력 3년 방데미에르 20일(1794년 10월 11일)에 작성된 한 경찰 보고서는 "시장에서 더는 최고 가격제가 지켜지지 않는다. 모든 것이 쌍방 합의된 가격으로 거래되고 있다."고 확인했다.

시장에 식량을 공급하기 위해 1793년 9월 11일의 법령이 정한 군(郡) 단위 징발제가 작동을 멈추었다. 혐의자로 몰리지나 않을까 하는 두려움이 경작자들을 더는 붙잡아 두지 못하자, 그들은 나쁜 의도를 품고 양곡을 내놓았고 암거래가 형성되기 시작했다. 농민들은 국민공회 내의 지지자들을 통해 브뤼메르 19일(1794년 11월 9일) 법령의 형태로 몇 가지 양보를 얻어냈다. 이 법령은 특히 징발이 조달되지 않는다고 해서 할당된 몫을 몰수해야 하는 것은 아니라고 규정했다. 농민들의 저항은 강해졌고, 도시에 식량을 보급하는 것은 더욱 어려워졌다. 혁명정부가 해체되고 공포 정치가 끝나자, 징발제를 시행하고 공정 가격제를 준수하게 하는 일은 불가능해졌다.

마찬가지로 경제의 주요 부문에 대한 국영화(군수품 제조업, 국내 수송, 대외 교역)도 많은 난관에 봉착했다. 사실상 국영화는 전면적 최고 가격제의 틀에서만 작동할 수 있었다. 그 체제는 테르미도르 반동 이후에도 여전히 랭데의 총괄적인 지도로 계속 기능하였다. 그는 방데미에르 15일(1794년 10월 6일)에 공안위원회를 떠났으나, 농상공위원회의 위원장으로 임명되었다.

군수품 제조업의 국영화는 다방면에서 강력한 저항을 불러일으켰다. 수공업자와 기업가들은 국가의 통제와 최고 가격제를 달가워하지 않았으며, 더욱이 국영 공장이 자신들의 일거리를 앗아 간다고 생각했다. 공안위원회가 이들에게 한 첫 번째 양보는 일정한 수의 공장을 사기업으로 전환한 일이었다. 예컨대 프뤽티도르에 툴루즈의 제련소와 모뵈주의 제련소를 그렇게 했던 것처럼 말이다. 게다가 공안위원회는 파리의 대규모 무기 제조창을 점차 해체하여 수리소로 축소했으며, 이어서 노동자들이 정치적 반대를 벌이지나 않을까 하는 두려움을 느끼고 그들을 지방의 작업장들로 분산시켰다. 그 결과 플뤼비오즈에 이르면, 파리에는 도급으로 일하는 천여 명의 노동자만 남게 되었다.

대외 무역의 국영화는 선주, 무역상, 금융업자들의 이익을 침해했다. 이들에게 대규모 해상 교역과 외국환에 대한 투자는 주요한 수익원이었다. 랭데는 혁명력 2년 상퀼로티드 제4일(1794년 9월 20일)에 공화국의 상황에 관한 보고에서 대외 교역을 되살리는 것이 필요하다는 점을 인정했다. 작황이 부진했기 때문에 봄에는 기근이 나타날 전망이었다. 그리하여 공안위원회는 무역상과 중립국들에게 수입의 자유를 허용하며 곡물 확보에 부심했다. 이후 국민공회는 양보 정책을 취했다. 방데미에르 26일(10월 17일)에는 제조업자들에게 작업장에 필요한 물품의 자유로운 수입을 허용해주는 법령을 제정했고, 프리메르 6일(11월 26일)에는 수입이 금지되지 않은 상품에 대한 수입을 자유화하였다. 그러나 특히 브뤼메르 25일(11월 15일)의 법령이 프랑스 항구에서 중립국과 자유로운 교역을 허용한 이후, 수입의 자유는 최고 가격제의 실시와 양립할 수 없었다.

통제 경제와 최고 가격제를 겨냥한 공격은 가을이 끝나가면서 전면적으로 확대되었다. 혁명력 3년 브뤼메르 14일(1794년 11월 4일), 국민공회는 "최고 가격제의 단점"에 관한 보고서를 작성하도록 했다. 특히 국민 경제를 다루는 관료제의 행정과 그 실책에 공격의 초점을 맞추었다. 당시는 통계 조직이 전혀 없어서 관료제는 수요와 재원에 관해 정확한 개념을 파악할 수 없었다. 게다가 이 부서들은 혁명력 2년 체제를 지지하는 인사들로 채워져 있었기 때문에 공세는 더욱 거셌다. 공격은, 이 부서들을 넘어서 통제 경제의 원칙 자체, 특히 군수품 조달에 대한 통제를 겨냥했다. 금융업자들은 종전의 관행으로 돌아가기를 원했으며, 국가가 군수품 납품업자와 금융 회사의 용역(用役)을 받도록 강요했다. 그것은 수익성이 좋은 장사로서 막대한 부의 원천이었다. 경제적 자유를 옹호하는 자들의 선전 활동은 마침내 성공을 거두었다. 프리메르 19일(12월 9일), 농상공위원회의 한 보고서는 최고 가격제를 폐기해야 한다고 결론 내렸고, 곧이어 랭데는 그 위원회로부터 축출되었다.

혁명력 3년 니보즈 4일(1794년 12월 24일)의 법령은 최고 가격제와 경제 규제를 철폐했다. 공화국 내에서 곡물의 유통은 완전히 자유로워졌다. 통상보급위원회는 군대의 보급을 위해 선매권(先買權)을 계속 보유했지만 시세를 따라야 한다는 조건이 덧붙여졌다. 최고 가격제를 폐기하자, 기근할 위기가 찾아왔다.

2. 아시냐의 가치 폭락과 그 결과

아시냐의 가치 폭락은 최고 가격제 포기의 직접적인 결과였다. 물가의 폭등은 현기증을 일으킬 정도였으며, 생활필수품에 대한 투기는 엄청난 규모로 행해졌다. 지폐는 모든 가치를 상실했고, 환거래는 붕괴되었다. 1793년 12월에 명목 가치의 50퍼센트로 떨어졌던 아시냐는 혁명력 2년 테르미도르(1794년 7월)에 다시 31퍼센트로 떨어졌다. 최고 가격제가 지켜지지 않자 아시냐의 실질 가치는 명목 가치에 비해 혁명력 3년 프리메르(1794년 12월)에 20퍼센트로, 제르미날(1795년 4월)에는 8퍼센트, 테르미도르(7월)에는 3퍼센트로 떨어졌다. 조세가 잘 걷히지 않거나 그나마 가치가 하락한 아시냐로 걷혔기 때문에, 물가의 상승은 국가로 하여금 더욱 통화를 늘리도록 자극했다. 계속된 화폐 발행으로 아시냐의 양도 팽창했다. 아시냐의 발행고는 1794년 12월에 100억 리브르에 달했고, 그 가운데 80억 리브르가 유통되었다. 플뤼비오즈에서 프레리알 사이에(1795년 1~5월) 70억이 발행되어 화폐 유통량은 110억 리브르를 넘어섰다. 농민과 상인들은 아시냐를 거부하고 정금(正金)만을 찾았다. 사람들이 아시냐를 거부하자 아시냐의 가치는 점점 더 하락했다. 1794년 11월부터 1795년 5월 사이에 아시냐의 통화 팽창율은 42.5퍼센트인데 비해 가치 하락율은 68퍼센트에 달했다. 100리브르 지폐는 정금으로 환산하면 24리브르에서 7.5리브르로 떨어졌다.

생활필수품 가격의 상승 정도는 지방에 따라 차이가 있었다. 그러나 일반적으로 생활필수품 가격의 상승 폭은 정금에 대한 지폐의 가치 하락 폭에 비해 훨씬 컸다. 1795년 3~4월에 아시냐의 가치 하락 지수는 1790년을 100으로 할 때 581이었던 반면에, 전체적인 물가 지수는 758

에 달했고 식료품만의 물가 지수는 819에 달했다.

　게다가 식량 부족이 물가 상승이 초래한 비참한 결과를 더욱 악화시켰다. 메시도르 1일(1795년 6월 19일)까지 징발제가 연장되었지만, 농민들은 아시냐로 지불받을까 봐 시장에 물건을 내놓지 않았다. 또한 그들은 군대의 보급을 책임지는 통상보급위원회의 관리나 유산계급을 고객으로 하는 상인들에게 직접 출하하는 것이 가능했다. 다시 강제 조치가 취해졌다. 군(郡) 당국은 필요한 양곡이 확보될 때까지 마을에 국민방위대를 주둔시켰다. 그러나 봄이 되자 수확이 불충분했기에 그러한 조치는 무용지물이 되었다. 정부는 곡물을 외국에서 사들이려고 했지만 재원 부족으로 그것도 여의치 않았다. 그리하여 정부는 파리와 군대를 제외하고는 사적 자본에 일임할 수밖에 없었고, 이는 상층 상업 부르주아지의 우월성을 더욱 강화했다. 외국에 주문한 양곡은 1795년 5월이 되어서야 도착하기 시작했다. 항상 외부로부터 부족분을 메워야 하는 남부 지방에서는 겨울이 시작되면서 상황이 극도로 악화되었다. 오를레앙에서는 곡창 지대인 보스 지방과 통해 있는데도 이른 봄부터 같은 상황이 벌어졌다. 배급 할당량은 줄어든 반면 가격은 상승했다. 베르됭에서 1794년 여름부터 노동자에게는 1인당 빵 1파운드, 나머지 주민들에겐 4분의 3파운드씩 돌아가던 배급량이 1795년 이른 봄에는 절반으로 줄어든 반면에 가격은 파운드 당 20수로 올랐다. 많은 코뮌 당국은 곡식을 끌어모으고 배급 할당제를 실시하고 빵 가격을 원가 이하로 책정하며 규제 정책으로 복귀했다. 그러나 그들은 민중계급의 고통을 완화하는 데 별로 성공하지 못했다. 게다가 그 고통은 신흥 부유층의 과시적 사치와 대조를 이루었기에 더욱 견디기 어려웠다.

　사실상 아시냐 가치 폭락의 사회적 결과는 사회 집단에 따라 달랐다. 민중계급이 절망 속으로 빠져들고(혁명력 3년 겨울의 추위는 특히 혹독했고 빈민들에게 고통을 가중시켰다) 금리로 생활하던 구체제의 부르주아지와 아시냐로 상환받은 채권자들이 몰락한 반면에, 채무자와 투기꾼들은 급속히 부유해졌다. 인플레이션, 국유 재산의 매매, 군수품의 조달 등을 통해 사회의 최정상으로 부상한, 말 그대로의 모험가들은 종래의 부르주아지에 새로운 피를 수혈했다. 바로 그들로부터 많은 사업가가 배출되었으며, 이들은 총재정부 시기나 나폴레옹 시기에 자본주의적 생산의 선도자가 되었다. 인플레이션이 사회 혁명을 완성했던 것이다.

　파리에서는 물자의 부족과 아시냐에 대한 불신이라는 이중의 자극을 받아, 식량과 땔감의 가격이 현기증이 날 정도로 뛰었다. 파리 중앙시장에서 니보즈 6일(1794년 12월 26일)에 표준 시세가 파운드당 34수였던 쇠고기 가격은 제르미날 12일(1795년 4월 1일)에는 7리브르 10수에 달했다. 파리의 생계비 지수는 1790년을 100으로 할 때 1795년 1월에는 580, 3월에는 720, 4월에는 900까지 상승했다. 물가 상승이 가져온 사회적 결과는 임금과 수입의 동향에 따라 달랐다. 상공업의 상층 부르주아지, 즉 인플레이션으로 등장한 신흥 부유층은 물가 상승으로 타격을 입지 않았고, 시장에서 자유롭게 생활필수품을 확보했다. 그러나 대다수 파리 민중—임금 노동자와 사무원들, 수공업자와 소(小)상점주들, 소금리 생활자들—은 가격이 오를 때마다 구매력을 잃어 갔다. 원료의 부족과 군수품 작업장의 폐쇄(노동자의 수는 5,400명에서 1,146명으로 줄었다)로 실업이 크게 늘었다. 민중에게 절망이 엄습했으며 많은 사람이 죽어 갔다. 영양실조가 초래한 비참한 결과는 추위 때문에 더욱 악화되었다. 혁명력 3년의 겨울은 18세기 중 가장 낮은 기온을 기록했다. 1795년 초에는 섭씨 영하 10도, 1월 23일에는 영하 15도였다. 사망률이 증대했다. 겨울이 끝나 가면서 식량국(食糧局)이 제공하는, 민중의 영양 섭취에서 기본을 이루던 빵과 고기의 배급 할당량이 갑자기 줄어들었다. 불충분한 징발과 수송 수단의 부족 때문에 파리에 보급하기 위한 곡식의 비축량도 점차 줄어들었다. 방토즈 25일(3월 15일) "빈민들의 유일한 식량"인 빵의 배급량이, 1.5파운드를 받는 육체 노동자를 제외하고는 모두 1파운드로 줄어들었다. 게다가 자르댕데플랑트 구와 같이 많은 구에서 빵 가게는 배급 할당량을 전부 공급하지는 못했다. 배급량은 그라빌리에 구에서 제르미날 7일(3월 27일)에 0.5파운드로 줄었고, 피델리테 구에서는 10일(3월 30일)에 0.25파운드로 줄었다.

혁명력 3년 바로 이 제르미날의 초순경에 민중의 절망은 분노로, 그 다음에는 반란으로 바뀌었다. 방토즈 29일(3월 10일), 공안위원회는 다음과 같이 기록했다. "우리는 아마 어느 날인가 빵이 바닥날 것이다. 그러나 그 이후의 사태를 우리는 제어하지 못할 것이다." 여러 가지 비상조치가 취해졌지만 허사였다. 이를테면 제르미날 7일(3월 27일)에 공안위원회는 빵 0.5파운드당 6온스의 쌀을 배급하도록 지시했다. 그러나 많은 주부들은 땔감이 없어 쌀로 밥을 지을 수 없었다. 배고픔의 고통을 겪은 상퀼로트들이 다시 움직이기 시작했다. 니보즈 8일(1794년 12월 28일) 이후의 경찰 보고서는 민중의 분노가 서서히 고조되고 있음을 보여준다. "극빈 계급이 신사들을 불안하게 하고 있다. 신사들은 이러한 과도한 물가고로 인하여 나타날 결과를 두려워한다." 방토즈 말경이 되자 충돌은 불가피한 듯이 보였다. 정부의 세 위원회는 자코뱅파 인사들과 상퀼로트들을 대거 체포하고, 이른바 '선량한 시민들'을 무장시켜 귀공자행동대에게 전적인 재량권을 부여하며 충돌에 대비했다. 기근으로 인하여 재개된 민중 운동에 맞서, 모든 부르주아 반동 세력이 결집했다.

최후의 민중 봉기(혁명력 3년 제르미날과 프레리알)

혁명력 3년 겨울에 아시냐의 가치가 폭락하고 인민대중이 경제적 위기 때문에 절망에 빠져들면서 두 가지 흐름이 정면으로 대립했다. 하나는 반동의 진전과 '신사(紳士)' 체제의 확립이었고, 다른 하나는 기근으로 인해 곧 발생할 폭동에 정치적 방향과 목표를 부여하려는 최초의 시도였다.

1. 대두하는 파리 민중의 저항(1794~1795년 사이의 겨울)

민중의 저항은 테르미도르 반동의 탄압을 용케 모면했던 하부 조직을 기반으로 하여 벌어졌다. 자코뱅 클럽이 폐쇄된 이후 자코뱅파 인사들의 가입으로 세력이 강화된 '인권 옹호자 협회'는, 생탕투안 교외 지구, 그중에서도 특히 몽트뢰유 구와 캥즈뱅 구에서 상퀼로트의 격렬한 저항의 중심을 이루었다. 한 적대자의 말에 따르면, 그라빌리에 구에서는 "거의 대부분 노동자와 무식자들로" 구성된 '자유 및 인류의 벗 협회'가 구민총회에서 '애국파'에게 과반수를 보장해주었다. 게다가 상퀼로트는 봉디 구, 롱바르 구, 뮈제옴 구에서 여전히 세력을 유지했다.

점차 테르미도르 반동에 맞선 모든 반대파들의 단결이 뚜렷해졌다. 바뵈프는 프리메르 28일(1794년 12월 18일)에 제2차 선전 활동을 개시했다. 그는 자신이 "로베스피에르 체제"를 격렬하게 비방한 초기 인사들 가운데 하나라는 사실을 애석해하면서 이제 오직 '부유층과 '상퀼로트'라는 두 개의 당파만이 대치하게 되었다고 주장했다. 바뵈프는 〈호민관〉 플뤼비오즈 9일(1795년 1월 28일) 자에서 상퀼로트에게 폭동을 일으키자고 호소하여 체포되었다. 르부아 역시 〈인민의 벗〉에서 '부유한 백만장자'에 맞서 사회적 전쟁을 벌이자고 촉구했다. 한편 옛 자코뱅파 인사들은 바뵈프가 반(反)공포 정치의 입장을 포기한 이후 그와 화해했다. 이제 그들은 바뵈프와 더불어 1793년의 민주헌법을 실시하라고 요구했다. 당시 그 헌법의 개정안이 제출된 상태였다.

불안을 느끼던 정부의 세 위원회가 플뤼비오즈에 탄압을 가하자, 민중 투사들은 지하 활동을 하며 저항했다. '인권 옹호자 협회'가 플뤼비오즈 20일(1795년 2월 8일)에 해산되었고, 바뵈프를 비롯한 상당수의 반대파 인사들이 체포되었다. 한편 '신사들'은 이제까지 친민중적이라는 평판을 받아 온 구들, 특히 뮈제옴 구를 장악했다. 옛 구의 투사들이 은밀하게 재결집했고, 방토즈 내내 비밀 집회에 대한 고발이 증가했다. 방토즈 말, '애국파'는 지하 모금 조직에 힘입어 폭동을 선동하는 벽보와 익명의 소책자를 발행하면서 선전 활동을 개시했다. 방토즈 22일(3월 12일), "민중이여 각성하라, 시기가 도래했노라."라고 부르짖는 벽보가 교외 지구에 대량으로 나붙었다. 이어서 제르미날 3일(3월 23일)에는 '국민의 경종(警鐘)'이, 5일(3월 25일)에는 '국민공회와 인민에 드리는 글'이 나붙었다. 기근이 악화되자, 민중이 동요는 구에 달했다. 더욱이 그것은 국민공회 내의 정치적 위기와 겹쳤다.

2. 혁명력 3년 제르미날의 민중 봉기(1795년 4월)

제르미날 초의 정치적 위기는, 국민공회 내에서 다수인 테르미도르파와 소수인 산악파, 즉 '산정파' 사이에 벌어진 충돌에서 비롯했다. 반동의 진전이 일시적으로 '산정파'를 더욱 견고하게 했다. 양 세력은 두 가지 문제를 둘러싸고 한 치도 물러서지 않은 채 대립했다. 첫째는 헌법 문제였다. 프레롱은 1793년의 헌법이 "몇몇 악당들의 작품"이라고 비난했다. 다수인 테르미도르파는 이제 그 헌법에 국가조직법을 추가하려고 했던 반면에, '산정파'는 그 헌법을 프랑스 인민의 "수호신"으로 간주했다. 둘째는 이른바 '사인방', 즉 바레르, 비요바렌, 콜로 데르부아, 바디에를 탄핵하는 문제였다. 제르미날 2일(3월 22일), 국민공회는 논의를 시작했다. 이 문제를 둘러싼 격렬한 논쟁 때문에 민중의 여론이 불타올랐고, 부르주아지의 여론도 격앙되었다. 국민공회는 다음 두 법령을 통하여 그 문제들을 일단락 지었다. 제르미날 9일(3월 29일), 국민공회는 특별 사면을 전혀 고려하지 않고 '사인방'의 공판을 재개한다고 결정했다. 또한 12일(4월 1일), 국민공회는 위원회를 구성하여 국가조직법을 기초할 임무를 부여했다.

그 무렵 인민대중의 동원은 이미 진행되고 있었다. 방토즈 말(3월 중순) 이후 빵 가게 앞에 늘어선 무리는 격렬하게 동요했다. 방토즈 27일(3월 17일), 생마르소와 생자크의 교외 지구에서부터 사람들이 떼 지어 국민공회로 몰려갔다. "우리에게 빵이 부족하다. 우리는 혁명을 위해 모든 희생을 감수한 것을 후회하고 있는 중이다." 제르미날 1일(3월 21일), 이번에는 생탕투안 교외 지구의 3개 구민들이 국민공회에 나타나 1793년의 헌법을 실시할 것과 기근 구제책을 마련할 것을 요구하며 민중의 적, 즉 "부(富)의 노예"들을 비난했다. 흥분한 상퀼로트들과 귀공자행동대 사이에 자주 난투극이 벌어졌다. 그런 가운데 정부는 예상되는 폭동에 맞서기 위해 꾸준히 준비해 왔다. 제르미날 1일(3월 21일), 시에예스는 단체로 선동적인 구호를 외치며 국민공회로 몰려오는 자들에게 사형 선고를 내릴 중범죄처벌법을 제정하게 했다. 2일(3월 22일), 정부의 세 위원회는 신원이 확실한 시민들에게 구마다 100정의 소총을 나누어주었다. 제르미날 7일(3월 27일)에 그라빌리에 구에서 소요 사태가 발생하여 이틀간이나 지속됐다. 10일(3월 30일), 구민총회들에서 격렬한 논쟁이 벌어졌으며 10개 구에서 상퀼로트가 주도권을 장악했다. 다음 날, 캥즈뱅 구민들이 다시 국민공회 로비에 나타나 진정한 민중적 강령을 제안했다. 그들은 테르미도르 9일 이후에 전개된 사건들과 최고 가격제의 폐기를 비난하면서, 선거에 의한 파리 시 자치 기구의 구성, 민중 협회들의 복원, 헌법의 실시 등을 요구했다. "우리는 공화국과 자유를 지키기 위하여 궐기하노라." 이것은 바로 민중 봉기의 신호였다.

혁명력 3년 제르미날 12일(1795년 4월 1일)에 일어난 사건은, 탄압에 의해 지도자들을 상실한 민중 운동 조직이 얼마나 철저하게 파괴되었는가를 잘 보여준다. 이것은 폭동이라기보다는 시위 운동이었다. 또한 국민공회에 침입하여 1793년의 헌법을 실시하고 기근에 대한 구제책을 마련하라는 희망 사항을 개진하는 정도로 그친, 비무장 군중의 무질서한 회합에 불과했다. 부유한 구역의 국민방위대는 어려움 없이 시위자들을 해산시켰다. 민중 봉기는 명확한 행동 강령과 지도자가 없었기 때문에 실패했다. 상퀼로트들이 국민공회를 장악할 수 있는 기회는 소란과 쓸데없는 연설 속에서 사라져버렸다. 특히 생탕투안 교외 지구의 캥즈뱅 구에서는 소요 사태가 다음 날인 제르미날 13일(4월 2일)까지 계속되기는 했지만, 국민공회가 계엄령을 선포하자 질서가 급속히 회복되었다.

민중 봉기의 실패가 초래한 정치적 결과가 어떠한 것인지 즉각 드러났다. 우파가 주도권을 장악했다. 우파의 지도자 가운데 한 사람인 뒤몽은 "민중 봉기는 이것으로 끝나야 한다."고 선언했다. 제르미날 12~13일 밤에 국민공회는 '사인방'을 아무런 재판 절차도 없이 기아나로 유형(流刑)을 보내기로 결정했다. 좌파는 아마르와 피에르 조제프 뒤엠(Pierre Joseph Duhem)을 비롯한 8명의 산악파 인사들이 체포되어 곧 암(Ham) 요새로 보내짐으로써 커다란 타격을 받았다. 며칠 뒤 캉봉을 포함한 또 다른 8명의 의원들도 체포되었다. 플로레알 17일(5월 6일), 푸키에탱빌이 옛 혁명 재판소의 배심원이었던 14명과 더불어 사형을 선고받았다. 그런 와중에 이제 헌법 문제가 국민공회의 의사일정에 포함되었다. 그때까지 1793년의 헌법 자체는 결코 문제시되지 않았으며, 헌법에 국가조직법을 어떻게 마련해주느냐 하는 문제에 대한 논쟁이 전개되었을 뿐이다. 그러나 이제 헌법은 플로레알 25일(5월 14일)에 레퓌블리크 구가 주장한 것처럼 "공포에 의해 강요되어 공포 분위기에서 채택된 10인위원의 작품"이라고 비난받았다. 반동이 진전됨과 더불어 식량 부족이 기아 상태로 바뀌면서 민중 운동이 다시 시작되었다.

3. 혁명력 3년 프레리알(1795년 5월)

제르미날의 민중 봉기에 대한 탄압과 구의 투사들에 대한 박해는, 파리의 민중 운동을 실질적으로 분쇄하지 못하고 오히려 반란의 정신을 부추기는 데 이바지했다. 제르미날 21일(1795년 4월 10일), 국민공회는 "폭정 치하에서 저질러진 잔학 행위에 가담했다고 구민들에게 알려진 자들"을 무장 해제시킨다는 내용의 법령을 통과시켰다. 그것은 명백히 혁명력 2년 체제에 가담한 자들을 겨냥하는, 일종의 혐의자 법이었다. 남부 지방에서 옛 공포 정치가들에 내려진 무장 해제령은 백색 공포의 학살자들을 자극하였으며, 백색 공포는 플로레알과 프레리알에 절정에 달했다. 파리에서 무장 해제를 당한 이는 비록 얼마 되지 않았지만(전 구민 가운데 약 1,600명), 혁명력 2년의 투사 가운데 가장 뛰어난 자들이 타격을 받았다. 그 가운데 한 사람의 표현에 따르면, 무장 해제는 "정치적인 낙인이며, 일종의 신체적 질병"이었다. 무기를 소지한다는 것은 평등이라는 민중적 이데올로기에서 핵심적인 가치 가운데 하나였기 때문에, 무장 해제를 당한다는 것은 곧 자유인의 공동체로부터 배제되고 공민권을 박탈당하는 것을 뜻했다. 무장 해제령은 민중 투사들의 반란 정신을 더욱 자극했다.

그런 와중에 플로레알의 기근 사태는 대중을 절망 속으로 몰아넣었다. 봄이 깊어 가면서 보급 상태는 더욱 악화되었다. 파리에서는 재고가 바닥을 드러냈고 배급은 그날그날의 반입량에 좌우되었다. 제르미날 이전에는 하루 배급량의 가장 낮은 수준이었던 0.25파운드가 이제는 표준량이 되었다. 배급망은 형편없었고, 주부들은 빵 가게 앞에서 종종 허탕을 치곤했다. 프랑스 전국에 소요 사태가 만연했다. 굶주린 폭도들이 노르망디에서 센 강변을 따라 수도로 향하는 수송대를 습격했다. 하지만 물가는 계속 상승했고 물품의 반입, 특히 연료의 반입이 중단되어 실업이 확대됐다. 돈에 쪼들려 몇 달 이상이나 영양실조에 시달린 사람들에게 혁명력 3년 플로레알과 프레리알의 기근 사태는 파국적인 결과를 초래했다. 이것은 특히 민중계급을 강타한 진정한 의미의 사회적 기근이었다. 그러나 정부는 전반적인 배급 할당제 실시를 거부했고, 돈이 있는 부유층은 자유시장 덕분에 먹고살 수 있었다. 사람들이 영양실조로 거리에서 쓰러졌으며, 사망률이 올랐고, 자살이 급증했다. 반동적인 〈저녁의 사자〉는 플로레알 8월(4월 27일)에 다음과 같이 썼다.

길거리에는 창백하고 수척한 자들만 눈에 띈다. 거기에는 비통함과 피폐함, 굶주림과 비참함이 짙게 깔려 있다.

유산자들의 마음속에는 연민의 감정과 함께, 기근이 약탈을 초래해 자신들의 소유권을 위협하지나 않을까 하는 두려움이 공존했다.
사실상 민중의 분노는 점차 절망으로 바뀌었다. 기근 사태를 겪게 되자, 그래도 혁명력 2년의 체제가 좋았다는 여론이 고개를 들었다.

로베스피에르가 집권할 때는 피는 흘렸지만 빵은 부족하지 않았다. 그런데 오늘날 피는 이제 흐르지 않지만 빵이 부족하다. 따라서 빵을 가지려면 피가 다시 흘러야 한다.

이것은 경찰 보고서에 종종 보이는 공포 정치가들의 주장이었다. 1793년의 헌법은 그 어느 때보다도 풍요의 땅을 약속하는 것이었다. 르바쇠르는 《회상록》에 다음과 같이 적었다. "민주주의에 대한 그러한 약속에 민중은 모든 희망을 걸었다."

구민들의 소요 사태는 플로레알에 다시 일어났다. 10일(4월 29일), 몽트뢰유 구는 구가 '상설 기관임'을 선언하면서, 다른 구들도 자신들을 본받아 식량 문제를 토의할 것을 촉구했다. 11일(4월 30일), 본네드라리베르테 구에서 폭동이 터졌다. 곧이어 선동적인 문구를 담은 소책자와 플래카드가 나타났다. 불안을 느낀 정부는 파리 주변에 대규모 병력을 집중시켰으나, 민중을 자극해 폭동이 확대되는 것을 피하려고 수도 안으로 군대를 투입하지는 않았다. 플로레알 30일(5월 19일)에 열린 구민총회들에서 소요 사태는 절정에 달했다. 그날 저녁에 〈빵을 획득하고 권리를 되찾기 위한 민중 봉기〉라는 제목을 단 소책자는 민중 폭동이 시작되는 신호였으며, "빵과 1793년의 헌법!"이라는 구호를 정해주었다.

혁명력 3년 프레리알 1일(1795년 5월 20일), 생탕투안과 생마르소 교외 지구에서 새벽 5시부터 경종이 울렸다. 곧이어 비상소집 신호가 파리 동부 구역 전역에 울려 퍼졌다. 여성들은 길거리와 작업장으로 몰려들었고, 남자들은 무장을 시작했다. 아침 10시경, 여성들의 첫 번째 무리가 북을 치며 먼저 국민공회를 향해 나아갔다. 국민방위대가 동원된 것은 훨씬 나중이었다. 오후가 시작될 즈음, 생탕투안 교외 지구의 국민방위대가 행동을 개시하여 여러 구의 국민방위대와 합류했다. 같은 시각에 몇몇 남자들의 지원을 받은 여성들의 무리가 국민공회 의사당으로 침입을 시도하였다. 세 시경 국민방위대 대대들이 카루젤 광장에 나타나자 민중의 기세는 걷잡을 수 없을 정도로 강력해졌다. 국민공회는 폭도들로 뒤덮였고, 의원인 장 베르트랑 페로(Jean Bertrand Féraud)

가 살해되어 머리가 창끝에 내걸렸다. 폭동은 오랫동안 계속되었고, 그런 와중에 포수(砲手)인 뒤발이 민중 궐기의 강령인 〈민중 봉기〉를 낭독할 수 있었다. 그러나 폭도들은 정부의 세 위원회를 장악하려는 어떠한 시도도 하지 않았다. 세 위원회는 산악파 의원들이 봉기 대열에 끼어들기를 기다리며 여유 있게 역공세를 취할 준비를 하였다. 저녁 7시경 국민공회에서 회의가 재개되었다. 장미셸 뒤루아(Jean-Michel Duroy)와 롬은 구를 상설 기관으로 만들고 투옥 중인 애국파 인사들을 석방하는 법령을, 피에르아마블 수브라니(Pierre-Amable Soubrany)는 치안위원회 위원들을 해임하고 임시위원회로 대체하는 법령을 의결하게 했다. 이때가 밤 11시 반이었다. 그때 파리 서부 구역의 국민방위대가 국민공회 의사당에 침입하여 폭도들을 격퇴했고, 폭도들은 곧 달아나버렸다. 사태에 연루된 14명의 산악파 의원들에게 체포령이 내려졌다.

혁명력 3년 프레리알 2일(1795년 5월 21일), 생탕투안 교외 지구에서 반란이 다시 시작되었고, 민중적인 여러 구에서는 불법 총회가 열렸다. 한 무리의 폭도들이 파리 코뮌 건물을 점령했고, 오후 3시경에 생탕투안 교외 지구의 국민방위대는 다시 한 번 국민공회를 향해 진격했다. 헌병대는 폭도들 편으로 돌아섰다. 1793년 6월 2일 당시와 마찬가지로 민중의 포수들은 저녁 7시에 포탄의 심지에 불을 붙이고 포문을 국민공회 쪽으로 향하게 했다. 이번에는 온건파 성향을 지닌 구 출신의 포수들이 반도(叛徒) 편으로 돌아섰다. 르장드르는 의원들에게 각자의 자리에 앉아 조용히 죽음을 기다리자고 권유했다. 그러나 폭도들은 테르미도르파의 방위대를 격퇴하지 않은 채 망설였고, 정부의 세 위원회는 협상을 위해 10명의 국민공회 의원들을 파견했다. 폭도들은 위선적인 "동포애"에 기만당하고만 있었다. 그들의 대표단은 의회 로비에 입장을 허용받았다. 그들의 대변자는 위협적인 연설을 통해 빵을 확보하고 1793년 헌법을 실시하라는 상퀼로트의 요구 조건을 되풀이했다. 국민공회 의장은 그를 포옹했고, 반란을 일으킨 국민방위대는 각자의 구로 되돌아갔다. 민중 운동은 마지막 기회를 이렇게 놓쳐버렸다. 한 폭도는 "우리는 실패했다. 민중은 연설에 의해 기만당했다."라고 외쳤다.

프레리알 3일(5월 22일) 이후, 생탕투안 교외 지구의 군사력은 급속히 약화되었다. 그날 3천 명의 기병대가 파리에 진주했고, 다음 날에는 수많은 분견대가 그 뒤를 이었다. 구두 통고를 통해 동원된 '선량한 시민들'을 포함하여 정부는 약 2만 명의 병력을 거느렸다. 사령관에는 자크프랑수아 드 므누(Jacques-François de Menou)가 임명되었다. 〈자유인일보〉는 "파리는 야영장이 되었다."고 썼다. 지쳐버린 생탕투안 교외 지구 주민들이 잠을 자고 있는 동안, 정부군은 밤새 교외 지구를 포위했다. 프레리알 4일 아침, 귀공자행동대가 교외 지구로 진격했으나, 영광스럽지 못한 후퇴를 할 수밖에 없었다. 곧 3개 구의 국민방위대가 태세를 갖추고 대포를 도시 쪽으로 향했다. 그리고 경찰의 끄나풀은 여성들이 "도처에서 떼 지어" 국민방위대를 지원했다고 제보했다. "그들의 봉기에서 빵이 물질적 기반이었다면, 1793년의 헌법은 정신적 기반이었다. 그들의 얼굴빛은 대체로 침울했다." 지도자도 없고 지휘부도 거의 없는 상황에서 폭도들을 지탱해준 것은 절망뿐이었다. 오후 4시경, 군대는 진격 명령을 받았다. 무기를 버리라는 통첩을 받은 교외 지구 주민들은 제대로 싸움 한번 해보지 못하고 항복했다. 10시에 모든 것이 끝났다.

즉시 취해진 탄압 조치가 사법적인 차원과 구 차원에서 진행되었다. 프레리알 4일 이후, 치안위원회는 감옥이 만원이라고 밝혔다.

사법적인 탄압은 국민공회가 프레리알 4일에 설치한 군사위원회가 주도했다. 149명이 재판을 받고 73명이 석방되었으나, 36명은 사형, 18명은 징역형, 12명은 유형, 7명은 차꼬형을 선고받았다. 특히 민중 봉기에 가담한 23명의 헌병 가운데 18명과, 용기와 결단성을 갖춘 인물인 뒤발과 포팽쿠르 구의 포병대장 들로름(Delorme)을 비롯한 5명의 반란 지도자들, 그리고 프레리알 1일에 민중 봉기에 가담한 6명의 산악파 의원들이 사형 선고를 받았다. 이 6명은 재판정을 떠날 무렵 서로에게 비수를 꽂았다. 에르네스트 뒤케누아(Ernest Duquesnoy), 알렉상드르 구종(Alexandre Goujon), 롬은 그 자리에서 즉사했고, 피에르 부르보트(Pierre Bourbotte), 뒤루아, 수부라니는 끝내 단두대에서 처형되었다. 이들이 바로 '프레리알의 순교자들'이다.

　장기적인 관점에서 본다면, 구에 대한 탄압이 훨씬 더 중대한 의미를 띤다. 프레리알 4일, 국민공회는 파리의 각 구에 '악질적인 시민들'을 무장 해제시키고 필요한 경우에는 체포하라고 지시를 내렸다. 구에 대한 이러한 대대적인 숙청은 프레리알 5일부터 13일까지 진행되어 약 1,200명이 체포되고 1,700명이 무장 해제당하였다. 그들 대부분은 프레리알의 반도들과 혁명력 2년의 상퀼로트 투사들(이 가운데는 심지어 혁명력 3년의 민중 봉기와는 무관한 자들도 있었다)이었지만, 옛 공포 정치가와 자코뱅파 인사들도 섞여 있었다. 숙청 작업은 주목할 만한 심리적·사회적 결과를 초래했다. 성인 남자가 오랫동안 투옥된다는 것은, 곧 대부분의 가족들이 심각한 빈곤을 겪는다는 것을 뜻한다. 이렇게 해서 한동안 테르미도르파로 하여금 체제에 대한 위협을 느끼게 했던 두 세력이 무너졌다.

　프레리알의 민중 봉기는 결정적이었다. 민중 운동은 탄압을 받아 활력을 잃고 조직이 무너지고 지도자와 지휘부를 잃은 반면에, 공화주의자부터 구체제의 옹호자에 이르는 부르주아지 진영은 전열을 정비했으며 더욱이 군대의 지지를 받았다. 프레리알의 민중 봉기에서 혁명의 활력인 민중 운동이 분쇄되었고, 혁명은 종언을 고했다.

혁명력 3년 제르미날과 프레리알에 일어난 민중 봉기의 실패는, 궁극적으로 종래의 제3신분 내의 계급투쟁 가운데서 가장 극적인 사건이었다. 프랑스 부르주아지가 주도권을 장악하고 있었기 때문에, 민중 운동이 자신의 고유한 목표를 달성한다는 것은 애초에 불가능한 일이었다. 혁명정부와 민중 운동의 대립이 혁명력 2년의 체제를 붕괴시켰던 것과 마찬가지로, 부르주아 혁명과 민중 운동의 근본적인 대립은 민중 운동을 패배의 운명에 빠뜨렸다. 그리고 민중 운동이 내적 모순 때문에 해체에 이르게 된 만큼이나 이 귀결은 더욱 불가피했다.

상퀼로트가 계급이 아니었듯이 민중 운동 또한 계급 정당이 아니었다. 수공업자와 소상점주, 직인과 일용 노동자들은 부르주아 소수파와 더불어 동맹을 결성하여 특권계급에 맞서 억제할 수 없는 힘을 과시했다. 그러나 바로 이 동맹 관계의 내부에는 한편으로 생산 수단의 소유로부터 얻어지는 수입으로 살아가는 수공업자 및 소상점주와, 다른 한편으로 처분할 수 있는 것이라고는 임금밖에 없는 직인과 일용 노동자 사이에 대립이 명확하게 나타났다. 혁명 투쟁의 필요성으로 상퀼로트의 통합은 땜질되었고, 여러 상이한 구성 분자들을 대립시키는 이해관계의 충돌은 뒷전으로 밀려났다. 그러나 충돌 자체를 없애는 것은 애초에 불가능했다. 게다가 사회적 집단 심성의 차이가 대립의 양상을 더욱 복잡하게 만들었다. 상퀼로트 내의 모순 관계는, 한편으로 유산자 및 생산자와, 다른 한편으로 임금 노동자 사이에서 흔히 나타나는 모순과는 다른 것이었다. 임금 노동자 가운데 사무원, 교사, 기술자들은 자신들의 생활 양식 때문에 스스로를 부르주아라고 여겼으며, 심지어 '하층민'의 대의를 지지할 때조차도 그들과 혼동되는 것을 원하지 않았다.

따라서 사회적으로 이질적인 요소들로 구성된 상퀼로트는 계급의식이 부족했다. 비록 그들이 당시의 초기 자본주의에 공통의 적대감을 품고 있기는 했지만, 그 적대감이 동일한 동기에서 비롯된 것은 아니었다. 수공업자는 임금 생활자로 전락할까 봐 두려워했고, 직인은 물가고를 야기한 매점업자들을 증오했다. 그러나 직인들은 임금 노동자이면서도 자신들의 고유한 사회적 의식을 지니지 못했다. 왜냐하면 당시 자본주의적 집중의 규모로는 아직 계급적인 유대감을 일깨우지 못했고, 그들의 정신 상태는 오히려 수공업 장인들의 영향을 받았기 때문이다. 그러나 임금 노동자 상퀼로트들이 육체 노동과 생산 활동에서 차지하는 위치뿐만 아니라 복장과 생활 양식에서 두드러지는 일정 수준의 동질감을 느끼고 있었음을 부정할 수는 없다. 이 점은 또한 그들이 교육을 받지 못했다는 점에서도 드러나며, 그렇기에 민중 계층은 열등감과 함께 종종 무력감을 느꼈던 것이다. 따라서 파리의 상퀼로트 운동이 중류 부르주아지 출신인 자코뱅파의 '재능 있는 인사들'과 접촉하지 못하게 되자, 그들은 몰락했다.

파리의 상퀼로트는 몇몇 어설픈 조직화 시도에도 불구하고, 계급적인 충원과 준엄한 숙청에 기반을 둔 규율 잡힌 정당이라는 정치 투쟁의 효율적인 수단이 항상 부족했다. 수많은 투사들이 민중 운동에 규율을 부여하려고 애썼지만, 사회적·정치적 규율에 대한 감각조차 지니지 못한 이들 또한 많았다. 대중 자체만을 놓고 볼 때, 그들은 특권 계급에 대한 증오심 말고는 발달된 어떤 정치 감각도 지니지 못했다. 당시의 경제적·사회적 상황을 고려한다면 이는 쉽게 납득이 간다. 그들은 막연하게 혁명이 주는 이점을 기대했다. 대중은 자신들의 생활 수준을 유지하기 위해 최고 가격제를 요구했다. 그들은 혁명정부가 통제 경제의 목표를 국가 방위에 두자 혁명정부와 결별했다. 그러나 혁명정부의 몰락이 상퀼로트의 파멸을 야기하리라고는 깨닫지 못했다.

역사의 흐름은 자체의 변증법에 의해 마침내 민중 운동을 붕괴시켰다. 5년간 지속된 혁명투쟁 끝에 민중 운동은 결국 날카로움과 활력을 상실하게 되었으며, 대중의 '거대한 열망'이 항상 뒷전으로 밀리곤 하자 그들을 동원하는 일이 점점 어려워졌다. 로베스피에르는 다음과 같이 지적했다. "민중은 싫증을 낸다." 그리고 생마르소와 생자크 교외 지구의 상퀼로트들은 혁명력 3년 방토즈 27일(1795년 3월 17일)에 이렇게 말했다. "우리는 혁명을 위해 모든 희생을 감수한 것을 후회하고 있는 중이다." 전쟁 노력은 다달이 징집함으로써 인력을 고갈시켜 상퀼로트를 약화했다. 게다가 새로운 조국의 수호를 제1의 혁명적 의무로 여기는 가장 젊고 전투적이며 가장 의식이 투철하고 열광적인 사람들이 주로 징집되었다. 혁명력 2년 이후 파리 여러 구의 국민방위대원은 상당 부분이 50세 이상이었고 심지어 60세 이상도 있었다. 이러한 민중 운동의 노쇠화는 대중의 투쟁적인 성향에 돌이킬 수 없는 결과를 야기했다.

그러나 우리는 혁명력 3년 프레리알의 탄압으로 몰락한 민중 운동에 관해 부정적인 평가만을 내릴 수는 없다. 민중 운동은 1789년 7월 이후, 특히 1792년 8월 10일 이후에는 더욱 부르주아 혁명에 결정적인 도움을 주어 역사의 진보에 기여했다. 1789년부터 혁명력 3년까지 파리의 상퀼로트는 혁명 투쟁과 국방의 핵심적인 요소였다. 민중 운동은 1793년에 혁명정부의 수립을 가능케 하여, 대내적으로는 반혁명에 승리하고 대외적으로는 대불동맹에 승리할 수 있게 했다. 1793년 여름에 거둔 승리 덕분에 말미암아 공포 정치가 의회의 의사일정에 포함되었고, 공포 정치라는 철권(鐵拳)은 구(舊)사회에 대한 파괴 작업을 마무리지었다. 테르미도르의 사건이 전반적인 반동을 불러왔다. 그러나 이미 그때는 공포 정치가 새로운 사회적 관계를 설정하기 위한 예비 공작을 끝낸 뒤였다.

혁명력 3년 프레리알에 민중 운동이 패배함으로써, 민중은 그 이후 오랫동안 정치 무대로부터 배제되었고 평등주의적인 사회민주주의라는 민중의 열망은 무산되었다. 이로써 테르미도르파와 그 뒤를 이은 총재정부가 '1789년'과 연계하고 제헌의회의 과업을 되살릴 수 있었다. 경제적 자유와 재산 제한 선거제가 다시 수립된 기반 위에서 명사들의 부르주아가 지배를 시작했다.

3부

'유산자가 지배하는 나라'

부르주아 공화국과 사회의 공고화

1795~1799년

'1795년'이 '1789년'과 다시 만났다. 즉시 공화국 기원 3년과 자유의 원년 사이에 연속성이 재확립되었다.

1789년 이후, 특히 1792년 8월 10일 이후 정치적·사회적 투쟁의 결정적 요인이던 상퀼로트와 민중 운동은 이제 무대로부터 사라졌다. 특권계급, 국내의 반혁명, 국외의 대불동맹에 맞서 전쟁이 불가피했기 때문에 일시적으로나마 산악파가 상퀼로트와 동맹을 맺고 그 대가로 민중 민주주의의 시도를 허용할 수밖에 없었다. 유산자들은 이러한 시도 때문에 자유가 축소되고 이윤 추구가 제약을 받고 서민들로부터 법을 강요받았던 무서운 기억을 오랫동안 간직했다. 강경해진 부르주아지는 계급의식이 한층 고조되어 어떠한 희생을 치르더라도 혁명력 2년에 경험한 것이 되풀이되지 않도록 하겠다고 결심했다. 그들은 독점적인 방식으로 권력을 조직했다. '명사들'의 우위가 복원되었고, 국민은 다시 재산 제한 선거제의 부르주아지라는 좁은 틀에 한정되었다.

혁명력 3년 메시도르 5일(1795년 6월 23일), 부아시 당글라는 새 헌법의 초안에 관한 머리말에서 그 원칙을 다음과 같이 명백하게 제시했다.

마지막으로 여러분은 부자의 소유권을 보장해야 합니다. …… 시민적 평등, 이것이 바로 분별 있는 사람이 요구할 수 있는 전부입니다. …… 절대적 평등이란 허깨비에 불과합니다. 절대적 평등이 가능하려면 모든 사람들의 지능, 덕성, 체력, 교육, 재산 등이 완전히 평등해야 합니다.

베르뇨는 이미 1793년 3월 13일에 동일한 논리를 폈다.

사회적 인간에게 평등이란 권리의 평등일 뿐이다. 그 평등은 신장, 체력, 지능, 활동력, 근면함, 노동의 평등이 아닌 만큼 재산의 평등도 아니다.

지롱드파와 테르미도르파의 이 얼마나 놀랄 만한 연속성인가! 부아시 당글라의 말을 더 들어보자.

우리는 가장 우수한 자들의 지배를 받아야 합니다. 가장 우수한 자들이란 가장 교육을 많이 받고, 법의 유지에 가장 큰 관심이 있는 사람들입니다. 그런데 여러분은 약간의 예외를 제외하면 그런 종류의 사람들을, 즉 재산을 가지고 있기 때문에 그 재산이 속해 있는 지방에 애정을 품을 뿐만 아니라, 그 재산을 보호하는 법과 그 재산을 보호해주는 공공질서에 애착을 지닌 이들 가운데서 발견할 수 있습니다. 그들은 재산과 그것이 주는 여유 덕분에 교육을 받을 수 있었기 때문에, 조국의 운명을 결정할 법이 갖는 장단점을 현명하고 올바르게 토론하기에 적합한 자들입니다. …… 유산자가 지배하는 나라에는 사회 질서가 유지되나, 무산자의 지배를 받는 나라는 자연 상태에 놓이게 됩니다.

경제적 자유가 소유권과 결합하는 것은 필연적이었다.

만일 여러분이 재산 없는 자들에게 무제한의 정치적 권리를 부여한다면, 그리고 그들이 언젠가 입법자의 자리에 앉게 된다면 그들은 결과가 어떻게 될 것인지는 신경 쓰지 않고 선동을 일삼거나 민중의 동요를 그대로 내버려 둘 것입니다. 그들은 상업과 농업에 치명적인 영향을 끼칠 공정 가격제를 확립하거나 혹은 확립되게 내버려 둘 것입니다. 왜냐하면 그들은 그러한 무시무시한 결과를 의식하지도 못하고, 두려워하지도 예견하지도 못하기 때문입니다. 결국 그들은 이제 막 벗어난 그러한 격렬한 혼란 속으로 우리를 다시 몰아넣을 것입니다.

이는 혁명력 2년에 경험한 것을 최종적으로 단죄하고, 민중계급에게 모든 희망을 봉쇄하는 것이었다. 이처럼 '1789년'의 전통을 잇는 테르미도르파 공화주의자들과 입헌군주파의 동맹을 통하여 '명사들', 말하자면 최소한 유복한 유산자들의 국가라는 틀이 모습을 드러냈다. 부아시 당글라는 노골적으로 말했다.

지킬 것이 아무것도 없는 무산자가 질서에 관심을 두려면, 미덕(美德)을 행하려는 끊임없는 노력이 필요합니다.

이후 이 소유권을 부르주아지는 자신들에게만 배타적으로 한정하고자 했다. 산악파의 입법 조치로 무산자와 특히 소농층이 소유권에 접근하는 것이 한동안 용이했지만, 부르주아지는 자유경제 체제의 필요조건을 내세우며 그러한 접근을 거부했다. 이미 혁명력 2년 프뤽티도르 22일(1794년 9월 8일)에 샤랑트앵페리외르 도 출신 의원인 로조는 이 체제의 필요조건을 강조하며, "모든 프랑스인을 소유주로 전환하는 것이 물리적으로 불가능하며, 게다가 이 전환이 난처한 결과를 야기한다는 점"을 지적하는 보고서를 국민공회에 제출했다. 로조의 주장에 따르면, 토지 분배를 통하여 빈곤을 폐지하려는 꿈을 꾼다는 것은 환상에 불과하다. 백 보 양보해서 모든 농민들을 독립적인 경작자로 전환할 수 있다고 인정한다 하더라도, 그런 일은 공화국으로서는 좋아할 일이 결코 아니다. 그렇다면 과연 대차지농(大借地農), 상인, 산업가들은 자신들의 사업에 꼭 필요한 노동력을 어디에서 구할 것인가? 프롤레타리아의 존재는 부르주아 경제적·사회적 질서의 필요조건인 것이었다.

그러나 특권계급은 여전히 비타협적이었으며, 평화를 위한 일시적인 시도가 있은 뒤에 전쟁이 재개되었다. 이리하여 부르주아 국민과 '유산자의 공화국' 사이에 존재하던 불안정한 균형이 다시 위태로워졌다. 공화국은 자유주의적 형태를 취하자 매우 취약해졌던 것이다. 혁명력 2년 당시와 마찬가지로 1799년에 조국이 위험에 처하게 됨에 따라 불가피하게 권위주의적인 방법에 호소할 수밖에 없었다. 그러나 이제 부르주아지의 사회적·정치적 우월성이 인민대중과 조화를 이룬다는 것은 불가능했다. 혁명 독재의 가능성이 배제된 상황에서 유일한 해결책은 군사 독재였다. 이것이 바로 혁명력 8년 브뤼메르 18일에 일어난 사건의 의미이다. 그 사건 때문에, 혁명력 3년 이후 유산자 공화국의 명사들이 스스로 설정한 재산 제한 선거제라는 좁은 테두리에 법적 국민을 가두는 것이 가능해질 것이었다.

1장

테르미도르파 국민공회의 종언
- 1795년의 여러 조약과 혁명력 3년의 헌법

혁명력 3년 프레리알에 일어난 민중 봉기로 파리 상퀼로트가 궤멸하면서 반동이 급속도로 진전되었다. 그러나 특히 망명 귀족들이 키브롱에 상륙을 시도했던 사건은 그들의 반역을 두드러지게 했을 뿐만 아니라, 백색 공포의 과잉과 더불어 궁극적으로 혁명에 유리하게 작용했다. 그와 동시에 테르미도르파는 혁명정부가 이룩한 성과의 혜택을 받았다. 대불동맹이 와해된 것이다.

그러나 테르미도르파는 타협과 중용의 정책을 취하는 것으로 만족했다. 대외적으로 그들은 전통적인 외교 노선으로 복귀했고, 전쟁이 계속되자 합병과 정복을 보장하는 평화 쪽으로 기울었다. 대내적으로 테르미도르파는 과업을 마무리 짓기 위해 우파와 결탁하였다. 그리하여 온건한 공화파와 입헌군주파는 혁명력 3년의 헌법을 통하여 명사들이 주도할 체제의 토대를 놓았다. 그러나 체제가 작동하기 이전부터 이미 새로운 입헌적 시도는 왕당파의 반대와 전쟁 수행 문제에 부딪쳐 위기에 빠져들었다.

프레리알 민중 봉기의 결말 – 백색 공포와 키브롱 사건(1795년 5~7월)

혁명력 3년 프레리알 민중 봉기의 결과, 모든 민중적 저항이 제거되면서 반동의 움직임이 급속도로 진전되어 공적 생활의 모든 영역에 영향을 끼쳤다.

첫 번째 결과는 예배의 부활이었다. 프레리알 11일(1795년 5월 30일) 랑쥐네의 제안에 따라 교회가 신자들에게 개방되었다. 비록 옥외에서는 예배 행위가 여전히 금지됐지만 말이다. '병존성'의 원칙에 따라 순일 예배와 입헌파의 가톨릭, 그리고 로마 가톨릭이 교회의 사용권을 나누어 가졌기 때문에 계속 충돌이 빚어졌다. 모든 성직자들은 공화국의 법에 복종하겠다는 선서를 하도록 요구받았다. 입헌파 성직자들은 이러한 요구에 힘입어 그레구아르의 지휘 아래 자신들의 교회를 재편했다. 선서거부파인 로마 가톨릭의 성직자들은 1792년의 '소(小)선서'에 대해서 그랬듯이 이번에도 둘로 나뉘어졌다. '순종파'는 생쉴피스 신학교의 전직 교장인 자크앙드레 에므리(Jacques-André Émery) 신부를 따라 선서를 행한 반면에, '비순종파'는 지하 예배를 고집했다. 종교적인 분쟁이 계속되었다.

상퀼로트의 몰락은 아시냐의 파탄을 야기했다. 테르미도르파 부르주아지는 아시냐의 운명에는 전혀 관심이 없었다. 국민공회는 혁명력 3년 메시도르 3일(1795년 6월 21일)에 계속되는 화폐 발행에 따른 가치 하락의 등급을 설정하여, 마침내 아시냐 통화 체제가 파산했음을 인정했다. 테르미도르 2일(7월 20일), 국민공회는 토지세의 절반을 곡식으로 납부할 것을 규정했다. 마지막으로 국민공회는 공무원에게 봉급의 물가 연동제를 승인해주었다. 그러나 국고는 여전히 바닥나 있었고, 아시냐의 발행고는 계속해서 매달 거의 40억 리브르에 달했다. 아시냐의 실질 가치는 제르미날(4월)에 명목 가치의 8퍼센트이던 것이, 메시도르에는 5퍼센트로, 테르미도르(1795년 7월)에는 3퍼센트로 떨어졌다.

백색 공포는 프레리알 민중 봉기의 실패로부터 결정적인 자극을 받았다. 국민공회에서 카르노와 프리외르 드 라 코트도르를 제외하고는, 혁명력 2년 정부의 양 위원회에서 일한 모든 전직 위원들이 10여 명의 산악파 의원들과 함께 체포되었다. 협박당한 필리프 륄(Philippe Rühl)과 니콜라 모르(Nicolas Maure)는 자살했다. 국민공회는 프레리알 12일(1795년 5월 31일)에 혁명 재판소를 폐쇄하였고, 연방주의에 대한 유죄 판결을 취소했다.

지방에서는 옛 공포 정치가들이 재판에 회부되었다. 오랑주 위원회* 위원들과 솜 도의 르봉이 처형되었다. 플로레알 20일(5월 9일), 국민공회는 이제 옛 연방주의자들과 공인된 왕당파들이 장악하게 된 지방자치체에 사법 경찰 관리 중에서 공포 징치가들을 색출하도록 시시했다. 소송사건이 급증했다. 도처에서 혁명력 2년의 인사들이 집요한 추적을 받았다. 그들은 설사 유죄 판결을 받지 않았더라도 갖가지 방법으로 생존이 어려울 정도로 괴롭힘을 당했다. 이제 대부분의 도시에는 청년행동대가 조직되어 지방 당국의 묵인 아래 거리를 장악했다. 예수단, 여호와단, 태양단과 같은 학살단들이 프랑스 남동 지방을 공포로 몰아넣었다. 롱르소니에와 부르크에서 죄수들이 학살당했으며, 리옹에서 교도소가 플로레알 5일과 15일(4월 24일과 5월 4일)에 습격을 받아 수감자들이 죽임을 당했다. 몽브리송과 생테티엔에서도 학살 사건이 터

오랑주 위원회(Commission d'Orange) 보클뤼즈 도의 특수한 상황 때문에, 공안위원회는 이미 1794년 4월에 지방의 혁명 재판소를 폐지하는 추세 속에서도 혁명력 2년 플로레알 21일(5월 10일)에 상대적으로 덜 반혁명적인 인근 오랑주에 민중위원회의 설립을 허가했다. 이를 오랑주 위원회라고 부르는데, 메시도르 1일(6월 19일)부터 테르미도르 17일(8월 4일)까지 활동하면서 332명을 단두대로 보냈다.

졌다. 마르세유의 태양단은 엑스에서 플로레알 22일(5월 11일)과 테르미도르 27일(8월 14일)에 죄수들을 학살했다. 자코뱅파의 마지막 요새인 툴롱에서는 상퀼로트들이 폭동을 일으켰으나 프레리알 4일(5월 23일)에 진압되었고, 백색 공포가 강화되었다. 태양단은 프레리알 17일(6월 5일)에 마르세유의 생장 요새에 수감되어 있던 정치범들을 학살했다. 타라스콩에서는 지방 특권계급이 환호하며 지켜보는 가운데 자코뱅파 인사들이 르네 왕(王)의 성채 꼭대기에서 론 강으로 던져졌다. 살롱, 님, 퐁생테스프리에서도 학살이 벌어졌다. 프레리알 13일(1795년 6월 1일), 한 국민공회 의원은 이렇게 썼다. "도처에서 사람들이 목이 잘려 죽는다."

백색 공포에 발맞추어 왕당파가 부활했다. 여전히 공화주의자들인 테르미도르파는 왕정주의의 대두로 혁명을 옹호하는 모든 이들이 당파의 구별 없이 위협을 받게 되었음을 알고 당황했다. 파리의 언론은 이런 사태에 대체로 호의적이었다. 〈모니퇴르〉 지는 프레리알 17일(1795년 6월 5일) 자에 다음과 같이 썼다. "도처에서 가장 광적인 열망이 분출하고 있다. 국민공회는 왕정을 선포하는 것 이외에 선택의 여지가 없어 보인다."

파리에서는 선서거부파 성직자들과 귀국한 망명자들이 영국 돈을 물 쓰듯 하면서 마음대로 음모를 꾸몄다. 지방에서는 자유의 나무가 잘리고 삼색기가 마구 짓밟혔다. 그러나 왕당파는 분열되어 있었다. 입헌군주파는 성당기사단 본부 건물에 유폐되어 있는 루이 17세의 이름으로 지배하는 것을 꿈꾸었다. 그러나 그는 프레리알 20일(1795년 6월 8일)에 사망했다. 그리하여 구체제로 복귀하자고 주장하는 절대주의자들이 우세를 점하였다. 루이 18세의 칭호를 택한 프로방스 백작은 1795년 6월 24일에 이탈리아의 베로나에서 성명을 발표했다. 그는 신분제와 고등법원과 교회 우위권의 재확립, 국왕 살해자의 처단을 약속했다. 그의 측근들은 심지어 모든 제헌의회 의원들을 목매달고 국유 재산 취득자들을 총살하자고 주장하기까지 했다. 동일한 성향의 왕당파 인사들은 이제 프랑스 국내에서 다시 반란을 일으킬 준비를 했다. 그들은 프랑슈콩테, 아르데슈, 오트루아르, 로제르 등지에서 지도부를 재편성했고, 동시에 파리의 '국왕대리인'을 통해 매수공작을 벌였다. 1795년 5월과 6월에 라인군 사령관이었던 피슈그뤼도 공작의 대상이었다. 프레리알 초부터 올빼미단원들도 다시 무장을 시작했다. 왕당파의 위협에 직면하자 테르미도르파는 단결하여 공격 태세를 갖추었다.

키브롱 사건은 왕당파가 필요하다면 언제든지 영국과 결탁할 수 있음을 보여주었고, 그리하여 공화주의적 열정을 되살렸다. 통찰력 있는 말레 뒤 팡은 1795년 6월 21일에 왕정주의의 대의를 위한 그러한 결탁이 내포한 위험을 다음과 같이 지적했다.

> 내전이란 환상에 불과하다. 그렇다고 대외 전쟁을 택하는 것은 그에 못지않게 낡아빠진 전략이다. 프랑스인들이 대불동맹국들의 군대와 정책에 느끼는 경멸감에 필적하는 것이 있다면, 그것은 바로 그 동맹국들이 야기한 보편적인 증오심이다.

그런 와중에 서부 지방의 반도들에 대한 국민공회의 양보, 프레리알의 민중 봉기에 뒤이은 탄압 조치, 정부 권력의 약화 등은 왕당파가 무력에 호소하도록 자극했다. 조제프 드 퓌제(Joseph de Puisaye)는 상륙 작전을 준비했다. 영국 정부는 자금과 함대, 그리고 루이 샤를 데르빌리(Louis Charles d'Hervilly)와 샤를 외젠 가브리엘 드 송브뢰유(Charles Eugène Gabriel de Sombreuil)가 지휘하는 2개 사단 병력의 망명자들이 입을 군복을 제공했다. 메시도르 9일(1795년 6월 27일)에 브르타뉴의 남쪽 해안인 키브롱 반도에서 상륙이 감행되었다. 몇몇 올빼미단원 무리가 조르주 카두달(Georges Cadoudal)의 지휘 아래 무기를 들었지만, 주민 대다수는 움직이지 않았다. 데르빌리와 퓌제의 불화는 왕당파의 지휘 계통을 마비시켰다. 그리하여 프레리알 초부터 경계하고 있던 정부는 오슈의 지휘 아래 병력을 집결할 수 있는 시간을 벌었다. 공화국 군대는 올빼미단원들을 키브롱 반도로 몰아넣고, 강력한 방어 진지를 구축하여 그들을 봉쇄하였다. 왕당파는 메시도르 19일(7월 7일)에 돌파를 시도했지만 전사자만 많이 낸 채 실패했다. 메시도르 28일의 시도도 실패로 끝났다. 공화국 군대는 테르미도르 2~3일(1795년 7월 20~21일) 밤에 공격을 가했다. 망명자의 군대는 반도의 끝머리로 후퇴했다. 퓌제는 영국 함대로 되돌아갈 수 있었지만, 송브뢰유는 항복했다. 당시의 현행법에 따라, 영국 군복을 입고 무장한 채 잡힌 748명의 망명자들은 대불동맹의 보조자이자 조국에 대한 반역자란 죄목으로 총살되었다.

망명 귀족들이 벌인 키브롱 상륙 작전의 실패로 전국에 걸쳐 영국에 대한 증오심이 만연했다. 이 사건은 공화국을 공고하게 했다. 그와 동시에 대불동맹이 결정적으로 와해되었다.

평화의 쟁취(1795년)

테르미도르파는 혁명정부의 업적을 파괴했다. 그러면서도 혁명력 2년에 시행된 국방 정책의 성과는 누렸다. 또한 그들은 대불동맹이 상이한 이해관계의 충돌로 와해됨으로써 이득을 얻었다.

혁명력 2년 메시도르 8일(1794년 6월 26일)의 플뢰뤼스 전투 이후 공화국 군대의 승리가 분명해졌다. 테르미도르 9일에 벨기에가 다시 정복되었다. 그해 여름에 군사 작전이 잠시 중단되었으나, 9월이 되면서 군대는 진격을 개시했다. 주르당 휘하의 상브르에뫼즈 군대는 혁명력 3년 방데미에르 11일(1794년 10월 2일)에 루르 강을 돌파하여, 클레르페(comte de Clerfayt)가 이끄는 오스트리아군을 라인 강 너머로 격퇴시켰다. 한편 모젤군과 라인군은 팔츠를 점령했다. 피슈그뤼 휘하의 노르군은 네덜란드의 여러 요새, 특히 마스트리히트를 탈취했다. 12월 말, 라인군은 뫼즈 강과 얼어붙은 라인 강의 여러 지류를 건넜다. 프랑스군은 홀란드를 점령했고, 바다가 얼어 테셀 섬에 갇혀 있던 네덜란드 함대를 경기병들이 장악했다. 1795년 1월, 바타비아 공화국이 선포되었다. 남부에서 프랑스군은 알프스 방면에서는 수세를 취했던 반면에, 피레네 방면에서는 가을에 카탈루냐로 침입했다. 서쪽의 도노스티아는 이미 1794년 8월부터 몽세 휘하의 부대가 점령하고 있었다.

프랑스의 전 국토는 해방되었다. 게다가 저지대 지역의 점령으로 공화국은 막대한 경제적 이득을 얻었다. 대불동맹이 분열상을 보이던 바로 그 시기에 테르미도르파는 유리한 위치를 차지했다.

1. 테르미도르파의 외교 정책과 대불동맹

다른 분야와 마찬가지로 외교 분야에서도 테르미도르파는 반동의 포로였다. 모든 권위를 상실한 혁명력 3년의 공안위원회는, 의심이 많은 의회뿐만 아니라 특히 즉각적인 평화와 점령지 포기를 요구하는 선전 활동을 벌이는 반혁명적인 반대 세력을 고려하지 않을 수 없었다. 탈리앵은 브뤼메르 14일(1794년 11월 4일)에 프랑스를 "종래의 국경으로" 복귀시킬 강화 조약을 제안했다. 열흘 후 바레르는 "평화의 미봉책"을 주장하는 자들을 비난하며, 옛 산악파 인사들의 분노를 대변했다. 프랑수아루이 부르동 드 루아즈*는 니보즈 8일(1794년 12월 28일)과 플뤼비오즈 11일(1795년 1월 30일)에 다음과 같이 외쳤다. "사람들은 우리 군대의 성공을 무효화하려고 한다. 우리는 자연이 설정한 경계 내에 머무를 것이다." 이렇듯 자연 국경설은 여러 당파의 정치적 쟁점이 되는 한편, 동시에 공화주의의 시금석이 되었다.

또한 다른 요인들도 작용하였다. 군대의 견해는 의심할 여지 없이 확실했고, 군대는 혁명력 3년의 위기에 더는 무시할 수 없는 하나의 정치 세력이 되었다. 군대의 경제적 역할도 중요했다. 전쟁은 단지 전쟁만이 아니라 국민을 먹여 살리기 시작했다. 비록 혁명력 2년 플로레알에 설치되어 점령한 나라들을 수탈했던 철수국(agence ol'évacuation)들을 테르미도르파 정부가 폐쇄하기는 했지만, 벨기에의 브뤼셀과 라인란트의 아헨에 설치된 프랑스 행정부는 징발하는 경우에 아시냐의 사용을 강요했다. 바타비아 공화국과 협상하는 과정에서 프랑스 정부는 앞으로의 전투를 재정적으로 뒷받침하기 위하여 전쟁배상금을 요구했다.

그러나 합병 정책은 테르미도르파를 분열시켰다. 니스와 사부아는 전혀 문제되지 않았으나 벨기에와 특히 라인 강 좌안 지역은 큰 문제였다. 혁명력 2년의 공안위원회가 시행했던 정책을 계승한 카르노는 기존의 국경을 전략적으로 수정하는 것으로 만족했고, 이는 또한 온건파와 입헌군주파의 견해이기도 했다. 결국 공화주의자들은 벨기에를 합병하는 데 동의했으나 라인란트를 합병하는 문제에서는 망설였다. 메를랭 드 두에와 메를랭 드 티옹빌은 이에 반대했던 반면에, 방토즈 15일(1795년 3월 5일)에 공안위원회 위원이 된 장프랑수아 뢰벨(Jean-François Reubell)과 시에예스는 열렬한 합병론자였다. 뢰벨은 고향인

부르동(François-Louis Bourdon 또는 Bourdon de l'Oise, 1758~1798) 혁명 전에는 파리 고등법원의 변호사였고, 혁명 초에는 이렇다 할 경력을 쌓지 못하다가, 이름의 착오로 국민공회 의원이 됐다. 그는 지롱드파에서 산악파로 변신했지만, 애주가에다가 불성실하여 로베스피에르에게 비판을 받았다. 이후 반(反)로베스피에르 음모에 가담하여 테르미도르파의 일원이 됐다. 총재정부 때는 오백인의회 의원이 되어 국유 재산 문제를 담당했는데, 이를 이용해 제 주머니를 채웠다. 그러나 결국 1797년 프뤽티도르 18일의 쿠데타 이후 왕당파로 몰려 기아나로 유형당했다.

알자스를 침입으로부터 보호하고자 했고, 시에예스는 최종적인 타결을 볼 때 협상용 패를 하나 더 확보하려는 생각이었다. 이는 혁명력 2년의 공안위원회 정책과는 거리가 먼 것이었으며, 테르미도르파가 전통적인 외교적 관행으로 복귀했음을 말해준다.

하지만 대불동맹은 서로 대립하는 이해관계 때문에 의견이 엇갈려 붕괴하였다. 마지못해 서쪽 지방에 개입하여 발미 전투에서 패배했던 프로이센은 동쪽에서 그 대가를 구하려고 했다. 프로이센은 1793년 1월 23일에 러시아와 더불어 제2차 폴란드 분할을 감행했다. 1794년 3월에 폴란드에서 코시치우슈코가 봉기했을 때, 프로이센은 바르샤바를 포위했지만 점령하지는 못했다(1794년 9월 6일). 바르샤바는 11월 6일에 알렉산드르 페트로비치 수보로프(Aleksandr Petrovich Souvorov) 휘하의 러시아군에게 항복했고, 그사이에 예카테리나 2세와 절충을 본 오스트리아 정부는 서둘러서 크라쿠프를 점령했다. 이리하여 제3차 분할이 시작되었다. 프로이센은 오스트리아와 러시아의 동맹 결성을 미리 막기 위해 군대를 동쪽으로 보내 양 강대국에게 자신의 협상 참여를 강요할 생각이었다. 그리하여 프로이센 군대는 라인 강을 넘어 후퇴하였다. 1794년 11월, 프리드리히 빌헬름 2세는 공화국의 대표자인 프랑수아 바르텔르미(François Barthélemy)와 스위스에서 협상을 벌일 특사를 파견하기로 결정했다. 1795년 1월 3일, 제3차 폴란드 분할이 비준되었다. 협의에 참여하지 않은 프로이센은 겨우 체면을 유지할 정도의 몫을 받았을 뿐이다. 이처럼 폴란드의 위기는 대륙의 대불동맹이 와해되는 데 이바지했다.

2. 1795년의 여러 조약

1794년 11월에 프로이센과 시작된 협상은, 프리드리히 빌헬름 2세가 친프랑스적인 성향을 지닌 골츠(Wilhelm Bernhard von der Goltz) 백작을 바젤에 파견하면서부터 더욱 활발해졌다. 바르텔르미는 보상한다는 조건 아래 앞으로 벌어질지도 모를 라인 강 좌안 지역의 합병에 대하여 프로이센으로부터 동의를 얻어내라는 훈령을 받았다. 골츠가 1795년 2월에 사망하자, 그의 후임으로 하르덴베르크(Karl August, Fürst von Hardenberg)가 부임했다. 그는 협상에 별로 성의를 보이지 않았으며 프로이센의 보장 하에 북부 독일을 중립화할 것을 요구했다. 베스트팔렌에 주둔하고 있던 군대를 폴란드로 보내야 했던 프로이센 왕은 결국 라인 문제를 양보키로 하고 특사에게 협정을 체결하라는 지시를 내렸다. 바르텔르미는 북부 독일의 중립화안을 받아들이는 한편, 혁명력 3년 제르미날 15~16일(1795년 4월 4~5일) 밤에 자신이 책임지기로 하고 협정에 조인했다.

프로이센과 맺은 바젤조약은 "프랑스 공화국과 프로이센 국왕 간의 화해, 우의, 상호 이해"를 규정했다. 프랑스 군대는 라인 강 우안의 프로이센 영토에서는 철수했으나, 전면적인 평화가 도래할 때까지 라인 강 좌안의 영토는 계속 점령하게 되었다. 비밀 조항에 따라 두 열강은 상호 간에 엄정 중립을 지킬 것을 약속했다. 특히 제2조는 다음과 같이 규정했다.

만약 독일 제국과 프랑스 간에 전면적인 평화가 도래했는데도 프랑스가 계속 라인 강 좌안 지역을 장악한다면, 프로이센 국왕 전하는 프랑스 공화국과 더불어 쌍방이 합의한 영토 보상 조건으로 라인 강 좌안에 위치한 프로이센 영토의 양도 방법을 정한다.

네덜란드와 맺은 헤이그조약은 혁명력 3년 플로레알 26일(1795년 5월 16일)에 뢰벨과 시에예스가 조인하였다. 프로이센이 이미 프랑스와 조약을 체결하였기 때문에, 바타비아 공화국의 친프랑스적인 지도자들은 테르미도르파의 요구에 굴복하는 것 이외에 다른 방법이 없었다. 그리하여 프랑스는 네덜란드령 플랑드르 지방, 마스트리히트, 벤로 등지를 획득했다. 프랑스가 그 지역들을 보유한다는 것은 곧 벨기에의 합병이 전제되었음을 뜻한다. 총독제는 폐지되었다. 양 공화국 사이에 전쟁이 종결될 때까지 효력을 유지하는 상호방위조약이 체결되었다. 바타비아 공화국은 2만 5천 명의 점령군이 주둔하는 데 동의했고, 더욱이 1억 플로린에 달하는 배상금을 "네덜란드의 현금이나 정금으로, 또는 유효한 환어음으로" 지불할 것을 약속했다(제20조).

에스파냐와 맺은 바젤조약은 혁명력 3년 테르미도르 4일(1795년 7월 22일)에 바르텔르미와 에스파냐 대사인 이리아르테(Domingo d'Yriarte) 사이에 체결되었다. 빌바오와 비토리아를 점령하고 에브로 강변의 미란다에 도달한 몽세의 승리 덕분에 협상은 신속하게 진행되었다. 프랑스는 점령지로부터 철수했으나 서인도제도에 있는 산토도밍고의 에스파냐의 식민지를 넘겨받았다. 이 조약은 1년 뒤인 혁명력 4년 프뤽티도르 2일(1796년 8월 18일)에 산일데폰소에서 조인된 상호방위조약으로 완결되었다.

그러나 오스트리아와는 협상에 끝내 성공하지 못했다. 바젤평화조약의 소식이 전해지자, 오스트리아는 영국과 그 뒤를 이어 러시아와 긴밀한 동맹 관계를 맺고 영국으로부터 20만 명의 무장을 위한 보조금을 지급(1795년 5월 20일)받기로 함으로써 오스트리아의 지위는 오히려 강화되었다. 테르미도르 이후 합병론자들이 다수를 점한 공안위원회는, 벨기에를 보유하고 그 대가로 오스트리아에게 바이에른을 제공할 생각이었다. 그러나 오스트리아는 라인 강을 프랑스의 동부 국경으로 인정하지 않았다. 혁명력 4년 방데미에르 9일(1795년 10월 1일), 벨기에가 합병되었다. 이때에 이르면 오스트리아와의 결렬은 이미 결정적이었다. 전쟁이 재개되었다. 그러나 프랑스군의 상태는 비참했다.

3. 혁명력 3년의 군대와 전쟁

혁명정부의 와해, 통제 경제의 포기, 아시냐의 신용 파탄으로 사실상 국방 체계가 붕괴되었다. 그 결과는 군수품 제조업과 군 조달 체계에서 특히 치명적이었다. 국영 공장의 생산 활동은 점차 감소하고 사기업이 그 공백을 메웠다. 혁명력 3년 프리메르 21일(1794년 12월 11일)의 한 법령은 "심지어 징용의 방법까지 동원하여" 사기업이 필요로 하는 노동력을 제공해주었다. 혁명정부가 조직화했던 초석의 채취는 제르미날 17일(1795년 4월 6일)에 민간 부문으로 전환하였다. 마지막으로 프레리알 25일(6월 13일)에 파리 구들의 군복 제조 작업장들은 개인 기업가들의 이익을 위해 정리되었다.

군대의 보급은 통화 위기와 정부의 재정적인 무능으로부터 심각한 영향을 받았다. 징발한 물자가 정확하게 공급되지 않았기 때문에 병사들에게 빵이 부족했다. 병사들은 봉급을 아시냐로 받았는데, 그마저도 불규칙해서 필요한 것을 아무것도 손에 넣을 수 없었다. 혁명력 3년 메시도르 26일(1795년 7월 14일)에 한 육군 중위는 다음과 같이 썼다. "공화국이 내게 매달 주는 170리브르를 갖고서 나는 말에 편자를 박아주거나 내의를 세탁할 수 없다. …… 그렇지만 나는 바지나 장화 또는 셔츠 없이 지낼 수 없으며, 내겐 거의 모든 것이 부족하다." 이제 사기업으로 전환한 군수품 제조업과 조달업과 수송업이, 이를테면 알프스군과 이탈리아 방면군을 위하여 수송 업무를 맡은 랑셰르(Lanchère)나 미셸 에 루(Michel et Roux) 같은 금융 회사의 주된 수입원이 되었다.

군대의 궁핍화는 병력의 수에 영향을 끼쳤다. 혁명력 2년 당시와 달리 징병 기피자와 탈영을 겨냥한 조치들이 더는 적용되지 않자, 병력 수는 크게 줄어들었다. 1795년 3월에 군 병력이 서류상으로는 110만 명이었지만, 실제로는 45만 4천 명에 불과했다. 봄 동안 병력의 부족이 더욱 심해져, 라인 강 방면에서 공화국의 군대는 수적인 우위를 상실하였다. 정부의 무능은 사태를 악화시켰다. 정부가 만 18세에 도달한 독신 남성들을 징집하지 않은 채 국민 총동원령 2주년 기념일을 그냥 흘려보냄으로써, 1793년에 동원된 징집병들만 계속 무한정 복무하게 되었다. 하지만 바로 그런 이유 때문에 군대 내에 공민 정신과 규율이 유지되었다. 작위를 박탈당한 귀족과 성직자들에 대한 적의, 왕권에 대한 증오심도 여전히 생생했다. 실제로 군대에서는 일반 국민에 비하여 자코뱅적인 정신이 훨씬 강력했고, 그것은 반동을 제어하지 못하는 테르미도르파 정부에 대한 분명한 경멸감에 덧붙여졌다.

이런 상황에서 1795년의 전투가 과단성 있게 추진되기는 어려웠다. 전쟁은 늦게 시작되었다. 겨울 내내 모든 것이 부족했던 주르당 휘하의 상브르에뫼즈군과 피슈그뤼 휘하의 라인군은 손발이 묶여 있었다. 혁명력 3년 프뤽티도르 20일(1795년 9월 6일)이 되어서야 주르당은 라인 강을 건너 클레르페가 지휘하는 오스트리아군을 다시 격퇴했다. 콩데 공이 파견한 첩자들과 영국 돈에 매수된 피슈그뤼는 주르당을 제대로 지원하지 않았다. 10월 초에 클레르페가 반격했다. 주르당은 라인 강을 넘어 후퇴하지 않을 수 없었다. 11월, 오스트리아군이 팔츠로 침입했다. 전투는 1795년 12월에 휴전으로 끝났다.

전면적인 평화라는 꿈은 멀어졌다. 테르미도르파는 무력으로 평화를 강제할 능력이 없었다. 테르미도르파의 합병 정책은 영국과 오스트리아의 동맹을 강화할 뿐이었고, 9월 28일에는 러시아까지 이에 가담했다. 휴전을 맺어 전투가 끝난 1795년 12월에 국민공회가 해산했다. 그러나 테르미도르파는 혁명력 3년의 헌법을 따라 구성될 체제에 전쟁의 무거운 유산을 넘겨주었다.

부르주아지의 권력 조직

국민공회에서 새 헌법에 대한 토론과 투표가 진행되는 과정에서 중도파와 우파, 즉 보수 공화파와 입헌군주파가 연합하여 주도권을 장악했다. 한때 이 둘 사이에 분열이 있었음은 쉽게 이해할 수 있다. 왜냐하면 백색 공포의 과격함과 키브롱 사건으로 왕정주의의 위협이 심각하다는 것이 드러났기 때문이다. 그리하여 1795년 여름 내내 혁명 정신이 되살아났다. 혁명력 3년 메시도르 26일, 바스티유 함락 6주년 기념식이 성대하게 거행되었고, 〈라 마르세예즈〉가 다시 울려 퍼졌다. 〈모니퇴르〉는 다음과 같이 보도했다. "사람들이 오랫동안 잊고 있던 이 뜻밖의 노랫소리는 말로 표현할 수 없는 감동을 주었다." 상퀼로트들이 다시 나타났다. 그들은 군인들과 함께 청년행동대원들을 추적했다. 이것이 바로 이른바 '흑색 칼라의 전쟁'이다.

그런 와중에 정부는 징병 기피자와 탈영병에 대한 처벌을 다소 강화했고, 공화파 언론에 보조금을 지급하여 활력을 불어넣었다. 메시도르 6일(1795년 6월 24일), 옛 지롱드파이자 굳건한 공화주의자인 루베가 〈파수꾼(La Sentinelle)〉지를 복간했다. 그러나 평원파는 좌파에게 더는 양보할 생각이 추호도 없었다. 헌법을 통과시키려면 우파의 도움이 필요했다. 그리하여 의미심장한 타협이 이루어졌다. 테르미도르 9일의 사건과 8월 10일의 사건을 기리는 축제에서 〈민중이여 각성하라〉는 곡이 〈라 마르세예즈〉와 더불어 연주되었다. 테르미도르 21~22일(1795년 8월 8~9일)에 푸셰를 포함한 6명의 옛 산악파 인사들에 체포령이 내려졌다. 이러한 정치적 분위기 속에서 혁명력 3년의 헌법에 대한 토론이 진행되었다.

1. 혁명력 3년의 헌법

메시도르 5일부터 프뤽티도르 5일까지(1795년 6월 23일~8월 22일) 두 달에 걸쳐, 부아시 당글라가 국민공회에 제출한 헌법 초안에 대하여 토론이 진행되었다. 초안은 제르미날 29일(1795년 4월 18일)에 도누, 루이마리 드 라레벨리에르레포*, 루베, 티보도와 같은 공화주의자들과 부아시 당글라, 랑쥐네와 같은 왕당파로 구성된 '11인위원회'가 마련했다. 온건한 공화주의자들과 입헌군주주의자들은 민주주의로도 독재로도 가지 못하도록 막으면서 1789년의 원칙으로 되돌아가는 데 의견의 일치를 보았다. 그러나 그 원칙은 이제 부르주아지의 이익이라는 관점에서 해석되고 수정되었다. 국가의 정치적·경제적 지도력은 최소한 유복한 유산자라고 할 수 있는 '명사들'에게 귀속되어야 했다. 부아시 당글라는 메시도르 5일(1795년 6월 23일)의 보고에서 이 점을 명백하게 밝혔다. "절대적 평등이란 허깨비에 불과합니다."

혁명력 3년의 권리선언은 1789년의 인권선언에 비해 명백한 후퇴였다. 토론 과정에서 마이유는 테르미도르 26일(8월 13일)에 "헌법이 함축하는 원칙에 상반되는 것을 그러한 선언에" 포함함으로써 생겨날 위험성을 경고했다. "그러한 단어들을 주절거리는 것이 쓸데없을 만큼 우리는 너무도 쓰라린 경험을 이미 충분히 했습니다." 1789년 인권선언의 제1조("인간은 자유롭고 평등한 권리를 지니고 태어나며 또 그렇게 살아간다.")는 버려졌다. 테르미도르 26일, 랑쥐네는 다음과 같이 선언했다.

라레벨리에르레포(Louis-Marie de La Révellière-Lépeaux, 1753~1824) 지방 부르주아 출신으로 삼부회 대표가 되어 제헌의회에서 좌파에 속했다. 국민공회 의원 시절에는 평원파였다. 지롱드파의 축출 이후 지하로 숨었다가 1795년 3월에 복귀하여 공안위원회 위원이 되었다. 그의 정치 활동은 테르미도르 반동 이후에 화려하게 전개되었다. 1795년 새 헌법의 시기에 원로원 의원이 되어 총재의 한 사람으로 뽑힌 후 1799년까지 4년간 유임하면서 부르주아 질서의 확립에 기여했다.

만일 여러분이 모든 사람의 권리가 평등하다고 말한다면, 이는 곧 여러분이 만인의 안전을 위해 시민권 행사를 금지하거나 유보시킨 자들로 하여금 헌법에 반항하도록 선동하는 것을 뜻합니다.

테르미도르파는 제헌의회 의원들과 마찬가지로, 그러나 그들보다 훨씬 더 신중하게 시민적 평등에만 관심을 보였다. 제3조는 "평등은 법이 만인에게 동일함에 있다."라고 규정했다. 1793년의 선언에서 인정받은 사회적 권리에 대해서는 아무런 언급도 없었다. 저항권도 마찬가지였다. 그와는 반대로 1789년의 선언에는 어떠한 정확한 정의도 들어 있지 않았던 소유권 개념이, 1793년의 선언에서와 마찬가지로 혁명력 3년의 권리선언에도 명확하게 정의되었다.

소유권은 자신의 재산, 수입, 노동과 근면의 산물을 향유하고 처분하는 권리이다.(제5조)

이는 경제적 자유를 최대한 인정했음을 뜻한다. 테르미도르파가 권리선언에 첨부하는 것이 좋다고 여겼던 의무선언의 제8조 역시 소유권을 다음과 같이 명확하게 규정했다.

토지의 경작, 모든 생산물, 모든 노동 수단, 그리고 모든 사회 질서의 기반은 바로 소유권의 보존이다.

선거권에도 제한이 가해졌다. 부아시 당글라는 다음과 같이 선언했다.

유산자가 지배하는 나라에는 사회 질서가 유지되나, 무산자의 지배를 받는 나라는 자연 상태에 놓이게 됩니다.

그러나 선거권 보유 자격은 1791년도에 비해 훨씬 완화되었다. 즉, 일정한 곳에 일 년 이상 거주하고 적당한 금액의 세금을 납부하는 만 21세 이상의 모든 프랑스인 남자가 '능동 시민'이 되었다. 면 소재지에 모여 '제1차 선거회'를 구성하는 능동 시민들은, 만 25세 이상의 프랑스인으로서 인구가 6천 명 이상인 코뮌에서는 200일분의 일당에 상당하는 수입을 갖는 유산자들 중에서 '선거인'을 뽑았고, 인구가 6천 명 이하인 코뮌에서는 150일분의 일당에 상당하는 임대료 수입이 있는 건물주나, 200일분의 일당에 상당하는 차지료를 받는 토지 소유주들 가운데서 '선거인'을 선출했다. 전국적으로 대략 3만 명에 달했던 선거인단은 도청 소재지에 모여 '선거인회'를 구성하고 '입법단'을 선출했는데, 입법단의 피선거권자에게는 자격 조건을 요구하지 않았다.

공적 권력을 조직하는 데는 권력 분립의 원칙이 엄격하게 적용되었다. 권리선언의 제22조에 따르면, "권력의 분립이 규정되지 않는다면, 사회적 보장은 존재할 수 없다." 이렇게 되면 독재의 모든 위협을 피할 수 있을 것이라고 여겨졌다.

입법권은 각기 매년 3분의 1이 새로 선출되는 양원(兩院)에 속했다. 하나는 결혼했거나 독신이거나 상관없이 만 40세 이상의 250인으로 구성되는 '원로원'이고, 다른 하나는 만 30세 이상의 인사들로 구성되는 '오백인의회'였다. 법안의 발의권을 지닌 오백인의회가 '결의안'을 채택하면, 원로원은 그것을 검토하여 법으로 만들 수 있었다.

행정권은 5명의 총재로 구성되는 '총재단'에 속했다. 총재는 오백인의회가 작성한 선출 예정 인원 10배가 되는 후보자 명단에 기반을 두고 원로원이 선출했으며, 매년 정원의 5분의 1을 새로 선출했다. 총재단은 공화국의 대내외적인 안전을 유지할 책무가 있었다. 따라서 총재단은 비록 군대의 지휘권을 갖지는 못했지만 인사권은 장악했다. 또한 총재단은 행정부와 재판소에서 자신들이 임명한 위원들을 통하여 법의 시행을 감독하고 보장해주었다. 집행위원회들은 폐지되었고, 총재단에 의해 임명되고 그에 따른 책임을 지는 6명의 장관들이 집행위원회를 대신하였다. 장관들은 별도의 회의체를 구성하지 못했다. 총재단은 법안 발의권도 갖지 못했고, 국고 업무에 대해서도 아무런 권한이 없었다. 국고 업무 권한은 양원이 선출하는 5명의 '경리관'이 맡았다. 총재단은 단지 '교서(教書)'라는 형식으로 양원에 의견을 개진할 수 있었다.

행정 조직은 또다시 분권화되고 단순해졌다. 도에 '선거인회'가 임명하는 5인의 '중앙행정단'이 들어섰고, 혁명력 2년에 혁명적 행정 구역의 근간이었던 군(郡)은 폐지되었다. 농촌의 작은 코뮌들은 면 자치 행정의 관할 아래 한데 묶인 반면에, 특히 파리는 여러 개의 자치체로 분할되어 시의회 및 시장직(市長職)과 함께 자율성을 상실했다. 따라서 이러한 행정 조직은 흔히 이야기되는 것보다는 여전히 훨씬 중앙 집권적이었다. 지자체는 도의 행정에 종속되고 도는 다시 장관들에게 종속되어, 행정 기관들은 상호 간에 계서제를 이루었다. 특히 도나 지자체의 행정 기관에 '위원'이 한 명씩 임명되어 정부를 대표했다. 총재단의 위원들은 법의 실시를 감독하고 명령했을 뿐만 아니라, 지자체나 도의 의회 토론에 입회하고 공무원들을 감독했다. 도의 위원은 내무장관과 직접 연락을 취했다. 매년 정원의 일부가 새로 선출되는 그러한 행정 기관에 대해 위원들은 일정한 안정성을 보장받았다. 중앙 집권화 경향은 총재단이 직접 행정에 간여할 수 있는 권한을 지님으로써 더욱 분명하게 나타났다. 총재단은 헌법 제196조에 의거해서 행정 기관의 행위를 무효화하고, 행정 관리를 정직(停職)시키거나 파면하며, 새로운 관리가 선출될 때까지 대리인을 임명할 수 있는 권한을 보유했다. 이는 분명히 혁명력 2년의 자코뱅식 중앙 집권화와 비교할 수 없지만, 1791년 헌법의 전면적인 지방 분권화와는 거리가 먼 것이었다.

혁명이 아직 안정되지 못하고(예컨대 망명자들과 선서거부파 성직자들을 겨냥한 특별법이 여전히 살아 있었다) 파산사태가 임박한 데다 전쟁이 계속되는 상황에서 헌법을 실시한다는 것은 위험하기 짝이 없는 일이었다. 그러나 테르미도르파는 특히 상퀼로트들의 권력 복귀와 특정 의회나 한 개인의 독재를 두려워했다. 그 결과 여러 예방 조치와 보장 수단이 헌법에 도입되었다. 이리하여 행정부와 입법부 사이에서 항상 발생할 수 있는 충돌을 해결하기 위한 아무런 조치도 강구하지 않은 채, 결국 권력은 무력하고 불안정해졌다. 실제로 매년 자치체 정원의 2분의 1, 양원제 의회의 3분의 1, 도 행정단과 총재단의 5분의 1을 새로 선출해야 했다. 당장 위기가 지속되자 신체제를 적대 세력에게 넘겨주게 될까 봐 두려워진 테르미도르파는, 확립하려고 했던 자유주의 체제를 출발부터 기만했다.

2. 신체제의 출범

혁명력 3년의 여름 동안, 위기는 위험할 정도로 악화되었다. 인플레이션이 맹위를 떨쳐 물가는 하루가 다르게 올랐으며, 투기열은 미친 듯했고, 파렴치하게 부자가 된 소수의 사치는 그 어느 때보다도 민중의 비참함을 모욕했다. 최고 가격제가 폐지될 당시 80억 리브르였던 아시냐의 유통량은 혁명력 4년 브뤼메르 1일(1795년 10월 23일)에 200억 리브르에 이르렀다. 채무자들인 차지농과 임차인들이 가치가 폭락한 지폐로 변제함에 따라 경제 행위가 일시 중단되고 사회적 관계는 혼란에 빠졌다. 임금의 상승은 물가의 상승을 따라갈 수 없었으며(여름 동안에 쇠고기 1파운드의 가격은 8프랑에서 20프랑으로 올랐다), 많은 지역에서 수확이 변변치 못하자 공정 가격제를 제외하고 혁명력 2년의 여러 강제적인 조치들이 되살아났다. 즉, 징발제, 시장 출하(出荷) 의무제(테르미도르 4일, 1795년 7월 22일), 혁명력 4년 방데미에르 7일(1795년 9월 29일)의 곡물 거래법에 의거하여 1797년도까지 실시된 규제 조치 등이 그것이었다. 파리에서 빵의 공정 가격은 여전히 파운드당 3수에 머물렀지만, 초여름에 일반 시장에서는 빵 가격이 파운드당 16프랑이었다. 그러나 배급량이 단경기(端境期)에는 4분의 1파운드로 떨어졌으며, 추수가 끝난 뒤에야 4분의 3파운드로 다시 증가했다. 그래도 역시 물가는 계속 올라 파리의 생계비 지수는 1790년을 100으로 할 때 1795년 7월에 2,180, 9월에 3,100, 11월에는 5,340에 달했다. 이런 상황에서 군주제 몰락의 기념일인 8월 10일의 축제가 "무관심 속에" 치러졌다는 경찰의 증언은 전혀 놀랄 일이 아니다.

'3분의 2 법령'은 선거에서 왕당파적인 반대 세력의 승리를 사전에 방지하려는 데 목적이 있었다. 테르미도르파는 한편으로 자신들의 인기가 형편없음을 알고 있었고, 다른 한편으로 입헌군주주의자들이 선거라는 합법적인 방법을 통해 목표를 달성할 수 있다는 기대감을 품고 책동을 벌이고 있다는 것도 알고 있었지만, 그래도 권력을 계속 장악할 작정이었다. 제헌위원회의 한 위원은 물었다. "과연 누구의 손에 헌법이라는 신성한 공탁물을 맡길 것입니까?" 이에 대한 답변이 바로 혁명력 3년 프뤽티도르 5일(1795년 8월 22일)의 법령이었다. 이 법령은 선거인회가 새로운 의원의 3분의 2를 현직 국민공회 의원들 가운데서(즉 750명 가운데 500명) 선출해야 한다고 규정했다. 더욱이 13일(8월 30일)의 법령은 그러한 비율에 도달하지 못할 경우에는 다시 선출된 국민공회 의원들이 직접 선출하는 호선(互選)의 방식으로 부족 인원을 메울 수 있음을 명기했다. 이는 곧 테르미도르파에게 유리한 것이었으며, 새로운 의회에서 종래의 산악파와 입헌군주파의 반대 세력을 동시에 제거함을 뜻하는 것이었다.

헌법과 부수적인 법령들은 인민 투표로 승인을 받았다. 비록 헌법이 재산 제한 선거제에 기반을 둔 체제를 규정하기는 했지만, 실제로는 군인도 참여하는 보통 선거가 실시되었다. 프뤽티도르 20일(1795년 9월 6일)부터 '제1차 선거회'가 소집되었다. 국민공회는 망명자 명단에서 그 이름이 끝내 삭제되지 않은 자들의 공민권을 박탈하고 그들의 친척을 공직에 오르지 못하게 하며 유형(流刑)을 받았던 옛 성직자들에게 다시 망명하는 데 단지 14일간의 여유만을 주면서, 망명자와 선서거부파 성직자들을 겨냥한 몇 가지 규제 조치를 채택했다. 그와 반대로 무장 해제를 당한 옛 공포 정치가들에게는 투표권이 주어졌다. 그러나 민중협회는 프뤽티도르 6일(1795년 8월 23일)에 최종적으로 폐쇄되었다. 혁명력 4년 방데미에르 1일(1795년 9월 23일), 국민공회는 헌법이 통과되었음을 선포했다. 6일에 공표된 집계를 따르면 찬성은 100만표 이상, 반대는 5만 표 미만이었다. 이는 기권이 많았음을 말해준다. 그러나 인민 투표제가 명시적으로 적용되지 않았던 '3분의 2 법령'은 대략 찬성이 겨우 20만 5천 표, 반대 10만 8천 표로 통과되었다. 사실상 헌법에 대해 250개 이상의 제1차 선거회가 이의를 제기했다. 또한 19개 도와 오직 1개 구를 제외한 파리의 모든 구는 '3분의 2 법령'을 거부했다.

혁명력 4년 방데미에르 13일(1795년 10월 5일)에 왕당파는 20일로 예정된 선거에 앞서 폭동을 일으켰다. 이는 전달부터 파리에서 두드러지게 나타나고 있던 소요 사태의 절정이었다. 프뤽티도르 20일(1795년 9월 6일), 증권거래소가 있는 투기의 중심지 르펠르티에 구는 '보증결의안'을 채택했고, 퐁텐드그르넬 구는 상설 기관임을 선언했다. 왕당파가 지배하는 파리의 제1차 선거회는 상퀼로트들과 옛 공포 정치가들을 배제했다. 인민 투표의 결과가 공표된 이후 흥분은 더욱 고조되었다. 파리의 18개 구가 투표 결과에 이의를 제기했다. 방데미에르 9일(10월 1일), 사람들은 지난 프뤽티도르 27일(9월 13일)에 샤토뇌프앙티므레와 드뢰의 왕당파가 폭동을 일으켰다가 진압되었음을 알게 되었다. 그리하여 르펠르티에 구는 폭동을 일으키자고 호소했다. 방데미에르 11일(10월 3일), 적어도 7개 구가 반란 상태에 들어갔다. 국민공회는 상시 개회(常時開會)를 선언한 후, 바라스를 포함하여 5명으로 구성되는 특별위원회를 임명하고, 상퀼로트들에게 지원을 호소했다. 방데미에르 12일(10월 4일), 옛 공포 정치가들의 무장 해제를 취소하는 법령이 통과되었고, '1789년의 애국파'로 구성되는 3개 대대가 편성되었다. 군사령관인 므누 장군이 가담한 가운데 방데미에르 12~13일 밤에 폭동이 확대되었고, 중앙위원회가 결성되었다. 수도의 대부분이 폭도들의 손아귀에 떨어졌고, 국민공회가 포위되었다. 13일 새벽, 저항을 조직할 책임을 맡은 바라스는 보나파르트를 포함하여 몇몇 장군들의 협력을 받았다. 조아생 뮈라(Joachim Murat) 장군은 사블롱 기지의 포대를 탈취하는 데 성공했다. 그리하여 2만 명에 달하는 폭도들은 대포를 빼앗기자 결국 격퇴되어 달아났다. 진압은 그리 심하지 않았다. 그런데도 방데미에르 13일의 실패한 반란으로 결국 테르미도르파와 왕당파가 완전히 갈라서고 말았다. 위험이 닥쳐오자 또다시 공화주의 정신이 어느 정도 되살아났다. 프레롱은 백색 공포를 진압하기 위해 남부 지방으로 파견되었고, 국민공회는 세 명의 우파 의원들에게 체포령을 내렸다. 마침내 혁명력 4년 브뤼메르 4일(1795년 10월 26일)에 국민공회는 해산을 바로 앞두고 "혁명에 전적으로 관계되는 행위들"을 일반 사면하기로 결정했다.

그러나 방데미에르 20일(1795년 10월 11일)에 시작된 선거는 테르미도르파의 계산과 어긋났다. 단지 379명의 국민공회 의원들만이 재선되었으며, 그 가운데 124명은 후보 의원이었다. 게다가 재선 의원 대부분은 부아시 당글라나 랑쥐네처럼 온건파이거나 정체를 숨긴 왕당파들이었다. 새로이 선출된 의원의 3분의 1은 대부분이 왕당파와 구교도였다. 프레롱과 탈리앵처럼 테르미도르 반동의 당사자들인 변절한 산악파 인사들은 패배했다. 탈리앵은 위험을 경고했다. "만약 우리가 행정 및 사법 부문에서 왕당파를 내쫓지 못한다면, 앞으로 삼 개월 내에 합헌적인 경로를 거쳐 반혁명이 일어날 것이다." 하지만 온건한 공화주의자들은 선거를 무효화하는 데 반대했다. 바로 이러한 분위기에서 새로운 입헌적 실험이 시작되었고 총재정부가 출범했다.

혁명력 4년 브뤼메르 4일(1795년 10월 26일), 국민공회는 "공화국 만세!"를 외치면서 해산했다. 3년여 동안 국민공회는 곡절 많아 보이는 정책 노선을 걸었다. 그러나 사실상 1792년 9월부터 1795년 10월까지 국민공회는 특권계급과 단절하고, 구체제로 돌아가는 것은 결단코 저지한다는 일관된 입장을 견지했다. 혁명력 2년의 민주주의 실험이라는 단막극이 끝나자, 테르미도르파의 국민공회는 부르주아지의 지배를 보장하는 제헌의회의 정책으로 복귀했다. 테르미도르파가 보기에 부르주아지의 지배는 그들의 사회적 우월성과 지적 능력에 비추어 당연한 것이었다. 그것은 '1793년'의 민주주의도, '1789년' 이전의 특권 정치도 아니었다. 이제 바로 그 '명사들'에게 통치와 행정의 권한이 있었다. 그리고 그들은 법 앞의 평등 덕분에 카스트가 아니라 유동성을 보장한 열린 사회적 범주에 속했다.

사회적 우월성과 정치적 권위, 이것이 바로 테르미도르파가 자유주의 체제의 틀을 통해 부르주아지에게 보장해주려는 것이었다. 그러나 당시 프랑스는 내전과 대외 전쟁이 여전히 맹위를 떨치는 상황이었다. 방데의 반란은 종식되지 않았고, 대불동맹도 여전했다. 테르미도르파는 혁명력 3년의 헌법을 통해 새 체제로 하여금 합병된 벨기에의 9개 도를 포함하여 '합헌적인 경계선'을 유지하고 보장한다고 선언하고, '자연 국경'의 개념에 의거하여 외교 정책의 방향을 규정하게 함으로써 총재정부가 취할 정책의 기본 노선을 결정하였다. 곧 1796년 봄에 전투가 재개될 것이었다. 그러나 전쟁을 수행하는 데서 신체제가 물려받은 것은, 가치가 절하된 아시냐와 조직이 무너진 군대였다. 혁명력 3년의 헌법을 실시하는 데에는 여러 어려움이 있었다. 이 헌법은 특히 매년 선거를 치러야 한다는 특징을 지녔는데, 이는 대내외의 평화를 전제로 했다. 혁명력 2년 당시와 달리 민중에게 호소할 수 없는 상황에서, 곧이어 '총재정부파'로 변신한 테르미도르파는 특권계급의 새로운 공세를 이겨내기 위해 헌정 질서를 위반하고 이윽고 군대에 호소할 수밖에 없었다.

2장

제1차 총재정부
- 자유주의적 안정화의 실패
1795~1797년

　새 헌법에 의해 재산 제한 선거제가 실시되었다는 것은 곧 공화국으로부터 특권계급뿐만 아니라 민중계급도 배제되었음을 뜻한다. 사실상 부르주아 국민은 재산 제한 선거제 때문만이 아니라 체제의 자유주의가 잘 작동하지 못했기 때문에 불안정한 상태에 빠져들었다. 테르미도르파의 명사들은 왕정주의와 민주주의를 동시에 두려워했기에 국가지상권(國家至上權)에 대해 여러 예방 조치를 강구했다. 따라서 혁명력 3년의 정교한 입헌적 균형 상태는, 정부를 무력화하거나 폭력에 호소하는 것 이외에 다른 어떤 대안을 허용하지 않았다. 총재정부의 수립이 특권계급과 민중계급을 배제함으로써 이중의 반대에 직면했기에, 총재정부의 안정화 정책은 이미 커다란 위협을 안고 있는 셈이었다. 따라서 그러한 정책이 실효를 거두려면 특히 신속하게 평화로 복귀해야 했다. 그러나 전쟁은 계속되었고, 정복은 기정사실이 되었다. 이리하여 로베스피에르가 1792년 1월 2일에 전쟁에 반대하는 연설을 하면서, 장군들이 "국민의 희망이자 우상(偶像)"이 될 것이라고 예언한 것이 적중하기 시작했다. "만일 이러한 장군 가운데 한 사람이 운명적으로 몇 번인가 승리를 이룩하게 된다면, …… 그는 지지자들에게 엄청난 영향력을 행사하지 않겠습니까?"

불가능한 국내의 안정(1795~1797년)

총재정부파가 테르미도르파의 뒤를 이어 안정시키려는 체제의 사회적 토대가 매우 편협한 것임이 드러났다.

유산계급의 측면에서는, 특권계급뿐만 아니라 부르주아지의 일부도 체제로부터 배제되었다. 혁명력 4년 브뤼메르 3일(1795년 10월 25일)의 법은 망명 귀족의 친척들이 공직에 오르는 것을 금지했다. 이 법은 혁명력 5년에 다수파였던 왕당파에 의하여 폐지되었다가, 같은 해 프뤽티도르 18일에 다시 도입되었다. 곧이어 시에예스는 구체제 때 공직에 있었거나 고위직에 있었던 경험이 있는 귀족들을 추방하고, 기타 귀족들은 외국인으로 간주할 것을 제안했다. 혁명력 6년 프리메르 9일(1797년 11월 29일)의 법은 위의 두 번째 조치를 채택하는 데 그쳤다. 비록 이 법이 결코 시행되지는 않았지만, 그 의도는 명백했다. 총재정부의 배타성은 이에 그치지 않았다. 중류 부르주아지 출신인 총재정부파는 사회적 지위가 높아 특권계급에 근접했던 구체제의 부르주아지를 마찬가지로 불신하였다. 또한 입헌군주파를 절대주의자로 간주하여 배제하였다. 총재정부파는 보수적인 부르주아 공화국을 원했지만, 부르주아지 일부가 자신들을 왕정복고의 길로 이끌까 봐 그들의 지지를 받아들이지 않았다.

민중계급의 측면에서는, 혁명력 2년에 대한 기억과 사회적 공포는 총재정부의 전 시기 동안 반동의 강력한 동기로 작용했으며, 끝내 브뤼메르 18일의 쿠데타를 정당화해 주었다. 민중계급 가운데 가장 의식이 투철한 자들은 국민 및 자신들이 수호하기 위해 투쟁해 왔던 이 공화국으로부터 배제되는 것을 좌시하지 않고 이에 저항했다. '평등파의 음모'가 그 증거다. 그러나 혁명 운동은 새로운 길로 나아가기 위해 암중모색을 하고 있었던 반면에, 부르주아들의 공포심은 정부가 '배타주의자', '공포 정치가', '무정부주의자', '비적', '흡혈귀' 등을 공격하는 데 강력한 지렛대 구실을 하였다. 명사들, 즉 '신사들'은 특히 혁명력 2년 체제로 돌아가는 것을 두려워했다. 혁명력 2년 당시에 부유층은 혐의자로 간주되고, 빈민이 법을 강요하고, 전통적인 사회적 가치가 전도되고, 정치적 민주주의가 사회적 수평화를 이끌지 않았던가! '토지 균분법'의 망령은 여전히 강력했다. 혁명력 4년 프리메르 10일(1795년 12월 1일), 무명 인사인 뤼크 자크 에두아르 도쉬(Luc Jacques Edouard Dauchy)는 오백인의회에서 누진세 제정에 반대하는 견해를 천명하는 가운데 다음과 같이 선언했다.

국가는 시민들을 가능한 한 소유권에 붙잡아 둘 때에만 번영할 수 있습니다. …… 누진세란 유복한 시민들을 겨냥한 특별법입니다. …… 그 결과는 불가피하게 소유권을 극단적으로 분할할 것입니다. 이 방안은 이미 국유 재산이 양도되는 과정에서 철저하게 시행된 바 있습니다. …… 누진세는 한마디로 말해 토지 균분법의 씨앗과 다름없으며, 따라서 그것은 태어나자마자 질식시켜야 합니다. …… 사회적 조화를 파괴하는 모든 원칙, 그리고 이 경우에 명백하게 소유권을 침해할 경향을 보이는 원칙에 강력한 반대 의사를 표명하는 것이야말로 바로 입법단의 의무입니다. 그리고 모든 프랑스인들을 자유 및 공화국에 굳건하게 결합시킬 수 있는 것은, 바로 소유권에 대한 종교적 숭배를 통해서뿐입니다.

그러나 이는 공화국의 토대를 놓았던 이들을 유산자가 아니라는 이유로 공화국에서 배제한다는 뜻이었다.

결국 소유제, 즉 재산 제한 선거권의 부르주아지와 공화파 명사들이라는 좁은 기반 위에 총재정부의 체제를 안정시키는 것이 불가능하다는 점이 명확하게 드러났다.

1. 총재정부파와 자코뱅파, 그리고 왕당파

사실상 인적 구성의 측면에서 테르미도르파의 국민공회와 총재정부의 양원 사이에는 상당한 연속성이 있었기 때문에, 혁명력 3년의 헌법이 설정된 제도들을 출범시키는 일이 새 체제가 초기에 노력을 기울인 주요 관심사였다.

'3분의 2 법령'에 힘입어 511명에 달하는 국민공회 의원들이 원로원과 오백인의회에서 의석을 차지했다. 혁명력 4년 브뤼메르 6일(1795년 10월 28일)에 379명의 국민공회 의원들이 지명을 받았다. 여기에 도의 선거인회에서 선택한 15명과, 코르시카와 위임장을 갱신한 식민지의 대표인 19명이 추가되었다. 이 국민공회 의원 출신의 413명은 모두 온건파 아니면 반동파였다. 랑쥐네는 39개 도에서, 부아시 당글라는 36개 도에서 지명을 받았다. 국민공회 의원 출신의 재선 의원들은 '프랑스의 선거인회'를 구성하여 호선(互選)으로 규정된 3분의 2를 채웠고, 심지어 그 수를 초과하기까지 했다. 나머지 3분의 1에는 프랑수아 바르베마르부아(François Barbé-Marbois), 뒤퐁 드 느무르, 장에티엔마리 포르탈리스(Jean-Étienne-Marie Portalis)와 같은 입헌군주주의자들, 또는 부아시 당글라, 피에르 앙리라리비에르(Pierre Henry-Larivière), 이스나르와 같은 노골적인 반혁명주의자들이 포함되어 있었기 때문에 우파의 경향은 더욱 두드러졌다. 총재정부 다수파는 라레벨리에르나 루베와 같은 옛 지롱드파 인사들로부터 에티엔프랑수아 르투르뇌르(Étienne-

François Le Tourneur)나 시에예스와 같은 평원파 인사들, 그리고 바라스와 탈리앵과 같은 옛 산악파 인사들까지 망라하였다. 양원에는 시해파 인사가 158명이나 포함되었지만, 그 가운데 상당수는 이후에 정치적 견해를 바꾸었다. 의원들의 견해를 확인할 수 있는 범위 안에서 양원에는 대부분이 자유주의자인 158명의 왕당파, 주로 테르미도르파로 구성된 305명의 공화파, 그리고 혁명력 3년의 헌법 지지파 226명이 존재했다. 바로 이 마지막 집단이 총재의 선출을 좌우했다.

총재단은 오백인의회가 작성하여 제출한 명단에 의거하여 선출되었다. 원로원은 바라스, 라레벨리에르, 르투르뇌르, 뢰벨, 시에예스를 지명했다. 이들은 모두 시해파였다. 시에예스가 취임을 거부해 카르노로 대체되었다. 제헌의회와 국민공회의 의원이자 옛 지롱드파였던 라레벨리에르는 맹렬한 반자코뱅파였지만, 굳건한 공화주의자이자 반교권주의자였다. 그러나 그는 이류급 인사에 불과했고, 총재단은 대체로 알자스 출신인 뢰벨의 지도를 따랐다. 뢰벨 역시 제헌의회와 국민공회의 의원이었으며, 산악파였다. 권위주의적이었던 그는 언제나 자연 국경설의 열렬한 지지자였다. 같은 공병 장교 출신으로서 르투르뇌르는 카르노를 추종했다. 카르노는 옛 공안위원회의 위원으로 명성을 얻었지만, 단호하게 보수적인 입장으로 선회한 뒤로 그러한 사실은 곧 잊혀졌다. 성실하고 근면하며 공화파 부르주아지에게 충실하다는 인상을 풍기는 이 두 부류 사이에 바라스가 위치했다. 바라스는 테르미도르 9일 사건과 방데미에르 13일 사건에서 실세였다. 그는 혁명 전에는 자작의 작위를 지닌 군 장교였지만 잔혹한 공포 정치가로 돌아섰다는 점에서 혁명에 집착하고 있다는 것에는 의심할 여지가 없지만, 최고 입찰자에게 자신을 팔아넘길 태세였다.

총재정부는 공포 정치기에 감옥으로 사용됐던 뤽상부르 궁에 자리를 잡고 사무국을 설치했다. 이 사무국은 후에 보나파르트에 의해 정무장관실로 개편되었다. 6명의 장관이 임명되었다. 내무장관에 피에르 베네제크(Pierre Bénézech)가, 재무장관에 혁명력 7년까지 재임한 국왕 시해파인 도미니크뱅상 라멜 노가레(Dominique-Vincent Ramel-Nogaret)가, 법무장관에 혐의자 법을 기초한 메를랭 드 두에가, 외무장관에 또 다른 국왕 시해파인 들라크루아가 임명되었고, 육군장관과 해군장관에는 각각 이류급의 군인이 임명되었다. 7번째의 부서인 치안부가 설치되어, 곧 샤를 코숑(Charles Cochon de Lapparent)이 치안장관에 임명되었다.

혁명력 4년 브뤼메르 14일(1795년 11월 5일), 총재정부는 "출범을 알리기 위해" 성명을 내어 통치의 명확한 강령을 제시했다. 정치적인 차원에서 총재정부는 "왕정주의와 적극적인 투쟁을 벌일 것, 애국주의를 고취할 것, 모든 분파를 단호히 탄압할 것, 모든 당파심을 절멸할 것, 모든 복수심을 없앨 것, 화해를 추진할 것, 평화를 회복할 것" 등을 약속했다. 경제적인 차원에서 총재정부의 목표는 "생산의 샘물을 다시 흐르게 하고, 상공업을 진흥하며, 모든 투기 행위를 근절하고, 예술과 과학에 새로운 생명력을 불어넣으며, 풍요와 공신력을 재확립하는 데" 있었다.

요컨대 "혁명에 항상 따르기 마련인 혼란을 없애고 사회 질서를 회복한다."는 것이었다. 그것은 곧 안정화와 균형, 그리고 중용이라는 강령이었다. 또한 총재정부는 우파에게 따끔한 일침을 가하는 것을 잊지 않았다. 비록 자코뱅파에 대해서는 어떠한 언급도 없었지만, 이 14일의 성명은 인민에게 "다시 음모를 꾸미는 왕당파와 끊임없이 환상에 사로잡혀 있는 광신자들의 음험한 제안"을 경계하라고 호소했다.

때는 방데미에르 13일의 사건이 발생한 직후였기 때문에, 총재정부는 출범 초기에 모든 공화파에게 단결을 호소했다.

정치적 측면에서 혁명력 3년의 헌법은 정교한 균형 상태를 수립했다. 따라서 체제의 안정을 위해서는 입법권과 행정권 사이에 어떠한 심각한 분쟁도 일어나지 않아야 했다. 우선 총재단은 그들을 선출했던 양원의 다수파가 바라는 대로 통치했다. 총재단이 계속 집권하는 것이 다수파에게도 유리했다. 이어서 총재단은 지방 당국과 각급 재판소의 구성을 승인했다. 총재정부는 선거인회가 소임을 다하지 못하고 해산했을 경우 지방 당국과 각급 재판소에 임명권을 행사하고 결원을 보충하는 일도 떠맡았다. 이처럼 처음부터 총재정부의 권한은 증대되었다. 그러나 특히 봉급이 제대로 지급되지 않은 까닭에 총재정부에 대한 복종은 그리 철저한 편이 아니었다. 하지만 양원과 총재정부의 다수파는 곧 테르미도르파의 국민공회가 직면했던 것과 같은 반대에 부딪쳤다.

왕당파는 비록 방데미에르에 파리에서 타격을 입었지만, 계속해서 서부 지방, 랑그도크, 프로방스 등지에서 소요를 조장했디. 영국은 무기와 위조된 아시냐를 제공했다. 1796년 1월, 스토플레는 전투를 재개했다. 오슈는 비록 선서거부파 성직자들을 겨냥한 법을 엄격하게 실시하는 것은 포기했지만, 군대를 풀고 각지에 초소를 배치함으로써 마침내 농민들을 무장 해제시키는 데 성공했다. 스토플레는 1796년 2월 25일에 앙제에서, 그리고 샤레트는 3월 29일에 낭트에서 사로잡혀 총살되었다. 곧이어 루아르 강 이북에서는 카두달이 모르비앙 도에서 항복했고, 루이 드 프로테(Louis de Frotté)는 노르망디의 보카주 지방에서, 마리 폴 드 세포(Marie Paul de Scépeaux)는 멘 지방에서 항복했다. 이것으로 서부에서 발생한 반란 사태는 종식되었다. 그리하여 서부군은 6월에 해체되었다. 물론 그런 와중에도 비적 행위는 간헐적으로 계속됐다. 이제 왕당파는 어떠한 전술을 채택할 것인가 하는 문제를 놓고 분열했다. 망명자들의 사기가 저하된 가운데, 폭력을 주장하던 자들이 합헌적인 방법을 활용하자는 측에게 굴복했다. 이제 문제는 다가오는 선거에서 다수를 획득하여 합법적으로 공화국 정부를 전복하는 일이었다. 피슈그뤼 장군은 감히 앞에 나서서 움직이지는 않았지만, 사령관 직을 사직하고 이 전술에 가담했다.

자코뱅파는 한동안 정부의 호의로 덕을 보았다. 총재정부는 행정 부서의 일부에 자코뱅파 인사들을 충원했으며, 자코뱅파의 언론을 용인했고, 심지어는 뒤발의 〈자유인일보〉에 보조금을 지급하기까지 했다. 클럽들이 다시 생겨났다. 이를테면 팡테옹 클럽이 혁명력 4년 브뤼메르 25일(1795년 11월 16일)에 문을 열고 곧 1천여 명의 회원을 확보했다. 그 가운데는 드루에와 같은 옛 국민공회 의원들도 있었다. 바뵈프는 브뤼메르 15일(11월 6일)에 〈호민관〉을 속간했다.

일반적인 의미에서 정치혁명이란 무엇인가? 특히 프랑스혁명이란 무엇인가? 그것은 특권층과 평민층, 부자들과 빈민들 사이에 선포된 전쟁이다.

바뵈프는 혁명력 3년의 헌법에 담긴 반민주성을 비난했다.

1795년의 권리선언을 제외한 모든 권리선언은, '사회의 목적은 공동의 행복에 있다.'는 영구 불멸의 정의(正義)에 관해 가장 중요한 이 첫번째 원칙을 축성하는 것으로부터 출발했다. 이제까지 우리는 그러한 목표를 향하여 중요한 발걸음을 내디딘 후, 거대하고 급속한 진보를 이룩하여 왔다. 그러나 그 이후 우리는 퇴보의 길에 접어들었으며, 사회의 목표와 혁명의 목표로부터 멀어지고 '공동의 불행'과 '소수만의 행복'을 추구했다. 감히 말하건대, 혁명은 테르미도르 9일까지는 모든 방해와 반대에도 불구하고 진보를 이룩했지만 그 이후에는 뒷걸음쳤다.

아마르와 로베르 랭데와 같은 일부 옛 국민공회 의원들의 지원을 받아 좌파의 공세가 커져 갔다.

마침내 총재정부는 불안을 느끼게 되었다. 프리메르 14일(12월 5일)에 바뵈프에 대한 체포령이 내려졌고, 그는 지하로 숨어들었다. 플뤼비오즈 1일(1796년 1월 21일), 루이 16세의 처형을 기념하는 기념식에서 뢰벨은 체포 선풍이 있을 것임을 시사했다. 그는 왕정주의를 비난하는 동시에 다음과 같이 경고했다. "심지어 원로원 내부에서조차 무정부주의와 공포 정치가 자신의 법을 강요하고 있습니다. …… 선량한 시민들이여, 안심하십시오."

사실상 체제의 안정은, 테르미도르 시기로부터 물려받은 근본적인 문제들, 즉 기본적으로 경제적·재정적 문제의 해결 여부에 달려 있었다. 화폐는 신용을 상실했고, 경제는 파탄 상태였다. 재정 위기가 통화 위기에 겹쳐졌다. 조세 수입이 더는 들어오지 않았고, 국고는 텅 비었다. 뢰벨이 "심지어 무관심한 자들에게까지 …… 공화국과 결합할 것과, 모든 분파 구분이 사라지는 이 거대한 공화파 무리에 합류할 것을" 권고했지만 허사였다.

하지만 통화의 파국은 민중의 비참함을 증폭했다. 한동안 어렴풋하게나마 윤곽을 보였던 화합의 정책은 이렇게 불가능하게 되었다. 이를 이용하여 좌파 반대 세력이 움직임을 시도할까 봐 두려워진 총재정부는 우경화했다.

2. 혁명 지폐의 최후(1796년)

총재정부가 출범했을 때, 인플레이션은 최고조에 달했다. 100리브르의 아시냐는 겨우 15수에 불과했다. 국고가 텅 비자 아시냐의 발행고는 계속 증가했고, 곧 지폐의 가치는 종이 값에도 미치지 못하였다. 넉 달이 못 되어 지폐의 양은 배로 늘었고, 혁명력 4년 플뤼비오즈 30일 (1796년 2월 19일)에는 390억 리브르에 달했다. 프리메르 19일(1795년 12월 10일), 강제 공채가 누진율에 따라, 즉 사실상 자본에 대한 세금이라는 형식으로 발행되었지만 위기를 극복하지는 못했다. 왜냐하면 정화(正貨)나 곡식, 또는 아시냐(당시의 시세에 비해 3~4배나 높게 명목 가치의 1퍼센트로 평가한다는 조건 하에)로 지불되어야 하는 공채가, 아시냐로 지불된 270억 리브르와 현금으로 지불된 120억 리브르만 소화되었기 때문이다. 게다가 강제 공채의 발행으로 가장 무거운 부담을 짊어져야 하는 부르주아지 진영은 격한 불만을 드러냈다. 마침내 플뤼비오즈 30일(1796년 2월 19일), 정부는 지폐 발행을 중단하고 아시냐를 포기할 수밖에 없었다.

새로운 지폐인 '토지환(土地換, mandat territorial)'이 아시냐를 대신했다. 정화(正貨) 체제로 복귀하는 것은 불가능해 보였다. 왜냐하면 구체제 말기에 25억 리브르였던 정화의 유통량이 이제는 약 3억 리브르에 불과했기 때문이다. 국립 발권(發券) 은행을 설립한다는 생각은 무시되었다. 혁명력 4년 방토즈 28일(1796년 3월 18일)의 법은 토지환을 설정했고, 곧 24억 리브르가 발행되었다. 그러나 아시냐가 처음 나왔을 때 적용되었던 원칙이 되살아났다. 즉, 토지환은 아직 매각되지 않은 국유 재산을 담보로 하여 설정되었다. 토지환은 아시냐와 1대 30의 비율로 교환되었다. 그렇지만 바로 그 순간에도 아시냐는 액면 가치의 1퍼센트로 강제 공채를 지불하기 위하여 계속 사용되었다. 토지환은 강제 유통되었고, 경매 없이 감정 가격으로 국유 재산을 구입할 때 반드시 필요했다. 토지환은 아시냐가 5년 동안에 겪은 것과 동일한 운명을 6개월 만에 밟았다.

통화의 파국은 즉각적이었다. 토지환은 정금(正金)에 준하는 법정 가치를 갖는 동시에 아시냐의 30배에 달한다고 규정되었다. 당시 아시냐의 가치가 0.25프랑에 불과했던 만큼, 법 자체가 100 토지환-프랑(francs-mandat)에 7.50프랑의 가치만을 부여했던 것이다. 발행 초기부터 토지환은 액면 가치의 65~70퍼센트를 상실했다. 가치 상실의 정도가 제르미날 15일(1796년 4월 4일)에는 80퍼센트, 플로레알 1일(4월 20일)에는 90퍼센트에 달했다. 이후부터 세 종류의 상품 가격이 형성되었고, 교환과 보급의 어려움은 조금도 나아지지 않았다. 빵 1파운드의 가격이 정금으로 3수였던 제르미날 27일(1796년 4월 16일), 파리의 중앙사무국은 그 가격을 아시냐로는 35리브르, 토지환으로는 1리브르 3수 4드니에로 결정했다. 국유 재산이 매각되어 담보물이 감소하자 토지환의 신용은 더욱 악화되었다. 혁명력 4년 플로레알 6일(1796년 4월 25일)의 법은 매각의 재개를 결정하고, 경매 없이 토지환은 액면 가치 그대로 받아들인다는 매각 방법을 확정지었다 이는 토지환을 축재한 자들, 특히 정부 조달 상인들을 위한 명백한 협잡 행위였다. 토지환 2만 리브르로 성을 구입한 사람은 단지 철책과 난간만을 판매하는데도 8천 리브르를 받아냈다. 프레리알에 빵 1파운드의 값은 아시냐로 150프랑에 달했다. 거지들조차 지폐를 받지 않았다.

혁명지폐의 소멸은 이러한 불행한 실험에서 비롯했다. 토지환이 겪은 운명은 아시냐의 운명과 동일했다. 다만 토지환의 경우 그 기간이 두 달로 압축되었다. 우선 메시도르 29일(7월 17일), 강제 유통이 폐지되었다. 이어서 테르미도르 13일(7월 31일), 국유 재산의 매각 대금은 시세의 토지환으로(즉 정화로) 지불해야 한다는 결정이 내려졌다. 그러나 국유 재산이 마구 헐값으로 매각되는 것을 막기에 이런 결정은 너무 때늦은 조치였다. 동일한 규정이 점차 봉급, 국채, 세금, 집세 등으로 확대되거나 적용되었다. 이리하여 혁명력 4년 말(1796년 9월 중순)에 이르면, 지폐의 실험이 허구임이 명확해졌다. 그렇지만 지폐의 유통이 완전히 중지되기까지는 몇 달이 더 걸렸다. 정화가 다시 유통되기 시작했다. 그러나 국가는 지폐만을 받았으므로 그것으로부터 이득을 보지 못했다. 마침내 혁명력 5년 플뤼비오즈 16일(1797년 2월 4일)의 법은 토지환을 명목 가치의 1퍼센트로 고정시킨 채 유통을 폐지시켰다. 당시 이 법은 세인의 주목을 거의 받지 못했다. 그것은 단지 이미 기정사실화된 파산을 공식적으로 승인한 것에 불과했기 때문이다. 이렇게 하여 혁명지폐의 역사는 막을 내렸다. 그러나 총재정부가 정화 체제로 복귀할 수 있었던 가장 큰 이유는 혁명력 4년의 승리가 가져다준 이득 때문이었다. 혁명력 5년 제르미날 5일(1797년 3월 25일)에 총재정부는 상브르에뫼즈군으로부터 정금 1천만 리브르를, 이탈리아 군으로부터 정금 5천 1백만 리브르 이상을 받았다. 전쟁이 체제를 먹여 살렸던 것이다.

통화 위기의 사회적 결과는 흔히 그런 것처럼 공무원, 금리 생활자, 전 민중계급에게 재앙이었다. 혁명력 4년 메시도르 22일(1796년 7월 10일), 이제르 도의 행정 기관은 봉급이 형편없어 관공서의 국장(局長)보다 오히려 죄수가 더 나은 대우를 받는다고 기록했다.

정부로 보자면, 한 명의 도형수(徒刑囚), 미결수 또는 기결수에게 드는 비용은 관공서의 국장 1인이 받는 봉급의 네 배 이상이다. 국장의 봉급은 일당으로 따져 6리브르 2수 8드니에에 불과하다. 따라서 그들은 생계를 유지하는 데 꼭 필요하기 때문에 오래전부터 인간의 삶에 가장 필수적인 가구와 옷가지를 팔아야 했다. 그들은 또한 극빈자들에게만 나눠주는 빵에 의지하고 있다.

혁명력 4년의 겨울은 극심한 물가고에 시달리던 임금 노동자들에게는 끔찍했다. 시장은 여전히 텅 비었다. 1795년의 작황이 별로 좋지 못한 데다, 농민들은 정화만을 받으려고 했고, 징발제가 더는 실시되지 않았기 때문이다. 총재정부는 어쩔 수 없이 외국으로부터 구매를 하기 시작했고 국내 소비를 강력하게 규제했다.

파리에서 빵의 하루 배급량은 1파운드에서 75g으로 떨어졌고, 부족분은 쌀로 메웠다. 그러나 땔감의 부족으로 주부들은 음식을 만들 수 없었다. 겨울 내내 경찰의 보고서는 짜증날 정도로 단조롭게 민중의 비참함과 불평의 기록만으로 가득 차 있었다. 이는 투기꾼들의 사치와 몰염치한 행위로 더욱 두드러져 보였다. 플뤼비오즈 28일(1796년 2월 17일)에 작성된 중앙사무국의 한 보고서는 다음과 같이 적고 있다.

> 파리는 평온한 듯이 보이지만, 민심은 크게 동요하고 있다. 모든 물품의 극심한 물가고는, 투기꾼이라는 이름으로 알려진 이 비열한 존재들이 일삼은 불법적인 거래의 필연적인 결과라고 줄곧 간주되어 왔다. 오래전부터 공적인 행복과 사적인 행복을 파괴해 온 이 가혹한 재난은 특히 극빈층을 괴롭히고 있으며, 그리하여 사방에서 그들의 한탄과 불평, 그리고 과격한 주장들이 들린다.

민중의 불만은 자연히 총재정부로 향했으며, 자코뱅파에게 저항할 기회를 주었다. 팡테옹 클럽에서는 최고 가격제를 다시 실시하는 문제를 논의했다. 방토즈 초순경, 경찰 보고서는 민중계급 사이에서 선동이 증가하고 공정 가격제를 요구하는 목소리가 높아지고 있다고 강조했다. 방토즈 5일(2월 24일)의 보고는 다음과 같다. "노동자들은 임금의 인상을 꾀한다. 그러나 그들은 그것이 공정 가격제를 통해서 이루어진다고 말한다. …… '공정 가격'이란 말은 민중에게 물가의 하락을 뜻한다."

민중의 불만이 자코뱅파의 저항을 중심으로 결집하게 될까 봐 두려워진 총재정부는 방토즈 7일(1796년 2월 26일)에 팡테옹 클럽을 폐쇄하라고 명령했다. 또한 좌파 언론인들을 재판에 회부하고 자코뱅파로 알려진 관리들을 해임했다.

좌파의 저항은 바뵈프가 '평등파의 음모'를 조직하면서 새로운 양상을 띠었다.

3. 바뵈프와 평등파의 음모(1795~1796년)

바뵈프는 프랑스혁명의 역사에서 민중의 대의를 위해 헌신한 모든 정치인들이 직면한 모순, 즉 한편으로 생존권을 주장하는 목소리와 다른 한편으로 사적 소유권과 경제적 자유를 보존해야 한다고 주장하는 목소리 사이에 존재하는 모순을 극복했던 최초의 인물이다. 상퀼로트나 자코뱅파와 마찬가지로 바뵈프는 사회의 목표가 '공동의 행복'에 있으며 혁명은 '향유(享有)의 평등'을 보장해야 한다고 선언하였다. 그러나 사적 소유권에 의하여 불가피하게 불평등이 야기되고 '토지 균분법', 말하자면 재산의 균등한 분할은 "단지 하루밖에 지속될 수 없기" 때문에("그 법이 확립된 바로 그다음 날부터 불평등이 다시 나타날 것이다."), '실질적인 평등'에 도달하는 유일한 방법은 "공동 관리를 확립하고, 개인적 소유를 폐지하며, 각자 자신의 재능에 맞고 정통한 직종에 종사하게 하고, 각자의 노동의 산물을 현물 형태로 공동 창고에 저장하게 하고, 모든 개인과 물품의 목록을 만들어 그 물품들이 가장 엄격한 평등에 따라 분배되도록 생필품을 단순하게 관리하는 체제를 확립하는 데 있다."고 덧붙였다.

이러한 강령은 혁명력 4년 프리메르 9일(1795년 11월 30일) 자 〈호민관〉에 게재된 '평민계급의 선언(Manifeste des plébéiens)'에서 제시되었다. 개인의 노동에 기반을 둔 소규모 소유제에 집착하는 것이 특징인 자코뱅파와 상퀼로트의 이데올로기와 비교해볼 때 이러한 생각은 하나의 혁신이며, 더 정확히 표현하면 급격한 변형이었다. 바로 이 '재산과 노동의 공동체'야말로 혁명 그 자체로부터 탄생한 새로운 사회에 대한 혁명적 이데올로기의 최초의 형태였다. 이제까지 공상적인 꿈에 불과했던 공산주의가 바뵈프주의를 통하여 이데올로기적인 체계를 갖추었으며, 평등파의 음모를 통하여 정치사에 진입하였다.

바뵈프주의는 필연적으로 당대의 특징이 반영된 것이다. 독학자인 바뵈프의 공산주의적 이념이 루소와 마블리, 그리고 당시에는 디드로의 저작으로 알려졌던 모렐리의 《자연의 법전》 등에서 비롯된 것임은 의심의 여지가 없다. 그러나 바뵈프는 공상적인 꿈의 단계를 뛰어넘었다. 그는 혁명 기간 내내 행동하는 인물이었다. 바뵈프의 이데올로기 체계가 점차 명확해진 것은 바로 그의 고향인 피카르디의 사회적 현실로부터 받은 영향과 그의 혁명적 투쟁을 통해서였다.

바뵈프가 피카르디 지방에서 겪은 농민의 삶은 그의 농업공산주의의 일정 측면을 결정지었다. 1760년에 생캉탱에서 소금세 징수인과 글을 모르는 하녀 사이에서 태어난 바뵈프는 대규모 경작 지대인 상테르 지방의 루아에 정착했다. 이곳에서는 집단적 권리와 공동체적 관습을 지닌 농촌 공동체가 뿌리 깊게 존속하면서, 자본주의적인 대차지농들에게 경작이 집중되는 것에 맞서 치열한 투쟁을 벌였다. 장원의 문서 관리인이자 봉건 법학자로서, 그리고 한동안 공동체의 기록계원을 지낸 바뵈프는 피카르디 지방의 농민층뿐만 아니라 이들의 문제와 투쟁까지 직접 겪었다. 그가 혁명 이전부터 실질적인 평등과 공산주의로 기울었던 것은 의심할 여지 없이 바로 이런 경험과 깨달음 때문이었다. 그는 1789년에 출간한 《불멸의 토지 대장(Cadastre perpétuel)》에서 토지 균분법, 즉 1848년 당시의 표현을 따르면 '평등 분배의(partageux)'

사회주의로 기울었다. 그러나 1785년에 대농장에 관해 쓴 논문과 1786년 6월에 아라스 아카데미의 사무국장인 뒤부아 드 포쇠(Dubois de Fosseux)에게 보낸 서한에서 바뵈프는 이미 '집단 농장제', 즉 말 그대로 '우애의 공동체'를 예견했다.

50명, 40명, 30명, 또는 20명의 개인들이 이 농장에서 일체를 이루어 살게 됨으로써, 이제까지 각자 떨어져서 곤궁 속에서 겨우 살아가던 것과는 달리 빠른 시간 안에 안락한 생활을 영위하게 될 것이다.

이것만 보아도 바뵈프가 노동의 공동체를 구상했음을 알 수 있다. 이렇듯 바뵈프는 평등파의 음모보다 10년 전에 이미 권리의 실질적인 평등과 분배의 문제뿐만 아니라, 집단 경작의 필요성을 간파하여 생산의 문제도 제기했다.

토지를 모든 개인들에게 균등하도록 잘게 나누는 것은 결합된 노동을 통해 획득할 수 있는 재원의 가장 큰 몫을 없애버리는 것과 같다.

바뵈프가 혁명을 경험한 것은 그의 체계 발전에 결정적이었다. 1789년의 선언은 권리의 평등을 선언했다. 그러나 혁명의 와중에서 생계의 문제, 즉 그날그날의 빵의 문제가 제기되자 권리의 평등이라는 것이 하나의 '환상'에 불과하다는 점이 분명하게 드러났다. 바뵈프는 1791년 8월 20일에 쿠페 드 루아즈(Coupé de l'Oise)에게 보낸 편지에서 "누가 과연 이름뿐인 평등에 애착을 품을 수 있겠습니까?"라고 적었다. 그리고 입법의회 의원으로 선출된 쿠페에게 1791년 9월 10일에 보낸 서한에서 바뵈프는 또 다음과 같이 썼다.

일은 하고 싶지만 일자리가 없는 이 절대다수의 민중에게 생계 수단을 마련해주어야 하는 의무와 필요성이 바로 그래서 생기는 것입니다. 오직 '토지 균분법'만이 '실질적인 평등'을 보장합니다.

테르미도르 9일의 사건 이후 바뵈프가 반(反)로베스피에르파였음은 명백하다. 그러나 인플레이션이 엄습하고 민중의 곤궁이 극심해지자 그는 뒤늦게나마 최고 가격제와 통제 경제, 그리고 부분적으로나마 실시되었던 생산의 국영화가 내포한 가치를 알게 되었고, 특히 혁명력 2년의 경험이 공화국의 군대에 갖는 중요성을 깨달았다. 바뵈프는 '평민 계급의 선언'에서 '공동의 행정'에 대해 다음과 같이 썼다.

경험을 통해 이러한 통치(즉 공동의 행정)가 실현성이 있다는 것이 입증되었다. 왜냐하면 우리 12개 군의 120만 명의 병사들에게 실시했던 것이 바로 공동의 행정 때문이다. 소규모로 실현 가능한 것은 대규모로도 가능한 법이다.

이제 바뵈프는 단지 하루밖에 존속할 수 없다는 이유로 토지 균분법을 포기하고, 토지의 사적 소유권을 폐지해야 한다고 분명하게 말했다. 혁명력 3년 테르미도르 10일(1795년 7월 28일)에 샤를 제르맹(Charles Germain)에게 보낸 서한에서 그는 자신의 체제가 어떻게 기능할 것인지를 명확히 보여주었다. 각자는 "자신의 재능에 맞고 정통한 직종에" 종사하게 된다는 것이다.

생산과 제조의 모든 주체들은 공동 창고를 위하여 노동할 것이다. 그들은 각자의 노동의 산물을 현물 형태로 공동 창고로 보낼 것이다. 그리고 분배의 주체들은 더는 자신들의 이익이 아니라 대가족의 이익을 위하여 일하며, 시민 각자에게 결사 전체의 생산물의 총량에서 다양하면서도 균등한 몫을 나누어줄 것이다.

이것은 조르주 르페브르가 강조했듯이 기본적으로 분배의 공산주의이다. 그렇기는 하지만 바뵈프는 고향인 피카르디에서 깨달은 것에 비추어 농업 분야에서 생산의 공산주의와 농업 노동의 집단적인 조화가 필요함을 느꼈다. 그러나 그는 자본주의적 집중과 산업 생산의 비약적 발전이라는 엄연한 사실을 제대로 이해하지 못했다. 바뵈프가 전통적인 경제 형태, 특히 길드적인 수공업 체제를 선호했다는 점과 그의 저작 속에 풍요로운 소비에 기반을 둔 공산주의 사회에 관해 어떠한 언급도 들어 있지 않았다는 사실을 보면, 왜 사람들이 그에 대해 경제적 비관주의를 운운하는지 알 수 있다. 자본의 집중이 낮은 수준에 머물고 대량 생산이 전혀 없었던 시대적인 상황과 바뵈프 자신의 기질 및 사회적 경험은, 왜 그가 생산력의 비약적인 발전과 풍요함보다는 생산력의 정체와 궁핍함의 관점에서 생각했는지를 설명해준다. 이렇듯 바뵈프주의의 역사적 위상은 18세기의 도덕적인 공산주의 유토피아와 생시몽(Claude Henri de Rouvroy Saint-Simon)류의 산업적 사회주의의 중간에 위치한다.

평등파의 음모는 공산주의를 현실화하려는 최초의 시도였다. 혁명력 4년 겨울(1795~1796년)에 정부의 무능력과 민중을 짓누르는 끔찍한 곤궁을 목도한 바뵈프는 폭력으로 사회 체제를 무너뜨려야 한다는 생각을 품게 되었지만, 곧이어 총재정부의 체포령 때문에 지하로 숨어들었다. 음모는 공산주의로 전향한 소수파를 중심으로 진행되었다. 여기에는 아마르, 드루에, 랭데와 같이 옛 자코뱅파로서 팡테옹 클럽을 드나들던 이들이 포함되었는데, 이들의 목표는 여전히 기본적으로 정치적이었다. 반면에 필리포 부오나로티*는 이 음모에 필요한 공산주의 강령을 다듬고 정치적 조직을 갖추는 데 상당한 역할을 했다. 그는 농촌 공동체가 뿌리 깊게 존속하고 있던 코르시카와 언제나 로베스피에르를 열렬히 지지했던 이탈리아의 오네글리아에서 공안위원회 위원을 역임했다. 혁명력 4년 제르미날 10일(1796년 3월 30일)에 바뵈프, 피에르 앙투안 앙토넬(Pierre Antoine Antonelle), 부오나로티, 오귀스탱 다르테(Augustin Darthé), 펠릭스 르펠르티에(Félix Lepeletier), 피에르 실뱅 마레샬(Pierre Sylvain Maréchal) 등이 가담한 '반란위원회'가 조직되었다. 파리 12개 구에서 구마다 한 사람의 요원들이 지휘하는 가운데 선전 활동이 전개되었다. 상황은 유리했다. 인플레이션이 계속해서 맹위를 떨쳤다.

음모의 정치 조직은 이제까지 민중 운동에서 활용하던 방법과는 완전히 달랐다. 조직의 중앙에 있는 지휘부는 소수의 노련한 투사들로부터 지원을 받았다. 이어서 지휘부를 둘러싼 동조자 무리는 혁명력 2년 당시의 의미로 애국파와 민주파 인사들로 구성되었는데, 그들은 기밀도 공유하지 못했고 새로운 혁명적 이상도 공유하지 못했다. 마지막으로 선동해서 끌어들여야 했던 인민대중이 있었다. 이것은 전형적인 조직적 음모였다. 비록 대중과 꼭 필요한 연계를 어떻게 유지하느냐 하는 문제는 명확하게 해결하지 못했지만 말이다. 이처럼 이 음모 사건은 민중 봉기의 전통을 넘어섰으며, 마라가 명확하게 정의 내리지는 못

부오나로티(Filippo Buonarroti, 1761~1837) 미켈란젤로의 혈통을 이어받은 피렌체의 귀족 출신으로, 1792년에 전쟁이 벌어진 이후 이탈리아에 진입한 프랑스 군대에서 일했다. 자코뱅 클럽에 참여하여 탁월한 공화파 웅변가가 되었고, 1793년에 국민공회에게 프랑스 시민권을 받았다. 테르미도르 반동으로 투옥되었는데, 옥중에서 바뵈프를 알게 되어 나중에 바뵈프가 주도하는 반란위원회에 가담했다. 방돔 재판에서 유형에 처해졌지만, 통령정부기까지 감옥에 갇혀 있었다. 19세기 초 이탈리아의 비밀 결사 조직들 사이에서는 신화적인 존재가 되었고, 1828년에 유명한 저서 《바뵈프의 이른바 평등의 음모》를 출간했다.

해도 간파하기는 했던 혁명적 독재의 개념이 다음과 같이 분명하게 나타났다. 즉 폭동으로 권력을 탈취한 뒤에, 비록 보통 선거를 따른 것일지라도 정치적 민주주의의 원칙을 따라 선출된 의회에 권력을 일임하는 것은 어리석은 짓이다. 사회를 개조하고 새로운 제도를 출범시키는 데 필요한 시간 동안에는 혁명적 소수가 독재를 유지하는 것이 필요하다는 것이다. 이 이념은 부오나로티를 거쳐 오귀스트 블랑키(Auguste Blanqui)에게 전해졌으며, 프롤레타리아 독재에 관한 레닌의 교리와 실천의 원천은 아마도 바로 블랑키주의로부터 나왔을 것이다.

총재정부는 바뵈프주의자들의 선전 활동 문제를 놓고 의견이 갈렸다. 바라스는 반대파의 비위를 거스르지 않으려고 망설였고, 뢰벨은 자코뱅파를 탄압하여 본의 아니게 왕정주의에게 득이 될까 봐 주저했다. 그러나 권위주의적인 보수주의에 의해 결정적으로 반동 편으로 돌아선 카르노는 조금도 망설이지 않았다. 카르노의 발의에 따라 치안부 장관이 메를랭 드 두에에서 코숑으로 바뀌었다. 제르미날 27일(1796년 4월 16일), 양원은 "왕정의 복고나 1793년 헌법의 재확립, …… 또는 토지 균분법이라는 이름 아래 사유 재산의 약탈과 분할"을 선동하는 모든 자들을 사형에 처한다는 내용의 법령을 통과시켰다.

하지만 바뵈프는 준비 작업에 박차를 가했다. 그는 반란위원회와 유사한 경향을 보이는 '국민공회의원위원회'와 접촉하여 플로레알 18일(5월 11일)에 합의에 도달했다. 국민공회위원회는 반란위원회의 제안에 따라 구성되는 새 의회의 일원이 될 것이었다. 그러나 플로레알 11일(4월 30일), 반란 세력 편으로 기울었던 헌병대의 일종인 치안대가 해산되었다. 특히 바뵈프의 군인 첩자 가운데 한 사람인 조르주 그리젤(Georges Grisel)이 음모 주동자들을 카르노에게 고발했다. 바뵈프와 부오나로티는 혁명력 4년 플로레알 21일(1796년 5월 10일)에 체포되었고,

그들의 모든 서류는 압수당했다. 체포 선풍이 불어닥쳤고, 정치 지도자들과 부르주아지는 다시 한 번 공포에 휩싸였다.

혁명력 4년 프뤽티도르 23~24일(1796년 9월 9~10일) 밤 그르넬 병영에서 군대의 반란을 선동한 시도는 실패로 끝났다. 이것은 엄밀한 의미에서 바뵈프주의자들의 작품이라기보다는 오히려 혁명력 2년의 인사들, 즉 자코뱅파나 상퀼로트의 작품이었다. 이들은 의심의 여지없이 카르노와 치안장관 코숑이 벌인 경찰 사주극(使嗾劇)의 희생자였다. 이 사건으로 체포된 131명의 인사 가운데 바뵈프의 〈호민관〉을 구독하는 사람은 6명에 불과했다. 성당기사단 본부 건물에 자리 잡은 한 군사위원회는 피고 30명을 총살했는데, 후에 파기원은 이를 불법적인 행위라고 선언했다.

방돔*의 재판이 행해진 것은 혁명력 5년에 들어서였다. 바라스는 기소(起訴)를 줄이려 했고, 왕정주의에 구실을 제공하지나 않을까 걱정했던 시에예스도 마찬가지였다. 그러나 총재단을 이끌었던 카르노는 냉혹했다. 프뤽티도르 9~10일(1796년 8월 26~27일) 밤 음모 주동자들은 철제 호송차에 실려 방돔으로 이송되었다. 바뵈프의 부인과 함께 그의 장남과 주동자들의 부인들은 걸어서 호송대의 뒤를 따랐다. 마침내 1797년 2월 말 국가고등법원의 법정에서 재판이 시작되었다. 재판은 3개월간 계속되었다. 혁명력 5년 프레리알 7일(1797년 5월 26일), 사형 선고가 언도된 뒤 바뵈프와 다르테는 자살을 기도했다. 다음 날 그들은 피를 흘리며 단두대로 보내졌다.

방돔(Vendôme) 당시 파기원과 함께 최고법원을 이루는 '국가고등법원'이 있던 광장의 이름. 오늘날에는 법무부가 들어서 있다.

평등파의 음모가 지닌 의의는 오직 19세기의 기준으로만 평가될 수 있다. 총재정부의 역사에서 그 사건은 정치적인 균형 상태를 변질시킨 것은 틀림없지만, 하나의 단막극에 불과했다. 그러나 이를 통하여 처음으로 공산주의 이념이 하나의 정치 세력으로 등장했다. 이 점이 바로 사회주의의 역사에서 바뵈프와 그의 시도가 내포한 중요성이다. 혁명력 4년 메시도르 26일(1796년 7월 14일)에 펠릭스 르펠르티에에게 보낸 서한에서 바뵈프는 자신의 모든 "계획과 비망록, 그리고 민주주의적이고 혁명적인 저술의 초안들"을 모아서 "오늘날 타락한 자들이 나의 꿈이라고 부르는 것을 …… 평등의 모든 사도들에게" 보여줄 것을 부탁했다. 이러한 요청에 부응하여 부오나로티는 1828년 브뤼셀에서 《바뵈프의 이른바 평등의 음모》라는 역사책을 출판했다. 이 책은 이후의 혁명적 견해에 깊은 영향을 끼쳤으며, 이 책을 통하여 바뵈프주의는 공산주의 사상의 발전에서 하나의 연결 고리로 자리매김했다.

4. 왕당파의 압력

바뵈프의 음모에 뒤이은 자코뱅파에 대한 탄압은 총재정부를 우경화했고, 왕당파의 위협을 강화하는 데 이바지했다.

왕당파의 움직임은 1796년 여름부터 여러 측면에서 나타났다. 스탈 부인의 조언을 받은 뱅자맹 콩스탕*이 입헌군주주의자들에게 사회적 보수 세력을 굳건하게 떠받치는 총재정부를 중심으로 결집하자고 권고했던 반면, 왕당파인 아메데 위요(Amédée Willot)가 마르세유 사단

콩스탕(Benjamin Constant, 1767~1830) 프랑스 위그노 혈통으로 스위스 로잔에서 태어났다. 젊은 시절에 유럽의 각지를 여행하면서 보헤미안처럼 지냈다. 귀국 후 유명한 스탈 부인을 알게 되어 그녀의 애인으로서 살롱에 출입했다. 스탈 부인과 함께 조직한 온건 공화파 성향의 '입헌 서클'은 총재정부기에 정계에 어느 정도 영향을 끼쳤다. 나폴레옹 집권 이후에는 자유주의 반대 세력의 지도자라는 이유로 추방된 후 망명하여 괴테, 실러와 사귀었다. 프랑스 자유주의의 대표적인 이론가이며, 왕정복고 후에 하원의원을 지냈다.

의 사단장으로 임명된 남부 지방에서는 백색 공포가 다시 나타났다. 양원은 비록 혁명력 4년 브뤼메르 4일(1795년 10월 26일)에 공포된 옛 공포 정치가들에 대한 사면령은 계속 유지하기로 했지만, 우익의 압력을 받아 사면을 받은 자들을 공직에서 추방한다는 내용의 법안을 통과시켰다(혁명력 5년 프리메르 14일, 1976년 12월 4일). 이 법은 또한 혁명력 4년 브뤼메르 3일(1795년 10월 25일) 법 가운데, 성직자에 관해서는 공포 정치기의 법률을 계속 적용한다는 내용의 조항을 폐기했다. 공포 정치기에 시행되던 그러한 규제들이 효력을 상실하자 대부분의 소교구에서 예배가 부활했다. 사제들의 영향력은 반동에 유리하게 작용할 수밖에 없었기 때문에 다른 한편으로 공직에서 자코뱅파를 추방하는 데 일조했다. 카르노가 더욱 더 우경화했던 반면에, 반교권주의적 성향을 지닌 라레벨리에르는 뢰벨과 바라스와 가까워졌다. 이 세 사람, 이른바 '삼두파'는 왕정주의가 확대되는 것을 불안해하기 시작했다.

당시에 영국-왕당파의 공모는, 사실상 우익이 공화국에 합류하지 않고 항상 권력을 장악하려는 음모를 획책하고 있음을 입증했다. 브라운슈바이크 공작의 비호 아래 블랑켄부르크에 망명해 있던 왕위 요구자 루이 18세가 모든 양보를 거부하자, 왕당파의 책동은 입헌주의 노선과 절대주의 노선 두 방향에서 진행되었다. 파리에서 루이 18세의 특사인 앙드레샤를 브로티에(André-Charles Brottier) 신부는 비밀 조직을 꾸렸고, 총재단의 근위대에까지 끄나풀을 심어 두었다. 1796년 여름에 이 비밀 조직은 '질서의 벗(Amis de l'ordre)'이라는 이름의 협회를 조직했다. '질서의 벗'은 비록 공개적으로는 체제에 합헌적인 반대를 하는 데 그쳤지만, 실제로는 반란을 통해 절대 군주제의 부활을 꾀하는 '적자(嫡子, Fils légitimes)'라는 집단으로부터 은밀히 사주를 받았다. 합법적이고 비폭력적인 방법을 주장하던 전직 제헌의원 당드레(Dandré)는 다가오는 선거에 대비하여 '질서의 벗'을 '박애원(Institut philanthropique)'으로 개편했다. 박애원은 상당수의 도에 지부를 두었다. 그러나 여기서도 조직 내부에서 합법적인 행동을 지지하는 입헌군주파와 폭력 행사를 주장하는 절대 군주파의 이중성이 명확하게 나타났다. 보르도뿐만 아니라, 지부를 올빼미당원이 조직한 사르트 도의 경우가 바로 그러했다. 언론에 보조금을 주고 선거 활동을 지원하기 위한 자금이 스위스에 자리 잡은 영국인 첩자 위컴(William Wickham)을 통해 런던으로부터 흘러 들어왔다. 비록 혁명력 5년 플뤼비오즈 11일(1797년 1월 30일)에 브로티에가 체포되고 공모자 한 사람이 자백을 했지만, 왕당파의 선전 활동은 계속되었다.

실제로 정치적·사회적 분위기는 왕당파에게 유리했다. 망명자와 추방당한 성직자들이 대거 돌아왔다. 특히 종교 문제는 반동 세력에게 유리한 발판을 제공했다. 선서거부파 성직자들뿐만 아니라 많은 공화주의자들이 로마 가톨릭과 공화국은 양립할 수 없다고 주장했다. 그러나 입헌파 교회의 영향력은 줄어들고 있었고, 1797년 초에 라레벨리에르의 후원을 받아 만들어진 새로운 형태의 순일(旬日) 예배인 '경신박애교(敬神博愛敎, théophilanthropie)'는 단지 계몽된 소수의 부르주아에게만 영향을 주었다. 하지만 종교 문제보다도 반동의 움직임을 더욱 조장한 것은 재정적 위기와 이로부터 야기된 어려움이었다.

토지환이 붕괴되고 정화 체제로 복귀한 이후 공화국의 재정 상황은 참으로 비참했다. 인플레이션에 뒤이어 디플레이션이 나타났다. 유통되는 정화의 양은 부족했고, 1796년에 작황이 좋았던 만큼 물가는 더욱 폭락했다. 그 결과 적어도 민중의 비참함은 어느 정도 완화되었다. 그러나 전쟁은 계속되었다. 총재정부가 예산의 수지 균형을 맞추려고 노력했지만 허사였다. 정치적인 저의를 품은 양원은 모든 효과적인 재정적 노력을 거부했다. 이리하여 혁명력 5년의 토지세는 그해 프레리알

18일(1797년 6월 6일)에, 동산세는 테르미도르 14일(8월 2일)에 가서야 결정되었듯이, 세금 징수안의 통과가 매우 늦었다. 총재정부가 각 도에 공무원이 딸린 직접세 세무서를 설치하자고 제안했지만 실현되지는 못했다. 총재정부가 화약, 초석, 소금에 다시 간접세를 부과할 것을 제안하자, 오백인의회는 동의했지만 원로원은 거부했다. 국유 재산의 매각에서 더 큰 수익을 얻어내기 위하여 혁명력 5년 브뤼메르 16일(1796년 11월 6일)에 경매 방식이 다시 채택되었지만 소득은 미미했다.

따라서 재정상의 편법이 도입되지 않을 수 없었다. 군대에 식량과 말 먹이, 그리고 군마를 공급하기 위해 징발제가 유지되었다. 징발의 대가로서 국유 재산의 매각 대금과 세금을 납부하는 데 사용할 수 있는 증서가 발행되었다. 통제 경제를 포기한 후에 테르미도르파가 그랬듯이, 총재정부는 금융업자, 은행가, 조달 상인, 군수품 납품업자들에게 의지할 수밖에 없었다. 총재정부는 그들의 영향력 아래 놓였다. 왕관을 장식하는 '레장'이라는 다이아몬드를 담보물로 설정하거나 헤이그 조약에 따라 네덜란드가 지불하는 전쟁 배상금을 담보로 설정한 채권인 이른바 '바타비아 지불명령서(rescriptions bataves)'를 매각하는 등 갖은 편법을 다 써본 뒤에, 마침내 총재정부는 혁명력 5년 브뤼메르 16일(1796년 11월 6일)의 법에 의하여 국유 재산을 지불 수단으로 이용하는 것을 공식적으로 허용했다. 이리하여 한 조달 상인은 노르 도에서 600헥타르의 토지를 획득하기도 했다. 곧이어 정부는 채권자들에게 이러저러한 형태의 국고 수입을 양도하기에 이르렀다. 이는 '전부(轉付, délégation)'라는 이름 아래 구체제의 '사전 집행(l'anticipation)'이라는 관행이 되살아났음을 뜻한다. 이렇게 하여 국유림의 벌목권이나 도의 조세 수익권 등이 채권자들에게 양도되었으며, 리보르노에서 압수된 영국 상품의 매각 수익권이 이탈리아 방면군에게 군수품을 조달하던 플라샤(Flachat) 회사로 넘어가기도 했다.

이러한 관행과 정부의 무능에 편승하여 푸셰, 탈레랑, 금융업자 가브리엘쥘리앵 우브라르(Gabriel-Julien Ouvrard)와 결탁한 바라스 등으로 대표되는 일부 정치가들의 수뢰(受賂)로 인해 부패 행위가 급증했다. 어떤 사람은 소금에 투기하고 어떤 사람은 국유 재산에 투기하여 재산을 모았다. 이에 발맞추어 풍속도 문란해졌다. 이는 혁명력 2년의 공화국이 보인 스파르타적인 행태와 대조를 이루었기에 보는 이들에게는 더욱 충격적이었다. 하지만 이런 현상은 부유하고 할 일 없는 일부 소수에만 국한되었다. 절제되지 않은 쾌락 추구를 규범으로 삼은 이들은, 지나친 일반화이기는 하지만 통칭 '총재정부의 사교계'라고 불렸다. 이 사교계는 냉소주의와 화려한 외관이라는 측면에서 제1제정기 상류 사회의 풍속을 미리 보여주었다. 그러나 제1제정기에 비하여 더 냉소적이었던 반면에 화려함의 정도는 약했다. 정부 내에서는 칭호를 박탈당한 옛 자작인 바라스와 전직 주교인 탈레랑이 방탕한 사교계의 일원이었다. 그들 주위에는 사업가와 이른바 '금융 협잡꾼들', 즉 은행가, 조달 상인, 독점업자, 투기업자들이 모여들었다. 이들은 체제에 편승하여 이익을 도모하는 모리배로서, 자신들의 재산을 보장해주는 다른 체제가 있다면 그것을 위해 총재정부를 기꺼이 저버릴 것이었다.

체제에 대한 불신은 전 사회 계층으로 확대되었다. 공무원들에게는 고작 봉급뿐이었지만, 그것도 매우 불규칙적으로 받았다. 재원이 부족해서 공공 업무는 간신히 유지되었다. 총재정부는 국가 예산을 절감하려고 재판소, 중앙학교, 공공 부조의 운영 책임을 지방 행정 당국에 일임했다. 그러나 지방 당국 역시 중앙 정부만큼이나 재정 형편이 어려웠다. 정부는 충분한 유동 자산이 있을 때는 국채의 4분의 1을 정화로 지불했고, 나머지 4분의 3은 국유 재산의 매각 대금과 세금의 납부에만 사용이 한정되어 있는 증서로 지급했다. 투기업자들은 그 증서를 대폭 할인하여 헐값으로 사들였다. 불만이 고조되는 가운데 총재정부의 재정적인 무능력은 혁명력 5년의 선거 즈음하여 왕당파 반대 세력에게 유리한 기회를 제공하였다.

정복 전쟁(1796~1797년)

혁명정부가 몰락하고 그들의 국방 정책이 무너진 이래 점차 뚜렷하게 나타났던 전쟁의 새로운 성격은 제1차 총재정부 시기에 더욱 두드러졌다. 이제 전쟁 노력은 통제 경제가 아니라 사업 및 이윤 추구의 자유로 복귀한 경제 체제에서 추진되었다. 군대의 물질적인 상황이 악화되었고, 이는 오래지 않아 군대의 기강에까지 영향을 끼쳤다. 더욱이 장군들이 혁명정부와 공포 정치의 평등주의적인 기준을 더는 적용받지 않게 됨에 따라, 행정권의 감독으로부터 벗어나 마음껏 자신들의 야심을 펼칠 수 있게 되었다. 이러한 측면에서 볼 때, 보나파르트의 이탈리아 정책은 참으로 진정한 분기점이 된다. 이제 개인적 야심을 품은 대담한 전망이 정책 결정의 주된 동기로서 국민적 요구를 대신하기에 이르렀다. 이러한 일탈은 군사적 승리에 뒤따르는 영광으로 장식되었던 만큼 더욱 위험했다.

1. 제1차 총재정부 시기의 군대

군대의 타락 현상은 총재정부 시기에도 계속되었다. 사실 총재정부는 다른 분야뿐만 아니라 군사 분야에서도 단순히 테르미도르파의 정책을 추종했다. 통화 체제의 붕괴, 정부의 재정적 무능력, 조달 상인들의 착복행위는 병사들의 환경에 심각한 영향을 주어, 병사들은 제대로 먹거나 입지도 못했고 급료도 제대로 받지 못했다. 군대의 이러한 열악한 상황은 병력의 감소로 이어졌다. 이때부터 불복종과 탈영이라는 병폐가 공화국의 군대를 좀먹었다. 오백인의회는 이런 위반 행위를 다스리는 형벌 법규의 초안을 작성할 위원회를 구성했다. 의원인 뒤퓌(Charles-François Dupuis)는 혁명력 4년 브뤼메르 19일(1795년 11월 10일)에 병폐의 근원적인 원인에 대하여 다음과 같이 고발했다.

여러분의 적들은 반동에 동조하는 자들의 망상을 이용하여 병폐를 근원적으로 억제할 수 있는 모든 강제 수단을 공포 정치 행위로 간주하게 만들었습니다. 그리고 공포 정치라는 이 단순한 말 한마디가 유럽에게는 그들의 가장 강력한 군대보다 더 큰 도움을 줍니다. 저는 공화국의 여러 도를 돌아다니는 과정에서 탈영병 무리들이 저처럼 아무 탈 없이 여행하는 것을 보았습니다. 어느 누구도 그들을 체포하거나 탈영자 처벌법을 시행하는 의무를 다하지 않았습니다. 이럴 수 있습니까! 저는 종종 탈영병들의 친척 가운데 시장이나 지방 자치체의 관리들이 있다는 얘기를 들었습니다. …… 그들이 그 법을 엄격하게 시행하려고 했다면 프랑스를 즐비한 시체로 뒤덮었던 그 무시무시한 반동의 희생물이 되지는 않더라도, 아마 안전하지는 않았을 것입니다.

이 연설은 병폐의 근원을 명쾌하게 보여준다. 그러나 총재정부는 혁명력 2년의 모든 기억에 대한 완강한 증오심에 사로잡혀 있었고 반동을 조심스럽게 다뤄 민중 운동에 재갈을 물리는 데 관심을 기울였기 때문에, 테르미도르파의 국민공회와 마찬가지로 병폐를 극복할 수 없었다.

동시에 군대의 집단 심성에 변화가 나타났다. 사병들 사이에서는 틀림없이 혁명력 2년에 대한 기억, 칭호를 박탈당한 귀족들이나 성직자들에 대한 반감, 왕정에 대한 증오심이 여전히 뿌리 깊었다. 그러나 혁명적인 열정은 이제 더는 타오르지 않고 오히려 약화되어 갔다. 혁명력 2년의 인사들이 제시한 획기적인 이념에 예민하게 반응했던 병사들은 중용 정책을 취하는 총재정부의 교묘한 술책을 따를 수도 없었고, 명사들의 범속한 이념에 열광적으로 동조할 수도 없었다. 체제와 군대 사이에 존재하는 간극이 더욱 커짐에 따라 민간인에 대한 군대의 경멸감이 뚜렷하게 나타났다. 그리하여 'péquin' 또는 'pékin'*이라고 민간인을 경멸적으로 부르는 군대 은어가 나타나서 제1제정기 초에 널리 사용되었다. 그러나 바로 군대 제도가 갖는 속성 때문에 민주주의적인 의식은 어느 정도 유지되었다. 왜냐하면 비록 장교 및 군사재판 배심원단을 뽑는 선거 제도 같은 민주주의적인 관행이 폐지되기는 했지만, 진급하는 데 학식은 여전히 거의 고려되지 않았고 지능과 특히 용맹성이 결정적인 요인이었기 때문이다. 일개 병사라도 용맹하다고 입증되기만 하면 최고 계급으로 빠르게 진급할 수 있다는 기대를 품을 수 있었다. 그러나 이러한 진급 기준은 곧 야심과 모험 정신을 조장하는 부작용을 낳았다.

    이제까지 군대를 지탱해 온 국민 의식은 사실상 새로운 면모를 보이기 시작했다. 국민 총동원령 이후 병력이 더는 교체되지 않고 다른 나라를 정복하느라 군대가 프랑스로부터 멀어지자, 병사들은 점차 일반 국민으로부터 유리되어 갔다. 외국 땅에 주둔한 군대는 필연적으로 직업 군인화되어 갔고, 이제는 장군들에게 의지하게 되었다. 국민에 대한 헌신은 서서히 지휘관에 대한 충성심과 모험심, 그리고 곧이어 약탈로 바뀌어 갔다. 혁명력 2년 당시에는 군대와 인민의 유대 관계를 유지하고 강화하는 데 모든 노력을 기울였다면, 그 이후에는 모든 것이 병사들로 하여금 자신 역시 시민이라는 사실을 잊게 만들려는 듯 보였

---

* '작다'라는 뜻의 오크어 'peguin'에서 유래했다. '면'이라는 행정 구역을 가리키는 프랑스어 'canton'이 중국 광둥성(廣東省)의 지방 수도 광저우(廣州)를 뜻하는 'canton'과 동일한 철자를 가진 데서 유래했다는 견해도 있다. 대연맹제(1790년)에서 군대 대표들이 면 대표들을 우스꽝스럽게 치장해주었는데, 후자들은 중국을 연상시키는 'pékius'라는 별명을 얻게 되었다.

다. 생쥐스트는 1793년 2월 12일에 한 연설에서 "공화국의 정신이 군대 내에 뿌리내리는 정도에 비례해서만" 오직 승리를 기대할 수 있다고 선언한 바 있었다. 이와는 정반대로 보나파르트는 이탈리아 원정길에 오르기에 앞서 1796년 3월 26일에 발표한 성명에서 다음과 같이 선언했다.

장병 여러분, 여러분은 헐벗고 제대로 먹지도 못합니다. 본인은 여러분을 이 지구상에서 가장 풍요로운 평원으로 이끌고자 합니다. 비옥한 지방과 대도시들이 여러분의 지배 아래 놓일 것입니다. 여러분은 그곳에서 명예와 영광, 그리고 부를 발견할 것입니다.

애국주의는 공화주의적이고 인도주의적인 내용을 상실했고, 민족주의가 나타났다. 공민 정신과 혁명적 열정은 곧 외국인에 대한 경멸, 군사적 영광에 대한 애착, 민족적 자만심으로 바뀌어 갔다. 셰니에는 이윽고 "항상 승리하는 '위대한 국민'"을 찬양했다. 민족적 자부심을 고취하는 '위대한 국민(Grande Nation)'이라는 표현이 총재정부 말기부터 유행했다. 제1제정은 그것을 축성했다.

그래도 혁명력 2년에 공안위원회가 만들어낸 전쟁 기구는 1796년의 전투에 돌입하기 직전에도 대불동맹 측의 구체제 군대에 비해 여전히 탁월했다. 총재정부는 장군들과 조달 상인들에게 권위를 높이기 위해 파견의원제를 본 따 '군사위원제(commissaires aux armées)'를 신설했다. 그러나 이러한 예방책은 부질없는 것이었다. 왜냐하면 군사위원이나 총재정부는 장군들에게 행사할 '강제력'이 없었기 때문이다. 장군들의 역할은 총재정부를 압도하였고, 보나파르트는 군사적 천재성을 지닌 장군들 가운데 가장 중요한 인물로 부각했다. 그는 전략의 원칙을 구상하고 전술 단위를 조직하고 운용하는 데서 천재성을 마음껏 발휘했다. 그러나 보나파르트는 이러한 독창적인 면모에도 불구하고 여전히 혁명의 유산에 충실했다. 그는 전쟁술을 혁신하는 데 혁명이 창출해낸 국민군을 활용했던 것이다.

2. 이탈리아 원정길의 보나파르트(1796~1797년)

1795년에 여러 조약이 체결된 후 대불동맹에는 영국과 오스트리아만이 남았다. 군사적·재정적 능력 면에서 탁월하지 못한 오스트리아는, 바젤 조약에서 프랑스가 프로이센에게 약속했던 것과 마찬가지로 보상받을 전망이 확실했더라면 틀림없이 라인 강 좌안을 포기했을 것이다. 다른 한편 영국은 심각한 사회적·정치적인 결과를 가져올지도 모를 경제적·재정적 위기에 직면해 있었기 때문에, 프랑스가 저지대 국가들을 장악하는 데 전통적인 반감이 있었지만 대륙에서 군사 행동을 취할 수 없었다.

그러나 총재정부의 대외 정책은, 이른바 '입헌 국경(limites constitutionnelles)'이라는 신성불가침의 대전제를 따라 결정되었다. 따라서 총재정부와 대불동맹의 타협은 사실상 불가능했다. 혁명력 3년 헌법 제332조는 "공화국의 영토는 양도될 수 없다."고 규정했으며, 벨기에뿐만 아니라, 더욱 당연하게도 아비뇽 및 사부아의 합병은 헌법에 근거한 인민 투표를 거쳐 비준된 것으로 간주되었다. 그렇다고 하더라도 라인 강 좌안 지역의 문제는 남아 있었다. 카르노는 프랑스에게 유리하게 국경을 수정하기는 했지만 '옛 경계선'을 존중해야 한다고 주장하여 맹목적으로 우파를 추종한다는 것을 드러낸 반면에, 외교 정책을 책임지고 이 점에서 총재정부를 주도한 뢰벨은 '자연 국경'을 지지하며 따라서 합병을 지지한다고 선언했다. 뢰벨의 의도는 협상할 때 보상물로서 이용할 수 있는 영토를 자연 국경 너머에서 취하여 유리한 입장에서 협상을 진행하자는 것이었다. 그러나 이러한 조건을 오스트리아와 영국에게 받아들이도록 하는 데서 중요한 것은, 총재정부가 정복의 논리에 휩쓸리지 말아야 한다는 점이었다.

카르노가 구상한 1796년의 전투 계획은 남부 독일에서 실행할 작전에 결정적으로 중요했다. 주르당 휘하의 상브르에뫼즈 군대와 빅토르 모로(Victor Moreau) 휘하의 렝에모젤 군대는 빈으로 진격했고, 약간 전력이 약한 켈레르만 휘하의 알프스군과 바르텔르미 루이 조제프 셰레르(Barthélemy Louis Joseph Schérer) 휘하의 이탈리아 방면군은 장차 보상물을 확보할 의도로 피에몬테와 롬바르디아를 점령할 것이었다. 오슈 휘하의 아일랜드 원정군은 브레스트에 집결하여 영국을 위협했다. 혁명력 4년 방토즈 12일(1796년 3월 2일), 최종 순간에 총재정부는 셰레르를 보나파르트로 교체했다. 이 결정은 총재정부의 군사적·정치적 계획을 완전히 뒤엎을 사건이었다.

나폴레옹 보나파르트는 1769년 8월 15일에 프랑스를 지지하는 아작시오의 한 소귀족 가문에서 태어났다. 그는 1779년에 오툉 왕립학교의 장학생, 그 이후 1784년까지 파리 군사학교의 분교인 브리엔 왕립학교의 장학생, 그리고 1784~1785년에 파리군사학교의 생도였다가, 1785년 9월에 58명 가운데 42등으로 시험에 합격하여 16세의 나이에 포병 소위로 임관했다. 발랑스에서 오손으로, 그리고 다시 발랑스로 주둔지를 따라 전전하던 보나파르트의 하급 장교 생활은 가난하고 장래성이 거의 없었다. 그는 1789년부터 1793년까지 코르시카 섬에 여러 번 체류하면서 파올리의 지도 아래 1789년의 애국파로서, 그러나 동시에 코르시카의 애국자로서 지방의 정치 활동에 적극적으로 가담했다. 그러나 파올리로부터 의심을 산 보나파르트는 1793년 6월에 코르시카 섬을 떠나야 했다. 당시 파올리는 국민공회와 갈라선 후 영국을 끌어들였다. 1793년 7월에 이탈리아 방면군의 중대장으로서 화약 수송대를 편성할 책임을 지고 아비뇽에 파견된 보나파르트는 성실한 산악파이자 자코뱅파로서 두각을 나타냈다. 그는 한 '군인'(곧 자신)이 님의 부르주아, 몽펠리에의 제조업자, 마르세유의 상인과 대화하는 형식으로 쓰인 《보케르에서의 만찬(Le Souper de Beaucaire)》이라는 제목의 책을 1793년 8월에 아비뇽에서 국비로 출판했다. 책의 주제를 살펴보면 "산악파의 대의명분은 국민적인 것이고", 국민공회는 "통합의 중심이며", "갓 태어난 공화국을 그 요람에서 질식시키려고 위협하는 음험한 대불동맹 세력으로부터" 구해야 한다고 지롱드파 성향의 마르세유 상인을 설득하는 내용이었다. 이는 곧 보나파르트가 자신의 고향인 코르시카 독립의 꿈을 포기하고 혁명적 국민에 합류했음을 뜻한다. 파견의원이자 그와 동향인인 크리스토프 살리체티(Christophe Salicetti)는 1793년 9월 17일에 툴롱을 공략할 때 포병의 지휘권을 그에게 일임했다. 몇 가지 점에서 보나파르트의 활약은 결정적이었다. 보나파르트는 12월 19일에 툴롱을 탈환했고, 22일에 육군준장이 되었다. 그는 당시 이탈리아 방면군에 파견의원으로 와 있던 오귀스탱 로베스피에르의 비호를 받았다. 오귀스탱은 형인 막시밀리앙 로베스피에르에게 혁명력 2년 제르미날 16일(1794년 4월 5일)에 보낸 서한에서 "시민 보나파르트의 탁월한 공적"을 칭찬했다.

    테르미도르 9일의 사건은 보나파르트의 모든 것을 위태롭게 했다. 이 사건이 니스에 알려진 것은 같은 달 18일(1794년 8월 5일)이었다. 다음 날, 보나파르트는 파견의원에 의해 사령관직에서 해임되었고 로베스피에르파라는 이유로 앙티브의 요새에 투옥되었다. 그는 프뤽티도르 3일(8월 20일)에 석방되어 옛 직책을 되찾았다. 그러나 그의 진로는, 석방된 후 복직한 지롱드파 의원인 오브리(François Aubry)의 반대에 부딪쳤다. 오브리는 국민공회에서 군사 문제에 관한 보고를 하면서 "보나파르트의 너무 이른 진급과 무절제한 야망"을 신랄하게 비판했다.

그런데도 1795년 3월 보나파르트는 서부군의 포병사령관에 임명되었다. 그러나 그는 거부했다. 6월에 다시 같은 군의 보병사령관에 임명되었지만 이번에도 거부했다.

그때부터 시민 보나파르트는 자신의 운명을 개척하는 모험가 보나파르트로 탈바꿈했다. 테르미도르 반동 이후의 불운으로 그의 정치적 성장의 연속성이 깨진 듯 보였다. 곧 야망만이 보나파르트에게 삶의 유일한 척도가 되었다. 그는 비참한 상태로 몇 달을 보냈다. 방데미에르 사건이 그를 다시 본무대로 끌어들였다. 그는 비록 방데미에르 13일 (1795년 10월 5일) 사건에서 한 활약으로 '방데미에르의 장군'이라는 별명을 얻기는 했지만, 그때부터 바라스 덕택에 진급을 보장받았다. 보나파르트는 10월 16일에 육군소장으로 진급했고, 26일에는 국내 수비군의 총사령관이 되었다. 이때부터 보나파르트는 1794년에 단두대에서 처형된 보아르네(Beauharnais) 자작의 미망인 여섯 살 연상의 조제핀(Joséphine Tascher de La Pagerie)과 사랑하는 사이였다. 바라스의 《회상록(Mémoires)》을 따르면, 조제핀은 이미 한물갔지만 여전히 매력적이고 언제나 능숙했다. 보나파르트가 "다정하고 누구와도 비길 데 없는 조제핀"에게 첫 편지를 보낸 것은 1795년 10월 28일의 일이었다. 이탈리아 원정 때 쓴 편지들을 보면 일일이 다 인용할 수는 없지만 조제핀에 대한 보나파르트의 격렬한 사랑이 의심할 여지 없이 잘 나타나 있다. "보나파르트가 [조제핀과] 바라스와의 관계를 몰랐고 또 그녀가 지닌 영향력이 그에게 도움이 되지 않았다고 믿기는 어렵다."고 조르주 르페브르는 썼다.

1796년 3월 2일, 보나파르트는 셰레르를 대신해서 이탈리아 방면군의 총사령관으로 임명되었다. 9일, 그는 조제핀과 약식으로 결혼했다. 이틀 후, 그는 제노바 리비에라 해안의 사보나에 자리 잡은 총사령부를 향하여 파리를 떠났다.

이탈리아 원정은 프랑스와 오스트리아가 치르는 전쟁의 운명을 결정지었다. 계획은 이미 혁명력 2년에 공안위원회가 수립해놓았다. 피에몬테를 굴복시킨 뒤 롬바르디아를 확보하고, 이어서 알프스 산맥을 넘어 빈으로 곧장 진격한다는 내용이었다. 보나파르트는 3만 8천 명의 병력, 금화 4만 8천 프랑, 아무도 받지 않는 어음 10만 프랑으로 작전에 임했다. 작전은 놀라운 속도로 전개되었다.

피에몬테에서 보나파르트는 불과 열흘 만에 몬테노테 전투(1796년 4월 12일), 밀레시모 전투, 몬도비 전투(4월 21일)를 통해 장피에르 드 볼리외(Jean-Pierre de Beaulieu) 휘하 3만 5천 명의 오스트리아군과 미켈란젤로 알레산드로 콜리(Michelangelo Alessandro Colli-Marchi) 휘하 1만 2천 명의 피에몬테군을 갈라놓았다. 그리하여 콜리는 토리노를 지키기 위하여 후퇴하지 않을 수 없었다. 사르데냐 국왕은 4월 28일 케라스코 휴전에 서명했다. 또한 1796년 5월 15일 파리 조약을 맺고 사부아와 니스, 탕드, 베이유의 세 백작령을 프랑스에 양도했다.

롬바르디아에서 보나파르트는 티치노 강을 뒤로 하고 포 강의 북쪽으로 후퇴하고 있던 볼리외를 추격했다. 그러면서 남쪽으로 우회 작전을 전개하여 피아첸차에서 포 강을 넘어, 아다 강의 로디 교(橋)에서 적군을 격파하고(5월 10일), 1796년 5월 15일에 밀라노에 입성했다. 스탕달(Stendhal)이 《파르마의 수도원(La Charteuse de Parme)》에서 썼듯이 세상은 "많은 세기가 지난 뒤에 카이사르와 알렉산드로스가 후계자를 얻었다는 것을" 알게 되었다. 5월 30일에 민치오 강을 넘어 보나파르트는 만토바를 포위했다. 파르마 공작과 모데나 공작은 휴전 조약에 서명했고, 볼로냐는 항복했으며, 교황은 6월 23일에 프랑스와 협정을 체결했다. 정복된 지방에는 무거운 전쟁 배상금이 부과되었고, 주민의 일부는 점령군에 저항했다. 통일된 공화국을 원하는 이탈리아의 자코뱅파만이 유일하게 프랑스에 지지를 표명했다. 총재정부의 의도는 유리한 입장에서 협상을 진행하기 위해 단지 보상물을 획득하자는 것뿐이었다. 그동안 총재정부의 정책은 점령 지역으로부터 얼마만큼 얻어내느냐 하는 것이었다. 보나파르트는 이탈리아로부터 5천만 프랑을 짜냈던 것으로 추정되며, 그 와중에 1천만 프랑은 총재정부로 흘러 들어갔다. 그런 가운데 오스트리아군은 알프스 산맥으로 통하는 관문인 만토바를 여전히 장악하고 있었다. 알프스 산맥 쪽에서 진출한 오스트리아군은 도시의 포위망을 깨뜨리려고 네 차례나 시도했다. 그러나 부름저가 지휘하는 오스트리아군은 1796년 8월 5일 카스틸리오네에서, 9월 8일에는 바사노에서 패배했다. 이번에는 요제프 알빈치(Josef Alvinczy)가 지휘하는 오스트리아군이 아르콜라에서 11월 14일부터 17일에 걸치는 격전 끝에 패했고, 1797년 1월 14일에는 리볼리에서 패배했다. 만토바는 2월 2일에 항복했다. 빈으로 가는 통로가 확보된 것이었다.

독일 원정은 총재정부가 기대했던 만큼 결정적인 승리를 거두지 못했다. 핵심적인 역할을 부여받은 주르당과 모로가 이끄는 프랑스군의 목표는 다뉴브의 계곡을 따라 빈에 이르는 것이었다. 1796년 5월 31일, 주르당은 라인 강을 건넜으나 카를(Karl) 대공에게 격퇴당했다. 그러나 모로와 대치하던 부름저가 보나파르트의 승리 이후 이탈리아로 전임하게 되자, 프랑스군은 카를 대공에게 재차 공세를 취했다. 모로는 6월 24일 라인 강을 넘어 뮌헨까지 진출했고, 주르당은 쾰른에 이어서 프랑크푸르트를 점령한 후 8월에는 보헤미아의 경계에까지 이르렀다. 그러나 프랑스군은 끝내 합류하지 못했고, 카를 대공은 이를 이용하여 프랑스군을 따로따로 공격했다. 마인 강 계곡에서 두 번씩이나 패배한 주르당은 1796년 9월 말에 라인 강을 다시 건널 수밖에 없었다. 적에게 노출된 모로 또한 후퇴할 수밖에 없었다. 카를 대공은 모로의 퇴각로를 차단하려고 노력했지만, 모로는 독일 남부 흑림 지대의 협곡으로 접어드는 데 성공하여 1796년 10월 26일에 위닝그에서 라인 강을 다시 넘었다. 그해 겨울, 프랑스군은 켈과 위닝그의 교두보를 상실했다.

같은 시기에 오슈가 지휘하는 아일랜드 원정은 실패로 끝났다. 프랑스 함대가 1796년 12월에 출범했으나 폭풍우를 만나 패했다. 1797년 1월, 총재정부는 프랑스의 모든 영토에서 영국 상품을 전부 압류할 것을 명령했다. 영국의 경제적 상황이 악화되자, 영국은 점차 협상 쪽으로 기울었다. 사실상 이미 1796년 10~12월에 제임스 해리스(James Harris, 1st Earl of Malmesbury)를 대표로 하는 영국과 프랑스의 협상이 릴에서 진행되고 있었다. 그러나 벨기에 문제로 협상은 중단되었다.

따라서 1797년의 전투 직전에 이탈리아 원정군은 총재정부의 거의 유일한 희망이었다. 보나파르트는 정복 지역의 평정 작업을 마무리 지었다. 그는 정부의 훈령을 완전히 무시하고 1796년 10월 15일에 모데나 공국과 교황으로부터 빼앗은 교황령의 2개 주(Légations)를 합하여 '치스파다나 공화국'을 조직했다. 1797년 2월 19일, 보나파르트는 교황 비오 6세와 함께 톨렌티노 조약에 서명했다. 총재정부가 그에게 교황으로부터 세속적 권한을 박탈하라고 엄중히 지시했지만, 보나파르트는 교황으로부터 수백만 프랑의 배상금을 받는 것 외에 교황이 아비뇽과 브나스크 백작령을 프랑스에 양도하고 치스파다나공화국에 포함된 교황령을 포기하게 하는 데 만족했다. 보나파르트의 정책은 점차 개인적인 색채를 강하게 띠어 갔다.

1797년 3월 20일, 오스트리아에 대한 공격이 재개되었다. 당시 수적으로 보강된 오스트리아군은 카를 대공의 지휘를 받았다. 보나파르트는 탈리아멘토의 통로에 이어서 타르비시오 고개를 돌파했다. 전위부대를 이끄는 마세나는 이미 제메링 고개에 도달했다.

그와 동시에 오슈가 지휘하는 상브르에뫼즈군은 남부 독일에서

1797년 4월 16일에 라인 강을 건너 18일에 쾰른 근처의 노이비트에서 승리를 거두었다. 모로 또한 작전을 개시했다. 그러나 보나파르트는 바로 그 1797년 4월 18일에 슈타이어 지방의 레오벤에서 오스트리아와 휴전과 함께 가강화조약(假講和條約)을 체결했다. 이는 이탈리아의 승리자인 그가 자신의 정복에 강한 애착을 느끼면서도 평화 조정자의 역할에서 남에게 뒤지는 것을 얼마나 싫어했는가를 잘 보여준다.

레오벤의 가강화조약은 이탈리아 정책에 대한 보나파르트의 승리를 축성했다. 그러나 라인 강의 자연 국경 문제는 해결되지 않았다. 그런데도 총재정부는 국내 정치의 정세 변화 때문에 일개 장군의 개인적인 조약 체결을 기정사실로 받아들일 수밖에 없었다.

프뤽티도르의 쿠데타와 캄포포르미오 조약(1797년)

혁명력 5년 제르미날의 선거에서 왕당파가 승리를 거둔 이후 국내 정세와 여론의 냉담한 반응 때문에 총재정부는 장군들에게 좌우되었다. 체제의 성격상 공화국을 지키기 위해 민중에게 호소한다는 것은 있을 수 없는 일이었다. 대외 정책의 방향은 불가피하게 국내의 위기를 어떻게 해결하느냐에 달려 있었다. 대불동맹 측은 이 점을 잘 알고 있었기 때문에 레오벤의 휴전 이후 우디네에서 시작된 협상을 질질 끌었고, 영국 특사 제임스 해리스가 릴에서 재개한 프랑스와의 협상에서도 마찬가지였다. 만약에 왕당파 우파가 우세를 점한다면, 영국과 오스트리아는 더 유리한 협상 조건을 가질 수 있으리라 기대했기 때문이다. 바로 이 점이 총재정부와 보나파르트의 유대 관계를 강화해주었다. 보나파르트는 왕당파가 우세한 양원(兩院)에서 자신의 이탈리아 정책이 받아들여지리라고 기대할 수 없었다. 그는 메시도르 5일(1797년 6월 23일) 양원에서 베네치아 사건에 개입한 것에 대해 격렬한 비난을 받았던 것이다. 또한 총재정부의 입장에서는 어떻게 구세주의 요구를 거부할 수 있겠는가? 이렇게 보나파르트와 총재정부의 상호작용과 양보로 말미암아 프뤽티도르의 쿠데타와 캄포포르미오 조약은 긴밀하게 연관되었다. 그러나 이러한 정책에서 주요한 이득을 본 쪽은 바로 보나파르트였다.

1. 혁명력 5년의 선거와 반동

혁명력 5년 제르미날, 양원의 의원들 가운데 임기가 만료되는 첫 번째 '3분의 1'(그중 절반은 이른바 '종신의원'이었다)을 교체하기 위한 선거가 실시되었다. 총재정부는 이탈리아에서 보나파르트가 거둔 눈부신 승리가 자신들에게 유리하게 작용하리라고 기대했지만, 왕당파의 영향력이 압도적이었다. 선거는 아무 소란 없이 조용하게 진행되었다. 10여 개의 도를 제외하고는 총재정부파가 참패했다. 전직 국민공회 의원들 가운데 겨우 11명만이 재선된 반면에, 선출된 왕당파의 수는 그것의 몇 배였다. 이 새로운 '3분의 1'은 군주주의 우파의 세력을 현저하게 강화했다.

곧 반동이 나타났다. 그러나 총재정부는 분열되어 있었다. 위험을 감지한 뢰벨은 라레벨리에르의 지지를 받아 사태를 장악하고 필요하다면 선거를 무효화할 생각이었다. 그러나 선거의 결과에 승복한 카르노는 이를 거부했다. 바라스는 평소대로 기회를 보고 있었다. 양원은 프레리알 1일(1797년 5월 20일) 합동 회의를 열고 원로원 의장에 바르베마르부아를 선출하고, 오백인의회 의장에 쥐라 도 출신인 피슈그뤼를 선출했다. 총재 퇴임의 제비는 르투르뇌르가 뽑았다. 양원은 같은 날 총재의 후임으로 바젤 조약의 협상 주역이자 악명 높은 군주주의자인 바르텔르미를 임명했다. 그러나 우파는 망설였다. 그들은 명확한 정책 강령을 만들기 위해 클리쉬 클럽에서 회합을 열었지만 아무 소득이 없었다. 즉각적인 왕정복고를 주장하는 '백색 자코뱅파'는 소수에 불과했다. 다수를 점하는 입헌군주주의자들은 폭력의 사용을 거부했다. 역시 왕당파의 성향을 지닌 이른바 '복부파(腹部派)' 집단은 부분적인 개혁을 하면서 때를 기다렸다. '백색 자코뱅파'로부터 쿠데타를 추진하리라는 기대를 받았던 피슈그뤼는 결단을 내릴 능력이 없음이 드러났다.

망명자의 친척과 성직자들에게 유리한 반동적인 조치가 취해졌다. 혁명력 4년 브뤼메르 3일 법의 여러 조항이 철회되어 망명자의 친척도 공직에 취임할 수 있게 되었으며, 성직자들에 대한 1792년과 1793년의 탄압 조치도 프뤽티도르 7일(1797년 8월 24일)의 법으로 폐기되었다. 그러나 여전히 성직자들에게는 법에 복종하겠다는 선서가 요구되었고, 망명자를 겨냥한 입법의 근간도 여전히 유효했으며, 사면받은 옛 공포정치가들에게 다시 공직 취임이 허용되었다. 지방에 따라 반동이 격렬하게 나타나기도 했다. 각지에 '박애원'의 지부들이 세워졌고, 망명자들이 돌아왔으며, 추방된 성직자들이 자유롭게 돌아다녔고, 국유 재산의 취득자들이 공격을 받았다. 프로방스에서는 또 폭력 사태가 발생하여 총재정부가 군대를 파견해야 했다. 공화주의자들이 '입헌 클럽'을 결성하여 반동의 물결에 저항하려고 했지만, 자코뱅파의 영향력이 커지는 것을 두려워한 총재정부는 테르미도르 5일(1797년 7월 23일)에 '입헌 클럽'의 폐쇄를 규정하여 양원이 통과시킨 법을 받아들였다. 총재정부의 이러한 소극적인 태도에 힘을 얻은 우파는, 총재정부로부터 모든 재정적 권한을 박탈하여 정부를 무력화하려고 했다. 그러나 오백인의회가 프레리알 30일(1797년 6월 18일)에 오래전부터 반혁명적이라는 평판을 받아 온 재무부에게 재정적 권한을 일임하려고 했지만, 원로원은 이를 거부했다.

바라스가 관망하는 자세를 버리고 카르노 및 바르텔르미에 맞서는 뢰벨과 라레벨리에르를 지지하자, 총재단과 양원의 갈등은 결정적인 국면에 돌입했다. 바라스의 태도 변화는 카르노가 우파의 비위를 맞추려고 장관들의 경질을 요구했을 때 명확하게 드러났다. 메시도르 26일(1797년 7월 14일), 왕당파가 증오하는 메를랭과 라멜이 유임되었고 스탈 부인이 바라스에게 천거한 탈레랑이 외무장관에, 오슈가 육군장관에 임명되었다. 오슈가 선택되었다는 것은 그가 지휘하는 상브르에뫼즈군이 열흘 전부터 파리를 향해 행군 중이었다는 점에서 특기할 만했다.

2. 혁명력 5년 프뤽티도르 18일(1797년 9월 4일)의 쿠데타

혁명력 5년 제르미날의 선거가 촉발한 총재정부와 양원의 위기는, 이 문제에 대한 어떤 헌법상의 절차가 전혀 없는 상황에서 오직 다음 두 가지 방법을 통해서만 해결될 수 있었다. 혁명력 2년 당시처럼 민중에게 호소하든가, 아니면 방데미에르 13일의 반란이 일어났을 때처럼 군대에 의지하는 것이었다. 라레벨리에르가 일찍부터 단호하게 반대했던 첫 번째 해결 방법은 사실상 명사들의 체제가 지닌 성격 그 자체 때문에 불가능했다. 따라서 군대에 의한 해결 방법만이 가능했다. 의중을 타진받은 보나파르트와 오슈가 제안을 수락했다. 보나파르트는 메시도르에 왕당파의 첩자인 당트레그(Louis Alexandre de Launay, comte d'Antraigues)의 서류 뭉치 가운데서 발견된 문서를 통하여 피슈그뤼의 반역을 입증했다. 메시도르 13일(1797년 7월 1일), 오슈는 휘하의 군대에게 파리로 행군하라고 명령했다. 이처럼 총재정부는 장군들, 특히 보나파르트에게 좌우되었다. 그러나 보나파르트가 양원에 맞서 정부를 지지했던 것은 오직 자신의 레오벤 가강화조약과 이탈리아 정책을 비준받기 위해서였다.

양원은 메시도르 28일(1797년 7월 16일)에 개각(改閣) 소식과 군대의 주둔이 금지된 파리 주변의 '입헌 구역'에 군부대가 출현한 사실을 접하자 위험이 임박했음을 깨달았다. 양원에서는 이른바 '삼두파'인 바라스, 라레벨리에르, 뢰벨을 탄핵하자는 의견이 제기되었다. 그러나 피슈그뤼의 반역 소식을 들은 카르노는 왕정복고를 지지하지 않았다. 양원이 테르미도르 25일(1797년 8월 12일)에 국민방위대의 정예 중대 편성을 허가하여 부유한 구역의 부르주아지를 무장시키고 있을 때, 총재정부는 사전 공작을 진행했다. 보나파르트는 샤를 피에르 프랑수아 오주로(Charles Pierre François Augereau)를 파견하여 지휘를 맡겼으며, 이러저러한 구실로 여러 분견대가 파리에 입성했다. 프뤽티도르 10일(8월 27일)에 라레벨리에르는 "총재정부는 공화국의 적들과는 협상하지 않을 것"이라고 치살피나 공화국의 특사들에게 선언했다. 우파가 무력에 호소하려는 결심을 할 즈음, '삼두파'가 선수를 쳤다.

혁명력 5년 프뤽티도르 18일(1797년 9월 4일) 아침, 파리는 군대에 점령당했다. 피슈그뤼와 10여 명의 의원들이 바르텔르미와 함께 체포되어 성당기사단 본부 건물에 감금되었다. 카르노는 달아났다. 어떠한 저항도 없었고, 왕정복고나 1793년 헌법의 부활을 선동하는 자들은 즉석에서 총살한다는 내용의 포고문이 나붙었다. 심야에 모인 양원은 다음 날인 프뤽티도르 19일(9월 5일)에 '삼두파'가 제안한 비상조치를 통과시켰다. 49개 도의 선거가 무효화되었고, 177명의 의원들이 후임자도 정해지지 않은 채 의원직을 박탈당했으며, 카르노, 바르텔르미, 피슈그뤼가 포함된 65명이 '무혈의 단두대'라고 불린 기아나 유형에 처해졌다. 뒤퐁 드 느무르와 같은 일부 의원들은 사직했다. 이렇게 하여 양원에서 다수파의 세력 판도가 완전히 뒤바뀌었다.

망명자와 성직자들을 겨냥한 탄압 조치들이 다시 살아났다. 프랑스로 돌아왔던 망명자들은 사형 위협 속에 14일 이내에 다시 떠나라는 명령을 받았으며, 그들의 친척은 다시 공직에서 배제되었고, 심지어는 투표권도 박탈당했다. 유형에서 돌아온 성직자들은 기아나로 유형을 보내질지도 모른다는 위협 속에 다시 추방되었으며, 모든 성직자들은 왕정 및 1793년의 헌법을 혐오한다고 선서하도록 강요받았다. 반정부적인 언론은 가혹한 대접을 받았으며, 42개의 신문이 폐간되었다. 그 반면에 클럽은 다시 합법화되었다. 총재정부의 권한이 커졌다. 이제 총재정부는 행정과 사법 기관을 숙청할 수 있는 권한과 재량에 의해 계엄령을 선포할 수 있는 권한을 얻게 되었다.

프뤽티도르 18일의 쿠데타는 혁명력 3년의 헌법이 설정한 자유주의 공화정 체제에 호된 타격을 가했다. 우파의 반대는 와해되었지만, 굴욕을 당하여 비위가 뒤틀린 입법부는 복수의 기회를 엿보았다. 쿠데타가 성공했던 것은 오직 장군들과 이들의 군대 덕분이었다. 당시 대륙에 평화가 막 시작되고 있었기 때문에 총재정부는 그들의 힘이 그렇게 위험하지는 않을 것이라고 여겼다. 그러나 이 평화는 자연 국경에 기반을 둔 것이 아니라 이탈리아 원정의 승리자가 확립한 것이었다. 따라서 채워질 줄 모르는 명성에 대한 그의 열망은 더욱 커졌다.

3. 캄포포르미오 조약(1797년 10월 18일)

1797년 4월 18일에 보나파르트가 조인한 레오벤 가강화조약의 가장 두드러진 특징은, 구체제의 외교적 관행으로 복귀했다는 데 있다. 총재정부는 라인 강 좌안 지역을 획득하는 데 롬바르디아를 협상의 보상물로서 이용하려고 했던 반면에, 보나파르트는 단순히 롬바르디아를 베네치아 공화국의 영토와 맞바꿨다. 이리하여 오스트리아는 아드리아해에 이르는 길을 확보했다. 비록 오스트리아가 프랑스에게 벨기에를 넘겨주기는 했지만, 라인 강 좌안 지역의 운명은 결정되지 않은 상태였다. 이 문제는 프랑스와 신성로마제국이 평화 조약을 체결할 국제 회의에서 토의될 예정이었다. 비록 레오벤 가강화조약 때문에 라인 강 지역에 대한 총재정부의 정책이 희생되었지만, 총재정부는 국내 사태로 말미암아 그 조약을 비준할 수밖에 없었다. 오직 뢰벨만이 비준을 반대했다. 라인 강 좌안에 대한 뢰벨의 자연 국경 정책은 레오벤 가강화 조약의 제물이 되었다.

보나파르트의 이탈리아 정책은 이후에 더욱 확대되었다. 당시 그는 이탈리아를 쥐락펴락했다. 그는 롬바르디아에 발텔리나와 베네치아 본토 및 치스파다나 공화국의 일부를 합쳐 '치살피나 공화국'을 형성하고, 공화국은 헌법을 갖추게 되었다. 제노바에서 이탈리아의 자코뱅파는 옛 공화국을 '리구리아 공화국'으로 변형했다. 1797년 5월 2일 보나파르트는 베네치아 공화국에 선전 포고를 했고, 그달 12일 프랑스군은 베네치아에 입성했다. 우디네에서 오스트리아 정부의 대표와 최종적인 평화를 위한 협상이 시작되었다.

그 무렵 영국도 프랑스와 협상을 재개하기로 결심했다. 영국은 은행과 재정의 심각한 위기를 겪은 직후였다. 아일랜드는 반란을 일으켰으며, 1797년 봄 함상(艦上) 반란이 증가했다. 7월 피트 수상은 릴에서 중단된 외교 협상을 재개하기 위하여 제임스 해리스를 파견했다.

그러나 한동안 릴이나 우디네 어느 쪽에서도 외교적 접촉이 협상에까지 이르지 못했다. 프랑스의 국내 위기가 결말을 보기까지는 모든 것이 불확실했다. 대불동맹 측은 왕당파가 승리하면 더 유리한 조건을 얻어내리라고 기대했다. 그러나 프뤽티도르 18일의 쿠데타가 성공한 이후 뢰벨이 주도하는 총재정부의 대외 정책은 강경해졌다. 릴 회담(1797년 7~9월)은 실패로 끝났다. 총재정부는 프랑스와 동맹국들의 식민지를 회복시킬 것을 요구하면서도 그 대가로 대륙에서 획득한 전리품을 포기할 생각은 전혀 없었다. 영국이 네덜란드로부터 빼앗은 희망봉과 실론을 포기하지 않자, 회담은 끝내 결렬되었다. 우디네에서 보나파르트와 오스트리아 재상 프란츠 폰 투구트(Franz von

Thugut)의 특사인 루드비히 폰 코벤츨(Ludwig von Cobenzl) 사이에 협상이 재개되었다.

캄포포르미오 조약은 1797년 10월 18일에 조인되었다. 그러나 실제 조인 장소는 보나파르트가 머물던 파사리아노였다. 보나파르트는 라인 강 좌안 지대를 양도받고 베네치아 공화국을 회복하라는 총재정부의 훈령을 의도적으로 무시했다. 그 대신에 오스트리아에 베네치아 시와 아디제 강까지 걸치는 베네치아 본토뿐만 아니라 이스트라, 달마티아, 코토르 강 하구 지역을 양도했다. 프랑스는 예전 베네치아 영토 가운데 이오니아 제도(케르키라, 자킨토스, 케팔레니아 등)를 장악했다. 오스트리아는 치살피나 공화국을 '독립 국가'로 인정했고, 벨기에에 대한 모든 요구를 포기했다. 비밀 조항에서 오스트리아는 라인 강 좌안 지역을 네테 강과 합류하는 지점까지, 즉 쾰른 지역을 제외하고 팔츠 백작령 및 트리어와 마인츠의 선제후령 전 지역을 프랑스가 합병하는 것에 '동의했다'. 또한 오스트리아는 라슈타트에서 예정된 프랑스와 신성로마제국의 회담에서 "프랑스 공화국이 바로 이러한 국경을 확보하는 데서 중재 역할을 하겠다."고 약속했다. 총재정부는 실망했지만 조약을 비준했다. 사실상 그것을 어떻게 거부할 수 있었겠는가? 전쟁에 지친 나라에 평화 조약이 체결되었다는 소식이 알려지자 기쁨이 터져 나왔다. 총재정부는 굴복할 수밖에 없었다.

이처럼 혁명 국민은 자신들의 원칙을 부인하고 "인민들의 중개상"으로 전락했다. 프랑스는 프로이센과 맺은 동맹을 포기하고, 오스트리아와 불안정한 협약을 맺었다. 오스트리아는 비록 패했지만 독일과 이탈리아 내에서 잃은 것은 아무것도 없었다. 단지 롬바르디아와 베네치아 영토를 맞바꾼 것뿐이었다. 국민의 전통과 의사와 그렇게도 이질적인 보나파르트의 '이탈리아 체제'가 총재정부의 '라인 체제'를 압도했다.

이미 보나파르트는 새로운 계획에 사로잡혔다. 캄포포르미오에서 진행된 협상 과정에서 그는 오스트리아의 전권 대사인 코벤츨에게 다음과 같이 선언했다. "프랑스 공화국은 지중해를 공화국의 내해(內海)로 여기며, 따라서 그것을 지배하고자 한다." 그와 동시에 그는 총재정부에 몰타를 장악하라고 촉구했다. "이 조그마한 섬은 우리에게 값을 매길 수 없을 정도로 중요하다."

보나파르트의 이탈리아 정책과 지중해 계획에서 전쟁은 잠재적이지만 불가피한 요소였다. 그런데 프뤽티도르 18일 쿠데타에 군대가 개입함으로써 공화국에서 그의 역할은 부쩍 커졌다. 따라서 총재정부의 정책은 점차 장군들이 감행하는 모험의 포로가 되어 갔다.

3장

제2차 총재정부
– 부르주아 공화국의 종언
1797~1799년

프뤽티도르의 쿠데타와 캄포포르미오 조약 체결 이후, 총재정부는 국내 문제에서 권위주의적인 방법에 더욱 광범위하게 의존했다. 그리하여 총재정부는 어느 정도 효율성을 갖추었고 중요한 행정 개혁을 이룩하여 '통령정부(Consulat)'의 효율성을 예비할 수 있었다. 그러나 체제의 사회적 토대가 테르미도르파의 기반처럼 여전히 협소했기 때문에 정치적 안정화는 불가능했다. 대륙의 평화가 계속되는 한, 체제는 그럭저럭 유지될 수 있었다. 그러나 그런 상황에서도 혁명력 3년 헌법의 자유주의적인 작동 원리가 또다시 타격을 입는 대가를 치러야 했다. 제2차 총재정부의 구성과 전쟁의 재개로 최후의 위기가 가까워졌다. 브뤼메르 18일의 쿠데타로 국가 권위의 회복과 명사층 부르주아지의 사회적 우위가 양립할 수 있었다. 그러나 쿠데타를 추진하는 과정에서 명사들은 군대에 호소할 수밖에 없었고, 그리하여 정치 권력을 상실하고 말았다.

탄압과 개혁(1797~1798년)

정부의 조직은 비록 프뤽티도르의 쿠데타 이후 일부 바뀌기는 했지만, 인적·제도적 요인에서 기인하는 불안정성이라는 특징은 여전했다. 정부의 인적 구성에서 부분적인 변화가 있었다. 총재단에는 카르노와 바르텔르미를 대신하여 유능한 행정관에 불과한 프랑수아 드 뇌프샤토와 상대적으로 정치적 영향력이 큰 메를랭 드 두에가 들어갔다. 장관들 가운데서는 라멜만이 유임되었다. 메를랭의 뒤를 이어 법무장관이 된 벨기에인 샤를 조제프 마티외 랑브레히트(Charles Joseph Mathieu Lambrecht)를 제외하고 나머지 후임자들은 평범한 인물들이었다. 사실상 행정부의 행위는 항상 혁명력 3년 헌법의 자유주의적인 조항들에 발이 묶였다. 행정부는 양원과 재무부에 아무런 합법적인 권한이 없었다. 행정부의 권한을 강화해야 한다는 요구가 계속 제기되었다. 하지만 언제나 제자리를 맴돌았다. 헌법 개정의 절차는 매우 복잡했고, 제338조를 따르면 9년이라는 시간이 필요했다. 더욱이 매년 실시되는 선거는 모든 것을 원점으로 되돌려버릴 수 있었다.

1. 비상 체제

프뤽티도르의 쿠데타 이후 실행된 비상 체제는 비록 '총재정부의 공포 정치'라고 불리기는 했지만, 사실상 혁명력 2년 공포 정치의 창백한 그림자에 불과했다. 테르미도르파 부르주아지에게는 공안위원회가 수립했던 것과 같은 경제적 독재는 의제가 될 수 없었으며, 총재정부에게는 혁명정부를 특징짓는 '강제력'이 여전히 부족했다. 대륙에 평화가 확립되고 국내의 반혁명 세력이 비적 떼로 전락했기에 위협이 그리 크지 않은 것은 사실이었다. 이를테면 군사위원회는 퐁생테스프리, 카르팡트라, 몽토방에서 프뤽티도르 18일의 쿠데타에 뒤이은 저항 운동을 끝장냈다. 혁명력 6년 니보즈 30일(1798년 1월 19일)의 법은 두 사람 이상이 공모하여 범죄를 저지른다면 사형에 처한다고 규정했다. 탄압은 공포 정치라기보다는 치안 유지의 성격을 띠었다. 여기에 사용된 방법은 가택 수색, 구류 처분, 서신의 비밀 보장 침해, 많은 일간지에 대한 검열이 아니라 폐간(혁명력 6년 프리메르 16일과 27일, 1797년 12월 6일과 17일)을 통한 언론 자유의 제한, 극장에 대한 감독, 행정 관료의 숙청 등이었다. 망명자와 성직자가 탄압의 주된 표적이었다. 그러나 탄압은 어떤 새로운 입법보다는 오히려 기존의 법을 엄격히 적용함으로써 이루어졌다.

망명자에 대해서는 프뤽티도르 19일의 법으로 효력이 되살아난 기존의 입법 장치를 이용하는 것으로 충분했다. 혁명력 6년에 군사위원회는 160명의 귀환한 망명자를 총살했다. 그들 가운데 일부는 아르데슈 도의 쉬르빌에서처럼 무기를 들고 저항했던 것이 사실이다. 몇몇 정치가는 훨씬 더 나아갔다. 이를테면 시에예스는 모든 귀족을 추방하사고 제안했다. 이 점에서 그는 특권계급을 민주주의만큼이나 악착같이 무너뜨리려고 했던 혁명적 부르주아지의 상징적 인물이다. 시에예스의 제안은 채택되지 않았다. 그러나 그는 혁명력 6년 프리메르 9일(1797년 11월 29일)의 법을 통해 귀족을 외국인의 지위로 강등했다.

이전에 작위를 가졌거나 현재 작위를 갖고 있는 귀족들은 제1차 선거회, 코뮌의회, 선거인회에서 프랑스 시민권을 행사할 수 없으며, 헌법 제10조가 귀화하는 외국인들에게 요구하는 것과 같은 조건과 일정 거주 기간을 충족한 다음에야 공직에 오를 수 있다.

비록 이 법의 시행 세칙은 끝내 마련되지 않았지만, 그 의도는 명백했다.

성직자를 탄압하는 1792년과 1793년의 입법 조치는 계속 유효했다. 그러나 유형에서 귀환한 성직자를 사형에 처한다는 규정은 암묵적으로 이른바 '무혈의 단두대'로 불린 기아나 유형으로 바뀌었다. 그런데도 망명자의 명부에 이름이 오른 일부 성직자는 망명자라는 이유로 총살되었다. 더욱이 총재정부는 설사 법에 어긋나지 않는 경우라도, 프뤽티도르 19일(1797년 9월 5일) 법에 규정된 대로 왕정을 혐오한다고 선서를 하지 않는다면 누구든지 개별적인 명령을 통하여 유형에 처할 수 있는 권한을 지녔다. 1,700~1,800명의 성직자들이 이러한 조치에 희생되었다. 이 가운데 263명은 실제로 기아나 유형에 처해졌고, 1천여 명은 레 섬이나 올레롱 섬에 감금되었다.

프뤽티도르 18일 이후 총재정부의 종교 정책은 철저하게 반교권주의적이었다. 프뤽티도르 19일 법의 제25조는, 공공 예배와 그 감독에 관한 혁명력 4년 방데미에르 7일(1795년 9월 29일)의 법을 엄격하게 적용한다고 규정했다. 따라서 모든 공공 의례와 예배 행위의 외적 표현은 계속 금지되었다. 혁명력 6년 테르미도르 17일(1798년 8월 4일)의 법은 순일(旬日)휴일제를 준수하라고 규정했으며, 프뤽티도르 23일(1798년 9월 9일)의 법은 공무원뿐만 아니라 일반 시민들에게도 "인간 정신의 위대하고 아름다운 관념"이자, 이제 '공화국 연감(年鑑)'으로 명명된 공화력을 사용하라고 강제했다. 혁명력 6년 플뤼비오즈 17일(1798년 2월 5일)의 법령은 "순일휴일제가 잘 지켜지는지, 공화국의 축제가 행해지는지, 그리고 그 축제에서 시민의 이름에 영광이 돌려지는지를 확인하기 위하여" 사립학교, 특히 가톨릭 계통의 학교를 지자체 행정의 감독을 받도록 했다. 인권과 헌법은 "초등 교육의 기초"가 되었다. 국민공회가 제정한 순일제(旬日祭)와 국민 축제는 정기적으로 거행되었다. 어떤 이들은 훨씬 더 나아가 가톨릭에 맞서 진정한 시민 종교를 공화국에 부여하고자 했다. 그러나 총재정부의 다수파는 최고 존재에 대한 숭배를 또다시 실험하는 것은 반대했다. 그렇지만 라레벨리에르는 서적상인 장바티스트 슈맹뒤퐁테(Jean-Baptiste Chemin-Dupontès)가 1797년 1월에 창설한 '신의 숭배자 및 인간의 벗(Adorateurs de Dieu et amis des hommes)'의 예배, 곧 '경신박애교'를 보호했다. 경신박애교는 "지구상의 모든 민족에게 적합한 교리와 도덕"을 제시할 수 있다고 주장했고, "종교를 통하여 모든 사람들을 그들의 가정적 의무와 사회적 의무에 결합시키는 것"을 목표로 삼았다. 그것은 비록 공화주의적인 부르주아지 사이에서는 어느 정도 성공을 거두었지만, 결코 민중계급에는 파고들지 못했다. 심지어 총재정부의 다수파는 라레벨리에르가 광신(狂信)을 부채질한다고 비난했다.

총재정부는 궁극적으로 신자 대중을 성나게 했다. 그러나 총재정부는 체제에 대한 종교적 저항, 특히 왕정을 혐오한다는 선서를 거부한 선서거부파의 저항을 억누를 수 있었다. 비상조치를 통해 총재정부는 한동안 반혁명을 저지할 수 있었다. 지고뱅파가 그러한 상황 때문에 득을 보자, 이제 총재정부는 자코뱅파에게 공격의 화살을 돌렸다.

2. 혁명력 6년 플로레알 22일(1798년 5월 11일)의 쿠데타와 자코뱅파 탄압

프뤽티도르 18일 이후 혁명력 6년의 선거를 준비하는 일은 곧 총재정부의 주요 관심사가 되었다. 추방된 자들과 임기가 만료된 자들(이 가운데 절반이 이른바 '종신의원들'이었다)을 합쳐 새로 뽑힐 의원 수는 473명에 달했다. 따라서 선거는 마치 큰 판돈이 걸린 내기와 같았다. 체제는 혁명력 6년 플뤼비오즈 12일(1798년 1월 31일)의 법을 통해 자구책을 강구했다. 그것은 기존 양원에게 새로운 의원들의 자격을 심사하는 임무, 즉 그들을 숙청할 수 있는 권한을 부여했다. 그런 가운데 체제를 위협하는 것이 왕당파의 반대라기보다는 오히려 좌파의 반대임이 곧 드러났다. 왕당파는 프뤽티도르의 탄압으로 위축되어 조직이 무너졌던 것이다.

'신(新)자코뱅파'의 선전 활동은 프뤽티도르 18일 이후 특히 '입헌 서클'을 통하여 확대되었다. 숙청된 관리들을 대신해서 임명된 수많은 위원들과 행정 관리들은 이제 '입헌 서클'에 우호적인 태도를 지녔다. 위험을 느낀 총재정부는 당시 공포 정치가라고 불리는 신자코뱅파 인사들에 대한 사회적 공포를 이용하여 민주주의를 향한 모든 시도를 사전에 분쇄하려고 했다. 방토즈 9일(1798년 2월 27일) '살름 클럽(club de Salm)'으로 알려진 팔레에갈리테의 입헌 서클에서 콩스탕은 연설을 통해 정부의 입장을 다음 네 가지로 요약했다. "공포 정치에 대한 마땅한 혐오감, 자의적인 권력의 위험성, 왕정주의에 대한 당연한 경멸감, 마지막으로 공화국을 강화할 수 있는 선거에 대비할 필요성." 여기에서 콩스탕이 말하는 공화국은 소유권에 입각한 혁명력 3년의 공화국을 뜻한다. "입법자들이 취하는 모든 조치의 목표는 공화국을 유지하고 공고히 하며 신성한 방책으로 에워싸는 데 있다."

선거에 즈음하여 모든 프랑스인(플뤼비오즈 28일, 1798년 2월 16일)과, 제1차 선거회(방토즈 9일, 2월 27일), 선거인회(제르미날 4일, 3월 24일)에 보낸 교서에서 총재정부는 동일한 논의를 전개했다. 총재정부는 이중의 위험, 곧 "두 부류"의 반대를 비난한 후, '공포 정치도, 반동도 거부한다! 왕정도, 독재도 아니다!'라는 구호를 채택했다. 이처럼 총재정부는 공화주의자들을 분열시키는 치명적인 결과를 가져올지도 모른다는 바라스의 경고를 무시한 채, 자코뱅주의와 과격주의를 구실로 삼아 반대 세력을 제거하고 권위를 강화하고자 했다.

정부는 많은 행정적 규제를 통하여 세심하게 혁명력 6년의 선거를 준비했다. 이 선거의 주된 특징은 선거인회에서 많은 분열이 일어났다는 점이다. 메를랭이 이를 조장했으며, 총재정부는 체제 순응적인 의원을 뽑은 선거인회의 결정을 법적으로 유효하다고 인정했다. 예컨대 오라토리오 수도회 건물에 모인 파리 선거인회에서 좌파가 주도권을 장악하자, 정부는 609명의 선거인 가운데 '이탈파'인 212명으로 또 다른 회의를 구성하여 '박애원'에 자리 잡게 했다. 새로 선출된 의원 가운데 부르주아지를 놀라게 할 만한 인물은 단 한 명도 없었다. 그러나 총재정부는 고분고분한 다수파를 확보하고자 했다. 따라서 양원의 총재정부 지지자들은 이탈파의 선거인회에서 뽑힌 자들에게 힘을 실어주고 이들의 선출을 승인하라고 요구했다. 플로레알 8일(1798년 4월 27일) 클로드 앙브루아즈 레니에(Claude Ambroise Régnier)는 원로원에서 다음과 같이 역설했다. "프랑스 한복판에서 모든 혁명적 공포가 반복되는 것을 보고 두려워하는 프랑스를 안심시키려면, 백색 휘장의 왕당파 못지않게 위험한 붉은 혁명모의 왕당파가 여기에 들어오는 것은 바로 여러분의 시체를 넘은 뒤에만 가능하다는 점을 여러분이 선언히는 것이 중요합니다." 플로레알 18일(5월 7일), 오백인의회에서 셰니에는 "왕당파와 무정부주의파"를 비난했다. 총재정부의 동의 아래 오백인의회의 다수파는 주르당 장군의 항의에도 불구하고 제명해야 할 새 의원들의 명단을 작성했다. 원로원은 이를 묵인했다.

혁명력 6년 플로레알 22일(1798년 5월 11일)의 법은, "두 갈래로 나뉜 음모"를 비난하면서 선거인회에서 아무런 분열이 없었던 8개 도의 선거를 무효화했다. 그 법은 19개 도에서 벌어진 이탈파 선거인회의 선거를 유효화하고, 새로 선출된 60명의 판사나 행정 관리를 해임했다. 전체적으로 106명의 의원들이 '플로레알화(floréalisé)'됐다. 반면에 정부가 내세운 입후보자 191명이 양원에 진출했다. 그 가운데 85명은 총재정부가 지명한 위원과 공무원들이었고, 나머지 106명의 판사와 행정 관리는 형식적으로는 선출되었지만 사실상 많은 수가 정부에 의해 배치된 것이었다. 이렇게 하여 총재정부파는 양원에서 다수를 확보하게 되었다. 그러나 총재정부가 사용한 위선적이고 폭력적인 이러한 방법들은 체제에 대한 신뢰를 더욱 떨어뜨렸다. 플로레알 27일(1798년 5월 16일)에 프랑수아 드 뇌프샤토를 대신하여 장바티스트 트레야르(Jean-Baptiste Treilhard)가 새로운 총재로 임명되었지만, 떨어진 정부의 위신이 회복될 수는 없었다. 새로운 총재는 변호사로서 제헌의회 의원을 역임했고 국민공회 의원으로 있을 때는 국왕의 처형에 찬성한 바 있었다. 그는 이류급의 인물이었고 게다가 정치적으로 무능했다. 하지만 행정부의 권한은 일시적으로나마 강화되었다. 그리하여 정부는 프뤽티도르의 쿠데타 직후 착수한 개혁 작업을 계속해서 추진할 수 있었다.

3. 제2차 총재정부의 개혁

혁명력 6년 플로레알에서 혁명력 7년 제르미날의 선거에 이르기까지, 즉 1798년 봄에서 1799년 봄에 이르는 약 1년간 숙청된 양원에서 더는 반대가 없자 총재정부는 어느 정도 균형과 활력을 회복하였다. 이러한 정치적 분위기에서 프랑스를 경제적·재정적으로 개편하는 작업이 착수되었다. 여기에는 특히 재무장관인 라멜과 내무장관인 프랑수아 드 뇌프샤토의 기여가 중요했다. 영속적인 영향을 끼칠 이 과업은 특히 행정 분야에서 보나파르트의 개혁을 예비했다. 혁명력 6년과 7년의 여러 법들은 통령정부가 확립할 제도의 기초를 닦았다.

정부는 프뤽티도르의 쿠데타 직후부터 재정 회복과 조세 개혁의 문제에 착수했다.

'3분의 2 파산' 또는 '라멜식 청산'이라고 알려진 재정 회복책은 국채장부에 등재되어 있는 부채에 대해서 혁명력 6년 방데미에르 9일(1797년 9월 30일)의 재정법을 통해서 진행되었고, 국가의 다른 부담에 대해서는 프리메르 24일(1797년 12월 14일)의 법을 통하여 이루어졌다. 그리하여 국가 부채의 3분의 1은 국채 장부에 등록되어 '장기 공채로 전환'되었다. 그 연체금은 정화(正貨)가 아니라 '3분의 1 공채 증서'라는 무기명 채권으로 지불되었다. 이것은 세금을 납부할 때나, 당시 정화만이 유효했던 국유 재산의 매각 대금으로 사용될 수 있었다. 장기 공채로 전환된 이러한 3분의 1 공채 증서에는 모든 세금이 면제되었다. '유동화된' 나머지 3분의 2는 재무부가 발행한 무기명 채권으로 상환되었다. 이것은 국유 재산의 잔여 매각 대금을 지불하는 데 사용될 수 있었다. 이렇게 하여 상환한 3분의 2에 대한 이자만큼 1억 6천만 리브르의 예산이 절감되었다. 파산이 상황을 호전시켰다. 통령정부는 이로부터 득을 보자, 심지어 추가로 또 다른 파산 조치를 취하여 과거를 청산했다. 실제로 1801년 3월에 '3분의 2 채권'은 연리 5퍼센트의 연금 증서에 대해 액면 가치의 0.25퍼센트로 교환되었다. 이것은 혁명력 6년 명목 가치의 95퍼센트를 상실했음을 뜻한다.

  세제 개혁은 더 규칙적이고 더 많은 액수의 조세 수입을 가능케 하여 예산의 균형을 회복하는 데 이바지했다.
  직접세의 조세 행정은 개혁되었고, 1789년 이래 받아들여 온 원칙을 포기했다. 제헌의회는 직접세의 명부를 작성하고 그것을 징수하는 일을 선거에 의해 선출된 기관에 전적으로 일임했다. 그러나 혁명력 6년 브뤼메르 22일(1797년 11월 12일)의 법은 도마다 재무장관의 관할 아래 '직접세국'을 설치했다. 이 기구는 조세액을 사정하고 세금을 징수하는 공무원인 총재정부의 위원들로 구성되었다. 이 법은 혁명력 8년에 보나파르트가 행한 직접세 행정의 개혁을 미리 보여주었다.
  조세 체제가 전면적으로 바뀌었다. 혁명력 7년 프리메르 4일(1798년 11월 24일)의 법은 주거의 규모에 따라 액수를 정하는 일종의 종합소득세인 '호창세(戶窓稅)'라는 새로운 직접세를 제정했다. 1798년 가을에 기존의 직접세였던 영업세가 10월에, 토지세가 11월에, 동산세가 12월에 개편되었다. 간접세를 재도입하는 일은 조심스럽게 시작되었다. 원로원은 비록 오백인의회가 받아들인 소금세를 거부하기는 했지만, 수입 담배의 세금을 약간 올리고 '통행세'라 불리는 도로세를 신설하며 공공 역마차의 좌석에 10퍼센트의 세금을 부과하는 데 동의했다. 인지세는 액수를 올리고 부과 대상을 신문과 포스터로 확대하였다. 혁명력 7년 방데미에르 27일(1798년 10월 18일)의 법은 공공 부조의 재원을 확보하기 위하여 파리에 입시세(入市稅)를 재부과했다. 혁명력 7년 프리메르 22일(1798년 12월 12일)의 법은 등록세를 개편했다. 이러한 세제 개혁은 효과적이라는 것이 입증되었다. 그렇기에 이 조세법들의 기본적인 골격이 오늘날까지도 여전히 유효하다.

그러나 재정 적자는 계속되었다. 혁명력 6년의 적자는 2억 5천만 리브르에 달하는 것으로 평가되었고, 라멜은 그것이 혁명력 7년에는 6천6백만 리브르가 될 것이라고 추산했다. 정부는 국유 재산의 매각, 입채, 점령 국가들에 대한 착취(이집트 원정 비용의 일부는 베른의 재정으로부터 나왔다) 같은 통상적인 편법에 의지할 수밖에 없었다. 총재정부는 여전히 금융업자, 조달 상인, 투기업자들에게 좌우되었다. 이들은 어느 때보다도 필요한 존재였다. 부패는 육군장관 셰레르를 중심으로 하여 특히 전쟁과 관련한 부문에서 만연했다. 그 병폐는 뿌리 깊은 것이어서, 심지어 보나파르트의 권위주의 체제조차도 그것을 완전히 일소하지 못했다.

경제적 어려움은 정부의 칭찬받을 만한 이러한 노력의 효과를 반으로 줄였다. 디플레이션으로 신용을 얻기가 힘들었고 물가가 떨어졌으며, 이는 다시 경제 회복을 어렵게 했다. 유통 중인 정화의 양은 여전히 부족했고, 정화를 쌓아 두는 행위는 그것을 더욱 부족하게 했다. 유통 중인 정화의 양이 1789년에 25억 리브르였던 반면, 통령정부 치하의 혁명력 9년에는 아직도 10억 리브르에 불과했다.

따라서 신용은 얻기가 힘들었고, 이자율은 보통 최소 10퍼센트였으며, 단기 대부인 경우 월 이자가 7퍼센트에 달했다. 1796년에 페레고와 자크로즈 레카미에(Jacques-Rose Récamier)에 의해 '당좌 은행(Caisse des comptes courants)'이 설립되었고, 1797년에는 '할인은행(Caisse d'escompte du commerce)'이, 그리고 루앙 같은 지방에는 여러 은행이 설립되기는 했지만 당시의 은행 규모와 조직은 여전히 불충분했다. 사실상 이 은행들의 주된 업무는 주주를 위한 어음 할인이었다.

1796년에서 1798년까지 수확량이 풍부해지자, 디플레이션으로 말미암아 물가가 더욱 하락했다. 농산물 가격은 마찬가지로 풍년이었던 1790년에 비해 4분의 1 내지 3분의 1이 낮은 수준이었다. 빵 가격이 파운드 당 2수로 떨어져, 식량 문제는 심각성이 줄어들고 사회적 화합에 이바지했다. 그러나 농업 생산자인 대지주와 대차지농의 불만은 커져갔다. 이들이 대부분 선거인이었던 만큼, 체제의 인기 또한 영향을 받았다.

늘 그랬듯이 농업 위기의 여파가 산업 부문에까지 미쳤다. 산업 부문은 전쟁의 후유증으로부터 회복하는 데 어려움을 겪었으며, 국경의 확대에도 잘 적응하지 못했다. 릴의 양모 방적업자들이 고용했던 노동자 수는 1788년에 360명이었던 반면에 혁명력 6년에는 60명에 불과했다. 그들은 프랑스가 점령했거나 새로 합병한 지역, 특히 랭부르, 베르비에, 아헨의 모직물과 경쟁하게 되었다고 불평했다. 농산물 가격의 하락은 농촌 대중의 구매력을 약화해 시장 규모가 축소되었다. 신용의 부족은 사업 의욕을 위축시켰다. 마지막으로 도로의 불량한 상태와 치안 불안은 국내 상업에 걸림돌이 되었다.

대외 교역 역시 침체했다. 1797년에 원양 항해용 상선의 총 톤 수는 1789년 수준의 10분의 1에 불과했다. 서인도제도와 교역은 끊겼고, 레반트 지역과의 교역은 이집트 원정으로 중단되었다. 혁명력 8년의 수출고는 합병에도 불구하고 1789년 수준의 약 절반으로 떨어졌다. 영국의 상품이 독일에 침투했던 반면에 프랑스의 산업가들, 특히 면방직업자들은 위성 국가들을 포함하는 광역 시장을 형성하는 데 단호하게 반대했다. 그들은 보호무역주의의 열렬한 지지자로서 자매 공화국들을 식민지에 대한 독점 무역 체제의 일부로 간주하라고 정부에 강력하게 촉구했다. 혁명력 7년 플로레알 9일(1799년 4월 28일)의 관세표는 1791년의 관세표를 답습하면서 그 조건을 훨씬 강화했다. 그리하여 제조품, 사치품, 프랑스가 생산하는 물품에는 수입 관세가, 모든 원료에는 수출 관세가 부과되었다. 이 관세표는 통령정부 관세 정책의 토대가 될 것이었다.

이렇게 순조롭지 못한 상황에서 총재정부의 경제적 업적은 제한적일 수밖에 없었다. 주요한 정책 추진자인 내무장관 프랑수아 드 뇌프샤토의 다양한 활동의 성격은 강제적이라기보다는 오히려 계도적(啓導的)이었다. 그가 비록 신(新)농법의 지지자로서 공동 방목지를 없애고 구획 정리 사업을 벌이고 공동지를 분할해야 한다고 주장하기는 했지만, 많은 회람을 통하여 생산 활동을 장려하는 것으로 그칠 수밖에 없었다. 산업을 장려하기 위하여 그는 1798년 가을에 샹드마르스 광장에서 최초로 전국적인 규모의 산업 박람회를 개최하여 커다란 성공을 거두었다. 그는 체계적인 인구 조사와 농업 통계 조사를 착수하게 했고, 적지 않은 수의 중앙 학교를 신설했으며, 코뮌마다 '극빈자 구호소'를 설치하여 공공 부조를 개편했다. 그러나 그 결과는 미미했다. 산업 생산은 여전히 1789년에 비해 낮은 수준이었으며, 기술의 발전은 모직물 공업이나 철강 공업에서는 정체 상태였고 면 공업 부문에서만 매우 더디게 나타났다. 자본주의적 집중은 여전히 기본적으로 상업적이었다. 부아이에퐁프레드(Boyer-Fonfrède), 리샤르(Richard)와 르누아르(Lenoir), 테르노(Ternaux), 또는 더 나이가 많은 샤프탈(Chaptal), 오베르캄프(Oberkampf)와 같은 대기업주들은 공장제(工場制)보다는 주로 선대제(先貸制)를 통해 생산하고, 그러한 제조업에 덧붙여 상업 및 은행 부문에 광범위하게 관계하던 구식 자본가였다. 프랑스는 여전히 농업 국가였고, 농업 생산이 대부분을 차지했다. 인클로저와 경작의 자유가 공포되었는데도 구식 농법은 여전히 유지되었고, 감자와 사료 작물 같은 새로운 작물의 재배는 더디게 보급되었다.

총재정부 치하의 취약한 경제는 총재정부가 겪은 정치적 어려움을 상당한 정도로 설명해준다. 혁명력 2년 당시처럼 통제 경제를 실시하고 이윤의 획득을 제한하는 것을 바라기는 어려웠기 때문에, 유일한 대안은 피정복 지역에 기대어 체제와 군대를 먹여 살리는 것이었다. 혁명력 7년에 군대가 패배하여 다시 프랑스 영토로 밀리게 되자, 총재정부는 조세 부담을 늘릴 수밖에 없었고, 그만큼 민심은 악화되었다. 다시 한 번 정치 문제가 전면으로 부상했다.

제2차 총재정부와 유럽(1797~1798년)

캄포포르미오 조약 이후 오직 영국만이 여전히 프랑스에 맞섰다. 프랑스가 영국과 전쟁을 계속하려면, 가까스로 이룩한 대륙의 평화를 계속 유지하는 것이 필요했다. 하지만 총재정부는 그러는 대신에 대륙에서 팽창 정책을 취했고, 이는 대외적으로 안정될 모든 기회를 곧 앗아 가버렸다. 더욱이 총재정부는 이집트 원정에 끌려 들어갔고, 전쟁의 무대를 지중해까지 확대했다. 이러한 모험적인 정책으로 국내 개혁의 노력은 결정적으로 위태로워졌다.

1. 영국과의 충돌

총재정부는 혁명력 6년 브뤼메르 5일(1797년 10월 26일) 보나파르트의 지휘를 받는 영국 원정군을 창설하기로 결정했다. 총재정부는 프리메르 1일(11월 21일)에 성명을 발표하여 영국 정부에 대한 프랑스의 불만을 토로하고, 웨스트민스터의 내각이 "유럽의 정부들 가운데 가장 타락하고 부패했다."고 비난했다. 이 성명에서 총재정부는 문제가 되는 것이 경제적 이해관계, 특히 해양 및 식민지와 관련된 이해관계임을 강조했다. "웨스트민스터 내각은 전쟁을 원하는 것이 틀림없다. 왜냐하면 전쟁이 그들을 살찌우기 때문이다." 성명은 영국이 프랑스와 동맹국들의 식민지를 탈취했음을 환기했다. 과들루프는 1794년에 빅토르 위그(Victor Hugues)가 탈환했으나, 프랑스는 마르티니크, 세인트루시아, 토바고를 상실했다. 생도맹그에서 투생 루베르튀르(Toussaint Louverture)가 영국인을 축출했으나, 총재정부의 권위는 순전히 이름뿐이었다. 영국은 여전히 실론과 희망봉을 장악하고 있으면서 에스파냐령 트리니다드와 네덜란드령 기아나를 점령했다. 프랑스의 식민지 교역은 파산했고, 공화국의 해군력이 약해 영국의 봉쇄는 프랑스의 상업 항해를 마비시켰다. 성명은 계속해서 '배신자 알비옹(Albion, 영국의 옛 이름)'이 "자신의 금고에 민중의 땀과 피를 긁어모았고 그들의 희생으로 살쪘다."고 비난했다. 영국에 대한 정치적 불만 역시 적지 않았다. 총재정부는 영국의 금이 대불동맹, 툴롱 사건, 키브롱 사건, 방데 반란 등의 돈줄이었다고 상기시켰다. "영국 원정군이여, 런던에 가서 평화를 강요하자." 브레스트 항구에 약 5만 명의 병력이 집결했다.

하지만 프랑스와 영국의 충돌은 기본적으로 경제적인 속성을 지녔다. 당시까지만 해도 봉쇄는 중상주의적 관점에서 제조업자들의 이익을 보호해주는 것으로 간주됐다. 중요한 것은 봉쇄가 이제 더 엄격하게 시행됐다는 점이다. 비록 국민공회가 1793년 3월 1일에 영국 상품의 수입을 원칙적으로 금지하기는 했지만, 수출도 해야 하고 프랑스 산업에 필요한 원료, 특히 면화를 확보해야 했기 때문에 법을 적용하는 데서는 상당한 정도의 융통성을 발휘해야 했다. 그러나 이제 상품의 수출을 막아 영국을 파산시키고 항복하게 만든다는, 더 호전적인 봉쇄 개념이 뚜렷이 나타났다. 혁명력 5년 브뤼메르 10일(1796년 10월 31일)의 법은 새롭게 수입이 금지된 영국 상품, 특히 직물류와 철물류를 선적한 모든 상선을 나포하라고 명령했다. 그런데 이번에도 정부는 제조업자와 중립국의 이해관계를 고려하지 않을 수 없었다. 그러나 프뤽티도르 18일의 쿠데타 이후 이제 그러한 모든 기회주의는 불식된 듯이 보였다. 혁명력 6년 니보즈 29일(1798년 1월 18일)의 법은 영국의 점검을 받거나 영국 상품을 나르는 모든 중립국 배를 나포하는 것이 정당하다고 선언했다. 사략(私掠) 행위가 크게 늘어났다. 그러나 중립국의 배들은 프랑스의 항구를 피해 갔으며, 프랑스와 미국의 관계는 경직되어 갔다. 심지어 제조품의 수입 금지를 지지하는 산업가들조차 원료 부족에 항의했고, 부유한 소비자들은 식민지산 물품이 사라졌다고 불평했다.

 영국의 저항은 프랑스의 위협에 직면하여 강경해졌다. 침입에 대한 두려움은 민족 의식을 일깨웠다. 피트 정부는 조세 징수를 늘려, 특히 1799년에 200파운드 이상의 소득에 10퍼센트의 '소득세'를 부과하여 추가 재원을 확보했다. 이어서 군사적 노력을 기울였다. 특별 복무 수당을 지급하자 지원 입대자의 수가 증가하기 시작했다. 그러나 당시 영국에서 군대 복무는 의무제가 아니었기 때문에 충분한 병력이 요구되는 대규모 대륙 원정은 전혀 기대할 수 없었다. 영국이 지닌 힘의 토대는 여전히 해군력에 있었다. 이것이 제해권과 식민지 교역에 대한 독점을 보장해주었으며, 영국에 상륙하려는 프랑스의 모든 시도를 실패로 만들었다. 네덜란드 함대를 격파하고, 1797년 2월 14일 사웅 비센테 곶 앞바다에서 에스파냐 함대를 무찌르고, 카디스 항구를 봉쇄한 것도 바로 영국 함대였다. 허레이쇼 넬슨(Horatio Nelson)이 지휘하는 영국 함대는 지중해까지 진출했고, 그리하여 프랑수아 폴 브뤼에스 데갈리에르(François Paul de Brueys d'Aigalliers)의 프랑스 함대는 지중해를 빠져나가 브레스트에 있던 영국 원정군과 합류할 수 없었다.

영국 침공 계획은 방토즈(1798년 2월 말)에 보나파르트의 보고에 따라 포기했다. 그는 동방의 신기루에 사로잡혀 이미 이집트 원정을 준비했고, 총재정부는 서유럽에서 점차 지배력을 확대해 나갔다. 양자의 정책은 각기 다른 방식으로 제2차 대불동맹이 결성되도록 부추겼다.

2. '위대한 국민'과 자매 공화국들

캄포포르미오 조약이 체결된 이후 총재정부의 팽창 정책은 얼마 지나지 않아 열강들, 특히 오스트리아를 놀라게 했다. 이러한 팽창은 이데올로기, 정치, 경제 등 다양한 요인으로 설명할 수 있다. 프뤽티도르 18일의 쿠데타 이후 혁명적 열정이 되살아났으며, 그것은 혁명의 선전 활동에 새로운 자극을 주었다. 특권계급과 전제주의에 예속된 인민들에게 자유를 가져다주는 것이 다시 한 번 문제가 되었다. '위대한 국민'은 자매 공화국들로 둘러싸였다. 자매 공화국은 사실상 프랑스에게 정치적으로 종속되고 경제적으로 착취당하는 위성 국가였다. 영국과의 충돌 역시 팽창 정책을 조장했다. 영국에게서 대륙의 시장을 빼앗고, 항구와 주요 항로를 통제하여 밀수입을 근절해야 한다는 것이었다. 1798년, 프랑스는 밀루즈 자유시(自由市)를 합병하고, 제네바는 새로 설치된 레만 도의 도청 소재지가 되었다.

바타비아 공화국은 프뤽티도르 18일의 쿠데타 이후 헤이그에 파견된 프랑스 대사인 들라크루아, 바타비아 군대의 총사령관인 헤르만 빌럼 다엔델스(Herman Willem Daendels), 점령군 사령관인 바르텔르미카트린 주베르(Barthélemy-Catherine Joubert) 등이 1798년 1월 22일에 일으킨 쿠데타―프뤽티도르의 쿠데타와 같은 종류의 쿠데타―에 의해 재조직되었다. 통일적인 체제가 들어섰으며, 모든 공무원들에게 "총독제, 연방주의, 무정부 상태를 혐오한다."고 선서하도록 요구했다. 그러나 혁명력 6년 플로레알 22일 이후 중앙 집권적인 민주파 인사들은 무정부주의자로 고발당했고, 정부는 숙청되었으며, 명사들이 다시 주도권을 장악했다.

스위스에는 부르주아 엘리트가 지배하는 독립된 주들로 구성된 종전의 '연방'을 대신해서 헬베티아 공화국이 들어섰다. 바젤 출신의 페테르 오크스(Peter Ochs)나 보 주(州) 출신의 프레데릭세자르 드 라아르프(Frédéric-César de La Harpe) 같은 스위스의 애국파 인사들은 과두 체제를 종식하는 동시에 통일적인 공화국을 건설하고자 했다. 보나파르트가 개입한 음모가 있은 후(그는 롬바르디아에 발텔리나를 합병시키고, 치살피나 공화국과 프랑스의 교통로인 발레 지방을 확보하고자 했다), 보 지방이 점령되었다. 1798년 2월 13~14일 밤에 기욤 브륀(Guillaume Brune)이 이끄는 군대가 베른으로 진격하여 금고를 탈취했다. 아라우에서 모인 의회는 총재정부의 헌법을 받아들였다. 그러나 반란을 일으켜 슈비츠, 우리, 운터발덴과 같은 산악 주(州)는 진압해야 했다. 모든 저항을 불식하고자 헬베티아군에 파견된 총재정부의 위원인 라피나(Jean-Jacques Rapinat)는 자신의 재량으로 1798년 6월 16일에 쿠데타를 일으켰다. 오크스와 라아르프는 헬베티아 총재단의 일원이 되었고, 그리하여 민주파가 강화되었다.

치살피나 공화국은 1798년 2월 21일에 동맹 조약과 통상 협정을 강요받았다. 여기에는 여전히 2만 5천 명의 점령군이 현지 비용으로 주둔하고 있었다. 총재정부는 비준을 받기 위해 개입하여 치살피나 공화국의 양원을 숙청해야 했다. 1798년 6월 밀라노에 파견된 전권공사인 트루베(Claude Joseph Trouvé)에게 보낸 훈령을 보면, 총재정부가 자매 공화국에 적용하려는 것이 곧 예속 정책이었음을 명확하게 알 수 있다. 치살피나 공화국은 "프랑스 공화국의 배타적인 이익에 봉사하고 이탈리아 반도 전역에서 프랑스 공화국이 모든 정치적 분쟁의 조정자가 되는 데 이바지해야 할" 뿐이었다. 따라서 "치살피나 공화국은 우리에게 유용할 정도로 충분히 강력하면서도 우리를 해칠 만큼 강력해서는 안 된다." 치살피나 당국은 "무력감과 열등감을" 감내해야 했다. 총재정부는 치살피나 공화국을 주도하는, 이탈리아 통일의 주창자들인 '자코뱅파'를 특히 싫어했다. 총재정부가 원하는 것은 분명히 공화 체제이기는 했지만 분할된 이탈리아였다. 그것이 자신들의 정책에 더 잘 부합하기 때문이었다.

로마 공화국은 이탈리아의 애국파가 1797년 12월 28일에 부추긴 폭동에 이어 생겨났다. 그러나 그것은 애국파의 반대자들에게 유리하게 작용했다. 반대파는 프랑스인들에게 책임이 있다고 공격했고, 심지어 레오나르 뒤포(Léonard Duphot) 장군을 살해하기까지 했다. 이탈리아 원정군의 사령관인 루이알렉상드르 베르티에(Louis-Alexandre Berthier)는 로마로 진격했고, 그곳에서 혁명주의자들은 공화정을 선포했다. 교황은 시에나로 자리를 옮겼다. 도누와 몽주를 포함하는 '민사위원회'가 총재정부의 헌법을 강요했다. 베르티에의 후임으로 마세나가 부임한 후, 로마 공화국은 조달 상인과 장군들의 약탈 대상이 되었다.

피에몬테는 1797년에 감행된 혁명 시도(이것은 무자비하게 진압되었다)와 치살피나 애국파의 음모에도 불구하고 독립을 유지할 수 있었다. 프뤽티도르 18일의 쿠데타 이후 사르데냐 왕은 프랑스와 맺는 동맹 조약을 승인했다. 1798년 6월 27일 총재정부의 특사는 혁명주의자들이 일으킨 폭동을 구실 삼아 사르데냐 왕에게 프랑스 군대의 토리노 주둔을 허용하는 협약을 강요했다.

라인 강 좌안 지역의 운명을 결정하기 위하여 캄포포르미오 조약에서 합의를 본 라슈타트 회의가 마침내 1797년 11월 16일에 열렸다. 이제까지 오스트리아 영토였던 벨기에, 종전의 리에주 주교령, 합병된 네덜란드 영토에서 프랑스의 통치권이 확고하게 자리 잡았다. 합병된 네덜란드 지역은 이미 아홉 개의 도로 분할되어, 프랑스혁명 입법의 적용을 받았다. 라인란트의 점령 지역 역시 이미 네 개의 도로 편성되었다. 오스트리아의 재상 투구트는 프랑스의 팽창을 묵인한 대가로 보상을 기대했다. 프랑스의 특사 트레야르는 쾰른 지역까지 포함하여 라인 강의 좌안 지역 전체를 요구했고, 독일 제국의회는 1798년 3월 9일에 이를 원칙적으로 받아들였다. 오스트리아의 전권대사인 코벤츨은 즉각 보상을 요구했다. 그러나 트레야르는 이를 거부했다. 4월에 삼색기가 게양되어 있는 빈 주재 프랑스 대사관이 폭도들의 공격을 받았다. 양국의 결렬이 임박한 듯 보였다.

플로레알 22일의 조치는 외관상 그러한 인상을 불식시키는 듯 보였다. 총재정부는 이제 좌파를 쫓아냈고, 자매 공화국들에서 '자코뱅파'와 손을 끊었다. 특히 이탈리아에서 총재정부는 자코뱅파를 적으로 만들어, 프랑스의 이익을 조금 더 위태롭게 했다. 그러나 자코뱅파에 대한 반작용만으로는 프랑스와 오스트리아의 화해가 불가능했다. 사실상 총재정부는 오스트리아가 자신의 배타적인 사냥터로 간주해 온 이탈리아에서 보상을 거부함으로써, 이집트 원정으로 공화국에 더 많은 적대 세력이 생겨난 바로 그 순간에 오스트리아를 영국과 점차 가까워지게 만들었다.

3. 이집트 원정(1798년)

우리는 이집트 원정의 기원을 보나파르트의 "동방에 대한 동경"에서 어느 정도 찾을 수 있다. 그가 캄포포르미오 조약에서 프랑스가 이오니아 제도의 영유권을 보유하도록 애쓴 데서 그러한 점이 잘 드러난다. 총재정부는 혁명력 6년의 선거 직전에 수수께끼와 같은 의도와 두려운 야심을 지닌 장군이 무대에서 사라지는 것을 분명히 유감스러워하지 않았다. 그러나 명목상 술탄의 속국인 이집트는 프랑스에게 낯선 대상이 아니었다. 이미 마르세유의 상인들은 이집트와 오랫동안 상업적 관계를 유지해 왔다. 1796년에 카이로 주재 프랑스 영사인 마갈롱(Charles-Claude Magallon)은 이집트 점령이 어려운 일이 아니라는 판단을 내리고 정부에 권고한 바 있었다. 서인도제도를 상실한 것을 이집트로 메우자는 생각이 무르익어 갔다. 이 주제는 탈레랑이 혁명력 5년 메시도르 15일(1797년 7월 3일)에 학사원에서 행한 '현 상황에서 새로운 식민지로부터 얻어낼 수 있는 이점에 관한 시론'이라는 제목의 한 연설에서 구체화되었다. 그러나 이집트 원정이라는 당면 문제에서 탈레랑이 맡았던 역할은 수수께끼로 남아 있다. 영국과의 협정 체결을 지지했던 그가, 이집트 정복이 인도 항로의 안전을 위협하여 이 강대국을 자극하고, 튀르크로 하여금 프랑스에 등을 돌리게 하리라는 점을 몰랐을 리 없다. 어쩌면 탈레랑은 친구인 보나파르트에게 군사적 영광을 얻을 새로운 기회를 제공해주려고 했거나, 아니면 영국 원정군의 위협을 더 먼 곳으로 돌리게 하여, 당시 정부(情婦)인 그란트 부인에게 보낸 편지에서 말한 대로 "자신의 영국인 친구들을 도우려고" 했는지도 모른다.

이미 혁명력 5년 테르미도르 9일(1797년 8월 16일), 보나파르트는 이집트 점령의 유용성을 이야기했다. "영국을 진짜로 무너뜨리려면 우리가 이집트를 반드시 장악해야 한다는 점을 느낄 날이 머지않았다." 혁명력 6년 방토즈 5일(1798년 2월 23일)에 보나파르트는 바라스에게 계획안을 제출했고, 총재정부는 15일(3월 5일)에 그것을 승인했다.

원정 준비는 매우 신속하게, 그리고 극비리에 진행되었다. 두 달 내로 55척의 함대와 280척의 수송 선단이 툴롱에 집결했다. 원정군은 5만 4천 명으로 구성되었고, 이 가운데 전투 병력은 3만 8천 명이었다. 보나파르트는 그와 아울러 다수의 막료와 187명의 학자, 문인, 예술가를 대동했다.

혁명력 6년 플로레알 30일(1798년 5월 19일), 이집트 원정군이 출항했다. 6월 6일, 함대는 몰타 섬에 도달하여 그곳을 쉽게 점령했다. 프랑스군은 넬슨을 피해 알렉산드리아에 이르렀고, 7월 2일 그 도시를 공략해 점령했다. 군대는 곧바로 카이로로 진격했다. 당시 이집트는 명목상으로 튀르크 총독의 지배 아래에 있었으나, 실질적으로는 맘루크(Mameluks)라 불린 이슬람 노예 기병대의 통치를 받았다. 이들은 이집트를 착취했다. 7월 21일, 방진(方陣) 대형을 펼친 프랑스 보병은 피라미드 아래에서 맘루크의 기병을 격퇴했다. 그러나 기병부대를 거느리지 못한 보나파르트는 그들을 추적할 수 없었다. 7월 23일, 보나파르트는 카이로에 입성했다. 그런데 1798년 8월 1일에 넬슨이 이끄는 영국 함대가 아부키르에 정박해 있던 브뤼에스의 프랑스 함대를 급습하여 대파했다. 단지 두 척만이 무사했다. 영국은 단숨에 지중해의 제해권을 장악했고, 보나파르트는 자신의 정복지에 갇혀버렸다.

이집트 원정은 보나파르트의 이탈리아 공격에 못지않게 혁명프랑스의 역사에서 하나의 전환점을 이룬다. 영국과 긴장 상태가 계속되고 대륙의 평화가 불확실한 상황에서 프랑스의 최정예 군대가 원정 때문에 본국을 떠난다는 것은 국민의 이익에 부합하는 것이 아니었다. 이제까지 혁명프랑스는 동방 문제에 무관심했다. 1796년 희망봉을 장악한 이래 스스로 인도 항로의 지배자라고 믿어 왔던 영국은 수에즈 항로의 중요성을 깨달았다. 튀르크에 이어 러시아는 그들 나름대로 놀랐다. 이리하여 이 세 강대국 사이에 동맹이 맺어졌으며, 이는 제2차 대불동맹을 형성하는 데 첫걸음이 되었다.

4. 제2차 대불동맹(1798~1799년)

제2차 대불동맹의 결성(1798년 4~12월)은 총재정부의 팽창 정책에 대한 유럽의 반발에서 비롯했다. 몇 달 동안 영국은 대륙에서 프랑스에 맞서는 새로운 적대 세력을 형성하려고 노력했다. 그러한 세력 없이 영국은 프랑스에 결정적인 타격을 가할 수 있으리라는 희망을 품을 수 없었다. 동방과 이탈리아 문제가 영국에게 그러한 기회를 제공했다.

이집트 사건으로 러시아와 튀르크가 영국과 결합했다. 튀르크는 1798년 9월 9일 프랑스에 선전 포고를 했다. 러시아에서는 반미치광이인 파벨(Pavel) 1세가 예카테리나 2세의 뒤를 이어 즉위했다. 그는 혁명에 강한 혐오감을 지녀 왕위 요구자 루이 18세를 환영했고, 그를 엘가바에 자리 잡게 해주었다. 특히 파벨 1세는 지중해를 향한 팽창 정책을 계속 추진했다. 프랑스와 대립한 덕분에 그는 튀르크와 합의에 이를 수 있었다. 1798년 12월 23일의 조약을 통하여 튀르크는 러시아에게 항구와 해협을 개방했다. 러시아 함대는 지중해로 진출해서 이오니아 제도를 장악했다. 1798년 12월 29일, 영국과 나폴리 왕국, 그리고 러시아 사이에 동맹이 체결되었다. 러시아는 프랑스에 대항하여 이탈리아에 개입했다.

로마 사건은 이탈리아 반도에서 전쟁을 다시 야기했다. 넬슨의 자극에 힘을 얻은 나폴리 왕국의 국왕 페르디난도 4세와 특히 영국의 영향력을 갈망했던 왕비 마리아 카롤리나는 로마 공화국을 공격했다. 1798년 11월 26일, 오스트리아 장군 마크 폰 라이버리히(Mack von Leiberich)의 지휘를 받는 나폴리 군대가 로마를 장악했다. 총재정부는 이에 대한 보복으로 우선 피에몬테를 점령했다. 사르데냐 왕이 오스트리아의 공모자로 간주되었던 것이다. 이어서 장에티엔 샹피오네(Jean-Étienne Championnet)가 공세를 취해 로마를 해방했고 1799년 1월 23일에는 나폴리를 장악했다. 국왕과 왕비는 영국 배를 타고 시칠리아로 피신했다. 남부 이탈리아는 약탈의 대상이 되었다. 점령지를 향후 협상에서 보상물로 이용할 것이라는 총재정부의 훈령을 무시하고 샹피오네는 그곳에 '파르테노페아 공화국'을 세웠다. 프로이센이 중립을 지켰던 반면에, 망설이던 오스트리아는 러시아가 이탈리아에 개입할 채비를 하자 자신들도 개입하기로 결정했다. 오스트리아는 러시아에 영토 통과를 허용했다. 이를 구실로 총재정부는 혁명력 7년 방토즈 22일(1799년 3월 12일)에 오스트리아에게 선전 포고를 했다. 프랑스는 곧 토스카나를 점령했고, 교황 비오 6세를 발랑스로 옮기게 했다.

제2차 대불동맹은 1799년 10월에 스웨덴의 구스타프 3세가 가담하면서 완전한 모습을 갖추었다. 하지만 오스트리아와 영국 사이에는 어떠한 조약도 체결되지 않았다. 열강들은 종래의 경계선 밖으로 프랑스를 몰아내는 데는 의견의 일치를 보았으나, 그 이상의 상호 합의에는 이르지 못했다. 영국과 러시아의 이해관계는 지중해에서, 오스트리아와 러시아의 이해관계는 이탈리아에서 충돌했다. 영국에서는 비록 1799년 7월 12일에 제정된 '결사법'이 동맹 파업을 금지했지만 노동자들의 소요 사태는 계속 확대되었다. 그러나 영국은 매우 어려운 이러한 상황에서도 또다시 대불동맹에 자금을 제공했다. 러시아가 8만 명의 병력을 전선에 투입하자, 수적 우위는 대불동맹에 넘어갔다. 전쟁은 점차 확대되어 1799년 봄에는 유럽 전역으로 번졌다.

1799년 4월 28일에 라슈타트에서 벌어진 잔학 행위로, 재개된 전쟁이 지닌 무자비한 성격, 즉 특권계급의 유럽과 혁명적 국민의 대립이라는 특징이 두드러졌다. 바로 그날 밤, 회의장을 떠나던 3명의 프랑스 전권 대표단이 오스트리아 경기병들의 칼에 찔려 두 사람이 죽었다. 시에예스의 표현을 따르면, "프랑스인들을 절멸하려는 경종"이 군주제 유럽의 수도들에서 울려 퍼졌다. 총재정부는 어렵지 않게 분노를 일깨웠다. 총재정부는 혁명력 7년 플로레알 17일(1799년 5월 6일) 다음과 같이 선언했다. "우리가 수호해야 할 것은 단지 자유의 대의(大義)만이 아니라, 인간성이라는 대의 그 자체이다."

전쟁은 또다시 혁명적 성격을 띠었다.

최후의 혁명적 위기(1799년)

캄포포르미오 조약에 뒤이은 대륙의 평화는 총재정부에 상당한 정도의 안정성을 부여했다. 그러나 전쟁이 재개되고 1799년 봄의 군사 행동에서 실패하자 체제의 균형에 심각한 문제가 생겼다. 자코뱅파의 압력으로부터 온건한 반동으로 진전되고, 최종적으로 혁명력 8년 브뤼메르에 군사적인 강제력을 발동한 것이 총재정부의 마지막 행적이었다.

1. 혁명력 7년의 군대와 1799년 봄의 전투

혁명력 7년의 군대는 공안위원회의 전쟁 노력이 있기 전인 1793년 당시에 못지않은 커다란 어려움에 직면했다. 그러나 혁명력 7년의 군대는, 비록 사라져 가던 것이기는 하지만 민중적 성격의 일부를 회복했다. 병력 문제를 해결하기 위하여 총재정부는 사실상 국민 총동원령의 원칙으로 되돌아갔다. 혁명력 6년 프뤽티도르 19일(1798년 9월 5일)

의 주르당 법에 따라, 만 20~25세의 모든 남성의 군대 복무가 의무화되어 영속적인 제도가 되었다. '징병제'가 제도화된 것이었다. 그렇지만 병역 의무가 곧 실제적인 군대 복무를 뜻하는 것은 아니었다. 입법부는 상황에 따라 병력을 보충하거나 증강하는 데 필요한 인원만을 소집하는 권한을 지녔다. 이 법은 또한 진급을 민주적으로 규제했다.

프랑스 시민 그 누구도 공병대와 포병대의 일원이거나 전장에서 혁혁한 수훈을 세운 경우를 제외하면, 사병이나 하사관으로 3년을 복무하지 않고서는 장교로 승진할 수 없다.

혁명력 7년 방데미에르 3일(1798년 9월 24일), 20만 명이 징집되었다. 그 뒤에도 메시도르 10일(1799년 6월 28일)의 법에 따라, 주르당 법의 소집 대상 연령층의 5개 동기 장정들이 모두 입대할 때까지 계속해서 여러 번의 징집이 있었다. 혁명력 7년 제르미날 28일(1799년 4월 17일)의 법이 규정한 대리 복무제는 같은 해 메시도르 14일(7월 2일)에 폐지되었다. 징집은 특히 호적 관리의 불량과 입대 기피 때문에 순조롭게 진행되지 못했다. 인원 손실이 막대했다. 방데미에르 3일의 징집 대상인 20만 명 가운데 복무가 가능하다고 판정받은 자는 14만 3천 명에 불과했다. 그 가운데 9만 7천 명이 소집에 응했으며 최종적으로 부대에 배치된 수는 7만 4천 명에 불과했다. 따라서 혁명력 7년의 군대는 혁명력 2년 당시와는 달리 적군에 대해 수적 우위를 확보하지 못했다. 게다가 군대에 장비를 제대로 갖추어주는 일이 불가능했다. 이를 위해 1억 2천5백만 리브르에 달하는 국유 재산을 매각했지만, 때늦은 조치였고 게다가 불충분했다. 따라서 오랫동안 착취당해 온 위성 국가에 주둔한 혁명력 7년의 병사들은 혁명력 3년의 병사들과 마찬가지로 궁핍에 시달렸다. 그러나 1793년에 동원된 후 계속 복무했기에 직업 군인화했던 이른바 '영구 징집병들'과 징병제로 징집된 신병들이 혼합 편성되었기 때문에, 혁명력 7년의 군대는 혁명력 2년의 군대를 특징짓는 민중적 열정의 분위기를 부분적으로 회복했다.

1799년의 전쟁은 주로 유럽 본토에서 벌어져 기본적으로 대륙전(大陸戰)이었다. 영국은 아부키르 해전 이후 제해권을 장악했다. 1798년 8월 앵베르(Jean Joseph Amable Humbert)가 지휘한 아일랜드 원정은 일시적인 시도에 불과했다. 육지에서도 군사 행동이 서서히 시작되었다. 1799년 봄의 작전 계획에 따라 네덜란드, 라인 강, 나폴리를 지키기 위해 비록 병력은 줄었지만 3개 군의 투입이 예정되었다. 주르당이 지휘하는 4만 5천 명의 다뉴브 원정군은 남부 독일을 통해, 셰레르가 지휘하는 4만 5천 명의 이탈리아 원정군은 베네치아와 케른텐을 통해 빈으로 진격할 것이었다. 그 중간에서 마세나 휘하의 헬베티아군이 연락과 통신을 확보하고 티롤을 위협했으며, 필요할 때 어디에나 투입될 수 있는 일종의 예비 부대의 역할을 맡았다. 오스트리아군도 비슷한 작전 대형을 갖추었다. 바이에른에 카를 대공 휘하의 7만 5천 명, 베네치아에 크라이(Paul Kray) 휘하의 6만 명, 티롤에는 2만 명의 오스트리아군이 배치되었다. 총재정부는 보나파르트 휘하의 동방 원정군에게 양동 작전을 기대했다.

독일에서 군사 행동은 불리하게 시작됐다. 주르당은 1799년 3월 25일에 슈토크아흐에서 카를 대공에게 패배하여 자신의 좌익을 엄호하던 장바티스트 베르나도트(Jean-Baptiste Bernadotte) 휘하의 라인군과 더불어 후퇴했다.

이탈리아 있던 셰레르는 베로나에서 아디제 강을 건너려고 시도했으나 실패하여 아다 강까지 후퇴했다. 그는 지휘권을 모로에게 넘겼다. 수보로프 휘하의 러시아군이 전투에 참가한 것은 바로 이때였다.

수보로프가 특히 1799년 4월 27일 카사노에서 아다 강을 건너자, 모로는 밀라노와 롬바르디아에서 후퇴할 수밖에 없었다. 총재정부의 정책에 실망한 이탈리아의 애국파, 즉 '통일 자코뱅파'는 대불동맹 편이 되어 프랑스에 맞서 봉기했다. 알레산드리아에 재집결한 모로의 군대는 제노아로 후퇴했다. 그런 가운데 샹피오네의 뒤를 이어 에티엔 자크 마크도날(Étienne Jacques MacDonald)이 지휘를 맡은 나폴리 원정군은 힘들게 북진하고 있었다. 수보로프는 방향을 돌려 마크도날의 진로를 가로막았다. 마크도날은 트레비아 강변에서 벌어진 3일간(1799년 6월 17~19일)의 치열한 전투 끝에 패배한 후, 제노아로 되돌아갔다.

스위스에서 마세나는 처음에 그라우뷘덴을 점령하고 포어아를베르크로 침입했다. 그러나 독일과 이탈리아에서 패배해 좌우익이 적에게 노출되자 그는 후퇴했다. 마세나는 카를 대공의 공격을 받았으나, 1799년 6월 4일 취리히에서 벌어진 첫 번째 전투에서 승리를 거두었다. 그러나 마세나는 취리히를 포기하고 리마트 강 너머에 보루를 쌓고 방어 태세를 취했다. 한편 클로드 자크 르쿠르브(Claude Jacques Lecourbe)는 생고타르 고개와 로이스 계곡을 따라 철수했다.

공화국의 군대는 모든 전선에서 뒤로 밀렸다. 그러나 자연 국경은 여전히 무사했다. 게다가 대불동맹 내부의 분열 덕분에 총재정부는 얼마간 한숨을 돌릴 수 있었다. 오스트리아 정부는 러시아가 이탈리아에 나타난 것을 못마땅하게 생각했고, 오스트리아 재상 투구트는 이탈리아 반도에서 자유로운 행보를 하기 위해 수보로프를 스위스로 보낼 방안을 궁리했다. 특히 외부로부터 닥친 위협은 국민적 활력을 다시 일깨웠고, 최종적인 혁명 열정을 자극했다.

2. 혁명력 7년 프레리알 30일(1799년 6월 18일)의 쿠데타

심지어 군사적으로 패배하기 전인 혁명력 7년의 선거는 총재정부에게 불리한 분위기에서 진행되었다. 경제적 침체, 조세 부담의 악화, 징집제 실시 때문에 전반적으로 불만의 기류가 뚜렷했다. 1798년 11월에 벨기에의 여러 도에서 반란이 일어났으며, 프랑스 서부 지방에서는 이 지역이 새로운 징집 대상에서 제외됐는데도 올빼미당원들이 다시 활동을 개시했다. 총재정부는 플뤼비오즈 23일(1799년 2월 11일) 자 회람에서 왕정주의와 무정부 상태라는 이중의 위험을 또다시 비난했다. "프랑스인들이여, 그대들은 작당하여 음모를 꾸민 유럽의 열강을 무찔렀다. 이제 그대들에게 남은 유일한 과업은 국내의 적을 쳐부수는 일이다." 프랑수아 드 뇌프샤토는 유산자들에게 궐기할 것을 호소했다. "여러분은 최고 가격제가 다시 나타나는 것을 보기 원합니까?" 물론 그는 방토즈 14일(3월 4일)에 보낸 회람에서 왕정주의의 위협을 비난했다. "시민 여러분, 이제는 증오도 복수도, 특히 반동도 더는 없을 것입니다." 그러나 그는 특히 "1793년의 소름끼치는 체제"가 되살아나는 것에 대한 두려움을 부르주아들에게 일깨우려고 애썼다. "각계각층의 시민 여러분, 여러분은 동일한 이해관계로 결합하여 '프랑스에서 무정부 상태의 종식!'이라고 이구동성으로 외치고 있습니다."

총재정부는 선거에 즈음하여 사르트 도에서 그러했던 것처럼 관리의 해임, 위원들의 파견, '이탈파' 선거인회의 조직 같은 통상적인 압력 수단을 활용했다. 그러나 거센 반대 흐름에 부딪쳐 정부가 내세운 187명의 후보 가운데 121명이나 패배했다. 그렇지만 그 결과로 양원의 다수파가 바뀐 것은 아니었다. 비록 자코뱅 소수파의 의석이 늘어나기는 했지만, 여전히 테르미도르파 부르주아지가 주도권을 장악했다. 바로 이들이 1799년 봄의 군사적 패배로 야기된 위기 국면에서 최종적인 결정권을 행사했다.

제2차 총재정부의 몰락은 전반적인 해체의 분위기에서 벌어졌다. 군대는 모든 전선에서 밀렸으며 극심한 궁핍에 시달렸다. 이탈리아를 상실했고, 왕당파가 다시 무장을 시작했다. 조세 부담의 악화가 유산자들을 자극했다. 정부에 대한 불신이 깊어 가는 가운데, 우연마저도 반대 세력을 도왔다. 총재단에서 가장 정력적인 뢰벨이 플로레알 20일(1799년 5월 9일)에 퇴임의 제비를 뽑았다. 플로레알 27일(5월 16일), 원로원은 그의 후임으로 시에예스를 지명했다. 그러나 널리 알려진 대로 시에예스는 혁명력 3년의 헌법을 반대한 인물이었다. 프레리알 21일(6월 9일)에 공식적으로 업무를 시작한 그는, 사태의 추이를 감지한 바라스의 지원을 받아 양원을 부추겨서 동료 총재들을 공격하게 했다. 양원은 프레리알 28일(6월 16일)에 자신들이 상설 기구임을 선언했다. 그날 저녁 양원은 이미 1년여 전에 트레야르를 총재로 선출한 것을 무효화했다. 입법부를 떠나 총재단에 들어가는 데 1년간의 유예 기간이 필요하다고 규정한 헌법 136조에 어긋난다는 이유에서였다. 다음 날 트레야르의 후임으로 혁명력 2년 당시 법무장관이었던 고이에가 임명되었다. 고이에는 훌륭한 공화주의자였지만 이류급의 인물이었다.

혁명력 7년 프레리알 30일(1799년 6월 18일), 양원은 다시 총재단에 공세를 취했다. 공격을 주도한 인물은 시해파이자 전직 국민공회 의원인 베르트랑 뒤 칼바도스(Bertrand du Calvados)였다. "총재단 여러분은 공공 정신을 파괴하고 자유에 재갈을 물리고 공화파를 탄압하고 모든 붓을 꺾고 진리를 질식시켜 왔습니다." 양원은 혁명력 6년 플로레알에 당한 굴욕에 대해 복수하려는 듯 보였다. 베르트랑은 계속 말했다. "프랑스 인민은 혁명력 6년에 자신들의 신임을 받을 만한 인사들을 공직에 선임했습니다. 그런데 총재단 여러분은 감히 그 선거가 무정부주의적인 음모의 산물이라고 말해 왔습니다. 바로 여러분이 국민 대표제의 원칙을 훼손했습니다." 불레(Antoine Boulay de la Meurthe)가 공격을 계속했다. "프뤽티도르 18일에 독재가 나타나, 이후 입법부는 지속적으로 종속 상태에 있었습니다." 불레는 특히 메를랭을 "편협한 소견, 편협한 열정, 편협한 복수심, 편협한 법령의 소유자"라고 비난했고, 라 레벨리에르는 '광신(狂信)'에 이끌려 "무엇이라고 이름 지을 수 없는 종교를 만들어놓고 그것을 위해 모든 기존의 관념을 희생시키고 양식(良識)에 부합하는 모든 규범을 짓밟아버렸다."고 비난했다.

메를랭과 라레벨리에르는 사퇴의 압력을 받고 동료 총재들이 외면하자, 마침내 굴복했다. 메시도르 1일과 2일(6월 19일과 20일), 두 사람을 대신하여 시해파인 전직 국민공회 의원 로제 뒤코(Roger Ducos)와 당시 파리에 머물고 있던 무명의 장프랑수아 물랭(Jean-François Moulin) 장군이 각각 총재로 선출되었다.

쿠데타라기보다는 차라리 '의회의 봉기'라고 할 수 있는 혁명력 7년 프레리알 30일 사건은, 전해에 '플로레알화'를 당했던 양원이 행정부에게 행한 보복이었다. 오백인의회에서 뤼시앵 보나파르트(Lucien Bonaparte)는 선언했다. "입법부가 마땅히 차지해야 할 국가 내의 으뜸 자리를 되찾았다."

양원의 뜻에 따라 정부에 인사 이동이 단행되어 총재단만이 아니라 내각도 개편되었다. 육군장관에 베르나도트, 법무장관에 캉바세레스, 치안장관에 푸셰, 그리고 재무장관에 공안위원회의 전직 위원이었던 로베르 랭데가 임명되었다. 이러한 임명 조치는 '공공연한' 공화주의자들이 권력에 복귀했다는 점에서 의미심장했다. 대불동맹의 승리로 공화국이 위태로워진 것은 바로 그때였다.

3. 신자코뱅파의 압력과 온건한 반동

혁명적 충동과 국민적 요구가 다시 한 번 결합했다. 프레리알의 승리자들은 비록 이른바 '프뤽티도르파'에 맞서는 데는 하나로 뭉쳤지만,

곧 분열하였다. 두 달간 신자코뱅파는 테르미도르파 부르주아지에 대해 주도권을 장악하여 공안 정책을 강요했다. 이들은 대부분 혁명력 5년의 선거에서 왕당파에게 패배를 맛보고 혁명력 6년 플로레알에 프뤽티도르파에게 쫓겨난 전직 국민공회 의원들이었다. 따라서 그들은 아주 자연스럽게 혁명력 2년의 방법을 다시 채택했다. 조국이 위험에 처해 있다는 사실 덕분에 이러한 방법이 정당화되었다. 테르미도르 14일(1799년 8월 1일) 언론의 자유가 회복되고, 자코뱅파 계열의 언론이 다시 등장했다. 클럽이 문을 다시 열었고 그 수도 크게 늘어났다. 이 가운데 가장 중요한 것이 튈르리 궁 안에 있는 회합 장소의 이름을 따서 마네주(Manège, 기마 훈련장) 클럽이라고 불린 '평등과 자유의 벗 협회'였다. 협회는 메시도르 18일(7월 6일)에 첫 회합을 가졌고, 첫 번째 '사회자'는 바렌의 영웅이요 바뵈프의 친구였던 드루에였다. 많은 의원들이 이 클럽에 드나들었다. 자코뱅 소수파가 불안해하는 양원의 다수파를 이끌었다. 이 다수파는 대외 사태에 대처하기 위한 인력과 재산의 동원을 받아들였다.

징집이 전면적으로 실시되었다. 주르당이 제안한 혁명력 7년 메시도르 10일(1799년 6월 28일)의 법은 소집 대상의 5개 동기 장정들을 모두 동원했다. 메시도르 14일(7월 2일), 대리 복무제가 폐지되었다. "대리 복무를 하게 한 자는 그 대리 복무자가 탈영했거나 퇴역했을 때, 혹은 대리 복무자 자신이 징집 대상이 될 경우 스스로 소집에 응해야 한다."

양원은 징집에 따르는 경비를 충당하기 위하여 '부유한' 시민들에게 1억 리브르의 강제 공채를 발행한다는 제안을 원칙적으로 메시도르 10일에 채택했다. 공채 인수의 조건과 방법은 테르미도르 19일(1799년 8월 6일)에 규정되었다. '동산세(動産稅)' 100프랑 이상, 혹은 '토지세' 300프랑 이상을 납부하는 모든 시민들에게 누진율로 소득세가 부과되었다. 세금이 부과되지 않는 소득과 자본(테르미도르 19일의 법령 제7조에 의하면, 그것은 특히 '사업, 군수품의 조달, 투기'를 통해 획득된 재산을 뜻한다)은, 공채 인수 대상에서 제외된 시민들로 구성되는 심사위원회의 평가를 받아야 했다.

메시도르 24일(7월 12일), '볼모법'이 채택됐다. 오백인의회의 한 의원에 따르면, 이 법의 제정 의도는 "남부 지방과 서부 지방에서 나타나는 비적(匪賊) 행위와 올빼미당의 조짐을 저지하는" 것이었다. 입법부가 "공공연한 시민적 소요 사태"에 접어들었다고 판단한 도에 대해, 그 도의 행정 기관은 망명자의 친척, '작위를 박탈당한' 귀족, "암살자의 회합 또는 그러한 무리에 가담했다고 명백하게 여겨지는" 개인의 친척들을 볼모로 잡아 둘 수 있는 권한을 부여받았다. 왜냐하면 그들은 각기 "도 내부에서 공화국을 향한 증오심에서 비롯된 암살과 비적 행위에 개인적 또는 민사상 책임을 져야 마땅하기" 때문이었다. 공무원, 군인 또는 국유 재산 취득자가 암살당한 경우 총재정부는 4명의 볼모를 유형(流刑)에 처해야 했다. 볼모들은 암살 1건당 5천 프랑의 벌금과 과부에게 줄 6천 프랑 및 자녀 1인당 3천 프랑의 배상금을 민사상 집단적으로 책임져야 했다. 볼모법은 혁명에 불만이 있었던 모든 사람들로부터 저항을 불러일으켰다. 또한 볼모법이 보호하려는 사람들조차 강제 공채 때문에 반대 진영으로 돌아섰다.

자코뱅파에 반대하는 반동의 물결이 곧 나타났다. 이미 바스티유 함락 사건의 10주년 기념일인 메시도르 26일에, 시에예스는 "모든 생각이 뒤죽박죽이어서 공적으로 아무런 책임을 지지 못하는 자들이 고집스레 모든 것을 관장하려고 했던, …… 그 비참한 시절"을 환기하고는 그것을 비난했다. 8월 10일 사건의 7주년 기념일인 테르미도르 23일, 그는 "당연하게도 프랑스인들이 그렇게 혐오하는 이 공포 정치"를 또다시 비난했다. "정신착란적인 선동 행위를 벌여 공공재산의 원천을 고갈시키고 신용을 죽이고 상업을 파괴하고 모든 일을 마비시키는 자들은, …… 결코 공화주의자가 아니다."

징집제에 대한 반응이 전반적으로 좋지 않았던 반면에, 강제 공채는 특히 상층 부르주아지의 불만을 샀다. 상층 부르주아지의 저항은 소극적이었다. 심지어 공채의 인수 방법을 규정하는 법안이 통과되기 이전인 테르미도르 13일(7월 31일), 〈저술가(Le Publiciste)〉지는 다음과 같이 지적했다. "사람들은 자신들의 재산을 자랑하거나 심지어는 부풀려 보이게 했던 예전과는 달리, 오늘날에는 그것을 감추려고 야단이다. 이것이 바로 사치가 사라진 이유이다. 많은 사람들에게, 특히 지주에게는 재산을 감추는 것이 불가피하다. 어떤 사람들은 이 방법을 통해 공포의 대상인 막대한 세금을 피하려고 한다. 심지어 자신의 곤궁이 의심할 여지가 없는 것이라고 입증하기 위하여 파산하는 사람들도 있다."

총재정부에게 '흡혈귀'와 결별하라고 촉구하는 언론의 캠페인이 등장했다. 유산자들의 사회적 공포가 되살아났다. 마네주 클럽의 제안들이 이러한 공포를 자극했다. 바스티유 함락의 10주년 기념일에 주르당 장군은 "창(槍)의 부활을 위해" 건배했다. 메시도르 25일(7월 13일) 자의 〈모니퇴르〉지는 다음과 같이 썼다. "이번 회기에 의회에서 행해진 연설에 놀란 많은 사람들이 '자코뱅파 타도'를 외치면서 의사당에 돌을 던지기 시작했다고 한다."

여기저기에서 난투극이 벌어졌다. 그러나 자코뱅파는 비록 사무원, 수공업자, 소상점주 같은 옛 상퀼로트의 주축 세력으로부터 지지를 받기는 했지만 인민대중을 다시 동원할 수는 없었다. 왜냐하면 인민대중은 구(區)가 폐지된 후 조직이 무너졌으며 오랜 탄압으로 무력해졌기 때문이다. 고립되고 명확한 사회적 강령이 없던 자코뱅파는 행정 기관과 경찰뿐만 아니라, 프뤽티도르의 쿠데타 이후 2만 명의 주둔군으로부터 확고한 지원을 받는 총재정부에 무력할 수밖에 없었다.

마네주 클럽의 폐쇄는 자코뱅파와 총재정부가 결렬되었음을 보여 준다. 테르미도르 8일(7월 26일) 원로원으로부터 "공포 정치의 부활과 모든 추방자 명단의 발굴"을 계획한다고 비난받은 마네주 클럽은, 기마 훈련장을 떠나 바크 가(街)로 자리를 옮길 수밖에 없었다. 테르미도르 11일(7월 29일)에 치안장관에 임명된 푸셰는 '공화국이 전력을 기울여 그것[마네주 클럽]을 나라 밖으로 추방하여, 정치적 회합의 내부 토론을 보호해야 할 필요성에 관하여'라는 보고서를 즉각 양원에 제출했다. 오백인의회는 비록 그 보고서를 인정하지는 않았지만, 테르미도르 26일(8월 13일) 클럽을 폐쇄한 푸셰의 결정에는 아무런 반발이 없었다. 하지만 왕당파의 위협과 군사적 패배 덕분에 자코뱅파는 밀리지 않고 세력을 유지할 수 있었다.

테르미도르 18일(8월 5일), 오트가론 도에서 왕당파의 반란이 일어났다. 한때 툴루즈도 위협을 받았으나 잘 버티었다. 당시 도시 행정은 자코뱅파의 수중에 있었다. 파리에 소식이 알려진 것은 테르미도르 26일(8월 13일)이었다. 양원은 즉각 "망명자, 왕당파의 모병(募兵) 담당 분자, 살육자, 비적들을 색출해 체포하기 위하여" 한 달간 가택 수색을 허용했다. 프뤽티도르 1일(8월 18일) 반란군은 몽트레조에서 패배했다. 그러나 여름에 서부 지방에서 소요 사태가 재발했다.

자코뱅파의 마지막 공세는 군사적으로 패배할 무렵 나타났다. 주베르는 이탈리아에서 테르미도르 28일(1799년 8월 15일)에 패배하여 전사했다. 영국은 네덜란드에서 프뤽티도르 10일(8월 27일) 2만 5천 명의 러시아군을 덴헬더르에 상륙시켰다. 공화국은 1793년과 마찬가지로 국경이 위협받을 듯이 보였다. 주르당 장군은 프뤽티도르 27일(9월 13일) 오백인의회에서 조국이 위험에 처했다고 선언하자고 제안했다. 그는 나라를 휩감고 있는 온갖 종류의 위험을 제시하면서 다음과 같이 지적했다.

이탈리아가 종속 상태에 떨어지고, 북쪽의 야만족이 프랑스의 문턱을 드나들며, 네덜란드가 침입을 당했습니다. 함대는 배반 때문에 적의 수중에 떨어지며, 왕당파의 무리들이 수많은 도에서 온갖 악행을 일삼고 있으며, 공화주의자들이 '공포 정치가' 혹은 '자코뱅파'라는 딱지가 붙여져 추방당하고 있습니다. 여기서 한 걸음 더 후퇴하면 왕정의 종소리가 프랑스 땅 전역에 울려 퍼질 것입니다.

주르당의 제안은 격렬한 논쟁을 불러일으켰다. 뤼시앵 보나파르트는 "혁명적 흐름에 이끌리도록 몸을 내맡기기보다는 총재정부의 입헌적 권력을 증대하는 것이 더" 적절한 방책이라고 주장하면서 주르당의 제안에 반대했다.

이렇듯 뤼시앵 보나파르트는 위험에 대처하기 위하여 혁명력 2년 당시와 같이 민중에게 의지하느냐, 아니면 단순히 행정부의 권한을 강화하느냐 하는 참으로 중요한 문제를 제기했다. 도누의 입장은 명백했다. 그는 "1793년의 체제로 복귀하는 것"을 두려워했다. 주르당의 제안은 다음 날 171대 245로 부결되었다. 혁명력 8년 방데미에르 2일(1799년 9월 24일), 오백인의회는 "공화국의 현재 영토의 통합성을 훼손할 경향이 있는 강화 조건을 제안하거나 받아들이는" 자는 누구든지 사형에 처하자는 지롱드 도 출신 의원인 피에르앙셀름 가로(Pierre-Anselme Garrau)의 제안을 법령화했다. 이것이 자코뱅파의 마지막 승리였다. 이 무렵 대외적 상황은 결정적인 승리 덕분에 호전되었다.

4. 1799년의 여름 전투

전투는 프랑스에게 불리하게 시작되었다. 그러나 대불동맹 열강 내부의 분열 덕분에 프랑스는 급속히 전세를 만회했다.

　이탈리아에 있던 주베르는 피에몬테를 가로질러 오는 샹피오네의 군대가 도착하기를 기다리지도 않고 공세를 취했다. 주베르는 1799년 8월 15일 노비 전투의 초반에 전사했고, 그의 군대는 수보로프 휘하의 러시아군에게 패배했다. 프랑스는 이탈리아를 상실했다. 오스트리아 재상 투구트는 이탈리아를 수중에 넣을 생각이었다. 그는 러시아를 이탈리아 반도에서 몰아내려고 음모를 꾸몄다.

　스위스에서 마세나는 카를 대공의 오스트리아군 및 알렉산드르 코르사코프(Aleksandr Korsakov)의 러시아군과 대치했다. 코르사코프는 취리히와 리마트 전선을 장악했다. 네덜란드에 영국-러시아 연합군이 상륙했다는 소식에 조바심을 느낀 오스트리아 정부는 카를 대공에게 스위스를 떠나 마인츠로 가라고 명령했다. 9월 11일, 수보로프는 카를 대공과 교대하기 위하여 이탈리아를 떠났다. 프랑스군은 러시아의 두 군대가 합류하기 전에 각개 격파했다. 르쿠르브 장군은 생고타르 고개와 로이스 계곡을 장악하여 수보로프를 견제했고, 마세나는 취리히에 고립되어 포위된 코르사코프를 공격하여 라인 강 너머로 후퇴하게 만들었다. 이것이 바로 제2차 취리히 승리이다(1799년 9월 25~27일). 그렇지만 수보로프는 생고타르 고개를 넘어 르쿠르브의 군대를 격퇴했다. 그러나 수보로프는 곧 마세나의 지원을 받는 에두아르 모르티에(Édouard Mortier)의 군대와 맞닥뜨렸다. 후퇴한 수보로프는 린탈 계곡을 장악하고 있던 가브리엘 장 조제프 몰리토르(Gabriel Jean Joseph Molitor) 장군과 맞서게 되었다. 계곡을 돌파할 수 없었던 수보로프는 포어아를베르크로 후퇴했다. 스위스는 다시 프랑스의 손에 떨어졌다. 이에 격노한 파벨 1세는 10월 23일에 군대를 러시아로 소환했다.

　네덜란드에 8월 27일에 상륙한 영국-러시아 연합군은 아무런 승리도 거두지 못했다. 요크 공작은 공세를 취했으나, 1799년 9월 19일 베르겐오프좀에서, 10월 6일 카스트리쿰에서 브륀의 군대에게 패배했다. 10월 18일 요크 공작은 알크마르의 철수 협정에 서명했다.

이처럼 1799년 초가을에 이르러 대불동맹의 공세는 꺾였고, 프랑스의 국경은 그대로 유지되었다. 보나파르트와 그의 이집트 원정군은 이러한 승리에 아무런 역할도 하지 못했다. 오히려 동방에서 수행한 견제 공격은 완전히 실패했다.

이집트 원정의 실패는 아부키르 해전에서 당한 패배에 기인했다. 그 패배 이후 프랑스군은 진퇴양난이었다. 튀르크의 공격을 앞질러 보나파르트는 1799년 2월 시리아로 진격했다. 비록 그는 타보르 산 전투에서 승리하기는 했으나 아코(Acre) 요새 공략에 실패했다. 아코 요새가 바다를 통하여 영국군으로부터 보급을 받았기 때문이다. 보나파르트는 5월 20일 이집트로 후퇴하라고 명령하지 않을 수 없었다. 행군은 고통스러웠다. 그런 가운데 보나파르트는 영국이 로도스 섬으로부터 수송하여 아부키르에 상륙한 튀르크군을 1799년 7월 25일에 같은 장소에서 격퇴했다. 그는 승리자였지만 여전히 자신이 정복한 것에 사로잡힌 포로였다. 게다가 군대는 기후와 계속된 전투로 약화되었다. 승리하기 어렵다고 판단한 보나파르트는 지휘권을 클레베르에게 맡기고 8월 2척의 프리깃함과 함께 비밀리에 이집트를 떠났다. 보나파르트는 영국 순양함대의 감시를 피해 혁명력 8년 방데미에르 17일(1799년 10월 9일)에 프레쥐스에 상륙했다.

일단 대외적인 위협이 사라지자 온건한 반동이 신자코뱅파를 압도했다. 브뤼메르 2일(10월 24일), 원로원은 프랑스 영토의 통합성을 훼손할 제안을 받아들이는 자를 사형에 처한다는 가로의 제안을 부결했다. 더 의미심장한 변화도 있었다. 강제 공채의 원칙 자체가 문제시된 것이다. 브뤼메르 17일, 오백인의회에서 한 무명의 의원은 "누진적이고 자의적인" 이 공채의 발행을 철회하라고 요구했다. 최종적으로 브뤼메

18일의 쿠데타는 유산자들을 안심시켜줄 것이었다.

혁명력 8년 브뤼메르 18일(1799년 11월 9일)의 쿠데타

방데미에르 17일(10월 9일)에 프레쥐스에 상륙했던 보나파르트가 파리에 도착한 것은 그달 24일(10월 16일)이었다. 이 소식은 큰 파문을 불러일으켰다. 〈대외 관계 소식통(Le Messager des relations extérieures)〉지는 방데미에르 23일자에 다음과 같이 썼다. "보나파르트의 프랑스 상륙은 아무도 믿지 않는데도 인구에 자주 회자되곤 하는 사건 가운데 하나이다." 그리고 같은 날 〈모니퇴르〉지는 다음과 같이 썼다. "온 세상이 흥분해 있다. 보나파르트라는 이름에 항상 붙어 다니는 승리가 이번에는 그를 앞질렀으며, 그는 죽어 가는 대불동맹에 최후의 일격을 가하기 위해 때마침 도착했다."

여론은 보나파르트를 캄포포르미오의 평정자로, 따라서 유럽에 다시 평화를 가져다줄 인물로 보았다. 사실상 스위스와 네덜란드에서 거둔 승리 덕분에 침입의 위협은 사라졌다. 군사 행동도 끝났다. 보나파르트가 다음 해 봄까지 주요한 지휘권을 맡을 가능성도 없었다. 평화를 다시 회복한 공적을 총재정부가 독차지하도록 내버려 둘 생각이 없던 보나파르트는, 시에예스를 주축으로 하는 쿠데타 추진 세력에게 접근했다.

1. 사회적 공포와 헌법의 개정

정국의 불안정이라는 총재정부의 고질적인 정치적 문제점과 그 사회적 반향의 문제가 다시 전면으로 부상했다. 비록 위기가 사라지기는 했지만, 모든 것이 미해결 상태였다. 대외 전쟁은 계속되어, 이듬해 봄에 재개될 것이었다. 내전이 다시 시작됐다. 방데미에르 22일(10월 14

일), 올빼미당원들이 르망에 이어서 낭트까지 장악했다. 비록 그들이 즉각 격퇴되긴 했지만, 그 사건으로부터 불안감이 야기되었다는 것은 당시의 정치적 분위기를 잘 말해준다. 혁명력 8년 봄에 또다시 선거가 치러질 예정이었다. 이 선거에서 왕당파가 승리하든지 아니면 자코뱅파가 승리하든지에 관계없이 정부의 안정성이 다시 한 번 도마 위에 오를 전망이었다. 혁명력 3년의 헌법이 논쟁의 핵심이었다. 즉, 재산 제한 선거제라는 토대가 아니라 바로 그 헌법의 자유주의와 권력의 균형, 특히 양원의 정원(定員) 가운데 3분의 1을 매년 새로 뽑는 제도에 초점이 맞춰졌다. 프뤽티도르의 쿠데타 이후 총재정부는 잠재적인 독재를 통해 문제를 해결해 왔다. 매년 실시되는 선거가 모든 것을 불안정하게 만들기 때문에, 이제 목표는 선거 실시 횟수를 가급적 줄이는 데 있었다. 이것이 바로 플로레알 22일부터 도누가 주장해 온 것이었다. 그는 혁명력 3년 헌법을 제정한 이들 가운데 한 사람이었지만, 체제의 불확실성에 지쳐 있었고 왕정복고(復古)와 민주회를 똑같이 싫어했다. 도누 주위에는 동일한 의식을 지닌, '이데올로그(idéologue)'라고 불리는 일군의 사상가들이 결집했다. 그들의 기관지는 〈철학순보(La Décade philosophique)〉였다. 뱅자맹 콩스탕은 혁명력 5년 봄(1797년)에 《정치적 반동》이란 제목의 책을 출판했다. 그는 이 책에서 오직 "정부의 힘과 안정"만이 "시민들에게 신체의 안전과 소유권의 불가침성을 보장한다."고 주장했다. 당연히 스탈 부인도 같은 견해를 지녔다. 마지막으로 철저한 입헌적 정신의 소유자인 시에예스는 헌법의 개정을 주장했다. 국민 주권의 원칙은 여전히 신성불가침이었다. 테르미도르파 부르주아지가 그 원칙을 거부한다는 것은, 곧 자신들의 존재 이유를 부정하고 신권설(神權說) 주창자들의 손아귀에 놀아난다는 것을 뜻했다. 따라서 문제는 어떻게 국민 주권의 원칙과 안정되고 강력한 행정권의 요구를 양립시키느냐 하는 점이었다. 시에예스의 생각은 선거제를 호선제(互選

制)로 바꾸자는 것이었다. 그리고 바로 그것이 혁명력 8년 헌법의 특징이었다. 테르미도르파와 총재정부파는 '3분의 2 법령'과 프뤽티도르 및 플로레알의 숙청을 통하여 이미 호선제를 위선적으로 활용한 바 있었다. 혁명력 8년의 헌법이 여러 가지 점에서 총재정부가 행한 입헌적 관행의 논리적 귀결로 보이는 것은 바로 그 때문이다.

브뤼메르의 쿠데타가 그렇게 쉽게 성공했던 이유는 그것이 지닌 사회적 성격에서 비롯한다. 새로운 사회의 지배적인 요소의 요구에 부합하지 못했더라면 쿠데타는 성공하지 못했을 것이다. 테르미도르파는 보수적인 부르주아지의 사회적 우위와 정치적 권력을 확립했고, 총재정부는 그것을 보존해 왔다. 그러나 혁명력 7년에 들어서 자코뱅파의 압력이 유산자들의 특권을 위협하는 듯 보였다. 사회적 공포가 되살아났다. 이것이 바로 헌법 개정 세력을 묶어준 끈이었다. 혁명에서 비롯된 두 부류의 새로운 사회 범주는 특히 평온함과 사회적 안정을 열망했다.

먼저 지주 농민들은 사회 질서가 비적들에 의해 끊임없이 교란당하는 일 없이 평화롭게 일할 수 있기를 바랐다. 십일조와 봉건적 부과조를 다시 제정하고 국유 재산의 매각을 문제 삼음으로써 소유권의 평화로운 향유를 위협하는 그 어떤 왕정복고의 시도에도 그들은 적대적이었다. 그러나 그들은 민중의 압력 역시 두려워했는데, 그것이 단지 '무정부 상태'를 야기하고 '토지 균분법', 즉 재산 분배의 전조(前兆)가 될 것이기 때문이었다. 따라서 지주 농민들은 이러한 두 가지 위협으로부터 자신들을 안심시켜줄 수 있는 체제를 지지할 채비를 갖추었다.

한편 사업가 부르주아지는 체제의 불안정과 계속되는 전쟁이 자신들의 사업을 확대하는 데 해롭다고 생각했다. 게다가 강제 공채가 야기할 과세의 평등을 그들은 하나의 흉측한 괴물, 더할 나위 없는 일종의 토지 균분법으로 간주하였다. 그들은 자신들의 이익을 보호해주고 자신들의 권리를 언제까지나 보장해주며 경제를 혁신하려는 자신들의 노력을 강력하게 뒷받침할 수 있는 정치 체제를 갈망했다. 사업 부르주아지와 지주 농민층은 이처럼 통령정부와 제1제정의 사회적 토대를 형성할 것이었다. 바로 이들에게서 명사들의 핵심 세력이 배출되었다.

혁명력 3년 헌법의 제13조에 규정되어 있는 헌법 개정 절차는 매우 복잡했다. 헌법을 개정하려면 양원에서 연달아 세 번 표결하고 '개헌의회'의 소집을 요구해야 했으며, 이러한 과정에는 9년이라는 시간이 필요했다. 이것은 사실상 입헌적 절차로는 개헌이 불가능하다는 것을 뜻했다. 그러므로 유일한 대안은 쿠데타였다. 시에예스는 쿠데타에 호소하기로 결심했다. 프뤽티도르 18일의 쿠데타와 마찬가지로 양원의 다수파를 고분고분하게 만들려면 군대를 동원하는 것이 필요했다. 다만 차이가 있다면 다수파가 혁명력 5년에는 왕당파였던 반면에 혁명력 8년에는 공화주의자였다는 점이다. 시에예스는 작전을 지휘할 생각이 있는지 주베르 장군의 의중을 떠보았고, 주베르는 이 제안을 수락했다. 그러나 주베르는 1799년 8월 15일 노비 전투에서 전사했다. 이어서 시에예스는 모로에게 접근했지만, 모로는 망설였다. 바로 그때 보나파르트가 상륙했다. 모로는 시에예스에게 "그가 당신의 사람이다."라고 말했다. 참으로 보나파르트는 그 일을 맡을 적임자로서 모든 조건을 구비했다. 정체를 숨길 수 있는 자코뱅적인 그의 과거, 그의 명성과 야심, 거리낌 없는 태도, 자신의 재량으로 이집트 원정군의 지휘권을 포기함으로써 그가 처하게 된 어정쩡한 입장 등이 바로 그것이었다.

쿠데타의 준비 공작은 신속하게 진행되었다. 탈레랑이 보나파르트와 시에예스 사이에서 중개를 맡았다. 총재들 가운데 바라스는 묵인하면서 방관적인 태도를 취했던 반면에, 로제 뒤코는 그림자처럼 시에예스를 따랐다. 원로원의 의장도 매수되었다. 브뤼메르 1일(1799년 10월 23일) 뤼시앵 보나파르트가 오백인의회 의장으로 선출되었다. 자금은 특히 군수품 조달 상인들이 제공했다. 이들은 브뤼메르 7일(10월 29일)의 법으로 국고에서 납품 대금을 지급받는 데서 우선권을 박탈당하여 신경이 날카로워져 있었다. 음모자들은 일반적 평화의 개념과 개헌의 개념을 솜씨 좋게 결합했다. 더욱이 그들은 양원을 끌어들이고 부르주아지에게 자신들의 의사를 관철하기 위하여 사회적 공포를 이용했다. 스탈 부인이 증언하듯이, 평등주의적 공포 정치라는 유령이 또다시 부르주아들에게 공포심을 불러일으켰다.

준(準)정부 기관지인 〈모니퇴르〉지는 브뤼메르 19일(11월 10일) 자에 다음과 같이 썼다. "우리는 바야흐로 자유도 소유권도, 혹은 그 둘을 보장해줄 헌법도 더는 유지할 수 없는 시기에 다가서고 있다."

이어서 위 신문은 "강제 공채에 관한 약탈적인 법률이 우리의 재정을 무너뜨렸고, 볼모법으로 내전이 발생했으며, 혁명력 8년의 징발령이 소득의 상당 부분을 빼앗아 갔고, 모든 신용이 고갈되었음"을 상기시켰다.

이처럼 혁명력 2년의 유령이 부르주아지를 사로잡았다. 이들은 그 유령을 영원히 떨쳐버릴 생각이었다.

2. 쿠데타

브뤼메르 18일(1799년 11월 9일), 오전 7시에 원로원이 개회했다. 열병(閱兵)을 구실로 군대가 튈르리 궁에 집결했다. 한 무명의 의원이 의사당 검열위원회(commission des inspecteurs de la salle)를 대표하여 발언하는 가운데 막연하나마 음모가 진행되고 있다고 비난하며, "음모자들은 …… 국민대표체의 구성원들에게 비수를 겨누기 위해 신호가 울리기만을 기다리고 있다."고 말했다. 의사당 검열위원회의 역할은 여기에서 결정적이었다. 다음 날 〈모니퇴르〉지는 더 자세한 정보가 있기 때문인지 아니면 창의력이 더 풍부해서인지, 자코뱅파가 "양원을 단원의 국민공회로 전환하고, 자신들에게 불만을 품은 의원들을 제거하며, 정부를 일종의 공안위원회에 맡기려는" 계획을 세웠음을 암시했다.

혁명력 3년 헌법의 제102조에 규정되어 있는 권한에 의해, 원로원은 양원의 의사당을 생클루 성(城)으로 옮기기로 결정했다. "이 결정을 실행에 옮길 책임이" 보나파르트 장군에게 맡겨졌고, 파리 주둔군은 그의 명령 아래 놓였다. 그러나 이 두 번째 조치는 불법이었다. 왜냐하면 그것은 원로원이 아니라 총재정부의 재량권에 속하는 것이었기 때문이다. 이렇듯 모든 권한을 박탈당한 총재정부는(심지어 총재정부의 근위대마저 보나파르트의 지휘를 받게 되었다) 굴복하는 길 이외에 다른 방법이 없었다. 바라스는 사임한 후 파리 근교의 자신의 영지인 그로부아 성에 은거했다. 물랭과 격노했지만 어쩔 수가 없었다. 물랭과 고이에는 모로의 감시를 받다가 사임했다. 〈모니퇴르〉는 브뤼메르 19일 자에서 브뤼메르 18일의 사건이 갖는 의미를 다음과 같이 명확하게 보도했다. "강제 공채에 관한 법과 볼모법이 철회되고 망명자의 명단이 말소된다는 얘기가 사람들 사이에 오고 가고 있다."

브뤼메르 19일(1799년 11월 10일) 오후 1시경 생클루에서 양원이 개회하였다. 보나파르트는 4~5천 명의 군대를 성 주위에 집결했다. 원로원에서 전날 불참했던 의원들은 해명을 요구했고, 음모가 진행되고 있는 것이 아닌가 의심했다. 뤼시앵 보나파르트가 의장으로 있는 오백인의회에서 좌파는, 회의 초반부터 의원들이 개별적으로 연단에서 호명점호를 통하여 헌법에 충성한다는 맹세를 다시 하자고 주장했다. 일이 쉽게 결말을 보지 못할 조짐이 보이자, 보나파르트가 개입했다.

원로원에서 보나파르트는 공화국에 헌신을 맹세하면서, "군사정부를 수립하려" 한다는 항간의 비난을 일축했다. 이어서 그는 "국민공회와 여러 혁명위원회, 그리고 단두대를 되살리려고 하는 자들이 자리를 잡고 있다."는 이유로 오백인의회를 비난했다. 그는 만약의 경우 생길지도 모를 반대파에게 자신의 '용감한' 무장 동지들이 개입할 것이라며, "그들의 총검이 눈앞에 선하다."라고 위협했다. 보나파르트는 헌법이 "세 번씩이나 더럽혀짐으로써" 사실상 그 존재 이유를 상실했기 때문에, "이제 총재정부는 존재하지 않는다."고 주장했다. 마지막으로 그는 다음과 같이 약속했다. "내게 비상 권한을 부여했던 위험이 사라지면, 즉각 나는 그러한 권한을 포기할 것이다."

보나파르트는 척탄병과 여러 장성들을 대동하고 오백인의회의 의사당에 나타났다. 그 순간 의사당에 있던 모든 의원들이 일어섰다. 그는 소환 명령 없이는 의사당에 들어올 수 없기 때문이었다. 몇몇 의원들이 그의 멱살을 잡고 거칠게 다루었다. "그에게 주어진 법의 보호망을 박탈하라! 독재자 타도!"라는 외침이 터져 나왔다. 보나파르트는 척탄병들의 도움으로 밖으로 빠져나왔다. 혼란 속에 토론이 계속되었다. 뤼시앵이 형을 변호하려고 애썼지만 허사였다. 보나파르트의 명령에 따라 척탄병의 무리가 의사당에 난입하여 뤼시앵을 데리고 나왔다. 군대, 특히 양원의 근위대는 망설였다. 뤼시앵은 말에 올라타 군대를 향하여 연설을 했다. 그들의 장군을 살해하려고 시도하며 다수파를 공포의 분위기로 몰아넣는 소수파, 즉 "비수를 품은 위원들"을 비난하는 내용이었다. 마침내 그는 군대를 설득하는 데 성공했다. 병사들이 움직이기 시작했다. 뮈라와 르클레르가 이끄는 종대(縱隊)가 북을 치며 오랑주리에 난입하여 "공화국 만세!"를 외치면서 자리를 뜨는 의원들을 내쫓았다.

그날 저녁 원로원의 다수파와 오백인의회의 소수파가 임시 통령정부를 조직했다. 이들은 총재정부가 막을 내렸다고 결정하고, "끊임없이 과격 행위와 범죄를 범했다는 이유로" 62명의 의원을 국민대표체에서 제명했다. '프랑스 공화국의 통령'인 시에예스, 로제 뒤코, 보나파르트로 구성되는 '통령집행위원회'가 설치되었다. 세 사람에게 총재정부 치하에서 총재가 지녔던 권한이 그대로 부여되었다. 양원은 각기 25명으로 구성되는 두 개의 위원회로 대체되었다. 위원회는 통령들이 제안한 법안을 통과시키고, 헌법의 개정을 준비하는 임무를 맡았다. 새로운 헌법의 목표는, 제12조에 따르면 "프랑스 인민의 주권, 공화국의 단일성과 불가분성, 대의제, 권력의 분립, 자유, 평등, 안전, 소유권의 불가침성을 축성하는 데" 있었다.

회기가 끝날 무렵 원로원은, 국고에서 납품 대금을 지급받을 때 우선권 여부 때문에 조달 상인들을 불안하게 했던 조치를 무효화했다. 세 명의 임시 통령은 서약을 마치고 파리로 되돌아왔다.

〈모니퇴르〉 브뤼메르 24일(1799년 11월 14일) 자가 대서특필했던 대로 당시 파리에 나붙은 한 벽보는 쿠데타 직후에 나타난 부르주아지의 열망을 잘 보여준다.

> 프랑스는 위대하고 영속적인 그 어떤 것을 원한다. 불안정이 프랑스를 몰락시켰기 때문에, 이제 프랑스가 원하는 것은 바로 안정이다. 프랑스는 왕정을 원하지 않는다. 그것은 폐지되었다. 그러나 프랑스는 법을 집행하는 권력의 행위에서 통일성을 원한다. 프랑스는 독립적이고 자유로운 입법부를 원한다. …… 프랑스는 그 대표자들이 난폭한 혁신가가 아니라 평화로운 보존자이기를 바란다. 마지막으로, 프랑스가 10년간에 걸친 희생의 열매를 수확하기를 바란다.

따라서 이것은 혁명의 시대가 결정적으로 막을 내렸다는 것을 뜻한다. 격동의 시기에 뒤이어 안정의 시기가 도래했으며, 유산자들의 사회적 우위가 결정적으로 확립되었다. 바로 이 점에서 브뤼메르의 쿠데타는 테르미도르의 반동 및 '1789년'과 궤를 같이한다. 그러나 비록 부르주아지가 행정부를 강화하고 정부가 하는 행위의 통합성을 재확립하려고 했지만, 그것이—자신들의 이익에 부합하기만 한다면—자유를 포기하겠다는 뜻은 결코 아니었다. 이후의 사건은 부르주아지의 계산이 빗나갔음을 보여준다. 브뤼메르파가 수립하려고 했던 권위주의 체제는 보나파르트의 개인적인 권력을 강화하는 방향으로 급속하게 바뀌었다. 이리하여 명사들의 공화국은 군사 독재로 탈바꿈했다.

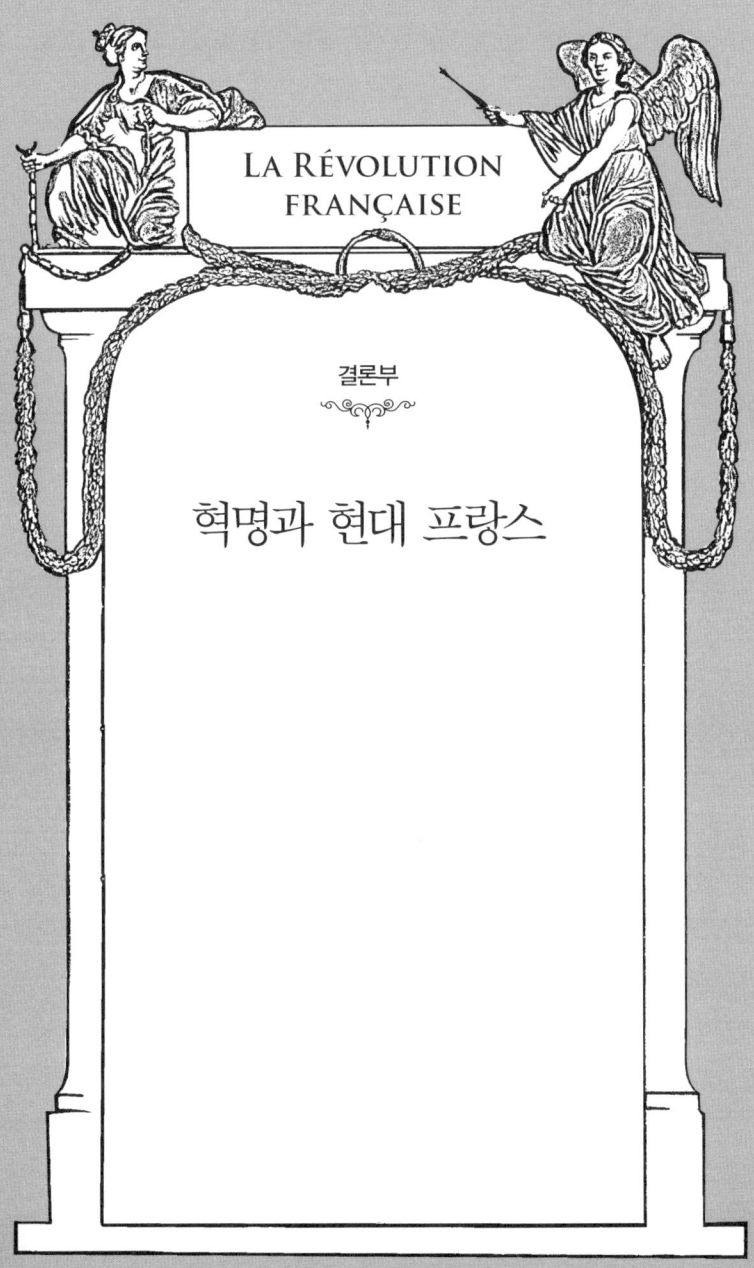

결론부

혁명과 현대 프랑스

브뤼메르의 쿠데타와 더불어, 이제까지 그렇게 끈질기게 추구했으나 항상 무위로 끝났던 결정적인 안정의 시기가 마침내 도래했다. 그러나 이 새로운 현실은 '1789년'의 부르주아지가 바랐던 것과는 여전히 많은 점에서 거리가 멀었다. 사회는 여전히 유동적인 상태였고, 새로운 사회 계서제는 아직 틀을 제대로 갖추지 못했다. 총재정부가 개혁하려는 노력을 했지만 제도는 여전히 종종 비효율적이었고, 행정 개혁은 불완전했다. 게다가 계속되는 전쟁이 모든 것을 위태롭게 할 수 있었다. 그렇지만 새로운 질서의 근간은 이미 확고했다. 1799년 여름에 나타난 최후의 공포에도 불구하고 소유권에 기반을 둔 명사들의 사회적 우위에 더는 아무도 이의 제기를 하지 않았다. 사회적인 측면에서 보면, 혁명은 일찍이 1795년 봄에 파리 상퀼로트의 괴멸과 함께 끝났다. 그러나 사회의 연속성과 제도의 완성이라는 이중의 관점에서 보면, 통령정부 시기는 혁명이라는 드라마에 없어서는 안 될 결말이었다.

혁명의 성과는 비록 미완성이지만 거대했으며, 프랑스와 현대 세계의 운명에 헤아릴 수 없이 많은 영향을 끼쳤다. 물론 부르주아 사회가 유럽과 전 세계에 자신을 인정하게 할 수 있었던 것은 기본적으로 자본주의 경제의 승리에 기인한다. 하지만 이 정복의 양상은 각 국가가 지닌 특수성에 따라 매우 다양했다. 이미 1789년 이전에 영국과 미합중국에서 혁명으로 앵글로 색슨의 부르주아지가 권좌에 올랐다. 이 선례들이 프랑스혁명에 끼친 영향을 우리는 과소평가할 수 없다. 그러나 혁명력 2년에 나타난 계급투쟁의 규모와 평등주의적 시도가 일으킨 충격은 프랑스혁명에 전혀 다른 차원의 중요성을 부여했다.

 프랑스혁명은 봉건적 구조를 파괴하고 경제적 자유를 선언함으로써 자본주의로 향하는 길을 닦았고, 그 발전을 가속화했다. 다른 한편, 특권계급의 저항과 내란, 그리고 대외 전쟁 때문에 혁명적 부르주아지의 구(舊)사회에 대한 파괴 작업은 극단으로까지 치달았다. 민중계급을 끌어들이기 위하여 혁명 부르주아지는 애초에 특권계급에 맞서 제기했을 뿐인 권리의 평등이라는 원칙을 강조하지 않을 수 없었다. 그 결과 프랑스혁명의 성과는 사실상 시기적인 계기에 따라 모순적인 면모들을 드러냈다. 그리고 바로 이 점이 프랑스혁명이 내포한 광채와 의미를 더욱 돋보이게 한다. 부르주아 사회와 부르주아 국가의 기원은 프랑스혁명에 있다. 동시에 바로 이 혁명력 2년의 시기에 민주 국가와 평등 사회의 청사진이 그려졌다. 프랑스혁명은 부르주아적 평등과 국민적 통합을 성취한 혁명인 동시에, 혁명력 2년의 체제를 통하여 이러한 형식적인 평등을 극복하고 그 통합에 사회적 내용을 부여함으로써 진정으로 민중계급을 국민에 통합하려고 했던 혁명이다. 프랑스혁명은 이러한 모순 때문에 실패할 수밖에 없었던 위대한 시도였다. 그러나 그 혁명은 전 세계에 커다란 충격을 주었으며, 그 메아리는 심지어 오늘날까지도 세계 도처에서 울려 퍼지고 있다.

새로운 사회

우리는 프랑스혁명에 관한 결산표를 작성하려고 할 때, 1789~1799년의 시기에 사회적 투쟁들이 지닌 심원한 통일성뿐만 아니라 구사회의 복잡성과 민중 혁명 흐름의 중요성을 고려한다면, 모든 도식화 경향이 얼마나 현실과 배치되는지를 확인하게 된다. 부르주아지가 이끈 혁명은 옛 생산 체제와 이로부터 야기된 사회적 관계를 파괴했고, 이를 통해 구 지배계급인 토지특권계급을 무너뜨렸다. 비록 그들이 정확히 어느 정도로 몰락했는지는 여전히 논란거리지만 말이다. 그러나 그와 동시에 혁명은 여러 이유로 구체제 사회에 통합되어 있던 일부의 부르주아지를 특히 인플레이션을 통하여 몰락시켰다. 다른 한편, 혁명은 경제적 자유를 설정하여 자본주의 경제의 승리를 보장하면서, 비록 정도의 차이는 있지만 전통적인 생산 체제에 결합되어 있던 사회적 범주들의 쇠퇴를 가속화했다. 그렇다고 자본주의가 특히 농업 생산의 영역에서 자본주의를 강요하는 데 아무런 도전을 받지 않은 것은 아니었다.

봉건 특권계급의 몰락

토지 특권계급의 몰락과 이들이 소유한 특권의 폐지는, 혁명적 부르주아지가 농민층과 상퀼로트의 도움을 받아 추구했던 것이다. 이에 대한 특권계급의 저항으로 투쟁의 격렬함이 더욱 증폭되었다.

특권계급의 토지 기반은 봉건적 부과조 및 십일조의 폐지와 국유 재산의 매각에 의해 파괴되었다.

봉건적 부과조는 매우 다양하지만 무시할 수 없는 소득을 제공했으며, 많은 귀족 가문들이 이것으로부터 수입의 상당 부분을 얻어냈다. 농민의 예속 상태에서 생겨난 인신적 부과조는 십일조와 더불어 8월 4일 밤에 폐지되었다. 1790년 3월 15일, 토지에 부과되는 물적 부과조는 처음에는 되사기의 대상이라고 선언되었다. 입법의회는 본원적 증거 문서가 제시되는 경우를 제외하고 1792년 6월 18일에 부정기적인 부과조에 관한 되사기 조항을 폐지했고, 8월 25일에는 모든 부과조에 대한 되사기 조항을 폐지했다. 마침내 국민공회는 1793년 6월 17일 되돌릴 수 없도록 모든 부과조를 폐지했고, 봉건 문서의 소각을 명령했다.

국유 재산의 매각은 특권계급에게 봉건적 부과조 폐지에 못지않은 타격을 입혔다. 교회의 재산, 이른바 '제1국유 재산'은 1789년 11월 2일에 국민의 처분에 맡겨졌다. 이러한 처분의 예외는 1792년 8월 10일 이후 사라졌다. 그리하여 예배 시설(1792년 8월 19일), 몰타 수도회의 재산(1792년 9월 19일), 콜레주들의 재산(1793년 3월 8일), 구호 기관(혁명력 2년 메시도르 24일, 1794년 7월 12일)이 차례로 몰수되었다. 망명자의 재산, 이른바 '제2국유 재산'은 1792년 2월 9일에 국민의 처분에 맡겨졌다. 이 조치는 3월 30일에 법령화되었고, 1792년 7월 17일에 매각이 결정되었다.

귀족의 세습 토지 재산은 이전에 영주들이 독차지했던 공동지가 원상회복되고 새로운 상속법이 제정된 후 더욱 줄어들었다. 1790년 3월 15일 제헌의회는 지난 30년간 공동지에 실시해 왔던 '삼분법'을 취소했으며, 1792년 8월 28일 입법의회는 황무지의 소유권이 코뮌에게 있음을 승인했다. 새로운 상속법은 세습 재산의 세분화를 초래했다. 1790년 3월 15일의 법령은 "장자 상속권과 남자의 특권, …… 그리고 관계인의 자격에 따른 불균등한 분배"를 폐지했다. 1791년 4월 8일의 법령은 '유언 없는' 상속의 경우 재산의 균등 분배를 규정했다. 혁명력 2년 브뤼메르 5일과 니보즈 17일(1793년 10월 26일과 1794년 1월 6일)에 제정된 산악파의 두 가지 법은 균등 분배의 원칙을 재확인했다. 유언자는 직계 상속인이 있는 경우 재산의 10분의 1만을, 방계 상속인만 있을 경우는 재산의 6분의 1만을, 그것도 오직 비상속인만을 위해 유증할 수 있었다. 1793년 6월 4일 국민공회는 사생아에게 부모의 재산 분배에 참여할 수 있도록 허용했으며, 혁명력 2년 브뤼메르 12일(1793년 11월 2일)의 법은 사생아가 적자와 동등한 몫을 받도록 규정했다. 이러한 여러 법은 1789년 7월 14일부터 소급 적용되었다. 그러나 테르미도르파의 국민공회는 소급 조항을 취소했다.

재산뿐만 아니라 사람들도 타격을 받았다. 민중이 행한 학살과 법에 따른 처형은 별개로 하더라도, 하나의 신분으로서 성직자와 귀족이 사라졌다. 프랑스인을 세 신분으로 나누는 구분법은 8월 4일 밤에 폐지되었고, 1789년 11월 7일의 법령이 이를 재확인했다. 귀족과 평민 사이의 모든 차별이 철폐되었으며, 특권층은 일반 시민으로 귀착됐다. 1790년 6월 19일, 제헌의회는 세습 귀족제, 작위, 문장(紋章)을 폐지했다. 봉건제의 폐지, 행정 개혁, 그리고 사법 개혁은 영주로부터 농민들에 대한 모든 특권을 박탈했다. 법률적 관점에서 본다면, 영주는 보통법의 대상으로 떨어졌다. 1789년의 권리선언 제6조는 모든 위계, 공적 지위 및 직무가 모든 시민들에게 개방되어 있다고 선언했다. 이는 1790년 2월 28일의 법에 의하여 군대 계급에까지 확대되었다. 출생은 이제 더는 특권을 수반하지 않는다는 것이었다. 혁명적 위기가 심화되면서, 귀족들은 비록 혁명에 크게 기여하지 않았기 때문이기도 하지만 점차 공직에서 배제되어 갔다. 그렇지만 공안위원회는 민중의 요구에도 불구하고 전면적 조치를 통해 귀족들로부터 공민권을 박탈하는 데는 결코 동의하지 않았다. 테르미도르파에 이어서 총재정부파도 위의 반특권적인 입법을 그대로 유지했다. 이는 테르미도르 반동 이후에도 계급투쟁의 방향이 여전히 변치 않았음을 잘 보여준다. 혁명력 4년 브뤼메르 3일(1795년 10월 25일)의 법은 망명자의 친척들에게 공직 취임을 금지했다. 이 법은 혁명력 5년에 왕당파 다수파에 의해 폐지되었으나, 프뤽티도르 18일의 쿠데타 이후 재수립되었다. 일부에서는 시에예스의 권고에 따라 구체제 때 공직에 있었던 귀족들을 추방하고 나머지 모든 귀족들은 외국인의 지위로 강등할 것을 고려하기까지 했다. 이 가운데 두 번째 제안만이 혁명력 6년 프리메르 9일(1797년 11월 29일)의 법으로 채택되었다. 그것조차도 결코 실시되지는 않았지만, 의도는 분명했다.

　법복 귀족은 특권적 소유권에 가해진 공격을 받은 것뿐만 아니라, 아마도 관직 매매제를 폐지하고 관직의 대금을 공식 가격으로, 그것도 가치가 폭락한 아시냐로 배상한다는 결정 때문에 더욱 몰락했다. 선거제의 원칙에 기반을 둔 행정 및 사법 개혁은 대개의 경우 이 관직 보유자들을 밀어냈고, 이들은 실업 상태로 떨어졌다.

　그러나 우리는 그 특징을 과장해서는 안 된다. 특권계급은 그들의 재산을 전적으로, 그리고 돌이킬 수 없을 정도로 빼앗긴 것은 결코 아니었다. 비록 모든 영주들이 봉건제와 영주적 부과조의 폐지로 손해를 보았지만, 토지를 몰수당한 자들은 단지 망명자들뿐이었다. 많은 귀족들은 혁명 과정에서 큰 손해를 보지 않고 토지 소유권을 그대로 유지할 수 있었다. 물론 그것은 이제 봉건제로부터 벗어나서 부르주아 형태의 소유권이 되었지만 말이다. 게다가 망명자들은 위장 이혼이나 가명을 사용한 되사기 방법을 통해 토지를 보전하거나 되찾을 수 있었다. 이처럼 구 특권계급의 일부는 살아남았다. 그들은 작위를 상실했지만 전통적인 위신을 부분적으로 계속 유지했고, 19세기에 상층 부르주아지와 융합하였다.

경제적 자유와 민중계급의 운명

혁명적 부르주아지는 특권계급을 파괴하는 일 못지않게, 자본주의 사업의 확대와 양립할 수 없는 예전의 생산 및 교환 체제를 파괴하는 데 집요한 노력을 기울였다. 부르주아지가 혁명력 2년에 상퀼로트와 타협하여 공정 가격제와 경제에 대한 규제를 새롭게 정한 것은 사실이다. 그러나 그것은 특권계급에 대한 투쟁이라고 정당화되었던 막간극에 불과했다. 테르미도르 9일의 반동 이후, 민중 운동이 몰락한 폐허 위에 경제적 자유가 의기양양하게 자리를 잡았다. 그 결과는 전통적인 민중계급에게 특히 심각했다.

구체제 때 생계비를 끌어올렸던 간접세의 폐지로 도시 민중계급이 이득을 본 것은 명백하다. 그러나 적어도 풍작 때문에 물가가 떨어졌던 총재정부 말기까지, 먼저 입시세의 재도입과 다음으로 나타난 인플레이션 및 물가 앙등은 그러한 이득의 대부분을 상쇄했다. 수공업 장인층에 대해서 보자면, 비록 1791년 2월 2일의 '알라르드 법'에 의한 동업조합의 폐지는 자신의 점포를 열 능력이 있는 직인에게는 민주적으로 보였겠지만, 그런데도 도장인(都匠人)의 이익을 해쳤다. 비록 임금 노동자

대중의 임금이 상당히 오르기는 했지만, 지속적인 실업 사태, 구호 기관의 와해, 특히 재산 제한 선거제와 르 샤플리에 법에서 드러난 열악한 법적 지위 등으로 말미암아 그들의 생활 여건은 악화되었다.

경제적 자유는 자본주의의 확대를 가능하게 함으로써 생산의 집중을 가속화했다. 이렇듯 사회적 삶의 물질적 조건이 변화함과 동시에 전통적인 민중계급의 구조도 변했다. 물론 우리는 혁명 기간 중에 나타난 자본주의 생산력의 발달 정도를 과장해서는 안 된다. 그것은 사태의 흐름, 특히 전쟁으로 커다란 제약을 받았으며 면방적업과 같은 특정 분야에만 영향을 끼쳤을 따름이다. 그러나 이제 자본주의 경제의 대대적인 발전에 유리한 조건이 성숙했으며, 이는 필연적으로 상퀼로트 대중을 프롤레타리아로 변모시킬 것이었다. 부르주아 혁명은 도시 민중계급을 새로운 형태의 경제 지도자들에 대해 무방비 상태로 만들었다. '결사(結社)'와 동맹 파업을 금지한 1791년 6월 14일의 르 샤플리에 법은 산업자본주의의 발전에 효과적인 수단이었다.

혁명이 가속화한 경제적 변화로 상퀼로트는 해체되었다. 1793~1794년에 민중 운동의 간부진을 형성했던 중소의 생산자 및 상인 가운데 일부는 성공하여 산업자본가로 변신하고 다른 일부는 소장인 및 소상점주로 잔존한 반면에, 대부분은 점차 파산하여 프롤레타리아 층을 부풀릴 것이었다. 소장인과 직인들은 자신들을 기다리는 운명이 어떠한 것인지를 예감했다. 장인층 가운데 산업자본가로 상승한 자들에 비해 얼마나 많은 사람들이 실패했던가! 직인들은 기계의 사용이 실업 사태를 확대한다는 점을 간파했고, 소장인들은 자본주의적 집중으로 작업장이 폐쇄되고 자신들이 임금 노동자로 전락하리라는 것을 깨달았다. 19세기 내내 소장인과 소상점주들은 자신들의 생활 조건에 필사적으로 집착했다. 이 점에서 볼 때 1848년의 6월 봉기로부터 1871년의 파리 코뮌에 이르기까지 엄밀한 의미의 프롤레타리아와 전통적 형태의 민중계급이 각기 차지했던 역할이 어느 정도인지를 알아보는 것은 흥미롭다. 우리는 이로부터 산업자본주의가 발전함에 따라 민중계급이 몰락했다는 것을 판단할 수 있고, 바로 그 몰락이 19세기의 혁명적 시도들의 원인 가운데 하나인 동시에 그 약점 가운데 하나임을 지적할 수 있다.

농민층의 분해

혁명의 농지 개혁이 가져다준 이득의 정도는 농촌의 여러 사회 집단에 따라 달랐다. 이들의 행동을 통일할 수 있었던 주된 요인인 봉건제가 일단 폐지되자, 이들의 이해관계는 나뉘어졌다. 혁명은 토지 소유 농민층을 상당 정도 강화했다. 하지만 소농 혹은 농촌 프롤레타리아가 악착같이 저항했다는 점을 볼 때, 우리는 혁명 당시 그들이 도시 민중계급과는 달리 무방비 상태에 있지 않았다는 점을 알 수 있다. 혁명이 비록 농촌 공동체의 해체를 가속화했지만, 그것을 완전히 파괴할 수는 없었다.

오직 토지 소유 농민만이 십일조 및 봉건적 물적 부과조의 폐지와 조세의 평등으로부터 이득을 보았다. 차지농과 절반 소작인, 그리고 토지가 없는 농민은 단지 농노제 및 인신적 부과조의 폐지에서만 이득을 보았다. 국유 재산의 매각 방법은 기존의 토지 소유자, 즉 자영 농민이나 대경작자, 곧 대경작 지대의 차지농들에게 유리하게 작용하였다. 농촌 주민들에게 가장 우호적이었던 산악파가 입법했던 시기에도 경매에 의한 매각 방식은 유산자 농민층에게 유리했다. 빈농들은 1793년 6월 10일의 법이 규정한 공동지의 분할 덕분에 사적 소유권에 접근할 수 있었고, 이에 따라 농지의 집중에 적극적인 관심을 보이게 되었다. 사실상 연령이나 남녀의 구별 없이 주민의 머릿수에 따라 토지를 분할하는 것은 곧 토지의 세분화를 의미했기 때문에, 대부분의 공동체는 그러한 조치에 반대했다. 왜냐하면 그들에게 그러한 몫은 불충분했으므로 전통적인 공동 방목이 더 유리했기 때문이다. 조르주 르페브르가 지적한 바와 같이, 소농층의 토지 욕구를 만족시키려면 대경작지의 분할과 같은 다른 조치가 필요했다. 그러나 그것은 부르주아 혁명으로 말미암아 가능하지도, "실제로 일어나지도 않았다." 따라서 국유 재산의 대부분을 획득한 것은 바로 유산계급이었다. 노르 도의 예를 보면, 1789년 당시 전체의 20퍼센트에 달했던 교회의 토지 재산은 소멸했고, 귀족의 몫은 전체의 22퍼센트에서 1802년에는 12퍼센트로 떨어졌다. 이러한 변화는 곧 특권계급이 어느 정도로 몰락했는지를 여실히 보여준다. 반면에 같은 도에서 같은 기간 동안에 부르주아지의 소유는 전체의 16퍼센트에서 28퍼센트 이상으로, 농민의 소유는 30퍼센트에서 42퍼센트 이상으로 늘어났다. 당시 노르 도의 농촌 지역에서 두드러지게 나타났던 억제할 수 없는 인구의 압력을 고려하면, 이러한 수치는 특히 주목할 만하다.

주도권을 장악한 소유 개념은 토지 소유 농민층의 소유 개념이었다. 이것은 사실상 부르주아지의 개념과 동일한 것이었다. 농촌 대중은 개인적 소유라는 원칙에 적대적이지 않았으나, 그것을 관습적인 공동체적 개념을 통해 엄격하게 제한하고자 했다. 소농층이 보기에 집단적 권리, 공동 방목권, 벌초권, 이삭줍기의 권리, 삼림에 대한 용익권, 그리고 공동지가 곧 해당 토지의 공동 소유권에 해당하는 것이었다. 제헌의회는 경작과 인클로저의 자유를 선언하고, 이에 관한 모든 규제를 폐지했다. 이러한 조치는 이론적으로 '경작의 강제'와 의무적인 윤작을 폐지한다는 뜻이었다. 인공 목초지는 비록 인클로저가 되지 않았더라도 공동 방목지로부터 제외되었다. 이처럼 혁명은 대토지 소유제 및 경작제를 강화했다. 상업의 자유 또한 최고 가격제가 실시된 짧은 기간을 제외하고 이러한 경향을 조장했다. 혁명이 촌락에 대한 특권계급의 지배를 뿌리째 뽑았다는 점에서 농민들이 항상 혁명에 긍정적이었음은 의심할 여지가 없다. 그러나 겉보기와는 달리 농지 혁명의 결과는 온건했고, 조르주 르페브르의 표현을 따르면 "보수적"이었다. 이후 소수의 강력한 지주 농민층은 새 질서에 결합했고, 부르주아지의 보수적 성향에 가담했다.

빈농층은 비록 자신들의 상황을 거의 개선하지는 못했지만, 그래도 자신들의 전통적인 지위의 근간은 그대로 유지할 수 있었다. 빈농층은 대부분 토지를 획득할 수 없었다. 그러나 혁명적 의회들은 감히 공동 소유제와 공동체적 관습을 폐지하여 농촌 공동체를 돌이킬 수 없을 정도로 파괴하려고 하지는 않았다. 인클로저는 허용되었지만 강요되지는 않았다. 이러한 규제 조치는 19세기 내내 계속되었고 아직도 사라지지 않고 있다. 왜냐하면 여전히 유효한 1892년의 법은 공동 방목지의 폐지 여부를 촌락 공동체의 의사에 맡기고 있기 때문이다. 따라서 혁명이 이 영역에서는 단지 타협을 이루었을 뿐이다. 이것의 의미는 영국 농업과 프랑스 농업의 발전 과정을 비교해보면 명확하게 드러난다. 프랑스에서는 공동체적 관습의 유지 여부가 농민들의 의사에 맡겨졌기 때문에, 소유와 경작의 세분화가 농업의 자본주의적 발전을 상당히 제약했다. 농촌에서 소생산자들의 자율성은 오랫동안 유지되었고, 이는 프랑스 정치사에 일정한 고유한 특징을 부여하였다. 만약 인클로저와 구획 정리가 영국에서처럼 권위주의적으로 실시되었더라면, 산업 부문과 마찬가지로 농업 분야에서도 자본주의가 철저히 승리했을 것이다. 봉건 특권계급이 혁명에 맞서 악착같이 투쟁하자 그들과 부르주아지의 모든 정치적 타협이 오랫동안 불가능했고, 그리하여 부르주아지는 농민층, 심지어 자신들에게 저항할 것 같아 더욱 두려운 빈농층의 비위를 맞추지 않을 수 없었다.

하지만 우리는 여기에서 유보 사항을 지적하지 않을 수 없다. 사실상 그것은 이미 구체제 농민층의 사회 구조에서 감지할 수 있는 것이었다. 농업의 자본주의적 발전에 차지농이 적극적인 요인이었던 대경작 지역에서, 농촌 공동체는 빠르게 해체되어 자신들의 실체를 상실했다. 빈농들은 급속히 프롤레타리아로 전락하여, 근대 농업과 대규모 산업에 필요한 노동력을 제공했다. 소경작 지역에서 이러한 변화는 더디게 진행되었다. 하지만 이런 지역에서도 한편으로 지주 농민층과 다른 한편으로 경작지와 삼림에 대한 자신들의 용익권을 악착같이 옹호했던 빈농층 사이에 존재하던 적대 관계는 농촌 공동체를 내부로부터 무너뜨려 갔다. 이처럼 하나는 낡고 다른 하나는 자본주의적 생산자들의 개인주의가 돋보이는, 새로운 두 가지 형태의 경제가 정면으로 부딪쳤다. 이 충돌은 쉽게 보이지는 않지만 매우 강렬한 것으로서 19세기 내내 전통적인 형태의 농민 소요로 표출될 것이었다. 그 가운데 1848~1851년의 최후의 농민 소요는 이전의 어느 것 못지않게 격렬하고 독특했다.

신구 부르주아지

부르주아지는 혁명을 준비하고 주도했을 뿐만 아니라 혁명의 주된 수혜자이기도 했다. 그러나 수혜의 정도는 부르주아지 내부의 사회 범주들에 따라 다양했다. 부르주아지는 내적 균형이 달라지면서 철저하게 변모했던 듯 보인다. 획득 재산을 지닌 기존의 상층 부르주아지가 점했던 전통적인 우위는, 이제 생산과 교환을 주도하는 사업가와 기업주 부르주아지가 차지했다.

구체제의 부르주아지, 말하자면 예전의 경제 체제와 사회 체제에 통합되어 있던 부르주아지는 크게 볼 때 특권계급과 운명을 같이했다. 영지를 소유하여 각종 토지 수입으로 '귀족처럼' 생활하던 부르주아들은 봉건적 부과조 및 기타 수입을 상실했고, 다른 한편 지대의 절반은 반드시 현물로 납부할 것을 규정한 혁명력 3년 테르미도르 2일(1795년 7월 20일)까지 소작료와 정액 차지료는 가치가 폭락한 아시냐로 지불받았다. '관직 보유자' 부르주아지는 법복 귀족과 마찬가지로 관직 매매제가 폐지되자 몰락했다. 자유 전문직 부르주아지는 변호사 조합 및 1793년 8월 8일 아카데미 및 대학 법인체가 폐지되자 타격을 받았다. 사업가의 대(大)부르주아지는 간접세 징수 청부제의 폐지로 충격을 받았다. 심지어 국민공회는 1793년 8월 24일 주식회사제를 폐지하기까지 했다. 혁명력 2년의 공정 가격제나 경제 규제 조치, 즉 이윤 추구의 자유에 대한 제한뿐만 아니라 증권 거래소 폐쇄 및 할인은행의 소멸로 금융계는 커다란 영향을 받았다. 혁명세의 부과와 강제 공채의 발행은 기존의 획득 재산에 타격을 입혔다. 마지막으로, 혁명이 부르주아지의 일정 부문에 어느 정도 타격을 가했는지 정확히 측정하려면 인플레이션이 초래한 파국적인 결과를 고려해야 한다. 전통적인 부르주아지는 저축한 돈을 상공업에 투자하기보다는 담보 대부나 공채 증서의 형태로 갖고 있었다. 혁명력 3년, 아시냐의 가치 폭락으로 채무자들은 가치가 폭락한 지폐로 이자뿐만 아니라 원금을 갚음으로써 저당 채무로부터 벗어날 수 있었다. 그리하여 혁명력 3년 메시도르 23일(1795년 7월 10일)의 법은 1792년 1월 1일 이전에 생긴 부채의 상환과, 기타 부채의 기일 전 상환을 금지했다. 국민공회 시기에 캉봉이 정비한 종신 연금제와 총재정부 시절에 '라멜식 청산'이라고 불린 '3분의 2 파산'은 또 다른 타격을 입혔다. 이러한 모든 사실은 구체제 부르주아지의 주요한 분파가 왜 반혁명에 가담했는지를 보여주며, 또한 바로 이런 이유로 특권계급과 운명을 같이하게 되었다는 사실도 여실히 설명해준다. 하지만 이들의 재산이 특히 토지 재산의 형태를 띠었고 동산은 여전히 세습 재산 가운데 보잘것없는 수준이었기 때문에, 이 부르주아들은 망명하지 않은 경우 재산의 대부분을 보전할 수 있었고 일단 격동기가 지나가자 수입원을 그대로 회복할 수 있었다. 그러나 토지를 소유함으로써 누려 온 사회적 위신에도 불구하고, 이들의 우위가 이제 더는 명백한 것이 아니었다.

사실상 신(新)부르주아지, 즉 금융과 경제의 지도층이 무대의 전면을 차지했다. 투기, 국유 재산의 매각, 군대의 장비, 무장, 보급, 점령 국가에 대한 착취로 사업가들은 사업을 확대할 수 있는 새로운 기회를 확보했으며, 자본주의적 집중이 촉진되었다. 물론 자본주의의 발전은 느렸으며, 사업의 규모는 종종 여전히 작았고, 상업 자본주의가 더 우세했다. 하지만 파리의 리샤르 르누아르(Richard-Lenoir), 파시의 보앵스(Bauwens), 보르도의 라쇼브티에르(Lachauvetière), 아미앵의 쟈네트(Jeannettes) 같은 공장, 특히 직물업 분야에서 일부 대규모 공장이 나타났다. 또한 '경(卿, Milord)'이란 칭호를 지녔던 도피네 지방의 페리에나 툴루즈의 부아이에 퐁프레드와 같은 대기업가가 출현했다. 그러나 이러한 새로운 형태의 거대한 부의 기원은, 산업 생산보다는 오히려 투기와 군수품 조달에 있었다. 식료품 조달 전문의 랑셰르 회사와 보댕(Bodin) 회사, 피복 제조 전문의 펠리스(Felice) 회사, 수송 전문의 모네롱(Monneron) 회사와 같이 많은 '회사들'은 총재정부의 허약함을 이용하여 국가를 약탈했다. 이렇듯 부르주아지는 이 '벼락부자들'을 흡수하여 새로운 면모를 갖추었다. 금융업자 우브라르는 그러한 벼락부자의 전형적인 예이며, 이들은 흔히 총재정부의 '사교계'에서 유행을 주도했다. 새로운 사회의 진정한 모험가인 이들은 기업 정신과 위험을 즐기는 기질을 통하여 지배계급에 활력을 불어넣었다. 이들은 당당한 부르주아 가문을 형성했으며, 투기 행위를 포기하고 자본을 생산 활동에 투자함에 따라 바로 이들로부터 산업자본주의의 건설자들이 배출되었다.

부르주아 계서제의 하층에서 많은 상인들과, 정도는 약하지만 장인들이 그러한 상황을 이용하여 사업 규모를 확대하고 재산을 불림으로써, 민중의 대오에서 벗어나 부르주아지로 상승할 수 있었다. 이 경우에도 역시 투기가 종종 사회적 신분 상승의 주된 요인이었다. 새로운 지배계급은 바로 이러한 중간층으로부터 공공 기관의 관리들과 자유 전문직의 구성원들을 충원했다.

10년간의 격변을 거친 뒤, 새로운 사회의 여러 특징들이 아직 최종적으로 확정된 것은 아니었다. 그러나 그 대체적인 윤곽은 이미 뚜렷하게 나타났다. 유산자들을 고무한 질서에 대한 열망 덕분에, 통령정부를 통한 사회적 안정화가 촉진되었다. 유산자들은 옛 재산 가운데 지킬 수 있던 것을 계속 유지하거나, 새로이 획득한 재산을 평화롭게 향유하기를 원했다. 새로운 사회의 틀은 나폴레옹 집권기를 거치며 공고화되었다. 바로 이 시기에 유산자의 주도권을 확립하는 제도들이 만들어졌으며, 새로운 지배계급을 이루는 다양한 요소들이 융합되어 작동하기 시작했다. 새롭게 젊어진 부르주아지와 혁명에 가담한 일부 특권계급은, 국민과 소유권을 동일시한다는 점에서 부유한 농민층과 견해를 같이했다. 이리하여 마침내 '1789년'의 인사들이 혁명에 부여했던 목표 가운데 하나가 달성되었다.

이데올로기의 충돌 - 진보와 전통, 이성과 감성

혁명 기간 중에 사상의 변화는 사회적·정치적 충돌을 반영했다. 전통적인 사회적 틀의 해체, 새로운 질서에 적응하는 데 많은 사람들이 보인 무능력, 사건에 휘말려 허둥대는 군상(群像), 극단적인 정신적 경향 등은 '불합리(irrationnel)'에 대하여 새로운 활력과 신망을 주었다. 혁명이 계몽사상의 절정이자 완성으로 보였기 때문에, 반혁명은 합리주의에 맞서 권위와 전통을 내세우고 감성과 본능이라는 모호한 힘에 호소했다. 지성의 우위에 직관이 이의를 제기했다. 비합리주의의 반발은 문학과 예술의 영역으로 확대되었다. 다비드 덕분에 고전주의 미학과 고대적 착상이 계속 조형 예술 분야에 강력한 지배력을 행사했지만, 전통적인 문학 장르는 모든 실질적인 내용을 상실했다. 고전주의적 규율은 사건들이 주는 충격, 개인의 해방, 열정의 고조를 잘 견뎌내지 못했다. 사회와 마찬가지로 지적 삶도 격동에 휩싸였다.

과학 연구는 여전히 전형적인 합리주의의 영역이었다. 앙투안 로랑 라부아지에(Antoine Laurent Lavoisier)의《화학 개론(Traité élémentaire de chimie)》이 1789년에 출간되었고, 피에르 시몽 마르키 드 라플라스(Pierre Simon Marquis de Laplace)의《천체의 체계 해설(Exposition du système du monde)》이 1796년에, 가스파르 몽주의《도형기하학 개론(Géométrie descriptive)》이 1799년에 출판되었다. 이 세 저술의 출간은 인간 정신의 발전과 진보에서 획기적인 사건이었다. 공기와 물을 분석하여 질량 불변의 법칙이라는 일반 법칙을 확립했던 라부아지에는 이제까지 화학 분야가 얻은 성과에 정확한 의미를 부여했다. 라플라스는 우주의 기원을 설명하기 위하여 성운(星雲)이 응축되어 별과 유성이 생겼다는 이른바 '성운설'을 제시했다. 몽주는 수학의 새로운 분야인 도형기하학을 창안했다. 다른 한편, 자연사 박물관에서는 퀴비에(Georges Cuvier), 에티엔 조프루아 생틸레르(Étienne Geoffroy Saint-Hilaire), 장 바티스트 라마르크(Jean-Baptiste Lamarck)와 같은 유명한 박물학자들이 가르쳤다. 퀴비에는 혁명이 끝날 무렵인 혁명력 8년에 하나의 과학적 종합으로서 신기원을 이루는 《비교해부학 강의(Leçons d'anatomie comparée)》를 출간했고, 이제까지 종의 불변설을 지지해 왔던 라마르크는 1794년에서 1800년까지 —《동물학(Philosophie zoologique)》이 출판된 것은 1809년의 일이지만— 종의 진화라는 위대한 가설을 구상해 내기에 이르렀다.

인간과학(sciences de l'homme)은 이성과 경험의 우위를 주장하는 '이데올로그들'의 주된 활동 분야였다. 이들은 1795년 이후 프랑스 학사원의 제2부인 '도덕·정치과학 아카데미'와 국민공회가 설치한 고등 교육 기관들, 그리고 제자들을 통하여 장악한 중앙학교들이 본거지였고, 〈철학순보〉를 기관지로 가졌다. 이데올로그들은 전통과 종교의 부흥에 계속 적대감을 보였다. 데스튀트 드 트라시(Destutt de Tracy)는 혁명력 3년에 출간된 뒤퓌의 《모든 종교 의식의 기원》이라는 책의 서평에서 다음과 같이 썼다.

> 신학은 인류의 유아기에 맞는 철학이다. 이제 이성의 시대가 올 때가 되었다. 신학이 상상력의 산물이라면, …… 그다음 형태의 철학은 관찰과 경험에 기반을 둔 것이다.

이처럼 '이데올로기(idéologie)'는 18세기의 철학과 (19세기의) 실증주의를 매개한다. 1795년과 1796년, 의사 피에르장조르주 카바니(Pierre-Jean-Georges Cabanis)는 학사원에서 《물질과 정신의 관계(Rapports du physique et du moral de l'homme)》(1802)라는 저서를 이루는 12편의 논문 가운데 전반부의 6편에 관하여 연구 보고를 하였고, 이를 통해 정신생리학의 창시자가 되었다. 다른 한편, 그는 종교적 교리로부터 독립시켜 자연과학과 같은 정확성을 가지고 도덕에 공고한 토대를 제공할 수 있는 도덕과학의 구축에 큰 관심을 표명했다. 동시에 파리 살페트리에르 병원의 의사인 필리프 피넬(Philippe Pinel)은 1800년에 《정신착란 혹은 편집광에 관한 의학적·철학적 개론(Traité médico-philosophique sur l'aliénation mentale ou la manie)》을 출간하여 정신병리학의 기초를 닦았다. 풍속이나 사상사에 관한 수많은 저술에는 여전히 18세기적 경향이 뚜렷했다. 볼테르의 《풍속론》을 본받아 《이집트 및 시리아 여행》(1787)을 써서 이름을 얻은 볼네는 제헌의회 의원으로 있던 1791년에 위대한 저작 《혁명론(Les Ruines ou Méditations sur les révolutions des empires)》을 출간했다. 여기에서 볼네는 종교를 반대하는 당대의 모든 논의를 종합했다. 스탈 부인은 《사회 제도와의 관계 속에서 고찰한 문학론(La Littérature considérée dans ses rapports avec les institutions sociales)》(1800)을 통하여 문학 비평의 영역을 확대했다. "나의 과제는 종교, 풍속, 법이 문학에 끼친 영향이 어떠한 것인지를 검토하는 데 있다." 이는 문학 작품을 연구하는 데 역사적 비평이 도입되었음을 뜻한다.

18세기의 철학적 유언장은 콩도르세가 작성하였다. 지롱드파 인사들과 더불어 체포되어 추방당한 그는 1794년에 《인간 정신의 진보에 관한 역사적 개요(Esquisse d'un tableau historique des progrès de l'esprit humain)》를 썼다. 그는 여기에서 엄격한 정확성을 가지고 무한한 진보와 인류의 완전성을 그려냈다. 이러한 무한한 진보는 특히 과학의 영역에서 뚜렷하게 드러난다.

우리는 더 많은 대상 사이에 더 다양한 관계가 존재한다는 점을 인식하게 됨에 따라, 그 대상들을 더 단순한 표현으로 압축하고, 그것들 가운데 더 많은 것을 이해하기 쉬운 형태로 제시하게 된다.

또한 콩도르세는 과학과 밀접한 관계가 있는 기술 분야에서, 또한 정신세계는 물질세계와 마찬가지로 인식 가능한 법칙의 지배를 받기 때문에 마침내 정신과학의 영역에서도 무한한 진보가 가능하다고 주장했다. 국민공회는 1793년 10월 2일의 법령을 통하여, 새로운 사상과 방법을 개척한 데카르트에게 최대의 경의를 표했으며 그를 팡테옹에 안치했다. "르네 데카르트에게 위인의 영예를 드리는 바이다."

합리주의에 대한 반발은 반혁명과 밀접하게 연관되었다. 어떤 이유에서든지 혁명과 구사회의 와해로 고통을 받은 사람들은 곧 그 불행의 원인이 당시의 이데올로기에 있다고 생각하게 되었다. 계몽사상에 대한 비난은 1794년부터 망명자들 사이에서 나타났는데, 특히 무명의 신부(神父)인 앙투안 사바티에 드 카스트르(Antoine Sabatier de Castres)의 《통치의 참된 원리의 이해를 돕는 도덕적·정치적 사고와 관찰(Pensées et observations morales et politiques pour servir à la connaissance des vrais principes du gouvernement)》이라는 주요한 저작을 통해 명확하게 나타났다. "사람들은 계몽될수록 더욱 불행해진다." 질서를 위한 방어물 또는 대피소로 간주되었던 권위, 전통, 계시 종교가 다시 유행을 탔다. 계몽사상과 혁명은 사회 제도의 원리가 인간에 의해 만들어진 것이라는 잘못된 믿음에 근거하기 때문에 과오를 범했다. 하지만 사실상 그 원리는 분석할 수 없으며 이성의 빈약한 능력을 넘어선다.

이러한 움직임은 비록 프랑스 국내에서는 여전히 미약했지만, 여러 망명지에서는 두드러지게 나타났다. 일부는 사건의 흐름에 대한 비합리적인 논의로 만족했다. 오귀스탱 바뤼엘(Augustin Barruel) 신부는 1797~1799년에 함부르크에서 출간한 《자코뱅주의의 역사를 위한 회상록(Mémoires pour servir à l'histoire du Jacobinisme)》에서 혁명을 단순히 프리메이슨이 꾸민 은밀한 음모의 산물에 불과한 것으로 간주했다.

이러한 프랑스혁명에서 가장 가증스러운 중범죄까지 모든 것은 사전에 계획되고 꾸며지고 준비되고 결정되고 규정되었다. 모든 것은 극도로 악랄한 행위의 결과였다. 왜냐하면 오직 비밀 단체에서 꾸미는 음모에 연관되어 음모에 유리한 움직임을 선택하고 조장할 줄 아는 자들이 모든 것을 용의주도하게 준비했기 때문이다.

또 다른 일부의 사람들은 운명 또는 '상황의 힘'이 파국을 가져온 요인이라고 생각했다. 프랑수아 르네 드 샤토브리앙(François René de Chateaubriand)은 1797년에 런던에서 출판한 《혁명에 관한 역사적·정치적·도덕적 시론(Essai historique, politique et moral sur les révolutions)》에서 끊임없이 '사건들에 내재하는 숙명', '왕국들에게 주어진 숙명', '우리가 상황의 힘이라고 부르는 이러한 필연성' 등을 끌어들였으며, 그리하여 끝내 자신이 사건을 이해하고 설명할 수 있는 능력을 지니지 못했음을 명확하게 드러냈다.

국가에서 일어난 소요의 원인이 무엇인지를 통찰하고자 하는 수많은 노력에도 불구하고, 우리는 분석을 허용치 않는 어떤 것이 있음을 느낀다. 뭐라 형용할 수 없는 그 무엇이 우리가 알 수 없는 어떤 곳에 숨겨져 있다. 뭐라 형용할 수 없는 이것이 바로 모든 혁명을 야기한 동인(動因)으로 보인다.

이러한 비합리주의는 영국으로 귀화한 제네바 출신의 말레 뒤 팡에게서도 잘 나타난다. 그는 '사건들의 숙명적 흐름', '상황의 필연적인 속성, 말하자면 인간과 정부로부터 독립된 이러한 힘'에 의하여 사태를 설명했다. 곧 '상황의 힘'은 '섭리의 작용'이라는 개념으로 탈바꿈했다. 반혁명의 최초의 이론적 토대는 비록 여러 가지 점에서 미묘한 차이가 있지만, 1796년에 동시에 출간된 두 권의 저작이 만들어놓았다. 하나는 루이 드 보날(Louis de Bonald) 자작의 《시민 사회의 정치 및 종교 권력론(Théorie du pouvoir politique et religieux dans la société civile)》이고, 다른 하나는 조제프 드 메스트르(Joseph de Maistre)의 《프랑스에 관한 고찰(Considérations sur la France)》이다.

드 메스트르는 이 책에서 의도적으로 섭리를 통해 사건을 설명하려고 시도했다.

> 우리 모두는 부드러운 사슬로 최고 존재의 권좌에 묶여 있다. 그것은 우리를 잡아매지만, 노예로 만들지는 않는다. …… 혁명의 시기에 사람을 묶은 사슬의 길이가 갑자기 짧아지면서, 그 기능성이 떨어지고 영향력이 기대에 미치지 못하였다. …… 사람들이 프랑스혁명을 이끈다기보다는 혁명이 사람들을 이끈다. …… 공화국을 세웠던 자들은 그것을 원하지도 않았고, 자신들이 하는 행위가 어떤 것인지도 모른 채 공화국을 건설했다. 그들은 여러 사건에 이끌려 그렇게 했으며, …… 그들에 비해 훨씬 더 많은 것을 아는 어떤 힘의 도구에 불과했다.

섭리는 "재생시키기 위하여 징벌을 내렸다." 프랑스는 기독교적 소명을 거역했기에 다시 태어날 필요가 있었고, 징벌을 뼛속 깊이 경험했다. 이제 신에 의하여 예정된 시간에 반혁명이 일어날 것이다. 이러한 틀에 박힌 견해는 《상트페테르부르크의 야화(Soirées de Saint-Pétersbourg)》에 나타나는 이론, 특히 전쟁에 관한 이론을 예시했다. 전쟁은 "본질적으로 신적인 것이다. 왜냐하면 그것은 세계의 법이기 때문이다." 드 메스트르는 정통성의 이론가가 되었고, 왕위 요구자인 루이 18세는 그에게 50루이의 하사금을 전달하도록 했다.

드 보날은 《시민 사회의 정치 및 종교 권력론》에서 단순한 사건과 우연의 차원을 넘어서는 사회유기체론의 개요를 제시했다.

인간은 물체에 무게를 부여하거나 또는 물질에 크기를 부여할 수 없듯이, 종교 사회나 정치 사회에 헌법을 부여할 수 없다.

'신적인 기원을 갖는 사회(société constituée)'의 기본적인 형태인 왕정은 권력의 통일성, 사회적 차별과 필수적인 계서제, 기독교에 대한 애착을 특징으로 한다. 프랑스 군주제의 성패는 항상 그 내재적인 기본법에 얼마나 충실한가에 달려 있다. 추상화하려는 실질적인 노력이 특히 돋보이는《시민 사회의 정치 및 종교 권력론》은, 망명자의 진영에서 이러한 내용을 이론적으로 재정립하려던 최초의 중요한 시도였다.

이러한 저작들은 국외에서 출간되었기 때문에 처음에는 프랑스에 알려지지 않았다. 따라서 국내의 반혁명은 특히 이전부터 지속되던 비합리적인 흐름을 이용했다. 루소가 찬양했던 감성과 직관이라는 이해하기 어려운 힘이 시대적 불행에 대한 치유책으로 여겨졌다. 신비주의와 천계론(天啓論)에서 비롯한 비교(秘敎)의 교리 역시 그러했고, 전통 종교는 분열에도 불구하고 더욱 그러했다. 비록 사회적으로 보수적인 정부와 공화파 부르주아지가 여전히 가톨릭교에 적대적이었으며 인민대중 사이에서 종교적 관행이 눈에 띄게 후퇴했는데도 불구하고, 전통 종교는 많은 사람들에게 도피이자 위안이었으며 어떤 사람들에게는 방어물이자 보호막이었다. 이러한 태도 덕분에 보나파르트는 종교적 복고 작업을 쉽게 할 수 있었다.

문학 운동에도 같은 종류의 대립이 나타났다. 혁명이 준 충격은 새로운 장르의 출현을 자극했다. 반면에 정치적 열정은 이전의 고전적 장르를 혁신하지 못했다. 언어는 심원한 변화를 겪었으며, 단어들은 감성과 격정이라는 새로운 힘을 부여받았다. '국민', '조국', '법', '헌법'과 같이 좋아하는 어휘들과 '폭정', '특권파'와 같이 혐오스러운 어휘들은 내적 동력으로 인해 거의 의미가 바뀌었다.

당대의 관심사에서 착상을 얻은 몇몇 작품을 제외하면 전통적인 형태의 장르인 연극과 시는, 형식과 규칙에 대한 경직된 태도와 고대의 전범(典範)에 대한 시대에 뒤떨어진 모방 때문에 거의 파멸 지경이었다.

시 분야에서 우리는 단지 이류급의 인사들을 꼽을 수 있다. 예컨대 드릴(Delille) 신부나 르브룅팽다르(Lebrun-Pindare)로 불렸던 퐁스드니 에쿠샤르르브룅(Ponce-Denis Ecouchard-Lebrun)이 바로 그들이다. 에쿠샤르르브룅의 《서정 시집 '복수호(號)'(Ode au vaisseau 'Le Vengeur')》(1794)는 아직도 읽을 만하다. 그러나 몇몇 작품은 애국주의를 고양하고 정치적 열정으로 고무되어 더 강렬하고 감동적이었다. 조국, 그것은 루제 드 릴의 〈라인 주둔군을 위한 군가〉— 오늘날의 프랑스 국가인 〈라 마르세예즈〉(1792년 4월 25일)— 와 마리조제프 셰니에의 〈출싱가(Chant du départ)〉(1794년 7월 14일)가 노래했던 새로운 신(神)이었다. 자유와 애국주의에 영감을 받은 앙드레 셰니에(André Chénier)는 1791년에 '정구장의 선서'를 기리는 시를 썼다. 곧 혁명의 흐름에 추월당해 혁명력 2년 방토즈 17일(1794년 3월 7일)에 혐의자로 체포된 앙드레 셰니에는 옥중에서 〈젊은 여자 포로(La jeune captive)〉와 특히 〈풍자시(Iambes)〉를 내놓았다. 이 시들은 형태의 측면에서는 고대의 전범으로부터 착상을 얻었으나, 격정적인 개인적 감성이 충만해 낭만적 서정주의의 효시가 되었다.

연극 또한 어느 정도 시대의 충격으로부터 영향을 받았다. 즉, 연극은 항상 그랬듯이 형식은 고전적이었으나 처음에는 국민적인 내용을, 이어서 공화주의적인 내용을 보여주었다. 1791년 1월 13일, 제헌의회는 연극 부문에서 국왕의 검열제와 모든 특권을 폐지했다. "모든 시민은 공공 극장을 세우고 거기에서 모든 종류의 작품을 상연할 수 있다."
파리에서만 50개에 가까운 극장이 문을 열었다. 구체제 때 천민 대접을
받았던 배우들은 이제 '시민 배우'로서 종종 혁명 운동에서 중요한 역
할을 맡았다. 1793년에 극장은 공민 정신을 가르치는 학교가 되었다. 8
월 2일, 국민공회는 아래와 같은 연극을 지자체가 지정한 극장에서 매
주 세 번 상연할 것을 명령했다.

> 혁명 과정에서 일어난 영광스러운 사건과 자유의 수호자가 지닌 덕
> 성을 기리는 〈브루투스〉, 〈윌리엄 텔〉 등의 비극 작품 가운데 하나는 반
> 드시 매주 한 번씩 공화국의 재정 보조를 받아 상연될 것이다. 공공 정
> 신을 타락시키고 왕권에 대한 수치스러운 미신을 다시 일깨우는 작품을
> 공연하는 모든 극장은 폐쇄될 것이다.

혁명력 2년 방토즈 20일(1794년 3월 10일), '프랑스 극장(Théâtre
Français)'이 '인민 극장'으로 이름이 바뀌었다. 몇몇 작품은 참으로 시
사성 있는 문제의식에서 출발했다. 이를테면 예언이라는 형식을 빌
려 산문체로 쓰인 피에르 실뱅 마레샬의 〈국왕들에 대한 최후의 심판〉
(1793)에는 모든 군주가 한 섬에 강제 수용되는 장면이 들어 있었다. 가
장 많은 작품을 남긴 작가는 마리조제프 셰니에였다. 그의 비극들은 고
대[〈가이우스 그라쿠스〉(1792), 〈티몰레온〉(1794)] 또는 프랑스의 역사
[〈샤를 9세〉(1789), 〈장 칼라스〉(1791)]로부터 소재를 빌려 혁명 정신을
고취하고 현실을 풍자했다. 그러나 시사성을 지닌 그러한 많은 작품 가
운데 오늘날까지 살아남은 것은 하나도 없다. 왜냐하면 그것들은 시대
에 뒤떨어진 형식 때문에 지나간 과거에 고착되어버렸기 때문이다.

정치적 운동과 직접적으로 연관된 새로운 문학 장르가 출현했다.

당시 모든 문예 활동의 목표가 정치적 투쟁에 이바지하는 데 있었기 때문에, 그러한 작품은 신문이나 의회 및 여러 클럽의 연단에서 찾아야 한다. 따라서 이 새로운 문학 장르는 문학보다는 역사학에 더 관련이 깊다.

    정치적 웅변은, 샤토브리앙의 말을 빌리면 "혁명의 산물"이다. 또한 "그것은 혁명의 시기에 저절로 생겨났으며 특별한 교양을 필요로 하지도 않았다." 사실상 웅변은 혁명 당시 두드러진 문학 장르 가운데 하나였다. 그것은 계몽철학의 소양에 기반을 두었고, 가끔 추상적이었으며, 고대의 전거를 자주 들먹였다. 또한 과장이 심하고 미사여구를 나열하며 종종 격렬하고 열정적이었다. 미라보는 절제된 웅변의 힘과 건장한 체격, 못생겼지만 사나이다운 모습을 잘 이용할 줄 아는 능력에 힘입어 1791년 4월 2일 사망할 때까지 제헌의회에 지배적인 영향력을 행사했다. '4분의 1세의 설정' 및 파산의 극복에 관한 그의 연설(1789년 9월 24일)과, 자신을 비난하는 자들에 대한 그의 답변(1790년 5월 22일)은 당연히 아직까지도 유명하다. 베르뇨의 웅변은 더 우아하고 유창했다. 이 지롱드파의 웅변가는 달변이었고, 격언조의 말투를 즐겼으며, 반복, 비유, 그리스·로마 시대의 전거 인용이라는 수사학의 상투적인 수법을 이용했다. 당통은 특히 즉흥 연설에 뛰어났는데, 기교라든가 이야기의 구성 같은 것은 별로 개의치 않았다. 그의 어투는 미라보를 생각나게 했기 때문에, '하층민의 미라보'라는 별명을 얻었다. 로베스피에르의 웅변은 당통과는 달리 종종 즉흥성이 결여되기는 했지만(그는 꼼꼼하게 연설문을 준비했다) 논리성, 원칙에 대한 강한 신념, 연설할 때 드러나는 격렬하면서도 절제된 열정으로 더욱 신뢰감을 주었다. 생쥐스트의 웅변은 더 힘찼고, 어법은 가끔 더 거칠었으며, 그의 연설에는 다음과 같이 충격을 줄 수 있는 간결한 표현들이 많았다. "자유에 단단한 청동제 갑옷을 입힙시다(Bronzez la liberté)." 정치적 웅변은 부르주아 공화국 치하에서 더 학구적으로 변모함에 따라 생동감을 상실해 갔고, 결국 통령정부의 전제 정치와 더불어 침묵에 빠져들었다.

1792년부터 규정된 언론에 대한 실질적인 제한에도 불구하고, 언론의 자유 덕분에 정치적 저널리즘은 1789년 이후 상당히 발전했다. 구체제의 특히 문학적인 성격의 정기 간행물 — 〈프랑스 신문(La Gazette de France)〉은 주간이었고, 〈메르퀴르(Le Mercure)〉는 월간이었다 — 의 뒤를 이어, 의심의 여지 없이 혁명기의 진정한 문학 장르를 이루는 정치 언론이 나타났다. 왕당파 계열의 신문들은 오래가지 못했다. 리바롤이 기고했던 〈국민정치일보(Le Journal politique national)〉는 1790년에 폐간되었고, 〈사도행전〉은 1791년 10월에, 루아유 신부의 〈국왕의 벗〉은 1792년 5월에 폐간되었다. 1789년부터 정치적이고 문학적인 의미에서 언론을 주도했던 것은 애국파 계통의 언론이었다. 엘리제 루스탈로의 〈파리 혁명〉, 6호부터 〈인민의 벗〉으로 이름을 바꾼 마라의 〈파리의 저술가〉, 카미유 데물랭의 〈프랑스 및 브라방 혁명〉이 대표적인 예이다. 더 예를 든다면 미라보의 〈프로방스 회보〉(1789~1791년), 콩도르세가 기고했던 〈파리 연대기〉(1789~1793년), 브리소의 〈프랑스 애국자〉(1789~1793년), 로베스피에르가 1792년 5월에서 8월까지 펴냈던 〈헌법의 수호자〉 등을 꼽을 수 있다. 혁명력 2년 프리메르(1793년 12월), 카미유 데물랭은 〈늙은 코르들리에〉를 창간하여 7호까지 간행했다. 우리는 이 정치 언론에서 혁명기 웅변의 여러 특징들, 즉 이념을 향한 열정, 논쟁의 격렬함, 수사학의 일정한 취향뿐만 아니라, 마치 타키투스에 대한 주석과 같은 느낌을 주는 〈늙은 코르들리에〉 제3호가 잘 보여주듯이 고대사에 대한 준거 등을 발견하게 된다. 민중의 언론은 마라의 신문과 특히 1790년 11월 에베르가 창간한 〈페르 뒤셴〉이 대표했다. 에베르는 재치와 상상력이 풍부한 훌륭한 저널리스트였다. 그는 화려한 문체로 민중의 열망을 포착하여 그들의 대변자가 되었다. 테르미도르의 반동 이후 언론은 전체적으로 볼 때 반자코뱅적인 경향을 띠었으며 심지어는 가끔 왕당파적인 경향을 보이기까지 했다. 그러나 그렇게 수많은 정치 언론지 가운데 오래 살아남은 것은 거의 없었다. 다만 예외적인 세 신문을 지적하지 않을 수 없다. 혁명력 2년 플로레알에 창간된 〈철학순보〉, 팡쿠크가 1789년 11월 24일에 출범시켜 1803년에 정부의 기관지가 되는 〈모니퇴르〉, 1789년 8월 29일에 첫 호가 나와 이후 오랜 역사를 지니게 될 〈토론 및 법령 신문〉이 그것이다.

문학 작품이 의심할 여지 없이 혁명의 충격으로부터 영향을 받았다면, 혁명은 또한 예술의 영역에서 크게 늘어난 공중의 요구와 시대의 위대함에 부합하는 표현 방법을 발견할 수 있었다. 회화, 음악, 국민 축제의 화려한 집전에서 혁명은 예술의 최고 경지에 도달했다. 여기서 고양된 열정의 주인공은 이제 전문가 소수 집단이 아니라 바로 일체를 이룬 인민이었디.

혁명은 예술을 파괴했다고 종종 비난받아 왔다. 비록 많은 파괴 행위가 있었던 것은 분명하지만, 혁명 의회들은 국민의 예술적 유산을 보존하기 위해 한결같은 노력을 기울였다. 제헌의회의 지시로 '문화재 조사위원회(Commission des monuments)'는 보존할 만한 가치가 있는 모든 것을 조사하고 분류하기 위하여 프랑스 전역에 위원들을 파견했고, 국민공회 때는 '공공 교육위원회'와 '임시 예술위원회(Commission temporaire des arts)'가 동일한 임무를 수행했다. 1791년 5월 26일 제헌의회는 과학과 예술 분야에서 이룩한 모든 기념비적 업적을 수집하는 일을 루브르 박물관에 맡겼고, 국민공회는 혁명력 2년 니보즈 27일(1794년 1월 16일) 이 박물관의 관리 업무를 4개 부(회화, 조각, 건축, 고대 유물)로 구성된 '보존위원회(conservatoire)'에 일임했다. 한편 알렉상드르 르누아르(Alexandre Lenoir)는 수많은 예술 작품들, 특히 왕정에 대한 증오심에 의해 파괴당한 생드니 수도원의 조각상들을 프티조귀스탱(Petits-Augustins) 수도원 건물에 모아놓았다. 이것이 바로 혁명력 2년 프뤽티도르 15일(1794년 9월 1일)에 국민공회가 설치한 '프랑스 문화재 박물관(Musée des monuments français)'의 기원이다.

이와 함께 예술가들의 해방이 이루어졌다. 1790년 그들은 다비드의 자극을 받아 아카데미가 '로마학교(École de Rome)'와 '파리 미술전(Salon)'을 독점한 것에 격렬하게 항의했고, 그리하여 그것들은 1791년에 모든 예술가들에게 개방되었다. 1793년 8월 8일, 다른 모든 아카데미와 대학, '회화 및 조각 아카데미'가 폐쇄되었다. 이 분야에서 혁명이 준 충격은 예술가들의 영감을 새롭게 자극했다. 1793년의 파리 미술전의 '안내 책자'에는 다음과 같은 글귀가 실렸다.

> 대불동맹의 유럽이 자유의 영토를 포위 공격하고 있는 시기에 예술에 몰두한다는 것이 아마도 엄격한 공화주의자에겐 이상하게 보일 것이다. …… 우리는 '무기를 들었을 때는 예술을 포기하라(In armis silent artes)'는 유명한 격언을 받아들이지 않는다. 오히려 우리는 프로토제누스(Protogène)가 로도스 섬이 포위된 상황에서 걸작품을 만들어냈다는 점을 상기하고자 한다.

위기가 절정에 달했을 때 쓰인 위의 인용문은 혁명의 시기에 대부분의 예술가들을 고무했던 정신이 어떠한 것인지를 명확하게 보여준다. 예술이 자유를 위한 전면적인 투쟁에서 초연할 수 없다는 것이었다. 다비드는 국왕의 처형을 지지하는 투표를 했다는 이유로 암살당한 미셸 르펠르티에의 모습을 담은 그림을 국민공회에 헌정하면서, 1793년 3월 19일에 다음과 같이 선언했다.

우리들 각자는 자연으로부터 받은 재능에 대해 조국 앞에서 책임을 져야 한다. 비록 재능의 형태는 다를지라도 목표는 우리 모두에게 동일하다. 참된 애국자는 동료 시민들을 계몽하고 그들에게 영웅주의와 덕성이라는 고결한 자질을 끊임없이 보여주는 데 필요한 모든 수단을 철저하게 활용해야 한다. 시민들이여, 자신의 모든 아들들에게 선물을 골고루 나눠준 하늘은, 내가 회화라는 수단을 통해 내 영혼과 생각을 표현하길 원하셨다.

다비드는 화가이자 공화 축제의 조직자로서 혁명기의 예술계를 주도했다. 다비드는 1764년에 출판되어 1766년에서 1793년 사이에 세 번이나 프랑스어로 번역된 요한 요아힘 빙켈만(Johann Joachim Winckelmann)의 《고대예술사》의 가르침에 따라, 고대의 작품을 전범으로 삼아 감성에만 호소하는 색채보다 데생과 명료한 선이 우월함을 강력히 주장했다. 이는 다비드가 18세기 프랑스 예술의 전통과 갈라섰음을 뜻한다. 화가로서의 그의 명성은 주로 고대풍의 연작들, 즉 1791년의 파리 미술전에 함께 걸린 〈호라티우스 형제의 맹세〉(1784), 〈소크라테스의 죽음〉(1787), 〈브루투스〉(1789), 1799년에 그린 〈사비니의 여인들〉, 1800년에서 1804년에 걸쳐 완성된 〈레오니다스〉 등에서 비롯했다. 그러나 다비드는 한때 고대풍의 전범을 포기하고 혁명에 봉사했다. 그는 1791년에 파리 미술전에 전시한 〈정구장의 선서〉의 스케치를 다듬고, 국민 축제를 조직하고, 〈자유의 순교자 르펠르티에〉와 〈마라의 죽음〉을 그렸다. 〈마라의 죽음〉은 천에 덮인 욕조 속에 비스듬히 앉은 채 숨져 있는 마라를 보여준다. 칼에 찔린 가슴, 벌거벗은 상반신과 피가 흐르는 상처, 흰색 두건을 두른 채 어깨까지 축 처진 머리, 비통한 미소를 머금은 입술, 쓰고 있던 깃털 모양의 펜을 여전히 잡은 채 팔이 축 늘어져 땅바닥에 닿은 손, 땅바닥에 떨어져 있는 그를 찌른 칼을 묘사한 국민공회 의사당을 장식했던 이 감동적인 그림은 한편으로 공민적 덕성을 고양하고 다른 한편으로 공공 안전의 절박한 필요성을 국민의 대표자들에게 일깨웠다. 고대풍의 전범을 따른 그림으로부터 혁명을 그린 작품에 이르기까지 다비드의 작품에 일관되게 나타나는 것은 공화주의 덕성의 정신과 영웅적인 긴장감에서 비롯했다.

그러나 18세기의 양식을 따르는 작품들도 계속해서 나타났다. '감각적인' 회화로 유명한 장 바티스트 그뢰즈(Jean Baptiste Greuze), 그뢰즈에 비해 가볍지만 역시 탁월한 장 오노레 프라고나르(Jean Honoré Fragonard), 폐허에 대한 예민한 감각으로 이미 낭만파로 간주되었으며 몇 작품을 통하여 근대적 삶에 대한 정확한 감각을 보여준 위베르 로베르(Hubert Robert), 다비드만큼이나 고대풍의 전범을 열광적으로 추종하면서도 전(前)낭만주의적 색조를 뚜렷하게 보여준 피에르폴 프뤼동(Pierre-Paul Prud'hon)이 여전히 활약했다. 마지막으로 조각 분야에는 고대 작품을 모방한 여러 조상(彫像)과 특히 초상 조각으로 유명한 장 앙투안 우동(Jean Antoine Houdon)이 있었다.

음악 분야에도 동일한 이중성이 나타났다. 앙드레 에르네스트 모데스트 그레트리(André Ernest Modeste Grétry)와 니콜라 달레라크(Nicolas Dalayrac)를 통하여 18세기와 연속성이 유지됐다. 그러나 그와 동시에 혁명은 음악적 착상과 방법에 새로운 충격을 주었다. 고세크(Gossec)와 메윌, 그리고 그레트리는 국민 축제에서 웅대한 규모의 합창대가 부른, 애국심과 공화주의적 공민 정신을 고양하는 여러 찬가들을 작곡했다. 마리조제프 셰니에의 〈연맹제를 위한 찬가〉라는 가사에 고세크가 곡을 붙인 〈7월 14일의 노래〉는 가장 아름다운 곡 가운데 하나이다. 셰니에의 가사에 메윌이 곡을 붙인 〈출정가〉는 〈라 마르세예즈〉와 더불어, 공화주의자들이 테르미도르의 반동과 총재정부 시기에 왕당파의 〈인민이여 깨어라〉라는 노래에 맞서 불렀던 찬가였다. '국립음악원

(Institut national de musique)'의 설립을 처음으로 구상한 사람은 고세크였다. 마침내 국민공회는 혁명력 2년 브뤼메르 18일(1793년 11월 8일)에 '국립음악원'을 설립했다. 이것은 혁명력 3년 테르미도르 16일(1795년 8월 3일) "음악을 연주하고 교육하는 것"을 목표로 하는 '국립고등음악원(Conservatoire)'이라는 이름으로 개편되었다. 운영은 고세크, 그레트리, 메월, 장프랑수아 르쉬외르(Jean-François Lesueur), 루이지 케루비니(Luigi Cherubini) 등 5명의 '감독관'에게 맡겨졌다. 우리는 이 명단만으로도 다른 모든 분야와 마찬가지로 음악 분야에서도 18세기의 양식과 새로운 표현 형식이 공존하는 가운데 각기 그 나름의 양식을 지녔음을 쉽게 알 수 있다.

이처럼 단절과 연속의 이중성은, 혁명기에 사회 자체만이 아니라 지적·예술적 삶의 주된 특징을 이룬다. 합리주의와 전통, 지성과 감성이 정면으로 맞섰다. 고전주의 예술 양식이 여전히 지배적이었으나, 이미 낭만주의가 새로운 양식을 모색 중이었다. 마리조제프 셰니에는 오시안(Ossian)이라는 스코틀랜드의 전설적 시인의 시를 번역했고, 스탈 부인은 1800년에 자신은 북유럽의 문학을 더 좋아한다는 견해를 표명했다. "북유럽의 인민들은 쾌락보다 슬픔에 더 큰 관심을 보이며, 이 점에서 그들의 상상력은 훨씬 더 풍부하다." 당대의 불행을 넘어서 '좋았던 옛 시절'이라는 신화가 기사들과 음유 시인들의 행렬과 더불어 나타났다. 곧 이 신화는 샤토브리앙이 계발한 일종의 감성적 가톨릭주의의 진전으로 한층 더 무게를 지녔다. 이러한 감수성과 사상의 쇄신을 통하여 특권계급과 망명 귀족들은 막연하나마 새 질서에 효과적으로 적응할 방법을 추구했다. 안정화에 대한 욕구는 새로운 부르주아지도 사로잡았다. 이념이나 원칙에는 무관심하고 단지 성공과 출세의 기회만을 엿보던 부르주아지는 특히 새로운 특권, 말하자면 혁명이 가져다준 성과의 근간을 그대로 유지하고자 했다. 이렇듯 사회 유지의 고려가 이념의 대립을 압도했다. 부유한 부르주아지와 온건한 특권계급은 새롭게 획득하거나 부분적으로나마 되찾은 우위성을 보장해줄 강력한 권력에 동참할 태세를 갖추었다.

부르주아 국가

혁명은 왕권신수설에 기반을 두고 특권계급의 특권을 보장하는 구체제의 절대주의 국가를 무너뜨리고, 국민 주권과 시민적 평등의 원칙에 기반을 둔 자유주의적이고 세속적인 국가로 대체했다. 그러나 이러한 원칙을 새로운 제도에 적용하는 과정에서, 혁명에서 비롯된 사회 구조에 걸맞게 재산 제한 선거제가 설정되었다. 따라서 새로운 국가는 단지 새로운 지배계급의 특권을 보장하는 부르주아 국가에 불과했다.

국민 주권과 재산 제한 선거제

법률적인 차원에서 구체제 국가는 8월 4일 밤에 파괴되었다. 모든 시민은 출생의 차별 없이 평등하다고 선언되었으며, "주, 영방제후령, 나라(pays), 면, 도시, 주민 공동체의 특권"은 영원히 폐지되었다. 관직 매매제는 철폐되었고, 1789년 11월 3일의 법령은 모든 고등법원과 최고법원의 무기한 휴정을 선언했다. 국가의 힘을 제한하는 모든 것, 곧 특권, 중간 집단, 지방주의, 옛 자율성의 잔재들이 일소되었다. 옛 국가 기구는 붕괴했고, 본질 자체가 변한 새로운 국가가 출현했다.

국가의 변모와 그 권력의 약화는 국민 주권의 원칙에서 비롯했다. 국가는 이제 군주의 개인적인 소유물이 아니라, 주권자 인민의 파생물로 간주되었다. 사회가 자연법 이론에 따라 그 구성원들의 자유로운 계약에 기반을 두듯이, 국가 역시 이제부터 통치하는 정부와 통치받는 인민들 사이에 맺어진 계약에 기반을 두게 되었다. 따라서 국가는 시민에게 봉사하는 존재로 여겨졌다. 1789년의 권리선언 제2조가 명시하듯이, 국가는 시민들에게 인간의 "자연권 보존"을 보장해야 했다. 1791년의 헌법은 군주제를 국민에, 행정부를 입법부에 종속시켰다. 또한 권력의 분립을 엄격하게 규정했고, 선거제를 통하여 국가 기구를 시민들의 손에 맡겼다. 이렇듯 공권력이 새롭게 조직됨으로써 중앙 권력은 약화되었고, 지방 차원에서 중앙 집권은 지방 자치에 자리를 내주었다. 지방 자치체의 조직에 관한 1789년 12월 14일의 법과, 제1차 선거회와 지방 의회의 구성에 관한 12월 22일의 법은 매우 광범위한 지방 분권화를 규정했다. 국가는 무장 해제를 당했다. 조세 징수는 국가의 관할이 아니었고, 심지어 질서 유지의 권한도 지자체에 맡겨졌다. 즉, 자유주의 국가였다. 그러나 부르주아 국가였다. 국민 주권이 재산 제한 선거제라는 좁은 틀 속에 갇히고 능동적 시민들이 명사들에게 종속됨으로써 국가가 부르주아지의 소유물이 되었다. 그러나 이 새로운 구조는 특권 계급의 저항, 내전, 대외 전쟁으로 말미암아 시련에 봉착했다. 그것은 1792년 8월 10일에 일어난 민중 봉기를 견뎌내지 못했다.

국가 권력의 강화는 혁명정부의 수립 및 안정화와 궤를 같이했다. 1792년 8월 10일에 왕정이 축출되어 행정부를 새로운 토대 위에서 재조직하는 것이 가능해졌다. 국민 주권 원칙의 무제한적인 적용과 보통선거제의 도입으로 국가가 전 국민의 범위로 확장되는 한편, 공포 정치는 적대적인 요인들을 제거했다. 이러한 새로운 사회적 토대에 기반을 둔 혁명력 2년의 자코뱅 국가는, 비록 민주적이기는 했지만 공공 안전을 위해 불가피하게 권위주의적이 되었다. 더욱이 '1789년'의 인사들이 이룩한 업적의 두드러진 면모이면서도 '1793년'에 와서야 그 모든 논리적 귀결이 드러나는 두 가지 특징, 즉 합리주의와 개인주의로 인해 이 권위주의가 더욱 강화되었다. 합리주의라는 이름 아래 논리적인 사고방식이 모든 제도에 철저하게 적용되었다. 국가는 이성의 도구이며, 따라서 국가의 요구 앞에서 인간과 행위는 마땅히 굴복해야 한다는 것이었다. 이런 사고방식은 국가의 권위를 강화하기 마련이었다. 또한 개인주의라는 이름 아래 모든 중간 집단, 단체, 공동체가 철폐되었다. 이제 새로운 국가는 오직 개인만을 인식했고, 그들을 직접적으로 파악했다. 어떤 것에도 제약받지 않는 권력을 지닌 국가를 맞닥뜨려 권리를 보장받지 못하고 '자유의 전제'가 수립되자 시민들은 무력해졌다. 로베스피에르는 혁명력 2년 니보즈 5일(1793년 12월 25일) '혁명정부의 원리에 관한' 보고에서 그 점에 대해 다음과 같이 설명했다.

> 입헌정부의 주된 관심은 시민적 자유에 있다. 그러나 혁명정부의 관심은 공공의 자유에 있다. 입헌 체제에서는 공권력의 남용으로부터 개인들을 보호하는 것으로 거의 충분하다. 그러나 혁명 체제에서는 공권력 그 자체가 체제를 공격하는 모든 분파로부터 자신을 지키지 않으면 안 된다.

따라서 자코뱅파가 볼 때, 국가의 권위와 중앙 집권화의 부활을 정당화하는 것은 바로 상황이었다. 1793년 9월 29일에 제정된 최고 가격제에 관한 법은 경제에 대한 통제권을 국가에 부여하는 한편, 혁명력 2년 프리메르 14일(1793년 12월 4일)의 법령은 모든 정부 기관과 공무원들을 공안위원회의 직접적인 감독을 받게 했고, 치안 문제는 치안위원회의 감독을 받게 했다. 그러나 이중의 모순이 혁명력 2년의 권위주의적 자코뱅 국가를 잠식했다. 경제를 통제하자, 유산자 및 생산자가 임금 노동자 및 소비자와 대립했다. 게다가 자코뱅의 중앙 집권화는 직접민주주의를 향한 상퀼로트의 자연스러운 경향과 정면으로 충돌했다. 공안위원회의 독재는 민중 투사들에게 엄격한 규율을 강요했고, 이를 받아들이지 않는 이들의 저항을 분쇄했다. 1791년의 자유주의적 부르주아 국가와는 달리 계급이라는 사회적 기반을 갖추지 못한 혁명력 2년의 자코뱅 국가는 불안정할 수밖에 없었다. 테르미도르 9일의 반동 이후 체제는 와해되었다.

자유주의적 부르주아 국가가 다시 들어섰다. 경제는 국가의 통제로부터 해방되었다. 혁명력 3년의 헌법은 제헌의회의 자유주의 체제로 복귀했고, 재산 제한 선거제가 대중의 권력을 박탈했다. 그러나 명사들은 혁명력 2년의 민주적 실험을 경험함으로써 강한 계급의식을 지니게 되었다. 혁명력 3년의 헌법이 비록 권력의 분립을 되살리고 행정부에게서 재정 문제에 개입할 수 있는 모든 수단을 박탈하긴 했지만, 그래도 국가의 권력을 강화하고 어느 정도 중앙 집권화를 유지했다. 총재정부는 공화국의 대내외적인 안전을 유지할 책임을 졌고, 군대에 대한 인사권을 지녔다(혁명력 3년의 헌법 제144조). 또한 총재정부는 구인장(拘引狀)과 체포 영장을 발부할 수 있었고(제145조), 행정부와 재판소에서 자신이 임명하는 위원들을 통하여 법의 시행을 감독하고 보증했다(제147조). 행정이 완전히 지방 분권화된 것은 아니어서, 자치체 행정은 도 행정에, 그리고 도 행정은 다시 장관들에게 종속되었다. 매우 광범위한 권한을 지닌 총재정부의 위원들은 내무장관과 직접 서신 교환을 함으로써 모든 수준에서 정부의 존재와 권위를 보장했다. 이론적으로는 선출직인 행정부와 재판소의 수많은 자리에 대한 직접 임명권, 행정 명령의 권한 확대, 그리고 경찰 기구 및 자의적인 권한 행사의 증대로 인해, 실무에서 국가 권력의 중앙 집권적 경향이 강화되었다. 그러나 재산 제한 선거제로 말미암아 민중이 배제되고 특권계급은 아직 혁명에 가담하지 않았으며 일부의 부르주아지가 여전히 적대적인 상황에서, 총재정부 국가의 사회적 토대가 매우 협소하다는 것이 드러났다. 이러한 불안정의 결과로 헌법이 침해당했고, 혁명력 5년 프뤽티도르과 혁명력 6년 플로레알에는 선거 무효 소동이 일어났다. 부분적이지만 행정부에 대한 입법부의 종속도 나타났다. 네덜란드, 스위스, 로마 등지의 자매 공화국에서도 행정부의 권한이 증대했다. 그러나 매년 개선제(改選制)는 비록 체제의 자유주의적 성격을 유지해주기는 했지만 행정부를 무력하게 만들었다. 왜냐하면 행정부는 항상 다수파의 변화에 따라 좌우되었기 때문이다. 1799년, 부르주아지가 보기에 대외 전쟁과 자코뱅파의 압력은 행정부 권한을 결정적으로 강화하는 것을 정당화했다. 그리고 이것이 바로 브뤼메르 쿠데타의 의미이다.

혁명력 8년의 헌법은 선거제를 호선제(互選制)로 바꾸고 입법부를 행정부에 결정적으로 종속시켰으며 행정권을 제1통령에 집중시켰다. 이렇게 하여 '1789년'의 인사들이 꿈꾸던 자유주의 국가는 종언을 고했다. 그러나 군사 독재는 비록 명사들에게서 정치 권력을 빼앗아 가기는 했지만, 그들의 사회적 우위는 보장해주었다. 따라서 새로운 권위주의 국가는 사회적인 토대가 확대되어 혁명에 가담한 특권계급까지 아우르기는 했지만 기본적으로는 부르주아적이었다.

세속화 및 교회와 국가의 분리

혁명은 왕권과 교권의 결합에 기반을 둔 신권(神權) 국가를, 상황의 논리에 따라 교회와 분리된 세속 국가로 점차 변모시켜 나갔다.

처음에는 단지 가톨릭의 국교 체제로부터 공공 예배의 특권적인 체제로 바뀐 것에 불과했다. 즉 제헌의회는 애초에 1789년 권리선언의 제10조를 통해 단순히 종교적 관용을 선언하는 것으로 만족했다. 그러나 1790년 4월 13일, "양심과 종교적 견해에 영향력을 행사할 어떠한 권한을 지니지도, 지닐 수도 없다."고 생각한 제헌의회는 가톨릭교를 국교로서 유지하는 것을 거부했다. 그럼에도 1790년 7월 12일에 채택한 '성직자 민사 기본법'은 가톨릭교에 공공 예배 독점권을 인정해주었다. 호적, 교육, 부조의 업무는 여전히 교회가 관장했다. 그러나 '민사 기본법'으로 초래된 분열은 그 자체가 변화의 강력한 요인이 되었다. 선서거부파 성직자들에 대한 투쟁과 입헌파 성직자들에 대한 적대감의 점진적인 확대로 인해, 점차 교회와 종교 자체가 타격을 입었다.

국가의 세속화는 1792년 8월 10일 이후에 결정적으로 진전을 보았다. 8월 18일, "참으로 자유로운 국가는 법인체의 존재를 어떠한 형태로든지 묵과하지 않는다."고 생각한 입법의회는 교육과 부조 업무를 관장하던 수도회들을 폐지했다. 병원과 구제원, 콜레주와 대학의 재산은 매각되었고, 교육과 부조 업무는 세속화되었다. 이와 마찬가지로 8월 18일의 법령은 성직자들에게 미사의 집전처럼 직무를 수행하는 경우를 제외하고는 성직자 복장을 금지했다. 8월 26일, 선서거부파의 성직자들은 보름 안에 프랑스를 떠나야 했으며, 이를 위반할 때는 기아나로 유형에 처해질 것이었다. 특히 1792년 9월 20일 입법의회는 호적 업무를 세속화하여 차후부터 지자체가 맡도록 했다. 같은 날, "결혼이란 민사적 계약에 불과하고" 또한 "이혼의 선택은 …… 개인의 자유에 속하며, 파기할 수 없는 결혼 약속은 곧 자유의 상실을 뜻한다."고 생각한 입법의회는 이혼을 합법화했다.

교회와 국가의 분리는 내전과 비기독교화 운동이라는 국면 변화에서 비롯하였다. 애초에 입헌적 교회에 타협적이었던 국민공회는 1792년 11월 30일의 교서를 통해 "민사 기본법이 허용한 미사 집전"을 시민들에게 금지할 어떠한 의도도 없음을 밝혔고, 1793년 6월 27일에는 성직자의 봉급을 공공 비용으로 충당한다고 선언했다. 그러나 국민공회는 1793년 4월 23일에 선서거부파 성직자들을 즉시 기아나로 유형 보낼 것을 명령하여, 입법의회에 비해 그들에게 훨씬 가혹하다는 점을 보여주었다. 곧 입헌파 성직자들은 왕정주의나 온건주의를 지지하지나 않을까 하는 의심에 휩싸였다. 점차 그들에게 적대적인 조치들이 취해졌다. 1793년 7월, 성직자의 결혼 문제가 제기되었다. 8월 12일, 국민공회는 "가톨릭에 충실한 개인들이 결혼을 이유로 사제직에서 해임된 일을 모두" 무효화했다. 그 결과 결혼한 성직자들도 성무를 재개하거나 계속할 수 있게 되었다. 1793년 10월 5일의 혁명력의 채택 및 순일제(旬日制)의 제정과 그 뒤의 비기독교화 운동은 정교분리를 향한 결정적인 단계였다. 혁명력 2년 프리메르 16일(1793년 12월 6일)의 법령은 예배의 자유를 공식적으로 표명했지만, 교회의 문은 여전히 닫혀 있었다. 테르미도르 9일의 사건 이후 이러한 현실은 공식적인 승인을 받았다. 혁명력 2년 상퀼로티드 제2일(1794년 9월 18일), 캉봉의 제안에 따라 국민공회는 앞으로는 공화국이 "어떠한 종류의 예배든 경비나 봉급"을 지불하지 않을 것이라고 결정했다. 이는 암묵적으로 민사 기본법의 폐지와 정교분리를 뜻했다.

정교분리의 구체적인 내용은 혁명력 3년 방토즈 3일(1795년 2월 21일)의 법령이 엄밀히 규정했다. 공화국은 어떠한 예배 행위에 대해서도 성직자들에게 봉급을 지불하지 않고, 법은 어떠한 사제직도 공식적으로 인정하지 않으며, 예배의 모든 공식 행사와 모든 외적 표현은 금지된다. 뒤이은 프레리알 11일(1795년 5월 30일) 국민공회는 매각되지 않은 종교 시설을 자유롭게 이용하도록 허용했는데, 특정 종파에 한정하지 않았다. 혁명력 4년 방데미에르 7일(1795년 9월 29일)의 법령은 이러한 모든 조치들을 체계화하고, 성직자들에게 "공화국의 법에 복종하고 그것을 준수한다."는 맹세를 하도록 강제했다. 국민공회는 혁명력 4년 브뤼메르 3일(1795년 10월 25일)의 법령을 통하여 선서거부파 성직자를 탄압하는 내용이 담긴 1792년과 1793년의 여러 입법 조치를 그대로 존속시켰고, 총재정부는 혁명력 5년 프뤽티도르 19일(1797년 9월 5일) 법의 제24조 이하의 조항들을 통하여 이를 재확인했다. 동시에 총재정부는 혁명력 6년 제르미날 14일(1798년 4월 3일)의 법령으로 모든 공공 기록에서 공화력을 사용하도록 강제했고, 테르미도르 17일(1798년 8월 4일)에는 순일(旬日)을 공휴일로 지정했으며, 프뤽티도르 13일(1798년 8월 30일)에는 이를 준수하게 하기 위한 규정을 마련하여 공격적인 세속화 정책을 추진했다. 총재정부 말기에 가톨릭교회의 영향력과 위신이 하락한 것은 부정할 수 없다. 이는 성직자들의 분열로 인한 피폐와 혼란, 종교적 관행의 후퇴, 민중계급 사이에 무신앙의 확산 등에서 잘 드러난다. 교리의 차원에서 양립할 수 없는 교회와 국가는 여전히 상호 적대적이었다.

하지만 사회가 안정화를 필요로 하고 국민 대다수가 전통 종교에 애착을 품었다는 사실을 보면, 통령정부 치하에서 종교 부흥이 왜 그렇게 급속하게 이루어졌는지를 알 수 있다. 보나파르트는 종교가 사회적 복종을 강화하는 수단이며 교회는 통치의 도구라고 여겨 가톨릭교를 대다수 프랑스인들의 종교로 인정했지만, 그것에 국교의 지위를 부여하지는 않았다. 그는 '종교 조직법'*을 통해 교회를 긴밀하게 국가에 종속시켰다. 이렇듯 비록 정교분리가 한 세기 동안이나 유예되기는 했지만, 국가는 기본적으로 여전히 세속적이었다.

국가의 기능

혁명은 새로운 행정, 사법, 재정 제도들을 부르주아 사회와 자유주의 국가의 일반 원칙과 조화시켜, 국가 기구를 전면적으로 개편했다.

제헌의회는 국민 주권의 원칙을 적용하여 합리적인 구상에 따라 지방 행정 제도를 다시 만들었다. 행정 관리는 선거로 뽑혔고, 이로부터 지방 분권화가 나왔다. 인민 주권의 소산인 지방 당국에게 중앙 권력이 권위주의적으로 행동할 수 없었기 때문이다. 또한 행정 관리를 선거로 뽑는 것은 행정 기구의 약화를 초래했다. 지방 당국이 선거로 구성된 집단 지도 체제였기 때문이다. 게다가 잦은 선거는 불안정을 조장하였다. 1791년의 헌법에 따르면, 도와 군의 행정 기관은 2년마다, 시 자치체(코뮌)는 해마다 행정 관리의 절반을 새로 뽑아야 했다. 또한 혁명력 3년의 헌법에 따르면, 도의 행정 기관은 5분의 1을, 시 지치체는 행정 관리의 절반을 매년 새로 뽑아야 했다. 이러한 조건하에서 유능한 행정 관리를 양성하는 것은 쉽지 않았으며, 특히 농촌 지역과 코뮌에서는 더욱 그러했다. 도와 군의 행정 관리는 부르주아지 가운데에서 충원되었고, 시 자치체의 행정 관리는 주로 소장인, 소상점주, 자유 전문 직업인 같은 중간층에서 충원되었다. 1793년이 되면 군과 특히 시 자치체에서 민주화의 경향이 뚜렷하게 나타났다. 시 자치체의 행정에는 상퀼로트가 가담했다. 그러나 농촌에서는 유능한 인사가 부족해서 종종 지자체를 구성하는 것이 어려웠다. 그리하여 혁명력 3년의 헌법은

종교 조직법 잘 알다시피 프랑스 공화국의 제1통령 보나파르트와 교황 비오 7세는 1801년 7월 15일에 '종교 협약'을 맺었다. 그런데 이를 문서화하는 과정에서 프랑스 정부는 1802년 4월 8일에 가톨릭과 개신교를 함께 규제하는 '종교 조직법'을 공포했다. 로마 교황청은 이를 인정하지 않기 때문에 1802년의 '프랑스 종교 협약'이라고 부르기도 한다.

면장 1명과 코뮌마다 부면장 1명으로 구성되는 면 자치체를 지방 행정의 한 구성 요소로 새롭게 설정했으나 별로 성공하지는 못했다.

한편 제도의 합리화 과정에서 중앙 집권화 경향이 배태되었다. 더욱이 1793년에 맞닥뜨린 혁명의 위기로 이런 추세가 가속화되었다. 혁명정부는 행정 부서를 상설화했고 숙청을 통하여 선거제를 사실상 임명제로 바꾸었다. 혁명력 2년 프리메르 14일(1793년 12월 4일)의 법령은 시 자치체와 군의 행정 부서에 파견되는 '국민의 대리인제'를 신설했다. 이들에게는 열흘마다 정부의 양 위원회에 보고서를 제출할 의무가 있었다. 이 법령은 관료 기구를 강화하고 민주화했다.

혁명력 3년의 헌법은 재산 제한 선거제로 복귀하여 명사들의 부르주아지에게 행정적인 독점권을 되찾아주었다. 그러나 그와 동시에 도와 시 자치체의 행정 부서에 행정권을 대표하는 위원들의 임명제를 도입하여 국가의 행정 역량을 강화했다. 다른 한편, 예컨대 내무장관 프랑수아 드 뇌프샤토의 탁월한 업적에서 종종 볼 수 있듯이 총재정부는 모든 분야에서 행정을 개편하려는 노력을 기울였다. 보나파르트의 군사 독재는 부분적으로 바로 이렇게 개편된 제도의 토대에 기반을 두었다. 그러나 선거제가 존속했기에 불안정은 여전했고 때로는 무력했다. 혁명력 8년 플뤼비오즈 28일(1800년 2월 7일)의 법을 통하여 보나파르트는 선거제를 없애고 자신이 임명한 권위주의적인 공무원단을 창설했다. 이처럼 그는 행정 기구를 안정시켜, 권위주의 국가에 이바지하는 그 역량을 강화했다.

제헌의회는 행정 제도에 적용했던 것과 동일한 원칙에 따라 사법 제도를 개편했다. 그러나 이 부문에서 선거제는 같은 어려움을 겪지 않았다. 왜냐하면 1790년 8월 16일의 법령에 따라 "5년간 법원에서 판사나 법률가로 공공연하게 종사했던 자만"이 판사로 선출될 수 있었고, 임기가 6년인 데다 연임할 수 있었기 때문이다.

혁명력 3년의 헌법은 판사의 임기를 5년으로 축소했다. 그러나 이 조치는 사법 관직의 안정성과 권한을 조금도 해치지 않았다. 형사 소송의 절차 문제에서 제헌의회는 자유주의적 입장을 분명하게 드러냈다. '검찰관제'는 폐지되었고, 어떠한 다른 기관에도 범죄 수사 임무가 부여되지 않았다. 예심의 초기 단계를 제외한 모든 절차는 공개하도록 규정되었다. 기소 배심원단과 판결 배심원단의 이중 배심원제는 피고에게 보호막이 되었다.

사법 조직은 자연히 상황의 영향을 받았고 그리하여 국가의 구조가 겪었던 것과 같은 방향으로 변화했다. 피선거의 자격에 대해 국민공회는 만 25세 이상이어야 한다는 점을 제외하고 모든 자격 요건을 폐지했다. 이러한 상황에서 소송 절차는 간소화되어 갔다. 그와 동시에 사법권은 행정권에 종속되었다. 사실상 권력의 분립은 혁명정부의 등장과 함께 사라졌고, 혁명정부는 권력의 집중과 통합을 실현했다. 공포정치기의 사법 제도에는 약식 재판을 하는 특별 재판소가 설치되고 보통법에 대한 보장이 폐지되는 두 가지 특징이 있다. 총재정부기의 사법 조직에서는 공포 정치기의 이러한 특징이 남긴 영향을 여전히 느낄 수 있다. 혁명력 3년의 헌법은 총재정부에게 구인장과 체포 영장을 발부할 수 있는 권한을 허용했으며, 특별 재판제는 올빼미당원이건 자코뱅파 인사건 정치적 반대파를 재판하기 위한 군사위원회라는 형태로 존속했다.

마지막으로 법전 편찬의 측면에서 혁명의 업적은 미완성이었다. 혁명은 단일한 국민법 체계를 세우기 위하여 봉건법과 교회법을 파괴했고, 심지어 로마법도 거부했다. 1790년 8월, 제헌의회는 "단순하고 명백하여 헌법의 정신에 부합하는 대법전"을 편찬하기로 결정했다. 제헌의회는 1791년 9월 25일에 형법전을, 9월 28일에 농지법전을 채택했다.

위기가 절정에 달한 1793년 8월, 국민공회는 입법위원회를 대표하여 캉바세레스가 제출한 민법전의 초안을 심의했다. 비록 혁명 의회들이 이러한 작업을 마무리 짓지는 못했지만, 그래도 상당한 작업이 이루어졌다. 특히 기본법의 영역에서 결혼과 이혼, 상속과 유언, 농지 소유권과 저당권 같은 기본적인 문제에 대한 토대를 마련하였다. 이 영역에서도 테르미도르파 및 총재정부의 시기는 산악파의 입법과 비교해볼 때 명백히 후퇴한 시기이다. 예컨대 상속법과 관련하여 소급 적용을 거부한 것이 그렇다.

이러한 모든 개혁 조치는 통령정부기에 나타날 법의 안정화를 예고했다. 사실 이는 사회의 안정화를 반영한 것이었다. 다른 한편 판사의 임명제로 되돌아간 것이나 검찰관제의 점진적인 부활로 인해 국가의 권력이 강화되었다.

제헌의회가 만든 재정 제도의 주된 특징은 과세의 평등과 세 종류의 주요한 직접세(토지세, 동산세, 영업세)의 도입이었다. 이 부문에서 국가의 권한은 약화되었다. 간접세의 폐지로 막대한 양의 정기적인 수입원을 박탈당했고, 재무 행정이 사실상 소멸되었으며, 조세 할당과 징수권이 지자체로 이양되었기 때문이다. 하지만 여기서도 국가 권력이 일시적으로 약화됐다가 결국은 강화되는 일반적인 경향이 나타났다.

제헌의회가 도입한 조세 체제를 국민공회가 다시 손질했다. 국민공회는 1793년 3월 12일에 영업세를 폐지하고, 상공업 수입을 동산세의 부과 대상에 포함하기로 결정했다. 1793년에 내전으로 인하여 조세 수입이 감소하자 산악파의 국민공회는 혁명세 징수와 강제 공채 발행이라는 수단을 동원했다. 국민공회는 1793년 5월 20일에 공채 발행의 원칙을 결정하고 9월 3일에 공채를 발행했다. 발행 한도가 10억 리브르였던 공채는 수입이 1,500프랑(독신자는 1,000프랑)이 넘는 시민들에게 누진율로 부과되었다. 테르미도르파는 혁명력 4년 프뤽티도르 6일(1796년 8월 23일) 영업세를 부활시켜 제헌의회가 만든 체제로 복귀했다. 화폐 가치의 하락을 막기 위하여 혁명력 3년 테르미도르 2일(1795년 7월 20일)의 법은 토지세의 절반은 명목 가치의 아시냐로, 나머지 절반은 1790년 당시 가격의 현물로 납부해야 한다고 규정했다. 혁명력 7년, 총재정부의 양원은 조세 체제 전반을 개편했다. 프리메르 3일(1798년 11월 23일)의 법은 토지세의 의무적인 현금 납부를 회복시켰고, 니보즈 3일(1798년 12월 23일)의 법은 동산세의 세율을 크게 올렸다. 또한 브뤼메르 1일(1798년 10월 22일)의 법은 영업세의 과세 기준을 재조정했고, 프리메르 4일(1798년 11월 24일)의 법은 제4의 직접세인 호창세를 신설했다. 동시에 등록세(프리메르 22일, 1798년 12월 12일의 법)와 인지세(브뤼메르 13일, 1798년 11월 3일의 법)가 개편되었다. 이러한 일련의 입법 조치는 그 근간이 이후 1세기 이상이나 계속 유효했다는 점에서 근본적인 것이었다. 유산자들에게는 만족스럽게도, 국고 수입은 계속 감소했다. 그러나 양원은 간접세의 재도입에 반대하면서, 단지 통행세라는 이름의 도로세와 담배와 공공 역마차의 좌석에 세금을 부과하는 것으로 만족했다.

    제헌의회가 확립한 조세 징수 체제는 조세 수입이 형편없어진 주된 요인이었다. 징수 책임이 지방 자치 당국에 맡겨져 강제 수단을 동원할 수 없었기 때문이다. 혁명력 6년 브뤼메르 22일(1797년 11월 12일)의 법은 "직접세의 부과 및 징수, 그리고 이에 대한 소송과 관련된 모든 문제"에 대하여 지방 자치 행정을 지원하는 위원들로 구성되는 직접세국을 도마다 설치해야 한다고 규정했다. 이 법의 입법 의도는 전문 행정 기관이 아니라 오히려 단순한 감독 기관을 설치하는 데 있었다.

    따라서 국가의 재정 능력의 강화는 총재정부 시기에 큰 진전을 보았다. 보나파르트는 많은 점에서 선배들이 만든 수단들을 활용하는 것으로 만족했다. 그러나 그는 자유주의 국가를 권위주의 국가로 대체하는 과정에서 오직 중앙 권력에만 의존하는 효과적인 재정 행정을 창출하고, 곧이어 토지세 부과의 유일하게 합리적인 근거인 토지 대장을 작성하여 총재정부의 업적을 완성했다. 보나파르트는 결국 유산자들을 결정적으로 안심시켜 국가의 신용을 회복할 수 있었다. 제1제정 시기에 소금세를 포함하여 간접세를 재도입한 것은 이 분야에서 진행된 진화 과정의 완결인 동시에, 권위주의 국가의 힘을 과시하는 것이기도 했다.

국민적 통합과 권리의 평등

프랑스혁명은 몇 개의 단어에 모든 영감을 불어넣었다. '국민'은 그 가운데 하나이다. 발미 전투에서 적군의 연속 포격이 프랑스군의 전열을 흩뜨리려고 하자, 켈레르만은 놀란 프로이센군에 맞서 "국민 만세!"를 외쳐댔다. 이 구호는 외용군의 대열로 반향을 불러일으키며 퍼져 나갔다. 그 앞에서 적군은 주춤거렸다. 괴테에 따르면, "오늘 바로 이 자리에서 세계사의 새로운 시대가 열렸다."

1789년에 '국민'이란 단어는 새로운 의미를 부여받았다. 그것은 혁명에 대한 믿음과 희망이 불어넣은 감성의 정열적인 충동, 그리고 자발적인 집단적 움직임에 의해 새로운 차원을 지니게 되었다. 이제 국민은 융합하여 하나의 덩어리가 된 시민들의 총체, 즉 하나의 몸이 되었다. 여기에 더는 신분이나 계급이 존재하지 않았다. 프랑스적인 모든 것이 국민을 구성했다. 이 핵심어는 집단 정신의 가장 깊은 곳에까지 울리고, 숨어 있던 힘을 해방시키며, 사람들을 자기 자신 이상으로 끌어올렸다. 그러나 곧 그 단어의 외관 아래 새로운 질서가 만든 현실이 모습을 뚜렷하게 드러냈다. '국민', 이것은 페르디낭 브뤼노(Ferdinand Brunot)가 《프랑스어의 역사》에서 말한 '기만적인 용어(mots-illusions)'

가운데 하나였다. 사실상 국민적 현실의 사회적 내용은 혁명의 추세에 따라 변화했다. 비록 이 시기에 국민적 통합이 진전되었다는 것은 의심할 여지가 없지만, 권리의 불평등으로 인해 새로운 국민 내부에 기본적인 모순이 싹텄다. 즉, 국민은 소유권의 기반과 재산 제한 선거제라는 좁은 틀을 통하여 인식되었기 때문에 사실상 인민대중을 배제했다.

통합의 진전

프랑스 국민은 혁명기에 통합을 향한 결정적인 일보를 내디뎠다. 새로운 제도들은 행정적으로나 경제적으로 통합된 국가의 틀을 형성했고, 동시에 특권계급과 대불동맹에 맞선 혁명적 투쟁 속에서 국민 의식이 강화되었다.

제헌의회에 의한 제도의 합리화, 혁명정부에 의한 중앙 집권의 회복, 총재정부의 행정 개혁 등은 지방의 자율성과 특수주의를 파괴하고 통합된 국가의 제도적 장치를 마련함으로써 구체제 군주제의 과업을 완성했다. 그와 동시에 시민적 평등, 1790년의 연맹제 운동, 자코뱅 클럽 지부망의 확대, 1793년의 반연맹주의와 민중 협회의 총회 내지 '중앙 집회' 등은 '하나이고 나눌 수 없는' 국민이라는 의식을 일깨우고 단련했다.

새로운 경제적 유대관계는 국민적 통합을 강화했다. 토지 소유의 봉건적 세분화의 종식, 통행세와 내국 관세의 폐지, 관세 장벽을 정치적 국경에 일치시키는 '장벽의 후퇴'는 국내 시장을 통합해 갔다. 더욱이 보호주의적인 관세표는 국내 시장을 대외 경쟁으로부터 보호했다. 국내유통의 자유는 교통수단의 발전이 허용하는 범위 안에서 다양한 지역 간의 경제적 유대를 일깨워 공고히 했다. 경제적 통합은 단일한 도량형 제도를 요구했다. 1790년 5월 제헌의회는 '도량형위원회'를 설치하고, 1791년 3월 26일에 "지구 자오선의 길이와 십진법"에 기반을 둔 새로운 도량형 제도의 기본에 합의했다. 장바티스트 조제프 들랑브르 (Jean-Baptiste Joseph Delambre)와 피에르 메솅(Pierre Méchain)은 1792년에 됭케르크와 바르셀로나 사이의 자오선 길이를 측정했고, 르네 쥐스트 아위(René Just Haüy)와 라부아지에는 증류된 0°C의 물 일정량이 진공 상태에서 갖는 무게를 측정했다. 1792년 7월 11일, 도량형위원회는 두 가지 기본 단위인 '미터'와 '그램'에 기반을 두고 도량형 단위의 명칭을 결정지었다. 1793년 8월 1일과 혁명력 3년 제르미날 18일(1795년 4월 7일)에 결정적인 법령들이 통과되었다. 제르미날 18일의 법령 제5조는 '미터'를 "북극과 적도를 잇는 자오선의 호(弧)의 천만 분의 일에 해당하는 길이"로 정했고, '그램'은 "얼음이 녹는 온도에서 1미터의 백 분의 일인 입방체의 부피에 해당하는 순수한 물의 절대적인 무게"로 규정했다.

'미터법'을 실시하는 것은 그것을 제정하는 것과는 별개의 문제였다. 사실상 그것은 연기에 연기를 거듭하다 혁명 기간 중에는 결국 시행되지 못했다. 그것이 혁명력 10년 방데미에르 1일(1801년 9월 23일)부터 실시될 것이라고 규정한 것은 통령정부에 와서였다. 그러나 일상생활에서 새로운 측정 단위들이 구체제의 단위를 대체하는 과정은 매우 느리게 진행되었다.

국민 의식을 강화한 국민군은 통합의 강력한 수단이 되었다. 제헌의회는 이 부문에서 과감하지 못했다. 제헌의회는 민병대를 폐지하고, 1790년 2월 28일에 군대의 관직 매매제를 폐지하는 것으로 만족했다. 이후 누구나 장교직에 오를 수 있었다. 정규군의 조직에 관한 1791년 3월 9일의 법령도 자발적 지원에 의한 충원을 계속 유지했다. 그런데 그와 동시에 제헌의회는 혁명의 산물인 '국민방위대'를 합법화했다. 비록 방위대원의 자격을 능동 시민에게 국한하기는 했지만 말이다. 1790년 12월 6일의 법은 국민방위대에 대한 일반 원칙을 규정했고, 이는 1791년 9월 19일의 법을 통하여 재확인된 후 더 구체화되었다. 국왕의 탈주 사건에 뒤이어 정규군이 와해되고 전쟁의 위협이 나타나자, 제헌의회는 1791년 6월 21일 국민방위대에서 10만 명의 지원병을 차출하여 대대 단위로 편성했다. 이러한 1791년의 의용군에 더해 입법의회는 징집을 명령했다. 왕권의 몰락, 프랑스 국민을 향한 대불동맹의 위협, 정치 무대에 등장한 상퀼로트 등은 통합군의 형성에 결정적으로 박차를 가했다. 1792년 7월부터 수동 시민도 국민방위대에 입대할 수 있었고, 그리하여 국민방위대는 진정한 의미에서 국민적 성격을 지니게 되었다. 1793년 2월 24일, 국민공회는 30만 명 징집령을 내렸다. 다른 한편 국민공회는 2월 21일에 구(舊)정규군의 연대와 의용군의 대대를 묶는 '군통합법'을 통과시켰다.

그러나 실제로 군대의 통합은 더디게 진행되었다. 통합군의 편성 방법은 혁명력 2년 니보즈 19일(1794년 1월 8일)에 와서야 법령을 통하여 결정되었다. 다른 한편, 1793년 8월 23일의 총동원령에도 불구하고 모든 프랑스인이 군대 복무를 위해 소집된 것은 아니었다. 전면적인 징집이었는데도 불구하고 만 18세부터 25세까지의 독신자 또는 아이가 없는 홀아비들만이 징집되었다. 게다가 그 이후 테르미도르파 국민공회는 징집을 더는 실시하지 않았다. 따라서 의무적인 군대 복무는 여전히 예외적이었다. 혁명력 6년 프뤽티도르 19일(1798년 9월 5일)에 통과된 징병제에 관한 주르당 법은 이제 군대 복무를 상시화했다. 그 조항은 다음과 같다. "모든 프랑스인은 군인이다."(제1조) "징병의 대상은 만 20세부터 25세까지의 모든 프랑스인이다."(제15조)

그러나 징집 대상자가 모두 군대에 복무하는 것은 아니었다. 징병의 규모는 입법부가 특별법을 통하여 결정했다. 특히 혁명력 7년 제르미날 28일(1799년 4월 17일)의 법은 대리 복무제 원칙을 도입했다. 이것은 같은 해 메시도르 14일(1799년 7월 2일)에 폐지되었다가, 보나파르트가 명사들의 비위를 맞추기 위해 재도입하였다. 그러나 이러한 제약 조건에도 불구하고 '군 통합법'과 매년 실시되는 대량 징집 덕분에 군대는 진정한 의미에서 통합되고 국민적 성격을 지니게 되었다. 사실상 혁명력 7년과 제1제정 시기에 모든 등급의 징집 대상자가 다 소집되어 징병제가 현실화했다. 테르미도르 이후의 반동이 군대의 공민 정신을 서서히 변모시켰음은 사실이다. 그래도 '무기를 든 국민'이라는 원칙은 여전했다. 군대에서 용맹함에 대한 보상으로 주어지는 빠른 진급은 여전히 민중에 대한 평등의 상징이었다. 바로 이 두 가지 점에서 보나파르트가 물려받은 비길 데 없는 전쟁 기구는 여전히 국민적 통합의 기본적인 요소 가운데 하나였다.

프랑스어 또한 동일한 발전 과정을 경험했다. 1789년 당시 프랑스인의 대부분은 오직 방언이나 '사투리'를 사용했다. 따라서 그들은 지적·정치적 삶의 주류에서 크게 벗어나 있었다. 지방의 자율성에 각별한 관심을 보였던 제헌의회는 언어적 특수주의를 보호했다. 1790년 1월 14일, 제헌의회는 모든 법령을 프랑스 국내에서 사용되는 모든 종류의 방언으로 번역할 것을 규정했다. 그 반대로 전쟁을 국민화했던 국민공회는 프랑스어를 국어로 만들려고 애썼다. 언어의 통일이 국민의 통합을 공고히 하는 데 이바지할 것이기 때문이었다. 클럽과 여러 민중 협회에서는 이러한 방향으로 많은 노력을 했다. 여기에서 프랑스어로 자신의 견해를 표현하는 것은 곧 애국심의 증거로 간주되었다. 공포 정치 시기에 방언을 사용하는 사람은 반혁명과 대불동맹의 공범으로 보였다. 우리는 예컨대 특히 생쥐스트가 알자스에서 그 유명한 파견의원 시절에 이중의 적을 겨냥하여 행했던 것을 '언어의 공포 정치'라고 부를 수 있다. 혁명력 2년 플뤼비오즈 8일(1794년 1월 27일), 바레르는 공안위원회를 대표하여 "옛 방언들"을 비난했다.

> 연방주의와 미신은 '저지 브르타뉴어(bas-breton)'로 말하고, 망명과 공화국에 대한 증오는 독일어로 말합니다. …… 군주제에는 바벨탑을 모방하려는 충분한 이유가 있습니다. 그러나 민주주의에서 시민들을 국어를 모르게 내버려 두어 권력을 감시하지 못하도록 한다면, 이는 곧 조국을 배신하는 일입니다. …… 인권선언에 사용되는 영광을 누렸던 프랑스어는 반드시 모든 프랑스인의 언어가 되어야 합니다. 시민들에게 혁명의 가장 확실한 동인(動因)인 공적 사고의 수단, 즉 공통의 언어를 마련해주는 일은 우리의 의무입니다.

이런 연후로 국민공회는 모든 공공 문서와 공증 증서에서 프랑스어의 사용을 의무화했고 브르타뉴어, 바스크어, 이탈리아어, 독일어를 사용하는 모든 도에 열흘 안으로 코뮌마다 한 명씩 교사를 배치하라고 명령했다. 테르미도르의 반동 이후 관용 정책으로 복귀하자, 곧 공공 문서는 다시 각 지방의 방언으로 번역되었다. 동일한 반동이 언어 교육에서도 뚜렷하게 나타났다. 즉, 초등학교에 관한 혁명력 3년 브뤼메르 27일(1794년 11월 17일)의 법은 "프랑스어의 기초"를 가르쳐야 한다고 규정했던 반면에, 혁명력 4년 브뤼메르 3일(1795년 10월 24일)의 법은 프랑스어를 가르쳐야 한다는 내용도, 심지어는 프랑스어로 수업을 해야 한다는 내용도 규정하지 않았다. 라틴어의 자리를 이어받은 국어인 프랑스어는 단지 '중앙학교'와 고등 교육에서만 결정적인 위치를 차지했을 뿐이다. 이처럼 이 분야에서도 국민적 통합은 어느 정도 사회적 차별성을 보였다.

궁극적으로 볼 때, 특히 시민 교육이 국민 의식의 형성을 촉진할 것으로 여겨졌다. 바로 이런 이유에서 혁명 의회들은 교육에 관심을 두었다. 교육의 목표는 시민을 양성하는 데 있었다. 제헌의회 시기에 주임 사제들은 일요 설교 때 의회의 법령과 포고문을 낭독했다. 공공 교육의 계획안들은 학생들에게 항상 권리선언과 헌법을 낭독하고 그것을 해설해주어야 한다고 규정했다. 혁명력 2년 프리메르 29일(1793년 11월 19일)의 법은 기초적인 교과 내용 가운데 "인간의 권리, 헌법, 영웅적이거나 고결한 행위들에 관한 서술"이 으뜸이라고 규정했다. 초등 교육에 관한 테르미도르파의 법들은 동일한 교과 내용(당연히 혁명력 3년의 선언과 헌법)과 "공화주의 도덕의 기본 원리"를 가르치기로 계획했다.

대규모 국민 제전은 이러한 목적에 부응하기 위한 것이었다. 이 가운데 시기적으로 최초인 것이 1790년 7월 14일의 '연맹제'라면, 볼테르 유해의 팡테옹 이전을 기리기 위한 1791년 7월 11일의 축제는 진정한 의미에서 최초의 철학적 제전이었다. 그 제전은 다비드가 고대의 장례식을 본떠 구상하였다. 그 이후 중대 사건이 있었던 날마다 화려한 행렬이 벌어졌다. 화가 다비드, 시인 마리조제프 셰니에, 작곡가 고세크와 메윌은 그런 축제에서 종종 예술의 매력을 뽐내곤 했다. 그 가운데 매우 유명한 것으로 1792년 4월 15일의 '자유의 축제', 1793년 8월 10일의 '공화국의 단일성과 불가분성의 축제', 혁명력 2년 프레리알 20일(1794년 6월 8일)의 '최고 존재의 축제'를 꼽을 수 있다. 혁명력 2년 플로레알 18일(1794년 5월 7일)의 법령은 최고 존재에 대한 예배를 제정하는 한편, 혁명의 영광스러운 여러 사건과 "인간에게 가장 고귀하고 가장 유용한 덕성"을 기리기 위한 순일제와 대규모 국민 제전을 거행하라고 규정했다. 공공 교육의 조직에 관한 혁명력 3년 브뤼메르 3일(1795년 10월 24일)의 법령은 7대 국민 제전을 제정했다. 혁명력 3년의 헌법은 국민 제전을 거행하는 목적이 "시민들 간에 우애를 유지하고 그들을 헌법과 조국, 그리고 법에 결합시키는 데" 있다는 원칙을 제시했다. 총재 정부 시기에는 특히 캄포포르미오 조약을 기념하고, 오슈와 장 자크 루소를 기리는 축제가 화려했다. 1798년 7월 27일, 장엄한 행렬이 자유와 예술을 찬미했다.

그러나 대규모 시민 제전의 변모 과정을 보면, 혁명 기간 중에 국민 감정이 여전히 사회적으로 얼마나 제약을 받고 있었는가 하는 점을 여실히 알 수 있다.

그 절정기는 혁명력 2년이었다. 당시 시민 제전은 완전히 국민적인 성격을 지녔다. 민중은 제전에 참석하는 데 그친 것이 아니라 적극적으로 참여했다. 이들은 국민 가운데서 자신들의 역할을 두드러지게 하는 축제에서 빼놓을 수 없는 요소였다. 이 새로운 예술의 창조자인 다비드는 조형 예술, 즉 회화와 조각의 모든 것을 활용했다. 음악은 웅대한 규모의 합창단이나 합주단을 통해 중요한 역할을 했다. 의상과 무대 장치의 기술도 한몫을 하였다. 마지막으로 행렬을 꾸미는 데 다비드는 모든 수단을 강구했다. 이처럼 국민 제전은 애국심과 공화국에 헌신하는 데서 동일한 믿음과 감성을 지닌 전 인민의 열정을 절정으로 이끌었다.

테르미도르의 반동과 더불어 대제전은 정치적이고 사회적인 내용을 상실해 갔다. 이제까지 주역이었던 민중은 점차 단역으로 축소되었고, 결국엔 구경꾼으로 전락하고 말았다. 그리하여 축제는 진정한 의미에서 국민적인 성격을 잃게 되었다. 곧 군대의 열병식과 '관제(官製)' 축연이 '국민' 축제를 대신하였다. 민중이 정치 활동에서 배제되자, 통합은 권리의 불평등을 호도하는 겉치레에 불과하게 되었다.

권리의 평등과 사회적 현실

1789년의 인권선언 제1조가 선언한 권리의 평등과 제3조가 명시한 국민 주권의 원리는 이론적으로 국민적 통합의 강력한 요인 가운데 하나였다. 이론적인 평등의 선언, 구체제 사회 계서제의 기초를 이루었던 개인과 '집단(corps)'의 특권 폐지, 제헌의회의 과업을 지배하는 사회적 관계에 대한 개인주의적 관념 등은 평등한 사회와 통합된 국민이라는 토대를 형성했다. 그러나 제헌의회의 부르주아지는 소유권을 자연권의 범주에 포함하고 경제적 자유를 바로 새로운 사회 조직의 원칙으로 삼음으로써, 극복할 수 없는 모순을 새로운 사회의 핵심에 자리 잡게 했다. 그들의 정치적 업적인 국민 주권의 원리와 재산 제한 선거제 사이에서도 동일한 모순이 나타났다. 사실상 1789년에 부르주아지가 권리의 평등이라는 원칙을 내세운 것은 단지 특권계급의 특권을 공격하기 위해서였다. 민중에 대하여 부르주아지는 법이라는 관점에서 이론적인 평등만을 문제시할 뿐이었다. 부르주아지에게 사회민주주의란 일고의 가치도 없었고, 심지어 그들은 정치적 민주주의도 거부하였다. 법적으로 국민은 재산 제한 선거제의 부르주아지라는 좁은 틀에 국한하였다.

반면에 인민대중은 권리의 평등에 대해 더 구체적인 관념을 가졌고, 부르주아지에게는 이론적인 표명에 불과했던 것을 문자 그대로 받아들였다. 따라서 문제는 1789년의 '위대한 희망'에 실질적인 내용을 부여하는 일이었다. 민중 투사들은 권리의 평등으로부터 생존권을 이끌어냈다. 민중계급은 이러한 인식과 자신들의 조직 덕분에 평등한 동반자로서 국민에 합류할 수 있었다. 이 점을 자각하는 데에 식량 문제가 강력한 동인(動因)이 되었다. 배타적인 소유권에 내포된 경제적 자유와 이윤 추구의 자유는, 통합된 국민의 구축뿐만 아니라 권리의 평등이라는 원칙에 모순되는 것으로 보였다. 당시 상황으로 인해 이 문제가 전면으로 부상했고, 부르주아지는 양보할 수밖에 없었다.

1792년 8월 10일의 혁명으로 보통 선거제가 도입되었고, 수동 시민의 무장화를 통하여 민중이 국민에 통합되었으며, 정치적 민주주의가 도래했다. 그와 동시에 대불동맹과 반혁명에 맞서 투쟁해야 했기 때문에 새로운 국민적 실체의 사회적 성격이 강화되었다. 1793년 6월 24일의 권리선언은 비록 소유권에 관해 부르주아적 개념을 되풀이했지만(제16조), 그래도 제1조를 통하여 다음과 같은 점을 명확히 했다. "사회의 목적은 공공의 행복에 있다. 정부는 인간이 자연적이고 소멸할 수 없는 권리를 향유할 수 있도록 보장하기 위하여 설립된다."

또한 권리선언은 제21조와 제22조를 통하여 부조 및 교육의 권리를 인정했다. 1793년 여름에 벌어진 정치적·사회적 투쟁 과정에서 민중운동의 지도자들은 한 걸음 더 나아갔다. 그들은 소유권을 생존권에 종속시켜 민중계급까지 포함하는 단일한 국민이라는 이론적 토대를 놓았다. 이윽고 그들은 생존권으로부터 아주 자연스럽게 '향유의 평등'이라는 결론에 도달했다. 1793년 8월 20일, 펠릭스 르펠르티에는 제1차 선거회의 위원들을 대표하여 국민공회에서 다음과 같이 선언했다.

프랑스 공화국이 평등에 기반을 두는 것만으로는 충분하지 못합니다. 법과 풍속이 행복하게 조화를 이루어 향유의 불평등을 제거하는 방향으로 작용해야만 합니다.

혁명력 2년에 소유권을 제한하고 노동권, 부조권, 교육권을 조직해야 한다는 민중의 요구가 그렇게도 끈질기게 제기되었던 것은 바로 이러한 전제에서 비롯되었다.

혁명력 2년의 평등주의 공화국을 특징짓는 사회민주주의적 시도는 실현 가능하지 못했다. 통제 경제 체제는 사적 소유권의 토대 위에서 유산자와 무산자, 생산자와 소비자, 고용주와 임금 노동자의 이해관계를 화해시키려고 노력했다. 그런데 통제 경제 체제는 이윤 추구의 자유를 제한하는 것이 가장 두드러진 특징이면서도, 사적 소유권의 원칙 자체에는 결코 이의를 제기하지 않았다. 단지 경제적 자유의 지지파와 경제적 규제의 지지파 사이에만 대립이 있는 것은 아니었다. 바로 상퀼로트 내부에서 소장인들과 소상점주들이 집착하고 직인들이 열망했던 사적 소유권의 원칙은, 그들이 요구하는 경제적 규제 조치와 공정 가격제에도 모순될 뿐만 아니라 개인의 노동에 기반을 둔 제한된 소유권에 대한 그들의 관념에도 모순되는 것이었다. 바로 이러한 복합적인 모순 때문에 혁명력 2년의 사회 체제와 혁명정부는 필연적으로 몰락할 수밖에 없었다. 정치적·사회적 민주주의는 포기되었고, 한때 인민대중에까지 확대되었던 국민은 또다시 유산자들로, 재산 제한 선거제의 부르주아 공화국이라는 좁은 틀로 축소되었다.

권리의 평등과 경제적 자유 사이에 존재하는 모순은 모든 사회민주주의적 시도와 상퀼로트들이 헛되이 주장한 '향유의 평등'을 환상에 불과한 것으로 만들었다. 평등파의 음모를 대표하는 이론가들인 바뵈프와 부오나로티는 이러한 모순을 극복했다. 이들은 생산 수단의 사적 점유에 비판의 초점을 맞춤으로써 이전의 한계를 뛰어넘었다. 혁명력 4년 프리메르 9일(1795년 11월 30일)에 발표된 '평민계급의 선언'은 일시적일 뿐인 토지 균분법을 거부하고 상속의 철폐를 촉구했으며 토지 소유권의 폐지를 분명하게 요구했다. '재산과 노동의 공동체'는 향유의 평등을 가능하게 할 것이었다. 왜냐하면 그것은 바로 권리의 진정한 평등과 형식적이지 않은 국민적 통합을 달성하기 위한 조건 자체이기 때문이었다. 이러한 풍요로운 사상의 지침은 이후 사회주의 이론가들의 성찰에 방향을 제시해줄 것이었다.

하지만 테르미도르파 부르주아지는 공포에 사로잡혀 사회민주주의라는 개념뿐만 아니라 정치적 평등의 어떠한 기미조차도 배척했다. 혁명력 3년의 헌법은 재산 제한 선거제로 복귀했다. 권리선언은 "평등은 법이 보호해주는 경우에도, 처벌을 가하는 경우에도 만인에게 동일하다."(제3조)고 명확하게 규정하는 수고를 아끼지 않았다. 즉, 테르미도르파에게 평등이란 시민적 평등을 의미할 뿐이었다. 이렇듯 '1789년'의 전통과 연속성이 회복되었으며, '명사들', 말하자면 유복한 유산자 계층으로 구성되는 국민의 틀이 형성되었다. 1799년 6~7월, 대외적인 위협은 부르주아 국민의 불안정한 균형 상태를 또다시 위태롭게 했다. 그러나 이제 부르주아지가 지닌 사회·정치적 우위는 인민대중에 의해 균형이 잡힐 가능성이 없었다. 반동이 급속하게 진행되었고, 이것이 바로 브뤼메르 18일의 쿠데타가 갖는 의미였다. 이를 통해 국민은 혁명력 3년에 명사들이 부여한 한계를 계속 유지하였다. 평등은 여전히 형식적인 것에 그쳤고, 통합은 국민의 사회적 내용이 아니라 기본적으로 단순한 제도적 틀에 불과했다.

사회권 – 부조권과 교육권

상퀼로트가 생각하는 권리의 평등이란, 삶의 조건에서 불평등을 제거하는 것이었다. 부조받을 권리란 이러한 일반적 요구의 한 측면에 불과하다. 중요한 것은 시민 각자에게 생계를 보장해주어야 한다는 것이다. 다른 한편, 상퀼로트들은 교육의 권리를 요구하며 '유능한 인사들'과 동등하게 운명을 스스로 주도하고자 하는 야심을 드러냈다. 그러나 부르주아 혁명은 이러한 이중의 기대를 저버렸다.

빈민 구제는 구체제 시기에 이를 책임졌던 교회의 재산이 몰수됨에 따라 세속화되었고, 제헌의회에게 공공 업무가 되었다. 1790년, 제헌의회는 '빈민구제위원회(Comité de mendicité)'를 설치했다. 이 위원회는 사회가 가난한 구성원들에 대해 부조의 의무를 지니며 그 책임과 경비는 국가가 부담한다는 원칙을 천명했다. 1791년 헌법의 첫 번째 항목('헌법이 보장하는 기본 조항들')은 "버려진 아이들을 키우고 가난한 장애인들을 도와주며 스스로 생계를 마련하지 못하는 가난한 정상인들에게 일자리를 제공하기 위하여 공공 구제 종합 기관을" 설치해야 한다고 규정했다.

그러나 사실상 제헌의회는 이 부문에서 전반적인 개혁을 추진할 능력이 없었다. 제헌의회는 문제를 기존 상태 그대로 내버려 두고, 단지 자선 수도회의 재산을 국유 재산의 매각 대상에서 제외했을 뿐이다. 하지만 십일조와 봉건적 부과조의 폐지로 인해 그 재원이 감소하자, 의회는 정부의 보조금 지급을 통하여 그것을 보충하려고 노력했다. 이 부문에서 제헌의회가 취한 두 가지 근본적인 조치는 자선 작업장 설치에 관한 1790년 5월 30일과 8월 31일의 법령이었다. '빈민구제위원회'의 이름을 '공공부조위원회(Comité des secours publics)'로 바꾼 입법의회는 1792년 8월 19일에 모든 종교 자선 단체를 없앰으로써 사태를 상당히 악화시켰다. 기존의 구호 체제는 파괴되었지만 이를 대신할 어떠한 것도 마련하지 못한 상태였다.

국민공회는 부조에 관한 입법에 새로운 자극을 주었다. 비록 이를 현실화할 능력은 없었지만 말이다. 1793년 3월 19일, 구호의 일반 조직의 원칙에 관한 법령은 다음과 같은 점을 분명히 했다.

  1. 모든 인간은, 건강하다면 노동을 통하여, 일할 수 없다면 무상의

부조를 통하여 생계를 유지할 권리를 갖는다.
  2. 빈민에게 생계를 제공하는 일은 국민적 의무이다.

1793년 6월 24일의 권리선언은 제21조를 통하여 같은 원칙을 되풀이했다. "공공 구제는 신성한 책무이다. 사회는 불행한 시민들에게 노동을 제공해주고 노동할 수 있는 상태가 아닌 자들에게는 생존 수단을 보장해줌으로써 생계의 의무를 지닌다." 1793년 6월 28일~7월 8일의 법은 가난하거나 버림받은 아이들, 노인들, 극빈자들에게 구호를 제공하도록 규정했다. 1793년 10월 15일의 법은 "구걸 행위를 종식하기 위하여" 한편으로 "취로 사업"을 제공하고 다른 한편으로 부랑자들을 "교화원(敎化院)"에 수용하도록 규정했다. 이는 "구빈원(救貧院)"과 자선 작업장이라는 구체제 당시의 자선 관행을 되풀이했다는 뜻이다. 그렇지만 재정적 어려움 때문에 정부와 지자체의 개혁 노력은 상당한 난관에 봉착했다. 그 결과 혁명력 2년 겨울 내내 민중 조직들은 끊임없는 요구를 제기했다. 드디어 혁명력 2년 플로레알 22일(1794년 5월 11일)의 법령은 '국민 구호 대장'을 개설하여 상퀼로트들이 막연하게나마 요구했던 사회 보장 제도의 윤곽을 제시했다. 그러나 이 법령은 농촌 지역에만 적용되었다. 이에 따라 도마다 장애를 가졌거나 60세가 넘는 제한된 수의 농민과 소장인, 그리고 아이를 부양해야 하는 어머니와 과부가 부조를 받게 되었다. 내각이 폐지된 이후 '공공부조위원회'가 만들어졌다. 이 위원회는 공공 부조의 실질적인 주무 부서로서, 군대의 병원을 포함하여 모든 구호를 할당하는 책임을 맡았다. 혁명력 2년 메시도르 23일(1794년 7월 10일)의 법은 "병원과 기타 구호 단체의 자산 및 부채"가 국유 재산이라고 선언했다. 이는 곧 구제 행위가 국영화되었다는 뜻이다. 그러나 바로 그때 갑자기 테르미도르의 반동이 일어났다. 민중의 커다란 희망이 꺾였을 뿐만 아니라, 산악파의 이러한 입법

조치 가운데 살아남은 것은 아무것도 없었다.

　테르미도르파 및 총재정부파 부르주아지는 더 현실주의적이거나 더 이기적이었다. 그들은 제헌의회처럼 이론적인 선언을 하거나 국민공회처럼 광범위한 계획안을 제시하는 대신에, 실질적인 조치를 취하는 것으로 만족했다. 테르미도르파는 당시까지 팔리지 않은 병원과 구제원의 재산을 되돌려주었다. 총재정부는 구제 행위를 국영화하는 것이 불가능하다고 판단하여 각 지방 당국에 맡겼다. 혁명력 5년 방데미에르 16일(1796년 10월 7일)의 법은 병원과 구제원에 대한 직접적인 감독권을 지방자치체에 부여했다. 지자체가 임명하고 통제하는 '행정위원회'가 재무 관리를 맡았다. 아울러 이 위원회는 몰수당해 매각된 병원과 구제원의 재산을 되돌려줄 수 있는 법적 권한도 부여받았다. 그러나 각 지자체의 이러한 행정위원회가 상당한 성과를 거두었는데도 불구하고, 구제 기관들의 재정 상태는 종종 심각했다. '구호 사무소'의 설치를 규정한 혁명력 5년 프리메르 7일(1796년 11월 27일)의 법 또한 극빈자들에 대한 구호 책임을 지자체에 맡겼다. 그 재정은 연극 관람료에 프랑 당 2수로 부과되는 '구빈세'로 충당하였다. 반면에 걸인들은 감금했다. 마지막으로 혁명력 5년 프리메르 27일과 방토즈 30일(1796년 12월 17일과 1797년 3월 20일)의 법은 버림받은 아이들을 국가 비용으로 농촌에서 양육하는 책임을 행정위원회의 감독을 받는 병원과 구제원에 맡겼다.
　이렇듯 부조 행위의 세속화는 혁명에서 비롯하였다. 적어도 원칙의 차원에서 총재정부의 업적은, 제헌의회의 야심이나 산악파 국민공회의 위대한 입법 행위에 비하면 명백한 후퇴였다. 물론 그 업적을 보면, 총재정부가 실제로 재정 능력에 맞추어 제도를 정비하는 데 구체적으로 관심을 보였다는 것을 알 수 있다. 이러한 한계 내에서 총재정부의 업적은 효과적이고 영속적이었다. 그러나 이러한 부르주아적 입법 행위는 총재정부가 제도를 전면적으로 개편하는 가운데 추가된 조치이고, 자선이라는 전통적인 관념에 기반을 둔 것이었다. 따라서 그러한 입법은 '향유의 불평등'에 대한 구제책을 제시하여 인민대중이 사회적으로 국민에 통합될 수 있도록 해야 한다는 인민의 열망을 충족시키기에는 턱없이 부족했다.

교육 문제는 혁명 의회들의 변함없는 관심사였다. 하지만 교육 부문에서 이루어진 개편 노력은 인민대중에게 실망을 안겨주었다.

제헌의회는 일찍부터 프랑스에 새로운 교육 제도를 도입하겠다는 의지를 천명했다. 또한 '헌법이 보장하는 기본 조항들'을 통하여 "'공공 교육'은 모든 시민들에게 공통적으로 실시하되, 모든 사람들에게 필수적인 교육인 경우에는 무상으로 실시해야 한다."는 원칙을 제시했다. 그러나 사실상 제헌의회는 1790년 10월 28일에 교육 기관에 속한 재산의 매각을 연기하고 콜레주에 보조금을 지급하기로 결정하면서, 기존의 교육 기관이 수행하던 기능을 계속 보장해주는 것으로 만족했다. 제헌의회는 겨우 1791년 9월 10일이 되어서야 교육에 관한 탈레랑의 보고를, 그것도 아무런 토의 없이 청취했을 뿐이다. 가시적인 결과를 얻는 데 더 관심을 보인 입법의회는 '공공 교육위원회'를 설치했다. 이 위원회의 주된 업적은 '공공 교육의 일반 조직'에 관한 초안을 작성한 것이었다. 이를 콩도르세가 1792년 4월 20일과 21일 이틀에 걸쳐 의회의 연단에서 낭독했다. 여러 혁명 의회에 제출된 것 가운데 가장 중요한 이 계획안은, 넓은 안목과 철저한 낙관주의라는 면에서 당대의 특징을 잘 보여준다. 이 초안은 교육을 통하여 모든 능력과 재능을 계발하고 "이를 통해" 재산 제한 선거제로 인한 불평등을 고칠 수 있는 "사실상의 평등을 시민들 사이에 확립할 것"을 제안했다. 이렇듯 혁명은 "모든 사회 제도가 마땅히 지향해야 할 궁극적 목표인 인류의 총체적이고 점진적인 이러한 완성"에 이바지할 것이었다.

그러나 입법의회는 콩도르세의 초안에 대한 토론에 착수할 시간조차 가지지 못했다.

산악파 국민공회는 교육받을 권리를 인권의 하나로 간주했다. 1793년 6월 24일의 권리선언 제22조는 다음과 같이 규정했다.

> 교육은 만인에게 필요한 것이다. 사회는 온 힘을 다하여 공공 이성의 진보를 촉진하고 모든 시민들이 교육받을 수 있게 해야 한다.

1793년 7월 13일, 로베스피에르는 국민공회에서 르펠르티에 드 생파르조가 작성한 '국민교육안'을 낭독했다. 루소의 영향을 크게 받은 이 교육안은 교육에 대한 국가의 독점권을 규정했다. 그러나 민중 투사들은 특히 1793년 7월에 헌법을 받아들인다는 의견서를 통하여, 어린이들에게 공민 교육과 기술 교육을 동시에 제공할 수 있는 교육 제도를 요구했다. 그들은 이를 위해 '초등학교'에 관한 혁명력 2년 프리메르 29일(1793년 12월 19일)의 법령을 기다려야 했다. 이 법령은 지방 분권화된 무상 의무 교육 제도를 확립하도록 규정했다. 개인도 학교를 운영할 수 있지만 국가의 통제를 받아야 했다. 민중의 정신 상태에 썩 잘 부합하는 교육안이었다. 하지만 이를 어떻게 실시하느냐 하는 문제는 남아 있었다. 사실상 혁명정부는 전쟁 수행에 전력을 기울이고 있었기 때문에 이 과업에 미온적이었다. 게다가 상퀼로트들은 교육이 체제를 공고히 하고 권리의 평등을 실현하는 수단이라고 여기고 그것에 큰 희망을 걸었기 때문에 그들의 실망은 더욱 컸다.

테르미도르파 부르주아지는 처음에는 산악파의 과업을 그대로 유지했다. 그러나 그들은 무상 의무제를 포기하며 점차 자신들의 계급적 이익에 따라 정책의 방향을 바꾸어 갔다. 혁명력 3년 방데미에르 10일(1794년 10월 1일), 국민공회는 공민 정신을 기준으로 하여 군(郡)별로 선발된 1,300명의 젊은이를 넉 달 안에 교사로 양성하기 위하여 '사범 학교'의 설치를 법령화했다. 졸업 후 이들 가운데 일부는 교사 양성의 책임을 맡을 것이었다. 혁명력 3년 브뤼메르 27일(1794년 11월 17일)의 법령은 인구 1천 명당 하나꼴로 '초등학교'를 설치했으나, 의무 교육제는 아니었다. 교과 내용은 모든 계시 종교와는 무관한 공화주의적 도덕에 기반을 두었다. 군의 행정 당국이 임명한 심사위원회에 의하여 선발된 교사들은 국가로부터 보수를 지급받았다. 다른 한편, 이 법령은 모든 시민에게 "법정 기관의 감독 아래 사립학교를 개설할 수 있는" 권리를 인정했다.

중등 교육은 테르미도르파 부르주아지에게 훨씬 더 중요했다. 중등 교육의 목표가 새로운 사회와 국가의 간부들을 양성하는 데 있었기 때문이다. 조제프 라카날의 제안에 따라 혁명력 3년 방토즈 7일(1795년 2월 25일)의 법령은 "과학과 문학, 그리고 예술을 교육하기 위하여" 도마다 하나씩 '중앙학교'를 세웠다. 여기서 학생들은 세 단계의 학사(學事) 과정을 이수했다. 즉, 12~14세의 학생은 고대어, 현대어, 자연사, 데생을 이수했고, 14~16세의 학생은 수학, 물리학, 화학을 이수했으며, 16~18세의 학생은 일반 문법, 순수 문학, 역사학과 법학을 이수했다. 이처럼 과학과 프랑스어 및 프랑스 문학의 비중이 커져 교육 내용이 근대화되었다. 그런데 연구와 보급을 교육과 결합하는 방식이 독특했다. 교육심사위원회가 선발한 교수들에 대한 임명권을 도의 행정 관리들이 장악했다. 비록 중앙학교의 교과 내용과 교수 방법이 계몽사상기의 이데올로기적 흐름에 부합하기는 했지만, 무상 교육이 아니라는 점은 교육이 지닌 보수적 반동성을 명확하게 보여준다. 하지만 이런 측면은 "조국의 학생들"에게 장학금을 줌으로써 어느 정도 완화되었다.

고등 교육도 같은 이유로 테르미도르파의 주목을 받았다. 기존의 대학과 아카데미는 폐쇄되었다. 1793년 6월 14일에 산악파는 '왕립식물원(Jardin du roi)'을 개조하여 '자연사 박물관'을 설립했다. 그것의 설립 취지는 "특히 농업과 상업, 그리고 기술의 향상을 위하여 자연사에 관한 모든 지식을 대중에게 가르치는 데" 있었다. 혁명력 3년 방데미에르 7일(1794년 9월 28일), 국민공회는 '공공토목중앙학교'를 세웠고, 이것은 일 년 후 '파리 이공과대학'으로 이름이 바뀌었다. 방데미에르 19일(1794년 10월 10일), 그레구아르의 제안에 따라 설립된 '국립공예학교(Conservatoire des arts et métiers)'는 응용과학 분야에 집중했다. 이것은 또한 기계와 의장 특허의 보관소로서 "공예에 필요한 기계와 도구의 사용"에 관한 교육 기관으로도 기능했다. 혁명력 3년 프리메르 14일(1794년 12월 4일)의 법령은 파리, 몽펠리에, 스트라스부르에 3개의 '의학교(école de santé)'를 세웠고, 그 뒤를 이어 '동양어학교(École des langues orientales)'와 '천문대(Bureau des longitudes)'가 각기 혁명력 3년 제르미날 10일(1795년 3월 30일)과 메시도르 7일(6월 25일)에 설립되었다. 이러한 작업들을 마무리 지으려고 국민공회는 혁명력 4년 브뤼메르 3일(1795년 10월 25일)에 '프랑스 학사원(Institut national des sciences et des arts)'을 조직했다. 물리학 및 수학, 도덕과학 및 정치과학, 문학 및 예술 등 세 가지 부로 구성된 학사원은 "끊임없는 연구, 연구 성과의 공표, 국내외 학회와의 서신 연락을 통한 학문과 예술의 완성"을 목표로 했다. 학사원에는 여러 학문 사이에 통합과 유대가 있음을 입증하고 제시해야 할 의무가 있었다. 학사원 설치법의 보고자인 도누는 다음과 같이 선언했다. "학문과 예술이 끊임없이 대화하고 진보와 유용성을 위하여 항상 상호 작용하는 그러한 체제가 얼마나 행복한 결과를 가져올지 우리는 측량할 길이 없다."

공공 교육의 조직에 관한 혁명력 4년 브뤼메르 3일(1795년 10월 25일)

의 위대한 법은 앞에서 서술한 여러 가지 제도들, 즉 초등학교, 중앙학교, 여러 전문학교, 학사원 등을 하나로 통합했다. 그러나 여기에는 반동적 성격이 뚜렷했다. 의무 교육제에 이어 무상 교육제도 사라졌다. 교사가 학생들로부터 수업료를 받았고, 국가는 교사들에게 주택을 제공하는 것으로 그쳤다. 바로 이것이 총재정부가 물려받은 상황이었다. 총재정부는 중앙학교의 육성에 힘썼고, 중앙학교는 1796년에서 1802년까지 참으로 성공적이었다. 그러나 보나파르트는 전성기에 있던 중앙학교를 폐지했다. 다른 한편, 재원 부족으로 인해 각지에 초등학교를 세우는 일과 거기에 필요한 교사 양성이 어려워지자, 종교 교육을 실시하는 사립학교가 발전했다. 하지만 지자체의 감독을 받았다. 혁명력 6년 플뤼비오즈 17일(1798년 2월 5일)에 나온 총재정부의 행정 명령에는 다음과 같은 내용이 있었다. "한 무리의 사립학교 교사들이 학생들에게 주입하려고 노력하는 해로운 원칙이 퍼지는 것을 막으려면 그 어느 때보다도 지자체의 감독이 절실하다."

혁명기 말에 이르면 교육 부문에서 이룩한 혁명의 업적이 상당히 뚜렷하게 나타나긴 하지만 여전히 불완전했다. 교육에 대한 교회의 독점이 폐지되어, 교육은 세속화되고 근대화되었다. 하지만 사회적으로 교육은 여전히 소수의 특권이었다. 혁명력 2년 방토즈, 파리의 상퀼로트 구는 "각 개인이 자신의 자연권을 완전하게 향유하는 데 필요한 재능과 덕성을 획득할 수 있도록" 신속히 초등 교육을 실시하라고 요구했다. 이는 교육을 통하여 '사실상의 평등'을 실현하고 그럼으로써 "법이 승인한 정치적 평등을 실질적인 것으로 만들려는" 콩도르세의 위대한 구상과 합치되는 것이었다. 10년간의 혁명이 지난 뒤에도 그 성과는 기대에 훨씬 못 미쳤다.

유산자 국민에 합류한 특권계급

　브뤼메르의 쿠데타 직전, 모든 유산자들, 즉 부르주아들뿐만 아니라 종전의 특권계급까지 재산 제한 선거제의 틀 속에 합류하여 국민의 사회적 토대는 점차 안정되어 갔다. 내전과 공포 정치로 인해 망명 귀족과 선서거부의 성직자로 구성되는 중요한 소수파는 한동안 국민적 통합으로부터 배제되었다. 총재정부기가 끝날 무렵, 그들이 국민에 다시 통합될 것이라는 전망이 가능해졌다.

　망명자 진영에서 나타난 감성의 변화는 특권계급이 새로운 국민에 합류하기 쉽게 해주었다. 망명자들은 프랑스를 떠날 때 명예나 계급적 이기주의 때문에 전통적 가치에 강한 애착을 품었고, 그 이후 오랫동안 '국민'이나 '조국'이라는 단어에 경멸감을 드러냈다. 하지만 그들은 혹독한 망명 생활을 경험하면서 프랑스를 다시 배우고 새로운 조국에 애착을 품게 되었다. 그들에게 새로운 조국은 이제 "나의 종교, 나의 국왕"이 아니라, 이미 "대지요, 죽음"이었다. 망명 생활이 길어짐에 따라, 고국을 향한 그들의 추억과 회한은 더욱 깊어만 갔다. 토지 재산을 상실한 망명자들은 이제 그것이 갖는 감성적 가치를 깨달았다. 명예나 국왕 한 개인에 대한 충성은, 향수, 혹은 유년 시절까지 거슬러 올라가는 정답고 서글픈 추억으로 바뀌었다. 부재하는 조국의 감성적 현실을 발견한 망명자들은 코즈모폴리터니즘을 포기했다. 이 새로운 문학적 주제는 망명자들이 쏟아낸 〈애수〉니 〈회한〉이니 하는 제목의 시들을 통해 활짝 꽃피었고, 샤토브리앙의 유명한 시구인 "달콤한 추억(douce souvenance)"으로 이어졌다. 1802년 샤토브리앙은 자신의 저서 《기독교의 정수(精髓)》에서 다음과 같이 썼다. "자신의 조국 밖에서 경험하는 이러한 영혼의 우울함을 묘사할 때 사람들은 이를 향수병이라고 부른다. 그렇다, 그것은 정말 고국으로 돌아가야만 치유될 수 있는 그러한 병이다."

이와 동시에 토지 소유의 기반 위에서 특권계급이 새로운 프랑스에 정치적으로 가담할 분위기가 조성되었다. 전직 제헌의회 의원인 무니에는 소유권을 새로운 질서의 주축으로 보았다. 1795년, 그는 "이제 프랑스인들의 대부분은 질서, 휴식, 일신상의 안전, 그리고 소유권에 대한 존중을 열망한다."고 지적했다. 또한 1798년 3월 4일 자 편지에서는 "내가 보기에 유일한 구원의 방법은 소유권에서 버팀목을 찾는 일이다."라고 썼다. 이처럼 무니에는 소유제라는 토대가 특권계급이 정치적으로 가담할 수 있는 새로운 안정의 토대로 변모했다는 점을 이해했다. 말레 뒤 팡은 1799년 1월 25일 자 〈영국 메르퀴르(Mercure britannique)〉지에서, 특권계급이 가담할 수 있는 기본적인 조건으로서 "개인적 자유와 소유권을 보호하는 사회 형태를 채택해야 한다."고 요구했다.

이처럼 망명한 특권계급과 유산자 부르주아지는 10년간의 혁명이 지난 뒤에 서로 합쳐졌다. 모든 것이 그들을 대립시켜 왔는데도 두 집단은 이제 고향과 토지 소유권에 대한 애착이라는 내밀한 방법을 통하여, 프랑스의 토지와 조국 프랑스를 동일시하기로 합의하는 데 이르렀다. 그들은, 무산자이기 때문에 토지의 개념을 통하여 애국심을 구체화할 수 없는 자들에 더는 개의치 않았다. 혁명은 토지 소유권의 개념을 변형해 사실상 유산자들을 토지에 더 긴밀하게 결합시켰다. 지주 농민층은 봉건적 부과조 및 교회 십일조의 폐지와 국유 재산의 취득으로 혁명적 열정을 잃어버렸고, 이들과 농촌 무산 대중 사이의 간극은 더욱 벌어졌으며, 이들과 도시 부르주아지 사이의 보수적 유대는 강화되었다. 1789년 당시 조국은 하나의 현실이라기보다 오히려 풍성한 열망을 지닌 추상적 개념이었다. 그러나 이제 부르주아지와 부유한 농민층에게 조국은 새롭게 강화된 토지 소유 개념으로 인해 구체적인 개념이자 명확한 실체가 되었다. 즉, 조국은 이제 절대적이고 배타적으로 소유하는 토지를 뜻했다. 애국주의는 '1789년'의 정치적·사회적 내용을 상실하면서 이제 토지 소유권을 통하여 구체화되었다. 망명 귀족들은 아주 다른 과정을 거쳐, 즉 그들의 전통적인 편견에 비해 훨씬 강력한 본능과 감정의 가치에 호소하여 마찬가지로 조국의 개념을 토지와 동일시하고 구체화했다. 그 결과 망명 귀족이 지주 국민에 합류할 수 있는 조건이 만들어졌다.

이 분야에서 보나파르트의 업적은 특권계급과 유산자 부르주아지의 열망에 완전히 부합했다. 그는 사회를 토지라는 기반 위에서 안정화함으로써 귀국한 망명자들을 새로운 사회 계서제에 통합시켰고, 권위의 원칙을 강화하여 애초에는 그들에 대항하여 구축된 신질서에 그들을 적응시켰다. 보나파르트는 혁명력 10년 플로레알 6일(1802년 4월 26일)의 원로원 결의를 통하여 국경을 망명자들에게 훨씬 개방하면서, "모든 프랑스인들을 결합하고 가정을 평온하게 할 수 있는 모든 수단을 동원하여 프랑스 국내에 평화를 공고히 할 것이다."라고 선언했다. 그 어떤 것도 소유권만큼 가정을 평온하게 하고 부르주아 프랑스와 특권계급의 프랑스를 결합시킬 수는 없었다.

이렇듯 새로운 프랑스에 가담한 특권계급이 부르주아 국민에 통합됨으로써 새로운 지배계급의 구성 요소들이 하나로 융해되기 시작했으며, 이리하여 '1789년'의 인사들이 혁명에 부여했던 목표 가운데 하나가 성취되었다.

혁명의 유산

 이것이 바로 브뤼메르 18일의 쿠데타가 갖는 사회적 의미이며, 바로 이러한 이유에서 그 사건이 역사적 중요성을 부여받는다. 이제 명사들의 지배가 시작되었다. 앞으로 오랫동안 그것에 대해 어떤 이의 제기도 없을 것이었다. 국민과 조국, 이것들은 '1789년' 당시 모든 가능성을 함축한 듯 보였기에 더욱 혁명적인 개념이었다. 그러나 1799년에 이르면 이 개념들은 범위가 줄어들고 그 대신 유보 조건은 늘어만 가다가, 이제 소유권의 경계 안으로 축소되었다. 사회 구조의 변화와 더불어 국가의 구조도 변화했다. 보나파르트는 총재정부의 과업을 계속 추진하여 제도를 완비하고 국가의 권위를 강화했다. 그렇다고 국가의 본질이 변한 것은 아니었다. 명사들은 여전히 국가를 자신들의 특권을 지켜주는 보호막으로 여겼고, 그리하여 자신들의 법을 지키게 하고 자신들의 질서를 유지하게 하려고 국가가 조직된 것이라고 여겼다. 이런 의미에서 브뤼메르 18일의 쿠데타는 명사들을 결정적으로 안심시켜주었다. 그러나 이러한 변화는 이미 테르미도르의 반동과 프레리알의 쿠데타 이후부터 진행되고 있었다.
 물론 보나파르트는 브뤼메르 쿠데타의 추진자들, 즉 '브뤼메르파'의 예측에 어긋나게도 자유를, 심지어 부르주아의 자유까지 빼앗고 자신의 개인적인 권력을 구축했다. 하지만 이러한 특징을 과장해서는 안 된다. 비록 보나파르트의 개성이 특출하기는 했지만, 이 영역에서도 역시 연속성은 단지 겉으로만 단절되었을 뿐이다. 혁명이 전쟁을 개시한 이래 그러한 변화는 이미 배태되어 있었다. 로베스피에르는 이미 1792년 1월에 그것을 예감했다. 대외 전쟁과 내전이 계속되고 부르주아지가 사회민주주의에 대한 두려움으로 민중의 지지를 거부했기 때문에, 유산자들의 공화국이 자유주의의 외피를 쓰고 행정부의 권한을 점차 강화해 간 것은 필연적인 일이었다. 총재정부는 이런 정책에 완강하게 집착했다. 총재정부는 개혁과 사회적 안정화를 위해 실질적인 노력을 기울이면서도, 조금도 망설이지 않고 헌법을 위반하고 위선적인 폭력이라는 수법을 동원했으며 선거의 결과를 수정하려고 의도가 빤한 호선제에 호소했다. 강압적인 기질의 보나파르트는 권력에 그렇게도 원하던 효율성을 부여하여 권력을 집중시켰다. 이런 식으로 그는 자신의 힘으로도 중단할 수 없는 변화를 가속화했다. 통령정부의 전설적인 강렬함으로 총재정부 과업의 중요성과, 이 두 시기가 얼마나 불가분의 관계에 있는지를 완전히 숨길 수는 없다.

  곧이어 보나파르트는 혁명이 끝났다고 단언하면서 프랑스를 안정시킨 공로가 자신에게 있다고 주장했다. 그러나 혁명은 1795년 봄 이후, 특히 혁명력 7년 프레리알의 극적인 쿠데타 이후 사실상 종언을 고했다. 그때부터 부르주아지는 균형점을 찾으려고 노력했다. 그들은 잇달아 테르미도르파, 총재정부파, 브뤼메르파라는 가면을 썼으나, 자신들의 사회적·정치적 획득물을 결정적으로 축성하려고 했다는 점에서는 언제나 한결같았다. 보나파르트는 구체제의 복고와 혁명력 2년의 민주주의 체제로의 복귀라는 이중의 공포에 대해 부르주아지를 안심시켜 명사들의 염원을 충족했다. 보나파르트는 특권계급과 부르주아 질서,

교회와 새로운 국가를 화해시켜 '1789년'의 약속을 이행했다.

10년에 걸친 혁명의 급격한 국면 변화는 비록 기본적으로 부르주아지와 유산자들의 이익에 부응하는 것이기는 했지만, 프랑스의 현실을 근본적인 방식으로 바꾸어놓았다. 구체제 특권계급의 특권과 우위가 파괴되었고, 봉건제의 마지막 자취가 사라졌다. 프랑스혁명은 모든 봉건적 잔재를 백지화하고, 영주적 권리와 교회의 십일조, 그리고 어느 정도 공동체적 강제로부터 농민들을 해방했으며, 동업 조합에 의한 독점을 타파하고 국내 시장을 통합해 변화를 가속화했다. 그리하여 '봉건제'에서 자본주의로 이행하는 데 결정적인 단계를 드러냈다. 다른 한편, 프랑스혁명은 지방의 특수주의와 특권을 타파하고 구체제의 국가 장치를 와해시켜, 총재정부로부터 제1제정에 이르는 동안 부르주아지의 사회적·경제적 이익에 부합하는 근대 국가의 건설을 가능하게 했다.

프랑스혁명은 부르주아 혁명이다. 그러나 그것은 당시의 계급투쟁이 갖는 극적인 성격 때문에 앞서 일어났던 여러 혁명들을 능가하는 가장 눈부신 혁명이었다. 조레스의 《프랑스혁명의 사회주의사》에 나오는 표현을 그대로 따른다면, 영국혁명과 미국혁명이 "좁은 의미에서 부르주아적이고 보수적인" 데 비하여 프랑스혁명은 "넓은 의미에서 부르주아적이고 민주적"이었다. 프랑스혁명이 그러했던 것은 특권계급이 완강하게 버텼기 때문이었다. 이는 앵글로·색슨 식의 모든 정치적 타협을 불가능하게 했고, 부르주아지로 하여금 마찬가지로 완강하게 구질서를 완전히 파괴하도록 만들었다. 그러나 부르주아지는 오직 민중의 지지를 등에 업고서만 그렇게 할 수 있었다. 마르크스는 공포 정치가 "무시무시한 망치질"을 했고, 프랑스혁명이 "거대한 비질"을 했다고 말했다. 이를 위한 사회·정치적 도구는 바로 도시와 농촌의 인민대중으로부터 지지를 받은 중소부르주아지의 자코뱅 독재였다. 이 인민대중은 자유롭게 노동하고 교환하는 독립적인 농민층과 장인층으로 이루어진 사회 범주로서, 그들의 이상(理想)은 자립적인 소생산자들로 이루어진 민주주의였다.

혁명력 2년의 시도는 궁극적으로 실패했지만, 본보기로서 가치가 있다. '1793년'의 인사들, 특히 로베스피에르파는 원칙적으로 선언된 권리의 평등에 대한 요구와 경제적 자유의 결과 사이에 존재하는 기본적인 모순을 극복하여, 사회민주주의적인 공화국의 틀 안에서 '향유의 평등'을 실현하려고 시도했다. 이것은 실패할 수밖에 없었다는 점을 고려하더라도, 참으로 웅장하고 극적인 시도였다. 이는 한 사회 집단의 열망과 역사적 필연성이라는 객관적 상태 사이에 존재할 수 있는, 돌이킬 수 없는 모순이 어느 정도인지를 명확하게 보여준다. 과연 어떻게 시효에 의해 소멸되지 않는 소유권을 주장하고, 그리하여 사적인 이익과 자유로운 이윤 추구에 대한 요구를 승인하면서, 동시에 평등 사회를 건설하기 위하여 이러한 권리들로부터 야기되는 결과가 일부에게 미치지 않기를 바랄 수 있겠는가?

에르네스트 라브루스는 이러한 "국민공회의 혁명"을 "기대의 시기"라고 부르지 않았던가? 혁명력 2년의 시도는 19세기의 사회사상을 풍요롭게 했으며, 그러한 시도에 대한 기억은 19세기의 정치적 투쟁들을 강하게 압박했다. 산악파의 강령은 더디게나마 구체화되었고, 특히 상퀼로트들이 사회민주주의의 필요조건 가운데 하나로 요구했으나 실현되지 않았던 만인을 위한 공공 교육안이 바로 그러했다. 그러나 그와 동시에 경제적 자유와 자본주의적 집중이 사회적 괴리를 심화하고 대립을 악화시켜, '향유의 평등'은 더욱 가능성 밖으로 밀려났다. 자신들의 상황에 고착되어 항상 개인의 노동에 입각한 소규모 소유제에 집착했던 소장인들과 소상점주들, 즉 '1793년' 당시 상퀼로트의 후예들은 유토피아와 폭동 상태를 오락가락했다. 동일한 모순, 동일한 무력감이 항상 사회민주주의의 시도를 괴롭혔다. 1848년 6월에 일어난 비극은 이 점을 여실히 보여준다. 혁명력 2년 당시 생쥐스트는 《공화국의 제도(Institutions républicaines)》에 관한 네 번째 단장(斷章)에서 "부자도, 빈자도 있어서는 안 된다."고 하면서도, 메모장에는 "소유의 분배를 허용해서는 안 된다."고 적었다. 이처럼 공상적인 혁명력 2년은 유토피아의 시대가 아니었던가? …… 평등주의적 공화국은 여전히 기대의 영역에 머물렀다. 그것은 결코 도달할 수 없으면서 항상 집요하게 추구하는 '이카리아(Icarie)'였다.

하지만 이미 혁명의 시기에 바뵈프는 '향유의 평등'을 수립하고 '공동의 행복'을 실현할 수 있는 유일한 방법으로서, '재산과 노동의 공동체'를 제시하여 그러한 모순을 극복했다. 사적 소유권의 폐지와 생산수단의 집산화가 이 호민관에게 아직 모호하기는 했지만 진정한 사회민주주의의 필요조건이었다. 혁명력 2년의 이데올로기와 비교해볼 때 바뵈프주의의 이데올로기는 일종의 돌연변이였고 혁명 그 자체로부터 태어난, 새로운 사회에 대한 혁명적 이데올로기의 첫 번째 청사진이었다. 부오나로티는 이 청사진을 1830년의 세대에게 전해주었다. 그리하여 바뵈프주의는 사회주의 사상과 행동의 기원을 이루었다. 마르크스의 표현을 따르면, 이처럼 프랑스혁명으로부터 "종전의 상태에 관한 사상을 뛰어넘는", 말하자면 부르주아적 질서가 아닌 새로운 사회 질서에 대한 사상이 탄생했던 것이다.

프랑스혁명은 당시부터 현대 세계의 역사 한복판에 존재했고, 또한 여러 국민들을 대립시켜 왔고 아직도 대립시키고 있는 다양한 사회적·정치적 흐름의 교차점에 위치한다. 열정이 낳은 아들로서 프랑스혁명은, 자유와 독립을 위한 투쟁의 기억과 우애적인 평등을 향한 꿈을 통하여 인간들을 불살랐고 그들의 증오심을 부채질했다. 계몽사상이 낳은 아들로서 프랑스혁명은, 특권과 전통에 대한 공격에 전력을 집중했고 합리적인 토대에 기반을 둔 사회를 조직하기 위해 거대한 노력을 통하여 지성을 사로잡았다. 항상 찬미의 대상이었건 혹은 항상 두려움의 대상이었건, 혁명은 우리의 마음속에 언제나 살아 있다.

| 부록 1 |

혁명적 군중
— 집단적 폭력과 사회적 관계[*]
1789~1795년

 혁명을 만든 이 대중들, 그들을 식별하는 것이 중요하다. 역사가들이 그들을 무시했다는 말이 아니다. 그러기는커녕 역사가들은 모두 대중들이 했던 역할의 중요성을 지적하며 그들이 없었다면 혁명이 결코 성공하지 못했을 것이라고 강조해 왔다. 그러나 그들을 지지하는 사람이건 반대하는 사람이건, 양편 모두 이 대중들을 오직 '위에서', 그것도 아주 높은 데서 보았을 뿐이다. 그 결과 혁명적 군중은 실체와 분리된 하나의 추상, 즉 악(惡)이나 선(善)의 화신이 되었다.

 이미 당시에 영국 역사가 에드먼드 버크는 《프랑스혁명에 대한 성찰》(1791)에서, 1789년 10월의 궐기로 베르사유 성에 난입했던 군중들은 "난폭한 짐승들, 잔인한 살인자들의 무리"이며 파리로 귀환할 때 왕실을 수행했던 여성들은 "지옥의 분노가 가장 비천한 여성들의 타락한

---

[*] 'Violence collective et rapports sociaux: Les foules révolutionnaires(1789~ 1795)' 이 글은 '마르크스주의연구소(IRM)'의 '사회 구성체의 역사 운동' 분과의 '집단 심성과 이데올로기' 세미나에서 1980년 3월 27일에서 발표된 것이다. 위 연구소가 펴내는 〈역사 연구(Cahiers d'histoire)〉 제5호(1981), pp. 155~174에 처음 실렸다.

형태로 나타난 것"이라고 표현했다. 거의 한 세기 뒤에 《현대 프랑스의 기원》(1875)에 나타난 이폴리트 텐의 욕설과 모욕의 어휘는 훨씬 더 풍부했다. 1789년의 대공포(Grande Peur) 때 봉기를 일으킨 농민들을 "밀수업자, 소금 밀매꾼, 밀렵꾼, 부랑자, 거지, 전과자들"이라고 묘사했고, 7월 14일의 파리 시민들에 대해서는 "사회의 찌꺼기가 표면으로 떠오르다. …… 수도를 최하층의 천민과 악당들이 접수한 듯하다. …… 소름끼치는 몰골을 하고 누더기를 걸친 부랑자들, 몇몇은 걸친 것이 거의 없고, 대부분은 야만인처럼 무장하다."라고 표현했다. 1789년 10월에 베르사유로 행진한 여성들에 대한 "팔레루아얄의 창녀들, …… 이에 덧붙여 세탁부, 거지, 구두도 없는 여인들, 며칠 전부터 돈을 받고 손님을 받은 여자 생선 장수들"이라는 언급과, 1792년 8월 10일에 봉기를 일으켜 왕정을 전복한 이들에 대한 "거의 모두가 최하층 천민 출신이거나 천한 직업 출신들, 유혈에 익숙한 자객과 갈보집의 기둥서방들"이라는 언급도 있다. 요컨대 혁명적 민중이란 "자줏빛 융단 위에서 뒹구는 짐승"이었다. 이폴리트 텐은 1871년의 파리 코뮌이 준 충격 속에서 글을 썼다. 사회적 공포 때문에 그는 이런 모욕적인 발언을 했다. 이런 역사 서술의 전통은 결코 사라지지 않는다. 사람들은 루이 마들랭(Louis Madelin)의 책장을 넘기고, 피에르 각소트(Pierre Gaxotte)를 다시 읽는다.

반대로 미슐레와 공화주의 전통 옹호자들에게 혁명적 대중은 모든 민중적 덕성을 갖춘 존재였다. 악의 화신인 바스티유는 선의 화신인 민중의 타격을 받아 무너져야 했다. 미슐레는 다음과 같이 썼다. "바스티유는 항복했다. …… 그것은 양심의 가책으로 동요하고, 미치고, 정신을 잃었다." 그것을 물리친 것은 바로 "민중, 전체 민중"이었다. 1789년 9월의 위기를 해결한 것도 바로 민중이었다. "민중만이 해결책을 발견했다. 그들은 국왕을 찾아갔다." 혁명적 군중의 기본적인 요소인 여성이 복권되고 찬양받았다. "민중 속에서 더 민중적인 존재, 말하자면 더 본능적이고 영감이 더 풍부한 존재는 틀림없이 여성들이다." 미슐레는 저작의 말미에 다음과 같이 썼다. "이제껏 모든 프랑스혁명사는 기본적으로 군주제적이었다. 여기서 주인공은 루이 16세, 또는 로베스피에르였다. 최초로 공화주의적인 이 책은 우상과 신들을 제거했다. 이 책에는 처음부터 끝까지 민중이라는 오직 하나의 주인공만 있다." 루이 블랑(Louis Blanc)의 《프랑스혁명사》(1847~1862)는 동일한 열정으로 고무되지는 않았지만, 동일한 성향의 저술이었다. 그리고 심지어 급진파 대학 교수로서 사료에 대해 신중하고 문체가 간결한 알퐁스 올라르(Alphonse Aulard)조차 《프랑스혁명의 정치사》(1901)에 다음과 같이 썼다. "파리 전체가 들고 일어나 무장하고 바스티유를 탈취했다."

그런데 찬양의 대상이든 아니면 멸시의 대상이든 이 민중은 누구였는가? 미슐레나 텐의 장점이 무엇이든지 간에 그들은 정확한 분석에는 거의 관심이 없었다. 비록 미슐레가 민중의 영혼 그 자체를 표현할 줄 알았고, 텐이 역사학에 필수적이고 보조적인 학문인 사회심리학의 필요성을 예감하긴 했지만, 마침내 관점을 전복해 진정한 의미에서 '아래로부터' 보는 역사학을 완성한 것은 바로 조레스의 《프랑스혁명의 사회주의사》(1901~1903)였다. 처음으로 경제적·사회적 사실들을 토대로 하여 명백하게 인민대중들의 관점에서 프랑스혁명이 서술되었다. 19세기 말에 이르면 가속화된 자본주의 경제의 발전은 그 영역이 점차 확대되어 지구 전체를 포괄하는 데 이르렀다. 경제 문제는 여러 국가들의 정치와 국제 관계에서 더욱 큰 위상을 차지했다. 그 결과 계급 대립의 규모와 강도가 더욱 심화되었고, 결국 노동 운동이 발전했다. 이러한 사실은 역사 연구에 영향을 끼치지 않을 수 없었다. 이후부터 역사가들은 이제까지 부르주아지의 뒤편에 위치시키는 것으로 만족했던 인민대중을 적극적으로 검토했다. 그들은 예컨대 1788~1789년의 기근처럼 인민대중을 움직이게 할 수 있었던 조건과 동기를 자세히 연구하기 시작했다. 이렇듯 조레스의 《프랑스혁명의 사회주의사》는 새로운 혁명사 서술의 막을 열었다.

알베르 마티에의 《공포 정치기의 물가고와 사회운동(La Vie chère et le mouvement social sous la Terreur)》(1927)은 일정 측면에서 새로운 혁명사 서술의 도래를 알렸으며, 《프랑스혁명기 노르 도의 농민들(Les Paysans du Nord pendant la Révolution française)》(1924)부터 사후에 출간된 《오를레앙 연구(Etudes orléannaises)》(1962~1963)에 이르는 조르주 르페브르의 연구 성과는 특히 그러했다. 이것은 사회사, 더 정확히 말하면 에르네스트 라브루스가 강조한 대로 "불가분의 혁명적 현실에 대한 사회-정치사"였다. 르페브르는 구체제 말기와 혁명기의 토지 소유 및 경작의 분포라는 문제에 대한 가장 엄격한 계량적 방법을, 민중의 공포와 공황에 대한 서술, 혁명적 군중들의 심리학, 즉 집단 심성에 대한 연구와 결합했다. 《1789년의 대공포》가 그 예이다. 이 저작은 언제나 본보기로서 가치가 있다.

이후 두 가지 연구 방향이 불가피해졌다. 혁명적 봉기를 일으킨 군중을 구성하는 사회적 요소는 정확하게 무엇이었는가? 그들을 모이게 하고 동원했던 동기는 무엇이었는가? 어려운 연구 주제이다. 민중은 글로 남긴 것이 거의 없다. 게다가 한편으로는 파리 대중들의 사회적 구성에 관해 알려줄 조세 관련 문서들과, 다른 한편으로는 파리 상퀼로트의 사회적 성향과 정치 행태에 관해 알려줄 구민총회와 여러 민중 협회의 의사록을 포함하는 상당한 양의 문서가 1871년 '피의 주간'에 발생한 화재로 소실되었다. 하지만 국립문서고와 경찰청에 경찰 문서와 재판 소송 자료가 남아 있다. 이 자료들은 물론 조심해서 다뤄야 하지만, 얼마나 풍부한지 모른다. 서술적 구성만이 아니라 통계적 처리에도 적합하다.

집합체에서 결집체로

혁명적 군중. 귀스타브 르봉(Gustave Le bon) 박사가 《프랑스혁명과 혁명의 심리학》(1912)에서 프랑스혁명사에 도입한 이 표현의 의미를 정확히 하는 일이 여전히 필요하다. 대체로 혁명은, 특히 프랑스혁명은 다소 진지한 선동가들이 부추기고 분별없는 군중들이 만들어낸 작품이다. 이제는 고전이 된 〈혁명적 군중〉(1934)이라는 한 논문의 문제 제기를 계승한다면 르페브르는 '집합체'와 '결집체'를 구별하였다.

1789년의 모든 군중들은 동일한 성격을 지니지 않았다. 1789년의 전투원들과, 10월 5일 아침에 집달리인 스타니슬라스마리 마야르가 지휘했고 대부분 여인들로 이루어진 종대 행렬은 조직의 흔적을 보이지 않는다. 여러 농민 반란도 마찬가지였다. 특히 1789년 당시 이 군중들은 우연히, 적어도 전혀 혁명적이지 않은 이유로 모였다. 날씨가 맑았던 7월 12일 일요일에, 팔레루아얄과 그 근방에 군중들이 있었다. 이들은 단순히 산보객의 집합이었는데, 네케르의 파면 소식을 접하자 정신상태가 변하여 갑자기 혁명적 결집체로 바뀌었다. 마코네 지방의 이제(Igé)에서 7월 26일 일요일에 농민들은 미사 후에 늘 그렇듯이 교회 입구에 모였다. 이 회중(會衆)은 갑자기 혁명적 결집체로 변하여 성을 공격했다. 마코네 지방에서 농민 반란은 이렇게 시작됐다. 결집체는 높은 수준의 집단 의식을 표명하고 일정 수준의 조직을 갖춘다는 특징이 있다. 1792년 6월 20일의 시위, 1792년 8월 10일의 봉기, 1793년 8월 10일에 개최된 공화국의 단일성과 불가분성의 축제나 혁명력 2년 프레리알 20일(1794년 6월 8일)에 열린 최고 존재와 자연의 축제 등은, 공통의 감정으로 고무되어 구민들과 국민방위대가 지휘부를 이루고 다소간 사전에 손발을 맞춘 결집체의 사례들이다.

'집합체'란 순수한 상태의 군중이며, 비자발적인 집결이자 개인들의 일시적인 회합이다. 팔레루아얄이나 튈르리 정원을 찾은 산보객들로 이루어진 군중이 그러하다. '준(準)자발적인 집합체'란, 일요일 미사가 끝난 뒤 즉석에서 형성되는 것, 혹은 전통적인 경제나 사회생활에서 그렇게도 중요했던 시장에 온 사람들, 빵 가게와 식료품상의 문 앞에 늘어선 긴 줄 등에서 형성되는 것을 가리킨다. 이런 회합은 의도적인 것이 아니다. 농민이나 가정주부는 모이기 위해서가 아니라 자신들의 일을 보러 시장이나 빵 가게에 간다. 그러나 이런 회합은 그들에게 사회적 필수품 같은 것이었다. 아서 영(Arthur Young)이 1788년에 야채나 가금류 몇 마리를 팔러 시장에 가는 농민을 두고 시장에서 버는 돈이 거기에 다녀오는 데 걸리는 시간에 값하지 못한다고 조롱했던 것은 분명 잘못이다. 이 준자발적 집합체는 집단 심성의 형성과 결집체의 준비에서 매우 중요했다. 주부들의 긴 줄은 갑자기 폭도들의 결집체로 바뀌는 데 가장 적합한 군중을 이루었다. 1793년 2월 25일에 파리에서 식료품상들이 약탈당했을 때가 그런 경우이다. 또한 1789년 봄과 여름에 의원들이나 무보수 통신원들이 보낸 편지가 큰소리로 낭독되는 것을 듣기 위해 우편 마차를 기다렸던 마을의 군중 역시 준자발적 집합체이다. 우리는 집단 심성의 변화에서 이 군중들의 중요성을 이해한다. 그들은 예컨대 렌에서처럼 한 차례 이상 혁명적 결집체로 변모했다. 집합체에는 집단 심성의 요소들이 마치 집단 의식의 저편에 억압되어 있듯이 잠복하고 있어서, 그 요소들이 명료한 의식의 전면으로 부상하여 개인들이 유대감을 회복하는 데는 단순한 외부적 사건으로 충분하다. 격렬한 흥분으로 촉발된 집단 의식이 갑작스럽게 각성되어, 집합체를 행동할 채비를 갖춘 혁명적 결집체로 변모시키는 것이다.

따라서 '결집체'는 사전에 집단 심성이 형성되어 있어야 한다는 점을 전제로 하며, 그것의 형성은 명백히 경제적·사회적·정치적 조건에 달려 있다. 만약 1789년에 그러한 조건들이 궁극적으로 제3신분 전체를 특권층과 군주제의 대리인들에게 맞서게 했다면, 이러한 혁명적 집단 심성의 발아는 역사에서 훨씬 이전으로 거슬러 올라간다. 그것은 민간 전승에 기반을 두는데, 곧 대화, 야회(夜會)에서 오간 이야기, 이를 널리 퍼뜨리는 노래나 만담, 인쇄물 등을 통해 전해지는 투쟁의 기억에서 발아한다는 것이다. 확실히 인쇄물은 민중 세계에까지 이르지 못했지만(그래도 여전히 만세력萬歲曆, 풍자만담가, 도판 등을 고려해야 한다) 도시 및 농촌의 부르주아지 사이에서는 인쇄물의 영향력이 컸다. 그 결과 일반화, 즉 일종의 평준화가 이루어졌다. 자신의 영주에 대한 한 농민의 모든 개별적인 불만들은 하나의 전체로 용해되며, 그 결과 농민들이 보기에 모든 영주들은 연대 책임을 져야 했다. 이렇게 하여 적대 세력의 전형인 영주의 집단적 표상이 만들어졌다. 그는 농민을 괴롭히는 모든 재난, 즉 영속적인 폐습과 민중에게는 그 원인을 분석할 능력이 없는 기근이나 실업에서 비롯된 일시적인 어려움을 일으킨 장본인이었다. 경제적 위기가 혁명 운동을 일으키는 데 강력하게 이바지했던 1788~1789년의 사정이 이러했다. 이러한 집단 표상에는 강력한 혁명적 추동력을 이루는 감정적인 측면이 덧붙여졌다. 본래 사악한 의지를 품게 마련인 적대 세력에 대한 두려움과, 그 사악한 의지가 일단 분쇄되면 마침내 보편적인 지복(至福)을 누리게 될 것이라는 희망이 바로 그것이다.

　이렇게 하여 혁명적 집단 심성이 조직되었다. 따라서 십일조 징수인의 내방, 비적들이 출몰했다는 공지, 시장에서 물건을 파는 사람과 사는 사람 사이에 벌어진 언쟁, 긴 줄에서 일어난 여인들의 다툼과 같은 외부의 사건이 개입하면, 집합체는 방어적이든 공격적이든 행동 의지가 자극받아 곧 혁명적 결집체로 바뀌었다. 하지만 당시 결집했던 남성과 여성들을 고무했던 집단 의식의 여러 수준을 명확하게 할 필요가 있다.

'자연 발생적(spontané) 결집체'는 집합체의 급작스런 변이에서 비롯하며 처음부터 조직이 전혀 없다. 합법성을 공격하고 전통적인 우두머리들의 권위를 침식하며 기존 질서를 파괴하는 등 전적으로 부정적인 행동에 이끌린 결집체는 이윽고 자연 발생적으로 제도들을 만들어내는 경향을 보인다. 지도자들이 드러나서 투쟁 과정에서 돌연 인정받게 되며, 운동을 조정하는 가운데 새로운 제도적 틀이 창출된다. 1789년 7월의 소요 과정에서 혁명 민중은 도처에서 전통적인 권력 기관을 자신들이 선정한 위원회로 대체했다. 파리에서 그들은 정치 활동과 국민방위대를 동시에 조직하는데, 삼부회 선거를 만들어낸 구(district)의 틀을 활용하였다.

'의도적(volontaire) 결집체'는 앞서 혁명적 자발성에서 비롯한 제도적 틀을, 예컨대 국민방위대의 대대나 1790년 5월에 이전의 구를 대체한 새로운 구(section) 등을 활용하여 지하에서 미리 조직을 갖추었다. 1792~1793년에 일어난 반란의 움직임들이 이러한 준비 과정을 거쳤다. 이를테면 왕정을 전복한 1792년 8월 10일의 사건은 봉기 코뮌이 준비했고, 지롱드파를 국민공회로부터 제거한 1793년 5월 31일~6월 2일의 사건은 에베세위원회가 계획했다.

혁명적 군중들의 창조적 효율성은 이렇듯 집단 의식의 수준과 조직의 정도에 따라 다양하다. 시장에 있는 단순한 집합체일 경우, 혁명적 군중은 상인을 겨냥한 몇 가지 탄압적인 조치나 시장에 필요한 몇 가지 규정으로 만족했다. 그러나 자연 발생적 결집체가 행위를 미리 준비하여 조직하는 경향을 보이는 경우, 기존의 혁명적 군중은 시 자치 기구가 그들이 선정한 새로운 기구로 대체되지 않는다면 매점꾼들과 공모했다는 비판을 받는 시 자치 기구에 총괄적인 규제 조치를 부과했다. 명확한 목적을 세우고 조직된 의도적 결집체는 중앙 권력과 체제 자체를 문제 삼았다. 그들이 보기에 기근과 물가고를 끝장낼 수 있는 유일한 조치인 공정 가격제와 징발제를 요구하고, 결국 국가 경제의 완전한 개편을 강요했다. 이렇듯 우리는 1789년의 곡물 소요로부터 1792년 가을에 보스 지방의 시장들에 공정 가격을 부여하려는 운동들을 거쳐, 1793년 9월 4~5일의 파리 궐기를 통해 결국 9월 29일에 전면적 최고 가격제 법이 통과되는 것으로 귀결되었던 과정을 본다.

이제 이 혁명적 군중의 구성을 명확하게 밝히는 일이 남았다.

혁명적 군중

바스티유를 함락한 1789년 7월 14일의 혁명적 군중, 튈르리 궁을 장악하고 왕정을 전복시킨 1792년 8월 10일의 혁명적 군중, 민중 혁명을 끝장낸 혁명력 3년 프레리알 봉기들의 혁명적 군중. 영국 역사가인 조지 루데(George Rudé)가 이젠 고전이 된 저작 《프랑스혁명기의 군중(The Crowd in the French Revolution)》(1959)에서 이 혁명적 군중을 기술하고 분석한 바 있다.

'7월 14일'과 관련하여 역사가들은 그날의 승리자들을 가리키기 위하여 전통적으로 "생탕투안 교외 지구의 노동자들", "민중", "파리 전체" 같은 표현들을 사용했다. 하지만 역가사들은 그렇게 함으로써 실례를 범한 셈이다. 왜냐하면 800~900명 가량의 "바스티유의 승리자들"에 관해 꼼꼼하게 작성되고 1790년에 제헌의회가 여러 번에 걸쳐 승인한 세 종류의 명단이 자세한 정보를 제공해주기 때문이다. 그 명단 가운데 가장 자세한 것은, 승리자 중 한 사람이고 그들의 간사 역할을 했던, 일명 '세계 때리기(Tapedur)'의 집달리 마야르가 작성한 것이다. 여기에는 662명의 생존자 명단이 들어 있는데, 그 가운데 약 600명이 민간인이었다.

이들 가운데 유복한 이가 거의 없다는 점은 이미 조레스가 강조한 바 있다. "우리는 전투자들의 명단에서 금리 생활자나 자본가들을 찾을 수 없다. 그런데 프랑스혁명은 부분적으로 바로 이들을 위해 수행된 것이었다." 하지만 맥주 양조업자 상테르(Santerre), 3명의 제조업자, 4명의 상인, 4명의 '부르주아', 몇 명의 유복한 소매상인 등 최소한 중류 부르주아지의 존재도 확인할 수 있다. 장인과 직인 같은 수공업 종사자들이 압도적으로 많았다. 이들은 전체의 3분의 2가량 되는데, 소목장 49명, 가구공 48명 등 목재 관련 종사자가 가장 많고, 그다음으로 철물공 41명, 제화공 28명 등 모두 30여 가지의 직종에 속했다. 약 4분의 1은 소상점주 21명, 포도주 가게 주인 11명, 술집 주인 3명 등 기본적으로 소상점의 세계에 속했다. 임금 노동자는 명백히 소수로서 약 150명이었는데, 이 가운데 25명의 짐꾼은 명확하게 확인이 가능하다. 그런데 당시의 용어는 직종에 집착하고 생산 과정에서의 지위나 사회적 수준에는 무심하여 정확한 신분 확인이 어렵다. 여성은 단 한 사람이었다. 마리 샤르팡티에(Marie Charpentier)는 앙세른(Hanserne) 부인으로서 생마르셀 교외 지구에 있는 생티폴리트 소교구의 세탁부였다. 이상은 생존자에 관한 것이다. 공격 중에 사망했다고 전해진 98명에 대해서는 정보가 거의 없다. 루스탈로의 말을 인용한 조레스에 따르면, "30명 이상이 부인과 자녀들을 그러한 곤궁한 상태에 두었으므로 즉각적인 구호가 필요했다."

출신지를 확인할 수 있는 635명의 생존자 가운데 지방에서 태어난 이는 400명이다. 그러나 이들 대부분은 생탕투안 교외 지구에서 장기간 거주했다(주소가 표시되어 있는 602명 가운데 425명). 나머지는 바스티유 근처의 생폴이나 생제르베 구역에 살았다. 생마르셀 교외 지구의 거주자는 12명에 불과했다. 첫 번째 특징으로 승리자들 가운데 바스티유로부터 1~2킬로미터 이상 떨어진 곳에 거주했던 이들은 드물었다는 점을 지적할 수 있다(생토노레 교외 지구의 철물공 1명, 그로카이유 구역의 땜장이 1명 등). 또 다른 특징은, 승리자들 대다수가 방금 조직된 부르주아 민병대에 등록된 정규 대원으로서 바스티유에서 무기를 들었다는 점이다. 이럴 필요가 있는지 모르지만, 앞에서 언급한 이러한 특징은 천민과 "사회의 찌꺼기"가 혁명적 사건들을 일으켰다는 전설을 논박한다.

이폴리트 텐이 보기에 튈르리를 장악하고 왕정을 전복한 "8월 10일의 인사들"은 "거의 모두가 최하층 천민 출신이거나 아니면 천한 직업을 가진 이들"이었다. 텐은 출판된 자료만을 갖고 작업했다. 따라서 그는 국립문서고에 있는, 파리 구들이 작성한 사망자 및 부상자 명단이나 국민공회가 수여한 연금의 수령자 명단을 참조할 수도 있었을 것이다. 8월 10일에 죽거나, 부상을 입어 나중에 사망하거나, 부상당한 300명이 넘는 파리 시민 가운데 직업이 알려진 사람은 120명 남짓이다. 이 중에서 장인층이나 소상점주에 속하는 경우가 95명(목수 13명, 제화공 12명, 가구공 8명, 가스공 6명, 가발 제조공 4명 등)이고, 그 95명 가운데 직인이 37명이고 이외에도 18명의 다른 임금 노동자(이 가운데 하역 노동자, 짐수레꾼, 일꾼 7명)가 포함돼 있었다. 자유 전문직으로 분류될 수 있는 경우는 건축사 1명, 외과의사 1명, 데생 선생 1명에 불과했고, 여기에 2명의 '부르주아'를 추가할 수 있었다. 여기서도 비록 임금 노동자의 비중이 더 높기는 하지만 장인과 소상점주의 비중이 압도적이라는 점에 유의하자. 그 수가 사실상 표본의 절반에 미치지는 못하지만 말이다.

반대로 수도의 48개 구 가운데 44개 구의 구민이 보이는 등 사실상 파리의 모든 구가 참여했다. 유서 깊은 교외 지구들이 혁명적 우위를 지켰다. 생탕투안 교외 지구의 캥즈뱅 구는 사망자 8명과 부상자 50명이었고, 몽트뢰유 구는 사상자 18명이었고, 생마르셀 교외 지구에서 피니스테르 구는 사상자 19명, 옵세르바투아르 구는 18명이었다. 이러한 파리의 희생자들에 더해, 마르세유 연맹군 24명이 죽고 18명이 부상을 당했다. 이날의 사건은 참으로 전국적인 수준의 봉기였다. 8월 10일의 전투원들은 왕실의 왕자와 공주의 가정 교사인 투르젤 부인이 말한 것처럼 "이 비적들의 무리"도 아니었고 왕당파 언론인인 장 가브리엘 펠티에(Jean Gabriel Peltier)가 말하듯이 "바르바리아, 몰타, 이탈리아, 제노바, 피에몬테 출신의 볼 장 다 본 떨거지들"도 아니었으며, 오히려 기본적으로 전형적인 상퀼로트들이었다. 그리고 바로 이 같은 이들이 9월의 학살을 벌였다.

9월의 학살자들의 정확한 명단을 제공한다고 주장하는 대부분의 문건들은 믿기 어려우며, 이 문제에 관해 유일하게 믿음직한 자료는 1792년의 학살에 참여한 것으로 추정되는 39인에 대해 혁명력 4년(1796)에 시작된 사법적 소추의 조서이다. 3명을 제외하고 모두 증거 부족으로 무죄 방면되었는데, 이들은 모두 나이 30세가 넘은 장인과 소상점주들이었다. 《9월의 학살》(1935)을 쓴 역사가 피에르 카롱(Pierre Caron)은, 다른 누구보다도 당통이 법무장관일 때 사무총장으로 재직 중이었던 파브르 데글랑틴이 1792년 11월 5일에 자코뱅 클럽에서 "아베이 감옥의 문을 깨뜨렸던 것은 바로 8월 10일의 인사들이다."라고 선언한 것이 진실에 가깝다고 결론 내렸다.

혁명력 3년 제르미날 12일(1795년 4월 1일)과 프레리알 1~4일(5월 20~23일)에 일어난 민중 봉기는, 독자적인 정치 세력으로서 자신들의 의지를 테르미도르파 국민공회에 강요하려던 파리 상퀼로트의 마지막 시도였다. 봉기의 실패와 생탕투안 교외 지구의 무장 해제로 상퀼로트의 정치적 역할은 1830년 7월혁명(27~29일)까지 멈추었다. 마지막 민중 봉기는 굶주림과 빈곤으로 인한 폭동이었다. 경찰의 한 끄나풀은 다음과 같이 적어놓았다. "빵이 그들이 반란을 일으킨 물질적 원인이다." 프레리알만큼이나 제르미날에도 여성들의 중요한 역할이 돋보였는데, 이는 이러한 혁명 봉기 전체에서 단지 1789년 10월의 경우에만 뒤지는 정도였다. 봉기자들 대부분은 여느 때처럼 민중적인 교외 지구 및 수도의 시장과 도심에 가까운 구에 거주하는 남성과 여성들이었다. 프레리알 1~2일의 사건에 직접 참여했다는 이유로 체포된 몇백 명 남짓한 사람들 가운데 문서를 통해 직업을 알 수 있는 사람은 168명이다. 이들은 임금 노동자가 58명이지만, 기본적으로 대부분 장인들과 소상점주이며, 포팽쿠르(체포된 수 13명), 아르스날(12명), 캥즈뱅(10명), 아르시(10명) 구들을 중심으로 하여 총 40개 구의 주민이었다. 하지만 이 자료는 제르미날과 프레리알의 봉기에 구민들이 참여했다는 점을 잘 드러내주지 못한다. 늘 그렇듯이 생탕투안 교외 지구의 3개 구와 생마르셀 4개 구가 운동의 선두에 섰다. 이들을 도심의 구들이 강력하게 받쳐주었다. 아르시, 드루아드롬, 피델리테(오텔드빌), 롱바르, 마르셰, 그라빌리에, 알오블레 등이었다. 정도는 약하지만 푸아소니에르와 포부르 뒤노르 같은 북부의 구들도 지원했다. 시부에서는 뮈세옴과 튈드리 구들이 여성들로 구성된 증원군을 보냈다. 서부의 구들 전체는 테르미도르 9일 때처럼 국민공회와 정부의 양 위원회를 굳건하게 지지하는 진영이었다.

사실상 프레리알 1~2일의 사건에 참여했다는 이유로 체포된 168명은 체포자 전체의 일부분에 불과했다. 검토가 불가능한 이 체포자 전체조차도 모든 봉기자들의 보잘것없는 일부에 불과하며, 그 대다수는 경찰, 구, 사법 당국의 모든 추적을 모면했다. 반란에 직접 참여했다는 이유로 체포된 남녀의 수를 헤아릴 때 프레리알 5일 이후에 반(反)공포정치 탄압의 신풍으로 구민총회가 체포한, 정확하게 산정하기는 불가능하지만 상당한 수의 사람들도 셈에 넣어야 한다. 이에 더하여 우리가 도장인(都匠人)과 임금을 받는 직인을 종종 전혀 구분하지 않는 직업 명칭에 근거하여 사회적 상황을 정확하게 밝히는 일이 어렵다는 점을 받아들인다면, 민중 봉기에 참여했던 다양한 사회 집단 내지 직업 집단 사이에 상대적인 수적 비중을 정확히 말하기가 어렵다는 점도 이해할 것이다. 하지만 유효한 통계적 분석이 없다고 해서, 1789년 이후 여러 파리 봉기의 통상적인 주역인 작업장 주인, 장인, 소매상인, 사무원들 가운데 임금 노동자가 상대적으로 중요했다는 사실을 확인하지 못하는 것은 아니다. 서술적인 자료들은 프레리알 2일의 불법 총회와 무장한 대대 병력을, 그리고 침입당한 국민공회 회의장에 있던 무기 및 군수품 제조창의 노동자들, 수공업 직종들의 직인들, 건설업의 계절노동자들의 존재를 여러 구들을 통해 규칙적이고 밀도 있게 확언해준다.

이렇게 우리는 이질적인 동시에 통일된 전체인 혁명적 군중들의 구성에 관한 정확한 상을 얻을 수 있다. 이들이 바로 파리의 '서민(petit peuple, menu peuple)'이다. 바로 이 복잡한 사회 구조를 통해 제르미날과 프레리알의 봉기는 1789년 이래 혁명의 민중 봉기와 궤를 같이하며, 1830년에서 1871년까지 파리에서 일어난 일련의 반란들로 이어졌다. 이 혁명적 군중들은 사회적 유대가 단절된 주변인이나 "독립적인" 개인들도 아니었고, 그렇다고 안정된 직장을 갖지 못하여 빈곤 때문에 무질서로 빠지기 쉽고 선동가들에게 쉽게 동원될 수 있으며 전문적인 기술 훈련을 받지 못한 프롤레타리아도 아니었다. 이들은 수공업의 장인과 직인들, 사무원, 소상점주와 소매상인들로서, 말하자면 생계비의 앙등과 정치 위기로 똑같이 격앙되어 있던 소사업주와 임금 노동자들의 집합체였다.

이렇듯 상퀼로트가 압도적 비중을 차지했다. 그러나 또한 '부르주아', 금리 생활자, 자유 전문 직업인들도 봉기에 소규모로 참여했다. 바스티유 함락, 샹드마르스 사건(1791년 7월 17일), 튈르리 궁 공격, 혁명력 3년 프레리알에 폭발한 봉기 등이 그러했다. 여성들은 베르사유를 향한 행진, 1792~1793년에 일어난 식량 폭동과 약탈, 프레리알의 봉기

등에서 특히 중요한 역할을 했다. 반면에 샹드마르스 사건이나 튈르리 궁 공격 같은 기본적으로 정치적인 운동에는 많이 참여하지 않았고, 고용주와 임금 노동자 사이에 발생한 것으로 유일하게 진정한 투쟁인 1789년 4월 28일의 생탕투안 교외 지구의 레베용 사건에는 거의 참여하지 않았다. 종종 작업장 주인과 함께 행진하는 장인, 직인, 도제 등은 모든 봉기에 눈에 띄게 많이 가담했는데, 샹드마르스 사건이나 튈르리 궁 공격처럼 어느 정도 조직을 갖춘 경우에는 특히 더 그러했다. 투쟁의 열기는 가구 및 건축 관련 직종과 같은 특정 직업군에서 훨씬 강했다. 소목장, 가구공, 석공, 목수들, 그리고 제화공과 철물공은 혁명적 군중을 구성하는 기본적인 요소였다. 반대로 가스공을 제외한다면 대규모 매뉴팩처의 노동자들은 봉기에서 맡은 역할이 약했다.

이상의 분석은 생탕투안 및 생마르셀 교외 지구가 우위를 차지한다고 하는 혁명사 서술의 전통적인 주장 가운데 하나를 확인해준다. 생탕투안 교외 지구의 장인들과 직인들은 레베용 사건부터 혁명력 3년의 봉기에 이르는 일련의 봉기에서 압도적인 주역이었다. 생마르셀 교외 지구는 바스티유 함락에서는 거의 역할을 못했지만, 1791년 여름부터는 두드러지기 시작했다. 그러나 봉기에 참여한 정도는 언제나 생탕투안 교외 지구에 비해 약했다. 아르시와 롱바르, 그라빌리에, 뮈제옴과 오라투아르, 마르셰와 봉콩세유 등 파리 도심의 몇몇 구들 역시 혁명적 연속성을 보였다.

이폴리트 텐으로부터 피에르 각소트에 이르는 보수 사학계는 부랑자, 행불자(gens sans aveu), 범죄자들이 혁명에 참여했고, 이들이 혁명적 군중의 중요한 요소를 이룬다고 주장해 왔다. 이런 비방은 이미 당시에 경찰 당국 자체는 아니더라도 반혁명적인 언론인들과 비망록 작가들이 제기했으며, 상당히 "위험한 계급들"에 대한 유산자들의 공포를 반영하는 것이었다. 사실상 이런 비방에는 구체적이고 사실적인 근거가 없다. 우리가 정보를 갖고 있는 레베용 사건에서 체포되거나 다치거나 사망한 68명 가운데, 행불자와 전과자는 각각 3명뿐이었다. 전과자 가운데 2명은 경범죄로 라포르스 감옥에서 단기간 수감된 전력이 있었고, 나머지 1명은 부두 노동자로 'V'자가 새겨진 범죄자, 즉 도둑이었다. 9월의 학살에 연루된 혐의로 혁명력 4년에 재판을 받은 39명 가운데 그 누구도 이전에 법원에 출두한 전력이 없었다. 바스티유의 승리자 662명 모두는 일정한 주거와 정규 일자리를 가졌다. 혁명력 3년 제르미날과 프레리알(1795년 봄)에 체포된 사람 가운데 자료에 거지나 부랑자라고 기록된 경우는 하나도 없으며, 더욱 놀랍게도 1792년 1월과 1793년 2월에 식료품상을 약탈한 사람들 역시 그러했다.

주변부의 경계에 해당하는 이들인, 가구 딸린 방에 거주하는 노동자들, 곧 '주거 부정자(non-domicilié)'와 실업자는 혁명적 군중의 중요한 요소였다. 자선 작업장의 실업자 다수가 바스티유 함락 직전에 발생한 소요 과정에서 임시 세관 방책의 방화에 참가했다. '주거 부정자'와 관련하여 그들의 수에 비추어 볼 때(1795년의 인구 조사에 따르면 25개 구에서 약 1만 명이었으며 별도 계산된 유일한 항목이었다), 봉기의 참여자 가운데 그들이 차지하는 비율은 전혀 놀랄 일이 아니다. 바스티유의 승리자 가운데 10명 가운데 1명꼴, 식료품상 약탈자 6명 가운데 1명꼴, 샹드마르스 사건에서는 5명에 1명꼴이었다.

혁명 당시에 '상퀼로트(sans-culottes, sans-culotterie)'로 불렸던 이들은, 바로 혁명적 군중을 구성하는 기본적인 요소였던 이러한 오래된 형태의 민중적 범주였다. 이 상퀼로트란 단어는 오늘날의 사회학적 어휘와 비교하면 모호해 보일지 모르지만, 당시의 사회적 조건에서는 꽤 명확히 현실에 부합하는 것이었다. 누가 옷차림의 양태를 갖고 사회적인 동시에 정치적인 구분법을 발명했는지 우리는 정확히 모른다. 아마도 특권파 신부인 모리(Maury)일 것이다. 투사들과 열렬한 공화파는 산악파가 승리할 때는 언제나 '상퀼로트'로 자처했다. 그러나 더 정확하게는, 1793년 4월 10일에 페티옹이 국민공회에서 다음과 같이 말했다. "상퀼로트를 말할 때, 우리는 귀족과 특권파를 제외한 모든 시민들을 뜻하지 않는다. 오히려 가진 자들과 구별하기 위하여 가지지 못한 사람들을 상퀼로트라고 부른다."

상퀼로트는 복장으로 자신들의 특징을 드러내며, 그렇게 더 상위의 사회적 범주들에 맞섰다. 짧은 바지(culotte)가 특권계급과 부르주아지의 징표였듯이, 긴 바지(pantalon)는 민중의 차별적 표상이었다. 항상 짧은 바지를 입었던 로베스피에르는 '상퀼로트'에 '금박(金箔)의 짧은 바지(culottes dorées)'를 대립시켰다. 경찰의 한 끄나풀은 혁명력 2년 메시도르 25일(1794년 7월 13일) 자 보고서에서 '상퀼로트'와 '비단 스타킹(bas de soie)'의 대립에 주목했다. 바뵈프는 단어의 의미를 곡해하여, 국민을 '퀼로테 족(peuple culotté)'과 '데퀼로테 족(peuple déculotté, 짧은 바지를 입지 않았다는 뜻)'으로 분류했다.

더욱이 상퀼로트는 행동함으로써 특권계급, 상업, 유복함은 아니더라도 부유함 등에 대한 적대를 통해 스스로를 규정했다. 이 대립은 옛 제3신분 내부의 사회적 경계의 부정확성과, 상퀼로트가 스스로를 사회 계급으로 규정할 수 없었던 이유를 설명해준다. 상퀼로트는 특권계급과는 명확하게 구별됐지만, 중소부르주아지와는 경계가 모호했다. 민중적 심성의 특성이 이 마지막 측면을 강조한다. 사회적 귀속으로는 상퀼로트를 정의하기에 충분하지 않다. 반혁명적인 노동자는 좋은 상퀼로트일 수 없었다. 애국파 부르주아는 기꺼이 상퀼로트의 자격을 갖는다. 사회적 차원은 정치적으로 규정됨으로써 명확해진다. 그 둘은 분리될 수 없었다. 여기서 핵심은 말뿐인 애국주의나 정신의 단순한 성향이 아니라, 정치적 태도였다. 상퀼로트는 혁명기에 일어난 모든 위대한 사건에 가담했다. 혁명력 2년에 서부 군(軍)의 군사위원회 위원장인 브뤼튀스 마니에(Brutus Magnier)는 압류된 편지에서 "정부가 상퀼로트들의 죽음을 맹세했다."고 비판했다. 혁명력 3년 메시도르 21일(1795년 7월 9일)의 심문에서 그는 상퀼로트가 무엇을 뜻하냐는 질문을 받았다. "마니에는 상퀼로트가 8월 10일과 5월 31일의 바스티유 승리자들을 뜻한다고 말했다. 또한 특히 이 나중의 승리자들에 대해 사람들이 영원한 전쟁을 벌이겠다고 맹세한 듯하다고 말했다." 상퀼로트는 자신들의 사회적 조건만큼이나 정치적 태도를 통해서 자신들을 규정했다. 사실상 사회적 조건은 정치적 태도보다 파악하기가 더 어려웠다.

그러나 민중의 태도에서 특히 귀족에 대한 증오, 특권계급의 음모에 대한 확신, 특권을 파괴하고 권리의 평등을 확립하겠다는 의지가 주요한 정치적 동기를 이루었다면, 장인, 소상점주, 노동자, 사무원과 같은 다양한 범주들을 한데 묶는 접착제 역할을 했던 것은 바로 민중 운동의 기본적인 요인인 기근이었다. 이들은 도매상인, 사업가, 귀족이나 부르주아 매점꾼 등에 맞서 공통의 이해관계로 결속했다.

혁명력 3년 프레리알 1일(1795년 5월 20일), 파리 가르드프랑세즈 구의 재단사 자콥 클리크(Jacob Clique)는 다음과 같이 말한 혐의로 체포됐다. "구매자들이 농장주들과 공모하여 노동자들을 굶겨 죽이기 위해 모든 것을 가장 비싼 값으로 팔려고 한다고 사람들이 말했다." 심문을 받은 그는 고백했다. "나는 불행으로 감정이 격해져 있었다. 나는 나이가 어린 세 자녀의 아버지이다. 재산이 없기에 내 일당으로 다섯 식구의 생계를 꾸려야 한다. 혹독했던 지난 겨울에 나는 거의 일을 하지 못했다."

혁명적 폭력

음모라는 주제는 사회적 관계에 대한 감성적인 전망을 함축하고 있었다. 모든 관계가 인격화하고, 모든 사건이 인간에 관한 형태를 띠었다. 다른 사회 집단의 행동은 표상의 총체로 인식되었다. 모든 발화(發話), 모든 몸짓, 심지어 의복조차도 상징의 가치를 띠어 모든 감정의 운반체가 될 수 있었다. 이로부터 파리 서민들의 혁명적 고양, 즉 쉽게 흥분하고 신속하게 복수하는 성향이 생겨났다. 한 개인이 서민들을 굶주림에 빠뜨릴 수 있는 이러한 불길한 힘의 지배를 받고 있음을 몸짓이나 말을 통해 드러내면, 서민들은 그에게 모든 원한과 그동안 쌓인 모든 불운을 투사한다. 그들은 체제를 공격하는 대신 희생양이 된 개인이나 상징, 즉 인신이나 재산에 복수한다.

인신에 대한 공격 – 민중의 복수는 허수아비의 화형이나 교수형부터 다소간 세련된 형태의 살해까지 아우른다.

허수아비의 교수형 – 서적상 아르디(Hardy)가 《일기(Journal)》에서 증언하는 바에 따르면, 1774년에 재무총감 테레 신부와 상서령 모푸에게 높은 빵 가격에 대한 책임이 있다는 이유로 그들의 허수아비가 교수형에 처해졌다.

허수아비의 화형 – 1788년 9월 18일에 그르노블에서 국새경 말제르브의 허수아비를 화형에 처했다. 스탕달은 《앙리 브륄라르의 생애(La vie de Henry Brulard)》에서 다음과 같이 썼다. "나는 사람들이 말제르브의 화형식을 했던 퐁타닐에서 벌어진 대규모 불꽃놀이에 대한 몇몇 단편적인 기억을 아주 간신히 생각해냈다.(1783년생 스탕달은 당시 다섯 살이었다.) 나는 커다란 옷을 입은 허수아비가 몹시도 그립다." 서적상 아르디를 한 번 더 인용하면, 생탕투안 교외 지구에서 사업가인 앙리오와 레베용을 겨냥하여 소요가 일어났던 1789년 4월 27일에, 수백 명의 남성들로 이루어진 한 분견대가 생트주느비에브 언덕에서 생마르셀 교외 지구 쪽으로 행진하며 교수형에 처해진 레베용과 앙리오의 허수아비를 들고 "레베용과 앙리오라는 자들을 재판하여 광장에서 목매달아 화형에 처한 제3신분의 판결이다."라고 소리를 질렀다.

희생양의 살해 – 1789년 7월 22일에 파리 지사인 베르티에 드 소비니(Berthier de Sauvigny)와 그의 장인 풀롱 드 두에(Foullon de Doué)가 그레브 광장에서 살해당한 것이 대표적인 사례이다. 풀롱이 어느 날 민중에게 빵이 없다면 건초를 먹을 수밖에 없지 않냐고 말했다는 것이다. 비리(Viry)에서 체포된 그는 아르디의 서술에 따르면, "턱 밑에 쐐기풀 한 묶음을 걸고 입에 목초 한 묶음을 문 채 건초 더미를 마차 삼아" 파리 시청으로 끌려왔다. 라파예트는 시청의 발코니에서 "풀롱 나리를 감옥에 가두는 것에 찬성하는 모든 사람들에게 손을 들 것"을 제안했으나 군중은 소리쳤다. "감옥은 안 돼, 목을 매달아라, 목을 매달아라!" 풀롱은 그레브 광장으로 끌려갔다. "거기서 그는 즉시 가로등에 끈으로 묶여 30척 높이로 끌어 올려졌으나 끈이 끊어져 여러 차례 다시 묶인 끝에 목이 잘리고 머리가 창끝에 내걸렸다." 베르티에는 강제로 장인의 머리에 입을 맞추고는 살해당했다. 모욕의 극치는 시신이 발가벗겨진 채로 길바닥에 널브러진 것이다. 1789년 여름에 이렇게 가난에 대한 속죄양으로 희생당한 이들의 목록은 꽤 길다. 10월 21일에도 빵 가게 주인 프랑수아가 작은 빵들을 숨겼다가 잡혀서 그레브 광장으로 끌려간 후, 가로등에 매달려 목이 잘리고 머리가 창끝에 내걸려 파리 시내를 순회했다.

재산에 대한 공격 – 민중의 반응은 여기에서 방어를 위한 단순한 반사적 행동으로부터, 공정 가격제나 약탈과 방화를 통한 처벌 의지로까지 이어진다.

민중의 공정 가격제는 사유 재산에 대한 서민들의 관념에도 기원이 있다. 서민들은 사유 재산에서 말하는 부동산이란 토지와 가옥이라고 보았다. 그리고 사유 재산 가운데 동산은 연장이나 노동의 결과로 만들어진 제조품에 대한 소유권이라고 보았다. 그들에게 최우선적으로 필요한 식량은 사유 재산에서 말하는 동산이 결코 아니었다. 특히 그들에게 식량이 부족할 때는 더 말할 나위도 없었다. 생활필수품의 소유권은 결핍의 시기에는 매점(買占)에 불과할 뿐이었다. 민중의 어휘에서 매점은 여러 의미를 함축하는 단어로서, 이를 통해 음모라는 주제가 생겨났다. 그 결과 1793년 2월 25일처럼 소요가 계속되는 시기에 재고를 조사해 그것을 팔도록 하기 위해 점포에 대한 조사가 진행되었다. 또한 본래 매점꾼인 상인들을 겨냥한 굶주린 대중들의 방어 수단으로서, 민중의 공정 가격제가 설정되었다. 그리고 왕정이 기근의 시기에 공정 가격을 실시했던 관행에 대한 기억도 이러한 확신을 강화했다. 이리하여 혁명 초에 민중은 자신들이 부과한 공정 가격제를 왕의 약속을 들어 정당화하거나, 지방 당국이 이른바 이 약속을 실시하는 데 꾸물거리는 점을 들어 정당화하곤 했다. 1775년 5월 3일에 파리에서 밀가루 전쟁기에 봉기한 민중은 빵에 공정 가격을 적용했다. 그들은 그것을 "국왕의 명령"으로 그렇게 했다.

  공정 가격제가 거부당했을 때, 약탈은 인민대중의 처벌 의지가 표현된 것이다. 1792년 11월에 앵드르에루아르 도의 관리들은 소요 사태를 보고하면서 생활필수품의 공정 가격제를 필요악으로서 허가해 달라고 요청했다. 민중이 공정 가격제를 요구했는데, 이것이 받아들여지지 않을 경우 무장하여 소유물들을 약탈할 것이라는 보고였다. 1793년 2월 25일, 민중의 공정 가격을 거부한 식료품상의 점포들이 약탈당했다. 〈파리 혁명〉에 따르면, "시위대원들은 물었다. 설탕, 커피, 비누가 있습니까? 만약 당신이 우리가 당신의 소유권을 존중하기를 바란다면, 이 모든 상품들을 우리가 당신에게 말하는 가격으로 판매해야 할 것입니다." 혁명력 3년의 고발에 따르면, 같은 날 마르셰 구에서 "사람들은 민중이 식료품상의 탐욕을 응징할 수 있는 권한을 지닌다고 말하면서 식료품상에서 행한 약탈을 정당화했다." 이보다 더 나아가 코르들리에 클럽의 회원인 가르드프랑세즈 구의 셰노(Chesnaux)는 이 같은 상황에서 "약탈은 도덕적 목적을 지닌다."고 확언했다. 약탈은 상퀼로트의 근본적인(foncier) 평등주의에 부합했다. 개별적인 환수는 생존 조건의 불균형 때문에 정당화됐고, 약탈하라는 권고나 그 변명은 식료품과 생활필수품 점포 이외에는 어떤 다른 것도 결코 목표로 삼지 않았다.

시설의 훼손은 민중의 복수 가운데 한 단계 더 나간 것이었다. 1789년 4월 27일에 생탕투안 교외 지구에서 앙리오와 레베용 소유의 공장들이 파괴된 것은 잘 알려진 사건이다. 7월 11일에는 곡물과 밀가루가 대량으로 보관되어 있던 성나자로 수도회 건물이 훼손을 당했다. 서적상 아르디에 따르면, "공격자들은 자신들이 매점이라고 부른 이 대규모의 창고를 보자 분노가 최고조에 달했다. 잘못을 저지른 자들을 벌주기 위하여 그들은 가구를 부수고 지하실까지 들어가서 포도주 통에 구멍을 냈다." 파리에서 식량 보급이 가장 어려웠던 1793년 7월 말, 여인들이 20일에 모베르 광장에서 빵 가게로 모여들었을 때, 계란 값이 비싼 데 분노한 민중은 진열장으로 달려들어 판매를 위해 진열되어 있던 모든 계란을 깨버렸다. 처벌 의지는 필요한 물품을 손에 넣는 것보다 얼마든지 앞설 수 있었다.

시설이 훼손될 때 종종 방화도 함께 일어났다. 그러나 방화는 다른 상징적 의미가 있었다. 눈길을 끄는 동시에 전면적인 그 파괴 능력 때문에 방화는 거의 마술적인 가치, 즉 확실히 뭔가를 정화한다는 의미가 있었다. 반란을 일으킨 민중이 압제와 곤궁을 상징하는 모든 것을 파괴했던 것은 바로 불을 통해서였다. 1788년 8월에는 초소들, 바스티유 함락 직전에는 파리 입시 세관의 방책, 대공포 때는 토지 대장과 몇몇 성이 그 대상이었다. 서적상 아르디에 따르면, 1788년 8월 29일에 팔레 구역의 젊은이들과 생탕투안 및 생마르셀 교외 지구의 주민들이 그레브 광장으로 가서 국새경이 된 말제르브의 허수아비를 불태웠다. "이어서 이 하층민들은 퐁뇌프 근처에 설치된 경비대 초소로 향하여 초소를 아래부터 맨 위까지 부수었다. 이어 초병들을 내쫓고 그곳에 불을 질렀다. 그리고 초병들로부터 옷과 무기를 빼앗아, 초소에 걸려 있던 금시계 및 은시계와 함께 도핀 광장에서 불 속에 던져버렸다." 이날, 8개의 다른 초소들도 훼손되고 방화의 대상이 되었다. 이 소요는 민중이 도핀 광장으로 옮길 수 없는 모든 것을 불태우고서야 멈추었다. 도핀 광장에서는 환희의 거대한 불판이 벌어졌는데, 시장에서 가져온 문짝들, 초소의 파수막, 초병의 무기와 군복 등이 상징적으로 불 속에 던져졌다. 1789년 7월 11일 저녁 무렵에 쇼세 당탱 방책을 방화하는 것을 시작으로 방책에 대한 전쟁이 시작됐다. 7월 13일까지 40개가 넘는 입시 세관 초소들이 방화로 불탔고, 문짝과 창문, 입시세 대장과 영수증들이 질서 정연하게 불길 속으로 던져졌다.

재산과 인신에 가해진 복수, 기근의 시기에 일어난 이러한 민중의 행동을 통해 가난과 그것이 야기하는 불안정과 마찬가지로 먼 과거로부터 내려온 심성이 존재한다는 것을 알 수 있다. 농민 사회의 든든한 유대가 제공해주었던 보장의 총체가 서서히 사라지면서 불안정은 더욱 심화되었던 것이다.

이처럼 폭력은 민중의 행동이 내포한 특징 가운데 하나이다. 폭력을 통해 부르주아지는 특권계급과의 관계를 끝낼 수 있었다.

이렇게 폭력에 의지하고 열광하는 것에 대해 의심할 여지 없이 때때로 생물학적인 근원을 찾을 필요가 있다. 옛 공포 정치가들에 관해 작성된 혁명력 3년 프레리알의 보고서들은 종종 화를 잘 내는 그들의 성격에 주목했다. 이는 격노에 관한 문제이며, "그 결과를 예상하거나 느끼지 못한 채 나쁘게 말하는 경우에 적용될 수 있다." 더 일반적인 방식으로 반동적인 인사들은 모든 공포 정치가들을 일률적으로 "흡혈귀"라고 규정했다. 고발이나 경찰의 보고서를 문자 그대로 받아들여서는 안 되지만, 일부에게 폭력이란 유혈 사태를 뜻했다는 점을 숨길 수는 없다. 털깎이공인 파리 가르드프랑세즈 구의 아르뷜로(Arbulot)라는 사람은 혁명력 3년 프레리알 9일(1795년 5월 28일)에 체포되었는데, 결혼을 했고 "거칠고 사나운" 성격을 지닌 난폭한 이웃으로 알려졌다. 그는 9월의 학살에서 큰 쾌감을 느꼈다고 진술했다. 같은 구에 거주하는 자이예(Jaillet)라는 사람은 혁명력 2년에 "핏물이 개울처럼 흘러 발목까지 적셨으면 좋겠다."고 말했다는 이유로 프레리알 6일(5월 25일)에 체포되었다. 여성들도 이러한 공포 정치의 흥분에 종종 동참했다. 르펠르티에 구의 카페 주인인 보드레(Baudray)라는 여성은 "상퀼로트에 맞서는 자들의 심장을 먹고 싶다."고 말했다는 이유로 프레리알 8일(5월 27일)에 체포되었다. 그녀는 이와 동일한 원칙으로 자녀들을 키운 것으로 알려졌다. "사람들은 그녀의 아이들이 목을 자르고 베고 피가 충분히 흐르지 않았다고 말하는 것 말고는 다른 것은 듣지 못했다."

   이러한 특징을 너무 강조할 필요는 없지만 해명할 필요는 있다. 일상에서는 "품행이 방정한 사람"으로서 좋은 아버지요, 좋은 남편이고, 좋은 이웃임에도 공포 정치가로서 두드러진 경우가 있다. 혁명력 3년 프레리알 1일에 일어난 폭동에서 수행했던 역할 때문에 프레리알 11일(1795년 5월 30일)에 사형당한, 아르스날 구의 제화공 뒤발(Duval)이 그런 경우였다. 포부르뒤노르 구의 민사위원회에 의하면, 건축도장공 조제프 모를로(Joseph Morlot)도 같은 이유로 프레리알 5일(5월 24일)에 체포되었는데, 두 사람은 크게 달랐다. "한 사람은 타고난 성품이 부드럽고, 정직하고, 관대했다. 그는 보이지 않는 곳에서 실천에 옮긴 모든 사회적 덕성들의 총체였다. 다른 사람은 당시의 위험에 사로잡혀 가장 눈에 띄는 모습으로 온갖 재앙의 현장에 핏빛을 띠고 등장했다." 애국적인 빈민, 특권계급의 음모에 대한 확신, 봉기의 분위기, 경종, 경보의 포성, 비상소집 등이 이들로 하여금 본성에서 빠져나오게 한 후 이들에게 제2의 본성을 주었다. 그것만이 아니었다. 비위생적인 주거의 밀집(특히 물의 부족), 불결한 도로 상태, 오늘날 상상하기 어려울 만큼 엉망인 하수도 시설, 마지막으로 건강, 습관, 행동이 손상되는 생존 조건에서 비롯된 비참한 생물학적 결과는 폭력으로 기우는 경향이 있었다. 그 결과 부르주아지는 생존 조건이 지적·도덕적 특징만이 아니라 신체적 측면에서도 자신들과 구별되는, 대부분 노동에 종사하는 주민들과 이웃하여 사는 고통을 겪지 않을 수 없었다.

하지만 민중의 폭력은 근거 없는 것이 아니어서 계급적 내용과 정치적 목표를 지녔다. 특권계급의 저항 때문에 민중은 무기에 호소할 수밖에 없었다. 프레리알 5일에 체포된 초등학교 교사 무사르(Moussard)는 변호취지서에 다음과 같이 썼다. "사람들은 내가 흥분했다고 말한다. 그렇다 선(善)에 대한 열정이 내 안에서 티 올랐고, 나는 자유의 격정을 느꼈다. 나는 조국의 적들에 맞서 언제나 끓어오를 것이다." 기요틴(단두대)은 국민에게 복수의 수단이기에 민중적이었다. 그래서 그것은 "국민의 식칼", "민중의 도끼", "평등의 낫"이라고 불렸다. 특권계급을 향한 계급적 증오는 1789년 이후 특권계급의 음모로 고조되어, 민중적 폭력을 추동하는 요인이 되었다. 경찰의 한 끄나풀이 혁명력 2년 방토즈 6일(1794년 2월 24일)에 기록한 다음의 대화는, 상퀼로트들이 폭력과 공포에 부여했던 정치적 가치를 잘 보여준다. 키가 작고 우아하게 차려입은 온건파가 물었다. "오늘 단두대가 설치될까?" 노골적인 애국파가 응답했다. "물론이지. 왜냐하면 배반은 언제나 있기 때문이지."

혁명력 3년에 폭력에 호소한 것은 여전히 더 명확한 의미를 띠었다. 공포 정치는 또한 경제적 통제의 수단이었고, 민중에게 일용할 빵을 보장해주는 전면적 최고 가격제의 실시를 가능하게 했다. 반동이 공정 가격제의 포기나 가장 끔찍한 기근과 일치했기 때문에, 일부에서는 민중 정부와 공포 정치를 연결하듯이 공포 정치와 일용할 빵을 동일시하는 경향을 보였다. 라레퓌블리크 구의 소목장 리시에(Richier)는 혁명력 3년 프레리알 1일(1795년 5월 20일) 다음과 같이 선언했다. "로베스피에르가 집권 할 때에는 피는 흘렸지만 빵은 부족하지 않았다. 그런데 오늘날 피는 더 흐르지 않지만 빵이 부족하다. 따라서 빵을 가지려면 피가 다시 흘러야 한다." 상퀼로트들은 공포 정치기에 그들에게 빵이 부족하지 않았던 것을 잊을 수 없었다. 참으로 민중의 폭력과 공포 정치적 행동은 일용할 빵이 필요한 것과 끊을 수 없게 연결되어 있었다.

민중의 혁명적 폭력이 없었다면, 부르주아 혁명은 어떻게 성공할 수 있었겠는가? 대중들이 폭력과 공포 정치에 부여한 특정한 목표가 무엇이었든 간에, 그것들은 부르주아지의 면전에서 봉건제와 절대주의의 잔재를 대거 제거해주었다. 그러나 부르주아지 역시 특권계급에 맞선 투쟁이 위기에 처하자, 폭력에 호소하는 것을 결코 주저하지 않았음을 잊지 말아야 한다. 바르나브는 1789년 7월에 이렇게 물었다. "따라서 이 피가 그렇게도 순수했던가?"

| 부록 2 |

혁명이란 무엇인가?*

바스티유가 함락당한 1789년 7월 14일 저녁, 불안한 루이 16세가 물었다. "그렇다면 이것은 폭동(émeute)인가?" "아닙니다, 전하." 리앙쿠르 공작이 대답했다. "이것은 혁명(révolution)입니다." 가장 통찰력 있는 이들에게 이 혁명은 자신의 도래를 오래전에 알렸다. 이미 1762년에 루소는 《에밀》에 이렇게 썼다. "우리는 위기의 상태와 혁명의 세기에 거의 이르렀다. 그때 여러분의 운명이 어떻게 될지 누가 대답할 수 있는가?" 그리고 볼테르는 1764년 4월 2일에 쇼블랭에게 보낸 편지에 다음과 같이 썼다. "내가 본 모든 것은 혁명의 불씨를 뿌리고 있습니다. 혁명은 틀림없이 오겠지만, 나는 그것을 목격하는 즐거움을 느끼지는 못할 것입니다." 철학자들과 정치인들은 유사한 사건을 막연하게 예감했으며, 심지어 바라기까지 했다. 참으로 혁명은 이념의 영역으로부터 와서 현실에 이르렀다. 그러나 혁명이 사변의 영역에서 출발하여 삶의 영역과 이미 이루어진 역사의 영역에 이르자, 혁명이라는 단어는 새로운 의미를 띠었다. 그것은 한편에게는 희망과 믿음을, 다른 한편에게는

---

* 'Qu'est-ce que la Révolution?' 이 글은 〈사상(la Pensée)〉 제217~218호(1981년 1~2월)의 '국가와 사회' 특집호에 처음 실렸다.

두려움과 증오를 일으키면서 뭇 사람들의 가슴을 뛰게 했다. 오랫동안 일용할 빵을 요구하는 데 지친 민중에게 혁명은, 5년간 모두에게 저항할 수 없는 힘으로 자신을 강요하며 약속 또는 위협으로 충만했던 살아 있는 현실이었다. 혁명, 이 단어는 그 이후에도 자신의 가치나 힘을 조금도 잃지 않았다. 그것은 열정 아니면 증오를, 공포 아니면 희망을 불러일으키면서 언제나 우리 세기에 사람들의 의식 속에 살아 있다.

"여러분은 혁명 없는 혁명을 원합니까?"

미슐레는 《프랑스혁명사》(1847)의 서론에서 혁명을 "법의 도래, 권리의 부활, 정의의 반작용(réaction)"이라고 정의했다. 그리고 더 나아가 "혁명이란 무엇인가? 형평(équité)의 반작용이요, 늦지만 오고야 마는 영원한 정의의 도래이다."라고 했다. 멋진 정의이다. 그러나 이는 차라리 조르주 소렐(Georges Sorel)의 의미에서 혁명에 대한 신화적 해석과 연관된다. 소렐에게 신화란 미래를 매력적인 형태로 제시하고 일치된 행동을 통해 그 실현을 약속하는 것을 말한다. 신화는 상상력을 유혹하고 가슴을 흥분시킨다. 또한 조직과 선전을 부추기며, 인민대중을 자극하여 그들의 행동력을 높인다. 이런 의미에서 프랑스혁명은 조르주 르페브르가 보여주었듯이 참으로 신화적인 성격을 지녔다. 삼부회의 소집은 삶의 조건이 정의에 가장 걸맞는 좋은 시절을 예고하는 '희소식'으로 받아들여졌다. 혁명력 2년에 동일한 신화와 동일한 희망이 상퀼로트들을 고무했다. 그 신화와 희망은 이후에도 우리의 역사에서 살아남았다. 1848년 2월, 1871년 3월, 1936년 봄, 1968년 5월이 그것을 입증한다. 그것들은 우리 민중의 정신 속에 여전히 살아 있다.

그러나 당대인들을 살펴보자. 혁명 초기에 그들은 혁명이 인민을 예속 상태에서 신속하게 자유로 이끌 자연 발생적인 폭발로서 유례없는 사건이라고 쉽게 생각했다. 쉽고 급작스러운 성공에 대한 이러한 믿음을 그 누구도 라파예트보다 더 잘 표현하지 못했다. "인민은 자유로워지기를 원하자마자 자유로울 것이다." 혁명의 문턱에서 마라는 《조국에의 봉헌(Offrande à la patrie)》에서 프랑스가 자유의 승리 직후에 즉각 변모할 것이라는 동일한 묘사를 제시했다. 이 동일한 관념이 카미유 데물랭의 《자유 프랑스》에서도 발견된다. 이 순진한 믿음은 한마디로 〈잘 될 거야(Ça ira)〉라는 혁명가(歌)가 잘 표현해준다. 니베르네 지방의 진정서는 다음과 같이 언급했다. "더 순수한 날이 곧 열릴 것이다."

하지만 1789년 여름부터 가장 통찰력 있는 이들은 머뭇거렸다. 로베스피에르는 친구 앙투안 조제프 뷔사르(Antoine-Joseph Buissart)에게 보낸 편지에서 이렇게 물었다. "우리는 자유로워질 것인가? 나는 여전히 이 질문을 할 수 있다고 믿네." 그리고 더 비관적인 루스탈로는 〈파리 혁명〉 제8호(1789년 8월 29일~9월 5일)에 다음과 같이 썼다. "우리는 예속 상태로부터 빠르게 자유에 이르렀다. 우리는 다시 자유로부터 더 빠르게 예속 상태로 치달았다." 이제 혁명은 이성의 법칙에 부합하는 완벽하고 변함없는 체제의 즉각적인 창설을 이끄는 유례없는 폭발이 아니라, 약속의 땅으로 향하는 먼 길, 즉 하나의 발전 과정으로 보였다. 미라보는 〈선거구민들에게 보내는 19번째 편지〉에서 "카르타고는 조금도 파괴되지 않았다."고 썼다. 구체제의 저항은 명확해졌을 뿐만 아니라, 혁명이 진행될수록 더 커졌다. 높은 물가와 민중의 압력, 네르빈덴의 패배, 뒤무리에의 반역, 방데 반란 등으로 위기의 절정에 달한 1793년 3월 26일, 장봉 생탕드레는 바레르에게 다음과 같이 썼다. "이제 혁명이 조금도 이루어지지 않았음을 경험이 입증한다. …… 우리는 국가라는 배를 항구로 인도하든가 아니면 그것과 함께 침몰하든가 해야 한다."

급작스런 폭발인가 아니면 긴 과정인가. 가장 통찰력 있고 또한 가장 일관성 있는 혁명가들은 혁명이란 단지 권력을 정복하는 것만이 아니라 사회 구조의 근본적인 변모에 있음을 잘 알기에 분석을 더 멀리 밀고 나가려고 노력했다. 혁명은 진전되면서 스스로 혁명 과정에 새로운 빛을 투사했고, 정치가들과 최소한의 안목을 지닌 이들에게 자기 전체의 다양한 측면들을 드러내주었다. 그 결과 '1789년'에서 '1793년'으로 이어서 '1796년'까지, 즉 시에예스에서 로베스피에르로, 이어서 바뵈프로까지 이어지면서 분석이 진보하였다.

삼부회 소집 이전부터 시에예스는 유명한 소책자 《제3신분이란 무엇인가?》에서 제3신분 대 특권계급이라는 계급적 용어를 사용해 정치적·사회적 문제들을 탁월하게 제기했다.

"따라서 제3신분이 완전한 국민을 이루는 데 필요한 모든 것을 자체 내에 갖고 있지 않다고 누가 감히 말하겠는가? 그것은 한쪽 팔이 여전히 사슬에 묶인, 힘세고 건장한 남성과 같은 존재이다. 만일 특권 신분을 제거한다면, 국민은 부족한 그 무엇이 아니라 넘치는 그 무엇이 될 것이다. 그렇다면 제3신분이란 무엇인가? 그것은 모든 것이지만, 족쇄가 채워지고 압제에 신음하는 모든 것이다. 특권 신분이 없어진다면 그것은 무엇이 될 것인가? 모든 것이 될 것이지만, 자유롭고 번영하는 모든 것이 될 것이다. 그 어떤 것도 그것 없이는 잘될 수가 없다. 다른 두 신분이 없어진다면 모든 것이 매우 더 좋아질 것이다. …… 귀족 신분은 사회 조직에 결코 속하지 않는다. 그것은 참으로 국민의 일부를 이룰 수 없으면서도 국민의 부담이 될 수 있다. …… 가장 나쁘게 조직되어 있는 나라는, 개인들이 고립되어 있을 뿐만 아니라 모두가 움직이는 가운데 시민들 중 한 계급 전체가 부동의 상태로 있는 것을 자랑스럽게 여기고 생산의 가장 좋은 부분을 만드는 데는 아무런 기여도 하지 않으면서 그것을 소비하려는 나라이다. 그런 계급은 확실히 게으름으로 말미암아 국민의 외부에 속한다." 그리고 시에예스는 더 한층 명확하게 다음과 같이 지적했다. 성직자가 "공적인 봉사가 의무인 직업"이라면, 귀족이란 단지 "아무런 기능이나 유용성이 없는데도 출생했다는 사실만으로 인신적인 특권을 누리는 사람들의 계급", 곧 "스스로 존립할 수 없어서 마치 식물성 종양이 식물에 기생하면서 그것을 괴롭히고 메마르게 하고 그 수액에 의존해서만 살아갈 수 있는 것처럼 진정한 국민에 달라붙어 있는 가짜 인민"을 가리킬 뿐이었다. 누구도 기생하는 계급으로서 귀족을 이보다 더 잘 정의할 수 없었을 것이다. 따라서 시에예스에게 혁명이란 귀족적 특권의 폐지이며, 지배계급으로서 특권계급의 해체가 아니고 무엇이겠는가?

4년에 걸친 정치적·사회적 투쟁으로 로베스피에르는 이를 능가하는 분서을 할 수 있었디. 혁명의 진제직인 흐름을 누구보다도 통찰력 있는 그가 놓칠 리 없었다. 그는 1789년 7월부터 특권계급의 음모를 비난해 왔다. 그러나 그는 혁명적 실천을 통하여 정치적·도덕적·사회적으로 혁명이 불가피하다는 것을 깨닫게 되었다.

정치적 불가피성 – 혁명이 성공하는 데 필요하다면 비합법적 방법과 폭력을 통해 구질서를 파괴해야 했다. 1792년 11월 5일, 지롱드파 의원인 루베의 공격에 답변하면서 로베스피에르는 다음과 같이 말했다. "시민 여러분, 8월 10일의 봉기와 왕권의 전복에 대하여 혁명 없는 혁명을 원합니까? …… 불법적인 체포라고요? 그렇다면 공공 안전에 필요한 유용한 대비책을 평가하는 데 손에 형법전을 들어야 합니까? 어째서 여러분은 또한 중상모략과 자유에 대한 모독을 일삼는 매문객(賣文客)들의 펜을 불법적으로 꺾었다고 우리를 비난합니까? …… 어째서 여러분은 우리에게 반혁명 혐의자 시민들을 무장 해제시켰다고 비난합니까? 우리가 공공 안전을 논의하는 의회로부터 혁명의 공인된 적들을 배제했냐고요? …… 왜냐하면 혁명이, 왕권의 몰락이, 바스티유의 함락이 불법적이듯이, 또한 자유 그 자체가 역시 불법적이듯이, 이러한 모든 것들은 불법적이기 때문입니다." 로베스피에르는 평상시에 인간과 시민의 권리들을 보호해줄 법률적 보장들을 유예함으로써 야기될 위험을 인정하면서도, 솔직하게 혁명적 폭력의 필요성을 단언했다. "힘은 범죄를 보호하는 데만 행사되는 것입니까?"

도덕적 불가피성 - 혁명적 윤리가 필요했다. 혁명력 2년 플뤼비오즈 17일(1794년 2월 5일), 로베스피에르는 국민공회에 〈국민공회가 마땅히 따라야 할 정치 도덕의 원칙에 관하여〉 보고서를 제출했다. 바로 혁명적 폭력의 행사가 과격한 무절제로 이어질 수 있기 때문에, 로베스피에르는 그것에 '덕성'이라는 교정책을 부여하고자 했다. 덕성이란 곧 공민적 덕성, 즉 "조국과 법에 대한 사랑에 다름 아니고" 올바른 사생활이 아니면 유지될 수 없는 "그 덕성"을 뜻했다. 생쥐스트는 혁명력 2년 제르미날 26일(1794년 4월 15일), 혁명적 인간의 초상을 다음과 같이 그렸다. 그는 불굴의 의지를 지니지만, "분별 있고, 검소하다. 또한 소박하고, 거짓 수수함으로 사치를 자랑하지 않는다. 그는 모든 거짓말, 모든 관용, 모든 꾸밈과 화해할 수 없는 적이다. …… 혁명적 인간은 양식과 성실함의 화신이다."

사회적 불가피성 - 생쥐스트는 혁명력 2년 방토즈 8일(1794년 2월 26일)에 다음과 같이 선언했다. "상황의 힘(force des choses)은 우리를 아마도 우리가 조금도 생각하지 못했던 결과로 이끈다." 상황의 힘이란 말하자면 불가분으로 연결되어 있는 국가 방어와 혁명 수호가 절대적으로 필요하다는 것, 즉 혁명의 논리를 뜻한다. 그리고 더 한층 명확하게 생쥐스트는 다음과 같이 말하면서 불가결한 일치의 법칙을 확언했다. "시민적(즉 사회적) 관계들이 정부의 형태에 어긋나는 것으로 귀결된다면, 여러분은 나라(empire)가 존립할 수 있다고 생각합니까?" 권력을 탈취하는 것으로 충분하지 않다. 사회 구조와 사회 관계를 혁명화하는 일이 여전히 필요하다. "혁명을 절반밖에 이룩하지 못한 자들은 스스로 자기 무덤을 팔 뿐이다." 우리의 20세기 후반에까지 비극적으로 비쳐주는 선견지명이다.

테르미도르의 반동, 혁명력 3년의 혹독한 겨울(1794~1795년)에 맹위를 떨친 인플레이션과 대중들의 형언할 수 없는 비참함, 프레리알의 민중 봉기와 뒤이은 탄압 등이, 혁명의 실천가이자 이론가인 바뵈프의 이데올로기적 행적에서 최종 단계를 결정했다. 그는 이 점을 〈호민관〉 제34호(혁명력 4년 브뤼메르 15일, 즉 1795년 11월 6일)에서 다음과 같이 명쾌하게 설명했다. "일반적인 의미로 정치혁명이란 무엇인가? 특히 프랑스혁명이란 무엇인가? 그것은 특권층과 평민층, 부자들과 빈민들 사이의 공공연한 전쟁이다. …… 다수의 사람들에게 생존이 너는 참을 수 없을 정도로 고통스러운 것이 되면, 바로 그때 압제자들을 향한 피압제자들의 반란이 터져 나온다." 프랑스혁명은 본질적으로 계급투쟁이다. 그러나 부자들과 빈민들 사이의 이 전쟁은 단지 그것이 선언되었을 때만 실재하는 것은 아니다. "그 전쟁은 영속적이며, 제도가 한편이 모든 것을 탈취하고 다른 한편에게 아무것도 남지 않게 되는 것을 지향할 때 시작된다. …… 그러나 일단 전쟁이 선언되면 그때부터 투쟁은 격렬해지고, 두 당파는 각기 승리를 쟁취하기 위하여 모든 수단을 동원한다."

혁명력 4년 프리메르 9일(1795년 11월 30일) 자 〈호민관〉에 실린 '평민계급의 선언'은 더 한층 명확하다. 중단된 혁명은 뒷걸음치는 것이다. 프랑스혁명은 테르미도르 9일까지 모든 반대와 방해를 무릅쓰고 전진해 왔지만, 그 이후에는 뒷걸음쳤다. 민중은 희망으로 깨어났다. "민중이여, 모든 야만적인 옛 제도들을 전복하고, 자연과 영원한 정의가 부여한 것들로 그것을 대체하라." 민중의 고통은 전면적인 전복을 통해서만 보상받을 수 있었다. 착한 영혼들은 내전을 외칠 것이었다. "그리고 한편은 모두가 살인자이고, 다른 한편은 모두가 저항할 능력이 없는 희생자임을 보여주는 내전보다 더 역겨운 것이 있겠는가? …… 양편이 각각 자기 방어를 할 수 있는 내전이 더 낫지 않겠는가?" '평민계급의 선언'은 다음과 같은 예언적인 호소로 끝을 맺는다.(그러나 예언주의(prophétisme)가 없는 혁명이 있는가?) "되풀이해서 말한다. 모든 고통은 절정에 이르렀다. 더는 악화될 수 없다. 그것은 총체적인 전복을 통해서만 보상받을 수 있다! 참으로 모든 것이 뒤섞인다! 모든 요소들이 혼란스러워지고, 섞이고, 부딪힌다! 모든 것이 다시 혼돈으로 되돌아가고, 이 혼돈으로부터 재생의 새로운 세계가 솟아 나온다!"

이렇듯 혁명적 전투를 겪고 이끌었던 인사들의 증언 자체에서도 혁명은 전복과 변혁, 파괴와 재건을 함축하는 다소간 긴 과정으로 나타났다. 새로운 기반 위에서 미래의 이상 국가가 건설되려면 구체제의 토대부터 파괴되어야 했다. 폭력은 계급투쟁을 통하여 역사를 낳았다.

불가피한 혁명

혁명 과정에 대해 로베스피에르나 바뵈프가 더 진전시키지 못한 이러한 분석에 대해, 시대의 경과와 더불어 다른 이들이 그 분석을 더 가깝거나 더 멀리 밀고 나갔다. 혁명의 시대를 살았던 바르나브부터 왕정복고 시기의 역사가들까지, 즉 프랑수아 미녜(François Mignet)와 프랑수아 기조뿐만 아니라, 특히 혁명에 대한 성찰이 끊임없이 깊어 가던 마르크스까지 혁명 과정에 대한 분석은 계속되었다.

바르나브는 처음으로 프랑스혁명에 이 특수한 본보기를 크게 넘어서는 해석을 제시하여 역사가들의 주목을 받았다. 우리는 조레스가 《프랑스혁명의 사회주의사》 제1권에서 바르나브가 1791년 말부터 쓰기 시작한 《프랑스혁명 서설(Introduction à la Révolution française)》에 부여했던 중요성을 안다. 당시 바르나브는 로베스피에르의 제안에 따라 제헌의회 의원들의 재선을 막는 법령이 의회를 통과하여 정계에서 물러나 있었다. 조레스에 따르면, 바르나브는 처음으로 "프랑스혁명의 사회적 원인과, 이렇게 말할 수 있다면, 프랑스혁명의 경제 이론을 가장 명확하게" 정식화했다.

바르나브가 살았던 도피네는 당시 공장감독관이던 롤랑이 1785년에 쓴 바에 따르면, 사업체들의 다양성으로 보나 밀도로 보나 금속업과 섬유업의 중요성에서 왕국 내에서 가장 중요한 지역 가운데 하나로서 산업 활동이 왕성했다. 이를 통해 바르나브는 '산업적' 소유로 인해 그것을 지닌 계급이 도래할 것이라고 생각하기에 이르렀다. 그는 토지 특권계급이 자신들을 위해 만든 제도가 새로운 시대의 도래를 방해하고 늦춘다는 원리를 제기했다. 그러나 "결국 정치 제도는, 이렇게 표현할 수 있다면, 장소(localité)의 특성을 채택한다." 말하자면 정치 제도는 해당 지역의 새로운 경제적 조건에 어쩔 수 없이 적응한다. "기예(技藝)와 상업이 인민에 침투하여 근로 계급에 봉사할 부의 새로운 수단을 창출함에 따라, 인민은 정치적 법률에서 혁명을 준비한다. 부의 새로운 분배는 권력의 새로운 분배를 초래한다. 토지의 소유가 특권계급을 세웠듯이, 산업적 소유는 인민의 권력을 세운다." 우리는 바르나브가 이러한 원칙들을 프랑스혁명에 적용하리라는 것을 어렵지 않게 간파할 수 있다. 프랑스혁명은 우연적인 사건도, 지방에 국한된 사건도 아니었다. "프랑스에서 민주혁명을 준비하고 18세기 말에 혁명이 일어나도록 했던 요인은 바로 유럽의 모든 정부에서 공통적으로 진행된 발전이었다." 조레스는 이렇게 논평했다. "따라서 혁명 부르주아지는 자신의 힘과 그 힘이 표현하는 경제적·역사적 움직임에 대해 놀라울 만큼 현실적이고 날카로운 감각을 지녔다." 바르나브는 도피네 부르주아지의 생각을 훌륭하게 추출하고 해석하여, 폭력으로부터 탄생한 봉건적 토지 소유에 힘입은 토지 계급과 산업 계급의 대립을 명료하게 밝혔다. 이 대립은 참으로 혁명 그 자체에서 비롯한 돌이킬 수 없는 충돌이었다.

이처럼 바르나브는 역사의 일반 법칙에까지 도달했다. "사람들은 프랑스를 흔들고 있는 대혁명을 고립적인 방식으로, 즉 우리를 에워싼 제국들의 역사나 앞선 세기들로부터 분리해 고찰함으로써, 대혁명에 대한 정확한 생각을 얻으려고 헛되이 노력했다. 혁명의 성격을 판단하고 그것의 진정한 원인을 판별하려면 더 멀리 볼 필요가 있다. …… 우리가 도달한 지점과 우리를 이곳으로 이끈 총체적 원인을 분명하게 식별하려면, 바로 봉건제 이래 오늘날까지 유럽의 정부들을 이끌어 온 전반적인 움직임을 숙고해야 한다."

《프랑스혁명 서설》은 바르나브와 동향인인 알퐁스 베랑제(Alphonse Bérenger)가 정성을 들여 1843년이 되어서야 출판했기에, 왕정복고기의 역사가들은 바르나브를 읽을 수 없었다. 그러나 그들은 과격왕당파의 반동에 맞서 자유주의 투쟁을 전개하면서 부르주아 의식으로 무장하고 역사학을 정치 무기로 삼았기에 혁명의 계급적 성격과 역사적 필연성을 강조하였다. 루이 아돌프 티에르(Louis Adolphe Thiers)의 《프랑스혁명사》는 1823년에, 미녜의 《프랑스혁명사》는 1824년에 출간되었다. 샤토브리앙은 《역사연구》에서 이들을 '숙명론 학파'라고 불렀다. 사실상 티에르와 미녜는 혁명과 그 각각의 단계들 속에서 일정한 원인들의 논리적 발전을 보았다. 두 사람 모두 공포 정치를 필요악으로 간주했다. 공포 정치가 없었다면 국민을 구할 수 없었다는 것이다.

티에르는 《프랑스혁명사》에서 혁명의 과정을 자극하고 그 목표가 달성될 때까지 모든 장애를 극복했던 "숙명적인 힘"을 핵심으로 삼았다. "공화주의가 상퀼로트주의를 낳고, 상퀼로트주의가 위원회의 체제를 낳고, 이어서 십두 정치와 심지어 삼두 정치를 낳았다면, 그것들은 바로 혁명의 고정관념이면서도 원동력인 자유의 이념이 끊임없이 관통했던 연이은 단계에 불과했다." 또한 "혁명은 여전히 군사적인 성격을 띠었다. 왜냐하면 유럽과 벌이는 이 영속적인 투쟁의 한복판에서 혁명은 강력하고 굳건한 방식으로 스스로를 세워야 했기 때문이다. …… 브뤼메르 18일은 불가피했다." 역사적 필연성, 하지만 자유로운 결정권을 배제하지 않는 역사적 필연성이었기에, 따라서 인간은 자신의 행동을 온전히 책임져야 했다.

미녜는 명확히 《프랑스혁명사》에서보다 한 일간지 〈프랑스 전령(Courrier français)〉에 기고한 논설들을 통해 혁명에 관한 자신의 철학을 밝혔다. 그는 모든 혁명들은 "동일한 진행과 우연적인 몇몇 차이를" 지닌다고 확신했다. "따라서 하나를 설명하는 것은 곧 모든 것을 설명하는 것이다. …… 동일한 현상이 되풀이되는 것은 바로 동일한 법칙 때문이다."(1822년 5월 25일) 두 가지 '필연성'이 혁명을 짓누른다. 하나는 변화이고, 다른 하나는 폭력이다. '숙명론'의 이 두 가지 기본적인 원리가 미녜의 《프랑스혁명사》 전체를 고취했다.

변화의 필연성 – 이는 바로 존재의 본질이다. 불변하는 역사란 전혀 있을 수 없기 때문이다. 혁명들은 어떤 합리성을 따른다. "혁명은 갑작스러운 변화의 결과가 결코 아니다. 인민이 토대까지 전복시켰던 것이 결코 변덕스런 원인 때문은 아니다."

폭력의 숙명성 – 폭력은 혁명과 분리될 수 없으며, 사회 계급들 사이에 벌어지는 대결과 불가분하게 연결된다. 폭력의 분출을 고려하는 것,

이것이 곧 "혁명의 진행"을 설명하는 것이다. 폭력의 윤리를 발견하는 것, 이것이 곧 "혁명을 정당화하는 것"이다. 혁명적 폭력은 미녜가 보기에 악(惡)이지만, 필요악이다. 이 악의 기원을 거슬러 올라가는 것은 곧 그에게 정당화를 발견하는 일이었다. "만일 혁명이 불가피하게 우주의 질서(économie)에 속한다면, 혁명에 수반되는 불행들은 혁명을 반대하는 논변의 근거가 될 수 없다. …… 혁명의 도구인 사람들보다는 혁명의 필연성에 저항한 자들을 더욱 비난해야 한다. …… 이 피와 눈물은 정의를 위해 싸운 자들이 아니라 압제를 위해 무장한 자들에게 그 책임을 돌려야 한다."(1822년 12월 8일)

미녜의《프랑스혁명사》에서 설명의 본질적인 요소는 계급투쟁이다. 혁명은 역사적 필연성으로나 혁명의 분출만이 아니라 펼쳐지는 모든 단계에서도 불가피했다. "개혁이 필요해서 그것을 실시하는 순간에 이르면, 아무것도 개혁을 막지 못하며 모든 것이 그것을 위해 봉사한다." 1789~1791년의 첫 번째 혁명은 중간 계급, 말하자면 부르주아지의 작품인데, 프랑스의 제도를 "새로운 이익과 필요", 즉 이 계급의 이익과 필요에 일치시키기 위하여 '불가피한' 것이었다. 1792~1794년에 전개된 두 번째 혁명은 민중계급의 작품인데, 대내외의 특권계급이 일으킨 반혁명의 저항으로 촉발되었다. 이 혁명은 폭력의 필연성을 따랐고, 이것이 혁명정부와 공포 정치의 "슬픈 숙명"이었다. "특권파 인사들은 혁명을 저지하고자 했다. 유럽도 혁명을 진압하려고 했으므로 어쩔 수 없이 투쟁에 들어간 혁명은 자신들의 노력을 조절할 수도, 승리를 절제할 수도 없었다. 국내의 저항은 다중(多衆)의 주권을 이끌어냈고, 외국의 침입은 군사적 지배를 이끌어냈다. 하지만 무정부 상태와 전제주의에도 불구하고 목표는 달성됐다. 구사회는 혁명기에 파괴되었고, 새로운 사회는 제정기에 자리 잡았다."

이폴리트 텐이 말하는 "철학학파", "사변적 역사"의 가장 대표적인 역사가인 프랑수아 기조는 이와 동일한 노선을 명확하게 드러냈다.

기조는《프랑스사론(Essais sur l'histoire de la France)》(1823)의 네 번째 시론에서 정치제도가 "사회적 상태", 상이한 계급 간의 관계, "인신의 상태", 궁극적으로 "토지의 상태"에 의해 결정된다고 강조했다. 토지 소유의 성격이 계급 간의 관계, 인신의 조건, 국가의 구조를 결정지었다는 것이다.

1826년에《영국혁명사(Histoire de la Révolution d'Angleterre)》가 출간되기 시작했다. "혁명을 축성 또는 저주하기 위하여 그것을 찬양하든 개탄하든, 모든 이들은 똑같이 이 혁명들(1640년과 1789년의 혁명)에 직면하여 모든 것을 잊고, 혁명을 과거로부터 절대적으로 고립시키고, …… 그것들에 파문 아니면 영광만을 퍼부어댄다. 이제 이러한 유치하고 기만적인 수사(修辭)에서 벗어날 때가 되었다." 영국혁명과 프랑스혁명은 민족의 과거에 깊숙이 뿌리박았다. "두 혁명이 말하거나 바라거나 행한 것은, 그것이 일어나기 전에 이미 수없이 말하고 바라고 행하고 시도했던 것들이다." 기조는 이미 1823년에《프랑스사론》에서 강조했다. "혁명의 원인은 사람들이 추정하는 것보다는 언제나 더 일반적이다. …… 사건들은 사람들이 아는 것보다 더 중대하며, 우연이나 개인의 작품, 혹은 어떤 외부 상황의 특정한 이해관계의 작품으로 보이는 것들도 훨씬 더 깊은 기원과 아주 다른 의미를 갖는다." 이 기원들은, 본질적으로 계급적 이해관계가 촉발한 투쟁에서 찾아야 한다.

기조는 1828~1830년에 소르본 대학교에서 행한《프랑스문명사(Histoire de la civilisation en France)》에 대한 강의에서 프랑스 사회의 본질적인 특성 가운데 하나를 부르주아지의 출현과 성장, 그리고 그들의 최종적인 승리라고 보았다. 부르주아지는 인민대중과 특권계급 사이에서 1789년이 축성하게 될 새로운 사회의 틀을 천천히 창출했고 그 이념을 명확하게 밝혔다. "누구도 제3신분(즉 부르주아지)이 프랑스에서 행한 중요한 역할을 무시하지 못한다. 그들은 프랑스 문명의 가장 활동적이고 결정적인 요소였으며, 궁극적으로 프랑스의 방향과 성격을 결정했던 것도 바로 그들이었다. 사회적 관점에서, 그리고 우리의 영토에 공존했던 상이한 계급들과의 관계 속에서 고찰할 때, 제3신분이라 불리는 계급은 점차 확대되고 성장하여 다른 모든 계급들을 처음에는 강력하게 변화시키고 이겨내더니 마침내 그들을 거의 다 흡수했다."(제46강) 기조가 이전 세기에 일어난 영국혁명과 비교하여 프랑스혁명의 특수성을 깨달을 수 있었던 것은 바로 사회적 충돌에 관한 정확한 분석을 통해서였다. "우리나라에서 자유로운 정부 수립이라는 시도가 실패한 이유는 바로 상층 계급들의 맹목적인 경쟁 관계 때문이었다. 귀족과 부르주아지는 전제주의로부터 자신들을 지키기 위해서 자유의 토대를 놓고 그것을 실천하기 위해서나 단결하는 대신에, 서로 갈라져 서로를 배제하는 데 열심이었다. 또한 한편은 어떠한 평등도, 다른 한편은 어떠한 우월성도 받아들이려고 하지 않았다."(1857년의 서문) 서문 전체를 인용할 만하다. 기조는 다음과 같이 결론 내렸다. 귀족과 부르주아는 "함께 자유롭고 강력해지기 위하여 일치하고 협력하여 행동할 줄을 몰랐다. 그들은 자신들과 프랑스를 혁명에 처하게 했다."

이렇듯 왕정복고기의 역사가들은 프랑스혁명 연구로부터 명쾌한 계급투쟁의 이론을 도출했다. 우리는 마르크스가 1852년 3월 5일에 요제프 바이데마이어(Joseph Weydemeyer)에게 보낸 편지 구절을 안다. "근대 사회에서 계급들의 존재를 발견한 공로도, 그 계급들 사이의 투쟁을 발견한 공로도 나의 것이 아니네. 부르주아 역사가들이 나보다 훨씬 앞서 이러한 계급투쟁의 역사적 발전을 서술하였네." 여기서 마르크스가 염두에 두었던 것은 바로 기조였다. 마르크스는 또한 오귀스탱

티에리(Augustin Thierry)를 두고서는 1854년 7월 27일에 엥겔스에게 보낸 편지에서 "프랑스 역사 서술에서 계급투쟁의 아버지"라고 불렀다. 우리는 마르크스가 혁명을 연구하는 데 얼마나 열심이었는지, 얼마나 국민공회에 사로잡혔는지를 안다. 그래서 그는 한때 그것의 역사를 쓰고 싶어 했다. 프랑스혁명에 대한 마르크스의 관념은 그가 혁명에 대한 견해를 단계적으로 형성하는 데 이바지했으며, 최종적으로 그의 사상 체계 전반에 통합되었다.

계급투쟁의 관념은 이미 명확하게 도출되었던 터라 마르크스는 프랑스혁명 연구를 통하여 보편적인 우위권을 요구할 능력을 갖춘 "특수한 계급"의 특징이 무엇일까 자문하기에 이르렀다. 그는 이 문제에 대한 답변을 《헤겔 법철학 비판을 위하여》(1844)의 서설에서 제시했다. "어떤 특수한 계급은 오직 사회의 보편적인 권리라는 이름으로만 보편적 지배를 자신에게 줄 것을 청구할 수 있다. 이러한 해방자적 지위를 공략하려면, 그리하여 자신의 고유한 이익을 위해 사회의 모든 영역을 정치적으로 이용하려면, 혁명적 활력과 정신적 자부심만으로는 충분하지 않다. 어떤 인민의 혁명과 시민 사회에서 어떤 특수한 계급의 해방이 동시에 일어나려면, 어떤 신분이 사회 전체의 신분으로 여겨지려면, 거꾸로 그 사회의 모든 결점이 다른 계급에 집중되어야만 하고 어떤 특정 신분이 보편적 추문의 대상이나 보편적 장애물의 화신이어야 한다. …… 한 부류가 단연코 해방된 신분이 되려면 거꾸로 다른 한 부류가 공공연한 압제의 신분이어야 한다. 프랑스 귀족과 프랑스 성직자의 부정적이고 보편적인 특징은 가장 그들 가까이에서 대립하는 부르주아지라는 계급의 긍정적이고 보편적인 특징의 조건이 되었다." 몇 줄 더 내려가면, 시에예스와 그의 소책자를 참조했다는 것을 뚜렷하게 느낄 수 있다.

그러나 무엇이 이 "보편적인 장애물"인가? 그 대답은 《공산당 선언》

(1848)이 주었다. 유명한 구절에서 마르크스는 "부르주아지를 형성했던 기초로서 생산 수단과 교환 수단이 봉건 사회에서 만들어졌다."는 점을 환기한 뒤에, 18세기 말에 기존의 생산 관계와 여전히 봉건적인 소유 체제, 농업 및 제조업의 조직은 이미 발전한 생산력에 더는 조응하지 못하고 경제 발전에 그만큼 족쇄가 되었다고 강조하였다. "이 족쇄는 분쇄되어야 했으며, 분쇄되었다." 따라서 계급투쟁은 경제-사회적 구성을 분열시키는 모순들의 표현일 따름이다. 특권계급과 부르주아지의 대립은 참으로 구체제 사회의 특질 가운데 하나인데, 18세기 말에 더욱 악화되었다. 왜냐하면 생산력의 비약적 발전과 전통적인 사회관계의 지속 사이에서 모순이 심화되었기 때문이다.

이렇듯 마르크스는 바로 프랑스혁명을 연구하는 데서 출발하여 역사 발전의 일반 법칙으로 생각되는 것을 정식화하기에 이르렀다. 그는 1859년 《정치경제학 비판을 위하여》의 서문에서 그 법칙을 설명하며 다음과 같은 결론에 도달했다. "사회의 물질적 생산력은 그 발전의 특정 단계에서, 지금까지 그것이 그 내부에서 운동해 왔던 기존의 생산 관계 혹은 이 생산 관계의 법률적 표현일 뿐인 소유 관계와 모순에 빠진다. 이러한 관계들은 생산력의 발전 형태로부터 관계의 족쇄가 된다. 그때 사회 혁명의 시기가 도래한다."

혁명적인 길

이러한 역사 서술의 간략한 개관을 마치면서 혁명의 개념을 명확히 하고, 이를 통해 프랑스혁명의 본질적인 특성을 강조하는 일을 시도하고자 한다. 일부에서 혁명이라는 단어를 남용하고 그 개념을 의도적으로 거부함으로써 혁명을 평가 절하하고 기만적인 책동을 야기했다. 혁명이라는 용어를 남용한 예로는 인구 혁명, 경제 혁명, 지적 혁명, 가격

혁명, 식도락 혁명, 성의 혁명 따위가 있다. 개혁이나 이행 개념을 위해 온갖 종류의 수정주의자들이 혁명 개념을 거부했다. 따라서 혁명의 개념을 명확히 하는 노력이 필요하다.

먼저 의미론의 관점에서 혁명이라는 용어의 특이한 운명을 강조하고자 한다. 어원학적으로 혁명은 출발점으로 되돌아간다는 뜻이다. 막시밀리앙 폴 에밀 리트레(Maximilien Paul Émile Littré)가 말한 첫 번째 의미의 혁명은 "천체가 출발한 지점으로 복귀하는 것"을 말한다. 플라톤(Platon)의 《티마이오스》로부터 잠바티스타 비코(Giambattista Vico)의 '순환론(corsi e ricorsi)'에 이르기까지 역사와 인간사(人間事)에 관한 주기적 관념은, 이러한 천문학적인 순환의 정의와 유사성이 없지 않다. 이런 의미에서 혁명이란 세기의 흐름에서 단절되어 원래 질서로 복귀함을 뜻한다. 보쉬에, 드 보날 또는 드 메스트르가 말하는 신적인 질서와, 계몽철학이 말하는 자연법이 여기에 해당한다. 원초적 질서가 있었다. 우리가 할 수 있는 범위에서 혁명이란 잃어버린 낙원을 회복하는 것을 목표로 한다. 혁명적 투쟁 끝에, 말하자면 역사의 종말에서 신국(神國)이 나타나거나 사회악 이전에 존재했던 인간들의 나라가 다시 도래할 것이다. 1789년 8월 26일의 권리선언에 따르면, "인간의 여러 권리에 대한 무지, 망각 또는 멸시가 공공의 불행과 정부의 부패를 초래한 유일한 원인이다." 말하자면 모든 사회에 선행하는 자연권은 양도할 수 없고 신성하다. 자연권의 재확립은 인류의 재생과 "만인의 행복"을 가져올 것이다.

이에 도달하려면 특히 구질서와 단절하고 그것을 토대에서부터 전복하는 것이 필요하다. 플라톤이 《국가론》에서 말하는 '메타볼레(metabole, 전복 혹은 급격한 변화)'가 이런 의미이다. 소크라테스는 인간이 불행을 없애려면 그리스의 시민 질서가 기반을 두고 있는 세 종류의 근거인 소유권, 가족, 민사 및 사법의 정무관의 신분, 즉 국가 기구가 전복되어야 한다고 주장했다. 같은 취지에서 미라보는 혁명 발발 이후 채 1년이 못 되어 국왕에게 비밀리에 서한을 보냈다. "새로운 상황을 구체제와 비교해보십시오. …… 이제 고등법원도, 지방 삼부회 지역도, 성직자도, 특권층도, 귀족도 없지 않습니까?" 토크빌도 다음과 같이 논평했다. "프랑스혁명은 낡은 정부를 바꾸는 것만이 아니라 낡은 사회 형태를 제거하는 것을 목표로 삼았기 때문에, 모든 기존 권력을 공격할 뿐만 아니라 모든 기득권 세력을 무너뜨리고 전통을 타파하고 습속과 관행을 쇄신해야만, 말하자면 그때까지 존경과 복종심을 배양해 온 모든 관념을 사람들의 마음속에서 제거해야만 했다." 진정한 혁명은 단지 기존 국가 기구의 파괴뿐만 아니라, 국가 기구를 지배하는 사회 조직과 원리들의 탈구조화까지 포함한다.

하지만 역사와 혁명의 순환론과는 반대로 혁명적 단절의 개념은, 혁명 이전에 일정한 구조와 형상이 존재했고 혁명 이후에는 그 이전과는 본질적으로 다른 새로운 질서가 창출된다는 점을 전제한다. 회복하기 위하여 단절하는 것이다. 그러나 영원히 잃어버린 것을 어떻게 회복할 수 있는가? 루소의 두 개의 '논(論, Discours)', 즉 《학문예술론》과 《인간 불평등 기원론》은 이러한 관점에 해당된다. 루소는 "학문과 예술의 회복"과 "인간들 사이에 존재하는 불평등의 기원과 토대"를 문제 삼으면서 소유욕과 사치의 취향이 야기한 우여곡절로 혼란에 빠진 사회적 투명성의 상태가 본래 있었다고 전제했다. 그러나 루소는 역사의 흐름에 존재하는 모순적 성격을 지각하고 있었다. "사람들은 수확과 함께 곧 예속 상태와 궁핍이 싹트고 커 가는 것을 보게 되었다."(《인간 불평등 기원론》, 제2부) 또한 순환은 단지 외견상으로만 동일한 궤적을 그릴 뿐이다. 바로 여기가 "최후 지점이며, 원(圓)을 다 그리면 만나게 되는 출발점이자 종점이다." 그러나 기존의 법이 최강자(le plus fort)의 법으로 귀결되는 것은, 사실상 "우리가 출발점으로 삼은 자연 상태와는 다른 새로운 상태로" 돌아오는 것이다. 루소가 《사회계약론》을 쓴 것은 바로 이러한 새로운 상태를 더 정확하게 정의 내리기 위해서였다.

따라서 문제는 다시 세우기 위하여 단절하는 것이었다. 마침내 혁명은 우리가 알지 못하는 신화적인 황금시대로 회귀하는 것이 아니라, 더 이성적이고 정의로운 미래를 향해 전진하는 것을 뜻했다. 그리고 단어의 의미가 1789년에서 혁명력 2년에 이르면서 변화한 것도 바로 이런 식이었다. 혁명이라는 단어는 1789년의 사건들을 일으킨 혼란과 단절이라는 관념으로부터, 격렬하지만 확실히 규율 잡힌 행위라는 관념, 즉 활기차지만 질서 잡힌 행동이라는 완전히 상반되는 관념으로 변화했다. 이는 혁명력 2년 프리메르 14일(1793년 12월 4일)에 제정된 혁명정부의 '구성'에 관한 법령의 내용과 제목 자체가 잘 보여준다. 당통은 앞선 프리메르 11일에 이 점을 크게 강조하였다. "우리가 창을 갖고 전복했다면, 헌법이라는 구조물을 세우고 그것을 공고히 할 수 있는 것은 바로 이성과 공학의 컴퍼스를 통해서이다."

그러나 어떤 토대 위에 세운 어떤 구조물인가? 이른바 정치학의 어휘는 종종 혼란을 유발하므로, 바로 이 지점에서 '혁명'이란 단어의 의미를 가장 정확하게 파악해야 한다. 혁명이란 오직 사회 혁명만 있을 뿐이다. 쿠데타는 혁명이 아니다. 이 점에서 혁명이란 단어가 더 엄밀한 의미를 갖는 방향으로 변화했다는 것은, 19세기의 리트레 사전과 20세기의 로베르(Robert) 사전을 비교해보면 알 수 있다. 리트레 사전에서 혁명은 "한 국가의 정치 및 통치에서" 갑작스럽고 격렬한 변화라면, 로베르 사전에서 혁명은 "사회 및 도덕의 차원에서" 갑작스럽고 격렬한 변화였다. 혁명의 과정에서 옛 사회적 관계는 공포 정치 및 내전에까지 이르는 격렬한 계급투쟁의 와중에서 파괴되었고, 혁명적 계급은 독재를 통해 자신의 권력을 강제했다. 마침내 사회적 관계는 생산력의 성격과 수준에 부합했다.

따라서 혁명이란 쇄신된 생산 양식의 기반 위에서 사회적 관계와 정치 구조의 근본적인 변모를 뜻한다. 혁명은 경제적·사회적 구조의 변화, 한편으로 사회적 관계들과 다른 한편으로 생산력의 성격과 수준 사이에 존재하는 해결할 수 없는 불일치가 야기한 생산 양식의 변화를 함축한다. 생산력의 수준이 높을수록 따라서 혁명적 계급의 의식, 통일성, 활력의 수준이 높을수록, 혁명의 완성도도 역시 높아진다. 그리고 프랑스혁명이 바로 이런 경우였다.

혁명, 그것은 '위로부터' 강제될 수 없다. '개혁'이 '위로부터' 주어질 수 있는 것이라면, 혁명은 필연적으로 '아래로부터' 강제되는 것이다. 개혁은 사회의 기본 구조를 흔들지 않으며, 오히려 지배적인 사회 범주들의 지속적인 이익을 위해 기존의 구조를 보듬는다. 개혁은 자신이 강화하려는 기존 사회의 틀 안에서 존재 이유가 뚜렷해진다. 또한 개혁은 시간적으로 길게 펼쳐진 혁명이 아니며, 개혁과 혁명은 시간의 길이가 아니라 그 내용을 통해 구별된다. 개혁이냐 아니면 혁명이냐? 여기서 문제는 동일한 결과를 이끄는 더 빠른 길이냐 아니면 더 느린 길이냐 사이의 선택이 아니라, 새로운 사회의 창설이냐 아니면 구사회의 피상적인 수정이냐 사이에서 목표를 명확히 하는 것이다. 튀르고로부터 로메니 드 브리엔에 이르는 개혁의 움직임은 새로운 사회 질서의 창설이 아니라 구질서의 개선과 악폐의 완화를 노렸고, 혁명이 해줄 수 있을 것 같은 일, 즉 특권과 봉건제의 폐지는 겨냥하지 않았다. 만약 프랑스의 부르주아지가 최종적으로 1830년에 권좌를 차지했다면, 사회가 낡은 역사적 단계로부터 미래를 향해 열린 다른 단계로 이행할 수 있게 된 후 그들에게 국가를 정복할 수 있도록 한 것은 개혁이 아니라 바로 혁명이었다.

혁명은 한 세기가 넘게 펼쳐지는 '이행(transition)'이라는 개념에 의해 희석될 수 없다. 일부에서 제기한 가정에 따르면, 고유한 의미에서 혁명의 격렬한 국면과 마찬가지로 이행은 서로 경쟁하는 두 생산 양식 사이에 일어나는 결정적인 대결의 필연성을 드러내는 과정이다. 미셸 그르농(Michel Grenon)과 레진 로뱅(Régine Robin)의 말을 들어보자. "이행의 문제의식은 자본주의에 이르는 과정에서 '부르주아 혁명'의 전략적 지위를 배제하지 않는다. 그러기는커녕, 이행은 부르주아 혁명에 …… 정치적이고 사법적인 재조정과 권력의 재분배뿐만 아니라, 부르주아지를 권좌에 앉힐 수 있는 모든 형태의 정치적·사법적 제도의 수립을 통해, 이행의 단계에서 관건이 되는 정치적 계기라는 핵심적인 위상을 회복해준다." 따라서 혁명적 "현상"은 제도적 상부 구조의 최종적인 빗장 풀기이자 봉건제의 마지막 잔재의 제거이고, 드니 리셰(Denis Richet)가 막 탄생한 자본주의의 "느리지만 혁명적인 변동"이라고 부른 것의 표현이자 대단원에 불과할 따름이다. 독자석인 방식으로 행해진 이행의 문제 제기는, 게다가 혁명과 그 필연성의 문제 제기와는 대조적으로 사실상 혁명이 지닌 결정적이고 불가결한 성격을 부정하는 방식으로 혁명의 문제를 끌어들인다. 프랑스혁명이 제도적 상부 구조의 빗장 풀기를 최종적으로 마무리 지었다거나 이미 시작된 일치화의 과정을 한 단계 끌어올렸다고 주장하는 것은, 곧 통령정부와 제정에 의한 제도적 개편에 준하는 단순한 사회적 조정의 수준으로 그 역할을 격하하는 것이다.

'이행'을 지지하는 사람들의 이데올로기적 전제는 기이하게도 '개혁'을 신봉하는 사람들의 그것과 일치한다. 왜냐하면 만약 "상부 구조의 사회적인" 빗장만 있었고 1789년에 "개량"되기 이전에 자본주의적 균형 상태가 있었다면, 왜 토크빌이 "이 특이하고 무시무시한 혁명"이라고 했겠는가? "그것은 정치적 제도를 파괴한 뒤에 시민적 제도를 폐지했고, 법률만이 아니라 습속, 관례, 언어까지도 변화시켰고, 통치 조직을 무너뜨린 뒤에 사회의 토대를 동요시키고 급기야 신(神)마저도 공격하려는 듯 보였다." 만약 "정치적이고 사법적인 재조정"만이 문제였다면, 왜 토크빌이 이러한 "끔찍한 격변"을 역설했겠는가? 또한 "제국들의 장벽을 무너뜨리고 왕권을 타도하며 인민들을 유린하면서도 정말 기이하게도(!) 그들을 자신들의 대의에 끌어들이는 이 가공할 힘"을 왜 역설했겠는가?

| 역자 후기 |

왜 여전히 소불을 읽어야 하는가?

 이 책은 내가 30여 년 전에 우리말로 옮겨 출간했던 알베르 소불의 《프랑스대혁명사》 2권(두레, 1984)의 개정판이다. 대학원 석사 과정 시절에 번역을 시작했는데, 당시 참조한 판본은 애초의 그 유명한 《프랑스혁명사 개설(Précis d'histoire de la Révolution française)》(Paris: Editions, 1962)이 아니라 그것의 보급판인 《프랑스대혁명(La Révolution française, 2 vols.)》(Paris: Gallimard, collection 《Idées》, 1964)이었다. 출판 당시에 이미 저자인 소불은 혁명사가로 이름이 높았고, 이 책은 당시까지의 연구 성과를 집대성한 최고의 개설서로 인정받았으며, 이제까지 세계 20여 개 주요 언어로 번역되었다. 그리고 그는 1967년에 프랑스혁명 연구의 수장이라 할 수 있는 당시 소르본대학교(현 파리 제1대학교)의 '프랑스혁명사 강좌' 주임 교수직에 올라 이 책의 위상을 확고하게 했다.

 돌이켜 볼 때, 이 책의 초판 연도가 1962년이라는 사실은 각별한 의미가 있다. 1960년대 중반까지도 프랑스혁명을 기본적으로 부르주아 혁명으로 보는 견해가 학계만이 아니라 일반 교양층에서 지배적이었고, 그 이후부터 약 한 세대에 걸쳐 이 혁명 해석을 공격하는 온갖 종류의 '수정 해석들'이 먼저 영국과 미국의 학계에서, 그리고 이어서 프랑스 학계에서 제기되었기 때문이다. 그러니까 소불은 올라르(Alphonse Aulard), 조레스(Jean Jaurès), 마티에(Albert Mathiez), 르페브르(Georges Lefebvre)에서 자신으로 이어지는 프랑스혁명 연구의 강력한 전통을 계승하여, 이 책에서 선배들의 연구 성과에 자신의 것을 보태 부르주아지가 주인공이지만 농민층과 도시 민중층이 개성이 강한 조연 역할을 하는 거대한 사회 혁명으로서 프랑스혁명의 진면목을 개설서의 수준에서 자못 웅대한 규모로 재구성했던 것이다. 따라서 이 책이 10년 후에 나왔더라면 결코 이렇게 쓰이지 않았을 것이다.*

실제로 프랑스혁명의 전통적인 해석에 이의를 제기할 수 있는 실증적인 연구 성과가 많이 축적되면서 소불은 개설서를 수정해야 할 필요와 요구에 직면했다. 그리하여 이 책의 맨 앞부분에 있는 마조리크(Claude Mazauric)의 글('개정판 머리말')이 밝히고 있듯이, 소불은 1982년 5월에 《프랑스혁명사 개설》을 전면적으로 개정해 달라는 출판사의 요청을 받아들였고 이를 위해 제자들에게 도움을 요청했다. 그는 사소한 수정 외에 원저의 세 부분에서 대폭 개정을 할 계획이었다. 1) '구체제의 위기'를 설명하는 서론부의 재집필, 2) 제2부 제3장 '산악파의 국민공회: 민중 운동과 공공 안전의 독재' 재집필, 3) 책의 말미에 프랑스혁명에 대한 사학사적 고찰 추가.

사실 1962~1982년의 20년간 가장 뜨거운 논란을 불렀고 또 그만

---

* 소르본대학교의 프랑스혁명사 강좌 주임 교수를 매개로 하여 형성된 이 강력한 연구 전통과 혁명 해석은 특히 이후의 '수정 해석'과 대비해 흔히 '고전 해석', '전통 해석', '정통 해석', '부르주아 혁명론', '사회적 해석', '마르크스주의 해석' 등으로 불리나, 나는 이 연구 전통이 혁명 부르주아들 가운데 '자코뱅파'에 주목하고 특히 그들을 혁명적 부르주아지의 화신으로 간주하기에 '자코뱅 해석' 내지 혁명 연구의 '자코뱅 전통'으로 부르는 것이 적절하다고 판단한다. 프랑스혁명 연구의 여러 해석과 현 단계에 관한 간편한 사학사적 고찰로는 최갑수, 〈혁명 해석의 새로운 합의를 위한 집단 보고서〉; 피에르 세르나 외, 《무엇을 위해 혁명을 하는가: 끝나지 않은 프랑스혁명》(김민철 외 옮김, 두더지, 2013), 9~29쪽 참조.

큼 많은 연구 성과가 축적된 분야는 혁명의 발발 원인을 규명하는 데 관건이 되는 구체제(l'Ancien Régime) 및 그 위기의 역사적 성격에 관한 문제였다. 전통 해석에 도전하는 수정주의 역사가들만이 아니라 소불의 일부 제자들조차 새로운 사실들과 해석을 제시했다. 구체제 시기 프랑스 부르주아지 및 귀족의 사회적 구성과 역사적 성격, 이들과 새로이 등장한 자본주의의 관계, '특권계급의 반동'의 실재 여부와 반동의 역사적 성격, 계몽사상과 부르주아지의 관계, 1789년 초에 전국적으로 작성된 '진정서'의 내용과 의미 등을 둘러싼 새로운 연구 성과는 소불이 《프랑스혁명사 개설》에서 제시했던 '부르주아 혁명관'을 위태롭게 했다. 따라서 소불의 재집필은 불가결했다. 만약 이 부분에서 전면적인 개정이 이루어졌다면 그의 부르주아 혁명관은 설득력을 더 높였을 것이다. 돌이켜 볼 때, 나는 소불이 새로운 연구 성과를 부르주아 혁명관이라는 그물망으로 얼마든지 낚을 수 있었다고 본다. 실제로 그의 제자 내지 후학들 가운데 그런 시도를 행한 이들이 있거니와,* 수정 해석은 새로운 연구 성과를 대안적인 혁명 해석으로 이끄는 데 실패했기 때문이다.

하지만 불행히도 소불은 본격적인 개정 작업에 앞서 급격히 탈진 상태에 빠지면서 1982년 가을에 타계했다. 사정이 이렇게 되자 그의 수제자인 마조리크는 개정 내용의 1)과 관련하여 그나마 소불이 손을 댄 부분을 본문에 반영하고, 2)와 3)에 대해서는 소불이 개정의 밑그림으로 그려 사망 한 해 전에 발표했던 논문 두 편을 부록으로 수록하고 소불의 연구 업적 목록을 추가하여 개정판[La Révolution française(Paris: Gallimard, collection tel)]을 출간했다. 이 책은 바로 이 개정판을 우리

---

* 예컨대 Jean-Clément Martin, *Nouvelle histoire de la Révolution française*(Paris: Perrin, 2012); Michel Biard, Philippe Bourdin & Silvia Marzagalli, *Révolution, Consulat, Empire: 1789-1815*(Paris: Belin, 2009) 등.

말로 옮긴 것이다. 다만 원서에 있는 소불의 연구 업적(저서, 논문) 목록은 싣지 않았다.

역자가 개정 번역판을 내게 된 데는 크게 두 가지 이유가 있다. 하나는 부끄럽지만 두 권으로 나온《프랑스대혁명사》에 오역이 적지 않았기 때문이다. 사실 이 번역본은 나의 학문적 도제 수업에서 중요한 한 단계를 이룬다. 당시 나는 20대였고, 프랑스혁명사 연구와 프랑스어 습득에 막 첫걸음을 내디딜 때였다. 번역본을 볼 때마다 한편으로는 오역으로 낯 뜨겁고 괴롭기도 했지만, 다른 한편으로 학문 세계의 초심자로서 품었던 열정을 되새기곤 했다. 애초 완벽한 번역이야 인간이 범접할 수 없는 신의 경지라고 치부했지만, 그래도 전면적인 번역 작업을 마무리 지으면서 마땅한 의무를 다했다는 안도감을 느낀다. 번역 과정에서 종종 영역본의 도움을 받았음을 밝힌다.*

더 중요한 이유는 프랑스혁명에 대한 수정 해석의 맹렬한 공세에도 불구하고 이 책은 여전히 필독서이며 이제는 고전의 반열에 올랐기 때문이다. 혁명사 연구에서 이 책의 위상은 두 차원에서 설명할 수 있다. 먼저 이 책은 앞서 언급한 프랑스혁명에 대한 '자코뱅 해석'의 전통을 대표하는 최후의 종합적인 개설서라고 할 수 있다. 이 점에서 이 책은 올라르, 마티에, 르페브르 등이 집필한 개설서류와 같은 수준의 현대 고전에 속하며, 더 거슬러 올라가 19세기의 미슐레(Jules Michelet)나 토크빌(Alexis de Tocqueville)의 저작들과 비견할 수 있다. 이러한 관점에서 소불의 이 책을 접할 경우, 우리는 여기에서 그가 선배들의 학문적 성과를 종합하고 그 기반 위에서 자신의 학문적 기여를 덧붙이고 있음

---

* Albert Soboul, *The French Revolution, 1787–1799: from the storming of the Bastille to Napoleon*, trans. by Alan Forrest & Colin Jones(New York: Random House, 1974, p. 639) 이것은 물론 1962년의《프랑스혁명사 개설》을 영어로 옮긴 것이다.

을 확인하게 된다. 그 결과 이 책은 프랑스혁명을 '봉건제에서 자본주의로의 이행'이라는 거시적 전망 속에서 부르주아지라는 새로운 사회 세력이 농촌의 농민층과 도시의 민중층의 지원과 견제를 받으면서 어떻게 혁명을 통해 근대 사회와 근대 국가를 빚어냈는지를 웅대한 규모로 비할 데 없이 선명하게 그려낸다.*

이 책이 제시하는 '부르주아 혁명관'은 비판자들의 주장과 달리 그렇게 도식적이지 않다. 이 책은 다양한 부류의 부르주아들이 혁명을 주도했지만, 지배층의 분열 속에서 도시와 농촌의 민중이 대거 혁명 무대에 진입했음을 밝힌다. 르페브르와 소불은 가히 초인적으로 엄청난 사료 작업을 통해 '농민 혁명'과 '민중 혁명'이 존재했음을 입증했으며, 소불은 이 둘을 강력한 개성을 지닌 조연급으로 키워 부르주아 혁명의 틀 안으로 통합했다. 그리하여 우리는 부르주아 혁명이라는 큰 틀 속에서 왜, 그리고 어떻게 하여 1) 부르주아들이 아니라 귀족을 중심으로 한 특권계급의 구성원들이 혁명을 시작했는지, 2) 부르주아들이 프랑스혁명을 부르주아 혁명의 단계(곧 '1791년의 헌법'과 입헌군주제)에서 끝맺지 못하고 결국 농촌의 농민들과 특히 도시의 '상퀼로트들(sans-culottes)' 앞에서 자신들의 이해관계를 일정 정도 양보하는 민중 혁명의 단계(곧 '1793년의 헌법'과 민주공화국의 창설, 그리고 일부 사회민주주의 조치들)에 이를 수밖에 없었는지, 3) 그리하여 국왕인 루이 16세를 처형하고 대내외적인 반혁명 시도와 공세에 맞서 공포 정치를 시행할 수밖에 없었는지, 4) '테르미도르의 반동' 이후에 자신들의 사회적 우위를 지키려고 노력하는 가운데 왕당파와 민중 세력의 공세 앞에서 나

---

* '자코뱅 해석'의 고전 가운데 우리말로 옮겨진 것으로는 알베르 마띠에, 《프랑스혁명사》 2권(김종철 옮김, 창작과비평사, 1982); G. 르페브르, 《프랑스혁명: 1789년》(민석홍 옮김, 을유문화사, 1976)이 있으며, Alphonse Aulard, *Histoire politique de la Révolution française, 1789-1804*(1901); Georges Lefebvre, *La Révolution française*(1951)는 역자를 기다리는 중이다.

폴레옹의 군부 지배를 받아들이게 되었는지, 5) 마지막으로 이러한 혁명의 격변 속에서 '근대성'의 근간을 빚어내는 동시에 근대 사회를 넘어서는 새로운 사회에 대한 전망을 탄생시키게 되었는지를 명쾌하게 이해하게 된다.

하지만 '부르주아 혁명론', 더 나아가 '사회 혁명론'은 영국과 미국의 학계에서 1950년대 중반부터, 프랑스 학계에서는 1960년대 중반부터 본격적인 도전에 직면했다. 그리고 소불의 이 책은 부르주아 혁명관을 교조적인 방식으로 제시한 것으로 간주되어 비판의 주된 표적이 되었다. 비판자들이 소불을 겨냥할 때 즐겨 쓰는 공격 전술은 그를 '자코뱅 해석'의 진영, 특히 스승인 르페브르와 분리해 교조적인 마르크스주의자로 낙인찍으면서도 마르크스를 제대로 이해하지 못하는 속류 마르크스주의자로 그렸다는 점이다. 하지만 이는 소불의 학문 세계를 놓고 보면 부당한 처사이다. 그는 혁명관의 측면에서 선학들이나 스승과 크게 다르지 않을 뿐만 아니라, 마티에 및 르페브르와 함께 현대 역사학의 혁신에 크게 기여한 탁월한 사회사가였다. 다시 한 번 더 강조하거니와, 그의 《프랑스혁명사 개설》은 혁명사 연구의 강력한 전통을 계승하면서도 자신의 연구 성과를 덧붙여 혁신했던 학문적 축적의 본보기였다. 차이가 있었다면, 냉전의 사고방식이 학계를 지배했던 영국과 미국은 그렇다고 하더라도 프랑스에서는 '좌파 정치'의 도덕적·지적 권위가 1956년의 헝가리 사태 이후 무너지기 시작하고 1968년의 '5월 혁명'이 오히려 '근대성의 기획'에 치명적인 타격을 가한 뒤에도 소불이 학계에서는 드물게 프랑스 공산당의 당적을 유지했다는 점이다. 소불의 주요한 프랑스 비판자들이 대부분 젊은 시절에 공산당원이었다가 전향했다는 점을 고려한다면, 비판의 동기와 격렬함을 학문 내적인 차원으로만 환원할 수 없는 노릇이다.*

소불에 대한 비판은 크게 두 차원에서 행해졌다. 이를 수정 해석의 가장 주요한 대변자인 퓌레(François Furet)를 통해 살펴보자. 그가 소불을 겨냥하여 쓴 대표적인 논문이 그 유명한 〈혁명의 교리문답〉(1971)이다. 여기에서 퓌레는 먼저 여러 연구자들이 이룬 구체적인 연구 성과에 입각하여 소불이 18세기 프랑스사에 대해 지니고 있다는 두 명제, 곧 1) 18세기는 역사적 현실의 모든 차원에서 변화의 동조 현상을 보이는 '구체제의 일반적 위기'라는 특징을 지니며, 2) 이러한 위기는 기본적으로 사회적 성격을 띠고 있기에, 계급투쟁의 관점에서 분석해야 한다는 명제를 공격한다. 퓌레는 프랑스만이 아니라 영국과 미국, 더 나아가 독일 등에서 행해진 광범위한 실증적 연구를 동원하여 소불이 귀족을 지나치게 폐쇄적이고 퇴영적인 집단으로 그려내고, 반대로 구체제의 부르주아지를 사실상 자본가와 동일시했다고 비판한다. 아울러 그는 농민들이 부담하는 영주 부과조의 상대적 크기가 어느 정도인지 정확하게 가늠하기가 매우 어렵다고 지적하면서 소불이 '특권계급의 반동'이라는 현실을 지나치게 강조하고, 계몽사상을 부르주아지의 계급적 이해관계의 표현으로 보는 도식적인 설명에 사로잡혀 있으며, '진정서'의 목소리를 액면 그대로 해석한다고 비판한다. 퓌레가 보기에 소불

---

* Sunil Khilnani, *Arguing Revolution: The Intellectual Left in Postwar France*(New Haven & London: Yale University Press, 1993); Michael S. Christofferson, *French Intellectuals Against the Left: The Antitotalitarian Moment of the 1970s*(New York: Berghahn Books, 2004) 참조. 소불과 관련해 핵심적인 비판자는 퓌레인데, 앞의 책이 퓌레에 비판적이라면 뒤의 책은 상대적으로 우호적이다. 참고로 퓌레는 젊은 시절에 공산당원이었고, 소불은 그가 논객으로서 지닌 자질을 높게 평가하고 또 실제로 선배로서 그를 아꼈다. 하지만 1956년의 헝가리 사태 이후 소불은 프랑스 공산당에 그대로 남았던 반면에 퓌레는 탈당을 하고 자유주의 진영으로 전향했다. 소불-퓌레의 논쟁은 종종 격한 개인적인 충돌을 빚었고, 심지어 수정 해석의 기관지라고 할 수 있는 그 유명한 〈아날(Annales: Economies, Sociétés, Civilisations)〉지(25e année, 1970, N. 5, pp. 1494-1496)는 소불의 인격에 흠결을 내고자 하는 명백한 의도에서 그의 사적인 서신을 게재하기도 했다. Claude Mazauric, *Albert Soboul(1914-1982): Un historien en son temps*(Nérac: Editions d'Albret, 2004), p. 40; Robert Darnton, "François Furet(27 March 1927 – 12 July 1997)", *Proceedings of the American Philosophical Society*, Vol. 143, No. 2(Jun., 1999), pp. 312~316 참조.

은 역사적 심급이 서로 다른 18세기 프랑스의 정치, 경제, 사회, 문화가 동일한 변화 양상을 보인다고 전제하여 사적 유물론을 통해 모든 것을 설명하려는 환원론에 빠져 있었다. 사실 이런 비판의 대부분은 타당하며 소불도 이를 인정했다. 그렇기에 소불이 《프랑스혁명사 개설》을 개정하겠다고 한 것이 아니겠는가. 그리고 이런 식의 비판-반(反)비판은 학문의 발전을 위해서도 긴요하며, 그렇게 되었더라면 더 설득력 있는 혁명 해석으로 귀결되었을 것이다.*

하지만 퓌레가 노린 것은 이런 차원에 그치지 않았다. 그가 소불의 역사학을 '혁명의 교리문답'으로, 심지어 정통파 교리를 뜻하는 '불가타(Vulgate)'라고 칭하며 단죄한 것은 혁명의 사회적 해석이 지닌 역사적 전망을 차단하고 아예 배제하기 위한 것이었다. 사실 부르주아 혁명론은 구조적으로 불안정할 수밖에 없다. 우선 그 이론은 봉건제에서 자본주의로의 이행이라는 거시적 전망과 결합되어 있는데, 생산 양식에 의한 마르크스주의적 개념 구성이나 계급투쟁에 입각한 해석 둘 다 1789~1794년(혁명의 상승기이자 민중 혁명의 단계를 포함하는)이나 1789~1799년(혁명의 하강기를 포괄하는 '혁명의 10년')과 같은 프랑스혁명의 단기적인 시간 설정과 양립하기가 쉽지 않다. 더욱이 부르주아 혁명론은 애초 마르크스주의 진영에서 제기된 것이 아니라 마르크스가 혁명의 개념을 심화해 가는 가운데 왕정복고기 프랑스의 기조(François Guizot)나 티에리(Augustin Thierry) 등으로부터 차용한 것이라서 생산 양식에 근거한 역사 발전 단계론에 이론적으로 잘 들어맞지는 않았다.

---

* François Furet, "Le catéchisme révolutionnaire", *Annales: E. S. C.*, no 2, mars-avr. 1971, pp. 255~289. 여기에 구체제 국가에 관한 부분을 덧붙인 것이 "Le catéchisme révolutionnaire", *Penser la Révolution française*(Gallimard, 1978), pp. 133~207이고, 그 영역본이 "The Revolutionary catechism", *Interpreting the French Revolution*, tr. Elborg Forster(Cambridge University Press, 1981), pp. 81~131이다. 국역본은 영역본의 중역본인 프랑수아 퓌레, 《프랑스혁명의 해부》(정경희 옮김, 법문사, 1987), 129~197쪽이다.

더 중요한 것은 부르주아 혁명론이 자본주의에서 사회주의로의 이행, 그리고 이를 위한 프롤레타리아혁명이라는 대안적 전망과 강하게 연결되어 있었다는 점이다. 이런 전망에서 보면 프랑스혁명은 영국혁명, 미국혁명과 기본적으로 동일한 역사적 단계를 이루면서도 새로운 사회 건설을 위한 '혁명적 독재'라는 혁명적 실천의 측면에서는 러시아혁명과 직접적인 유비 관계에 있는 것이었다. 즉, 프랑스혁명은 혁명을 끊임없이 현재화(現在化)하는 '혁명적 전통'의 핵심 고리였고, 누구보다도 소불이 좌파 지식인으로서 이런 전망을 《프랑스혁명사 개설》을 통해 되살리고 있었던 것이다.*

사실 퓌레가 가장 견딜 수 없었던 것은 바로 소불의 혁명사관이 제기하는 이러한 문제였다. 혁명은 18세기의 가능한 미래 가운데 단지 하나였을 뿐인데, 소불은 혁명을 유일한 미래이자 절정으로, 목적이자 의미 자체로 끌어올렸던 것이다. 그렇기에 퓌레는 논문에 "프랑스인들의, 그리고 노동 계급 전체의 비극은 그들이 위대한 과거의 기억에 사로잡혀 있다는 점이다. 이제 사건들이 이러한 과거의 반동적인 숭배를 영원히 종식해야 할 것이다."라는 마르크스의 유명한 편지를 소개하고는, 제2차 세계대전 이후 프랑스에는 혁명과 공화국을 부정하는 정치 세력이 존재하지 않기에 프랑스혁명을 둘러싼 역사 논쟁에 더는 실질적인 정치적 이해관계가 끼어들 여지가 없는데도 학계를 마르크스주의 해석이 장악함으로써 혁명이, 과거의 사건에 불과한 혁명이 미래에 투영되어 왜곡된 혁명 이해에 이르게 되었다고 신랄하게 소불을 비난했다. "조금 과장해서 말하면, 이 기괴한 잡동사니(소불의 혁명 해석을 말함) 속에서 우리는 가치 판단이 개념을, 목적론이 인과율을, 권위자의 논

---

* Neil Davidson, *How Revolutionary Were the Bourgeois Revolutions?*(Chicago: Haymarket Books, 2012); 최갑수, '부르주아 혁명론의 역사적 계보 및 그 함의', 〈역사와 문화〉 30호(2015년 11월), 30~83쪽 참조.

증이 토론을 대신하는, 역사 서술의 마니교적이고 분파적이고 보수적인 정신을 알아차릴 수 있다." 그런데 퓌레 말대로 혁명 해석에 정치가 개입할 여지가 과연 사라졌을까? 〈혁명의 교리문답〉을 쓴 이후 퓌레가 제시한 대안적인 혁명 해석(그것을 혁명 해석이라고 치부할 수 있다면)을 보면, 우리는 이에 부정적인 답변을 할 수밖에 없다. 사실상 퓌레의 혁명 해석을 대표로 하는 일련의 '역사적 수정주의(historical revisionism)'는 명확하게 '신자유주의'라는 새로운 보수주의의 이해관계에 봉사했다. 그것은 프랑스혁명의 역사적 전망을 차단하여 '혁명'을 현실적인 정치적 대안의 목록에서 배제함으로써, 기존 질서의 고착화를 승인하고 '현실 사회주의'의 몰락 속에서 민주주의의 한 부류에 불과한 자유민주주의를 민주주의 그 자체로 격상시켰다. 일련의 수정 해석들은 과거의 혁명들을 통해 오늘의 현실을 낯설게 하는 역사학 고유의 학문적 성찰의 가능성을 원천적으로 봉쇄하기 위한 것이었다.*

그 결과 과연 프랑스혁명 이해에 어떤 변화가 일어났을까? 이제 "프랑스혁명은 인기를 잃었다. 역사적 의미는 여전히 인정받고 있지만, 평판은 추락했다. 대중과 학계의 많은 이들에게 프랑스혁명은 근대 세계에서 폭력, 공포 정치, 전체주의, 그리고 심지어 집단 학살(제노사이드)의 전조가 되었다." 영·미의 혁명사학계를 대표하는 이가 '미국역사학회(AHA)' 회장으로 취임하면서 한 증언이다. 이 얼마나 엄청난 의미의 역전인가? 제2차 세계대전이 종식될 때만 해도 여러 근대혁명을 부르주아 혁명으로 보는 견해가 학계에서 주도적이었다. 하지만 미국 학계는 냉전이 시작되기도 전에 미국혁명에 대한 '경제적 해석'을 포기하

---

* 인용은 Furet, *Penser la Révolution française*, p. 145. 역사학의 여러 수정 해석들과 (정치적) 신자유주의의 밀접한 관련에 관한 날카로운 분석으로는 Domenico Losurdo, *War and Revolution: Rethinking the Twentieth Century*, trans. from the Italian by Gregory Elliott (London: Verso, 2015) 참조.

고 영국 학계는 냉전 초기인 1950년대에, 프랑스 학계의 지배적인 흐름은 1970년 말에 이르러 '부르주아 혁명론'을 포기하더니, 21세기 벽두에 혁명 자체가 반혁명으로 간주되기에 이른 것이다. 모든 혁명이 단두대에 오른 것은 아니다. 혁명은 '좋은' 혁명과 '나쁜' 혁명으로 분류되었다. 영국혁명과 미국혁명은 폭력과 유혈 사태를 동반하지 않은 '좋은' 혁명으로, 프랑스혁명과 러시아혁명, 기타 모든 제3세계의 혁명들은 모두 엄청난 인권 유린을 부른 '나쁜' 혁명으로 치부되었다. 이런 양분법이 얼마나 반(反)사실적인지는 영국혁명이나 미국혁명에 관한 개설을 일별하는 것으로 족하다. 우리가 이런 일련의 수정 해석에서 발견하게 되는 것은 기존 질서(특히 자본주의)를 문제시하는 모든 근본적인 물음을 불온시하는 순응주의이다. 그리고 이렇게 과거를 현재 및 미래와 단절하는 모든 학문적 시도는 이데올로기의 공세일 뿐 참된 의미의 역사학이 아님은 말할 나위도 없다.*

우리가 소불을 여전히 읽어야 하는 까닭이 바로 여기에 있다. 역사학은 과거를 통해 우리의 오늘을 낯설게 봄으로써 성찰하는 것을 학문적 사명으로 삼고 있다. 그렇기에 '역사의 견인차'인 혁명을 반혁명으로 치부하는 행위는 아무리 아카데미즘의 외피를 쓰고 있다고 하더라도 비역사적이요, 심지어 반역사적이다. 소불의 이 책은 프랑스혁명이라는 과거에, 그 주인공들과 심지어 희생자들에게조차 현재적 의미가 무엇인지 끊임없이 질문을 던진다. 이런 '과거와 현재의 대화'는 역사의 왜곡이기는커녕 과거를 제대로 이해하고, 더 나아가 이를 통해 현재와 '감춰진 현재'인 미래에 애정을 표현하는 진지한 자세가 아닐 수 없

---

* 인용은 Lynn Hunt, "Presidential Address–The World We Have Gained: The Future of the French Revolution", *American Historical Review*, Vol. 108, No. 1(Feb. 2003), p. 1. 혁명을 '좋은 것'과 '나쁜 것'으로 나누는 이분법의 대표적인 예로는 한나 아렌트, 《혁명론》(홍원표 옮김, 한길사, 2004) 참조.

다. "알베르 소불은 프랑스혁명이라는 특수한 경험으로부터 출발하여 일련의 모든 기본적이고 상호 연관된 문제들, 즉 혁명적 이행의 프랑스적인 길, 부르주아 혁명과 민중 운동 사이의 연관들, 농민 운동의 고유성, 계급 소속과 이데올로기 또는 집단적 선택 사이의 복잡한 변증법 등에 끊임없이 질문을 던졌다. 우리는 그가 제시했던 작업 가설이나 결론들의 풍성함을 고려할 때, 오히려 그를 비난했던 이들의 환원론적이고 빈약한 유형론이야말로 참으로 교조주의나 불모성의 결과가 아닌지 자문하게 된다."*

마지막으로 개정판을 내는 것을 흔쾌하게 추진해주고 번역 원고를 꼼꼼하게 읽고 수정하고 편집의 수고를 마다하지 않은 교양인 출판사에 깊은 감사를 표한다.

2018년 5월 15일
관악의 연구실에서 최갑수 씀

---

* Michel Vovelle, "La place d'Albert Soboul dans l'histoire de la Révolution française", *La Pensée*, No. 230(Nov.-Déc. 1982), p. 17. 아울러 유럽 중심적이면서도 근대 혁명의 본질과 그 이데올로기적 성격을 잘 보여준 Martin Malia, *History's Locomotives: Revolutions and the Making of the Modern World*(New Haven & London: Yale University Press, 2006) 참조.

| 프랑스혁명 연표 |

1774년　5월 국왕 루이 15세 사망. 손자인 루이 16세가 왕위에 오름.
　　　　8월 루이 16세, 재무총감 테레를 해임하고 튀르고를 임명하다.
1775년　5월 심각한 기근으로 농민과 도시 소비자들의 폭동이 일어남(일명 '밀가루 전쟁').
1776년　재무총감 튀르고, 개혁에 실패하고 해임되다.
1777년　스위스 출신의 신교도 자크 네케르가 재무총감에 임명되다.
1778~1783년　프랑스, 미국 독립전쟁에 참전. 프랑스는 영국을 견제하기 위해 식민지 반란군을 지원했고, 이로 인해 재정 적자가 더욱 악화됨.
1781년　5월 재무총감 네케르 해임, 후임에 졸리 드 플뢰리 임명.
1783년　11월 칼론을 재무총감에 임명하다.
1786년　8월 재무총감 칼론, 토지세의 창설을 포함한 재정 개혁안을 제출하다.
1787년　2월 루이 16세, 명사회를 소집하다. 칼론에 대한 귀족들의 원성이 높아짐.
　　　　4월 8일 칼론 해임(개혁 실패), 후임에 브리엔 임명.
　　　　5월 브리엔, 명사회를 해체함.
1788년　흉작으로 인해 기근의 위험이 닥쳐와 각지에서 식량 폭동이 일어남. 파리 고등법원과 정부의 대립이 격화되다.
　　　　7월 21일 도피네 지방에서 제3신분이 '비지유의회'를 결성. 이 모임은 지방의 단계에서 1789년의 삼부회를 미리 보여준다.
　　　　8월 재무총감 브리엔 사임. 후임으로 다시 네케르 임명. 제1신분(성직자) · 제2신분(귀족) · 제3신분(평민) 대표들이 모이는 '삼부회' 소집이 포고됨.
1789년　봄부터 물자의 공급 부족과 높은 물가로 인한 민중 소요가 급증하고, 식량 폭동이 여러 지방에서 터져 나옴.
　　　　1월 시에예스가 《제3신분이란 무엇인가?》 간행.
　　　　1월 24일 삼부회 소집과 선거 규칙이 포고됨.
　　　　4월 로베스피에르, 삼부회의 아르투아 제3신분 대표로 선출됨.

4월 27~28일 민중의 빈곤에 관해 파렴치한 발언을 한 벽지 제조업자 레베용과 초석 제조업자 앙리오를 규탄하며 파리 민중이 폭동을 일으킴.

5월 카미유 데물랭이 신분 세습과 특권이 없는 새로운 프랑스를 제안하는 내용의 소책자 《자유 프랑스》를 쓰다. 이 소책자는 7월에 인쇄되어 배포된다.

5월 5일 베르사유 궁전에서 삼부회 개회. 이튿날부터 자격 심사 방법을 둘러싸고 분규가 일어남. 머릿수에 따른 표결 방법을 쓸지, 아니면 신분별 표결 방법을 쓸지를 결정해야 했다. 머릿수 표결은 제3신분에 유리했고, 신분별 표결은 특권층이 제3신분을 압도할 수 있는 방법이었다.

6월 17일 귀족과 성직자 등 특권층이 개혁을 좌절시킬 것을 우려한 제3신분 대표들이 삼부회의 제3신분회(평민회)가 곧 '국민의회'임을 선언함.

6월 20일 '정구장의 선서'. 제3신분 대표들은 자신들이 모이던 회의장의 문이 닫혀 못 들어가게 되자 근처에 있는 정구장으로 옮겨 헌법이 제정될 때까지 결코 해산하지 않을 것임을 선언하였다.

6월 27일 루이 16세가 제3신분 대표들의 단호한 행동에 굴복하여 성직자와 귀족들에게 국민의회에 합류할 것을 권고함.

7월 9일 국민의회가 스스로 '제헌의회'임을 선언.

7월 11일 재무총감 네케르 해임.

7월 12일 국왕이 개혁 지향의 네케르를 해임한 사실이 파리에 전해지자 시민들은 크게 반발했다.

7월 14일 성난 군중이 바스티유 요새를 습격하여 점령함. 프랑스혁명의 시작.

7월 15일 파리 시민들이 국민의회 의원인 장실뱅 바이를 파리 시장으로 선출. '국민방위대'라 불리게 될 파리의 부르주아 민병대 사령관으로는 미국 독립전쟁의 영웅인 라파예트가 선출되었다.

7월 16~19일 바스티유 함락 소식이 전해지자 지방에서 '도시 혁명'이 일어남. '도시 혁명'은 지역에 따라 차이를 보였고, 그 양상 또한 매우 다양했지만 결과는 동일했다. 왕권은 소멸했고, 중앙 집권화가 무너졌으며, 거의 모든 지사들이 자리를 포기했고, 세금 징수가 중단되었다.

8월 4일 국민의회, 봉건제 폐지를 선언함.

8월 26일 국민의회, '인간과 시민의 권리 선언'(인권선언) 채택.

9월 애국파 장폴 마라가 신문 〈인민의 벗〉 창간. 데물랭은 《파리 시민들을 향한 가로등 연설》 발간.

10월 '자코뱅 클럽'(정식 명칭은 헌법의 벗 협회) 창설. 브르타뉴 출신 애국파

의원들의 모임에서 비롯되었다. 로베스피에르는 자코뱅 클럽에서 곧 두각을 나타낸다.

10월 4~5일 '10월 봉기'. 루이 16세가 '인권선언'과 개혁 법령들을 승인하지 않는 데 분노한 상퀼로트들이 파리의 팔레루아얄에 모여 시위를 시작했고, 5일에 베르사유로 행진해 궁전을 습격했다.

10월 6일 시위 군중의 위협 속에 국왕 일가가 베르사유를 떠나 파리의 튈르리 궁전으로 끌려옴. 이후 국민의회도 국왕을 따라 파리로 들어와 승마 연습장에 자리를 잡았다.

12월 19일 교회 재산 매각으로 마련된 재원을 주 수입원으로 하는 '특별 회계' 설치. 이때 발행된 국채 아시냐의 가치 하락으로 혁명은 경제적·사회적으로 심각한 문제를 떠안게 되었다.

1790년 4월 마라와 당통이 주축이 되어 '코르들리에 클럽' 창설. 코르들리에 클럽은 자코뱅 클럽보다 더 급진적이었다.

7월 12일 의회, 교회와 성직자들을 국가의 지배 아래 두는 '성직자 민사 기본법' 채택.

7월 14일 파리에서 바스티유 점령 1주년을 기념하는 '연맹제' 열림.

11월 자크 르네 에베르, 〈페르 뒤셴〉 발긴. 비어와 속어를 써서 부유층과 특권 계급을 야유하고 통렬히 비난한 이 신문은 상퀼로트들에게 큰 영향을 끼쳤다.

11월 27일 의회, 모든 성직자들에게 성직자 민사 기본법에 충성 서약을 의무화함. 성직자들 사이에 선서파와 선서거부파의 분열이 일어남.

1791년 4월 2일 국민의회의 거물 정치인 미라보 백작 사망.

4월 13일 교황 비오 6세, 성직자 민사 기본법을 비난함.

6월 20~21일 국왕 일가의 바렌 탈주 사건. 프랑스를 탈출하려던 국왕 일가는 바렌에서 저지당해 파리로 송환되었다.

7월 16일 푀양파 성립. 국왕 탈주 사건 후 자코뱅 클럽에서 국왕 퇴위를 요구하는 목소리가 높아지자 여기에 반발하는 온건파 부르주아와 귀족들이 따로 분파를 결성했다. 라파예트, 앙투안 바르나브, 아드리앵 뒤포르, 알렉상드르 드 라메트가 중심이었다.

7월 17일 샹드마르스 학살. 국왕 퇴위를 요구하는 시민들이 샹드마르스 광장에 모여 시위를 벌였는데, 이때 라파예트가 국민방위대에 발포를 명령해 수많은 사상자를 냈다. 시위를 주도했다는 혐의를 받아 코르들리에 클럽이 일시적으로 폐쇄되었다.

8월 27일 필니츠 선언. 오스트리아의 레오폴트 2세와 프로이센의 빌헬름이 프랑스혁명을 저지하고 왕권 수호를 위해 유럽 군주들에게 무력 사용을 촉구하는 내용이었다.

9월 3일 의회, '1791년의 헌법'을 가결. '1791년의 헌법'은 프랑스 최초의 헌법으로서 입헌군주제와 국민 주권의 원리를 담고 있었다.

9월 14일 루이 16세, 헌법을 성실히 준수할 것을 서약함.

9월 30일 국민의회(제헌의회) 해산.

10월 1일 입법의회 개회.

1792년 1월 외국과 전쟁을 주장하는 브리소와 반대하는 로베스피에르가 의회에서 맞섬.

3월 10일 지롱드파가 푀양파 내각의 총사퇴를 요구함.

3월 23일 지롱드파 내각 성립.

4월 20일 입법의회가 오스트리아에 선전 포고. 혁명 전쟁이 시작되다.

6월 13일 지롱드파 내각 파면, 푀양파 내각 성립.

6월 20일 파리 군중이 튈르리 궁으로 몰려가 지롱드파 내각 파면에 항의하는 시위를 벌임. 루이 16세가 혁명을 상징하는 붉은 모자를 쓰고 궁전 발코니에 나와 시위대를 향해 화해의 제스처를 보냈지만 내각 문제를 양보하지는 않았다.

7월 10일 푀양파 내각 사퇴.

7월 25일 대불동맹군을 이끄는 브라운슈바이크 장군(프로이센)이 루이 16세가 사소한 모욕이라도 당하면 파리를 응징하고 완전히 파괴하겠다고 위협하는 선언을 발표. 파리에는 이 소식이 8월 1일에 전해졌다.

8월 10일 '8월 봉기'. 왕과 특권층이 자신들을 배신하고 외국과 내통했다고 생각한 군중이 튈르리 궁전을 습격함. 전날 밤 파리 각 구의 대표가 시청에 모여 '봉기 코뮌'을 결성했고 10일 아침에 튈르리 궁을 공격하였다. 국왕 일가는 급히 승마 연습장의 의회로 피신하였다. 10일 밤에 의회가 국왕의 권한 정지를 선언하였다.

8월 19일 '8월 봉기' 소식을 듣고 14일에 공개적으로 반란을 일으킨 라파예트가 자기 병사들에게 위협당해 진군에 실패하고 국외로 도주. 오스트리아군의 포로가 됨.

8월 26일 오스트리아군, 롱위를 점령.

9월 1일 베르됭 함락.

9월 2~6일 '9월 학살'. 외국 군대의 프랑스 공격에 분노한 파리 인민들이 감옥을 습격해 투옥되어 있던 귀족과 선서거부파 성직자 등 반혁명 혐의자 다수를 살해했다.

9월 20일 발미 전투에서 혁명군이 프로이센군에 승리. 혁명 전쟁의 첫 번째 승리.

9월 20~21일 국민공회 소집. 국민공회, 왕정 폐지를 의결.

9월 22일 국민공회, '프랑스 공화국' 선포.

9월 25일 국민공회 우파인 지롱드파(브리소, 페티옹, 바르바루 등)가 좌파인 산악파(로베스피에르, 당통, 마라 등)에 대한 공격 개시.

10월 25일 지롱드파, 로베스피에르 독재 비난. 논쟁은 지롱드파의 패배로 끝남.

11월 6일 제마프 전투 승리. 혁명군, 벨기에에 진입.

11월 29일 튈르리 궁의 금고에서 국왕과 미라보의 내통, 그리고 국왕과 외국 사절의 내통을 증명하는 서류 발견.

12월 11일 루이 16세의 재판 개시.

1793년 1월 14~15일 국민공회, 국왕 루이 16세에 유죄 가결.

1월 16~17일 국민공회, 국왕의 사형 결정.

1월 21일 루이 16세 단두대에서 처형당함.

2월 1일 국민공회, 반혁명 동맹을 결성한 영국과 네덜란드에 선전 포고.

3월 오스트리아, 프로이센, 영국이 '제1차 대불동맹' 결성.

3월 10일 혁명 재판소 창설.

3월 10일 방데 반혁명 반란. 2월에 국민공회가 가결한 30만 명의 징집령 시행과 함께 본격적인 반란이 시작되었다. 2일 숄레에서 폭동이 시작되어 13일에는 방데 지방 전체가 반란 상태에 들어갔으며 농민 반란 세력과 왕당파 귀족들이 손을 잡았다. 혁명정부는 안팎으로 반혁명의 위협에 놓이게 되었다.

3월 18일 네르빈덴 전투. 뒤무리에 장군이 오스트리아군에 패배.

4월 1일 지롱드파, 당통을 고발.

4월 2일 뒤무리에, 국경에서 오스트리아군 진영으로 도주.

4월 5~6일 국민공회, 당통과 로베스피에르가 요구해 온 공안위원회 창설. 당통이 초대 의장을 맡았다.

4월 10일 로베스피에르, 지롱드파를 공격.

4월 13일 지롱드파, 마라를 고발함.
4월 24일 혁명 재판소, 마라에 무죄 판결.
5월 4일 곡물과 밀가루의 최고 가격제 결정. 가격 통제가 시작되다.
5월 18일 지롱드파, 파리 코뮌의 활동을 고발하고, 조사를 위한 '12인위원회' 구성.
5월 20일 부유 시민에게 10억 리브르의 국채를 강매.
5월 24일 12인위원회, 코뮌 지도자들을 공격하고 에베르를 체포.
5월 26일 로베스피에르, 자코뱅 클럽에서 타락한 지롱드파 의원들에 맞설 봉기를 호소.
5월 29일 파리 33구의 대표, 비밀리에 봉기위원회 조직.
5월 31일 '5월 31일과 6월 2일의 혁명' 시작. 무장한 상퀼로트들이 의회가 있는 튈르리 궁으로 침입. 공회에 지롱드파 의원 추방, 12인위원회 해산, 곡물 가격 인하, 군대에서 귀족 추방, 노인과 병자의 구제 따위를 요구.
6월 2일 봉기군, 회의장을 포위. 공회는 지롱드파 의원 29명의 체포를 결정. 지롱드파 몰락.
6월 3일 망명 귀족의 재산 매각법 성립.
6월 24일 국민공회, 공화국 제1년의 헌법(1793년의 권리선언) 채택. 1793년 헌법은 입헌공화정과 보통 선거 등을 규정하였으며, 국민의 반란권을 인정하는 급진적인 내용을 담고 있었다. 그러나 1793년 헌법은 공포 정치 시행으로 평화 시기까지 적용이 보류되었다가 로베스피에르의 실각으로 인해 결국 시행되지 못하고 폐지되었다.
7월 전국적으로 심각한 식량 위기가 발생하다.
7월 13일 지롱드파 지지자인 샤를로트 코르데가 장폴 마라 암살.
7월 25일 당통, 국민공회 의장이 됨(1793년 8월 8일까지).
7월 27일 로베스피에르, 공안위원회 의장이 됨(1794년 7월 27일까지).
8월 1일 미터법 제정. 미터법 제정은 지방의 자율성과 특수주의를 파괴하고 통합된 국가의 제도적 장치를 마련함으로써 구체제 군주제의 소산에 최후의 일격을 가하려는 혁명기 프랑스 국민의 열망을 보여주는 사례였다.
8월 9일 반란 도시 리옹에 공격 개시.
8월 23일 국민공회, 국민 총동원령 결의.
9월 4~5일 파리에서 에베르파와 상퀼로트들이 국민공회를 향해 시위. 혐의자들 체포, 혁명 위원회들의 정화와 그 구성원들에 대한 보상, 식량 위기에 관한 조치를 요구. 상퀼로트의 압력으로 공회는 요구 사항을 법에 반영하기로 동의하고, 이후 며칠 동안 그에 준하는 여러 법령을 공포한다. 이로써 법률적 공포 정치가 출현했다.

9월 17일 국민공회, 반혁명 혐의자 단속에 관한 법('혐의자 법') 결정.

10월 5일 국민공회, 1792년 9월 22일을 공화국의 기원으로 하는 혁명력(공화력) 선포.

10월 9일 리옹 진압 완료.

10월 10일 국민공회, "프랑스 임시 정부는 평화가 도래할 때까지 혁명적이다."라고 선언하고 공안위원회에 전시(戰時)의 비상 조치권을 부여하여 공포 정치의 체제가 완성되다.

10월 12일경 파브르 데글랑틴이 로베스피에르와 보안위원회에 '외국인의 음모' 고발.

10월 15~16일 와티니 전투에서 혁명군이 오스트리아군을 격파.

10월 16일 마리 앙투아네트 처형.

10월 17일 혁명군, 방데 반란군을 평정.

10월 22일 공안위원회가 국민공회로 하여금 식량위원회를 창설하게 함.

11월 10일 노트르담 대성당에서 비기독교화 축제가 열림. 축제에 참서한 국민공회 의원들은 노트르담 대성당을 이성(理性)에 봉헌한다는 결정을 내렸다.

11월 14~17일 동인도회사 사건 폭로. '외국인의 음모' 사건에 연루되어 비난을 받던 산악파 의원 샤보가 동인도회사로부터 막대한 뇌물을 받고 회사에 매우 유리한 청산 법령을 제출했음을 폭로했다. '외국인의 음모' 사건과 '동인도회사 사건'으로 국민공회와 산악파는 심각한 분열에 빠져들었다.

11월 말 파리의 모든 기독교 교회 폐쇄. 로베스피에르는 예배의 자유를 주장.

12월 산악파 안에서 온건파인 당통파와 급진파인 에베르파의 투쟁 개시.

12월 4일 프리메르 법('혁명정부에 관한 법령') 성립. 공안위원회 권한 강화.

12월 6일 국민공회, 예배의 자유를 승인.

12월 15~19일 혁명군, 툴롱의 반혁명 봉기를 공격. 포병 중위 나폴레옹 보나파르트 참가.

12월 23일 방데 반란군 궤멸.

1794년 1월 19일 영국군이 코르시카에 상륙.

2월 26일, 3월 3일 국민공회, 반혁명 혐의자의 재산 몰수와 무상 분배를 내용으로 하는 '방토즈 법' 가결(실시되지 못하고 '테르미도르 9일의 쿠데타' 이후 폐기됨).

3월 13~14일 에베르파 체포.

3월 24일 에베르와 코르들리에 클럽의 주요 지도자들 처형됨.

3월 30일 당통과 데물랭 등 관용파 체포.

4월 5일 당통, 데물랭 처형됨.

6월 10일 '프레리알 22일의 법'. 혁명 재판소에서 변호와 증인 심문을 폐지하다.

7월 26일 로베스피에르, 국민공회에서 정적을 공격하는 연설을 함.

7월 27일 '테르미도르 9일의 쿠데타' 발발. 국민공회가 로베스피에르, 생쥐스트, 쿠통의 체포를 결의.

7월 28일 로베스피에르와 그 일파 22명이 체포되어 처형됨.

9월 18일 성직자 민사 기본법 사실상 폐지.

11월 12일 자코뱅 클럽 폐쇄.

12월 지롱드파 의원 73명 복권.

12월 24일 최고 가격제 철폐. 아시냐의 가치가 급락하고 물가가 상승하다.

1795년 4월 1일 제르미날의 봉기. 1793년 헌법의 실시, 애국파의 석방, 식량을 요구하는 민중이 국민공회에 난입했지만 군대에 의해 진압되다.

5월 9일 국민공회, 옛 연방주의자들과 공인된 왕당파들이 장악하게 된 지방 자치체에 사법 경찰 관리 중에서 공포 정치가들을 색출하도록 지시를 내림.

5월 20일 프레리알의 봉기. 파리 민중이 식량 부족에 항의했지만 강제 진압되다. 두 차례의 민중 봉기가 실패로 끝나자 혁명의 활력인 민중 운동이 분쇄되고, 혁명은 종언을 고했다.

5월 31일 국민공회, 혁명 재판소를 폐지하고 연방주의에 대한 유죄 판결을 취소하다.

6월 21일 국민공회, 아시냐 통화 체제의 파산을 인정함.

6월 24일 루이 16세의 동생 프로방스 백작이 이탈리에 베로나에서 신분제의 회복, 교회 우위권의 재확립, 국왕 시해파의 처단 등 구체제의 회복을 약속하는 성명을 발표.

8월 22일 '혁명력 3년의 헌법' 채택. 이 헌법은 부르주아지의 이익이라는 관점에서 해석되었다. 국가의 정치적·경제적 지도력은 최소한 유복한 유산자라고 할 수 자들에게 귀속되어야 한다는 것이다.

10월 26일 국민공회 해산.

11월 3일 총재정부 수립.
11월 16일 자코뱅 잔여 세력과 바뵈프가 주도하여 팡테옹 클럽 창설.
1796년 2월 26일 총재정부, 팡테옹 클럽 폐쇄.
5월 10일 바뵈프의 '평등파의 음모'가 발각됨.
1797년 9월 4일 '프뤽티도르 18일의 쿠데타' 발발. 총재정부와 의회에서 왕당파를 제거하다. 나폴레옹 부대가 쿠데타를 지원하였다.
10월 18일 캄포포르미오 조약 체결. 프랑스가 프로이센과 맺은 동맹을 포기하고 오스트리아와 불안정한 협약을 맺다.
1798년 5월 11일 '플로레알 22일의 쿠데타' 발발. 총재정부가 자코뱅파 당선자 106명을 추방한다. 이렇게 하여 총재정부파는 양원에서 다수를 확보하게 되었다.
5월 19일 나폴레옹이 이집트 원정을 시작.
7월 23일 나폴레옹, 카이로 입성.
12월 29일 영국, 나폴리 왕국, 러시아가 제2차 대불동맹을 결성.
1799년 6월 18일 '프레리알 30일의 쿠데타' 발발. '혁명력 3년의 헌법'을 반대한 시에예스가 실권을 쟁취함.
10월 9일 나폴레옹, 프랑스로 귀국.
11월 9일 '브뤼메르 18일의 쿠데타' 발발, 시에예스가 나폴레옹과 손을 잡고 전제 정치의 서막을 연 쿠데타를 일으킴.
1799~1804년 통령정부 시대 개막.

| 찾아보기 |

용어

12인위원회 357, 359, 360
20분의 1세 71, 83, 105, 110, 111, 112, 121, 124, 238
3분의 2 법령 556, 557, 564, 646
3분의 2 파산 614, 667
8월 10일 봉기(1792) 142, 288, 310, 311, 314, 316, 323, 324, 359, 447, 450, 688, 732, 735, 738, 741, 761
9월 학살(1792) 302, 304, 306, 351, 392, 449, 504, 742, 746, 754

ㄱ

간주권 99, 107
거래세 113, 114, 115, 226
격앙파 295, 296, 340, 374, 376, 377, 380, 381, 393, 420, 427, 493, 503
경신박애교 584, 611
계몽사상 28, 29, 37, 51, 79, 85, 207, 243, 251, 670, 673, 679, 729, 773, 781, 785
고등참사회 101
공문서참사회 101, 104
《공산당 선언》(마르크스, 엥겔스) 21, 771
공정 가격제 66, 147, 270, 283, 296, 307, 309, 318, 339, 340, 353, 364, 374, 377, 380, 385, 386, 391, 392, 393, 401, 433, 446, 454, 455, 476, 484, 510, 535, 556, 573, 661, 667,

711, 739, 750, 751, 756
〈공화국의 정치적 상황에 관하여〉(로베스피에르) 423, 472
《공화제에 관한 단장》(생쥐스트) 460
교리파 20
관용파 322, 381, 418, 423, 424, 426, 427, 429, 430, 432, 439, 471, 477, 478, 479
국민 교육안 379, 717
국민방위대 168, 171, 175, 186, 187, 192, 203, 204, 249, 258, 261, 262, 286, 288, 289, 291, 306, 346, 348, 467, 480, 481, 513, 519, 522, 523, 524, 528, 602, 703, 704, 735, 738
국민의회 159, 162~168, 172, 175~180, 182, 184, 186, 188, 196, 198, 212, 215, 218, 313
국민 총동원령 363, 380, 382, 383, 384, 400, 454, 457, 467, 549, 589, 630
국왕참사회 94, 100, 115, 146, 147, 301
군 통합법 205, 342, 704, 705
'기왓장 사건' 127

ㄴ·ㄷ·ㄹ·ㅁ

농지법전 223, 697
〈늙은 코르들리에〉(데물랭) 425, 428, 429, 439, 680
능동 시민 204, 213, 214, 215, 229, 231, 232, 244, 262, 269, 553, 688, 704
단일성과 불가분성의 축제 402, 464, 707, 735

대검 귀족 38, 39, 46, 101, 126, 129, 130
동인도회사 사건 420, 424, 439
등기권 99, 107, 125
〈라 마르세예즈〉 282, 289, 501, 550, 677, 684
리셰르주의 45
르 샤플리에 법 213, 225, 249, 250, 260, 476, 662
명목 임금 52, 63, 68
명사회 122, 123, 124, 128, 146
무정부주의(자) 319, 357, 496, 563, 569, 613, 635
미터법 703

ㅂ

바뵈프주의(자) 575, 578, 580, 581, 582, 728
바이야즈 102, 103, 125, 127, 146, 150, 152, 158, 300
바이이(bailli) 103, 107
바젤조약 546, 547, 591, 599
발미 전투 309, 311, 329, 330, 545, 701
방데 반란 345, 346, 349, 369, 370, 398, 413, 414, 560, 620, 759
방토즈 법(령) 435, 436, 462, 475, 487
《백과전서》(디드로) 79, 80, 83
백과전서파 80, 82
법복 귀족 38, 39, 46, 101, 129, 130, 154, 660, 667
《법의 정신》(몽테스키외) 80
보조세 113, 114, 226
보조지세 112, 121, 123, 124
《보케르에서의 만찬》(보나파르트) 593
《봉건적 권리들의 폐단》(봉세르프) 85

봉기 코뮌 290, 297, 299, 300, 301, 302, 303, 312, 317
《부의 형성과 분배에 관한 고찰》(튀르고) 63
브뤼메르 쿠데타(1799년 11월 9일) 646, 648, 652, 655, 691, 721, 724
브리소파 267, 268, 269, 272, 273, 274, 276, 278, 280, 284, 357, 358
비기독교화 (운동) 91, 402~409, 416, 418, 420~425, 427, 430, 450, 463, 464, 466, 477, 693
비지유의회 126, 128, 129

ㅅ

삼두파(바르나브·뒤포르·라메트) 195, 249, 250, 262, 276, 290
삼부회 40, 45, 78, 94, 96, 98, 99, 115, 124, 125, 126, 128~131, 135, 137, 141, 143, 144, 147, 150, 151, 156, 157, 158, 159, 162, 163, 169, 192, 198, 738, 758, 760
삼분법 39, 73, 222, 659
상소파 355, 364
상속불능제 68, 73, 88, 221
샹드마르스 학살(샹드마르스의 발포 사건) 142, 197, 259, 261, 266, 744, 745, 746
선서거부파 236, 245, 246, 247, 270, 272, 284, 303, 306, 307, 347, 348, 399, 402, 450, 453, 468, 505~508, 538, 540, 555, 557, 567, 584, 611, 692, 693, 694
성직자 민사 기본법 202, 234, 235, 236, 255, 257, 402, 505, 692, 693
세네쇼세 102, 103, 146, 150, 152
세네샬 103, 107
소금세 71, 113, 114, 115, 121, 226, 348, 575,

616, 700
수동 시민 203, 213, 214, 244, 248, 249, 269, 277, 282, 283, 288, 290, 291, 307, 704, 710
순일휴일제 405, 610
신자코뱅파 612, 636, 637, 643

ㅇ

아나트 234, 235
알라르드 법 225, 661
애국파 145, 146, 151, 153, 154, 164, 170, 171, 181~188, 192, 194, 195, 196, 202, 203, 204, 211, 261, 270, 280, 282, 287, 28, 305, 309, 317, 340, 368, 371, 380, 423, 425, 426, 427, 430, 431, 434, 436, 438, 439, 468, 492, 502, 516, 517, 523, 558, 579, 592, 623, 624, 625, 633, 680, 747, 755
에베셰위원회 359, 738
에베르주의 436, 475
연맹제 202, 203, 247, 257, 284, 286, 288, 289, 306, 464, 702, 707
연방주의 357, 368, 392, 402, 413, 445, 453, 490, 539, 623, 706
오랑주 위원회 539
오백인의회 553, 563, 564, 565, 585, 587, 599, 600, 613, 616, 636, 638, 640, 641, 643, 648, 649, 650
'외국인의 음모' 409, 420~424
용익권 70, 72, 73, 664, 666
《인간의 권리》(페인) 253
인권선언(1789년 '인간과 시민의 권리선언') 179, 180, 181, 188, 200, 208~211, 213, 216, 220, 235, 356, 366, 367, 387, 430, 438, 551, 706, 709

인두세 36, 71, 105, 110, 111
〈인민의 벗〉(장 폴 마라) 183, 184, 187, 188, 192, 198, 206, 215, 248, 250, 312, 314, 680
인클로저 (운동) 67, 71, 76, 224, 619, 664, 665
입헌파 성직자 43, 247, 307, 402, 406, 421, 450, 506, 538, 692, 693

ㅈ·ㅊ

《자유 프랑스》(데물랭) 149, 759
재산 제한 선거제 122, 204, 214, 219, 220, 228, 230, 233, 243, 244, 245, 261, 262, 263, 265, 275, 282, 288, 320, 321, 326, 529, 533, 536, 557, 561, 645, 662, 687, 688, 690, 696, 702, 709, 711, 712, 716, 721
재정참사회 102, 110, 111
전면적 최고 가격제 390, 393, 416, 435, 455, 519, 510, 756
절반 소작제 68, 69, 347, 462
정구장의 선서(1789년) 161, 285, 677, 683
정기 차지제 68
《제3신분이란 무엇인가?》(시에예스) 47, 149, 760
제4신분 141, 295
《제4신분의 진정서》(뒤푸르니) 149
제한군주제 103, 110, 195, 266
중소부르지아(지) 47, 48, 59, 300, 727, 747
지방 삼부회 29, 94, 98, 103, 104, 105, 120, 126~130, 134, 152, 774
지사관구 103, 104
징세총구 55, 62, 102, 103, 104, 110, 111
《철학사전》(볼테르) 82, 86
총괄 징세 청부제 113, 114, 115

총독관구 102, 103
총재정부파 560, 562, 564, 599, 614, 646, 660, 715, 725
최고 가격제 349, 353, 364, 373, 387, 390, 392, 400, 401, 411, 417, 420, 431, 433, 450, 454, 455, 47, 458, 459, 484, 508~512, 518, 527, 555, 573, 577, 634, 664
추밀참사회(계쟁참사회) 102, 105
친림법정 99, 124, 161
친림회의 161, 162

ㅋ·ㅌ

캄포포르미오 조약 598, 599, 603, 605, 607, 619, 622, 625, 626, 630, 708
코뮌의회 122, 229, 374, 609
키브롱 사건(1795) 538, 541, 550, 620
타유세 36, 71, 102, 105, 110, 111, 112, 121, 122
테르미도르 반동(1794) 388, 441, 471, 488, 508, 509, 510, 516, 559, 594, 652, 660, 684, 706, 708, 714, 724, 783
토지환 570, 571, 572, 584
통령정부 187, 607, 614, 615, 617, 618, 647, 650, 655, 669, 680, 694, 698, 703, 725, 777
통제 경제 297, 307, 384, 390, 392, 395, 401, 419, 430, 450, 453, 454, 455, 457, 458, 466, 484, 491, 508, 511, 527, 548, 577, 585, 587, 619, 711

ㅍ·ㅎ

《파리 시민들을 향한 가로등 연설》(데물랭) 184

파리 코뮌 14, 168, 308, 318, 338, 354, 358, 373, 383, 389, 392, 405, 407, 409, 417, 425, 430, 440, 442, 458, 476, 480, 481, 662, 732
〈파리 혁명〉(루스탈로) 198, 211, 214, 751, 759
팡테옹 클럽 568, 573, 574, 578
〈페르 뒤셴〉(에베르) 21, 357, 358, 377, 381, 383, 385, 398, 405, 429, 432, 437, 441, 468, 680
평등파의 음모 563, 574, 575, 576, 578, 582, 711
평원파 323, 354, 376, 477, 478, 479, 491, 492, 550, 565
푀양파 142, 197, 261, 262, 266, 268, 269, 270, 271, 284, 285, 287, 290, 308, 450
〈프랑스 및 브라방 혁명〉(데물랭) 187, 196, 198, 215, 680
《프랑스의 재무행정》(네케르) 30
《프랑스의 혁명 및 헌법의 정신》(생쥐스트) 320
《프랑스혁명에 대한 성찰》(버크) 731
《프랑스혁명 서설》(바르나브) 57, 765, 766
《프랑스혁명의 사회주의사》(조레스) 21, 22, 361, 736, 734, 765
〈프로방스 회보〉(미라보) 177, 210
프롱드의 난 35
필니츠 선언 262, 263, 266, 278
헌법의 벗 협회 196
헤이그조약 546
헬베티아 클럽 251, 330
혁명세 333, 417, 667, 698
〈혁명정부의 원리에 관하여〉(로베스피에르) 428, 442
혐의자 법 389, 390, 392, 396, 445, 446,

찾아보기 803

450, 494, 520, 566
〈호민관〉(바뵈프) 494, 499, 568, 581, 763

인명

ㄱ・ㄴ

가데, 엘리 267, 274, 287, 300, 355, 357
가라, 도미니크 조제프 315, 354
가스파랭, 오귀스탱 드 375
고르사, 앙투안조제프 183, 198
괴테, 요한 볼프강 폰 310, 701
구스만 421, 440
구스타프 3세 254, 629
구종, 알렉상드르 525
그랑주뇌브, 장앙투안 267, 300
그레구아르 153, 158, 159, 179, 214, 312, 317, 331, 333, 506, 538, 719
기요탱, 조제프 이냐스 50, 160
기조, 프랑수아 20, 214, 764, 769, 770, 786
나르본 백작 268, 278
네케르, 자크 30, 41, 65, 68, 117, 118, 120, 122, 131, 143, 146, 147, 157, 164, 166, 168, 169, 180, 192, 198, 220, 239, 268, 735
뇌프샤토, 프랑수아 드 151, 614, 618, 634, 696
느무르, 뒤퐁 드 81, 155, 564, 602

ㄷ

다르테, 오귀스탱 579, 581
다비드, 자크루이 445, 464, 465, 477, 489, 501, 670, 682~684, 707, 708
달바라드, 장 354

당사르, 클로드 197, 248, 447
당통, 조르주자크 197, 276, 279, 299~302, 304, 312, 314, 315, 322, 324, 333, 344~346, 351, 352, 354, 363, 365, 370, 371, 375, 390, 409, 420, 421, 424, 425, 429, 439~441, 471, 679, 742, 775
데글랑틴, 필리프 파브르 404, 420~423, 426, 429, 430, 439, 742
데르부아, 장마리 콜로 312, 377, 378, 391, 400, 420, 426, 427, 434, 438, 439, 444, 451, 478, 491, 500, 502
데물랭, 카미유 149, 166, 184, 187, 196, 215, 224, 317, 330, 357, 425, 428, 429, 435, 439, 440, 680, 759
데카르트, 르네 79, 673
데프르메닐, 뒤발 125, 154
데피외, 프랑수아 406, 408, 421, 423, 439
도르므송, 페브르 118
돕상, 클로드에마뉘엘 358, 359
두에, 메를랭 드 107, 203, 221, 256, 392, 490, 491, 499, 502, 544, 566, 580, 608
뒤고미에, 자크 프랑수아 413, 473
뒤마, 르네프랑수아 479
뒤무리에, 샤를프랑수아 뒤 페리에 278, 280, 284, 309, 310, 329, 332, 341, 344~346, 354, 355, 358, 468, 759
뒤발, 샤를프랑수아 468, 496, 523, 525, 568
뒤부아크랑세, 에드몽 루이 알렉시 205, 342
뒤뷔송, 피에르윌릭 345, 421, 423, 439
뒤엠, 피에르 조제프 519
뒤코, 로제 636, 648, 651
뒤포르, 아드리앵 145, 182, 195, 245, 249, 266, 276
뒤푸르니, 루이 피에르 149

뒤플레 59, 323
들라크루아, 장프랑수아 330, 381, 566, 623
디드로, 드니 79, 80, 84, 86, 135, 575
딜롱, 아르투르 280

ㄹ

라레벨리에르, 루이마리 드 551, 564, 565, 583, 599~602, 611, 636
라 로슈자클랭 413, 414
라 로슈푸코 145
라리비에르, 피에르 앙리 564
라메르빌, 외르토 드 223
라메트, 알렉상드르 드 182, 195, 212, 245, 249, 261, 266, 281
라보 생테티엔 155
라부아지에, 앙투안 로랑 670, 703
라수르스, 마르크 다비드 314, 319, 330
라카날, 조제프 455, 718
라콩브, 클레르 394
라크루아, 세바스티앙 382
라클로, 피에르 앙브루아즈 프랑수아 쇼데를로 드 151
라파예트 89, 154, 162, 168, 186, 187, 189~195, 197, 198, 202~204, 206, 245, 248~250, 258, 261, 266, 272, 278, 280, 281, 285, 290, 291, 468, 750, 759
랄리톨랑달, 제라르 드 181
랑브레히트, 샤를 조제프 마티외 608
랑쥐네, 장드니 157, 499, 538, 551, 559, 564
랭데, 로베르 267, 323, 326, 369, 378, 398, 410, 444, 478, 494~496, 510, 511, 569, 578, 636
레나르, 마르셀 18

레날 84
레베용, 장바티스트 65, 147, 745, 746, 749, 750, 752
레스퀴에, 니콜라 270
레오폴트 2세 246, 255, 257, 262, 276, 279
레옹, 피에르 55, 56
레이몽, 앙리 45
로베르, 프랑수아 248,
로베스피에르, 막시밀리앙 59, 155, 195, 197, 203, 205, 214, 248, 249, 260, 261, 266, 269, 271, 273, 276~279, 281, 286, 288~290, 296, 297, 314, 316, 317, 319, 323~326, 328, 340, 353~356, 358, 359, 365, 366, 378~381, 383, 395, 400, 408~410, 420, 423~431, 436~445, 451, 459~462, 464~466, 472, 477~482, 485, 487, 496, 498, 499, 521, 528, 579, 593, 679, 680, 717, 725, 733, 747, 756, 760~762, 764, 765
로시뇰, 장 앙투안 372
롤랑, 장마리 57, 278, 282, 284, 299, 302, 313, 321, 338, 354, 440, 765
뢰벨, 장프랑수아 544, 546, 565, 569, 580, 582, 591, 599, 600, 602, 604, 635
루, 자크 283, 295, 296, 339, 340, 374, 376, 380, 386, 393, 394, 402
루베, 장바티스트 315, 316, 550, 551, 564, 761
루소, 장 자크 80~83, 86, 214, 215, 464, 481, 575, 676, 708, 717, 757, 774, 775
루스탈로, 엘리제 183, 198, 211, 740, 759
루아조, 샤를 46, 94
루아즈, 부르동 드 543
루이 14세 29, 62, 78, 80, 90, 93~95, 101, 106, 110, 114, 124, 134

찾아보기 805

루이 15세 31, 97, 98, 101, 135
루이 16세 28, 29, 38, 70, 71, 83, 97, 101, 115, 117, 119, 120, 123, 124, 131, 134, 143, 156, 160~163, 166, 168, 177, 182, 186, 187, 190, 192, 198, 206, 249, 251, 254, 257~260, 262, 272~274, 278, 282, 284, 287, 288, 290, 299, 312, 324~326, 328, 334, 358, 569, 733, 757, 783
루이 필리프 345
루제 드 릴, 클로드조제프 281, 677
르그랑, 제롬 159
르바, 필리프프랑수아조제프 59, 328, 400, 415, 445, 480
르봉, 귀스타브 735
르브룅, 에쿠샤르 677
르 샤플리에, 장 155, 157
르장드르, 루이 489, 494, 523
르쿠앵트르, 로랑 491, 494
르클레르, 샤를 339, 394, 650
르페브르, 조르주 15, 18, 23, 76, 361, 449, 453, 494, 578, 594, 664, 665, 734, 735, 758, 782, 783, 784
르펠르티에 드 생파르조 145, 327, 379, 717

ㅁ

마라, 장 폴 165, 183, 184, 187, 192, 197, 198, 206, 215, 248, 250, 303, 312, 314, 315, 317, 340, 352, 355, 372, 373, 376, 380, 402, 407, 408, 431, 494, 501, 579, 680, 683, 759
마르셰, 조르주 16, 743, 745
마르소, 프랑수아세브랭 467
마르크스, 카를 21, 322, 726, 728, 764, 770~772, 784, 786, 787

마른, 프리외르 드 라 376, 444
마리 앙투아네트 117, 123, 258, 272~274, 398
마블리, 가브리엘 보노 드 83, 215, 575
마야르, 스타니슬라스마리 186, 735
마크도날, 에티엔 자크 633
마티에, 알베르 15, 17, 18, 22, 386, 436, 734, 780, 782, 784
말루에, 피에르빅토르 179, 187, 195
말제르브, 라무아뇽 드 83, 84, 125, 126, 131, 749, 753
메르시에, 세바스티앙 133
모렐리, 에티엔가브리엘 80, 575
모로, 빅토르 592, 596, 598, 632, 633, 647, 649
모리 154, 194, 199, 746
모모로, 앙투안프랑수아 430, 439
몽사베르, 구아슬라르 드 125
몽주, 가스파르 299, 354, 411, 624, 670
몽테스키외, 샤를 루이 드세콩다 80, 82, 193, 320
무니에, 장조제프 128, 129, 155, 159, 160, 179, 181, 187, 191, 195, 722
미라보, 오노레 가브리엘 리케티 93, 149, 155, 158, 159, 165, 174, 177, 180, 192, 193, 199, 210, 217, 228, 229, 248, 249, 402, 679, 680, 759, 774
미슐레, 쥘 17, 21, 279, 732, 733, 758, 782

ㅂ

바디에, 마르크 기욤 알렉시 445, 477, 478, 500, 502, 517
바라, 조제프 501

바라스, 폴프랑수아장니콜라 399, 450, 477, 480, 481, 558, 565, 580, 581, 583, 586, 594, 599, 600~602, 612, 627, 635, 647, 649

바레르, 베르트랑 323, 327, 335, 341, 350, 352, 365, 376, 381, 383, 390, 399, 409, 435, 444, 488~491, 500, 502, 517, 543, 706, 759

바르나브, 앙투안 57, 58, 128, 132, 155, 182, 195, 245, 249, 260, 266, 276, 398, 756, 764~766

바르바루, 샤를 장 마리 321, 369

바뵈프, 프랑수아노엘 493, 494, 499, 516, 517, 568, 569, 574~582, 637, 711, 728, 747, 760, 763, 764

바이, 장실뱅 155, 160, 168, 272, 398

바지르, 클로드 267, 422~424, 439

뱅상, 프랑수아니콜라 391, 426, 430, 431, 434, 438, 439, 493

버크, 에드먼드 253, 731

베르뇨, 피에르빅튀르니앵 267, 268, 275, 278, 284, 286, 287, 321, 326, 355, 359, 534, 679

베르티에, 루이알렉상드르 624

베스테르만 440

벤담, 제레미 252

보나파르트, 나폴레옹 413, 558, 566, 587, 590~599, 601~606, 614~616, 620, 622, 623, 626, 627, 632, 643, 644, 647, 649, 650, 651, 652, 676, 694, 696, 699, 700, 705, 720, 723~725

보르페르, 니콜라조제프 309

보쉬에, 자크베니뉴 95, 773

볼테르 34, 41, 79~83, 86, 267, 672, 707, 757

봉세르프, 피에르프랑수아 85

뵈르농빌, 피에르 리엘 드 345, 354

부르동, 레오나르 406, 407

부쇼트, 장바티스트 354, 372, 410, 426, 429, 468

부아시 당글라, 프랑수아앙투안 드 506, 533~535, 551, 552, 559, 564

부오나로티, 필리포 579, 580, 582, 711, 728

부이예, 프랑수아 클로드 드 87, 206, 254, 258~260, 282

불랑, 장앙리 445, 477

뷔조, 프랑수아 195, 271, 358, 369

뷔퐁, 조르주루이 르클레르 80

브라운슈바이크 286, 289, 309, 310, 345, 358, 371, 414, 415, 583

브로이, 빅토르 프랑수아 166, 169, 172

브리소, 자크 피에르 50, 183, 198, 267, 269, 274, 276~278, 284, 286, 287, 295, 299, 312, 317, 319, 328, 331, 332, 335, 336, 354, 680

브리엔, 로메니 드 120, 123, 124, 126, 130, 131, 220, 226, 592, 776

블레이크, 윌리엄 252

비요바렌, 장니콜라 313, 346, 359, 377, 378, 389, 391, 398, 420, 429, 439, 444, 469, 474, 478, 491, 500, 502, 517

비토리오 아메데오 3세 255

ㅅ

사냐크, 필리프 18, 22

살리체티, 크리스토프 593

상테르, 앙투안조제프 285, 349, 740

생쥐스트, 루이 앙투안 드 296, 297, 320, 324, 325, 337, 342, 365, 376, 395, 396, 400,

410, 415, 423, 435, 436, 441, 442, 444, 448, 450, 454, 460~462, 467~470, 472, 475, 478~482, 484, 590, 679, 705, 728, 762
생탕드레, 장 봉 341, 350, 365, 376, 410, 444, 489, 759
생테티엔, 라보 155
생파르조, 루이미셸 르펠르티에 드 145, 327, 379, 717
샤를 9세 95, 678
샤보, 프랑수아 267, 283, 421~423, 439
샤플리에, 장 르 155, 157
샬리에, 마리 조제프 339, 357, 368, 373, 402, 407, 426, 427
세르방, 조제프 278, 284, 299, 331
세셸, 에로 드 145, 360, 366, 375, 440
세자르, 질 193
세즈, 레이몽 드 326
셰레르, 바르텔르미 루이 조제프 592, 594, 616, 632
쇼메트, 피에르가스파르 376, 389, 405, 406, 409, 435, 440
스미스, 애덤 52
시에예스, 에마뉘엘 조제프 35, 46, 47, 57, 149, 155, 158, 159, 181, 195, 199, 213, 518, 544, 545, 546, 562, 565, 581, 609, 630, 635, 638, 644, 645, 647, 648, 651, 660, 760, 761, 771

ㅇ · ㅈ

아르투아 백작 119, 169, 204, 246, 253, 254
아마르, 장피에르앙드레 398, 445, 519, 569, 578
알라르드, 피에르 225

앙리오, 프랑수아 360
앙투아네트, 마리 117, 123, 258, 272~274, 398
에로 드 세셸 145, 360, 366, 440
에베르, 자크 르네 221, 296, 357, 358, 376, 377, 381, 383~386, 388, 398, 405, 420, 429~432, 437~440, 456, 680
에스파냐크 440
엘베시우스, 클로드아드리앵 80, 464, 481
엥겔스, 프리드리히 21, 771
영, 아서 74, 736
예카테리나 2세 254, 257, 545, 628
오를레앙(에갈리테), 필리프 드 151, 162, 345, 398
오슈, 루이 라자르 412, 414, 415, 467, 507, 542, 567, 592, 597, 601, 708
올라르, 알퐁스 18, 403, 733, 780, 782
요크 공작 371, 642, 643
우샤르, 장 니콜라 394, 412, 414, 415, 469
워싱턴, 조지 191
윌버포스, 윌리엄 252
이스나르, 막시맹 275, 276, 358, 502
장소네, 아르망 267, 287, 300
제르맹, 샤를 577
조레스, 장 15, 21, 22, 131, 132, 361, 726, 733, 734, 739, 740, 765, 766, 780
조제핀 594
주르당, 장바티스트 412, 415, 467, 472, 473, 543, 549, 592, 596, 613, 632, 637, 639~641, 704
쥘리앵 드 툴루즈 422, 423

ㅋ

카라, 장루이 198

카르노, 라자르 267, 323, 378, 410, 415, 445, 456, 470, 478, 489, 539, 544, 565, 580, 581, 583, 591, 592, 600~602, 608

카를 대공 596, 597, 632, 633, 642

카를로스 4세 254, 259

카리에, 장바티스트 399, 438, 448, 450, 477, 494, 498, 499

카우니츠 331

카잘레스 154, 194, 199칼바도스, 베르트랑 뒤 635

칼론, 샤를 알렉상드르 드 112, 118, 120~123, 254

캉바세레스, 장자크레지 드 491, 500, 636, 698

캉봉, 피에르 조제프 322, 323, 332, 333, 352, 402, 424, 448, 456, 489, 490, 496, 504, 505, 667, 693

켈레르만, 프랑수아크리스토프 309, 371, 415, 592, 701

코르네유, 피에르 215

코르데, 샤를로트 372

콜베르, 장 바티스트 113

콩데 공 119, 169, 254, 271, 286, 549

콩도르세, 니콜라 드 83, 267, 367, 672, 716, 717, 720

콩디야크, 에티엔 보노 드 80, 464

콩스탕, 뱅자맹 582, 612, 645

쿠통, 조르주 267, 271, 313, 315, 376, 399, 410, 444, 451, 478, 480

쿠페 드 루아즈 576

퀴스틴, 아당 필리프 드 329, 332, 371, 372, 375, 469

클라비에르, 에티엔 278, 284, 299, 331, 354

클레베르, 장바티스트 371, 413, 414, 467, 643

클로츠, 아나카르시스 317, 331, 406, 421, 425, 439

ㅌ · ㅍ

타르제, 기장바티스트 149, 195

탈레랑 153, 199, 586, 601, 626, 647, 716

탈리앵, 장랑베르 300, 399, 427, 448, 450, 477, 489, 494, 496, 504, 543, 559, 565

텐, 이폴리트 20, 21, 305, 732, 733, 741, 745, 769

토크빌, 알렉시 드 20, 21, 134, 774, 777, 778

투레, 자크기욤 148, 195, 228

튀르고, 안 로베르 자크 29, 63, 86, 97, 112, 135, 776

튀리오, 자크 알렉시 375, 395, 407, 423, 489

트레야르, 장바티스트 614, 625, 635

티옹빌, 메를랭 드 267, 371, 489, 496, 544

파리, 쥘리앵 드 448

파슈, 장니콜라 279, 389

파올리, 파스콸레 473, 592

파이앙, 조제프 프랑수아 드 368, 480

팡쿠크, 샤를조제프 198, 681

페레라, 자코브 345, 406, 408, 421, 423, 439

페르센, 악셀 폰 238, 258, 274

페리에, 클로드 128

페인, 토머스 253, 421

페티옹, 제롬 155, 195, 271, 272, 285, 295, 356, 358, 369, 440, 747

포르스터, 게오르크 251

찾아보기 809

폭스, 찰스 제임스 252
폴레, 샤를 108
폴리냐크 공작 169
푸셰, 조제프 400, 405, 427, 450, 477, 550, 586, 636, 640
푸키에탱빌, 앙투안캉탱 397, 452, 490, 519
프라이 421, 422, 440
프레롱, 루이 399, 450, 477, 494~496, 498, 517, 558, 559
프로방스 백작 119, 271, 272, 540
플뢰리, 졸리 드 118
프롤리, 피에르 331, 345, 406, 408, 421, 423, 439
프뤼돔, 루이마리 198
프리드리히 빌헬름 2세 255, 262, 545
프리외르 드 라 마른 376, 444
프리외르 드 라 코트도르 378, 410, 444, 489, 539
피슈그뤼, 샤를 412, 415, 472, 473, 541, 543, 549, 568, 599, 600~602
피트, 윌리엄 334, 335, 381, 423, 425, 604, 621
필리포, 피에르 440

최갑수(崔甲壽)

1954년 서울에서 태어나 서울대학교에서 〈생시몽의 사회사상〉(1991년)으로 문학박사 학위를 받았고, 현재 서울대학교 인문대학 서양사학과 교수로 재직하면서 프랑스혁명사, 서양근대사, 프랑스사, 서양사상사 등을 강의한다. 논문으로는 〈1789년의 '인권선언'과 혁명기의 담론〉 등 50여 편이 있고, 지은 책으로는 《서양사 강의》,《유라시아 천년을 가다》,《프랑스 구체제의 권력구조와 사회》,《프랑스의 열정: 공화국과 공화주의》,《근대 유럽의 형성: 16-18세기》(이상 공저) 등이 있으며, 옮긴 책으로는 《프랑스대혁명사》(전 2권),《왕정의 몰락과 프랑스혁명》,《프랑스의 역사》,《1789년의 대공포》,《파리의 풍경》(전 6권, 공역) 등이 있다.

프랑스혁명사

2018년 6월 29일 초판 1쇄 발행
2025년 1월 20일 2판 1쇄 발행

- 지은이 ─────── 알베르 소불
- 옮긴이 ─────── 최갑수
- 펴낸이 ─────── 한예원
- 편집 ───────── 이승희, 양경아
- 본문 조판 ────── 성인기획
- 펴낸곳   교양인
    우 04015 서울 마포구 망원로6길 57 3층
    전화 : 02)2266-2776 팩스 : 02)2266-2771
    e-mail : gyoyangin@naver.com

ⓒ 교양인, 2018
ISBN 979-11-93154-32-8 03920

* 잘못 만들어진 책은 바꾸어드립니다.
* 값은 뒤표지에 있습니다.